Rüstow, Wilhelm

Der italienische Krieg 1860

politisch-militärisch beschrieben

AF617886

Rüstow, Wilhelm

Der italienische Krieg 1860

politisch-militärisch beschrieben

Inktank publishing, 2018

www.inktank-publishing.com

ISBN/EAN: 9783747774311

All rights reserved

This is a reprint of a historical out of copyright text that has been re-manufactured for better reading and printing by our unique software. Inktank publishing retains all rights of this specific copy which is marked with an invisible watermark.

Der italienische Krieg 1860

politisch-militärisch beschrieben

von

W. Rüstow.

Mit 7 Karten und Plänen.

Des „italienischen Krieges" zweiter Band.

Zürich,
Druck und Verlag von Friedrich Schultheß.
1861.

SK

F24592

DG554
R9

Erster Abschnitt.

Vom Präliminarfrieden von Villafranca bis zur Landung Garibaldi's bei Marsala.

12. Juli 1859 bis 11. Mai 1860.

1. Italien nach dem Frieden von Villafranca.

Der Frieden von Villafranca hinterließ Italien getheilt in sechs Staatsgruppen:

Das durch den größten Theil der Lombardei vergrößerte Königreich Sardinien nebst der Insel Sardinien, 1732 Quadratmeilen mit 7,900000 Einwohnern;

die zentralitalischen Länder, Parma, Modena Romagna, Toscana, von denen die drei ersteren gewöhnlich unter dem Namen der Emilia oder der emilischen Provinzen zusammengefaßt werden, nach der vom Konsul Marcus Emilius von Piacenza über Bologna nach Rimini erbauten Heerstraße, 801 Quadratmeilen mit 3,927000 Einwohnern;

den Kirchenstaat ohne die Romagna mit 573 Quadratmeilen und 2,110086 Einwohnern;

das Königreich beider Sicilien, 2033 Quadratmeilen mit 9,117000 Einwohnern;

das unter österreichischer Herrschaft verbliebene Venetien mit dem zugeschlagenen kleinen Theile der Lombardei, 457 Quadratmeilen mit 2,446000 Einwohnern;

die Insel Corsica unter französischer Herrschaft, 159 Quadratmeilen mit 240000 Einwohnern.

Malta, Tessin, das italienische Tyrol, Länder, die von den Großitalienern gleichfalls dem italischen Reiche zugesprochen werden, lassen wir hier vorläufig bei Seite.

Die Länder Zentralitaliens waren während des Krieges von 1859 unter die piemontesische Verwaltung gefallen; Toscana, Parma und Modena, nachdem sie ihre Fürsten vertrieben, die Romagna, nachdem sie sich von der Herrschaft des Papstes losgesagt.

1*

Der Friede von Villafranca regelte ihre künftige Stellung nicht; er nahm an, daß die Romagna in irgend einer Form unter die Herrschaft des Papstes, wie Modena und Toscana unter die Herrschaft ihrer Fürsten zurückkehren würden, und zwar ohne die Nothwendigkeit der Anwendung von Waffengewalt seitens der beiden neuen Schutzmächte Italiens, er ließ Parma als eine Art Reserve übrig, mit welcher man Piemont abfinden oder auch sonst etwas anfangen könnte.

Es ward gehofft, daß entweder der definitive Friede, an welchem vom 8. August 1859 ab zu Zürich gearbeitet wurde, die Sache soweit regeln werde, daß ein nachfolgender europäischer Kongreß nur sein Siegel darauf zu drücken habe oder daß wenigstens der gehoffte Kongreß der europäischen Großmächte die Sache vollständig bereinigen werde.

So möchte es auch gekommen sein, wenn die Völker Italiens nicht von einem großen Gedanken, dem der Nationalität, welche sich in einem einzigen italischen Reiche verkörpern sollte, lebendig durchdrungen gewesen wären, wenn die Völker Zentralitaliens nicht zur Verwirklichung dieses Gedankens eine große und verständige Selbstthätigkeit entwickelt hätten und wenn nicht wenigstens eine der europäischen Großmächte, England, die Italiener in ihren Bestrebungen diplomatisch aufs kräftigste unterstützt hätte.

Sardinien mußte in Folge der Bestimmungen des Friedens von Villafranca seinen äußerlichen Einfluß auf die zentralitalischen Länder aufgeben, welche sich vornehmlich in den Kommissarien darstellte, welche die Länder während des Krieges verwaltet hatten. Diese Kommissarien wurden von dem Ministerium Ratazzi, sobald es die Stelle des Ministeriums Cavour eingenommen hatte, abberufen. Aber darum blieb Piemont nicht minder in geistiger Beziehung zu Zentralitalien, und die wohlgeordneten Verwaltungen der emilischen Provinzen und Toscana's verfolgten das gleiche Ziel im Einverständniß mit Piemont, mit Ruhe, mit Beharrlichkeit, auf denselben Wegen.

Dieses Ziel war Anschluß Zentralitaliens an

Piemont, diesen ideellen Kern des großen und einen italischen Reiches. Zwar waren die Meinungen in Italien keineswegs vollständig dieselben in Beziehung auf den gegebenen Punkt. Den piemontesischen Staatsmännern und ihren Gehülfen und Genossen schwebte vorzugsweise die Vergrößerung Piemonts vor; diese konnte möglicherweise so weit gehen, daß endlich Piemont ganz Italien umfaßte und daß dem piemontesischen Stammlande endlich nur die Rolle einer Provinz des einen und untheilbaren italischen Reiches blieb; aber dieß war für sie keine Nothwendigkeit, und ein allzu rasches Streben zu diesem Ziele schien ihnen mit vielen Gefahren verknüpft. Diese piemontesische Partei ihrer Rücksichten auf die politischen Absichten der Großmächte, auf die Lage Europa's wegen, derjenigen Mittel wegen, auf welche sie sich vorzugsweise stützte, auch die diplomatische genannt, wäre zum Theil wohl vorläufig mit der bloßen Einverleibung eines Theils Zentralitaliens in Piemont zufrieden gewesen, aber sie hatte sicherlich nichts dagegen, daß dieser Theil faktisch so groß als irgend möglich ausfalle.

Die mazzinistische oder revolutionäre Partei wollte dagegen keineswegs mit einer Vergrößerung Piemonts zufrieden sein, eine bloße Verpiemonteselung einzelner italischer Provinzen genügte ihr nicht; sie war der Meinung, daß noch nichts geschehen sei, so lange nicht alle italischen Länder in den Staatsverband des neuen, einen Italiens eingetreten wären, und um dieses Ziel zu erreichen, wollte sie sich vorzugsweise auf die selbstthätige Volkskraft, nicht auf die diplomatischen Mittel, nicht auf fremde Hülfe stützen, wenn diese Hülfe zumal Rücksichten auferlegen konnte, welche von der Einigung Italiens, wenn auch nur vorläufig abführen konnten.

Was immer die Mazzinisten über die zukünftige Gestaltung Italiens denken mochten, wie sehr sie z. B. die Republik dem Königthum, wie sehr die Föderation dem zentralisirten Staate vorziehen, wie sehr sie also in dieser Richtung mit der diplomatischen Partei in einen Gegensatz gerathen mochten, — der Frieden von Villafranca vereinigte Mazzinisten und Piemontesen, Revolutionäre und Diplomaten in Italien nothwendig in verschiedenen Hauptpunkten. Eine Föderation der italischen Staaten, in welcher restaurirte Herzöge und Oesterreich Platz fanden, in welcher der Papst Präsident war, wenn auch nur Ehrenpräsident, eine solche Föderation konnte weder den Revolutionärs noch den Diplomaten gefallen. Und wenn jene angesichts der Umstände sich im gegenwärtigen Zeitpunkt mit einer unbedingten und schnellen Annexion Zentralitaliens an Piemont begnügen mochten, so wurden diese getrieben, nach solchem Ziele als höchstem erreichbaren zu streben.

Das italienische Volk, in seiner Herrlichkeit repräsentirt durch eine thatendurstige, nicht von zu viel Wissen verdorbene, nicht seit lange her durch die Hoffnung auf Staatsanstellungen geköderte und korrumpirte, gläubige Jugend, — dieses Volk war mazzinistisch; es wollte ein Italien durch und für die Italiener; ein einziges Italien. Es kam den Diplomaten entgegen, wenn diese ihr Italien — freilich auch nur ein unvollständiges —, unter Victor Emanuels Szepter sehen wollten. Es nahm Victor Emanuel als König an, nicht weil es übertrieben überzeugt gewesen wäre von dem Dogma des Königthums, sondern einfach, weil es in Victor Emanuel den tapfern Soldaten sah, der ein gutes Theil seiner eignen Einfachheit und Thatenlust, seines eignen Dranges nach Unabhängigkeit von fremder Hülfe und fremden Intriguen besaß. Dieser König hatte sein Theuerstes, seine älteste Tochter Clotilde, dem Ruhm und der Größe Italiens geopfert. Warum sollte man ihn nicht lieben? Dieser König war unzufriedener als einer seiner Unterthanen mit seinen Diplomaten, seinen Ministern, — freilich weil sie ihn beschränkten. Warum sollte man nicht mit ihm einig gehen? Sein Leben war ein Kampf für Italien; das blieb unbestreitbar. Warum seinem Throne, da er einmal auf einem Throne saß, nicht das ganze große und eine Italien unterwerfen?

Der Held des Volkes, der Jugend war Garibaldi; arm wie das Volk, jung wie das Volk, so alt er auch werden mag, uneigennützig, opfermuthig. Garibaldi's Worte waren Worte des Volkes von Italien, seine Thaten Thaten des Volkes von Italien, und er proklamirte das eine Italien unter Victor Emanuel. Sein Herz war mazzinistisch, sein Kopf hieß ihn oft sich der Diplomatenpartei unterwerfen. Er vermittelte glücklich die Gegensätze, das wahre Bild der Jugend Italiens; er wich im entscheidenden Moment gern von der Bühne, sicher, daß er sie immer wieder betreten müsse, weil das Herz stärker ist als der Kopf.

Es ist nicht überflüssig, die existirenden Meinungsgegensätze in Italien hier sogleich im Eingange zu bezeichnen. Wie sie in die Wirklichkeit hinübertreten, wie sich geltend machen, wie sie hindern oder fördern, das wird schon im Verlaufe dieser Geschichte oft genug, viel stärker vielleicht in der Zukunft zu Tage treten. Und doch, wie schwach ist die Kenntniß von diesen Gegensätzen in ihrem Wesen im Allgemeinen in Europa? Welche einfältige Vorstellungen hat man zum Beispiel in unserm Welttheil von Mazzini? Sollte man nicht, wenn man die Blätter des verfallenden Despotismus oder eines feigen, sich schlau dünkenden Liberalismus durchgeht, sich vorstellen, daß Mazzini, dieser größte Denker des neuen Italiens, dieser Vater des Gedankens der Einheit, im vollsten Widerstreite mit seinem Volke sei? Könnte man es bei oberflächlicher Betrachtung, geleitet vielleicht von den Organen der Verpiemonteselung Italiens, nicht in Italien selbst glauben?

In Zentralitalien trug der Gedanke der mazzinistischen Partei oder ihrer garibaldischen, jugendlichen Schattirung nach dem Frieden von Villafranca unbedingt den Sieg davon. Zentralitalien wollte von Piemont annexirt sein. Hatte dieser Wunsch während des Krieges selbst nur ohne Regel und Ordnung ausgesprochen werden können, so daß die europäischen Mächte noch etwa einen Zweifel an seiner Wirklichkeit hegen oder wenigstens vorgeben konnten, so sollte er nun wiederholt, ordnungsmäßig, gesetzlich noch einmal ausgesprochen werden.

In jedem der vier Länder wurde demnach eine Repräsentantenversammlung berufen, welche die frühere Dynastie für abgesetzt und den Anschluß an Piemont erklärte. Der Wunsch dieses Anschlusses ward dem König Victor Emanuel darauf durch Deputationen verkündet.

In Toscana trat nach der Abberufung des sardinischen Kommissärs Buoncompagni Ricasoli an die Spitze der provisorischen Regierung, er berief eine gesetzgebende Versammlung nach dem früheren Wahlgesetz, welche am 11. August zusammentrat, in welcher dann zunächst der Antrag gestellt wurde, das Haus Lothringen des Thrones verlustig zu erklären; weil es nicht bloß das Land in seinen nationalen Bestrebungen verlassen, sondern auch mit den Feinden Italiens gemeinschaftliche Sache gemacht habe. Die Versammlung nahm diesen Antrag am 16. August einstimmig an. Dem ersten Beschlusse folgte am 20. August unmittelbar der zweite über den Anschluß Toscana's an Piemont.

Im Herzogthum Modena hinterließ der abberufene sardinische Kommissär die Regierung vorläufig dem Gemeindrath der Stadt Modena, welcher seinerseits sofort Deputationen nach Turin, Paris und London sendete, um den Wunsch des Anschlusses an Piemont dort auszudrücken, andererseits Farini die Diktatur übertrug. Farini nahm die Diktatur an und verkündete, daß er alsbald Wahlversammlungen berufen werde, um eine auf das Prinzip des Nationalwillens, der Volkssouveränetät basirte Regierung aufzustellen, dieses Prinzip, welches die Grundlage des Regimentes in den zivilisirten Ländern der Neuzeit sei. Am 15. August fanden die Wahlen zur Repräsentantenversammlung statt und schon am 16. trat dieselbe zusammen, am 20. erklärte sie die estensische Dynastie für verlustig des Thrones und am 23. den Anschluß an Piemont. Farini ward als Gouverneur an der Spitze der provisorischen Regierung belassen.

Was Parma betrifft, dessen in den Stipulationen von Villafranca nicht ausdrücklich Erwähnung geschah, so hatte man in Italien ursprünglich angenommen, daß seine Vereinigung mit Piemont für selbstverständlich gelte. Indessen in Folge der Schritte, welche die verjagte Herzogin in Wien und Paris that, kam man von dieser Annahme schnell zurück und es ward auch hier die Befolgung eines ähnlichen Systems wie in Toscana und Modena für rathsam erachtet. Farini, welcher schon am 17. August einen Abstecher von Modena nach Parma gemacht hatte, ward am letztern Orte vom Volke mit Jubel empfangen und nahm ohne Sträuben die ihm angebotene Diktatur für das Herzogthum an. Er berief eine Repräsentantenversammlung, welche am 7. September sich zu Parma vereinigte, am 11. die Thronentsetzung der bourbonischen Dynastie und am 12. den Anschluß an Piemont aussprach. Farini wurde als Gouverneur bestätigt.

Die Romagna, die vier Legationen Ferrara, Forli, Bologna und Ravenna hatten sich während des Krieges faktisch von dem Körper des übrigen Kirchenstaates abgetrennt und dem Papste die Herrschaft aufgekündigt. Weiter südlich drang die Insurrektion nicht durch; hier gelang es vielmehr dem Papste, sie vermittelst seiner Söldlinge niederzuschlagen. Dagegen organisirte sich die Romagna zu einem wohlabgeschlossenen kleinen Staatswesen mit dem Regierungssitze zu Bologna. Der heilige Vater erkannte das neue Verhältniß gewissermaßen selbst an. So sehr er gegen die Schändlichen donnerte, welche es wagten, sich seiner milden Herrschaft zu entwinden und solchergestalt die Kirche und ihre Diener zu schädigen, sich selbst aber um jedes Heil für ihre Seele zu bringen, bedurfte er doch zu sehr der Zolleinkünfte, um nicht die Erhebung der Zölle an einer südlicheren Grenze der absoluten Nichterhebung an einer allerdings sehr gewünschten nördlicheren vorzuziehen. Es ward daher eine neue Zolllinie im Süden der Provinz Forli von La Cattolica über S. Marino nach Mercato Saraceno hergestellt.

Nach dem Frieden von Villafranca trat an die Stelle des sardinischen Commissärs die provisorische Regierung zu Bologna, welche sofort die Wahlen für eine Repräsentantenversammlung ausschrieb und diese selbst auf den 1. September berief.

Am 6. September beschloß die Versammlung die Abschaffung der weltlichen Herrschaft des Papstes und bald darauf den Anschluß an Piemont. Das beliebte System, nach welchem der heilige Vater mit seinem Anhang stets Geistliches und Weltliches vermengt, die Sorge für die leibliche Nahrung seiner Person und seines Gefolges nicht bloß Sorge für die Kirche, nein Sorge für die Religion nennt, dieses System machte es den Romagnolen von vornherein nothwendig, gegen solche Vermengung energisch zu protestiren, nachzuweisen, in wie mannigfacher Art das weltliche Besitzthum der Päpste im Lauf von Jahrhunderten und selbst von Jahrzehnten nur gewechselt, in welcher sehr weltlichen Weise dieser Wechsel statt gefunden. Es verstand sich außerdem von selbst die Erklärung, deren Wahrheit jeder vernünftige Mensch ohne Weiteres begreift, daß ein kirchliches Regiment niemals die Bedingungen erfüllen kann, auf deren Erfüllung die civilisirten Völker des neuen Europas den vollsten Anspruch haben. Die Theokratie, welche nicht irren kann, ist unverbesserlich; sie schließt den Fortschritt absolut aus, ja es ist ihr sogar unmöglich, weltliche Elemente so in ihr Regierungssystem aufzunehmen, daß sie ihren eigenen Mängeln abhelfen könnten.

Deputationen der Repräsentantenversammlungen überbrachten dem Könige Victor Emanuel die Kunde von deren Beschlüssen.

Er empfing die Deputation von Toscana am 3. September; diejenigen von Parma und Modena am 15. September; diejenige der Romagna, eben auf einer Rundreise durch die Lombardei, am 24. September zu Monza.

Der König antwortete den Deputationen im Wesentlichen in gleicher Weise.

Die vier Länder hatten jetzt wiederholt und in legalen Formen den Wunsch ausgesprochen, mit Piemont unter Victor Emanuels Scepter vereinigt zu werden. Diese Vereinigung unmittelbar anzunehmen, war dem Könige nicht gestattet, jedenfalls widersprach ein solches Verfahren den Bestimmungen des Friedens von Villafranca und seit dem 9. August arbeitete man zu Zürich daran, diese provisorischen Bestimmungen in endgültige zu verwandeln. Diese Verwandlung sicherte Piemont den Erwerb der Lombardei. Eine sofortige Annahme der Annexion Zentralitaliens würde das Zustandekommen der betreffenden Verwandlung wohl absolut verhindert haben. Dagegen sollte, so war die Annahme, dem gehofften Frieden von Zürich ein Kongreß der europäischen Großmächte, oder auch der Mächte folgen, welche die Wiener Verträge unterzeichnet hatten; dieser Kongreß sollte die Verhältnisse Italiens endgültig regeln. Wenn der ausgesprochene Wunsch der zentralitalischen Staaten Victor Emanuel nicht das Recht oder besser gesagt die Möglichkeit gab, sie unmittelbar in seinen Schooß aufzunehmen, so gab er ihm doch unzweifelhaft ein Recht — mehr als die Möglichkeit, — sich ihrer auf dem erwarteten Kongresse — gegen ihre früheren Fürsten anzunehmen. Napoleon, der immer und immer wiederholte, daß seine Herrschaft auf dem Principe der Nationalsouveränetät, auf dem ausgesprochenen Willen der sämmtlichen Franzosen beruhe, konnte dieses wenigstens nicht bestreiten.

Victor Emanuel anerkannte sein Recht und mehr als dieses, seine Pflicht, die Interessen der vier Länder vor dem europäischen Kongresse zu vertreten und von diesem eine Sache, die ihm jedenfalls nicht unangenehm sein konnte, die Vereinigung der vier Länder mit seinem Reiche, ihrem Wunsche entsprechend, zu verlangen.

Er forderte die vier Länder auf, ihm das Vertrauen, welches sie ihm bereits bewiesen, zu bewahren; ein gleiches Vertrauen auch in die Großmächte und namentlich in den Kaiser Napoleon zu setzen, die Mäßigung, von welcher sie bisher so viele Proben gegeben, auch fernerhin zur Richtschnur zu nehmen. Den Romagnolen mußte er zwar versichern, daß er als katholischer Fürst ein unerschütterlicher Verehrer des Papstes als des Oberhauptes der katholischen Kirche sei und bleiben werde, doch vergaß er nicht hinzuzufügen, daß die ausgesprochenen Wünsche der Romagna auch hier ihm weltliche Pflichten auferlegten und er ließ erkennen, daß er diesen weltlichen Pflichten soweit es an ihm stände, ein Genüge thun werde, selbst auf die Gefahr hin, nach der Meinung des Papstes und seines Anhanges den kirchlichen Pflichten einigen Abbruch zu thun.

Die vier Länder verfuhren in der That mit großer Mäßigung und Ruhe, aber nicht ohne jene Schnelligkeit, welche verrieth, daß sie beabsichtigten sobald als möglich den unbedingten Anschluß an Piemont zu einer vollendeten Thatsache und die Rückkehr der vertriebenen und abgesetzten Fürsten zu einer Unmöglichkeit zu machen. Die Regierungen regierten im Namen des Königs Victor Emanuel; alle öffentlichen Dokumente wurden in diesem Namen ausgefertigt; an die Stelle der verschiedenen fürstlichen Wappen von früher trat das savoyische Kreuz und man traf Anstalten, die piemontesische Münze einzuführen, alle Verkehrsverhältnisse mit den piemontesischen in Uebereinstimmung und Verbindung zu bringen.

Hatten die Länder bisher — mindestens anscheinend — auf eigene Faust ein jedes gehandelt, so ward nun alsbald daran gedacht, sie in einen Bund mit einander zu vereinigen, der vollends die Hindernisse eines Anschlusses an Piemont beseitigen sollte, so daß im günstigen Augenblick Zentralitalien als ein wohlgeschlossenes Ganze dem Königreiche angehängt werden könne.

Anfangs Oktober 1859 schon, also unmittelbar nachdem Victor Emanuel den Deputationen der vier Länder erklärt hatte, daß er aus den ihm ausgesprochenen Wünschen Rechte und Pflichten für sich ableite, traten Farini für Modena und Parma, Ricasoli für Toskana, Cipriani und Minghetti für die Romagna zusammen, um sich über die Mittel und Wege völligen Anschlusses an Piemont zu berathen und sie kamen überein, eine gemeinsame Regentschaft für die vier Länder einzurichten, welche dem Vetter des Königs Victor Emanuel, Prinzen Eugen von Savoyen Carignan, übertragen werden sollte.

Die Erleichterung des Anschlusses an Piemont war aber nicht der einzige Beweggrund, welcher die vier Länder zu inniger Vereinigung unter sich trieb. Die errungene Selbstständigkeit mußte möglicher Weise mit den Waffen in der Hand vertheidigt werden und für solche Vertheidigung war eine militärische Organisation nothwendig und mußte eine Vereinigung der Kräfte nützlich erscheinen.

Piemont war zunächst durch die Friedensverhandlungen zu Zürich, welche der Kaiser Napoleon durchaus vorerst zum Abschlusse bringen wollte, gebunden und an einer bewaffneten Einmischung zur etwaigen Vertheidigung Zentralitaliens gehindert. Die vier Länder mußten sich darauf gefaßt machen, auf eigenen Füßen zu stehen. Die Streitkräfte, welche ihnen feindlich entgegentreten konnten, verloren an Furchtbarkeit je näher man sie besah und wie jung und unvollkommen anfänglich die militärische Organisation der mittelitalischen Länder ausfallen mochte, man hatte das Recht, darauf zu rechnen, daß sie unter den obwaltenden Verhältnissen ausreichen könne.

Oesterreich hätte den Frieden von Villafranca nicht schließen müssen, wenn es augenblicklich wieder zu den Waffen greifen wollte; Frankreich, wenn Oesterreich sich einmischte, hatte die Pflicht, dieß auch zu thun, so lange der Friede von Zürich, der definitive, noch nicht geschlossen war und mit Frankreich konnte dann auch Piemont, und zwar für Zentralitalien, wieder die Waffen ergreifen.

Es blieben also als bewaffnete Feinde Zentralitaliens nur die vertriebenen und abgesetzten Fürsten, d. h. die Herzoge von Modena und Toscana und der Papst, nebst ihrem italienischen Verbündeten, dem König von Neapel übrig. Wenn der Kaiser Napoleon eine Intervention einer auswärtigen Macht, wie Oesterreich, nicht als ruhiger Zuschauer mit ansehen konnte, so war es weniger ausgemacht, daß er auch einem Restaurationsversuch italischer Fürsten, der nächsten Betheiligten augenblicklich Hindernisse in den Weg legen werde; ein solcher Versuch konnte ganz wohl in seinem eigenen Interesse liegen.

Der Papst erließ am 15. Juli nach dem Frieden von Villafranca ein Cirkularschreiben an die Bischöfe, in dem er sie aufforderte Gott für den Frieden von Villafranca zu danken, zugleich aber darauf hinwies, daß in den Legationen noch die „Umsturzpartei" herrsche. Gegen diese sollten möglichst viele Gebete geschleudert werden. Doch wollte beim Beten der Papst keineswegs stehen bleiben. Zu gleicher Zeit fragte er beim Kaiser Napoleon an, ob derselbe etwas dagegen haben würde, wenn Pius einen katholischen Fürsten um Hülfstruppen angehen würde. Napoleon ließ durch Walewski antworten, daß er dagegen nichts einwenden könne, rieth indessen von jedem Angriffe gegen die Romagna ab, um die Lage nicht noch mehr zu kompliciren, indem er zugleich auf den Kongreß hinwies, der ja alles regeln sollte.

Der katholische Fürst, welchen der Papst um Hülfe angehen wollte, war kein anderer als der König von Neapel. Franz II, am 23. Mai 1859 seinem Vater auf dem Throne gefolgt, hatte sogleich im Anfang seiner Regierung den Kern seiner Kriegsmacht, die Schweizerregimenter in Folge der Meuterei vom 7. Juli verloren, welche deren Auflösung nothwendig machte. Es wurden allerdings sogleich Anstalten zu deren Ersatz, theils durch die Errichtung neuer einheimischer Truppen, theils durch neue Anwerbungen von Fremden getroffen. Indessen mußte man immer annehmen, daß es lange dauern werde, ehe diese Maßregeln sich fruchtbar erwiesen und da zugleich eine unruhige Bewegung auf der Insel Sicilien wie auf dem neapolitanischen Festland sich zeigte, welche Truppenaufstellungen auf verschiedenen Punkten des Reiches nothwendig machte, so konnte Franz II. das Observationskorps, welches er in den Abruzzen an die päpstliche Grenze unter General Pianelli vorschob und welches die Bestimmung hatte, als Reserve in die Marken einzurücken, sobald die hier concentrirten päpstlichen Truppen die Offensive zur Wiedereroberung der Marken ergriffen haben würden, den ganzen September hindurch nicht auf mehr als 15000 M. bringen, welche überdieß noch durch Krankheiten in Folge schlechter Verpflegung decimirt wurden.

Mit den eigenen Truppen des Papstes und ihrer Lage sah es noch trauriger aus. Wie viel Mann auch mit Hülfe aller Kunstmittel im päpstlichen Heere herausgezählt werden mochten, wenn man die Unzuverlässigkeit der einheimischen Regimenter, die Indisciplin in den fremden Regimentern, den unruhigen Geist der Bevölkerung in Umbrien und den Marken betrachtete, welcher die Zurücklassung von beträchtlichen Garnisonen erheischte, so blieben wohl höchstens im August und September 6000 M. päpstlicher Truppen für eine Offensive gegen die Romagna übrig.

Die päpstliche Regierung versäumte nun in ihrer Art nichts, um die Armee auf einen achtunggebietenden Stand zu bringen. Zur Anwerbung von Fremden gab theilweise die Auflösung der neapolitanischen Schweizerregimenter Gelegenheit, da die entlassenen Soldaten theils noch unterwegs neuen Dienst suchten, theils in solchen zurückzukehren Lust gewannen, als sie kaum in der Heimath angekommen, hier durchaus nicht die Sympathie fanden, auf welche sie gerechnet haben mochten und es schwer war, Arbeit und Unterhalt für mehrere hunderte zugleich zu finden, welche über einen kleinen Kanton hie und da herfielen. Werber gingen auch nach Oesterreich und die eben nach dem Friedensschluß von Villafranca eingetretenen Beurlaubungen trieben ihnen arbeitslose und arbeitsscheue Menschen in genügender Zahl in die Hände. Die österreichische Regierung begünstigte die Anwerbungen in einer Weise, daß Piemont sogar Gelegenheit davon nahm, gegen diese geheime Unterstützung, welche, wenn man ihre Ausgiebigkeit übertreiden wollte, allerdings als eine Art verkappter Intervention dargestellt werden konnte, zu protestiren, ein Protest, der von Oesterreich nicht als begründet anerkannt ward.

Erhöhungen des Handgeldes, große Belohnungen für verhältnißmäßig geringe Dienste, wie z. B. die hundert silbernen Medaillen, welche den schweizerischen Erstürmern von Perugia ertheilt wurden, Hinweisungen auf himmlische Belohnungen sollten den Eifer der Fremden zum Eintritt in die Reihen der Schlüsselsoldaten anspornen.

Kaum der Zahl nach vermehrte sich indessen das päpstliche Heer; von dem moralischen Mehrwerthe, den es in Folge aller Anstrengungen erhielt, wollen wir erst gar nicht reden. Kaum der Zahl nach! denn die Desertion hielt dem Zuwachs das Gleichgewicht. Großentheils nur Verkommene ließen sich anwerben. Entweder waren es Kerle, die bloß auf das Handgeld spekulirten und mit Freuden davonliefen, wenn sich der Schimmer neuen Handgeldes irgendwo zeigte; theils waren es Trunkenbolde, welche jede Disciplin ohne die strengsten Zuchtmittel unmöglich machten und welche, wenn letztere angewendet wurden, natürlich die höchste Neigung hatten, sich ihnen, wenigstens nach erstmaligem Kosten ihrer Wiederholung zu entziehen. Endlich kam hinzu die schändliche Wirthschaft in der Militärverwaltung, beständiger Geldmangel, daher mangelhafte oder gar keine Bezahlung, so daß zuletzt auch mancher ehrliche arme Teufel, mit dem unter andern Umständen wohl auszukommen gewesen wäre, um nur nicht zu verhungern sich genöthigt sah, Uniformstücke und Waffen zu verkaufen und dann auch nichts lieber that als desertiren, um sich den Folgen eines Standrechts oder Kriegsrechtes zu entziehen. So nahmen die Desertionen nicht bloß in immer steigendem Verhältnisse zum angeworbenen Zuwachse zu; man darf auch behaupten, daß die Deserteurs verhältnißmäßig noch nicht die Schlechtesten waren. Es half nichts, es steigerte nur das Uebel, daß die väterliche Regierung des Papstes, was ihr als einer väterlichen allerdings erlaubt sein muß, den Stock anwandte, um wieder eingefangene Deserteurs zum Besinnen zu bringen und daß sie sich des gleichen Zuchtmittels auch gegen Zivilpersonen bediente, welche Soldaten bewogen zu desertiren oder bei der Desertion behülflich waren.

Nicht viel besser, ja fast noch schlimmer als mit den Soldaten stand es mit den Officieren. Die aristokratischen Jünglinge aus hohen katholischen Familien, welche zum heiligen Vater gingen oder von ihren Familien zum heiligen Vater spedirt wurden, um ihm ihre Revolver zur Disposition zu stellen, brachten weder Erfahrung im Kriegswesen, noch Intelligenz, noch militärische Kenntnisse mit, dagegen desto mehr Bedürfnisse und Ansprüche; Andere, welche mit ein wenig militärischen Kenntnissen herankamen, waren Solche, von denen man in andern Armeen durchaus nichts mehr wissen wollte und vorherrschend darauf ausgingen, sei's auch auf Kosten des armen Soldaten, sich zu bereichern, so weit möglich das Leben zu fristen in Stellungen, wo die Bereicherung allerdings unmöglich war, und nur verhältnißmäßig Wenige waren tüchtige brave Soldaten.

Aus der Romagna erhielt die päpstliche Armee so gut als keinen Zuwachs. Es half durchaus nichts, daß den Freiwilligen in der Romagna alle Belohnungen des Himmels in Aussicht gestellt wurden, falls sie die Fahnen Italiens verließen und sich unter den Schutz des Himmelsschlüssels stellten. Diese Freiwilligen wußten recht gut, daß der Himmelsschlüssel ihnen zunächst nur die Aussicht auf väterliche Hiebe und späterhin auf Hiebe vom ersten Feinde eröffnete, der ihnen im freien Feld entgegentreten würde.

Nun kamen noch der Großherzog von Toscana und der Herzog von Modena in Betracht. Dieser letztere hatte einige tausend Mann seiner früheren Armee mit sich auf österreichisches Gebiet geführt, als er sein Land verließ, und er zeigte die beste Absicht, diese auf 10000 zu bringen, theils mit Hülfe des Geldes, welches er den Landeskassen entnommen, theils mit Hülfe des andern, welches er haben würde, wenn österreichisches Papier sich wieder einmal in Silber verwandeln könnte. Von den modenesischen Truppen desertirte die Mannschaft in Massen, sobald die Verhältnisse Zentralitaliens sich ein wenig klärten, und die modenesischen Officiere, auch keine Gesellschaft, um die man ihren Herrn beneiden durfte, erstarben nach wie vor ohne zu sterben in unergründlicher „Loyalität und Treue". Sie thaten es fast noch den Officieren verschiedener deutscher Stäätchen von 1848 zuvor.

Der Großherzog von Toscana, von den „Vertriebenen" unzweifelhaft der vernünftigste und achtungswertheste, hatte in Bezug auf die Beschaffung militärischer Kräfte nicht wesentlich andere Absichten als der Modeneser. Auch er wollte 5000 M. anwerben, um sie für die gute Sache — will sagen: für seine eigne, — ins Feld zu stellen. Alle diese Anwerbungen mußten auf österreichischem Boden stattfinden und fanden dort statt. Italiener fanden sich sehr wenige in die Armeen der Herzoge hinein und deren moralische Beschaffenheit war im Wesentlichen keine bessere als diejenige des Schlüsselheeres.

Zählt man Alles zusammen, was im August und September die nächsten Gegner der zentralitalischen Einigung und des Anschlusses Zentralitaliens an Piemont von Truppen zu einer Offensive zusammenbringen konnten, so mögen allenfalls 35000 M. herauskommen. Betrachtet man dann die Beschaffenheit dieser Heereskraft und bedenkt man, wie auch die politischen Tendenzen ihrer verschiedenen Besitzer schwerlich ganz genau die gleichen sein konnten, wie diese Besitzer ein jeder für sich, sich in der Abhängigkeit von Oesterreich sahen, wie Oesterreich durch mannigfaltige Beschäftigungen, durch den vorhergehenden Krieg und den Unverstand seiner Regierer gelähmt, mindestens eben so viel Interesse am Zustandekommen des Zürcher Definitivfriedens hatte, als Napoleon III., so wird man finden, daß den Völkern Zentralitaliens die Streitmacht ihrer Gegner eben nicht außerordentlich gefährlich scheinen konnte und daß sie sich wohl zutrauen durften, ihr in kurzer Zeit aus eigenen Mitteln ein genügendes Gegengewicht entgegenstellen zu können.

Daran war nun schon während des Krieges gearbeitet worden, und nach dem Frieden von Villafranca ward die Arbeit rüstig fortgesetzt.

Als ihren Nationalhelden sahen die Italiener mit Recht den General Joseph Garibaldi an; ihn, der ausgezeichnet durch Kühnheit und Geschick im kleinen Kriege es noch mehr war durch seine hundertmal bewiesene reine Liebe zum Volke und der großen Heimath des einen Italiens, den Feind aller diplomatischen Kunststücke und aller diplomatischen Schlauheit, den Sohn des Volkes.

Garibaldi, welcher an der Spitze seiner Alpenjäger einen so entschiedenen Einfluß auf die Art geübt hatte, in welcher die Operationen des Feldzugs von 1859 eröffnet wurden, stand zur Zeit des Friedens von Villafranca gegen die Pässe von Südtyrol und hatte sein Hauptquartier zu Lovere am Iseosee. Da unter seinen Freiwilligen nach geschlossenem Frieden, wie es zu geschehen pflegt, sich eine starke Neigung zur Rückkehr nach Hause einstellte, ermahnte er sie schon am 19. Juli, für alle Fälle unter den Waffen zu bleiben.

Seine Ansicht war diese: Italien dürfe sich nicht auf die Diplomatie verlassen; es dürfe nicht eine beliebige „Lösung" annehmen, welche die europäische Diplomatie ihm zurecht machen würde; es müsse von sich aus handeln, ohne eine andere Rücksicht auf die Diplomatie als diese, ihr die Wege zu verderben, so daß sie höchstens vollendeten Thatsachen nachhinken könne. Für Italien existire nur eine Absicht und nur ein Weg; die Absicht sei, ein einziges Italien — unter dem Szepter Victor Emanuels herzustellen —, der Weg jetzt, da Napoleon durch den Frieden von Villafranca seine Sache von derjenigen Italiens getrennt, ebenso sicher als unzweideutig vorgeschrieben. Die Italiener selbst müßten die Revolution nach Süden weiter tragen, nach Süden, nicht nach Westen, um nicht Piemont in seiner jetzt nothwendigen oder für noth-

2*

wendig erachteten Ruhe zu stören und, da aus demselben Grunde piemontesische Truppen zu der italienischen Revolution nicht verwendet werden könnten, mit den Streitkräften, die das noch unabhängige Zentralitalien organisirt hatte oder weiter organisiren konnte. Es versteht sich von selbst, daß diese Streitkräfte nicht rein zentralitalische waren, noch viel weniger rein zentralitalische bleiben konnten; daß sie sich, wie schon bisher, nach dem Frieden vollends durch Freiwillige aus allen Gauen Italiens verstärkten.

Die Ansicht Garibaldi's theilte vollständig Mazzini. Er, der schon während des Krieges den Frieden von Villafranca vorausgesagt hatte, wollte, daß die in Zentralitalien vereinten Kräfte Italiens in die Marken, in Umbrien einbrächen, von dort, um die Franzosen bei Rom und Civitavecchia nicht herauszufordern, ins Königreich Neapel marschirten und die Bourbonen vertrieben. Eine gleichzeitige Insurrektion Siciliens, welche man mit Bestimmtheit glaubte erwarten zu dürfen, sollte den Fortgang der zentralitalischen Waffen erleichtern. Schon Ende August setzte er sich in solchem Sinne zuerst mit Ricasoli, später mit der Regierung zu Bologna in Verbindung; aber obgleich anfangs Hoffnung war, daß er von der Richtigkeit seiner Ansicht überzeugen, für ihre Durchführung gewinnen werde, überwogen doch sehr bald die Räthe und Ermahnungen der Diplomatenpartei zu Turin, welche den Fortgang der Friedensverhandlungen zu Zürich nicht durch Gewaltschritte irgend einer Art gestört wissen wollte.

Wenn ursprünglich die Streitkräfte Zentralitaliens, wie man sieht, nur für die Vertheidigung gegen die päpstlich herzogliche Reaktion organisirt wurden, so fand sich doch, wie man erkennt, sehr schnell eine mächtige Partei, welche sie als Offensivwaffe für die Herstellung des einheitlichen Italiens zu gebrauchen gedachte. Die Partei Garibaldi's und Mazzini's war der thatkräftige Theil der nord- und mittelitalischen Jugend.

Anfangs August ward Garibaldi nach Zentralitalien

berufen, wo er ursprünglich den Oberbefehl über alle Truppen übernehmen sollte. Durch einen Tagesbefehl vom 11. August, von Bergamo datirt, nahm er von seinen Alpenjägern Abschied, traf am 15 August zu Livorno ein und ging von da nach Florenz, nach Modena, endlich nach der Romagna.

Unterdessen hatte am 19. August eine Zusammenkunft von Abgeordneten aller vier Länder, auch der Romagna, stattgehabt, in welcher Verabredungen über die Errichtung einer militärischen Liga getroffen wurden; am 3. September ward dieser Bund für Toscana, Modena und Parma ratifizirt, während die Romagna vorläufig noch ausgeschlossen blieb. In die modenesische Deputirtenkammer war zu gleicher Zeit der Modenese und piemontesische General Fanti gewählt, und ihm, nicht Garibaldi, ward nun der Oberbefehl über die Armee Zentralitaliens angetragen, den er auch sofort annahm und am 24. September mittelst eines Tagesbefehles antrat. Garibaldi ward zum zweiten Oberbefehlshaber ernannt, und mochte dieß nun immerhin so ausgelegt werden können, als solle Fanti sich vorzugsweise mit dem Kriegsministerium beschäftigen, während Garibaldi der eigentliche Truppenbefehlshaber bei den Operationen wäre, die man, sei es defensiv, sei es offensiv, von Zentralitalien aus nach dem Süden hin zu unternehmen hätte, so konnte der Eingeweihte sich doch schwerlich darüber täuschen, daß die Ernennung Fanti's eine Gegenmine der Diplomatenpartei sei, zu welcher er selbst gehörte, darauf berechnet, Garibaldi unschädlich zu machen und Zentralitalien ruhig zu erhalten in Erwartung der Bestimmungen des Zürcher Friedens und des ihm etwa folgenden Kongresses.

Trennten schon die Parteistandpunkte die beiden Männer, Garibaldi und Fanti, so noch mehr ihre Naturen, ihre militärischen Anschauungen; der Begeisterung, dem Feuer Garibaldis, welchem kein Wagniß zu groß erscheint, trat die kalte Berechnung Fanti's entgegen, dem kühnen Freischaarenführer der „reguläre Soldat“, welcher Alles abzirkeln und abmessen,

Alles nach piemontesischer Schablone zuschneiden will, was er für gut finden soll, dem die rothen Hemden der Garibaldiner ein Gräuel sind und der Keinen für einen Soldaten hält, welcher sich nicht mit piemontesischen Röcken bekleidet.

Fanti konnte für die Ansicht, welche er zu vertreten bestimmt war und wirklich vertrat: daß nämlich Zentralitalien der Ruhe bedürfe, um sich wirklich und dauerhaft militärisch zu organisiren, Vieles und Gutes beibringen. Zentralitalien hatte im Anfang des September vielleicht 20000 Mann unter den Waffen, und der Mehrtheil davon waren Freiwillige, ohne festes Engagement. Ein solches Freiwilligenheer ist ohne Zweifel vortrefflich für rasche Entscheidungen, wenn Alles glücklich von Statten geht. Für alle Wechselfälle des Krieges kann es sich nicht mit einem wohlorganisirten Staatsheer messen; es ist kein Institut, welches für die Dauer berechnet wäre. Fanti fand das Freiwilligenheer außerdem mangelhaft ausgerüstet und bewaffnet; in dieser Beziehung mußte nachgeholfen werden. Endlich war auch die Stärke keine befriedigende, und wie groß der Enthusiasmus der nord- und mittelitalienischen Jugend sein mochte, man begreift, daß darauf kein dauerhaftes Gebäude zu errichten war und daß einem alten Soldaten die piemontesische Konskription als ein viel sichereres Fundament erscheinen mußte. Endlich konnte noch gesagt werden, wenn die ganze Tendenz der mittelitalischen Bewegung auf die Vereinigung mit Piemont hinausläuft, ist es denn nicht vernünftig, die hier gebildeten Heereskräfte sogleich auf piemontesischen Fuß einzurichten?

Garibaldi hatte dem Allem nichts entgegenzusetzen, als das Vertrauen auf den Erfolg Italiens, das Vertrauen in die große Sache, der er sein ganzes Leben geweiht, als das Vertrauen auf den Muth und die Liebe seiner Freiwilligen, alles Dinge, welche die fischblütigen regulären Naturen als „Illusionen" oder „Phrasen" abzufertigen gewohnt sind.

So kann es nicht verwundern, daß die beiden Männer durch ihre verschiedenartige Thätigkeit vom ersten Augenblicke an mit einander in Konflikte geriethen, die sich von Tage zu

Tage mehr verbitterten. Garibaldi glaubte einen Augenblick den König Victor Emanuel für seinen Plan sofortiger Fortsetzung des Kampfes im Römischen und in Neapel gewinnen zu können, diesen König, der sich als General an der Spitze seiner Truppen ohne Zweifel viel wohler befindet, wie als König im Schlosse zu Turin oder in einem Ministerrath, möge dieser präsidirt sein, von wem er wolle. Und es schien in der That, daß ein Auskunftsmittel gefunden sei, als am 28. Oktober Garibaldi den Oberbefehl der in der Romagna konzentrirten Freiwilligen übernahm, in der Romagna, dieser insurgirten, noch nicht gleich den übrigen drei Ländern gebundenen, mehr als sie berechtigten Provinz, die Insurrektion in das anstoßende päpstliche Gebiet hinüberzutragen.

Aber es schien auch nur so; denn sobald nun Garibaldi die Vorbereitungen zu seinem Angriff auf die Marken traf, trat ihm Fanti hindernd entgegen; Garibaldi fand bei näherem Zuschauen die Unterstützung Victor Emanuels nicht, welche er gehofft hatte, und mußte die Bühne verlassen, wie wir dieß alsbald sehen werden.

2. Der Zürcher Frieden.

Am 9. August hatten die Friedensverhandlungen zu Zürich begonnen. Wir haben gezeigt, wie Mittelitalien vorging. Unsere bisherige Erzählung muß schon genügend zeigen, wie wenig dieses Vorgehen geeignet war, den Präliminarfrieden von Villafranca in Zürich zu einem endgültigen Frieden werden zu lassen. Dieß noch mehr zu erschweren, dazu trugen die Forderungen der vertriebenen Herzöge, der Herzogin von Parma, des Großherzogs von Toscana, des Herzogs von Modena, welche sie, zum Theil von Oesterreich unterstützt, in Paris geltend machten, ihre Proteste, das Gebahren des Papstes, dann die verschiedenartige Stellung, welche die europäischen Großmächte zu der mittelitalischen Frage einnahmen, nicht wenig bei.

Sehr unangenehm war es allen denjenigen, welche eine Reaktion oder, um es höflicher auszudrücken, eine Restauration in Mittelitalien wünschten, daß die Revolution dort so ruhig, so ohne alle Exzesse vor sich ging, gewissermaßen eine Revolution in Schlafrock und Pantoffeln. Die vertriebenen Herzoge thaten ihr Möglichstes, um durch entsendete Agenten zu Exzessen herauszufordern; es nützte aber nichts. Es wäre jedenfalls eine Thorheit, annehmen zu wollen, daß diese Herzöge gar keine Partei in ihren Ländern gehabt hätten; jeder kleine Hof hat am Ende seinen Schwanz von Hoflakaien. Aber der Einheitsgedanke und seine Partei waren in Zentralitalien so mächtig, daß eine andere nicht gegen sie aufkommen konnte, sie benahm sich überdieß mit Klugheit und Energie, und nicht wenig nützte es ihr — jeder Einsichtige muß es gestehen —, daß sie immer einen König einem Herzog entgegenzustellen hatte.

So blieb denn im Wesentlichen die Ermordung Anviti's zu Parma am 5. Oktober 1859 der einzige Exzeß. Anviti hatte sich durch Strenge und Grausamkeit unter dem herzoglichen Regimente verhaßt gemacht; er hatte foltern, auf gemeine Weise prügeln, köpfen und hängen lassen. Die Verwandten seiner Opfer hatten kein größeres Verlangen, als ihn dermaleinst dafür büßen zu lassen. Und nun wagte er sich in einer Verkleidung nach Parma. Kaum zu etwas Anderem als dort reaktionär zu wühlen. Man erkannte ihn und rächte sich durch seinen Tod für die frühern Erduldungen.

Es konnte nicht verwundern, daß die ganze europäische Reaktion über diese Sache, die ihr ein gefundenes Fressen schien, Zeter schrie. Leider stimmte ihr auch der schlaffe Liberalismus, welcher doch bis heute die Geschicke Europa's in seinen Händen zu haben glaubt, bei und trommelte dem Tambourmajor der Reaktion als ganzer Trommlerchor muthig nach. Statt zu sagen: dieser Mensch hat sein Schicksal selbst herausgefordert, jammerte die ganze tugendhafte Philisterpresse unisono über das „Attentat“, welches die schöne, bisher in Schlafrock und Pantoffeln einhergegangene Revolution Mittelitaliens „beflecke“. Zu großem Aerger nicht bloß der Reaktion, sondern auch der Philisterpartei, welche so gern die Pharisäermaske vornimmt, blieb sogar dieser Akt der Volksjustiz ein vereinzelter.

Der Papst, als er mit Schmerzen sah, daß er ein bewaffnetes Einschreiten in der Romagna bis auf bessere Zeiten unterlassen müsse, weil es ihm am Besten dazu fehlte und er sich durch ein solches nur der Gefahr aussetzte, auch noch zu verlieren, was ihm geblieben, der Papst versammelte am 2. September 1859 eine Kardinalkongregation, um mit ihr über die Zulässigkeit und den Nutzen der Anwendung geistlicher Zuchtmittel gegen die aufrührerische Romagna zu berathen.

Als nun die Romagnolen die Absetzung des Papstes als weltlichen Fürsten und ferner beschlossen hatten, ihr Land dem König Victor Emanuel anzubieten, als Victor Emanuel versprochen hatte, sich ihrer in solchem Sinne vor einem europäischen Kongresse anzunehmen, da ergrimmte Pius gewaltig; in einer Allokution an sein geheimes Konsistorium vom 26. September beklagte er sich über die Hartnäckigkeit, mit welcher die Romagnolen, auf deren reumüthige Rückkehr er gehofft, im Abfall verharrten, über die fremde Unterstützung, die ihnen werde. Weit entfernt, zurückzukehren, hätten sie vielmehr nach der „jetzt herrschenden Mode“ den Anschluß an Piemont dekretirt. Wie sich unter solchen Umständen von selbst verstehe, herrsche in der Romagna die scheußlichste Sittenlosigkeit; Papst, Heilige aller Art, die heilige Jungfrau selbst, die Religionsübungen würden täglich auf den Straßen und im Theater verspottet. Der Papst wisse, daß die Bevölkerung der Romagna fast in ihrer ganzen Zahl sich unter sein mildes Szepter zurücksehne und nur von wenigen Oberrebellen terrorisirt werde; er kenne ferner seine Pflicht, muthig die Sache der Religion zu vertheidigen, alle Angriffe auf die Rechte und den Besitz der Kirche abzuwehren. So erneuere er denn Acht und Strafen der Kirche gegen die Rebellen der Romagna, wie sie schon im Juni von ihm ausgesprochen wären, und gegen alle ihre Helfershelfer.

Zu letztern gehörte offenbar die piemontesische Regierung. Pius säumte daher auch nicht, dem piemontesischen Gesandten Della Minerva seine Pässe zuzustellen, was keineswegs verhinderte, daß ehe Della Minerva Rom am 8. Oktober verließ, die angesehensten Römer ihm ihre Aufwartung machten, um ihm ihre Sympathie auszusprechen — ihren Wunsch, um es deutlich zu sagen —, sich bald die Verwünschungen des heiligen Vaters in nicht minderem Grade als die Romagniolen zuziehen zu können.

Instruktionen wurden von der päpstlichen Regierung an alle Enden der Welt an die Bischöfe und Erzbischöfe gesendet; die Geistlichkeit ward angewiesen, die Bedrohung des päpstlichen Gebietes und Geldsäckels als eine Bedrahung und Beeinträchtigung der Kirche und der Religion auszuschreien. Diesen Anweisungen kam die katholische Geistlichkeit außerhalb Italiens williger und eifriger nach, als die italische.

In Deutschland, Belgien, Frankreich, der Schweiz erhob der Klerus sein Klagelied über das schreckliche Unglück, welches der Welt drohte, wenn die Romagna nicht mehr von den Päpsten und ihrem Anhang regiert und besteuert werden könnte. Alle möglichen Schandthaten wurden erfunden, welche die Romagnolen täglich verüben sollten. Die Regierung zu Bologna, so viele Mühe sie sich gab, konnte doch gegen das betäubende Geschrei mit ihren Widerlegungen und ihren Nachweisen des wahren Thatbestandes kaum aufkommen. Wenn die Organe der klerikalen und reaktionären Presse allen Schmutz der Welt aufwühlten, um Schändlichkeiten aufzufinden, die möglicher Weise auch in der Romagna begangen werden konnten, und um zu verkünden, daß sie wirklich daselbst begangen wären, so schleuderten nun Erzbischöfe und Bischöfe Hirtenbriefe nicht bloß in ihre Heerden, sondern auch in die allgemeine Oeffentlichkeit. Jeder dieser Hirten suchte den andern in Klagen über das schmähliche Attentat zu überbieten, welches an der Kirche begangen sei. Der Wahnwitz in den Hirtenbriefen verstieg sich so weit, daß die Verkündung der ganz neuen Entdeckung gewagt wurde: der Kirchenstaat sei das bestregierte, glücklichste Land in Europa, daß ferner behauptet ward, der Kirchenstaat gehöre nicht bloß seinen Bewohnern, nicht bloß dem Papst, sondern der ganzen katholischen Christenheit. Ohne der letztern Bewilligung dürfe daher nichts vom Kirchenstaate abgetrennt werden.

Dergleichen Lehren würden uns an die Schwelle eines neuen Kreuzzuges gebracht haben, wenn wirklich die Bevölkerung Europa's noch in der mittelalterlichen Dummheit befangen gewesen wäre, in welcher der hohe katholische Klerus sie sich wünscht. Glücklicher Weise täuschte sich der Papst in diesem Punkte gänzlich.

Werfen wir jetzt einen Blick auf die Stellung der Großmächte zur italienischen Frage.

Der Kaiser von Frankreich wollte natürlich kein einheitliches Italien haben, kein selbstständiges. Hatte er Oesterreich zu Villafranca mit einem Fuße in Italien gelassen, so mußte er doppelt wünschen, auch selbst einen Fuß in Italien zu behalten. Die Bestimmungen des Friedens von Villafranca entsprachen in ihrer Unbestimmtheit diesem Wunsche vollkommen, und für Napoleon III. geschah also vorläufig vollkommen genug, wenn zu Zürich der Friede von Villafranca in einen definitiven verwandelt ward. In diesem Falle blieb fast Alles zu lösen, Alles in der Schwebe, und Frankreichs Einfluß konnte sich auf dem nachfolgenden europäischen Kongresse ganz beliebig und im Verhältniß zu seinem Machtverhältniß geltend machen.

Die Verabredungen der mittelitalienischen Staaten über die Einsetzung einer gemeinsamen Regierung konnten daher dem

Kaiser Napoleon durchaus nicht gefallen. Diese gemeinsame Regierung, kam sie wirklich zu Stande, konnte noch mehr als alles Frühere das Zustandekommen des dürftigen Zürcher Friedens stören. Napoleon sprach sich daher gegen die gemeinsame Regierung, gegen die Besetzung Mittelitaliens mit piemontesischen Truppen, gegen die Annexion desselben an Piemont aus, als Victor Emanuel am 12. Oktober 1859 den Minister des Aeußern, Dabormida, nach Paris gesendet hatte, um Napoleon zu sondiren und ihn wo möglich für die Annexion zu gewinnen. Noch entschiedener erklärte sich der französische Kaiser gegen jede Unterstützung seines etwaigen Versuchs, die Insurrektion nach den Marken und Umbrien weiter zu tragen von piemontesischer Seite. Er wollte nicht, daß in Italien ein Präjudiz für den Kongreß geschaffen werde, und die Besorgniß, daß es dazu kommen könne, hatte ihn eben von Biarritz nach Paris zurückgeführt.

Am 20. Oktober richtete Napoleon einen langen Brief an Victor Emanuel, um diesem noch einmal einzuschärfen, daß man dem europäischen Kongresse die Frage der Ordnung der italienischen Angelegenheiten offen lassen müsse. Der Frieden von Villafranca sei einmal geschlossen, sagte Napoleon; möge man über die Richtigkeit dieses Schrittes denken wie man wolle, er, der Kaiser, müsse diesen Frieden achten. Es sei beim Abschluß dieses Vertrages darauf angekommen, soweit damals thunlich, für die Unabhängigkeit Italiens zu sorgen, Piemont genug zu thun, den Wünschen des italienischen Volkes zu entsprechen, zugleich aber den Katholizismus nicht zu beeinträchtigen und die von Europa anerkannten Rechte der Souveränetät nicht zu verletzen. Dieses seien die Grundlagen gewesen, über welche Napoleon sich mit dem Kaiser von Oesterreich offen zu verständigen gesucht habe. Auf diese Weise, habe er gehofft, könne Italiens Wiedergeburt ohne weiteres Blutvergießen erreicht werden. Es sei nunmehr an Piemont, auch das Seinige in gleicher Richtung zu thun; das werde geschehen, wenn es Wünsche, die sich als unrealisirbar herausstellten, zum Opfer bringe und seinen Einfluß auf die Italiener im Anschlusse an Frankreich geltend mache.

Napoleons Vorstellung von dem neuen Italien war, wie er sagte, folgende: Italien ist ein Bund souveräner Staaten; jeder Einzelstaat hat seine Repräsentativverfassung; wo Reformen nothwendig erscheinen, werden sie eingeführt. Der Bund hat eine Fahne, eine einzige Zollgrenze, eine Münze. Rom ist die Bundeshauptstadt, Sitz der allgemeinen Tagsatzung oder Bundesverwaltung. Zu dieser senden die Souveräne ihre Vertreter, aber diese Vertreter werden nach den Vorschlägen der Kammern ernannt; hiedurch wird in dem ganzen System dem Element der Nation sein Recht gegeben, welches dem Einfluß der Oesterreich geneigten Souveräne das Gleichgewicht halten wird. Dadurch, daß man den Papst als Ehrenpräsidenten an die Spitze des Bundes stellt, genügt man dem religiösen Gefühle Europa's, hebt seinen moralischen Einfluß und macht es ihm selbst möglich, ohne sich etwas zu vergeben, im Kirchenstaate heilsame Reformen einzuführen.

Auf dem Wege zu dem Ziele, welches sich der Kaiser gesteckt und welches anzunehmen er auch dem König Victor Emanuel empfahl, sah der erstere Manches bereits erreicht und durch bisherige Verhandlungen gesichert: Die Lombardei mit einer ermäßigten Schuldenlast von Oesterreich an Piemont abgetreten; Oesterreichs Garnisonsrecht in Piacenza, Ferrara, Comacchio aufgegeben, die Ansprüche der Souveräne Mittelitaliens vorbehalten, aber jeder Gedanke einer fremden Intervention beseitigt, dadurch die Unabhängigkeit Mittelitaliens verbürgt.

Was nun noch ferner zu erreichen sei, das werde sich auf dem Kongreß finden, aber auch hier freilich könne der Kaiser Napoleon nur Konzessionen fordern, die innerhalb der Grenzen der Stipulation von Villafranca lägen. Auf dem Kongreß würde daher der Kaiser folgende Vorschläge unterstützen: Parma und Piacenza werden zu Piemont geschlagen, dem sie aus militärischen Rücksichten unentbehrlich sind; die

Alles nach piemontesischer Schablone zuschneiden will, was er für gut finden soll, dem die rothen Hemden der Garibaldiner ein Gräuel sind und der Keinen für einen Soldaten hält, welcher sich nicht mit piemontesischen Röcken bekleidet.

Fanti konnte für die Ansicht, welche er zu vertreten bestimmt war und wirklich vertrat: daß nämlich Zentralitalien der Ruhe bedürfe, um sich wirklich und dauerhaft militärisch zu organisiren, Vieles und Gutes beibringen. Zentralitalien hatte im Anfang des September vielleicht 20000 Mann unter den Waffen, und der Mehrtheil davon waren Freiwillige, ohne festes Engagement. Ein solches Freiwilligenheer ist ohne Zweifel vortrefflich für rasche Entscheidungen, wenn Alles glücklich von Statten geht. Für alle Wechselfälle des Krieges kann es sich nicht mit einem wohlorganisirten Staatsheer messen; es ist kein Institut, welches für die Dauer berechnet wäre. Fanti fand das Freiwilligenheer außerdem mangelhaft ausgerüstet und bewaffnet; in dieser Beziehung mußte nachgeholfen werden. Endlich war auch die Stärke keine befriedigende, und wie groß der Enthusiasmus der nord- und mittelitalienischen Jugend sein mochte, man begreift, daß darauf kein dauerhaftes Gebäude zu errichten war und daß einem alten Soldaten die piemontesische Konskription als ein viel sichereres Fundament erscheinen mußte. Endlich konnte noch gesagt werden, wenn die ganze Tendenz der mittelitalischen Bewegung auf die Vereinigung mit Piemont hinausläuft, ist es denn nicht vernünftig, die hier gebildeten Heereskräfte sogleich auf piemontesischen Fuß einzurichten?

Garibaldi hatte dem Allem nichts entgegenzusetzen, als das Vertrauen auf den Erfolg Italiens, das Vertrauen in die große Sache, der er sein ganzes Leben geweiht, als das Vertrauen auf den Muth und die Liebe seiner Freiwilligen, alles Dinge, welche die fischblütigen regulären Naturen als „Illusionen" oder „Phrasen" abzufertigen gewohnt sind.

So kann es nicht verwundern, daß die beiden Männer durch ihre verschiedenartige Thätigkeit vom ersten Augenblicke an mit einander in Konflikte geriethen, die sich von Tage zu

Die vielen Umöglichkeiten des Friedens von Villafranca, wie der Vorschläge vom 20. Oktober, welche im Wesentlichen an den Stipulationen von Villafranca festhielten, waren augenfällig für Jeden, der die Augen aufthun wollte.

Die englische Regierung, durch ihr ganzes System verhindert, gegen eine Neukonstituirung Italiens in freiheitlichem Sinne aufzutreten, hatte von Anbeginn alle Veranlassung gehabt, jeden Schritt Napoleons zu überwachen.

Eine „Idee" ist nicht „gar nischt" wie jener Sprosse des Berliner Kadettenhauses meinte. Eine Idee hat immer einen sehr materiellen Hintergrund, wie eine sehr materielle Folge; sie wäre sonst wenigstens eine sehr dumme und jedenfalls keine politische Idee.

Je mehr Napoleon mit seinem Ausspruche Ernst machte, daß er für eine Idee kämpfe, nicht für augenfälligen, direkten Landgewinn, desto besorgter mußten seine natürlichen Gegner sein. Wenn die Idee eine Vereinigung der romanischen Race unter französischer Leitung mit Beihülfe der slavischen Race und gegen die germanische war; wenn sie sich schließlich auf die Umwandlung des Mittelmeers in einen französischen See reduziren ließ, so ging dies sämmtliche germanische Stämme, mehr aber als einen andern die Engländer an.

Solchen Ideen und ihrer Realisirung arbeitet man entgegen in zweierlei Weise, durch Koalition mit denjenigen, welche gleiche Interessen mit uns haben oder durch Trennung, Entzweiung derjenigen, welche sich wider uns vereinigen oder wider uns vereinigt werden können.

Den erstern Weg erkannte die Palmerston'sche Regierung bald als unpraktikabel. Oesterreich, von dem man eine Zeit lang geglaubt hatte, daß es neue und verständigere Wege betreten könnte, hatte wiederum alle seine Blößen gezeigt; es wollte sich nicht dadurch erhalten, daß es die Welt um ein Jahrhundert vorwärts brächte, sondern dadurch, daß es sie um mehrere Jahrhunderte zurückschleuderte. Seine ganze Unfähigkeit war wiederum auf's Großartigste zu Tage getreten und wer noch so sehr etwas Anderes gewünscht und darum gehofft hatte, dem mußte der Frieden von Villafranca mit seinem Gefolge von Beschuldigungen, Unterschleifsprozessen u. s. w. die Augen öffnen.

Preußen zeigte die gleiche Ohnmacht; so wenig es sich unterordnen mochte, so wenig besaß es den Muth, etwas selbst zu wollen und zu thun. Indem es bei jeder Gelegenheit die Legitimität seiner Art zu handeln hervorhob, sagte es sich von seinem Lebensprinzip, von der Berechtigung zum Bestehen los, es bekannte sich zu der unfruchtbaren und feigen Politik „der freien Hand.“ Diese Politik kann sehr fruchtbar und sehr kühn sein, wenn man sich die freie Hand bewahrt, um sie zu brauchen. Sie ist unfruchtbar und feige, wenn die freie Hand eben nur deßhalb frei erhalten wird, um sie nicht zu brauchen. So ward sie die Politik der versäumten Gelegenheiten, die preußische oder hohenzollersche Politik.

Vollends erst Deutschland, der deutsche Bund! Wenn sich seine gegenwärtigen Elemente einigten, so konnte es nur im bornirt dynastischen Sinne geschehen. Was war von einer solchen Einigung für den Fortschritt der Welt zu hoffen. Für die Italiener hatte Deutschland einen entschiedenen Nutzen, denjenigen eines kolossal abschreckenden Beispiels. Weil Italien nicht ohnmächtig sein wollte, wie Deutschland, wollte es sich nicht nach dem Muster Deutschlands konstituiren lassen. Die englische Regierung konnte nicht mit einem politischen Körper sich einlassen, der gar keinen Willen, keine Repräsentation dieses Willens hat. Alle Politiker, wenn sie Deutschland in ihre Rechnung hineinzogen, thaten dies nur insofern, als sie auf Deutschlands Ohnmacht als eine sich von selbst verstehende Sache bauten.

England mußte den zweiten Weg gehen. So wenig Napoleon seine „Idee“ aus den Augen verlieren mochte, jedenfalls verließ er mit dem Friedensschluß von Villafranca die Sache Italiens in derjenigen Gestalt, in welcher er selbst dieselbe ursprünglich proklamirt hatte.

Die englische Regierung ging von diesem Augenblicke an desto entschiedener mit den Italienern. Sie stellte sich die Aufgabe, ihnen gegenüber und wider den Willen Napoleons zu ihrer Einheit zu verhelfen, in einer Weise, daß Napoleon freilich selbst nicht hindernd dazwischen treten konnte.

Sie begann diese Arbeit mit einer Kritik der Stipulationen von Villafranca, indem sie versuchte zu einer genauern Feststellung derselben zu Gunsten Italiens zu drängen, die Unmöglichkeiten, die Unverträglichkeiten mit jedem Interesse, welche sich in ihnen fanden, ans Licht zu ziehen.

Die englische Regierung erbat sich Aufschlüsse darüber, was unter der Ehrenpräsidentschaft des Papstes zu verstehen sei, ob wirklich der Kaiser von Oesterreich Venetien als rein italisches Land hinstellen werde, in welcher Art die Restauration der Herzöge von Modena und Toscana durchgeführt werden solle. In Bezug auf Venetien mußte der französische Minister Walewski eingestehen, daß Oesterreich keine bindenden Verpflichtungen eingegangen sei; doch habe der Kaiser Franz Joseph die Einführung heilsamer Reformen, in nationalitalienischem Sinne als zweckmäßig anerkannt. Napoleon benutzte dieses Verhältniß um auf Piemont und die Herzogthümer zu drücken. Er ließ ihnen in Aussicht stellen, daß Venetiens Verwaltung italienisirt werden würde, wenn Piemont auf die Annexion der Herzogthümer verzichte und wenn diese ihre vertriebenen Herzöge zurücknehmen wollten, so daß sie ein Opfer für das venetianische Schwesterland brächten. Die Italiener ließen sich von dergleichen Vorstellungen nicht ködern, und die englische Regierung kam rundheraus zu dem praktischen Schlusse, daß wenn Venetien nicht gänzlich von Oesterreich abgetrennt werde, es besser sei, daß es überhaupt nicht in den italienischen Bund, welchen Napoleon beabsichtigte, eintrete. Denn so lange Venetien bei Oesterreich sei, werde nie Venetien in den Bund treten, sondern Oesterreich mittelst Venetiens, und wenn nun noch die von Oesterreich abhängigen alten Herzöge restaurirt würden, so würde Oesterreich im italienischen Bunde immer

. Italien werde österreichisch regiert werden,

...n vernünftigen Bemerkungen der englischen ... die Stellung Venetiens zu Oesterreich und ...ch zugleich das Urtheil gesprochen über den un-...edanken Mantua und Peschiera in italienische ...tungen umgestalten zu wollen.

...end Napoleon an der Restauration der vertriebenen ...hielt und für dieselbe durch die Sendungen des ... Reizet und des Fürsten Poniatowski in den Her-...thümern selbst Anhaltspunkte zu gewinnen suchte, kam die ...glische Regierung immer entschiedener, und auch sie auf die Berichte ihrer Agenten hin, zu einem ganz entgegengesetzten Resultat in Einklang mit den Wünschen der Italiener selbst, nämlich zu der Ueberzeugung, daß die Restauration der Herzöge ohne Waffengewalt eine Unmöglichkeit und daß die Annexion Zentralitaliens an Piemont das vernünftigste Auskunftsmittel sei.

In Bezug auf die Restaurationsstipulation fragte Russel unmittelbar nach dem Frieden von Villafranca an, ob österreichische, französische oder piemontesische Truppen gebraucht werden sollten, um etwaigen Widerstand gegen die Restauration in den Herzogthümern und der Romagna zu brechen. Walewski erwiderte, französische Truppen würden dazu nicht gebraucht werden, auch würde Napoleon nicht zugeben können, daß österreichische Truppen einrückten. Auf dieser Basis drängte nun das englische Kabinet immer entschiedener zu einer förmlichen Anerkennung des Prinzipes der Nichtintervention und des Rechtes der italischen Völker, sich selbst zu konstituiren; allerdings stieß es dabei auf heftigen Widerstand und, wie man sich leicht denken kann, auf den heftigsten von Seiten Oesterreichs.

Graf Rechberg weigerte sich entschieden, das Prinzip der Nichtintervention anzuerkennen, wenn auch Oesterreich sich augenblicklich nicht in der Lage befand, mit bewaffneter Hand einschreiten zu können; und mit noch größerer Entrüstung wehrte er sich gegen das Prinzip der Volkssouveränetät, nach welchem es jedem Volke freisteht, seine Verfassung selbst zu ordnen, ein Prinzip, welches allen Traditionen der österreichischen Dynastie widerspricht, welches sie Jahrhunderte lang bekämpft hat und welches sie nicht anzuerkennen vermöge, ohne sich selbst aufzugeben. Fürst Metternich mußte in Paris wiederholt auf Einhaltung der Stipulationen von Villafranca dringen, gegen jedes Annexionsgelüste Piemonts protestiren, und man gab von österreichischer Seite selbst zu, daß man in Venetien deßhalb Truppen zusammenziehe, um sich vorkommenden Falls der Annexion zu widersetzen.

Rußland ging im Wesentlichen mit Frankreich einig, ohne sich indessen ihm ganz in die Hände zu geben, und das preußische Ministerium sah zu und antwortete auf die spärlichen Mittheilungen, die ihm noch wurden, verlegen, daß es sich freie Hand bewahren wolle. In eben dieser Verlegenheit näherte sich die preußische Regierung — Rußland, und der Prinz von Preußen hatte mit dem Kaiser von Rußland im Oktober eine Zusammenkunft in Breslau, bei welcher man dahin überein kam, keinen Kongreß zu beschicken, an welchem nicht alle Großmächte theilnehmen, und sich für diesen Kongreß ohne alle Verpflichtung völlig „freie Hand" zu bewahren.

Da es Napoleons Absicht war, den Frieden von Zürich zu Stande zu bringen, so kam er auch zu Stande; aber, wie es unter den obwaltenden Umständen und nach Allem, was wir erzählt hatten, sehr erklärlich sein wird, war er weiter nichts als eine Paraphrase des Friedens von Villafranca, welche alle wichtigen Fragen ungelöst — dem Kongreß oder der Thätigkeit der Italiener überließ.

Am 10. November, dem Tage des Schillerfestes, wurden zu Zürich auf dem Rathhause drei Verträge unterzeichnet, welche den Frieden feststellten, der erste zwischen Oesterreich und Frankreich, der zweite zwischen Frankreich und Sardinien über die Abtretung der Lombardei, der dritte zwischen Oesterreich, Frankreich und Sardinien.

3*

Der erste Vertrag bekräftigt den Frieden zwischen Oesterreich und Frankreich auf „ewige Zeiten"; die Kriegsgefangenen werden von beiden Seiten ohne Verzug zurückgegeben; ebenso gibt Frankreich die aufgefangenen österreichischen Schiffe mit billigen und in der Natur der Sache liegenden Einschränkungen zurück. Oesterreich tritt die Lombardei mit Ausnahme der Minciofestungen Peschiera und Mantua und des zu ihrer Behauptung nothwendigen Rayons, welcher durch eine gemischte Militärkommission definitiv festgestellt werden soll, an den Kaiser der Franzosen ab, welcher seinerseits die Absicht ausspricht, die ihm zugefallenen Landestheile an den König von Sardinien zu übergeben. Die Truppen der kriegführenden Parteien, welche noch jenseits der vorläufigen neuen Grenze stehen, ziehen sich beiderseits sofort hinter dieselbe zurück. Die neue Regierung der Lombardei (also nach der von Frankreich an Viktor Emanuel erfolgten Abtretung, die sardinische Regierung) übernimmt drei Fünftheile der Schuld des Monte Lombardo und 40 Millionen Gulden Konventionsmünze vom Nationalanlehen von 1854, und eine internationale Kommission regelt diese Anglegenheit auf den Grundlagen, über welche man sich verständigt hat. Die neue Regiegierung der Lombardei tritt in die Rechte und Pflichten der bisherigen in Bezug auf alle Verträge, welche speziell die Interessen des abgetretenen Landes betreffen; die österreichische Regierung ihrerseits zahlt alle Summen zurück, welche von lombardischen Unterthanen, Korporationen u. s. w. als Kaution, Depositen, Konsignationen in österreichische Kassen eingelegt worden sind; Summen derselben Natur, welche in lombardische Kassen eingelegt sind, zahlt die neue Regierung zurück, welche auch alle von der österreichischen Regierung auf dem abgetretenen Gebiet ertheilten Eisenbahnkonzessionen einfach bestätigt und vom Tage der Ratifikation ab alle Rechte und Verbindkeiten in Bezug auf die Eisenbahnen auf dem abgetretenen Gebiet übernimmt. Bewohner des abgetretenen Gebiets, welche nach Oesterreich auswandern, oder Bewohner des österreichischen

Gebiets, welche aus dem abgetretenen Gebiet gebürtig sind und dorthin auswandern wollen, sollen ein Jahr lang dabei in jeder billigen Weise unterstützt werden. Oesterreichische Militärs, welche aus dem abgetretenen Gebiet gebürtig sind, werden auf ihr Verlangen sofort aus dem Dienst und in ihre Heimat entlassen, wenn sie aber in österreichischem Dienst bleiben wollen, so dürfen sie dieß ohne Nachtheil an Person und Eigenthum. Dieselbe Garantie wird den aus der Lombardei gebürtigen Zivilbeamten, welche in österreichischem Dienste sind und bleiben wollen, zugesichert. Alle aus den öffentlichen Kassen der Lombardei bezahlten regelmäßigen Zivil- und Militärpensionen werden fortan von der neuen Regierung der Lombardei bezahlt. Die Archive, welche die Dokumente über den bei Oesterreich bleibenden Theil der Lombardei und über Venetien enthalten, werden ohne Verzug den österreichischen, den Kommissären der neuen Regierung der Lombardei dagegen die Archivalien über den abgetretenen Theil der Lombardei überliefert. Die Mittheilung der Archivalien wird ohne Schwierigkeiten auch später von beiden Seiten auf einfache Verlangen der obern Verwaltungsbehörden fortgesetzt werden. Den religiösen Körperschaften in der abgetretenen Lombardei wird freie Verfügung über ihr bewegliches und unbewegliches Vermögen zugesichert, falls die neue Gesetzgebung, unter welche sie treten, ihr Fortbestehen als Köperschaften nicht zulassen sollte.

Kaiser Napoleon und Kaiser Franz Joseph verpflichten sich, aus allen ihren Kräften die Gründung einer Konföderation aller italienischen Staaten zu befördern. Diese Konföderation soll unter das Ehrenpräsidium des Papstes gestellt werden; sie soll die Unabhängigkeit und Unverletzbarkeit der konföderirten Staaten, die Entwicklung ihrer moralischen und materiellen Interessen sichern; eine Bundesarmee soll zur Verbürgung der innern und äußern Sicherheit Italiens aufgestellt werden. Eine aus den Repräsentanten aller italienischen Staaten zusammengesetzte Versammlung wird eine Bundesakte entwerfen, an deren Rechten und Pflichten auch Venetien, welches sammt dem bei

Oesterreich verbliebenen Theil der Lombardei gleichfalls in den Bund eintritt, Theil nehmen wird.

Die Rechte des Großherzogs von Toscana, des Herzogs von Modena und der Herzogin von Parma werden von den kontrahirenden Parteien ausdrücklich vorbehalten, da die Gebietsverhältnisse der unabhängigen Staaten, welche im Kriege von 1859 nicht Partei nahmen, nur mit Zustimmung aller Mächte, welche ihre Existenz anerkannt haben, geändert werden können.

Der Kaiser Napoleon und der Kaiser Franz Joseph werden sich beim Papste dahin verwenden, daß er diejenigen Reformen in der Verwaltung des Kirchenstaates einführe, welche für die Ruhe desselben und für das unangetastete Bestehen seiner Macht unerläßlich erscheinen. Schließlich wird eine allgemeine und unbedingte Amnestie sowohl von Seiten Oesterreichs als des Kaisers Napoleon, des letztern für die neue Regierung der abgetretenen Lombardei, zugesichert.

Ein Zusatzartikel stellt fest, in welcher Art die Zahlung der 40 Millionen Gulden, welche die neue Regierung der Lombardei von dem Nationalanlehen von 1854 übernimmt, an Oesterreich stattfinden soll.

Durch den zweiten Vertrag, zwischen Sardinien und Frankreich, tritt das letztere an den König Victor Emanuel die Gebietstheile der Lombardei, welche ihm von Franz Joseph überlassen sind, mit allen den Rechten und Pflichten ab, welche darauf haften und mit denen sie Frankreich im Namen der neuen Regierung der Lombardei von Oesterreich übernommen hat. Sardinien zahlt in einer näher festgesetzten Weise die 40 Millionen Gulden Konventionsmünze an Frankreich zurück, welche letzteres sich verpflichtet hatte, an Oesterreich zu zahlen; es zahlt außerdem 60 Millionen Kriegskostenentschädigung an Frankreich.

Der dritte Vertrag, zwischen Sardinien, Frankreich und Oesterreich, faßte den Inhalt der beiden vorigen zusammen, indem er zugleich über den Frieden auf ewige Zeiten, die Auswechslung der Gefangenen, die Amnestie, die neue Grenze, die Rechte und Verpflichtungen, welche die Abtretung des größten Theils der Lombardei seitens Oesterreichs an eine neue Regierung schuf, die Erleichterung des freien Umzugs auf beschränkte Zeit über die neue Grenze hinaus, dasselbe in dem Verhältniß Sardiniens zu Oesterreich festsetzte, was durch den ersten Vertrag zwischen Frankreich und Oesterreich stipulirt war. Alle Verträge und Uebereinkünfte, welche zwischen Oesterreich und Sardinien vor dem 1. April 1859 bestanden, soweit sie durch den neuen Stand der Dinge, wie ihn der Friede von Zürich schuf, nicht abgeändert waren, werden bekräftigt und sofort auf das abgetretene lombardische Gebiet angewendet. Die Schifffahrt auf dem Gardasee ist frei, was die Anwendung polizeilicher Vorschriften nicht ausschließt; Oesterreich und Sardinien verpflichten sich zum Abschluß einer besondern Konvention binnen Jahresfrist über die Maßregeln gegen Schmuggelei an der neuen Grenze; bis dahin gelten an ihr die Bestimmungen der Konvention von 1851 für die alte Grenze am Tessin und Langensee. Eine besondere Konvention wird auch über die Unterhaltung der Uebergänge über den Mincio, sowie über die Uferbauten am Mincio, dort wo dessen Thalweg jetzt die Grenze bildet, geschlossen werden. Dieselben Erleichterungen, welche für die Grenzanwohner an der alten Grenze zwischen Sardinien und Oesterreich statthatten, werden auf die neue Grenze übertragen.

Diese drei Verträge also machten den magern Frieden von Zürich aus. Wie man sieht, ist er wesentlich in Allem, was über die Regelung der Grenzverhältnisse zwischen dem neuen Sardinien und Oesterreich hinausgeht, eine Abschrift des Präliminarfriedens von Villafranca. Der Vertrag zwischen Frankreich und Oesterreich indessen ruft ausdrücklich einem Kongreß. Auf den Kongreß ist Alles abgestellt. Der Friede von Zürich thut nichts bestimmt, als daß er die Abtretung der Lombardei von Oesterreich an Frankreich, von Frankreich an Sardinien sanktionirt. Alles Andere läßt er offen, die große italienische Frage, eben diejenige Frage, welche allein die **Welt** in Bewegung setzen kann, läßt er ungelöst und schiebt sie dem Kongreß zu. Was auch in Italien geschehen mag, so sagt der Zürcher Frieden, wir erkennen nichts davon an; — Zentralitalien ist vorbehalten, wie viel mehr nicht erst Süditalien. Macht Geschichte, so viel ihr wollt! der Kongreß kann sie wieder durchstreichen.

Zentralitalien machte Geschichte mit diesem Vorbehalt.

3. Die Annexion Zentralitaliens an Piemont.

Wir haben jener Versammlung der hauptsächlichsten Vertreter der zentralitalischen Länder erwähnt, welche Anfangs Oktober stattfand und in welcher man sich dahin vereinigte, eine gemeinsame Regentschaft für diese Länder einzusetzen und sie dem Prinzen von Savoyen-Carignan anzutragen. Die Repräsentantenversammlungen wurden nun ohne Säumen berufen; am 6. November traten diejenigen von Modena und der Romagna, am 7. diejenigen von Parma und Toscana zusammen. Am 7. und 8. November ward beschlossen, dem Prinzen von Savoyen-Carignan das provisorische Regiment des vereinigten Zentralitaliens anzutragen, und Deputationen wurden nach Turin entsendet, um dem König Victor Emanuel Nachricht von dem gefaßten Beschlusse zu geben. Die Versammlung zu Bologna hatte zugleich an Stelle des unfähigen Cipriani Farini an die Spitze der Regierung berufen, so daß nun schon drei Länder, Romagna, Modena und Parma, thatsächlich unter einem Regenten vereint waren.

Napoleon protestirte, ohne erst auf offizielle Mittheilungen und Aufschlüsse zu warten, sofort entschieden gegen solches Vorgehen der Mittelitaliener. Unmittelbar vor dem Frieden von Zürich, mithin vor dem Kongreß einen Prinzen der Dynastie Savoyen zur Regierung Mittelitaliens berufen, hieß nichts Anderes, als die Annexion Mittelitaliens an Piemont zum Trotz aller getroffenen und noch zu treffenden Verabredungen für eine vollendete Thatsache erklären.

Napoleon konnte ohne Zweifel von Victor Emanuel nicht verlangen, daß er den Mittelitalienern die Einsetzung einer gemeinsamen Regierung verbiete. Dieß hätte so viel geheißen, als eine Anerkennung der Herrschaft Victor Emanuels über Mittelitalien. Indessen mochte er von Victor Emanuel fordern können, daß dieser das Vorgehen der Zentralitaliener nicht unterstütze, wie es allzu deutlich der Fall gewesen wäre, wenn ein savoyischer Prinz als Regent der vier Länder auftrat. Victor Emanuel empfahl dem Prinzen Eugen, die Regentschaft auszuschlagen, dagegen einen andern Regenten vorzuschlagen. Als die Deputation der Romagna am 13. November zuerst dem Prinzen Eugen von seiner Wahl zum Regenten Kenntniß gab, sprach er dieser zunächst seinen Dank für das ihm bewiesene Vertrauen Zentralitaliens aus, welches indessen wohl mehr dem Könige Victor Emanuel und Italien als seiner Person gelte, und als folgere er, daß eben deßhalb die Person des Regenten mehr oder minder gleichgültig sei, fügte er bei, daß ihn Gründe der Konvenienz, angesichts des bevorstehenden Kongresses, hinderten, die Regentschaft anzunehmen. Er bringe, indem er dieselbe ablehne, Mittelitalien ein Opfer, und glaube ihm zugleich einen Dienst zu erweisen, indem er an seiner Statt Buoncompagni, der sich bereits als piemontesischer Kommissär während des Krieges Verdienste um Mittelitalien erworben hatte, zum Regenten vorschlage.

In einem Schreiben vom 14. November an Buoncompagni forderte er diesen auf, die Regentschaft anzunehmen und gab ihm zugleich eine kurze Anleitung zu seinem Verhalten: sich abwartend verhalten, das Heer auf einen anständigen Fuß bringen, auf die wiederholten Versprechungen des Kaisers Napoleon, eine Intervention nicht dulden zu wollen, auf die Unterstützung Victor Emanuels vertrauen.

Auch dieser Tausch fand die Billigung Napoleons nicht, und selbst die Toscaner waren mit ihm nicht zufrieden. Der

Widerstand der Toscaner ward gütlich beseitigt. Gegenüber Napoleon machte die piemontesische Regierung öffentlich von einem allerdings ziemlich abgenützten Mittel Gebrauch. Sie drohte mit der Möglichkeit der „Anarchie“ in Mittelitalien und sah in der Einsetzung einer gemeinsamen, genügend starken Regierung das einzige Mittel gegen diese Gefahr.

Napoleon gab nach; dagegen forderte er Garibaldi zum Opfer. Die piemontesische Regierung hatte von der neapolitanischen Erklärungen darüber verlangt, was die Aufstellung ihrer Abruzzenarmee an der römischen Grenze zu bedeuten habe. Die neapolitanische Regierung antwortete darauf: sie könne auf ihrem Gebiet und mit ihren Truppen thun, was ihr beliebe; durch die neapolitanische Abruzzenarmee könne jedenfalls das mit seinen Grenzen noch ziemlich weit entfernte Piemont sich nicht bedroht fühlen, höchstens habe der Papst Ursache, Aufklärungen zu fordern. In Bezug auf eine etwaige Intervention in der Romagna müsse sich der König von Neapel völlig freie Entschließung vorbehalten.

Während der Verhandlungen über diesen Gegenstand, in welche auch der Kaiser Napoleon vermittelnd eintrat, ward ihm gegenüber von der neapolitanischen Regierung geltend gemacht, daß man über die Absichten Mittelitaliens durchaus nicht sicher sein könne, daß man annehmen müsse, Mittelitalien werde von Piemont unterstützt und vertraue auf diese Unterstützung. In solchem Vertrauen könne es auch wohl zum Angriff auf die Marken, auf das neapolitanische Gebiet selbst schreiten, und insbesondere sei die Anwesenheit Garibaldi's in der Romagna, in der mittelitalienischen Armee ein Grund zu gerechter Unruhe.

Um nun diesen Grund zur Unruhe zu beseitigen, verlangte Napoleon die Entfernung Garibaldi's. So fand denn dieser bei seinem fortgesetzten Zwist mit Fanti im November durchaus nicht die Unterstützung von Seiten Victor Emanuels, auf welche er geglaubt hatte vertrauen zu dürfen. Erbittert legte er am 14. November alle seine Stellen nieder und zog sich ins Privatleben zurück. In einer Proklamation zeigte er dieß den Italienern an, machte sie aber darauf aufmerksam, daß es ihnen die Politik, welche jetzt Victor Emanuel auf Schritt und Tritt hindere, doppelt zur Pflicht mache, fest zum Könige zu stehen; er selbst werde ohne Säumen wieder an seinem Platze sein, sobald der König von Neuem seine Soldaten zum Befreiungskampfe aufrufe.

Mit Garibaldi verließen viele seiner treuen Waffengefährten, die besten Offiziere das Heer Mittelitaliens, welchem auf solche Weise die Desorganisation drohte.

Fanti erließ deßhalb am 18. November einen Tagsbefehl, in welchem er im Wesentlichen auf die Fortschritte hinwies, welche die Rüstungen Mittelitaliens bisher schon gemacht hätten, zugleich aber daran erinnerte, daß noch Vieles fehle, ehe von einem vollständig kriegstüchtigen Heere Mittelitaliens die Rede sein könne. Man müsse also Geduld haben. Durch die Ausdauer, welche Mittelitalien zeige, werde es den ohnedieß nicht auf festen Füßen stehenden Feind ermüden; entweder werde dieser ohne ernsten Versuch vom Kampfe abstehen oder er werde genöthigt sein, zum Angriffskampfe zu schreiten, und in diesem Falle sei seine Niederlage sicher.

Garibaldi selbst forderte in einer neuen Proklamation vom 23. November seine Waffengefährten in Mittelitalien zu treuem Ausharren bei der Fahne auf. Früher schon hatte er einen Aufruf zur Subskription für die Beschaffung einer Million Gewehre, mit welcher Italien jedem Feind entgegentreten könne, erlassen; er erneuerte jetzt diesen Aufruf.

Buoncompagni, nachdem alle Anstände, welche seiner Berufung entgegen waren, durch Uebereinkünfte beseitigt worden, begab sich am 21. Dezember nach Livorno, von wo aus er den Mittelitalienern verkündete, daß er sie von jetzt an als Generalgouverneur der verbündeten Provinzen Mittelitaliens regieren werde; er hielt sich in seiner Proklamation wesentlich an die Anleitung, welche ihm in dem Briefe vom 14. November von Prinz Eugen gegeben war.

Unter dem Generalgouvernement Buoncompagni's blieb die Regierung Ricasoli's zu Toscana und diejenige Farini's zu Modena über die Provinzen der Emilia (Parma, Modena, Romagna) bestehen.

So war denn wieder ein großer Schritt auf dem Wege der Annexion geschehen, wie man immer die Aufstellung der gemeinsamen Regierung betrachten mochte.

Andere sollten schnell folgen.

Von Paris aus ergingen Einladungen zu dem Kongreß, welcher beim Frieden von Villafranca und dann wieder beim Frieden von Zürich vorgesehen war.

Obwohl von keiner Seite die Zustimmung direkt verweigert ward, so zeigten sich doch alsbald so viel abweichende Meinungen über die Art, wie der Kongreß zusammentreten solle, als betheiligte Regierungen.

Wer sollte auf dem Kongreß vertreten sein?

Nur die fünf Großmächte?

Oder alle die Mächte, welche die Wiener Verträge unterzeichnet hatten?

Oder alle Mächte, welche betheiligt waren, z. B. also auch die zentralitalischen Staaten? und wenn diese, die neuen Regierungen oder die vertriebenen Herzöge oder beide? Auch die Nachbarstaaten Italiens, welche offenbar bei Gebietsveränderungen in Italien interessirt waren, z. B. die Schweiz?

Sollte man auf den Kongreß kommen ohne ein vorher festgestelltes Programm oder mit einem solchen? Mit welchem dann? in welcher Weise sollte man sich darüber vereinigen?

Die wirklichen Staatsmänner waren selbstverständlich darüber einig, daß jede vertretene Macht mit einer bestimmten Ansicht auf dem Kongreß erscheinen müsse und daß sie gut thue, wenn sie nicht alle Theilnehmer zum Einverständniß über eine gewisse Basis bringen könne, ein solches Einverständniß wenigstens mit einigen einflußreichen Theilnehmern zu erzielen. Von diesem Gesichtspunkte ging namentlich England aus und es wendete sich deßhalb einerseits an Frankreich, andererseits an Oesterreich; dort mußte Cowley, hier Loftus arbeiten.

Die Afterstaatsmänner, die preußischen z. B. dachten Wunder wie klug sie wären, wenn sie feststellten, mit „freier Hand" kommen zu wollen. Einigen Mächten, wie namentlich dem Kaiser Napoleon konnte es nur lieb sein, wenn von den untergeordneten Theilnehmern des Kongresses recht viele mit „freier Hand" kamen, und Rußland that gegenüber Preußen so, als habe auch es diese Absicht, was ihm natürlich gar nicht einfiel. Die russischen Staatsmänner aber, wenn sie an Wäsche denken, wissen recht gut, daß eine Hand die andere wäscht, daß man indessen von lahmen Händen, wie frei sie auch sein mögen, solchen Dienst so wenig als irgend einen andern erwarten darf.

Sehr bald war es möglich, das Prognostikon zu stellen, daß ein Kongreß über die italienischen Angelegenheiten im Jahre 1860 wenigstens schwerlich zu Stande kommen werde.

Russel schrieb schon am 26. November geradezu an Cowley, der in Paris die Kongreßangelegenheit vorbereitete: daß ihm die Annexion Zentralitaliens an Piemont als die einfachste und natürlichste Lösung des italienischen Räthsels erscheine. Da indessen weder Frankreich noch Oesterreich hievon etwas wissen möchten, würde er sich auch damit zufrieden stellen, daß Sardinien durch Parma, Piacenza und Massa-Carrara vergrößert, und daß Modena und Toscana unter einem andern Fürsten vereinigt würden, den sie sich selbst wählen könnten, der aber nicht einer der Dynastieen angehören dürfte, die in den fünf Großstaaten Europa's regierten.

Man sieht, daß Russel an dem Prinzipe festhält, daß die Völker Italiens im Wesentlichen ihre Angelegenheiten selbst regelten; daß er die Frage des Papstthums und der weltlichen Macht des Papstes übergeht als Vertreter einer protestantischen Macht.

Was nun das Prinzip der Volkssouveränetät betrifft, so traf es selbstverständlich bei Rechberg in Oesterreich auf einen immer grimmigeren Widerstand. Die Truppen in Venetien wurden abermals vermehrt, Metternich protestirte immer energischer in Paris; die Truppen des Herzogs von Modena machten selbst eine Bewegung gegen die Grenze Mittelitaliens in der Zeit, da die Einsetzung Buoncompagni's als Generalgouverneur der Länder Mittelitaliens noch in der Schwebe war. Rechberg sagte, ein österreichischer Minister, welcher seinem Kaiser vorschlüge, das Prinzip der Volkssouveränetät anzuerkennen, mache sich des Hochverraths schuldig.

Der Kaiser Napoleon konnte, man begreift es, sich nicht wüthend gegen das Prinzip der Volkssouveränetät geberden; er konnte sich gegenüber den Vorschlägen Englands nur keusch in den Mantel des Ehrenmannes hüllen, der gegen gegebene Versprechungen sich nicht verfehlen darf, der folglich auch an dem Frieden von Villafranca, an dessen Stipulationen festhalten müsse.

Aber bei dem Vorgehen der Mittelitaliener ward es doch anfangs Dezember schon immer klarer, daß Napoleon nicht mehr ganz abgeneigt war, der Annexion Mittelitaliens an Piemont den Weg offen zu lassen. Er hatte sich ein anderes Mittel ausgesonnen, um die Verwicklung in Italien wach, folglich auch seinen Einfluß dort lebendig zu erhalten. Zudem war es ihm gar nicht unangenehm, wenn vollendete Thatsachen ihn von den Verpflichtungen frei machten, welche er zu Villafranca und Zürich gegen Oesterreich eingegangen war; nur wollte er den Schein bewahren, daß er dazu gedrängt wäre, von diesen Verpflichtungen abzugehen.

Er näherte sich daher thatsächlich England, dessen Verhältniß zu Frankreich im Sommer 1859 ein ziemlich feindseliges gewesen war und sogar den englischen Spießbürger zur Bürgerwehrflinte hatte greifen lassen, von Tage zu Tage mehr, freilich nicht Willens, diese Annäherung bloß den schönen Augen der Königin Victoria zu Liebe zu vollziehen; er war entschlossen, sie um einen guten Preis zu erkaufen.

So machte er denn Mitte Dezember einen jener Seitensprünge, welche den gewandten Mann verrathen. Der katholische Fürst ließ, dessen sich die protestantische Regierung von England bescheiden enthalten hatte, in der Broschüre: „Der Papst und der Kongreß" die weltliche Macht des Papstes angreifen und trug so, während er öffentlich Italien das Kleinere, die Annexion Mittelitaliens, verwehrte, die Blicke der Italiener über dessen Grenzen hinaus.

Der Papst muß eine weltliche Macht besitzen, sagt die Broschüre. Besäße er sie nicht, so würde er Unterthan irgend eines Fürsten sein, was der Würde der Kirche widerspräche. Aber die Regierung des Papstes ist nothwendig eine theokratische, patriarchalische; das liegt in der Natur des Hohenpriesterthums. Eine solche Regierung entspricht den Interessen eines großen Landes nicht, welches nothwendig in den Strudel der Weltbegebenheiten hineingerissen wird. Es ist also zweckmäßig für das Land, welches theokratisch regiert wird, daß es klein sei. Ein kleines Gebiet genügt aber auch vollkommen für den Papst. Es kommt für ihn nur darauf an, daß er Herrscher, nicht Unterthan sei; Herrscher kann er in einem kleinen Gebiet ebenso wohl sein als in einem großen. Dieses kleine Herrschgebiet, welches eine friedliche Oase in der Weltwüste darstellen würde, würde ferner auch dadurch von Allen respektirt, nie Kriegsdrangsalen ausgesetzt, neutral in allen Weltintriguen ganz zu dem Papstthum und dessen Bedürfnissen stimmen. Der Papst soll physisch ruhen, nicht schaffen. Er soll segnen, nicht das Schwert ziehen. Wollte man sagen, daß das kleine Gebiet nicht die Mittel hergebe, um äußerlich die Würde des obersten Priesterthums zu bewahren, so gibt es auch da eine Auskunft, welche die Würde des Papstthums nur desto deutlicher hervorheben wird, eine Tributzahlung der sämmtlichen katholischen Mächte an den Papst, die allen Steuerdruck von dem päpstlichen Gebiete entfernt. Von den entwickelten Gesichtspunkten aus erscheint es nun durchaus unnöthig, die Romagna dem Papste zurückzugeben, sowie es unthunlich ist. Denn die Romagna will nicht unter päpstlicher Herrschaft sein; nur Gewalt könnte sie dieser wieder unterwerfen; die Anwendung derselben ist aber des Papstes unwürdig, außerdem würde durch sie der Papst keine mit ihrem Schicksal zufriedenen Unterthanen erhalten, eine beständige Okkupation würde erforderlich sein. Und wer soll die Gewalt üben? Frankreich, welches eben für die Befreiung Italiens gekämpft, welches seine eigene Regierung auf das Prinzip der Volkssouveränetät baut, kann es nicht. Man bedenke auch wohl, daß als die alte Herrschaft über die Romagna zusammenbrach, dieß eigentlich die Herrschaft der Oesterreicher, nicht des Papstes war. Ganz gleiche Verhältnisse fanden in den Herzogthümern statt. Frankreich kann aber auch keine Intervention Oesterreichs zulassen; es kann nicht gestern gekämpft haben, um Oesterreichs Herrschaft in Italien zu brechen, und heute die Mittel bieten wollen, um diese Herrschaft wieder herzustellen. Ebenso wenig kann man Neapel, der einzigen italienischen Macht, welche in Betracht käme, die Intervention überlassen. Abgesehen davon, daß es im eignen Lande genug zu thun hat, hieße seine Intervention auch nichts Anderes als Entzündung des Bürgerkrieges in Italien, da sie Piemont nothwendig zum Einschreiten zwingen müßte.

Die einzige mögliche Intervention in Italien ist die friedliche eines europäischen Kongresses, dessen Kompetenz nicht bestritten werden kann, wenn man nicht das ganze gegenwärtig anerkannte Völkerrecht in Frage stellen will, und in Bezug auf die weltliche Macht des Papstes würde dieser Kongreß zweckmäßiger Weise im Sinne der vorhergehenden Entwicklungen entscheiden.

So sprach die Broschüre: Papst und Kongreß. Ihr folgte auf dem Fuße ein Brief des Kaisers Napoleon an den Papst vom 31. Dezember 1859.

In demselben spricht Napoleon die Ansicht aus, daß es gelungen sein würde, die Romagna unter die Herrschaft Pius IX. zurückzuführen, wenn dieser sich zur Einsetzung eines Laien als Generalgouverneur und zu den Reformen bequemt hätte, die damit zusammenhingen. Der Rath Napoleons sei nicht beachtet worden, darüber hätten sich die neuen Zustände in der Romagna konsolidirt, und es sei dem Kaiser durchaus unmöglich geworden, den Gang der Dinge aufzuhalten. Auch der erwartete Kongreß werde aller Wahrscheinlichkeit nach die bewaffnete Intervention in der Romagna zu Gunsten des Papstes ausschließen. Unter solchen Umständen halte es Napoleon für am angemessensten den Interessen des Papstthums, wenn Pius die Herrschaft über die Romagna zum Opfer bringe.

Broschüre und Brief machten in Italien den besten Eindruck; sie belebten schon gesunkene Hoffnungen und stärkten die bisher festgehaltenen. England und Frankreich werden auf dem Kongreß einig gehen; letzteres sträubt sich nur noch zum Schein, und wenn wir durch unser Fortschreiten auf dem einmal betretenen Wege England einen Hinterhalt geben, so ist die Annexion Mittelitaliens an Piemont sicher und ohne Gefährde. Piemont wird das Seinige thun.

Die Ernennung des Grafen Cavour zum Kongreßgesandten für Piemont zeigte nun vollends deutlich, daß Piemont bereits mit der Politik gebrochen habe, in welche es sich zu Villafranca und bis zum Abschluß des Zürcher Friedens gefügt hatte. Cavour hatte sein Portefeuille in Folge des Friedens von Villafranca niedergelegt; jetzt sollte er Piemonts Politik wiederum bei einem entscheidenden europäischen Akte vertreten. Diese Politik konnte nicht mehr die Politik von Villafranca sein.

Am 17. Januar 1860 endlich gab das Ministerium Ratazzi seine Entlassung, und Victor Emanuel beauftragte Cavour mit der Bildung eines neuen Kabinets.

Der Monat Januar ließ über die Annäherung Englands und Frankreichs keinen Zweifel mehr.

Am 5. Januar trat Walewski aus dem französischen Ministerium, Walewski, welcher äußerlich die Politik von Villafranca repräsentirte, welcher in allen bisherigen Verhandlungen Englands Vorschlägen entgegengetreten war und die feindselige Stimmung, in welche die beiden Westmächte 1859 zu einander gerathen waren, hauptsächlich verschulden sollte. An seine Stelle trat Thouvenel, bisher Gesandter zu Konstantinopel.

Napoleon war nicht Willens, seine eventuelle Nachgiebigkeit gegen England und Piemont umsonst zuzugestehen.

Abgesehen davon, daß er sich ein anscheinendes Widerstreben vorbehielt, verlangte er von England einen vortheilhaften Handelsvertrag, von Piemont die Abtretung Savoyens und der Grafschaft Nizza an Frankreich.

In einem Briefe vom 15. Januar an Billault, seinen Minister des Innern, kündigte er an, daß trotz mancher noch obschwebender Differenzen der Friede Europa's gesichert und daß es nun angemessen erscheine, mit den Mitteln, welche zu militärischen Feldzügen nicht nöthig wären, einen großartigen Friedensfeldzug, eine neue Aera des Friedens zu eröffnen. Der Handel sollte durch Herabsetzung der Zölle gehoben, damit zugleich der Industrie, den öffentlichen Bauten, der Landwirthschaft ein neuer Aufschwung gegeben werden.

Napoleon war von Cobden für das Prinzip des Freihandels gewonnen, von dessen Vortheilen überzeugt worden.

Dem jähen Uebergang vom Prohibitivsystem zum Freihandelssystem stehen, wie bekannt, verschiedene Hindernisse entgegen. Für ein einzelnes Land ist er unmöglich; absolut gerechtfertigt wäre er allenfalls nur, wenn er für alle Länder der Erde zugleich einträte, was eine Uebereinstimmung voraussetzt, die ins Reich der Wunder gehört. Davon abgesehen, sind die Nationalökonomen durchaus nicht darüber einig, ob das System der direkten Steuern einem gemischten System direkter und indirekter Steuern vorzuziehen sei oder nicht. Wir glauben, daß, um sich auf das System rein direkter Steuern zu gründen, fast alle Staaten Europa's ihre Ausgaben wesentlich einzuschränken hätten, was wieder nicht anders zu erzielen wäre, als durch das Abgehen von dem System der stehenden Heere.

Da nun die Frage eine überaus komplizirte ist, so kann das reine Freihandelssystem vorläufig immer nur als Ideal vorschweben und seine Anwendung wird vorläufig nie etwas Anderes als ein beschränktes Prohibitivsystem sein. Für das einzelne Land setzt dessen vortheilhafter Gebrauch voraus, daß das gleiche System sich unmittelbar über einen so großen Kreis als möglich verbreite, folglich Verträge mit andern Ländern. Ein Vertrag Frankreichs mit England hat aber in solcher Beziehung allerdings eine andere Bedeutung als ein Vertrag zwischen Schöppenstädt und Krähwinkel.

Am 23. Januar 1860 wurde ein solcher Handelsvertrag zwischen Frankreich und England — selbstverständlich unter Vorbehalt der Ratifikation durch das englische Parlament — abgeschlossen. Er war für beide Länder vortheilhaft. Eben daraus erklärt es sich, daß die Opposition in beiden Ländern behauptete, er sei eine Konzession je an das andere Land. Seinem Wesen nach war er eine Konzession Englands an Frankreich in dem Sinne, daß der englischen Politik in Italien, welche mit jener der Italiener einig ging, von Seiten Frankreichs keine entschiedenen Hindernisse in den Weg gelegt werden sollten. Die englische Opposition sah in ihm eine Konzession Frankreichs an England in dem Sinne, daß letzteres der Abtrennung Savoyens und Nizza's von Piemont und ihrer Annexion an Frankreich kein Hinderniß in den Weg legen wolle. Im Wesentlichen kommt Alles auf eins heraus. Frankreich und England wollten in der italienischen Frage Hand in Hand gehen und wenn Frankreich dabei die Konzession machte, der italienischen Politik nicht hindernd in den Weg zu treten, so nahm England es auf sich, seinerseits den Konsequenzen nicht hindernd in den Weg zu treten, welche Frankreich aus der Vergrößerung Piemonts zog.

Die Frage der Abtretung Savoyens und Nizza's an Frankreich trat erst mit der Eröffnung der französischen Legislative am 1. März ganz entschieden hervor. Wir werden sie daher erst später ausführlicher behandeln.

4*

Sobald man im Wesentlichen in England wußte, daß Napoleon sich dem natürlichen Gange der Dinge in Italien nicht widersetzen werde, formulirte das englische Kabinet seine Vorschläge für den Kongreß, wenn ein solcher noch stattfinden sollte, für die gemeinsame Handlungsweise Englands und Frankreichs, insofern ein Kongreß nicht zu Stande kam, in vier Punkte. Wem fiele da nicht der orientalische Krieg ein?

Dieses waren die Vorschläge Englands:

Den Italienern wird die Regelung ihrer Angelegenheiten selbst überlassen, ein Einschreiten, um ihnen irgend eine Regierungsform oder einen Regenten aufzudrängen, findet nicht statt, mit einem Wort, man bekräftigt das Prinzip der Nichtintervention.

Venedig bleibt ganz aus dem Spiel. Es bleibt vorläufig bei Oesterreich, und Oesterreich möge mit Venedig verfahren, wie es ihm klug dünkt oder wie ihm beliebt.

Die französischen Truppen werden aus der Lombardei und von Rom zurückgezogen.

Da behauptet wird, daß die Völkerschaften Mittelitaliens bisher nicht frei handelten, terrorisirt waren, so werden sie noch einmal über die Frage der Annexion an Piemont abstimmen. Die Mächte werden das Resultat dieser Abstimmung, wie es auch ausfalle, anerkennen, eintretenden Falls also auch die Annexion an Piemont.

Thouvenel antwortete auf diese Vorschläge in einer Note vom 30. Januar 1860 an Persigny, den französischen Gesandten zu London.

Mit der Bestätigung des Prinzips der Nichtintervention, mit dem Beiseitlassen Venedigs erklärt sich Frankreich durchaus einverstanden. Seine Truppen aus der Lombardei und von Rom glaubt es nicht eher zurückziehen zu können, als bis die neuen Zustände in Italien wirklich hergestellt sind und man der Anerkennung der Großmächte sicher sein kann. Was die eventuelle Anerkennung auch der Annexion Mittelitaliens an Piemont betrifft, so ist Frankreich Oesterreich gegenüber immer noch durch den Frieden von Villafranca und Zürich gebunden und muß suchen, von diesem sein Wort zurückzuhaben.

Thouvenel richtete dann auch in solchem Sinne eine Note an das österreichische Kabinet, in welcher er die Hoffnung ausspricht, daß wenigstens Oesterreich dem Gange der Dinge in Italien keine direkten Hindernisse in den Weg legen, daß es das Unvermeidliche annehmen werde. Diese Note, welche mit den englischen Vorschlägen abging, war vom 31. Januar.

Rechberg antwortete hierauf erst am 17. Februar, und zwar indem er die Gutheißung der englischen Vorschläge geradezu ablehnte. Oesterreich habe zu Villafranca ein schmerzliches Opfer gebracht in der Voraussetzung, welche damals auch der Kaiser Napoleon theilte, daß die vertriebenen Herzoge wieder eingesetzt werden könnten. Franz Joseph halte an dieser Voraussetzung fest. Wenn der Durchführung der Sache Hindernisse allerdings entgegenständen, so seien sie doch keineswegs unüberwindlich. Wie wenig Oesterreich mit den englischen Vorschlägen einig zu gehen vermöge, das sehe übrigens die französische Regierung selbst ein, wie daraus hervorgehe, daß sie von Oesterreich nicht die Billigung dieser Vorschläge, sondern nur das Abstehen von einer förmlichen Opposition fordere.

In dieser Antwort Rechbergs war mit genügender Deutlichkeit ausgesprochen, daß Oesterreich die Dinge wohl eine Zeitlang gehen lassen könne wie sie wollten, weil es augenblicklich sich außer Stande sehe, gewaltsam einzugreifen; daß es aber keine Verpflichtung eingehen möge, welche es hindern könnte, späterhin, sobald ihm die Flügel wieder gewachsen wären, allerdings seinen Vortheil in Italien auf alle Weise wahrzunehmen.

Der Note Rechbergs an das französische Kabinet folgte eine Note Thouvenels an das piemontesische Kabinet vom 24. Februar auf dem Fuße. Thouvenel schlug darin vor, die Herzogthümer Modena und Parma sogleich ohne weitere Abstimmung Piemont zu annexiren. Die Regierung der Romagna solle der König Victor Emanuel als Vikarius des heiligen Stuhles übernehmen, Toscana aber solle zu einem eignen Königreich unter einem von der Bevölkerung selbst gewählten Fürsten, der nur kein savoyischer sein dürfte, umgestaltet werden.

Indessen waren das piemontesische Kabinet und Mittelitalien einig mit einander rüstig vorgeschritten; sicher der Unterstützung Englands und überzeugt, daß Frankreichs jüngferliches Sträuben von keiner Bedeutung sei, daß Frankreich bei Worten stehen bleiben werde.

In Mittelitalien ward in der letzten Hälfte Januars die piemontesische Verfassung und das piemontesische Gesetz über die Deputirtenwahlen verkündet, und in Turin suchte man nach einem Lokal, groß genug, um neben den piemontesischen und lombardischen nun auch die Deputirten Mittelitaliens aufnehmen zu können. Cavour richtete, kaum hatte er die Zügel der Regierung wieder ergriffen, am 27. Januar sogleich ein Zirkular an die sardinischen Gesandten im Auslande, durch welches er erklärte, daß aus dem Kongreß nichts werde, daß alle Thatsachen der letzten Wochen zeigten, nicht allein daß die Wiedereinsetzung der vertriebenen Fürsten unmöglich sei, sondern auch, daß die Unmöglichkeit von den europäischen Mächten erkannt werde. Daraus ward gefolgert, daß Piemont von dem ihm bereits durch die Abstimmungen Mittelitaliens ertheilten und noch zu ertheilenden Rechten Gebrauch machen müsse, und schleunig, um zu verhindern, daß der bisherige provisorische Zustand bei längerer Dauer in einen anarchischen ausarte.

Am 29. Februar schrieb Cavour an Ricasoli und Farini. Er theilte die Vorschläge Frankreichs in der Note Thouvenels vom 24. Februar mit. Er habe, fügte er hinzu, dem französischen Gesandten geantwortet, daß er den Rath des Kaisers Napoleon den Männern zur Beherzigung empfehlen werde, welche bisher die Geschicke Mittelitaliens geleitet. Wahrscheinlich würden diese Männer die Verantwortlichkeit einer endlichen Entscheidung nicht auf sich nehmen wollen und deßhalb eine nochmalige Abstimmung anordnen. Die piemontesische Regierung werde das Resultat dieser Abstimmung, wie es auch ausfallen möge, anerkennen und gemäß demselben handeln.

Ricasoli sowohl als Farini antworteten darauf, daß sie allerdings eine neue Abstimmung anordnen würden; Farini erläuterte, daß eine solche Abstimmung auch für die Romagna zweckmäßig und nützlich sei, und zwar lediglich über den Anschluß an Piemont. Ob der König die Romagna als Vikarius des Papstes übernehme, das sei eine Frage, die vielmehr zwischen dem Papst und Victor Emanuel, als zwischen diesem und dem Volke der Legationen abgemacht werden müsse.

Regierungsmanifeste forderten nun das Volk in Toscana, wie in der Aemilia zu einer wiederholten Abstimmung auf, und zwar darüber, ob dasselbe den Anschluß an Piemont unter dem Szepter des Königs Victor Emanuel oder ein besonderes mittelitalienisches Königreich verlange.

Am 11. März fand die allgemeine Volksabstimmung statt. In der Aemilia erklärten sich 406791 Stimmen, in Toscana 366571 Stimmen für die Annexion an Piemont. Die Stimmen, welche für ein besonderes mittelitalienisches Königreich fielen, waren verschwindend wenige. Etwa zwanzig Prozent der Bevölkerung hatten wirklich abgestimmt.

Am 18. März ward Farini, am 22. März Ricasoli vom König Victor Emanuel feierlich empfangen; jener überbrachte für die Aemilia, dieser für Toskana das Abstimmungsresultat. Der König nahm die Annexion Mittelitaliens an Piemont an; diese Annexion war also vollbracht. Den Vorschlägen Frankreichs ward nur insofern ein Genüge gethan, als Toscana in administrativer Beziehung autonom blieb und in der Person des Prinzen von Carignan einen königlichen Statthalter erhielt. Gouverneur Toscana's blieb unter demselben Ricasoli.

Das mittelitalienische Heer, zu dieser Zeit bereits über 40000 M. stark, ward dem piemontesischen völlig einverleibt und mit ihm gleichgestellt, trotz vielfachen Widerspruchs, der insbesondere von den Offizieren des piemontesischen Heeres ausging. Diese wiesen darauf hin, daß die Freiwilligenkörper, welche auf diese Weise zu regulären Truppen gestempelt wurden, viele Offiziere enthielten, welchen es theils an der nothwendigen militärischen Bildung, theils an andern Eigenschaften gebreche, welche dem Offizier nothwendig seien, und daß die piemontesischen Offiziere, welche in regelmäßiger Weise ihre Grade erworben hätten, durch die Gleichstellung mit den zentralitalischen benachtheiligt würden. Die piemontesische Regierung ging über diese Frage, welche späterhin noch einmal in anderer Weise auftauchen sollte, hinweg.

Am 2. April eröffnete der König Victor Emanuel das Parlament zu Turin, in welchem nun auch die bereits vor der letzten Abstimmung gewählten Deputirten Mittelitaliens Platz nahmen.

Am zähesten und ingrimmigsten stellte sich, wie leicht zu begreifen, der Papst mit seinem Anhange den Vorgängen in Mittelitalien entgegen, wenn in Ermangelung weltlicher Mittel auch nur mit Protesten und Drohungen. Am 1. Januar bei der Neujahrsgratulation des französischen Offizierskorps der Garnison von Rom äußerte er gegen den General Goyon, daß er noch immer hoffe, Gott werde den Kaiser Napoleon erleuchten und ihn auf bessere Wege zurückbringen.

Dem Bischof von Orleans, welcher eine wahnsinnige Schrift gegen „Papst und Kongreß" losgelassen hatte, sagte der heilige Vater seinen besten Dank. Unterdessen hatte er den Brief des Kaisers Napoleon vom 31. Dezember erhalten und antwortete auf denselben mit einem Rundschreiben vom 19. Januar an die Bischöfe.

Er dankte ihnen für ihren Eifer für die Kirche, für die allgemeine Entrüstung, die sie betreffs der Vorgänge in der Romagna selbst geäußert und bei den Gläubigen zu erwecken gewußt. Darauf wendete er sich zu dem Briefe des Kaisers Napoleon vom 31. Dezember. Er habe den Rath, auf die Romagna zu verzichten, ablehnen müssen, da dieser Verzicht der Würde, dem heiligen Charakter des päpstlichen Stuhles, dessen Rechten widerspreche, bei welchen die ganze katholische Welt betheiligt sei. Er habe bei dieser Gelegenheit den Kaiser der Franzosen auch darauf aufmerksam gemacht, daß mit einem solchen Verzicht nichts Anderes gesagt, als dem Aufruhr ein Rechtsanspruch zuerkannt werde und daß ein solches Verfahren selbst dem monarchischen Prinzip verderblich sei, dasselbe in Frage stelle. Er, der Papst, wolle das Aeußerste um der Gerechtigkeit willen leiden. Tief betrübt sei er aber um des verlassenen Zustandes willen der Seelen in den aufständischen Legationen. Die Bischöfe möchten daher ausdauernd in Vertheidigung der heiligen Sache, täglich die Gläubigen anfeuern, Alles für die Erhaltung der weltlichen Herrschaft des Papstes zu thun.

Noch mehr als der Brief des Kaisers Napoleon ärgerte Pius IX. ein Briefwechsel mit Victor Emanuel, welcher sich zum weltlichen Vikar des Papstes nicht bloß in der Romagna, sondern auch in Umbrien und den Marken erbot, indem er auf den unruhigen Zustand auch dieser Provinzen hinwies und auf die Schwäche der päpstlichen Herrschaft in ihnen, die Unmöglichkeit, anders als durch Anwendung der Gewalt sie der päpstlichen Herrschaft zu erhalten.

Die Encyklika vom 19. Januar erregte einen neuen Sturm. Freilich blieb es aber wesentlich beim Beten, bei der Verbreitung wühlerischer Schriften in der Gestalt von Hirtenbriefen, beim Schimpfen der klerikalen Journale gegen die „Beraubung des heiligen Stuhles“; dann bei Beileidsadressen der Gläubigen.

Der Peterspfennig, welcher, wie man kühn gehofft hatte, den päpstlichen Finanzen auf die Beine helfen sollte, lief spärlich, spärlich ein. Bis Ende März hatte er aus ganz Europa und allen übrigen Welttheilen kaum eine Million

Franken eingebracht. Auch kamen die Gläubigen trotz aller Versprechungen von Opfern von Gut und Blut keineswegs herbei zu einem neuen Kreuzzug, und selbst den neuen Aposteln, welche in der Gestalt von päpstlichen Werbeoffizieren in die Welt hinaus, namentlich in das katholische Deutschland gingen, gelang es auch an Ort und Stelle nur, den verlumpten und verdorbenen Abschaum vermöge der gelieferten Werbgelder und des versprochenen Soldes zur heiligen Fahne zu versammeln.

Die Geistlichkeit in Mittel- und Oberitalien verhielt sich der päpstlichen Wühlerei gegenüber nicht bloß ruhig, sie stellte sich sogar mit wenigen Ausnahmen geradezu auf die Seite der weltlichen Macht. Weniger war dieß in Frankreich der Fall, und die Regierung des Kaisers Napoleon fand sich veranlaßt, theils durch Verbote klerikaler Blätter, theils durch Zirkulare an die Bischöfe, theils durch Anweisungen an die weltlichen Behörden, die Präfekten, der päpstlichen Wühlerei entgegenzutreten.

Schließlich kam der Papst, gestachelt von seinen Kardinälen und in seiner vatikanischen Einsamkeit ohne eine Idee, wie es eigentlich in der Welt draußen aussehe, auf den tollen Gedanken, den mittelalterlichen Kirchenbann gegen seine weltlichen Gegner schleudern zu wollen, unter welchen in erster Reihe Victor Emanuel und der Kaiser Napoleon glänzen sollten. Gegen Victor Emanuel sprach er die Drohung der Exkommunikation in einem Briefe vom 14. Februar aus.

In Frankreich mußte der Moniteur in Bezug auf dergleichen Drohungen daran erinnern, daß nach den Gesetzen der gallikanischen Kirche Bullen und Reskripte des Papstes nicht ohne die Erlaubniß der Regierung vervielfältigt und gedruckt werden dürften.

Die piemontesische Regierung ließ sich durchaus nicht stören; den päpstlichen Drohungen setzte sie Adressen der Geistlichkeit Mittel- und Oberitaliens an den König Victor Emanuel entgegen; die Berufung ferner auf die Thatsache, daß die

Geistlichkeit Mittelitaliens selbst der Bevölkerung bei der Abstimmung für die Annexion an Piemont mit gutem Beispiel vorangegangen sei. Victor Emanuel, so sehr er in seinen Briefen und öffentlichen Reden seine Verehrung für den heiligen Vater als geistliches Oberhaupt der katholischen Kirche wiederholt betheuerte, bestand doch ebenso fest darauf, daß Weltliches von Geistlichem scharf getrennt werde, und hörte nicht auf, den prätendirten Verpflichtungen des Papstes, seine weltliche Herrschaft ungetrennt zu behaupten, die eignen Pflichten als italienischer Fürst entgegenzustellen.

Wir haben gesehen, wie trotz alles Schäumens des Papstes die Annexion Mittelitaliens vollzogen ward; wenden wir uns nun zu einer andern Frage, welche mit dieser in innigem Zusammenhang steht und noch mehr als alle bisherigen, wie es schien, dahin führen mußte, daß ein Kongreß zur endlichen Regelung der ganzen italienischen Frage zusammentrete. Wir meinen die Lostrennung Savoyens und der Grafschaft Nizza von Piemont und deren Vereinigung mit dem französischen Kaiserreiche auf dem Wege eines zwischen den beiden Mächten geschlossenen Vertrages.

4. Die Annexion Savoyens und Nizza's an Frankreich.

Als im Jahre 1858 zu Plombières die beiden Häuser von Frankreich und Piemont einen Familienpakt schlossen, vermöge dessen der Prinz Napoleon sich mit der Prinzessin Clotilde, ältesten Tochter des Königs Victor Emanuel, vermählen sollte, kam man zugleich dahin überein, daß, wenn Piemont sich durch die Lombardei und Venetien vergrößerte, dafür Savoyen und die Grafschaft Nizza an Frankreich abgetreten werden sollten.

Savoyen, die Wiege des Königshauses von Sardinien, besteht aus den Bezirken Chambery und Annecy; der erstere zählt in den Provinzen Chambery, Obersavoyen oder Hochsavoyen, Maurienne (dem Stammland der Beherrscher

Piemonts) und Tarentaise auf 118½ Quadratmeilen 313819 Einwohner; der letztere in den Provinzen Genevois, Faucigny und Chablais auf 83 Quadratmeilen 267942 Einwohner.

Die Grafschaft Nizza hat 56 Quadratmeilen und 125220 Einwohner.

Das ganze abzutretende Gebiet kam demnach auf 258 Quadratmeilen mit 707000 Einwohnern.

In Savoyen wird nur französisch gesprochen; das Gleiche ist der Fall in dem nordwestlichen Theile der Grafschaft Nizza. Von den 707000 Einwohnern des ganzen abzutretenden Gebietes sprechen etwa 625000 französisch.

Während des ganzen Feldzugs von 1859 versicherte der Kaiser Napoleon wiederholt, daß er lediglich für eine Idee, nicht für die Vergrößerung Frankreichs kämpfe, und man konnte ihm dieß vollständig glauben, weil es klar war, daß dieser Kampf für eine Idee ohne fremden Beigeschmack ihm und Frankreich viel größeren Vortheil bringen müsse, als eine unbedeutende Vergrößerung des letzteren.

Napoleon schloß den Frieden von Villafranca, welcher Venetien in österreichischer Gewalt ließ, die Voraussetzungen des Vertrages von Plombières fanden daher nicht statt und von einer Abtretung Savoyens und Nizza's an Frankreich war offiziell nicht die Rede, obwohl in diesen Landstrichen eine französische Agitation, insbesondere von der Geistlichkeit genährt, unverkennbar hervortrat.

Nun aber gingen die Mittelitaliener auf dem Wege eines einfachen und unbedingten Anschlusses an Piemont, im Einverständniß mit diesem, und unterstützt von der englischen Politik rüstig vor. Wenn sich ganz Mittelitalien an Piemont anschloß, so ward dieses ein Staat von 2532½ Quadratmeilen mit 11 Millionen 824647 Einwohnern, also bedeutender als es geworden wäre, wenn Venetien und außerdem etwa Parma mit ihm vereinigt wurden, das übrige Mittelitalien aber autonom blieb.

Napoleon kam daher auf den Vertrag, oder um bestimmter

zu sprechen, weil darauf im Laufe der Verhandlungen bisweilen ein großes Gewicht gelegt worden ist, auf den Familienpakt von Plombières zurück, anfangs wohl nur, um auf Piemont in der Richtung gegen die vollständige Annexion Mittelitaliens zu drücken. Denn für uns unterliegt es keinem Zweifel, daß Napoleon eine französische Sekundogenitur in Toscana (an Stelle der österreichischen) der unmittelbaren Vereinigung von Savoyen und Nizza mit Frankreich vorgezogen haben würde. Als die Aussicht auf die vollständige Annexion Mittelitaliens an Piemont immer größer ward und dieses immer entschiedener für eine solche Annexion auftrat, ward die Abtrennung Savoyens und Nizzas von Piemont vom Kaiser Napoleon als eine Eventualität, zu der man sich endlich entschließen müsse, schärfer und entschiedener ins Auge gefaßt. Walewski, der mit dieser wirklichen Wendung der französischen Politik nicht einverstanden war, sprang über die Klinge und Thouvenel nahm seinen Sessel ein.

Jetzt begannen die offiziösen französischen Blätter die Abtretung Savoyens und Nizzas an Frankreich als eine politische Nothwendigkeit, eine Konsequenz des Ganges der Dinge in Mittelitalien darzustellen, und am 1. März 1860 sprach sich der Kaiser Napoleon in seiner Thronrede ganz im gleichen Sinne aus. Er sagte durchaus nicht ganz die Wahrheit, aber sie trat ziemlich deutlich zu Tage. Angesichts der Umwandlung des nördlichen Italiens in einen mächtigen Staat, behauptete er, müsse Frankreich seiner Sicherung halber die französischen Alpenabhänge zurückfordern. Es liege darin nichts, was Europa beunruhigen könne, übrigens werde Napoleon den Großmächten den Stand der Dinge auseinandersetzen und er zweifle nicht, daß sie vollständig überzeugt werden würden.

Wenn noch bis wenige Tage vor dem ersten März jede Absicht Frankreichs sich durch Savoyen und Nizza zu vergrößern, abgeläugnet worden, wenn dabei alle möglichen Kunstgriffe von französischer Seite gebraucht waren, so ward nun durch die Thronrede jeder Zweifel in der Hauptsache gehoben. Wenn früher auf englische Anfragen, ob ein Vertrag zwischen Sardinien und Frankreich über die Abtretung sardinischer Landstriche an das Kaiserreich für vorausgesetzte Fälle existire, verneinend erwidert war, — weil ja kein Vertrag zwischen den beiden Staaten, sondern nur ein Familienpakt zwischen den beiden Dynastien geschlossen war; wenn dann auf andere Anfragen seiner Zeit erwidert war, daß der Kaiser jeden Gedanken an Vergrößerung, wenn er ihn auch früher gehegt, wieder aufgegeben, weil dies wirklich unmittelbar nach dem Frieden von Villafranca der Fall gewesen, wenn endlich von französischer Seite gesagt war, daß Alles in dieser Frage von förmlichen und regelmäßigen Verhandlungen abhängig gemacht werden solle, weil in der That für Napoleon die Frage der Abnexion von Savoyen und Nizza sehr enge mit der Frage der Annexion eines Theils oder des ganzen Mittelitaliens und der Art, in welcher sie gelöst werden würde, zusammenhing, so blieb nach der Thronrede vom 1. März über Frankreichs Absicht in der Hauptsache kein Zweifel, ebenso wenig blieb ein Zweifel über die Verwirklichung, da man um diese Zeit über das wirkliche Schicksal Mittelitaliens bereits völlig im Reinen war.

Das Cavour'sche Kabinet konnte sich nach allem vorhergegangenen und im Angesicht seiner Absicht, mit der Annexion Mittelitaliens vorzugehen, den französischen Aussprüchen nicht widersetzen. Es konnte höchstens darauf rechnen, den Franzosen einzelne Theile des beanspruchten Gebiets noch abzufeilschen.

Allerdings konnte es im Auslande wie im Inlande dem König Victor Emanuel zum Vorwurfe gemacht werden, daß er die „Wiege seines Geschlechtes“ verschachere. Indessen hatte man darauf Antworten bereit, die sich mindestens eben so gut hören ließen. Zuerst wollte der König einem großen Zwecke, der Einigung Italiens dienen, und um das zu können, mußte er es verstehen, Opfer zu bringen. Je größer ihm nun das Opfer der Wiege seines Geschlechtes persönlich scheinen mußte, desto größer mußte er auch in den Augen der Italiener dastehen, für welche er es brachte, desto größer in den Augen des ganzen Auslandes, aller der Völker, welche tagtäglich sich über die halben Maßregeln, die Muth- und Entschlußlosigkeit ihrer Regierungen beklagten und sich durch diese an den Abgrund gezogen sahen.

Ferner ward, in Savoyen namentlich, nur französisch gesprochen. Die Italiener, welche ihren Anspruch auf die Vereinigung der Halbinsel in einen Staat, auf das Prinzip der Nationalität gründeten, konnten sich gegen die Anwendung, welche Frankreich von diesem Prinzip bezüglich der Annexion Savoyens machte, schwerlich erheben.

Endlich schien es der Wunsch der Savoyer selbst zu sein, daß ihr Land mit dem Kaiserreich vereinigt werde und wenn der Kaiser Napoleon die Annexion an Frankreich von einer Volksabstimmung abhängig gemacht wissen wollte, so konnte Piemont, das durch Volksabstimmung Mittelitalien für sich zu gewinnen trachtete und offen erklärte, daß es sich durchaus nach dem Resultate der Volksabstimmung in Mittelitalien richten werde, nicht für Savoyen ganz andern Wegen folgen wollen.

Die französische Nationalität war in der Grafschaft Nizza weniger unzweifelhaft die herrschende als in Savoyen. Wenn Piemont sich nach dem Rathe Napoleons mit der bloßen Annexion Parmas und allenfalls Modenas begnügte, so mochte Napoleon seinerseits mit dem bloßen Savoyen zufrieden sein; wenn Piemont dagegen die Hand unbedingt auch auf Toscana und die Romagna legte, so war es denn wieder — vom französischen Standpunkte aus — natürlich, daß Napoleon nach dem schönen Küstenlande von Nizza griff. Andererseits schmeichelte Cavour sich eine Zeit lang mit dem Gedanken, trotz der Annexion auch Toscanas und der Romagna mit der Abtretung Savoyens allein ohne die Grafschaft Nizza davon zu kommen oder doch ein Stück von der Grafschaft für Piemont zu retten. Doch erkannte er schon in einer Note vom

2. März die Nothwendigkeit an, daß sich Piemont in Savoyen und Nizza ebensowohl an die Volksabstimmung halte, ebensowohl hier sein Verfahren von dieser abhängig machte, als es in Mittelitalien der Fall sein sollte.

Kaum war dann durch die Abstimmung in Mittelitalien, durch die Erklärungen Farinis und Ricasolis, durch die Antworterklärungen des Königs Victor Emanuel das Schicksal Zentralitaliens entschieden, als am 24. März der Vertrag zwischen den Kabinetten von Paris und Turin über die Abtretung Savoyens und Nizzas geschlossen ward.

Nach diesem Vertrage willigt Victor Emanuel in die Vereinigung der betreffenden Gebiete mit Frankreich und verzichtet auf sie zu Gunsten des Kaisers der Franzosen für sich und seine Nachfolger. Die Vereinigung mit Frankreich soll aber erfolgen ohne dem Willen der Bevölkerungen Zwang anzuthun und Napoleon und Victor Emanuel werden sich alsbald über die besten Mittel verständigen, diesen Willen zu erforschen.

Die neutralisirten Theile Savoyens tritt Victor Emanuel nur unter den Bedingungen ab, unter denen er selbst sie besitzt und Napoleon wird sich darüber sowohl mit den Großmächten als mit der schweizerischen Eidgenossenschaft in dem Sinne verständigen, daß die Garantien gewahrt bleiben, um deren willen die Neutralisation erfolgte.

Eine gemischte Kommission wird nach Grundsätzen der Billigkeit und militärischen Rücksichten die neue Grenze zwischen Frankreich und Piemont definitiv feststellen.

Durch andere Kommissionen werden alsbald alle weitern Nebenfragen, wie Vertheilung der Staatsschuld, Antheil an der Durchstechung des Mont Cenis geregelt werden.

Die französische Regierung garantirt den Civilbeamten und Militärs, welche französische Unterthanen werden, die im sardinischen Dienste erworbenen Rechte.

Die aus dem abgetretenen Gebiet gebürtigen oder dort ansäßigen sardinischen Unterthanen, welche in diesem Verhältniß bleiben wollen, haben ein Jahr lang das Recht auf bloße

Erklärung hin, nach Italien auszuwandern. Ihre Grundstücke in Savoyen und Nizza können sie behalten.

Für Sardinien wird die Ratifikation durch das Parlament verfassungsgemäß vorbehalten.

Solches war der Turiner Vertrag.

Daß ein Staat einem andern einen Theil seines Territoriums durch Vertrag abtritt, ist eine Sache, welche nach dem alten Völkerrecht, auf welches man sich heute ja immer noch beruft, durchaus erlaubt erscheint und die an und für sich durchaus nichts Wunderbares und Erschreckendes hat. An und für sich ließ sich gegen die Abtretung Savoyens und Nizzas an Frankreich durchaus nichts sagen. Auch die Anhänger des neuen Völkerrechtes, welches erst noch darauf wartet, durch das Alter und die Gewohnheit zu voller Anerkennung zu gelangen, konnten gegen dem Vertrag nichts einwenden, da seine Durchführung nach dem Prinzip eben des neuen Völkerrechtes von der Volksabstimmung abhängig gemacht ward.

Dagegen schreckte die Art in welcher in der offiziösen Presse und in offiziellen Dokumenten die Nothwendigkeit der Ausdehnung Frankreichs bis auf den Kamm der Alpen aus der Vergrößerung Piemonts hergeleitet ward, Europa auf. Bei der Vergrößerung Piemonts braucht Frankreich, so sagten die Franzosen, Sicherheiten gegen Italien, militärische Sicherheiten, die es nicht anders findet, als durch die Ausdehnung seiner südöstlichen Grenze bis an die „natürliche Grenze." Das große Wort war losgelassen; jedermann weiß, was die Franzosen unter ihren natürlichen Grenzen verstehen. Zum Ueberfluß schwätzten einige Blätter noch aus, daß, wenn z. B. Preußen sich in Deutschland vergrößere, Frankreich „seiner Sicherheit halber" nothwendig bis an den Rhein vorgehen müsse. Außerdem hatte Napoleon in seiner Thronrede in Bezug auf die Vereinigung Savoyens und Nizzas mit Frankreich das böse Wort „zurückverlangen" gebraucht. Wem fiel dabei nicht die erste Republik und das erste Kaiserreich ein? Was konnte das zweite Kaiserreich nicht Alles zurückverlangen, wenn es sich bis an die Grenzen des ersten ausdehnen wollte.“ Das europäische Philisterium überlief eine dicke Gänsehaut, wenn es an alle die Kriege dachte, die nun nothwendig folgen mußten.

Also, sagte man, jetzt ist es entschieden, mit der Politik der Ideen und den Kriegen für Ideen ist es nichts mehr; jetzt fängt die Politik der Vergrößerung, jetzt fangen die Kriege für die Vergrößerung Frankreichs an; Napoleon ist an einem Wendepunkt angekommen.

Gott sei Dank! erwiderten nur wenige, die Politik der Kriege für Ideen war viel gefährlicher für ganz Europa als es jemals Kriege für die Vergrößerung Frankreichs werden können.

Abgesehen von diesen allgemeinen Befürchtungen schloß aber die Savoyerfrage noch eine andere ein, welche sicherlich nicht zwischen den beiden Regierungen von Frankreich und Piemont allein abgemacht werden konnte, welche andere Interessenten ins Feld rief. Dies war die Frage der sogenannten neutralisirten Provinzen Savoyens.

Der größte Theil des Bezirkes Annecy, nämlich alles Land nördlich von Ugine, war durch die Wiener Verträge in die schweizerische Neutralität hereingezogen worden. Die Grenzbestimmung war eine unendlich ungenaue, und niemals hatte man sich in der Folgezeit die Mühe genommen, irgend etwas Genaueres darüber festzusetzen, so daß jeder Mensch und jede Behörde sich vorkommendenfalls die Grenze so zog, wie es ihr gerade bequem schien. In der Regel rechnet man jetzt als neutralisirt jenes Gebiet, dessen Gewässer dem Genfer See und der Rhone, soweit diese dem Kanton Genf angehört, zufließen d. h. das ganze Chablais mit der Hauptstadt Thonon, das ganze Faucigny mit der Hauptstadt Bonneville und vom Genevois den Kreis Carouge; in Summa zwischen 60 und 70 Quadratmeilen mit 167000 Einwohnern.

Die Wiener Verträge hatten bekanntlich den Zweck, das Uebergewicht der heiligen Alliance und der ihr zugethanen oder von ihr abhängigen Mächte über Frankreich zu sichern.

Zu diesen Mächten gehörte damals auch Sardinien und in seinem Interesse ward die Neutralisirung von Nordsavoyen beschlossen. Bestimmt festgesetzt ward, daß, so oft die der Schweiz benachbarten Mächte sich im Zustande wirklich ausgebrochener oder unmittelbar bevorstehender Feindseligkeiten befänden, die sardinischen Truppen sich aus Nordsavoyen zurückzuziehen hätten, daß sie dabei im Nothfall ihren Weg durch den schweizerischen Kanton Wallis nehmen dürften und daß das neutralisirte Nordsavoyen von keinen andern Truppen besetzt werden dürfte, als von denjenigen, welche die schweizerische Eidgenossenschaft dorthin senden würde. Die schweizerische Eidgenossenschaft erhielt das Recht, Nordsavoyen zu besetzen, sie ward nicht im mindesten verpflichtet, es zu thun. Es ist gut, daran zu erinnern, daß die Neutralität der Schweiz, wie Nordsavoyens unter den Schutz der europäischen Mächte gestellt ward und daß man 1815 gar nicht den Gedanken hegte, die Schweiz werde oder könne ihre Neutralität selbst wirksam behaupten.

Seit den dreißiger Jahren hat die Schweiz, wenigstens in ihren Aspirationen ohne alle Frage, eine durchaus andere Stellung eingenommen, und zwar nicht, indem sie sich auf die Verträge von 1815 stützte, welche die Vormundschaft der Kongreßmächte über sie als selbstverständlich voraussetzten, sondern indem sie sich von ihnen entfernte, sie brach, das neue Völkerrecht, die Selbstbestimmung des Volkes immer mehr zu dem ihrigen machte.

Die junge Generation hat diese Unterschiede nicht deutlich genug vor Augen. Daher Vieles in der Komödie der Irrungen in der Schweiz selbst!

Schon im März 1859 hatte der Bundesrath Veranlassung, Europa an das Verhältniß der neutralisirten savoyischen Landestheile zur Schweiz zu erinnern. Er erinnerte wesentlich nur daran, daß die Schweiz zwar ein Recht, aber keine Pflicht habe, jene Landestheile im Fall des Kriegs zwischen den Nachbarmächten zu besetzen.

5*

Schon der Friede von Villafranca und seine Abschrift, der Zürcher Friede, änderten die Ländervertheilung an den südlichen Grenzen der Schweiz, wenn sie auch zunächst nur die Lombardei an Piemont abgaben. Weitere Aenderungen standen aber in Aussicht und man erwartete sie vor dem Kongreß, der im Januar 1860 zusammentreten sollte. Diese Gebietsveränderungen konnten die Bedingungen der schweizerischen Neutralität berühren. Es konnte dies namentlich der Fall sein, falls man sich auf den neuschweizerischen Standpunkt stellte, nach welchem die Eidgenossenschaft ihre Neutralität selbst, mit den Waffen in der Hand, wirksam aufrecht zu erhalten strebt und sich verpflichtet fühlt. Grenzveränderungen u. s. w. konnten ihr die Lösung dieser Aufgabe auf dem militärischen Wege erschweren. Wenn außerdem das Projekt einer italienischen Konföderation zur Ausführung kam und nun Sardinien sammt dem neutralisirten Savoyen in diese Konföderation eintrat, so ging eine Aenderung in der politischen Stellung des neutralisirten Savoyens vor sich und da bei dem Neutralitätsrecht dieses Savoyens die Schweiz betheiligt war, trat auch für sie selbst eine Aenderung ein, wie unbestimmt dieselbe immer noch erscheinen, wie schwer es sein mochte, sie im Voraus genau zu definiren. Die Schweiz verlangte daher am 18. November 1859 mit Recht, bei einem Kongresse über die italienischen Angelegenheiten, wenn er zu Stande käme, auch ihrerseits repräsentirt zu sein.

Als dann der Kongreß immer mehr in das Reich der Träume trat, dagegen immer deutlicher hervor, daß Savoyen an Frankreich abgetreten werden solle, machte die Schweiz augenblicklich auf die Lage der neutralisirten Provinzen und deren Stellung zur Schweiz aufmerksam und forderte Aufklärungen. Sie erhielt von französischer Seite die Zusicherung, daß die neutralisirten Landestheile ihr abgetreten werden würden, falls Savoyen an Frankreich käme. Unmittelbar nach der Thronrede des Kaisers Napoleon aber erschienen am 8. und

10. März 1860 Proklamationen der Gouverneure von Annecy und Chambery, laut denen die Bevölkerungen Savoyens lediglich über die Frage zur Abstimmung berufen werden sollten, ob sie bei Sardinien bleiben oder Frankreich einverleibt werden wollten, ohne daß dabei im Geringsten von dem Verhältniß dieser Landestheile zur Schweiz die Rede war.

Dies warf den Allarm in die Schweiz. Eine sehr weit verbreitete Meinung in der Schweiz war, daß die nordsavoyischen Landestheile, wenn sie nicht bei Sardinien bleiben, der Schweiz einverleibt werden müßten, daß die Schweiz auf diese Einverleibung ein Recht hätte. An der Verbreitung dieser Ansicht arbeitete besonders eine junge politische Gesellschaft, die Helvetia. Man holte zu ihrer Unterstützung selbst einen uralten Vertrag hervor, der 1564 unter Vermittelung der eidgenössischen Stände zwischen Savoyen und der Republik Bern geschlossen worden war; wie viele Aenderungen waren nicht über dieses alte Gerümpel hinweggerasselt! und war es nicht zum Lachen, daß die junge Schweiz, die seit der neuen Bundesverfassung nur immer darauf gedacht hatte, sich von dem alten Gerümpel zu befreien, nun auf dieses alte Stück Hausrath zurückgriff!

Wenn in Europa ziemlich allgemein die Annexion Savoyens an Frankreich als der erste Schritt, als eine Herausforderung angesehen ward und sich eben auf dieser Grundlage die Meinung bildete, man müsse diesem ersten Schritt sogleich entschieden entgegentreten, so fand diese Meinung nun in der Schweiz einen speziellen Ausdruck. Nordsavoyen, rief die Helvetia und die sogenannte Aktionspartei, würden Genf, Waadt, Wallis nachfolgen. Man dürfe also keinen Augenblick versäumen, man müsse sofort zur That schreiten, Nordsavoyen, auf welches man ein Eigenthumsrecht habe und welches außerdem für die Vertheidigung der übrigen Schweiz von der höchsten Wichtigkeit, nothwendig sei, sogleich besetzen, um die Besetzung durch die Franzosen zu verhindern. Dergleichen

Betrachtungen erhitzten die Gemüther aufs äußerste. Und es ist in einem Staate, welcher ein Milizheer von unverhältnißmäßiger Stärke besitzt, sehr begreiflich, daß sich sofort der militärische Dilettantismus kräftig einmischte, unterstützt von dem Eifer einer stürmischen thatenlustigen militärischen Jugend, welche sich nur mit Bedauern zu den ewigen Grenzbesetzungen verurtheilt sah und auch einmal den Krieg schmecken wollte. Der militärische Dilettantismus erging sich in tausend unglaublichen Beweisen dafür, daß Nordsavoyen für die militärische Vertheidigung der Schweizergrenzen, und namentlich Genfs nothwendig sei. Tausend verschiedene Dinge, die mit der Sache durchaus nichts zu thun hatten, wurden durcheinander gemengt; der Schwindel ergriff sogar alte Offiziere, so daß z. B. ein solcher erklärte, Genf müsse direkt vertheidigt werden, allen „Theorien" zum Trotz, will sagen, auch wenn man zugeben müßte, daß dies ein militärischer Fehler sei. Und man wird es zugeben müssen, wenn man weiß, daß Genf eine offene Stadt ist und wenn man ihre Lage gegen Frankreich hin betrachtet, möge Nordsavoyen nun zur Schweiz gehören oder nicht.

Es war allerdings ein Unsinn, wenn Frankreich behauptete, daß es zu seiner Sicherheit gegen das vergrößerte Sardinien der Alpengrenze bedürfe; aber in der Schweiz verfiel die Partei der That mit ihrer nordsavoyischen Schwärmerei offenbar ungefähr in den gleichen Irrthum. So wenig die rein topographische Anschauung militärischer Verhältnisse der Natur des Krieges entspricht, so sehr gestattet sie doch, über jeden Quark eine lange Brühe zu machen und allerhand ergötzliche Kunststücke zu treiben; nichts eignet sich mehr, den Scharfsinn von Schulknaben zu prüfen, freilich auch nichts mehr, sie auf militärische Irrwege zu führen.

Die bedächtigere Partei im Lande faßte die Dinge anders auf. Es ist unzweifelhaft, sagte sie, daß mit der Annexion Savoyens an Frankreich die Verhältnisse Nordsavoyens auch für uns sich ändern. Ueberdieß gehen jetzt Sardinien und Frankrich Hand in Hand mit einander. Manche der Stipulationen von 1815 in Bezug auf Nordsavoyen fallen schon damit aus einander; andere mit der Annexion an Frankreich. So z. B. von einem Rückzug der französischen Truppen, welche beim Ausbruch eines Kriegs aus dem französischen Nordsavoyen zurückgingen, durch das Wallis kann nicht mehr die Rede sein, weil dieß keinen vernünftigen Sinn hätte. Eine einfache Uebertragung der Verpflichtungen und Rechte Sardiniens über Nordsavoyen auf Frankreich ist also unmöglich. Es versteht sich vielmehr von selbst, daß mit dem Uebergang Savoyens an Frankreich neue Stipulationen in Bezug auf die Stellung Nordsavoyens zur Schweiz getroffen werden müssen. Die Schweiz hat dabei mitzureden, weil dabei ihre Interessen wie bei jeder andern Grenzänderung der Nachbarstaaten berührt werden können. Aber allein zu reden hat die Schweiz nicht; vielmehr haben an der Aenderung der betreffenden Stipulationen mindestens alle Mächte ein Interesse, welche die Wiener Kongreßakte mit unterzeichnet, folglich auch die Stipulationen übe Nordsavoyen im Interesse der Sicherheit Europa's garantirt haben. Von einer augenblicklichen Besetzung Nordsavoyens seitens der Schweiz kann gar nicht die Rede sein, da die rechtlichen Bedingungen dazu fehlen, da ein Krieg zwischen den Nachbarstaaten weder ausgebrochen ist, noch nahe bevorsteht. Abgesehen davon könnte das die Schweiz in einen Krieg mit Frankreich verwickeln, und wenn man einen solchen auch nicht unter allen Umständen vermeiden wolle, wenn man ihn in gewissen Fällen selbst auf die Gefahr vorläufigen völligen Untergangs annehmen wolle, so sei er doch im vorliegenden Falle jedenfalls muthwillig vom Zaune gebrochen. Abgesehen davon, daß es mindestens sehr zweifelhaft sei, ob Nordsavoyen zur militärischen Sicherung der Schweiz etwas beitrage, ob nicht vielmehr Alles, was in dieser Beziehung vorgebracht werde, auf falschen, den Vertheidigungsanstalten der Schweiz verderblichen Theorien beruhe, müsse man es als sehr wahrscheinlich erkennen, daß die Besetzung Nordsavoyens eben das Eintreten derjenigen Verhältnisse beschleunigen werde, welche sie nach der Meinung der Partei der That beseitigen sollte, falls überhaupt Napoleon die Absicht habe, die Hand auf Genf, Waadt, Wallis und wer weiß noch worauf sonst zu legen.

Auf dieses Letztere erwiderte die Partei der That: die Schweiz solle nur kühn zugreifen; sie werde dann ganz Europa hinter sich haben.

Nun war es ganz richtig, daß zum Beispiel die deutschen Zeitungen in der Mehrzahl die Schweiz zu kühnem Zugreifen hetzten und ihr alle möglichen Sympathieen versprachen, und wunderbarer Weise leistete in dieser Beziehung die reaktionäre Presse fast noch mehr als die liberale; dieselbe reaktionäre Presse, welche bisher in der Schweiz nichts gesehen hatte als einen Pfuhl des Lasters, eine Höhle des Verbrechens, schwamm in einer völligen Seligkeit, wenn sie nur den Namen der Schweiz nannte, und umarmte dieses bisher von ihr verfluchte Land aufs innigste. Wenn diese plötzliche Liebe verdächtig war, so war die alte Liebe der deutschen Liberalen wenig versprechend, sobald man sie bei Licht besah. Dieselben Leute, welche mit Heroismus jederlei Bedrückung über sich ergehen ließen, welche ihren Fürsten beliebte, welche alles Unrecht duldeten und geschehen ließen, das in deutschen Landen vorging, welche vor Seligkeit außer sich kamen, wenn ihnen ein Minister oktroyirt ward, der 1848 zwar für einen Reaktionär hellsten Wassers galt, aber 1859 immer noch ein Radikaler war im Vergleich zu dem, was man seither gesehen und an was man sich seither gewöhnt, welche jeden ihrer Fürsten, auch den Kurfürsten von Hessen, als Halbgott verehrten, wenn er täglich 25 Prügel weniger aufzuzählen befahl, welche endlich Alles in breiten Auseinandersetzungen zurechtzulegen wußten, gerade wie es passirte, wenn es auch Dinge waren, die keinem Menschen von Ehre und fünf gesunden Sinnen vernünftig und recht erscheinen konnten, welche nicht vermochten, etwas für Hessen, für Schleswig-Holstein, für Deutsch-Oesterreich, aber auch gar nichts zu thun; sie wollten nun die Schweiz zu einem Kriege gegen dasselbe Frankreich treiben, vor welchem ihre Götter sich beugten, zu einem Kriege, für welchen die Schweiz Menschen und Kanonen brauchte. Boten sie etwa Menschen und Kanonen? Ja Kuchen! sagt der Berliner; — Sympathieen!

Was man von den Mächten selbst an materieller Unterstützung zu erwarten habe, das konnte man in der Schweiz wissen, ohne vorher Regierungsantworten auf bundesräthliche Noten gelesen zu haben. Wie schön solche Antworten auch klingen mochten, was sollte Ernstes darin stehen? Oesterreich, das sich resignirte, für seine eignen Interessen in Italien zuerst nicht zu den Waffen zu greifen, sollte es plötzlich etwa der Schweiz beispringen, deren Bevölkerung doch im Grunde der österreichischen Regierung nur als ein Haufe Rebellen erscheinen konnte, den man im Nothfall gebraucht, den man aber mit Willen und Wissen niemals ernstlich unterstützt? Oesterreich freute sich überdieß der Annexion Savoyens von Sardinien, weil ihm jeder Schade, der Sardinien geschieht, angenehm ist und weil es glaubte, immer noch eher wieder zum Besitz seiner italienischen Sekundogenituren und der Lombardei zurückzugelangen, als Sardinien zum Besitz Savoyens.

England mußte — wir haben es schon wiederholt gesagt und es erhellt deutlich genug aus der Geschichte der Annexion Mittelitaliens an Sardinien — in der Savoyer Annexionsgeschichte mit Frankreich einig gehen. Die Opposition machte sich aus dieser Geschichte eine Waffe gegen das Ministerium noch mehr als gegen den Handelsvertrag; aber die Mehrheit des Parlaments ging mit dem Ministerium. Keinen Krieg wegen dieser Lappalie! Und wenn ihr keinen Krieg wollt, was wollt ihr denn? Das war so, abgesehen von Meetings- und Schützenfestredensarten, die wesentliche Meinung in England.

Rußland konnte schwerlich im Hinblick auf Vergangenes und Zukünftiges etwas dagegen haben, daß Savoyen auf dem Vertragswege aus Sardiniens in Frankreichs Hände überging.

Preußen mußte sich die „freie Hand" bewahren und fühlte kein großes Verlangen, für die traurige Rolle, die es im Neuenburger Handel der Schweiz gegenüber gespielt, zum Danke als Champion einer weitern Vergrößerung der Schweiz aufzutreten.

Alle waren allerdings der Meinung, daß die Verhältnisse Nordsavoyens neu geordnet werden müßten, aber für eine welterschütternde Frage hielt diese im Ernste Niemand außer den Volksversammlungen der Helvetia, und die Regierungen der Reaktionsstaaten waren der Meinung, wenn diese Frage nicht auf einem Kongreß geregelt werde zu allseitiger Zufriedenheit, — wenn es endlich einmal aus andern Gründen zum Krieg mit Frankreich komme, so würden so viele Nötli zu bezahlen sein, daß dasjenige der Schweiz sicher auch noch Platz in der Hauptrechnung finde.

Dieß war das wirkliche Sachverhältniß. Es sah etwas anders aus als dasjenige, welches sich die schweizerische Kriegspartei zurecht gemacht hatte.

Der Bundesrath stand keineswegs völlig über dem Einfluß der Kriegspartei Eine große Rolle in ihm als Verfechter der Partei der That spielte Herr Stämpfli, ein etwas verwöhnter junger Mann, durchdrungen davon, daß er ein großer Staatsmann sei und jetzt wie es schien voller Neigung, seinen politisch-diplomatischen Lorbeeren auch militärische beizufügen.

In Folge des Bekanntwerdens der Proklamationen der Gouverneure von Annecy und Chambery erließ der Bundesrath am 19. März 1860 eine Note an die Großmächte, in welcher er deren Einmischung anrief. Die Annexion war zu dieser Zeit erst angekündigt, nicht vollzogen. Für den Fall des Anschlusses Savoyens an Frankreich bezeichnete indessen der Bundesrath als diejenige Lösung der Frage, welche ihm dem europäischen Interesse am dienbarsten schien, die

... es neutralisirten Nordsavoyens ... eiz.

... her hatte der schweizerische Gesandte in Paris ... en Protest gegen die Einverleibung Nordsavoyens ... abgeben müssen. Thouvenel in seiner Antwort vom ... beklagte sich über dieses Verfahren der Schweiz aus — ... gründen, weil Napoleon sich der Eidgenossenschaft bei frü- ... Anlässen wohlwollend erzeigt habe, und fand dasselbe nicht rechtlich begründet, obwohl er zugab, daß eine ... vision der Stipulationen über Nordsavoyen ... othwendig sei. Darüber hatte sich die französische Regierung schon in einer Depesche vom 13. März an die Großmächte gewendet. Die Antwort des Bundesrathes auf die Thouvenel'sche Note vom 17. März ging am 24. März von Bern ab.

Indem sie zunächst die Argumente Thouvenels zu entkräften suchte, berührte sie dann auch eine Wandlung der französischen Politik. Frankreich hatte, wie man sich erinnert, ursprünglich die Absicht geäußert, falls ihm selbst Savoyen und Nizza zufielen, Nordsavoyen an die Schweiz abzutreten.

Nun waren in Savoyen selbst verschiedene Parteien vorhanden. Während die eine auf jeden Fall den Anschluß an Frankreich wünschte, zog es die andere vor, daß das Land bei Sardinien bliebe. Wenn dieß nicht sein könnte, erst dann ward die Frage in Betracht gezogen, wem man sich ferner anschließen wolle. Hier gingen die Meinungen sehr aus einander. In Nordsavoyen war unzweifelhaft eine große Partei, welche dessen Anschluß an die Schweiz wünschte. Ein solcher Wunsch war äußerst natürlich, da in der That die Stadt Genf der kommerzielle Zentralpunkt für die neutralisirten Landschaften ist. Er wurde denn auch in Adressen mit zahlreichen Unterschriften wiederholt ausgesprochen. Im übrigen Savoyen zog die Masse der Bevölkerung unzweifelhaft den Anschluß an Frankreich vor. Daneben aber fand sich eine dritte Partei, welche ein zwar von Piemont abgetrenntes, doch weder mit Frankreich, noch mit der Schweiz vereinigtes selbstständiges Savoyen, die Schöpfung eines neuen unabhängigen Savoyerstaates verlangte, und aus dieser Partei gingen vorzüglich die Stimmen hervor, welche sich entschieden gegen eine Theilung Savoyens aussprachen.

Letzteres ward nun in Paris mit einem auffälligen Eifer ergriffen, und Napoleon, wenn er je die Absicht hatte, Nordsavoyen der Schweiz zu überlassen, kam jetzt sofort von dieser Absicht zurück.

Der Bundesrath bemühte sich in der Note vom 24. März, nachzuweisen, daß weder ein unüberwindlicher Widerstand gegen die Theilung in Savoyen vorhanden, noch diese Theilung ohne Präzedentien sei. Diese Note vom 24. März war sehr ruhig und würdig gehalten.

Als aber der Abschluß des Turiner Vertrages vom gleichen Tage zu Bern bekannt ward, da bemächtigte sich des Bundesrathes unter dem Einfluß von verschiedenen Helvetiavolksversammlungen, wie man behauptet, eine große Aufregung. Es gingen nicht bloß Proteste gegen eine Besitznahme Nordsavoyens durch Frankreich vor beendeter Verständigung mit der Schweiz und den Großmächten nach allen Seiten ab, es ward auch die Bundesversammlung einberufen und es wurden ferner — sechs Bataillone zu Wiederholungskursen in Dienst gestellt.

Die letztere Maßregel war ganz geeignet, zu dem hellsten Spotte anzuregen, wenn sie nicht darauf berechnet war, bloß zu weiteren militärischen Maßregeln fortzureißen, die den Spott nicht mehr duldeten.

Die Bundesversammlung ließ sich nicht fortreißen, und wenn sie auch den Anträgen, die ihr der Bundesrath vorlegte, ihre Beistimmung nicht versagte, unterließ sie es doch keineswegs, in den Motiven unzweideutig hervorzuheben, daß sie die Unterhandlungen über die Savoyer Frage durchaus nicht für abgeschlossen halte, daß sie die Schweiz nicht muthwillig in einen Krieg hineingezogen haben wolle und daß sie allen voreiligen Schritten des Bundesrathes, die ein solches Resultat herbeiführen könnten, entgegentreten werde.

Der Bundesrath richtete hierauf am 5. April eine neue Note an die Mächte, in welcher er einen Kongreß der Wiener Kongreßglieder behufs Regelung der nordsavoyischen Frage verlangte.

Der Kriegspartei war die Bahn, auf welche die Savoyer Frage in dieser Weise gebracht ward, durchaus nicht recht und sie hörte nicht auf, sich in maßlosen Anschuldigungen und Verdächtigungen der sogenannten Friedenspartei, auch Eisenbahnbarone und Baumwollenspinner geheißen, zu ergehen. Indessen gewann diese Friedenspartei, wie sie in der Bundesversammlung den Sieg davon getragen, so im Volke von Tage zu Tage mehr die Oberhand. Dazu trugen verschiedene Umstände bei. Einmal war es am 30. März der Zug, den etwa hundert Besoffene unter der Führung eines gewissen Perrier von Genf aus nach dem savoyischen Thonon unternahmen und der von hundert Lächerlichkeiten begleitet war, welcher dem einfachen Verstande des schweizerischen Volkes zeigte, zu welch' wahrhaft beschämenden Auftritten es führen könne, wenn man sich von einer künstlich gemachten und künstlich geschürten Aufregung fortreißen lasse. Dann wurden Vergleiche zwischen den Koryphäen der sogenannten Kriegspartei und der sogenannten Friedenspartei angestellt, und es ward dabei in jedem Kanton, ja in jeder Gemeinde mehr als zweifelhaft, ob man vorzugsweise auf die Erstern bauen dürfe, wenn es darauf ankäme, das Banner der Eidgenossenschaft nicht etwa vor dem Kampfe schreiend zu schwenken, sondern im ernsten Kampfe selbst unentwegt hochzuhalten. Endlich kamen die höchst lauen Antworten der Mächte auf die bundesräthlichen Noten vom 19. März und 5. April, welche deutlich zeigten, was die Schweiz von deren Hülfe zu erwarten habe, und andererseits begütigende Depeschen sowohl von Paris als von Turin.

Ueber dem Allen verlief sich der Strom der Aufregung, freilich nicht ohne in den Führern der beiden Parteien eine gegenseitige Erbitterung zurückzulassen, welche im Falle ernster Noth ihre bösen Früchte noch tragen kann.

Unterdessen war zwischen den Höfen von Paris und Turin die Sache vollständig abgemacht.

Da mit der Annexion Mittelitaliens an Piemont, wenigstens wie das französische Kabinet die Sache zu behandeln beliebte, Sardinien ein mächtiger Staat geworden war, so konnte Frankreich seine Truppen aus der Lombardei zurückziehen; diese Maßregel war außerdem vollständig gerechtfertigt dadurch, daß das Kabinet zu Turin in der Frage der mittelitalischen Annexion den Rath des Tuilerienkabinets nicht befolgt hatte. Das Vorgehen Sardiniens in dieser Annexionsfrage bestimmte den Kaiser Napoleon, sich mit jenem auseinanderzusetzen. Der eine Punkt dieser Auseinandersetzung war, daß die französischen Truppen in die Heimath zurückkehrten, der andere Punkt derselben war die Vereinigung von Savoyen und Nizza mit Frankreich. Die aus der Lombardei im letzten Drittel des März zurückgezogenen französischen Truppen konnten theilweise sogleich in Garnison in Savoyen bleiben.

In der That am 24. März verließen die piemontesischen Truppen Chambery, und am 25. rückten dort die ersten aus der Lombardei heimkehrenden Franzosen ein; vor Nizza war schon am 23. März eine französische Fregatte angekommen.

Am 7. April erschien eine Verordnung, in welcher Art die Volksabstimmung in Savoyen und Nizza vor sich gehen sollte. Die Frage ward einfach, ohne alle Verwicklung, ohne irgend welche Rücksicht auf die Verhältnisse Nordsavoyens gestellt: Vereinigung mit Frankreich oder nicht.

Victor Emanuel entließ die Bewohner von Savoyen und Nizza ihres Unterthanenverhältnisses, und vom 15. April ab begann die Volksabstimmung. Ende des Monats ward das Resultat bekannt. Den 131744 Stimmen für die Verbindung mit Frankreich standen nur 233 entgegen, welche davon nichts wissen wollten. Wie immer dieses Ergebniß zu Stande gebracht sein mochte, es war da. Savoyen und Nizza waren französische Provinzen.

Schon nach dem früher Gesagten kann man schließen, daß diese Abtretung in Italien nicht allgemeinen, viel weniger herzlichen Anklang fand. Die Heimath des italischen Nationalhelden Garibaldi, die Stadt Nizza war keine italienische Stadt mehr. Garibaldi, in Nizza selbst in das Turiner Parlament gewählt, interpellirte schon am 12. April Cavour in den stärksten, parlamentarisch denkbaren Ausdrücken wegen des Länderschachers. Man ging zur Tagesordnung über, und kaum hatte am 13. April das Turiner Parlament durch seine Abstimmung die Annexion Mittelitaliens an Piemont gutgeheißen, als es vertagt wurde. Victor Emanuel wollte seine neuen Lande besuchen und der größte Theil der Deputirten wollte und sollte ihn auf seiner Rund- und Triumphreise begleiten.

Garibaldi trat aus dem Parlament und ging nach Genua, bereits entschlossen, sich ein anderes Feld der Thätigkeit zu eröffnen, als dasjenige, auf welchem Cavour und die piemontesisch diplomatische Partei mit ihren Reden und Abstimmungen unbedingt herrschten.

5. Italien nach der Annexion Mittelitaliens an Piemont, der Abtrennung Savoyens und Nizzas und deren Anschluß an Frankreich.

Mit dem Ende des Monats April 1860 war eine große Veränderung in Italien vollzogen; abgeschlossen wenigstens in der Meinung der Italiener.

Das Reich des Königs Victor Emanuel, welcher dem Rathe und den Vorstellungen Napoleons folgend, den Titel eines Königs von Italien noch nicht angenommen hatte, zählte nach der Vereinigung Mittelitaliens mit ihm und nach der Abtrennung Savoyens und Nizzas auf $2274^1/_2$ Quadratmeilen 11 Millionen 117547 Bewohner.

Dem Papste blieben im Kirchenstaat auf 573 Quadratmeilen noch 2 Millionen 110086 Einwohner. Die Romagna, die verlorne war das Land der hauptsächlichsten Einkünfte. Wie sehr sein Verlust den heiligen Vater schmerzen mußte, ist daher begreiflich. Der Kardinal Antonelli mußte am 24. März, nachdem Victor Emanuel Farini empfangen und die Annexion der Romagna angenommen hatte, bei den Großmächten gegen dieselbe protestiren. Hatten doch am 19. März bereits ernste Unruhen in Rom selbst stattgefunden, freilich, wie behauptet wird, hervorgerufen von der päpstlichen Polizei. Die französischen Offiziere hatten sich dabei sehr vernünftig benommen und dies mochte die Neigung des Papstes steigern, sich der französischen Besatzung zu entledigen, um dafür eine ihm ganz ergebene von einem andern katholischen Staat zu erhalten. Böse war es nur, daß man nicht die Macht hatte, die Franzosen einfach aus Rom hinweg zu kommandiren und daß andererseits das Regiment Franz II. selbst auf äußerst schwachen Füßen stand.

Mit dem Proteste Antonellis gegen die Einverleibung Mittelitaliens in das Königreich Victor Emanuels fielen Proteste der vertriebenen Herzöge und Oesterreichs (vom 25. März) zusammen.

Die Räthe Pius IX. begriffen indessen, daß man mit den kecken Reden nie völlig zum ersehnten Ziele kommen könne, daß man auf eine materielle Macht sich stützen müsse. Es fehlte an Geld und Soldaten. Die Peterspfenninge brachten gar zu wenig, und um Geld zu bekommen, mußte man zu dem sehr weltlichen Mittel einer Anleihe schreiten, sehr vergnügt, wenn man eine solche überhaupt zu Stande bringen könne. Mit Hülfe der belgischen Geistlichkeit gelang die Aufnahme eines scheußlich bescheidenen Sümmchens.

Mit diesem Sümmchen mochte man bei einiger Einsicht des Oberbefehlshabers wenigstens für einige Monate auch eine entsprechende Armee auf die Beine bringen und auf den Beinen erhalten können. Die militärische Einsicht der alten schweizerischen Korporäle, der Kalbermatten, Schmidt u. s. w., war selbst dem Kardinalskollegium verdächtig geworden. Man suchte daher nach einem andern Oberbefehlshaber, einem wirklichen General. Aber welcher wirkliche General, der die Verhältnisse des Kirchenstaats, die Schlüsselsoldaten, das Pfaffenregiment, die Hindernisse kannte, welche es auf Tritt und Schritt jedem militärischen Einschreiten in den Weg legt, welcher wirkliche General konnte Lust haben, sich an die Spitze eines modernen Kreuzheeres mit allen Mängeln der mittelalterlichen, mit keinen Vorzügen derselben zu stellen!

Rom hat in der siebenten Großmacht, der kirchlichen Verdummung der Völker immerhin noch eine große Stütze und so fand es denn auch einen wirklichen General für seine Banden, der allerdings zu schwach war, diesen Augiasstall auszumisten, was indessen — im militärischen Sinne — auch für jede menschliche Kraft eine zu große Forderung war.

Christophe Leon Louis Inchault de Lamoricière wagte es, sich an die Spitze der päpstlichen Armee zu stellen.

Aus einer alten Familie der Bretagne entsprossen, welche sich durch ihre legitimistische Richtung bekannt gemacht hatte, war er 1806 zu Nantes geboren; 1824 trat er in die polytechnische Schule zu Paris, ging aus dieser als Lieutenant im Geniekorps hervor und bald bot ihm die Expedition nach Algier 1830 Gelegenheit, seine Fähigkeiten zu verwerthen und sich einen Namen zu erwerben. Er zeichnete sich aus bei der Organisation des Korps der Zouaven, in welchem er Hauptmann ward, und blieb mit kurzen Unterbrechungen bis zum Jahre 1847 in Algerien. 1843 ward er General, 1845 interimistischer Gouverneur von Algerien. 1847 überreichte ihm der besiegte Abdel Kader seinen Degen.

1846 war Lamoricière auch in die parlamentarische Laufbahn eingetreten, indem er in die Deputirtenkammer gewählt ward. In den Februartagen des Jahres 1848 sollte er das Kriegsministerium übernehmen und proklamirte, als Louis Philipps Abdankung beschlossen war, die Regentschaft der Herzogin von Orleans. Da aber auch über diese die Revolution zur Tagesordnung schritt, hielt Lamoriciere vorläufig sich von jedem öffentlichen Amte fern, nur die Deputirtenstelle, welche ihm das Departement der Sarthe gab, nahm er an. In den Junitagen des Jahres 1848 unterstützte er Cavaignac thätig, und übernahm dann auch am 28. Juni das Portefeuille des Kriegsministers der Republik, welches er abgab, sobald Louis Napoleon zum Präsidenten erwählt war. Doch ließ er sich von demselben 1849 als Gesandter nach Petersburg senden, als das Einrücken der Russen in Ungarn beschlossen war. Von diesem Posten trat er ab, als das Ministerium Odilon-Barrot sein Ende fand. Wiederholt zum Vizepräsidenten der gesetzgebenden Versammlung gewählt, zeigte er sich als einen der entschiedensten Gegner der Politik Louis Napoleons. Es verstand sich daher von selbst, daß auch er bei dem Staatsstreich vom 2. Dezember 1851 verhaftet ward. Zunächst sperrte man ihn in Ham ein; dann ward er über die Grenze geschafft. Er lebte von nun an im Exil abwechselnd in Belgien, Deutschland und England bis zu der allgemeinen Amnestie von 1859. Von dieser machte er Gebrauch. Er kehrte nach Frankreich zurück, doch ohne sich an dem politischen Leben des Kaiserreiches zu betheiligen. In Belgien hatte der General ein intimeres Verhältniß mit der Familie Merode angeknüpft und war — bis auf einen gewissen Punkt aus einem Saulus ein Paulus geworden. Als der Papst einen General suchte, ward ihm vom Kardinal Xaver Merode der General Lamoriciere vorgeschlagen. Merode ging nach Frankreich und brachte am 26. März Lamoriciere nach dem Kirchenstaat. Schwerlich hatte dieser aus bloßer Frömmigkeit zum Schwerte gegriffen. Die Sehnsucht eines alten Soldaten nach neuer militärischer Thätigkeit, vielleicht die Hoffnung, Napoleon einst mit Erfolg entgegentreten zu können, mochten das Ihrige zu seinem Entschlusse beitragen. Als er die päpstliche Armee gesehen, und obgleich er Vieles unter seinen Erwartungen gefunden, nahm er das Kommando an und leistete dem Stuhle Petri den Eid der Treue. Wenn man sich einmal in eine solche Geschichte begeben hat, ist es schwer ganz unverrichteter Dinge und ohne die ernste Probe gemacht zu haben, wieder umzukehren. Außerdem hatte Lamoriciere Selbstvertrauen genug, um zu glauben, daß es ihm gelingen werde durchzugreifen. Er kannte die Hindernisse des passiven Widerstandes einer Priesterherrschaft gegen Alles, was vernünftig ist, zu wenig und hoffte vielleicht, daß die Ernennung des Kardinals Merode zum Kriegsminister zum Siege über die Hindernisse, welche er sah, verhelfen würde.

Napoleon, welcher die Priesterwirthschaft viel besser kannte und sehr gut wußte, daß die Sache des Papstthums nicht die Sache der „Freiheit“ und „Civilisation“ ist, sah es offenbar gerne, daß der alte Republikaner einen Schritt that, der ihn in den Augen aller vernünftigen Leute blamabel erscheinen lassen mußte. Der Kaiser der Franzosen ertheilte daher ohne Weiters seine Erlaubniß dazu, daß der französische Unterthan den Oberbefehl über die päpstlichen Streitkräfte übernehme. Ohne sich durch die traurigen Zustände der Leere der Kassen, der durchgehenden Unredlichkeit in der Verwaltung, des unglaublichen Schlendrians, — Zustände, von welchen er schon während der ersten Wochen seiner Anwesenheit haarsträubende Proben sah, abschrecken zu lassen, arbeitete Lamoriciere mit den Mitteln, welche ihm geboten werden konnten, aufs thätigste an der Organisation einer päpstlichen Streitkraft, welche entweder im Verein mit andern zum Angriff auf Piemont und zur Wiedereroberung der Romagna schreiten oder je nach den Umständen wenigstens dem weitern Umsichgreifen des piemontesischen Annexionssystems auch mit einiger Aussicht auf Erfolg entgegentreten könnte.

Welche Resultate er erzielte, werden wir späterhin sehen.

Venetien seufzte schwer unter dem Drucke der österreichischen Herrschaft. Mochte Oesterreich ursprünglich oder unter der Voraussetzung, daß eine italienische Konföderation zu Stande komme, ernstlich willens gewesen sein, dem Lande freie Institutionen zu geben, diese Absicht verschwand mit der Aussicht auf das Zustandekommen des italischen Staatenbundes, auf die

6*

Erfüllung der Abmachungen von Villafranca. Aber was würde es Oesterreich auch genützt haben, daß es Venetien mit der größten Aufrichtigkeit als italienisches Land behandelte? Die Venetier wollen zum italienischen Reiche gehören und wenn selbst die österreichische Herrschaft ihnen größere materielle Vortheile gewährte, als jemals Victor Emanuels Herrschaft ihnen gewähren konnte, sie würden gestrebt haben, unter diese letztere zu kommen, so lange sie noch unter österreichischem Szepter standen. So war für Oesterreich die einzige denkbare Herrschaft über Venetien am letzten Ende nie eine andere als diejenige des Belagerungsstandes. Das Wiedereintreten derselben ward durch das Abgehen Piemonts von den Stipulationen des Friedens von Villafranca, durch sein Auftreten zu Gunsten der Annexion Mittelitaliens nur beschleunigt, keineswegs bedingt. In der That zeigte sich die österreichische Herrschaft in Venetien als Belagerungsstandsregierung vom Februar ab in schönster Blüthe. Nicht blos daß die Aufreizung der Soldaten zur Desertion und Meuterei kriegsrechtlich bestraft ward, eine Sache, gegen die sich zuletzt wenig einwenden läßt; es ward von dem Gouvernement auch verordnet, daß diejenigen, welche „fähig" schienen, gegen die österreichische Regierung in Venetien irgend etwas zu unternehmen, sofort als Soldaten in die Strafkompagnieen eingestellt werden sollten. Dies ist offenbar nicht bloß mehr eine niederträchtige, sondern auch eine ausgezeichnet dumme Maßregel, welche von der ganzen Hülflosigkeit des österreichischen Regierungspersonals sprechendes Zeugniß ablegte.

Demonstrationen in den Theatern, Demonstrationen gegen die Cylinderhüte oder Angströhren, und gegen die Krinolinen, allerdings schon durch den guten Geschmack gerechtfertigt, hier aber gegen diese scheußlichen Kleidungsstücke als gegen österreichische Abzeichen gerichtet, waren an der Tagesordnung. Die österreichischen Regierungsleute hatten allen Humor verloren; auf Dinge, die als schlechte Witze sehr gut verdaut und behandelt werden konnten, wußten sie nicht anders als mit

Belagerungszustand, Bayonetten und Säbelhieben, und drohenden Proklamationen zu antworten.

Die Auswanderungen aus dem venetianischen Gebiet nahmen überhand; die unabhängige Jugend flüchtete sich auf piemontesisches Gebiet und in die Reihen des mittelitalischen Heeres. Die österreichischen Befehlshaber verfolgten die „Deserteurs", die sie weder durch Vortheile zu fesseln noch durch ihre einfältigen Polizeimaßregeln zurückzuhalten verstanden, mit Flintenschüssen, die nicht trafen.

Cavour führte unterdeß getreulich Buch über den Unverstand der österreichischen Regierung in Venetien und über seine Resultate, die Flüchtlinge, welche sich den Wohlthaten des kaiserlichen Regimentes undankbar entzogen. Er fand nur zuviel Stoff zu Noten, deren Berechtigung kein vernünftiger Mensch ableugnen konnte.

Wir haben bereits erwähnt, daß in Italien vielfach der Gedanke verbreitet war, Oesterreich werde seine venetianischen Provinzen verkaufen und daß man in Italien die beste Neigung hatte, dieses Geschäft zu machen, selbst wenn es etwas theuer zu stehen kommen sollte. Es ist ganz und gar nicht unwahrscheinlich, daß Oesterreich erst recht einen Einfluß auf die italienischen Lande gewonnen hätte, wenn es weder Besitzungen in denselben, noch das Bestreben hatte, solche zu gewinnen oder zu bewahren. Wie in der neuesten Zeit die Dinge in Italien gegangen sind, handelte es sich dort immer um den Kampf fremden Einflusses, neben dem Kampf oder neben dem Streben der nationalen italienischen Partei. Oesterreich hätte unter Umständen die Rolle des Befreiers gegen Frankreich spielen können, wie dieses es 1859 gegen Oesterreich that. Aber die beste Zeit, die italienischen Besitzungen auf eine großartige Weise dahin zu geben, war längst versäumt; die beste Zeit wäre nach einem Siege; z. B. gerade nach dem militärisch glänzendsten von 1849 gewesen. Nach einer Niederlage sind die Menschen nie großartig; die Völker nicht, die Regierungen noch weniger.

So viel steht fest, daß es für Oesterreich ein entschiedener Vortheil wäre, Venetiens ledig zu werden. Venetien ist ein Land, für welches man nach gegenwärtigen Verhältnissen mit Fug und Recht etwa 50000 M. Soldaten erhalten kann. Wenn nun dieses Land zu seiner Bewahrung beständig 150000 M. erfordert, wie es wirklich der Fall ist, so hört bei seiner Erhaltung alle Staatsraison auf.

Freilich wird auch hier wieder das Kapitel der richtigen militärischen Grenzen breit getreten. Was ist nicht über die Vertheidigung des Po am Rhein, des Rhein am Po zusammengefaselt worden? Die beste militärische Grenze ist ohne alle Frage die eines Volkes, welches mit seiner Regierung kämpfen, siegen oder untergehen will. Wo dieses Volk fehlt, da steht es mit allen militärischen Grenzen, wie schön sie auch seien, übel aus.

Ein böser Umstand war es für die österreichische Regierung, diejenige im Frühjahr 1860 wenigstens noch, daß sie von jenem Mittel der Volksabstimmung, welches unter allen Verhältnissen das ganz Gemeine bloßen Länderschachers oder Ländertausches beseitigt, nach ihren Grundsätzen, ihren Anschauungen von Volkssouveränetät keinen Gebrauch machen konnte.

Endlich hätten wir zu reden von dem Königreiche beider Sicilien. Seine Verhältnisse treten um die Zeit, da die Annexion Mittelitaliens an Piemont, Savoyens an Frankreich sich thatsächlich vollzieht, indessen dergestalt in den Vordergrund der italienischen Geschichten, daß es rathsam wird, ihnen ein eigenes Kapitel zu widmen.

6. Das Königreich beider Sicilien. Der Ausbruch der Insurrektion auf der Insel.

Das neapolitanische Festland und die Insel Sicilien hatten stets von einander getrennte Verfassung und Verwaltung. Neapolitaner und Sicilianer sind verschiedene Volksstämme. Auf der Insel haben die sämmtlichen Völker, welche sie nacheinander beherrschten, Griechen, Karthager, Römer, Mauren, Normannen, Spanier, Franzosen, Spuren ihres Daseins zurückgelassen. Das Zusammenleben der Bevölkerung der Insel in ziemlicher Abgeschlossenheit hat die Racenunterschiede nicht völlig verwischt, aber sie doch gebrochen: es gibt eine sicilianische Nationalität und in dieser ist ein ungemeiner Sinn für Selbstständigkeit rege, welcher sich in den immer wiederholten Versuchen der Befreiung von fremder Herrschaft kund gethan hat. Wie die Insel durch ihre Lage den Uebergang von Europa nach Afrika bildet, so kann man Gleiches von ihrer Bevölkerung, von deren Nationalität sagen. Die Sicilianer fühlen sich ihrer Masse nach nicht als Italiener; es wird noch viele Arbeit der Gebildeten und viele Arbeit an der Bildung der Massen nothwendig sein, um die Sicilianer zu bewußten Gliedern jenes italienischen Bundes- oder Einheitsstaates zu machen, welcher in Fleisch und Blut der Bewohner Nord- und Mittelitaliens übergegangen ist.

Als Napoleons I. Bruder Joseph, später sein Schwager Murat, König des neapolitanischen Festlandes war, behaupteten sich die Bourbonen mit englischer Unterstützung auf der Insel Sicilien, welche 1812 eine der englischen nachgebildete Verfassung erhielt. Nach dem Sturze Murats vereinigte der Wiener Kongreß Insel und neapolitanisches Festland wiederum unter der Bourbonenherrschaft. Ferdinand der I. (IV.) nahm davon Veranlassung, die vereinigten Lande, welche nur in Personalunion unter ihm verbunden sein sollten, zu einem Einheitsstaate zu erklären und die Konstitution in beiden aufzuheben. Als 1820 die neapolitanische Armee die spanische Kortesskonstitution ausgerufen hatte, schritt Oesterreich ein und stellte die absolute Bourbonenherrschaft wieder her.

Die neapolitanischen Bourbonen bildeten in sich die schlechten Seiten ihrer Familie auf das übelste aus. Ihre Herrschsucht äußerte sich in der tiefsten Verachtung der Rechte Anderer, und sie schraken vor keiner Tücke und Verrätherei, vor keinem Wortbruch und keiner Grausamkeit zurück, um ihre Herrschaft in aller absoluten Unbedingtheit zu bewahren. Ferdinand II., fortgerissen von der italienischen Bewegung, verkündete im Februar 1848 von Neuem eine Konstitution und ward sogar veranlaßt, dem sardinischen König Karl Albert, als dieser gegen Oesterreich vorging, eine Hülfsmacht zu stellen. Aber schon am 15. Mai des gleichen Jahres vernichtete der König faktisch auf dem Festlande die Konstitution, gestützt vornehmlich auf die seit 1825 angeworbenen Schweizerregimenter, und wendete sich dann auch gegen die Sicilianer, welche die Konstitution von 1812 zurückverlangten und ihn des Thrones für verlustig erklärten. Auch die sicilianische Insurrektion ward im Jahr 1849 von den Schweizern niedergeschlagen. Aufgehoben durch besondere Erklärung ward die Konstitution von 1848 nicht, aber faktisch herrschte Ferdinand II., despotisch und schwach, in seiner Frau eine würdige Genossin findend, von nun an absolut. Sein Volk nannte ihn den König Bomba.

Als Frankreich mit Sardinien im Bunde im Jahre 1859 gegen Oesterreich losbrach, da bewegte der Gedanke der italischen Befreiung sofort auch die gebildeten Klassen in dem Königreiche beider Sicilien, während der Hof die größte Lust bezeigte, mit Oesterreich gemeinschaftliche Sache zu machen Aber schon war Ferdinand von jener scheußlichen Krankheit darniedergeworfen, welche Gott ihm zur Strafe beschieden hatte. Am 22. Mai raffte ihn diese Krankheit dahin. Ihm folgte auf den Thron sein Sohn, der an Körper und Geist schwache, von Weibern und Jesuiten aufgefütterte Franz II., durchaus geleitet von dem Weib, welches man die Königin Wittwe nannte, nebenbei von seiner im österreichischen Interesse arbeitenden Frau, einer baierischen Princessin. Die Völker der beiden Sicilien setzten auf diesen Strohmann keine Hoffnungen; es war einer der wenigen Fälle, in denen von einem neuen Herrscher nicht vorausgesetzt wird, daß er bessernd eingreifen werde. Von Anfang an fand man für diesen unglücklichen Popanz keinen andern Namen, als den des kleinen Bomba, des Bombicello.

Wenn andere Tyrannen sich wenigstens die Armee so zuzubereiten verstehen, daß sie dieselbe gegen ihre Völker verwenden können, so war beim Bombicello auch das nicht einmal der Fall. Die Meuterei der Schweizerregimenter im Juli entzog ihm auch diese Stütze. In den Nationalregimentern zeigte sich ein nationaler italienischer Geist, wenn auch anfänglich nur vereinzelt.

Die Nachrichten von den Schlachten von Magenta und Solferino wurden in Neapel, wie in Sicilien, besonders im letztern mit unverhehltem Jubel aufgenommen und die erste Kunde des Friedens von Villafranca erregte hier wie im übrigen Italien, in der Bevölkerung die größte Betrübniß. Anders beim Hofe und bei der Polizei, welche man in Neapel als ein Glied der Hofpartei, als die einzige ergebene Stütze der Regierung betrachten konnte. Regierung und Polizei lebten wieder auf, schwangen sich zu neuer Hoffnung auf die Fortdauer ihrer empörenden Sorte von Herrschaft empor.

Während auf dem Festland wie in Sicilien heimliche Sammlungen für die Subskription auf die von Garibaldi verlangte Million Gewehre stattfanden, während man hier wie dort den Ruf: es lebe Victor Emanuel! in den Straßen der Hauptstädte hörte, während das Bild des Agesilao Milano, der vor drei Jahren auf den König Bomba geschossen, eine bis jetzt unerhörte Verbreitung fand, wurden Verhaftungen auf Verhaftungen vorgenommen und in Sicilien ging die Freiheit der Regierung soweit, daß sie von den Gemeinden eine Adresse verlangte, des Inhalts:

„Die Bevölkerung ist äußerst zufrieden mit der gegenwärtigen Regierung; sie verlangt keine Neuerungen, welche nur verkehrte Geister in Bewegung bringen könnten."

Wie man leicht begreift, bezieht sich dies auf das hie und da laut gewordene Verlangen nach einer Konstitution und nach dem Anschlusse an das übrige Italien.

In Sicilien fand die verlangte Adresse sofort den heftigsten Widerstand; überall stieß sie auf Weigerungen der deutlichsten Art. Und während Franz II. daran dachte, von den nördlichen Grenzen seiner Staaten aus dem „bedrängten" Papst mit bewaffneter Hand zu Hülfe zu kommen, während er eine Abruzzenarmee aufstellte und verstärkte, soweit es in seinen Kräften stand, während er trotz des Elendes seines Volkes immer noch Geld aufzutreiben wußte, um es dem heiligen Vater zuzusenden, erhob in Sicilien bereits die Revolution ihr Haupt und die italienische Einheitspartei rechnete, wie es früher gesagt worden ist, schon darauf, ihre Freischaaren unter Begünstigung der sicilianischen Revolution in die neapolitanischen Länder zu tragen.

In Bagheria bei Palermo erhob sich die Insurrektion; ebenso in Fivizzale, und zu Kastel S. Giovanni sammelten die Gebrüder Mastricchi den Kern jener Freischaaren, welche später bei Gibilrossa vereinigt Garibaldi so große Hülfe gewähren sollten.

Mazzini schrieb schon Mitte Septembers 1859 an einen Freund: „Die Revolution in Sicilien ist wahrscheinlich. Haben die Sicilianer einmal versprochen, so greifen sie zu; obwohl unter ihrer gewöhnlichen Bedingung: wenn nicht, nicht. Die Sicilianer müssen also unterstützt werden. Italiens Heil liegt jetzt im Süden."

Die neapolitanische Polizei gedachte mit ihren Mitteln gewöhnlicher Art die Bewegung niederschlagen zu können. Polizeidirektor Siciliens zu Palermo war der berüchtigte Salvator Maniscalco. Sicilianer von Geburt war er in seiner Jugend in die neapolitanische Gensd'armerie eingetreten, hatte sich dort durch seine Niederträchtigkeit die Gunst Del Carretos erworben, war 1849 Kapitän der Gensd'armerie und ward nach der Unterdrückung der sicilianischen Insurrektion nach Palermo gesendet, wo ihn Filangieri zum Großprofoß der Armee ernannte. In dieser Eigenschaft mischte er sich beständig in die Zivilpolizei ein, obgleich für diese ein eigner Polizeidirektor existirte, gewann sich dabei aber auch durch seine Brutalität und — Energie gegen Wehrlose in solchem Maße die Gunst der neapolitanischen Regierung, daß ihm schließlich auch die Zivilpolizei übertragen ward. Die einzige Thatsache der Vereinigung von Militär- und Zivilpolizei in einer Hand genügt, um zu zeigen, wie überhaupt die Polizei in Sicilien gehandhabt ward. Maniscalco geberdete sich wie eine vollständige Bestie und der Haß der ganzen Bevölkerung ward ihm in vollem Maße zu Theil.

Als die Insurrektion ihr Haupt erhob, befahl Maniscalco den Intendenten von Messina und Catania die Provinzialkompagnieen (Compagnie d'armi), eine Art Sicherheitsmiliz gegen Räuber und ähnliches Gesindel, zu den Waffen zu rufen. Die Kompagnieen weigerten sich indessen zu erscheinen, sie wollten nicht gegen Landsleute kämpfen, deren Sache auch die ihre sei.

Maniscalco, der im November auch die Funktionen des abwesenden Generallieutenants von Sicilien versah, hatte keine Macht, die Kompagnien zu zwingen. Dafür rächte er sich durch doppelte schändliche Verfolgungen in Palermo und so weit sein Arm reichte. Als in der amtlichen Zeitung für die beiden Sicilien ein Manifest erschien, durch welches die Beamten jeden Grades zu genauer Beachtung der Gesetze ermahnt wurden, der Oberintendent der Provinz Catania beim königlichen Generallieutenant von Sicilien anfragte, ob somit die Intendenten von ihren außerordentlichen Vollmachten keinen Gebrauch mehr machen sollten, erwiderte Maniscalco, er sollte sich nicht um Dokumente bekümmern, die in den Zeitungen ständen, sondern sich lediglich an die Befehle halten, welche ihm direkt zugehen würden.

Am 29. November wurde Maniscalco, als er die Kathedrale betrat, um die Messe zu hören, von einem Mann aus dem Volk durch einen Dolchstich verwundet. Die Wunde war nicht tödtlich, selbst nicht einmal gefährlich. Indessen ward am 30. November Palermo in Belagerungsstand erklärt.

Die unruhige Bewegung der Geister in Neapel sowohl als in Sicilien dauerte fort, ohne daß es zu bedeutenderen Ereignissen gekommen wäre.

Als nach der Unterzeichnung des Zürcher Friedens die Aussicht auf einen europäischen Kongreß vorhanden war, als die Völker Mittelitaliens Denkschriften herausgaben, um den Nachweis zu führen, daß die Restauration der vertriebenen Fürsten eine Unmöglichkeit sei, da bereitete auch eine Anzahl von Flüchtlingen aus den beiden Sicilien eine Denkschrift vor, um den Beweis zu liefern, daß die beiden Sicilien in einen italienischen Staatenbund unmöglich eintreten könnten, bevor nicht gänzlich das Regierungssystem in diesen Ländern geändert sei, da es bei ihnen eine Regierung im eigentlichen Sinne des Wortes bis jetzt nicht gebe, die Regierung lediglich durch die Polizei dargestellt und ersetzt werde.

Auf der Insel Sicilien erschien im Januar ein Manifest an das Volk, welches in vielen tausend Exemplaren verbreitet ward und ohne Weiteres zu offener gewaltsamer Insurrektion im Namen Italiens und Victor Emanuels aufrief als dem einzigen Mittel, eine Aenderung der traurigen Zustände zu erzielen. Es zeigte, wie bei den jetzigen Umständen, nachdem in Sardinien Cavour wieder das Ruder ergriffen, in Frankreich Walewski abgetreten sei, Mittelitalien offen auf die Annexion an Piemont losgehe, die Sicilianer nichts von einer österreichischen Intervention zu fürchten haben, daß man es nach der Auflösung der Schweizerregimenter auch nicht mehr mit diesen, wie 1849 zu thun haben könne, daß alle Stände, alle Klassen des Volkes einig seien, daß man auf eine größere Gunst der Verhältnisse nicht rechnen könne.

Am 10. Februar 1860 richteten dann noch die Völker der beiden Sicilien eine Denkschrift an alle Staaten Europa's, in welcher sie ihre zwölfjährigen Leiden erzählten und als ihre nächste Forderung aufstellten, daß die Konstitution vom Jahre 1848 als zu Recht bestehend anerkannt werde.

In dem Maße, als diese Schriften die Bewegung im

Lande verbreiteten, nahmen von Seiten der königlichen Partei die Verhaftungen und Quälereien gegen das Volk, namentlich gegen die gebildeten Klassen zu. Nicht auf Grund wirklicher und möglicher Anklagen, auf den bloßen vagen Verdacht hin, daß sie irgend etwas Unbestimmtes gegen die Regierung im Schilde führen könnten, wurden bei wahren Razzia's Hunderte von Männern zu wiederholten Malen verhaftet und ohne Weiteres eingesperrt. Auch in der Abruzzenarmee zeigte sich Unzufriedenheit, auch hier gab es Verdächtige, schon Anfangs Februar wurden auch bei dieser Armee 256 Unteroffiziere und Soldaten verhaftet und theils nach den Inseln Favignana und Pantellaria an der Westküste Siciliens geschleppt, theils im Kastel S. Elmo eingesperrt.

Durch diese Gewaltmaßregeln gedachte die Hofpartei die unverkennbare Bewegung auf dem Festlande wie auf der Insel niederzuhalten, ohne darum ihre weiteren Pläne aufgeben zu müssen. Als die Annexion Mittelitaliens sich vollzog, als Oesterreich und die vertriebenen mittelitalischen Fürsten ihre Proteste dagegen schleuderten, als der Papst seinen Lamoriciere antwarb, da belebte sich die Hoffnung des Hofes von Neapel von Neuem, nach dem erwarteten Abzuge der Franzosen aus der Lombardei mit Oesterreich, den Herzögen und dem Papst im Bunde eine gewaltsame Intervention in Mittelitalien zu unternehmen und die alten Zustände dort wieder herzustellen, von welchen die Bourbonenregierung zu Neapel auch ihr ferneres Bestehen abhängig sah.

Wenn die Gewaltmaßregeln der Regierung den Ausbruch des Aufstandes nicht beschleunigten, wenn es vielmehr wahrscheinlich ist, daß sie ihn verzögerten, so steigerten sie dagegen die Erbitterung, veranlaßten die Vergrößerung der Insurrektionspartei und machten, daß der Aufstand auf Sicilien, einmal ausgebrochen, sofort eine größere Intensität annahm.

Die englische und die französische Regierung hatten seit der Thronbesteigung Franz II., namentlich aber seit der

sträuße, und den verpönten Namen des Königs Victor Emanuel — Vittorio Emanuele Re D'Italia — in den Namen des Komponisten Verdi (VERDI).

Der Sinn dieser Demonstrationen war möglichst klar; wer in Sicilien konnte die Annexion Mittelitaliens an Piemont feiern, ohne zugleich die Annexion Siciliens an Piemont als ein wünschenswerthes Ziel hinzustellen.

Die Regierung von Sicilien ließ die Theater schließen, und zu gleicher Zeit von den geheimen Vorgängen unterrichtet, welche die allgemeine gewaltsame Erhebung der Insel vorbereiteten, ordnete sie eine Ablieferung der Waffen an.

In Palermo antwortete die Volkspartei darauf durch ein Bündel Gewehre, welches sich eines Morgens auf der Piazza reale mit der Aufschrift fand: „Da sind die Waffen, aber wir haben noch mehr als genug."

Man kann nach allem Vorgegangenen unmöglich annehmen, daß die Regierung von Neapel die Ereignisse auf Sicilien für unbedeutend hielt; man kann eine solche Annahme sogar in Bezug auf die Hofpartei in Neapel nicht machen. Der einzige Blinde war vielleicht der König Franz II. In der That, es wird manches Licht auf die nachfolgenden Ereignisse, auf die Sorglosigkeit, mit welcher die neapolitanische Regierung anfangs die Dinge in Sicilien betrachtete, auf die verschiedenen Akte ungerechtfertigter Nachgiebigkeit noch in spätern Zeiten werfen, wenn wir hier sogleich sagen, daß in der Hofpartei selbst eine Erhebung Siciliens nicht so ganz ungern gesehen ward.

Die Oesterreicherin, welche gewöhnlich die Königin Wittwe genannt wird, die hinterlassene Wittwe Ferdinands II., haßte ihren Stiefsohn Franz II.; sie hätte es vorgezogen, ihren Erstgebornen, den Herzog von Trani, auf den Thron der beiden Sicilien zu bringen. Eine Durchkreuzung verschiedener Interessen verhinderte dieß; Thatsache war es indessen, daß im Mai und Juni 1859 nach dem Tode Ferdinands II. in einigen Provinzen der Herzog von Trani zum König ausgerufen war. Nach dem Scheitern dieses Planes arbeitete dieses Weib wenigstens daran, dem Herzog von Trani den Thron von Sicilien zu verschaffen, während Franz II. König des Festlandes bleiben sollte. Ein solchem Plane mußte einem separatistische Bewegung auf der Insel in die Hände arbeiten; eine separatistische Bewegung auf der Insel war sogar unerläßlich, um den Plan überhaupt zur Ausführung bringen zu können, und man begreift daher leicht, daß es der Theil der Hofpartei, welcher es mit dem Herzog von Trani hielt, nicht seines Amtes glauben konnte, der Bewegung in Sicilien augenblicklich in die Zügel zu fallen, daß sein Interesse vielmehr in einem entgegengesetzten Verfahren lag.

Wir stehen an der Schwelle der Ereignisse, welche die Insel Sicilien in Feuer und Flammen setzten und die Sicilianer, geführt von Garibaldi und unterstützt von seinen Gefährten, im Laufe von wenigen Monaten zu Herren ihres Schicksales machten. Es ist angemessen, eine kurze Uebersicht über die geographische Beschaffenheit der Insel Sicilien zu geben.

7. Die Insel Sicilien.

Sicilien ist die größte Insel des Mittelmeeres. Sie hat einen Flächeninhalt von 498 geographischen Quadratmeilen (7967 italienischen Quadratmiglien), auf welchen im Jahre 1856 in 357 Gemeinden 2 Millionen 321020 Einwohner lebten.

Die Grundrißgestalt der Insel ist die eines Dreiecks; zwei ungefähr gleich lange Seiten laufen von West nach Ost und von Nordwest nach Südost. Dieser Gestalt verdankt die Insel ihren alten Namen Trinacria oder Triquetria; auf sie hat auch das Wappen der Insel Bezug, welches zugleich an die vulkanische Natur derselben, an ihren Aetna, die Werkstätte der Cyklopen, erinnert. Es stellt ein Rad ohne Felgen mit einem Medusenhaupte als Nabe, drei zu schnellem Laufe gekrümmten Menschenfüßen als Speichen dar.

Fast die ganze Insel ist mit Gebirgen angefüllt und die

Hauptformation dieser Gebirge bestimmt die Grundrißgestalt. Als die drei Vorgebirge, welche die Ecken der Insel bilden, nennt man gewöhnlich, obgleich nicht absolut bestimmt, Capo Boeo (Lilybäum) im West bei Marsala, Capo di Faro (Pelorus) im Nordosten und Capo Passero oder Passaro im Südosten.

Die Hauptgebirgskette der Insel läuft nahe der Nordküste, meist nur 2 bis $2^1/_2$ deutsche Meilen von dieser entfernt, von Westen nach Osten von Trapani oder, wenn man einige schwächere Abzweigungen rechnet, von Capo Boeo nach Capo di Faro. Sie windet sich im Westen mehrfach, Schluchten und Thäler bildend, während sie im Osten fast gradlinig dahin streicht. Nach Norden sendet sie auf ihrer ganzen Länge viele kurze Ausläufer, wie Strebepfeiler gegen das Meer hin; die Ketten, welche sie gegen die Südküste erstreckt, sind bei weitem länger, bedeutender; die bedeutendste von allen Seitenketten ist diejenige von Caltagirone; sie zweigt sich bei Gangi zwischen den Quellen der nach Norden fließenden Pollina und des nach Süden fließenden Fiume Salso von der Hauptkette ab und streicht, selbst wieder Zweige nach Osten und Westen entsendend, in der Richtung nach Südosten znm Cap Passaro.

Den Ort Gangi kann man als das Zentrum des bisher berührten Gebirgssystems ansehen, und die drei Ketten, welche von hier nach den drei Vorgebirgen Faro, Passaro, Boeo (oder S. Vito) sich erstrecken, geben sehr gut die drei Speichen des sicilianischen Wappenrades wieder. Versetzte man noch den Aetna nach Gangi, so hätte man das Medusenhaupt an der rechten Stelle.

In der That liegt die Gruppe des Aetna mit ihren achtzig Kratern getrennt von dem System der neptunischen Gebirge an der Ostküste der Insel dicht am Meere und ungefähr auf der Mitte dieser Küste, getrennt von der Kette des Faro durch den Lauf des Flusses Cantara, der sich südlich Taormina ins Meer ergießt; weiter westlich trennt den Aetna, an dessen West- und Nordwestfuß entlang fließend von den Bergen der Kette des Faro zuerst, dann von denen der Kette des Kap Passaro der Simeto mit seinen Quellen und Zuflüssen.

Südlich des Simeto dehnt sich die einzige große Ebene des Landes, die Ebene von Catania (Piano di Catania), beiderseits des Dittaino und der Gurna Longa, aus, sanft abfallend zum Meere bei Augusta und Syracus.

Die Flüsse sind höchst unbedeutend, nicht schiffbar, auch bei den größten benetzt man sich an der Mündung selbst kaum das Knie, wenn man sie durchwatet. Nur die plötzlichen seltenen Regengüsse ändern die Sache, niemals auf lange Zeit.

Ebenso spärlich als mit Flüssen ist das Land mit Seen versehen; der größte von diesen ist der Biviere oder See von Lentini in der Ebene von Catania; einige kleinere finden sich an der Bergkette des Kap Passaro am Wege von Caltanisetta nach Castrogiovanni, noch andere von ebenso geringer Bedeutung nahe der Küste im äußersten Südwesten der Insel südlich Mazzara.

Die neptunischen Berge der Insel, welche sich 3000 bis 6000 Fuß mit ihren Gipfeln über das Meer erheben, sind Fortsetzungen der festländischen Appenninen, von welchen sie in uralten Zeiten durch eine große Erderschütterung losgerissen wurden. Die Breite des Faro, der Durchfahrt, welche die Insel im Nordosten von dem Festlande trennt, beträgt 4000 bis 5000 Schritt, in früheren Zeiten war sie bedeutend geringer; die Bewohner von Scylla hörten beim Erwachen den sicilischen Hahn krähen.

Der Aetna steigt mit seinen höchsten Gipfeln mehr als 10000 Fuß über das Meer auf.

Aus der Wildheit der Berge, aus dem Mangel an schiffbaren Flüssen schließt man mit Leichtigkeit auf eine große Unwegsamkeit der Insel. Von den verschiedenen Herrschern, welche das Land beherrschten, suchten nur Mauren und Normannen dasselbe von den Ketten der Berge her zu regieren; alle

7*

übrigen Beherrscher vorher und nachher hielten sich vorzugsweise an die Küsten, und da die leichteste Verbindung der Küstenstädte diejenige zu Meer war, versäumten sie selbst hier, große Sorgfalt auf Landwege zu verwenden. Nur in Folge der Bedürfnisse des Krieges ward auch für die Wegsamkeit im Innern der Insel etwas gethan, aber bei dem Wechsel der Herrschaften und da die einander folgenden Herrscher bis in die neueste Zeit mehr darauf ausgingen, das Land auszubeuten, als seine Blüthe zu steigern, immer nur vorübergehend. Selbst die Telegraphenverbindung, früherhin durch optische, neuerdings durch elektrische Telegraphen, folgt fast ausschließlich den Küsten; nur ein Ast, welcher von Girgenti sich abzweigend über Caltanisetta, Piazza und Caltagirone schnell wieder an die Küste nach Terranova zurückkehrt, schafft auch dem Innern die Vortheile dieser Verbindung.

Das Land ist äußerst fruchtbar; die heiße Sonne nährt Weizen in Fülle, gestattet den Anbau des Zuckerrohrs, der Baumwolle, bringt Saffran, Datteln, Orangen, Citronen, Feigen, Pistacien, vortreffliche Trauben. Hieß es doch einst die Kornkammer Roms. Damals, vor Christi Geburt, ernährte die Insel zwölf Millionen Einwohner; jetzt $2^1/_4$ Millionen und doch war sie anfangs des 16. Jahrhunderts unter der spanischen Herrschaft noch viel weiter herunter. Man rechnete in dieser Zeit nur etwa eine halbe Million Einwohner. Man kann sich denken, daß auch heute von Anbau wenig die Rede ist; in der That konzentrirt sich dieser an den Küsten, wie im Innern nur auf die nächste Nähe der Städte. Kaum eine Stunde von diesen hört Alles auf. Ist, wie es die Vertheidiger des Mangels an Anbau sagen, an demselben Schuld die Fieberluft, welche in der Nähe der Städte und beim Zusammendrängen um sie minder schädlich sein, mindere Verheerungen anrichten soll, der Mangel an Waldungen, der Mangel an Wasser? Nein, Alles dieses nicht. Dem Mangel an Holz könnte der Anbau sehr leicht abhelfen und mit ihm würde die Fieberluft auch aus den jetzt verlassenen Gegenden schwinden. Obgleich, wie gesagt worden ist, Sicilien keinen schiffbaren Fluß hat, fehlt es ihm doch keineswegs an Wasser. Zahlreiche Quellen, welche aus den Bergriffen hervorkommen, geben nicht nur Trinkwasser, sie würden auch noch Ueberfluß zur Bewässerung bieten. Und selbst wo die Quellen fehlen, da stellt der fruchtbare Nachtthau sich ein, und Fluren, welche in einem nördlicheren Klima unter dieser Sonne sich alsbald in dürre Steppen verwandeln würden, erstehen in Sicilien an jedem Morgen neu, frisch verjüngt, so grün als seien sie mit der größten Sorgfalt getränkt worden, ohne alle Arbeit der Menschen.

Gott hat alles gethan, aus der Insel ein Paradies zu machen; und wenn sie das heut nicht ist, wenn sie selbst in einzelnen Theilen als das Gegentheil erscheinen kann, so ist es lediglich die Schuld der Menschen. Noch heute trägt der Weizen beim liederlichsten Anbau mehr als das hundertfache Korn; aber fragt den Bauer, selbst den Gebildeten, er kennt nicht einmal das Verhältniß von Aussaat und Ernte, er hat nie darnach gefragt. Die vortrefflichen Trauben geben einen ebenso vortrefflichen Wein; aber was würde dieser Wein bei einigermaßen vernünftiger Behandlung sein! Man sieht es an dem Marsala, dessen einige englische Häuser sich angenommen haben. Man vergleiche mit ihm den Wein von Milazzo, welches doch eine Küstenstadt ist, und welcher dasselbe sein könnte!

Alle Industrie fehlt; Handel, Ackerbau und Industrie müssen sich aber gegenseitig stützen und erhalten. Dies ist unmöglich, ohne daß für die Wegsamkeit des Inneren etwas Vernünftiges gethan werde. Der Mangel an Wegsamkeit drängt die Menschen auf die Städte zusammen; der Mangel an Wegsamkeit, an Verbindung des Innern mit den Küsten beschränkt den Anbau, da dessen Ueberfluß doch nicht zur Ausfuhr abgesetzt werden kann, läßt nicht an eine Verbesserung der Produkte, welche die Natur giebt, an ihre Verarbeitung im Lande, die Industrie denken. Unwissenheit, das System des großen Grundbesitzes, das schauerliche System der neapolitanischen Regierung, welches die Auflagen immer in steigendem Verhältnisse mit der Zunahme der Produktion erhöhte, ohne jemals von dem Erträgnisse etwas auf die Insel zurückfließen zu lassen, um die Produktion zu heben, haben weiterhin dazu beigetragen, den Anbau der Insel, ihren Aufschwung niederzuhalten.

Adel und Geistlichkeit waren bis auf die neueste Zeit fast die einzigen Grundbesitzer, die Bauern lediglich Pächter; das Einkommen von 7600 Geistlichen berechnete man auf 3 Millionen Dukati (gegen 14 Millionen Franken); der Adel, welcher vorzugsweise von den normannischen Eroberern stammt, woher man seine Zuneigung zu den Engländern leiten will, zählt 61 Herzoge, 117 Fürsten, 217 Marchesi, mehr als 1000 Barone, 2000 einfache Edelleute. Da die Familien ziemlich zahlreich sind, giebt das ein hübsches Personal. Bis 1818 bestand die Aviticität; die Adelsgüter konnten nicht veräußert oder von den Gläubigern mit Beschlag belegt werden. Im genannten Jahre hob die neapolitanische Regierung, welche — nicht mit Unrecht — im Adel die hauptsächlichste Stütze des Widerstandes gegen sie erblickte, die Aviticität auf. Dies führte hier und dort zur Zerstückelung des großen Grundbesitzes; indessen faktisch ließ diese Zerstückelung kaum Spuren zurück, wie sich leicht begreift. Sie könnte nur dann wahrhaft durchgeführt und heilbringend werden, wenn mit ihr die Vergrößerung der Wegsamkeit Hand in Hand ginge. Was nützte dem Erwerber ein Stück Land ohne alle Verbindungen mit der andern Welt, wenn es nur einige Meilen von den Städten entfernt lag. Er mußte es vorziehen sich der Stadt wieder zu nähern und hier als Pächter und Klient auf dem von seinem Schuldner bewahrten fruchtbringenden Eigenthum zu hausen. Der Adel, welchem durch die Aufhebung der Aviticität Alles oder so gut als Alles genommen ward, zog sich in die Städte zurück, in Aemter, in Handel und Gewerbe, letzteres freilich nur im Nothfall. Auch die kleinsten Städte Siciliens wimmeln von Marchesen und Baronen. Der Adel, welcher in bedeutendem Besitze blieb, suchte die bewahrten Güter zusammenzuhalten; die jüngeren Söhne traten in den Klerus oder blieben als Klienten auf den großen Gütern, welche den Erstgebornen zu Theil wurden, ein faullenzendes und beständig zapfendes Geschlecht. In die neapolitanische Armee traten wenige Edelleute ein; wenn auch hin und wieder edlere Beweggründe dabei bewußt ins Spiel kamen, hauptsächlich war es doch der Stolz der Beschränktheit, welcher sie zurückhielt, — daneben die Faulheit.

Ein Hauptprodukt der Insel ist der Schwefel. Man schlug in den letzten Jahren den Werth des überhaupt ausgeführten Schwefels auf ungefähr 20 Millionen Franken an, wovon freilich kaum die Hälfte verzollt ward.

Eingetheilt wurde die Insel politisch in sieben Provinzen: Trapani, Girgenti, Caltanisetta, Noto, Catania, Messina und Palermo.

Die hauptsächlichsten Städte sind: Palermo mit 184541 Einwohnern, die Hauptstadt des Landes; an der Ostküste dann: Messina mit 95822, Catania mit 56515, Syracus mit 18802 Einwohnern, an der Südseite Modica mit 28087, Girgenti mit 18828; an der Westseite Marsala mit 25706 und Trapani mit 27286 Einwohnern. Wir müssen uns vorbehalten, diese Städte, soweit sie in den Lauf unserer Geschichte eingreifen, an ihrem Orte spezieller zu schildern.

Die bei weitem meisten Städte des Landes haben alte Befestigungen, Kastelle und sind schon, namentlich im Innern, wo sich auch viele alte Schlösser finden, von Natur durch ihre Lage auf den Höhen fest. Die einzige eigentliche Festung ist Messina; Palermo hat zahlreiche Forts besonders an der Meerseite. Wir erwähnen hier außerdem noch besonders des Forts von Favignana, auf der gleichnamigen Insel, wo die neapolitanische Regierung einen großen Theil ihrer politischen Gefangenen und Militärverbrecher unterzubringen pflegte.

Für den regulären Militärdienst hat der Sicilianer keinen Sinn; niemals hat es die neapolitanische Regierung gewagt, auf der Insel die Konskription einzuführen;

durch Werbung gegen Handgeld wurden etwa 12000 M. für den neapolitanischen Militärdienst gewonnen.

Im Uebrigen ist der Sicilianer durchschnittlich aller Klassen von einer großen natürlichen Intelligenz bei einer fast unglaublichen Unwissenheit, gleichfalls in allen Klassen. Auf ein Versprechen, welches er gegeben, kann man sich verlassen, soweit es irgend die Umstände erlauben. Er hat im Ganzen die großmüthigen Eigenschaften des Wilden; wie dieser ist er gastfrei bis zum Uebermaß. Die Sicilianer halten sehr zu einander; keiner, — außer den entarteten Söhnen des Landes, welche in neapolitanisch bourbonischem Zivil- und Militärdienst den Verrath wissenschaftlich erlernt haben — wird den Andern verrathen. Die Sicilianer sind keineswegs feige; aber sie ziehen es vor, ihrem Feinde Schaden zuzufügen, ohne sich selbst dabei auszusetzen. Dieß ist überhaupt eine Eigenschaft aller italienischen Soldaten im Vergleich zu den Nordländern. Sie charakterisirt den italienischen Soldaten und zeugt vielleicht von einer größeren Intelligenz desselben, als sie der Soldat aus dem Norden besitzt. Der Unterschied in dieser Beziehung ist ein sehr großer, so daß er bei einiger Beobachtungsgabe und gutem Willen demjenigen, der Soldaten verschiedener Lande gesehen, leicht seiner Natur nach in die Augen fällt. Die Führung muß auf diese Eigenthümlichkeit Rücksicht nehmen. Bekanntlich hat man von nordländischen Führern, insbesondere auch Franzosen, oft die Aeußerung gehört: die Italiener schlagen sich nicht. Richtiger wäre es, zu sagen: die Italiener schlagen sich anders als nordländische Soldaten. Die Phantasie des Sicilianers ist stark entwickelt; er hat dieß mit allen Völkern des europäischen Südens gemein, aber bei ihm ist die Sache noch ausgeprägter als bei den andern. Bei großer Körpergelenkigkeit hat er ein höchst lebendiges Mienen- und Geberdenspiel, und zwei Sicilianer verstehen sich durch dieses auf große Entfernung hin, ohne einander zu hören. Diese ewige Beweglichkeit, die Unmöglichkeit für einen Sicilianer, zu reden, ohne dabei allerlei erklärende Bewegungen zu machen, hat etwas

hst Possierliches für denjenigen, welcher an die Ruhe der
nschen des Nordens gewöhnt ist, besonders wenn der Sici-
ner noch in irgend einer militärischen Uniform steckt und
end einen militärischen Akt, eine Meldung z. B., zu voll-
ben hat. Die lebhafte Phantasie äußert sich gerade wie bei
ndern, auch bei den Sicilianern häufig in Furcht. Ein
haftes feindliches Feuer macht er sich sofort zu einer Hölle;
sreißen einzelner Abtheilungen wirkt leicht ansteckend; das
ponirende Auftreten feindlicher Kavallerieabtheilungen macht
sicilianischen Soldaten scheu, und auf Vorposten, nament-
bei langem Stehen, sieht er leicht Gespenster. Dieß sind
genthümlichkeiten, auf welche bei seiner Führung gleichfalls
dacht genommen werden muß. Es ist keineswegs so unmöglich
es scheint. Den Vorpostendienst muß man z. B. mit den sicilia-
chen Soldaten mehr durch lebhafte Patrouillengänge, bei denen
Patrouillen stets ein Objekt gegeben wird, das leicht zu errei-
n ist, als durch das Ausstellen langer stehender Ketten betreiben.

Nach den erwähnten Eigenthümlichkeiten des Sicilianers
rd man es, die Unwegsamkeit des innern Landes hinzuge-
mmen und erwogen, daß der neapolitanische Soldat viele
hnlichkeiten mit dem Sicilianer hat, leicht begreiflich finden,
ß dieser das Innere der Insel als sein Eigenthum betrachten
nte oder als sein Eigenthum zu betrachten nie aufhörte,
hrend er die Küstenstädte den „Fremden“ überließ. De-
hements der Neapolitaner konnten im Innern der Insel stets
nig ausrichten und kehrten immer unverrichteter Dinge und
ist sehr reduzirt an Mannschaft in die Küstenstädte zurück,
welchen sie ausgesandt waren. Die Sicilianer, mit dem
nde vertraut, jeden Fels, jeden Hohlweg benutzend, unter sich
stetem Zusammenhang, weithin von Allem unterrichtet, was
begab, konnten, ohne sich selbst einer Gefahr auszusetzen,
d hier, bald dort einen Feind erlegen; jeder Neapolitaner,
hinter seiner Kolonne zurückblieb, war verloren, wenn die
wohner irgend einer Gegend der Insel ein spezielles In-
sse daran hatten, diese Kolonne als eine feindliche zu be-

durch Werbung gegen Handgeld wurden etwa 12000 M. für den neapolitanischen Militärdienst gewonnen.

Im Uebrigen ist der Sicilianer durchschnittlich aller Klassen von einer großen natürlichen Intelligenz bei einer fast unglaublichen Unwissenheit, gleichfalls in allen Klassen. Auf ein Versprechen, welches er gegeben, kann man sich verlassen, soweit es irgend die Umstände erlauben. Er hat im Ganzen die großmüthigen Eigenschaften des Wilden; wie dieser ist er gastfrei bis zum Uebermaß. Die Sicilianer halten sehr zu einander; keiner, — außer den entarteten Söhnen des Landes, welche in neapolitanisch bourbonischem Zivil- und Militärdienst den Verrath wissenschaftlich erlernt haben — wird den Andern verrathen. Die Sicilianer sind keineswegs feige; aber sie ziehen es vor, ihrem Feinde Schaden zuzufügen, ohne sich selbst dabei auszusetzen. Dieß ist überhaupt eine Eigenschaft aller italienischen Soldaten im Vergleich zu den Nordländern. Sie charakterisirt den italienischen Soldaten und zeugt vielleicht von einer größeren Intelligenz desselben, als sie der Soldat aus dem Norden besitzt. Der Unterschied in dieser Beziehung ist ein sehr großer, so daß er bei einiger Beobachtungsgabe und gutem Willen demjenigen, der Soldaten verschiedener Lande gesehen, leicht seiner Natur nach in die Augen fällt. Die Führung muß auf diese Eigenthümlichkeit Rücksicht nehmen. Bekanntlich hat man von nordländischen Führern, insbesondere auch Franzosen, oft die Aeußerung gehört: die Italiener schlagen sich nicht. Richtiger wäre es, zu sagen: die Italiener schlagen sich anders als nordländische Soldaten. Die Phantasie des Sicilianers ist stark entwickelt; er hat dieß mit allen Völkern des europäischen Südens gemein, aber bei ihm ist die Sache noch ausgeprägter als bei den andern. Bei großer Körpergelenkigkeit hat er ein höchst lebendiges Mienen- und Geberdenspiel, und zwei Sicilianer verstehen sich durch dieses auf große Entfernung hin, ohne einander zu hören. Diese ewige Beweglichkeit, die Unmöglichkeit für einen Sicilianer, zu reden, ohne dabei allerlei erklärende Bewegungen zu machen, hat etwas höchst Possierliches für denjenigen, welcher an die Ruhe der Menschen des Nordens gewöhnt ist, besonders wenn der Sicilianer noch in irgend einer militärischen Uniform steckt und irgend einen militärischen Akt, eine Meldung z. B., zu vollziehen hat. Die lebhafte Phantasie äußert sich gerade wie bei Kindern, auch bei den Sicilianern häufig in Furcht. Ein lebhaftes feindliches Feuer macht er sich sofort zu einer Hölle; Ausreißen einzelner Abtheilungen wirkt leicht ansteckend; das imponirende Auftreten feindlicher Kavallerieabtheilungen macht den sicilianischen Soldaten scheu, und auf Vorposten, namentlich bei langem Stehen, sieht er leicht Gespenster. Dieß sind Eigenthümlichkeiten, auf welche bei seiner Führung gleichfalls Bedacht genommen werden muß. Es ist keineswegs so unmöglich als es scheint. Den Vorpostendienst muß man z. B. mit den sicilianischen Soldaten mehr durch lebhafte Patrouillengänge, bei denen den Patrouillen stets ein Objekt gegeben wird, das leicht zu erreichen ist, als durch das Aufstellen langer stehender Ketten betreiben.

Nach den erwähnten Eigenthümlichkeiten des Sicilianers wird man es, die Unwegsamkeit des innern Landes hinzugenommen und erwogen, daß der neapolitanische Soldat viele Aehnlichkeiten mit dem Sicilianer hat, leicht begreiflich finden, daß dieser das Innere der Insel als sein Eigenthum betrachten lernte oder als sein Eigenthum zu betrachten nie aufhörte, während er die Küstenstädte den „Fremden" überließ. Detachements der Neapolitaner konnten im Innern der Insel stets wenig ausrichten und kehrten immer unverrichteter Dinge und meist sehr reduzirt an Mannschaft in die Küstenstädte zurück, von welchen sie ausgesandt waren. Die Sicilianer, mit dem Lande vertraut, jeden Fels, jeden Hohlweg benutzend, unter sich in stetem Zusammenhang, weithin von Allem unterrichtet, was sich begab, konnten, ohne sich selbst einer Gefahr auszusetzen, bald hier, bald dort einen Feind erlegen; jeder Neapolitaner, der hinter seiner Kolonne zurückblieb, war verloren, wenn die Bewohner irgend einer Gegend der Insel ein spezielles Interesse daran hatten, diese Kolonne als eine feindliche zu be-

Von Plätzen, deren Palermo nicht wenige und unbedeutende besitzt, erwähnen wir hier nur die Piazza Reale vor dem königlichen Palast und die Piazza Marina nahe der Porta Felice.

Die Gebäude sind aus allen Zeiten in allen Baustylen; viel Sarazenisches findet sich noch erhalten und fortgepflanzt. Trotz der zahlreichen Kirchen und Klöster versetzt so der Anblick Palermo's mit seinem Straßenleben, mit den vielen Balkonen, mit den blühenden reichen Gärten, dem vielen Grün, welches auch in die Stadt eindringt, selbst mit den engen und schmutzigen Nebenstraßen, die Phantasie vorherrschend in den Orient.

Von allen Seiten fast ist die Stadt von Höhen umgeben. Nordwärts der Stadt und des Castello del Molo dehnt sich längs der Küste zum Capo Gallo die Kette des Monte Pellegrino hin, gegen 2000 Fuß hoch; westwärts erhebt sich der Monte Cuccio zu mehr als 3000 Fuß. Diese beiden schließen vielleicht das fruchtbarste, paradiesischeste Stückchen Landes ein, welches in Europa zu finden ist, die goldene Muschel (Conca d'oro), ein langgestrecktes, reiches, wirklich, wie es der Name sagt, muschelförmiges Thal, mit reichem Anbau und von einer verhältnißmäßigen Anzahl von Wegen durchzogen.

Oestlich und südöstlich der Stadt erheben sich die Höhen von Misilmeri und des Konventes Gibilrossa, getrennt von der Stadt durch den Oretobach, welcher an ihrem Fuße hinfließt, — hinfließt kann man freilich kaum sagen.

Diese vorläufige Orientirung wird für die nächsten Ereignisse hinreichen; für die späteren werden wir Gelegenheit haben, an das bisher Erwähnte anknüpfend, weitere Aufschlüsse im Zusammenhang mit den Handlungen selbst zu geben.

Die Insurgenten Palermo's hatten zu ihrem Hauptquartier das Minoritenkloster della Gancia erwählt. Hier sammelten sich die Häupter; hier wurden Waffen- und Munitionsdepots angelegt, hier sollte sich ein Theil der Palermitaner, welche einverstanden waren, am 4. April versammeln; hier auch die auf den Ruf der Sturmglocken herbeieilenden Insurgenten von der Landschaft. Von hier aus wollte man zum Angriff auf die königlichen Truppen schreiten, welche am Ende der Stadt in dem königlichen Palast und im Finanzpalast ihre Quartiere hatten. Der Mönche des Klosters glaubten die Insurgentenchefs sicher zu sein, und im Allgemeinen hatten sie Recht, da in der That die niedere Geistlichkeit Siciliens, auch die Mönche, sich vor Allem als Sicilianer fühlten.

Die Bewegung in den Gemüthern der Sicilianer, der Palermitaner war schon wochenlang vor dem 4. April den Königlichen kein Geheimniß. Sie kannten die Gefahr, nur über deren Größe und Nähe waren sie im Unklaren.

Militärkommandant der Provinz und des Platzes Palermo war der General Salzano, eine dieser eigenthümlichen Erscheinungen, welche in der neapolitanischen Armee nicht allzu selten sind.

Geboren 1791, spielte er schon im Jahr 1807, ein Bursche von 16 Jahren, eine bedeutende Rolle in den Banden Fra Diavolo's, noch mehr ein Dieb von Natur als ein Räuber. Ein französisches Detachement nahm ihn im letztgenannten Jahre gefangen und er ward zum Tode verurtheilt. Seine Mutter wußte von Joseph Bonaparte seine Gnade zu erwirken. Giovanni Salzano ward aber als Soldat in die neapolitanischen Sappeurs eingetheilt. In diesem Korps brachte er es bis zum Unterlieutenant. Als solcher ging er 1820 mit dem neapolitanischen Korps, welches die sicilianische Insurrektion bekämpfen sollte, unter Pepe nach Sicilien. Auch als Officier hatte er nicht das Stehlen vergessen; er stahl und raubte auf eine fürchterliche Weise. Dabei war er indessen Carbonaro, ein Anhänger des jungen Italiens. In dem sicilischen Feldzuge schadete dieß so wenig als das Stehlen. Salzano rückte zum Hauptmann vor. Aber nach der österreichischen Restauration ward er, nicht etwa weil er ein Dieb, sondern weil er ein Carbonaro war, zur Disposition gestellt. Erst als Del Carreto Polizeiminister und Gendarmeriegeneral ward, wurde Salzano als Hauptmann im Gendarmeriekorps wieder in den Dienst gerufen. Dieß war

sie sich erwartet sahen, sahen, daß der Plan verrathen sein mußte, glaubten bei den mangelhaften Vorbereitungen, die für eine Vereinigung größerer Massen getroffen waren, nichts Gescheiteres thun zu können, als sich in die Gemeinden zurückzuziehen. Ihrem Beispiele folgten auch die Insurgenten aus Palermo selbst, welche noch nicht im Kloster della Gancia eingetroffen, auf ihrem Wege zu diesem Sammelplatze überall auf neapolitanische Truppen stießen. Auch diese palermitanischen Insurgenten flüchteten auf verschiedenen Wegen in die verschiedenen Landgemeinden der Umgegend.

Ermuthigt dadurch, daß sie den Sturm der Neapolitaner abgeschlagen hatten, beschlossen die Insurgenten im Kloster, als sie das Feuer auf anderen Punkten der Stadt vernahmen, einen Ausfall zu machen, um sich durch Bosco's Truppen durchzuschlagen und mit den Abtheilungen aus der Stadt selbst und aus den Landgemeinden zu vereinigen.

Nachdem ein zweiter Sturm Bosco's zurückgeschlagen war, ward der beschlossene Ausfall unternommen, und schon schien ihn der Erfolg zu krönen, als frische neapolitanische Truppen unter den Befehlen der Generale Sury und Wyttembach herankamen. Salzano hatte sie gesendet, als er einerseits über den Ernst des Kampfes um das Kloster Nachricht erhalten, andererseits sich versichert hatte, daß auf anderen Punkten der Stadt nichts Besonderes mehr zu fürchten sei.

Sury und Wyttembach trieben die Insurgenten in das Kloster zurück und der Angriff auf dieses begann von Neuem; anfangs mit gleich schlechtem Erfolge für die Neapolitaner, bis diese ihre Geschütze vorbrachten und Bresche in das Kloster schossen. Auch jetzt noch hielten die Insurgenten Stand. Doch endlich ging ihnen die Munition aus, ihr Feuer wurde schwächer und erlosch endlich ganz.

Die neapolitanischen Soldaten, von Neuem zum Sturm vorgeführt, drangen endlich in das Kloster ein und schossen und schlugen Alles nieder, was von den Insurgenten sich noch vorfand, worauf sie das Kloster einer gründlichen Plünderung unterwarfen.

die „Herstellung der Ruhe" möglichst groß erscheinen z
Er mußte sagen, daß die Ruhe hergestellt sei und doch Verstärkungen verlangen. Seine Forderungen waren hi
wunden. So z. B. sagte er, daß es ihm „vorzüg
Artillerie fehle, obwohl schwer einzusehen ist, was ei
Artillerie ihm nützen könne bei der Kampfweise, welche er n
wendig wählen mußte. Jedoch wurde es der Hofpartei
der Regierung in Neapel nicht schwer, die wahre Sa
erkennen, wie wir dieß später sehen werden.

Wenige Tage nach dem 4. April war in Folge der Aus-
breitung der Revolution der unterseeische Telegraph zwischen Messina und Reggio unterbrochen und durch die Guerillas-schaaren in der Umgegend von Palermo sieben optische Telegraphen auf der Linie von Palermo nach Messina dem Boden gleich gemacht.

Die Ueberanstrengung der königlichen Truppen machte sich bald fühlbar. Täglich gab es Scharmützel. Salzano hatte nicht das Recht, zu warten, nach den Depeschen, welche er nach Neapel gesendet. Er hatte auch durchaus nicht die Fähigkeiten, welche den General ausmachen. Polizeischerge von Natur und durch Uebung, weiter nichts, betrachtete er alles militärische Auftreten vom Standpunkte eines Gendarmen oder Berliner Kadettenhäuslers von 1848.

Am 5. April griff eine Abtheilung königlicher Soldaten, selbst mit Geschütz, die Porrazzi, südlich Palermo, dicht vor der Porta nuova an. Am 4. war hier ein Zusammenstoß mit einem Insurgentenhaufen, der in die Stadt wollte, erfolgt. Am 5. war thatsächlich keine Seele von einem Insurgenten in den Porrazzi. Aber die Königlichen machten einen Lärmen, als ob sie eine Armee zu bekämpfen hätten, und es sollte uns nicht wundern, wenn für die „Schlacht von Porrazzi" Orden aus-getheilt worden wären. Wenigstens machten die Schaaren des „Heldenkönigs" von Gaëta ihre Siege späterhin auf diese
[We]ise. Einige arme verlassene Weiber und Kinder, die einzigen [Fe]inde, welche man am 5. April mit Kanonen bekämpfte,

8*

und dem Parco, beim Konvent Gibilrossa und bei Bagheria hinter dem Ficarazzibache.

Diese Schaaren setzten sich unter einander in Verbindung; ihr allgemeiner Plan war, die Kommunikationen der Königlichen zu Palermo mit dem übrigen Lande soweit als möglich zu unterbrechen, die Königlichen zu beunruhigen durch einzelne kleine Angriffe, sich auf kein ernstes Gefecht einzulassen, selbst in fortwährender Verbindung mit den verschiedenen Städten der Insel zu bleiben, namentlich mit denjenigen, wo gleichfalls die Insurrektion ausgebrochen war; auf diese Weise die Königlichen zu ermüden, bis endlich im günstigen Augenblicke wiederum aktiver und entschiedener aufgetreten werden könne.

Salzano wußte sehr gut, daß die Insurrektion nicht besiegt sei, daß sie sich lediglich aus der Stadt zurückgezogen habe. Was aber gegen sie beginnen, wenn sie sich auf dem Lande hielt? Salzano hatte zu seiner Verfügung etwa 6000 M. Wollte man die Insurgenten angreifen, so mußte man bald hierhin, bald dorhin von Palermo Ausfälle machen; man durfte dazu immer nur einen Theil der verfügbaren Macht benutzen; denn wenn man alle Truppen aus Palermo entfernte, war Gefahr vorhanden, daß die Stadt sich wiederum erhebe, oder, während man etwa nach Osten ausschlug, griffen die Insurgenten von Süden oder von Westen her an. Um nach mehrern Seiten zugleich offensiv vorgehen zu können, was wenigstens gegen die Rückschläge der Insurgenten einige Sicherheit gab, wenn es auch zweifelhaft bleiben mußte, ob selbst damit eine vollständige Niederlage der Insurgenten erzielt werde, — brauchte man unbedingt mehr Truppen. Salzano hatte einstweilen noch — lange sollte es nicht mehr dauern — die telegraphische Verbindung mit Neapel, mittelst des optischen Telegraphen nach Messina, von dort nach Reggio mittelst des unterseeischen elektrischen, dann wieder durch Calabrien zu Lande. Er verlangte Verstärkungen; allerdings nur schüchtern; denn wie wollte er die Forderung großer Verstärkungen rechtfertigen, wenn er andererseits das Bedürfniß hatte, seine Verdienste um

entschädigen, welche sie nahe der Stadt an ihrem Wege fanden.

Am 9. gingen darauf die Insurgenten von Bagheria, ermuthigt durch ihren offenbaren Erfolg, nordwestwärts an die Meeresküste vor. Nur etwa 3000 Schritt von Palermo trafen sie auf einen Posten der Königlichen und bestanden mit diesem ein lebhaftes Scharmützel, in welchem anfänglich der Erfolg so entschieden auf ihrer Seite war, daß die Königlichen eine vor der Bucht von Palermo kreuzende Dampffregatte herbeiriefen, die sich auch wirklich in den Kampf einmischte.

Unterdessen waren Anstalten getroffen, um zu gleicher Zeit mit Ernst gegen die Insurgentenschaaren des Monte Pellegrino und des Monte Cuccio vorzugehen. Am 9. April setzten sich zwei Kolonnen dorthin in Bewegung, die eine zu Lande gegen S. Lorenzo, während die andere auf Dampfern nach dem Mondello ging, sich hier ausschiffte und dann gleichfalls gegen S. Lorenzo vordrang.

Die Insurgenten vom Monte Pellegrino und S. Lorenzo wichen ohne Kampf südwärts nach dem Monte Cuccio aus; nur einzelne Flintenschüsse fielen hie und da aus den Häusern. Die Königlichen nahmen davon den Vorwand, die Landhäuser und Gehöfte im nördlichen Theil der Conca d'oro rein auszuplündern und dann niederzubrennen. Von der Ortschaft S. Lorenzo blieb wenig übrig. Dieser Raubzug ward als ein großer Sieg der königlichen Partei gefeiert.

Am 11. rückten die vereinigten Kolonnen der Königlichen gegen Bajda vor; hier kam es wirklich zum Scharmützel, die Insurgenten wichen nach Monreale, wo sie sich am 12. von Neuem gegen die Königlichen wehrten. Hier ward das Gefecht ein wenig heiß; die Insurgenten verloren gänzlich das Feld, sie behaupten, daß reaktionäre Einwohner von Monreale aus den Häusern auf sie geschossen haben.

Die Einwohner Palermo's unter dem Druck des Belagerungszustandes regten sich nicht; doch die buntesten Gerüchte durchliefen die Stadt; der Sicilianer braucht die Sprache nicht,

wurden schließlich niedergemacht, die ersteren, soweit sie dessen werth schienen, natürlich zuvor genothzüchtigt.

Am 6. April gab es eine neue Schlacht dieser Art bei Bajda. Einige königliche Bataillone schossen sich den ganzen Tag auf Kanonenschußweite mit etwa 50 Insurgenten herum. Natürlich verloren weder die Einen noch die Andern einen Mann. Die Neapolitaner haben ein noch viel größeres Vertrauen und eine viel größere Zuneigung zu den weittragenden Gewehren als sie in manchen deutschen Armeen gefunden wird. Schließlich zogen sich die Insurgenten auf den Monte Cuccio zurück, da ihnen die Sache langweilig wurde und ihnen die Munition ausging. Die Königlichen plünderten darauf das Kloster von Bajda, dessen Mönche beschuldigt wurden, die Insurgenten freundlich und gastfrei aufgenommen zu haben; was freilich seine Richtigkeit haben mochte, da die sicilianische Klostergeistlichkeit fast durchweg auf Seiten des Volkes stand.

Am 7. April neue Scharmützel bei Monreale. Am gleichen Tage mußte General Sury mit einem Bataillon gegen Bagheria marschiren, um zu verhindern, daß die dort vereinten Insurgenten etwa denen des Monte Cuccio und von Monreale zu Hülfe kämen. Sury traf auf eine ziemlich bedeutende Macht; aber diese vertheilte sich sogleich am Wege in die Häuser und hinter die Hecken und lieferte den Königlichen hier ein Gefecht, welches große Aehnlichkeit mit demjenigen von Lexington hatte. Sury mußte sich zurückziehen und verlangte Verstärkungen.

In der That rückten am 8. April mehrere Bataillone von Palermo aus; es ging ihnen nicht besser als es am vorigen Tage gegangen war; ihre Offiziere benahmen sich so ungeschickt als einst die Engländer bei Lexington; auf jeden einzelnen Schuß, der aus einem Hause oder hinter einer Hecke hervorkam, ließen sie mit Pelotonssalven antworten. Die Königlichen mußten sich schließlich im Gefühl vollständiger Ohnmacht zurückziehen und wußten sich nicht anders als durch Plünderung und Anzünden der verlassenen Häuser zu entschädigen, welche sie nahe der Stadt an ihrem Wege fanden.

Am 9. gingen darauf die Insurgenten von Bagheria, ermuthigt durch ihren offenbaren Erfolg, nordwestwärts an die Meeresküste vor. Nur etwa 3800 Schritt von Palermo trafen sie auf einen Posten der Königlichen und bestanden mit diesem ein lebhaftes Scharmützel, in welchem anfänglich der Erfolg so entschieden auf ihrer Seite war, daß die Königlichen eine vor der Bucht von Palermo kreuzende Dampffregatte herbeiriefen, die sich auch wirklich in den Kampf einmischte.

Unterdessen waren Anstalten getroffen, um zu gleicher Zeit mit Ernst gegen die Insurgentenschaaren des Monte Pellegrino und des Monte Cuccio vorzugehen. Am 9. April setzten sich zwei Kolonnen dorthin in Bewegung, die eine zu Lande gegen S. Lorenzo, während die andere auf Dampfern nach dem Mondello ging, sich hier ausschiffte und dann gleichfalls gegen S. Lorenzo vordrang.

Die Insurgenten vom Monte Pellegrino und S. Lorenzo wichen ohne Kampf südwärts nach dem Monte Cuccio aus; nur einzelne Flintenschüsse fielen hie und da aus den Häusern. Die Königlichen nahmen davon den Vorwand, die Landhäuser und Gehöfte im nördlichen Theil der Conca d'oro rein auszuplündern und dann niederzubrennen. Von der Ortschaft S. Lorenzo blieb wenig übrig. Dieser Raubzug ward als ein großer Sieg der königlichen Partei gefeiert.

Am 11. rückten die vereinigten Kolonnen der Königlichen gegen Bajda vor; hier kam es wirklich zum Scharmützel, die Insurgenten wichen nach Monreale, wo sie sich am 12. von Neuem gegen die Königlichen wehrten. Hier ward das Gefecht ein wenig heiß; die Insurgenten verloren gänzlich das Feld, sie behaupten, daß reaktionäre Einwohner von Monreale aus den Häusern auf sie geschossen haben.

Die Einwohner Palermo's unter dem Druck des Belagerungszustandes regten sich nicht; doch die buntesten Gerüchte durchliefen die Stadt; der Sicilianer braucht die Sprache nicht,

der Königlichen loszueisen, welche nach den früher erzählten Ereignissen unvorsichtiger Weise bis nach Bagheria vorgedrungen waren und sich hier in einigen Gebäuden von den Insurgenten förmlich hatten einschließen lassen. Die Königlichen waren in drei Kolonnen eingetheilt; die mittlere oder Hauptkolonne unter Sury marschirte direkt auf Bagheria; die Kolonne des linken Flügels unter Oberst Polizzi über Ficarazzi, die des rechten Flügels unter General Cataldo auf Misilmeri: die beiden Flügelkolonnen sollten zunächst die Flanken der Hauptkolonne sichern, dann sich gegen Bagheria wendend, den Insurgenten, die man sich mit Sury im Gefecht dachte, den Rückzug abschneiden. Wie gewöhnlich gelang dieses komplizirte Manöver nicht; Sury kam zu früh ins Gefecht, die Insurgenten erhielten bald Nachricht von dem Marsch und den Absichten der beiden Seitenkolonnen. Sie ließen sich daher auf einen ernsten Kampf nicht ein und zogen sich südwärts in die Berge zurück. Die Neapolitaner machten allerdings die beiden eingeschlossenen Kompagnieen frei, erreichten aber sonst nichts, ja verloren noch eine verhältnißmäßig bedeutende Zahl ihrer Soldaten, welche sich marodirend in die Gehöfte zerstreut hatten und hier von den versteckten Insurgenten abgefangen wurden.

Am gleichen Tage waren starke Patrouillen der Königlichen südwärts bis S. Giuseppe li Mortilli und westwärts auf den Monte Cuccio bis gegen Carini vorgedrungen und hatten hier kleine Scharmützel bestanden. Die Patrouille von Carini brachte die Nachricht ein, daß in diesem Orte sich eine bedeutende Anzahl von Insurgenten, die ziemlich organisirt schienen, befinde. So verhielt es sich in der That. Es hatten sich zu Carini etwa 1600 M. Insurgenten förmlich festgesetzt. Ein allgemein anerkannter Oberbefehl mangelte ihnen indessen; die Führer der einzelnen Kompagnieen (Squadre), welche das kleine Korps ausmachten, handelten auf eigene Faust und selten konnten sie sich vollständig unter einander einigen.

Salzano war nicht ohne Grund der Meinung, daß sich

hier ein Schlag thun lasse, der einigen Eindruck auf die Bewohner Siciliens machen würde. Einerseits schien es bei der Lage der Stadt Carini nicht schwer, die Insurgenten dergestalt einzuschließen, daß man sie gegen das Meergestade drängte und dort Alles gefangen machte; andererseits mußte die Vernichtung eines solchen wirklichen Korps — in den Bülletins noch angemessen vergrößert, durch Vorführung der zahlreichen Gefangenen in Palermo illustrirt — wohl einige Niedergeschlagenheit verbreiten.

Zum Tage des Angriffes auf Carini ward der 18. April angesetzt. Alles hätte nach Salzano's Wunsch gehen mögen; doch war der Angriffsplan wieder gewaltig komplizirt.

Drei Kolonnen wurden, wie vorher gegen Bagheria, so jetzt gegen Carini, bestimmt. Diejenige des rechten Flügels, 1000 M. unter Wyttembach, ging zur See um das Kap Gallo und landete bei Capaccio, um von da aus der Straße nach Carini zu folgen. Die Hauptkolonne im Zentrum, 2000 M. unter General Cataldo, marschirte zu Lande über Bajda direkt auf Carini los; die dritte, 1200 M. unter Bosco, sollte von Monreale aus durch die Berge die rechte Flanke der Insurgenten packen und ihnen das Ausweichen ins Innere des Landes unmöglich machen.

Die Einwohner des reichen Carini mit seiner fruchtbaren Umgebung, als sie von der Annäherung der Kolonne Wyttembachs benachrichtigt wurden, baten die Führer der Insurgentenschaaren, die Stadt zu verlassen, welche, wenn sie zum Schlachtfeld würde, auch ohne Frage der Plünderung und dem Feuer preisgegeben werden würde. Die Führer der Insurgenten waren verschiedener Ansicht über den zu befolgenden Plan. Eine Kolonne von 500 M. besetzte die Straße von Carini gegen Capaccio, um die Kolonne Wyttembachs zu empfangen, der 1100 M. starke Rest hielt es für zweckmäßiger, sich gegen Partinico zurückzuziehen.

Die Avantgarde Wyttembachs, sorglos vorrückend, ward schnell von dem mörderischen Feuer der 500 M. empfangen, welche sich in die Häuser am Wege und hinter die Hecken vertheilt hatten und wich in vollständigster Unordnung zurück. Indessen führte nun Wyttembach sein Gros vor. Die Insurgenten, kühn geworden durch den ersten scheinbaren Erfolg, welchen ihnen lediglich die Ueberraschung eingetragen hatte, verließen ihre Verstecke und schaarten sich, um in Ordnung den offenen Kampf zu beginnen. Die 500 entfalteten eine anerkennenswerthe Tapferkeit und hielten sich standhaft längere Zeit gegen Wyttembach, nur Schritt vor Schritt auf Carini zurückweichend. Da erschienen fast gleichzeitig auf den Höhen über Carini von Torretta und Montelepre her die Kolonnen Cataldo's und Bosco's.

Die Fünfhundert sahen jetzt, daß sie verloren seien, wenn sie nicht schleunigst den Rückzug anträten. Sie warfen sich auf Carini zurück und fanden dieß bereits von Cataldo besetzt. Es kam zu einem wüthenden Straßengefecht, in welchem Pike und Dolch von Seiten der Insurgenten benutzt wurde, wo die Feuerwaffe und das Bayonnet fehlte. Die Insurgenten hatten jetzt lediglich noch die Absicht, sich über Giardinello auf Partinico durchzuschlagen, um sich mit den 1100 zu vereinigen, welche diese Richtung schon gewählt hatten.

Unterdessen hatten die 1100 halbwegs zwischen Carini und Giardinello das immer heftiger werdende Feuer bei ersterem Orte vernommen und die tapfersten von ihnen entschlossen sich, nach Carini zurückzukehren, um den bedrängten Gefährten Hülfe zu leisten. Als das Gefecht am heftigsten in den Straßen von Carini wüthete, trafen sie dort ein; ihr Rückenangriff brachte die Truppen Cataldo's zum Weichen und erleichterte so den Resten der 500 das Entkommen in der Richtung auf Partinico.

Bisher war kein Kampf ein so wüthender, so tapferer gewesen. Die Insurgenten ließen 250 Todte und schwer Verwundete auf dem Platze; die Königlichen über 300, worunter 20 Offiziere.

Die Königlichen, ohne sich um die Verfolgung der

weichenden Insurgenten zu kümmern, kühlten ihren Muth in Schandthaten aller Art. Sie machten die verwundeten Gegner vollends nieder, plünderten, mordeten Wehrlose, welche ihnen Einhalt zu thun suchten, nothzüchtigten die Weiber, zerbrachen, was sie nicht mit sich schleppen konnten und legten endlich nach einer Gewohnheit, die bei ihnen mit der Zeit förmlich einriß, Feuer an.

Der Tag von Carini hatte das entgegengesetzte Resultat von demjenigen, welches sich Salzano und die neapolitanischen Generale von ihm versprochen. Hatten sie gehofft, hier einen Schlag zu thun, der alle Hoffnungen der Sicilianer vernichten sollte, so war es umgekehrt gekommen; die Insurrektionspartei feierte selbst in Proklamen, welche in Palermo verbreitet wurden, das Gefecht von Carini als einen Sieg der Sicilianer. Und aus den neapolitanischen Soldaten schwand aller Glaube an den Triumph ihres Königs. Täglich mußten sie marschiren, täglich sagte man ihnen, daß sie den Sieg errungen, aber täglich standen neue Feinde auf und straften die Versicherungen ihrer Generale Lügen. Abergläubisch sahen sie sich von Geistern umgeben, welche nicht zu treffen, nicht zu vernichten seien, welchen schließlich das Land gehöre. Schon weigerten sich ganze Kompagnieen und Bataillone auszumarschiren. In den Fremdtruppen herrschte kein besserer Geist. Hunger und Durst wurden ihnen unerträglich, da sie kein Ende, welches nur durch wirkliche Erfolge erzielt werden konnte, davon absahen. Salzano wüthete; er rächte sich durch Verhaftungen in der Stadt, er verfolgte die Flüchtigen selbst auf Schiffe fremder Nationen und fand hier nicht immer den Widerstand, welchen die Ehre der Nationalflagge forderte. Er drohte, Palermo vom Castellamare aus zu bombardiren und ließ seine Geschütze auf die Stadt richten. Die zahlreichen Verwundeten wurden zu Schiff nach Neapel geschafft, ohne Rücksicht darauf, ob ihr Zustand dieß gestattete, um sie den Blicken der Palermitaner zu entziehen.

Frankreich, England und Sardinien, welche so oft

gegen das politische System der Bourbonen von Neapel protestirt hatten, sendeten Schiffe in den Hafen von Palermo, um ihren Unterthanen den nöthigen Schutz zu schaffen. Daß dieser Schutz zugleich auch den Palermitanern geschafft werden könne, war klar und so faßten es die Bewohner der Stadt auf, welche das Erscheinen der verschiedenen Geschwader mit Jubel begrüßten, während Salzano und Maniscalco vor Wuth schäumten.

Dieß waren die Zustände der Hauptstadt Siciliens und ihrer Umgegend am Ende des April. Wir müssen nun einen Ueberblick über die Ereignisse auf den andern Hauptpunkten der Insel zu gewinnen suchen.

10. Die Ereignisse zu Messina während des Monats April 1860.

Achtzehntausend Schritte südlich des Kaps Faro macht die Ostküste Siciliens eine merkwürdige Einbucht ins Land; gegen die Meerseite hin wird diese Bucht durch eine Landzunge geschlossen, welche südwärts jener ihre Wurzel hat, zuerst nordostwärts läuft und dann sich allmälig in die Richtung von Osten nach Westen zurückwendet. Diese hakenförmige Landzunge schließt mit dem Laufe der eingebogenen Küste den vortrefflichen Hafen von Messina ein, welcher von Norden nach Süden 1400 Schritt lang, von Osten nach Westen 1700 Schritt breit ist.

Die Stadt Messina ist längs der Küste nordwärts der Wurzel der Landzunge erbaut und steigt mit ihren westlichen Theilen amphitheatralisch an den nächsten Abhängen der neptunischen Hauptkette empor, welche hier mit der Küste gleichläuft. Von der Nordküste herkommend muß man, um nach Messina zu gelangen, wenn man sie nicht etwa auf dem tiefsandigen Pfade nach Torre dei Faro umgehen will, die Hauptkette übersteigen. Von ihrer Höhe herab sieht man alsbald die prächtige Stadt vor sich liegen, lange bevor man auf den vielgewundenen, oft treppenartigen Pfaden wirklich zu ihr gelangt.

Im Jahre 1783 durch ein Erdbeben verwüstet ist Messina seitdem schön wieder aufgebaut, mit meist breiten, wohlgepflasterten Straßen. Eine unregelmäßige bastionirte Befestigung umgibt sie; zwei Forts, Gonzaga und Castelluccio, auf den westlich gelegenen Höhen sollen die Zugänge von dieser Seite sperren; sind aber selbst dominirt, ihrer Lage nach viel geeigneter, der Stadt Schaden zu thun, sie zu beherrschen. Viel geeigneter zu einer wirklichen Vertheidigung ist die Cittadelle (la Fortezza), welche Karl II. 1647 durch den niederländischen Kriegsbaumeister Nürnberg errichten ließ. Sie ist ein ziemlich regelmäßiges Fünfeck, auf 4000 Mann und 300 Geschütze eingerichtet. Sie liegt genau auf der Wurzel der Landzunge, zu welcher sie den Zugang von der Landseite gänzlich absperrt und beherrscht mit ihrem Feuer den größten Theil der Stadt. Zwischen der Cittadelle und dem südlichen Theil der Stadt innerhalb vou Befestigungen, welche jene der Stadt südwärts fortsetzen und sich mit einem Haken längs dem Meere wiederum der Cittadelle anschließen, liegt eine große Esplanade, die Ebene von Terranova genannt.

Auf der äußersten Spitze der Landzunge befindet sich das langgestreckte Salvatorfort, welches den zwischen ihm und der Stadt gemessen nur 650 Schritt breiten Hafeneingang beherrscht.

Zwischen dem Salvatorfort und der Cittadelle liegt der neue Leuchtthurm mit den umgebenden Verschanzungen (la lanterna grande); von hier aus erblickt man unter sich nahe dem äußern Strand des mittleren Theils der Landzunge, dem Braccio San Raniero, den Strudel der Charybdis, der noch immer gefährlich, gefährlicher als jener der Scylla, jetzt der Garófalo, Calofaru von seiner nelkenartigen Form (Garófano) genannt wird.

Die Hauptverkehrsadern im Innern der Stadt laufen parallel der Küste, die größten und schönsten Straßen sind die Marina und der Corso.

Auf die erste Nachricht vom Ausbruche des Kampfes in

Die in Messina niedergelassenen oder sich dort in Geschäften vorübergehend aufhaltenden Fremden bestürmten ihre Konsuln, ihnen Sicherheit zu verschaffen. Die Konsuln, den englischen an der Spitze, versuchten dieß anfangs durch gütliche Einigung mit Russo zu erzielen; als sie aber damit nicht weit kamen, als er troß der halben Versprechungen, die er ihnen gegeben, schon in der nächsten Sekunde wieder drohte, beim ersten Flintenschuß, der auf die neapolitanischen Truppen gethan würde, die Stadt plündern und niederbrennen zu wollen, da überreichten sie ihm am 13. April ein Schriftstück, in welchem sie verlangten, daß er seine mündlich, gelegentlich und halb gegebenen Versprechungen schriftlich und bestimmt formulirt wiederhole.

Sie forderten insbesondere, daß Russo auf keinen Fall seinen Soldaten erlaube, das Hausrecht zu verletzen, daß die ewige unnütze Schießerei in den Straßen und von der Cittadelle aus, dort mit Flinten, hier mit Kanonen, ein Ende nehme; daß endlich Russo auf eine vernünftige Weise, die nicht immer unnützer Weise die ganze Stadt in Bewegung setzte, gegen die einzelnen Banden auftrete, welche sich an den Thoren dann und wann, allerdings die Garnison beunruhigend, sehen ließen.

Russo wollte von solchen Versprechungen durchaus nichts wissen; er behauptete, und darin hatte er vollkommen Recht, hatte aber dieß Prinzip bisher nicht befolgt, daß er sein Verfahren von den Umständen abhängig machen müsse, daß es seine Aufgabe sei, dem Könige von Neapel Messina zu erhalten.

Die Konsuln der auswärtigen Mächte verließen darauf die Stadt, um sich auf die Fahrzeuge ihrer Nationen zu begeben, die meisten noch zurückgebliebenen Fremden folgten ihnen. Der englische Konsul hatte schon einige Tage vorher englische Schiffe von Malta herbeigerufen. Alle Fremden, Konsuln wie Private, stellten ihre verlassenen Wohnungen unter den Schutz ihrer Nationalfarben. Den sardinischen Unterthanen ward ein Gleiches von Russo versagt. „Wie kann man dergleichen Dinge von mir verlangen", erwiderte er bei einer Anfrage in Betreff dieser Angelegenheit, „da die ganze Welt weiß, daß das Mißgeschick, welches über Sicilien hereingebrochen ist, nur von der Regierung Sardiniens und dieser nichtsnutzigen Fahne herkommt, die jetzt das Eigenthum ihrer Unterthanen beschützen sollte?" Die sardinischen Unterthanen durften an ihre Wohnungen nur anschreiben: „Fremdes Eigenthum", nicht sardinisches Eigenthum.

Russo verfuhr übrigens zu Messina so, wie Salzano zu Palermo. Verhaftungen folgten auf Verhaftungen und sobald vom neapolitanischen Festlande Truppen anlangten, welche die Garnison über das Nothwendige hinaus verstärkten, mußten sie in zwei Kolonnen, theils nach Gesso und Milazzo, theils gegen den Aetna und Catania hin aufbrechen. Wir begnügen uns zu bemerken, daß die Verfolgung der Guerilla's von Messina aus wo möglich noch geringern Erfolg hatte, als jene von Palermo aus.

Es bleibt uns nun zunächst übrig, zu zeigen, wie die Insurrektion, sich keineswegs auf die Umgegend von Palermo und von Messina beschränkend, in der That im Laufe des April die ganze Insel ergriffen hatte, und wir müssen zu diesem Ende noch einen Blick auf die hauptsächlichsten Mittelpunkte des Verkehrs und des geistigen Lebens außerhalb Palermo und Messina werfen.

11. Der Aufstand auf Sicilien außerhalb Palermo und Messina im Laufe des April.

In Trapani, dem alten Drepanon, mit einem vortrefflichen, durch das Fort Colombara geschützten Hafen, am Fuße des Monte S. Giuliano, des alten Eryxberges, erregte die erste Kunde von den Ereignissen in Palermo am 4. April, die hieher in Gestalt einer Siegesnachricht der Volkspartei gelangten, einen unglaublichen Enthusiasmus. Die Bevölkerung sammelte sich auf den Plätzen und pflanzte die dreifarbige Fahne auf. Der Intendent der Provinz, Marchese Stazzone, trat als

Vermittler zwischen der Bevölkerung und der Besatzung auf. Die letztere, zwei schwache Bataillone unter Oberst Jauch, zog sich nach Uebereinkunft in die Kasernen außerhalb der Stadt zurück; mit ihr gingen die zahlreichen Polizeiagenten. Darauf verlangte die Bürgerschaft von Stazzone die Erlaubniß zur Errichtung einer Bürgergarde. Stazzone ertheilte diese Erlaubniß; die Bürgergarde ward von zehn der angesehensten Männer sofort organisirt. Am selben Abend war Trapani festlich erleuchtet. In der ungewohnten Luft der Freiheit und nach einem so leichten Siege erhitzten sich die Gemüther. Verschiedene junge Leute wollten, daß man die Truppen angreife und zur Waffenstreckung zwinge. Stazzone wußte indessen dieses durch seine Ueberredungsgabe zu verhindern. Die revolutionäre Arbeit, welche meist so überflüssig ist, wenn es sich nicht um militärisches Auftreten handelt, begann nun in ihrer gewöhnlichen Art mit Ausschußwahlen, Reden, Illuminationen u. s. w. auch zu Trapani. Die Bürgerschaft gab sich dem blödsinnigen Freiheitsdusel hin, welcher die Folge eines vermeintlichen Sieges zu sein pflegt.

Als die Kämpfe in der Gegend von Palermo kein rechtes Resultat zeigten, als die Truppen in Palermo schwierig wurden und der Streit eigentlich nur deßhalb einschlief, weil die Guerillasbanden bereits auf eine Hülfe und Führung warteten, welche ihnen von außen her kommen sollte, da kamen die Häupter der Königlichen zu Palermo, theils sich der Ruhe der Hauptstadt sicher glaubend, theils um den Soldaten Beschäftigung zu geben, auf den Gedanken, einen Theil derselben auf einen andern Schauplatz zu versetzen und durch die Erfolge, welche man dort erringen möchte, zugleich auf die Hauptstadt zurückzuwirken.

Es ward beschlossen, Trapani wieder unter die königliche Herrschaft zu bringen. Zugleich sollte dieses der Anfang der Ausführung eines der vielen untrüglichen Plane zur Wiederunterwerfung der Insel sein, welche gegenwärtig von neapolitanischen Generalen und Oberoffizieren ausgeheckt wurden.

Der Befehl über die Expedition gegen Trapani ward dem Brigadier Letizia übertragen, welcher vor Ungeduld brannte, seine Anhänglichkeit an Thron und Altar zu beweisen und eben erst auf sein wiederholtes Verlangen von Neapel nach Palermo gesendet war. Eine Brigade ward zu seiner Disposition gestellt.

Die eine Kolonne derselben folgte dem Landweg über Alcamo; die andere, auf eine Dampffregatte und einige kleinere Dampfer verladen, ging zur See um das Kap S. Vito herum. Letizia befand sich auf der Fregatte, mit ihm ein neuer gesinnungstüchtiger Intendent, welcher bestimmt war, Stazzone zu ersetzen.

Das Geschwader Letizia's und die Kolonne, welche zu Lande marschirt war, näherten sich am 23. April gegen Mittag ziemlich zu gleicher Zeit der Stadt. Bald war Letizia im Hafen und verlangte die Uebergabe der Stadt. Die Häupter der Bewegungspartei, welche sich eingeschlossen sahen und wirkliche Vertheidigungsanstalten nie getroffen hatten, ließen den Muth sinken; zumal die junge thatkräftige Mannschaft schon in die Berge hinaus war, um sich dort den Guerillasschaaren anzuschließen. Die Mehrzahl der Insurgentenchefs flüchtete sich auf Schiffe neutraler Nationen.

Nach wenigem und geringem Scharmutziren ohne Plan und Leitung war Trapani in den Händen Letizia's; Stazzone, an dessen Stelle sogleich der mitgebrachte neue Intendent trat, und Jauch wurden ihrer Stellen entsetzt, auf ein Schiff gebracht und nach Palermo gesendet, um dort ihr Urtheil zu finden.

Viele Verhaftungen von Häuptern der Insurrektionspartei wurden vorgenommen. Zehn derselben hatten sich auf ein norwegisches Schiff geflüchtet. Sanzone, der Polizeikommissär, welcher mit Jauch die Stadt verlassen hatte und nun wieder in Freiheit und Würden eingetreten war, forderte von dem Kapitän des norwegischen Kauffahrers die Auslieferung der Flüchtigen und suchte denselben durch Drohungen einzuschüchtern, als dem Begehren nicht entsprochen ward. Doch gelang dieß bei dem braven Norweger nicht, welcher versicherte, daß

9*

auch er Waffen an Bord habe und daß seine Matrosen sich derselben wohl zu bedienen wüßten, wenn es gelte, die Ehre ihrer Flagge in der Vertheidigung von Gastfreunden zu wahren. Diese kräftige Erklärung genügte; die neapolitanischen Polizeisoldaten ließen den Sohn des Nordens in Ruhe.

Um nach seinen Prinzipien zu verfahren, denen zufolge die Bewegung in Sicilien nie eine solche Ausbreitung gefunden haben würde, wenn mit der nothwendigen „Energie" eingeschritten worden wäre, wollte Letizia die verhafteten Volksführer vor ein Kriegsgericht stellen und kurzen Prozeß mit ihnen machen. Indessen legte sich hier der Bischof von Trapani ins Mittel und erwirkte, daß die Verhafteten den ordentlichen Gerichten übergeben wurden.

Nachdem Letizia diese Dinge geordnet hatte, marschirte er unter Zurücklassung der nothwendig scheinenden Garnison zu Trapani, auf Marsala, welches, so wie die ganze Westküste, vorzugsweise auch der Ort Mazzara, sich etwa gleichzeitig mit Trapani erhoben hatte. Da Marsala zur Zeit der Erhebung nur eine sehr schwache Garnison hatte, wurde die Bewegung der Stadt sogleich Herr; die Polizei, der Richter und mehrere Anhänger der neapolitanischen Regierung flüchteten und eine Bürgergarde ward von den Einwohnern errichtet. Bei der Annäherung Letizia's aber fühlte sich die Bürgergarde zum Widerstand zu schwach und räumte die Stadt, welche sonach von den neapolitanischen Truppen ohne Weiteres besetzt werden konnte.

An der Südküste hatten sich Girgenti und Noto unmittelbar auf die Kunde von den Ereignissen des 4. April in Palermo erhoben; im Innern Caltanisetta; an der Ostküste Syracus, Catania, Taormina. Zu ernsten Zusammenstößen kam es hier nicht, die neapolitanischen Garnisonen waren sehr schwach, meist zogen sie sich ohne Weiteres vor der Bewegung in die Kasernen zurück und nahmen hier eine beobachtende Haltung ein. Die Einwohner ihrerseits ermangelten der Waffen und der Leitung, um selbst zur Offensive schreiten zu können, und die Jugend zog es vor, mit den verfügbaren Waffen in die Gebirge zu ziehen, um hier sich den Guerillasschaaren anzuschließen.

In Noto gedachte die Bürgerschaft dem Mangel an Waffen dadurch abzuhelfen, daß sie vom Kommandanten der Garnison friedlich die Erlaubniß zu Errichtung einer Bürgergarde und die nothwendigen Waffen für dieselbe verlangte. Der Kommandant erwiderte, er habe kein Recht, solche Erlaubniß zu ertheilen und werde beim ersten Anzeichen eines Aufstandes auf die Bevölkerung feuern lassen. Darüber bei den feurigsten Revolutionärs große Aufregung; sie schrieen, man müsse die verweigerten Waffen mit Gewalt holen. Die Bedächtigern mahnten davon ab und im Augenblick krönte auch ihr Verlangen der Erfolg. Aber die Zusammenrottungen der Unzufriedenen veranlaßten doch am 7. April einen Zusammenstoß. Es kam zum Feuern in den Straßen. Die Insurgenten räumten bald das Feld, um sich in die Berge zurückzuziehen, worauf der Kommandant Noto in Belagerungszustand erklärte. Die Einwohner verhielten sich von nun an ruhig, harrend der Dinge, die sich zu Palermo begeben würden.

Intendent der Provinz Catania war der Prinz Fitalia. Er hatte sich dem neapolitanischen Gouvernement und namentlich Maniscalco verdächtig gemacht und strebte nach nichts so sehr, als sich in dessen Gunst wieder einzuführen. Als auch in Catania die Bewegung losbrechen wollte, das Volk sich bewaffnete und die schwache Garnison bedrohte, beschwichtigte er die Häupter der Bewegungspartei mit süßen Worten und schönen Versprechungen. Man traute ihm um so mehr, als er ein Verwandter von Ruggiero Settimo, dem sicilianischen Freiheitshelden von 1848 war, der noch immer zurückgezogen unter englischem Schutze auf der Insel Malta lebte, dessen baldige Rückkehr aber das sicilianische Volk erhoffte. So blieb Catania, wenn es auch mit Spannung die Ereignisse in den andern Theilen der Insel verfolgte, wenn auch ein Theil der Jugend auswanderte, um sich den Streifschaaren im Innern anzuschließen, wesentlich ruhig. Fitalia aber, sobald er dieses Resultat erreicht hatte, schrieb an Russo nach Messina, um Verstärkungen zu fordern. Russo, wie wir bereits gesehen haben, genügte dieser Aufforderung, sobald ihm selbst frische Truppen vom Festlande zugegangen waren. Kaum waren die Verstärkungen in Catania angelangt, als Fitalia die Entwaffnung der Bürger und zahlreiche Verhaftungen vornahm und die Ausgewanderten zu sofortiger Rückkehr in die Stadt unter Androhung von allen möglichen Strafen aufforderte. Eine Aufforderung, welcher diese, namentlich so weit sie jung und bewaffnet waren, sehr spärlich nachkamen.

12. Zustände der Insel Sicilien im ersten Drittel des Monats Mai.

Schon gegen Ende des April war die Insel Sicilien allem Anschein nach ruhig. Die Häupter des neapolitanischen Regiments täuschten sich so gerne über die Wahrheit, daß sie die scheinbare Ruhe für eine wirkliche nahmen und glaubten auch dem Volke Siciliens weiß machen zu können, daß es ruhig sei.

In der That verhielten sich die Dinge ganz anders.

Wie es schon früher von uns erwähnt worden ist, hatte die mazzinistische Partei seit langer Zeit ihre Augen auf den Süden geworfen und erwartete von dessen Insurrektion die Verwirklichung ihres Grundgedankens: der wahren Einigung Italiens. Dieser Gedanke der Insurgirung des Südens konnte unzweifelhaft auf verschiedene Weise durchgeführt werden und wir haben selbst gesehen, wie der ursprüngliche Plan der war, daß die Freiwilligen Mittelitaliens unter der Führung Garibaldi's durch das Römische ins Königreich Neapel einbrächen. Da die Umstände der Durchführung dieses Planes in der für sie besten Zeit nicht günstig waren, so ward er aufgegeben und dafür die Idee ins Auge gefaßt, eben grad im äußersten Süden anzuknüpfen.

Garibaldi sollte nach Sicilien hinübergehen, um den

icilianern einen Mittelpunkt zu schaffen, Einheit in die Be-
gung zu bringen; eine Anzahl von kriegsgeübten Offizieren,
len Genossen, sollte den Nationalhelden begleiten, um den
icilianern das zu geben, was ihnen bei ihrer Enthaltung vom
apolitanischen Militärdienst neben der Einheit am meisten
hlte, tüchtige Führer ihrer Schaaren. Wir werden sehen, wie
h die Idee — zum höchsten Vortheil der Sache — schnell
eiter entwickelte, für jetzt genügt es, zu bemerken, daß die
icilianer seit der Mitte April auf Garibaldi warteten und in
r Zwischenzeit daran arbeiteten, Einheit in ihre Organisation
bringen. Wo keine neapolitanischen Truppen standen, da
ldete sich ein sicilianisches Lager.

Solche Lager oder Vereinigungspunkte von Streifschaaren
nden sich namentlich rings um Palermo: bei Gibilrossa
nd Misilmeri unter den Mastriechi, bei Corleone mit den
ortruppen beim Parco; bei Alcamo unter Sant' Anna, im
ezirk von Carini; gegen Messina und Catania; in der
rovinz Caltanisetta. Die Komite's versteckt, von dem Gou-
rnement, welches sie emsig verfolgte, vergebens gesucht, wirk-
n in allen Provinzialhauptstädten fort. Eine provisorische Regie-
ung, an deren Spitze Antonino Ferro stand, hatte ihr Haupt-
uartier zu Alcamo aufgeschlagen, sammelte dort Geld, Waffen,
Munition und ließ das Gesammelte an die Provinzialkomite's
nd an die Führer der Streifschaaren gelangen.

Rosolino Pilo Giveni, aus dem Geschlecht der Gra-
n Capace, ein Abkömmling der Anjou, seit 1849 exilirt,
ar jetzt Garibaldi vorausgeeilt, um seine Ankunft zu verkün-
igen und in der Gegend des kaum wieder von den König-
ichen geräumten Carini neue Schaaren zu sammeln. Schon am
10. April war er in Sicilien gelandet und hatte die Insel von
inem Ende zum andern durchzogen, um die Ankunft Garibaldi's
zu verkünden, zu den Waffen zu rufen, bei den Waffen zu erhalten.

Die scheinbare Ruhe Siciliens war die Ruhe der Erwartung, das Ausruhen vor dem neuen Anlauf.

Den Hof von Neapel versetzten die Nachrichten von

anzuschließen, wesentlich ruhig. Fitalia aber, sobald er dieses Resultat erreicht hatte, schrieb an Russo nach Messina, um Verstärkungen zu fordern. Russo, wie wir bereits gesehen haben, genügte dieser Aufforderung, sobald ihm selbst frische Truppen vom Festlande zugegangen waren. Kaum waren die Verstärkungen in Catania angelangt, als Fitalia die Entwaffnung der Bürger und zahlreiche Verhaftungen vornahm und die Ausgewanderten zu sofortiger Rückkehr in die Stadt unter Androhung von allen möglichen Strafen aufforderte. Eine Aufforderung, welcher diese, namentlich so weit sie jung und bewaffnet waren, sehr spärlich nachkamen.

12. Zustände der Insel Sicilien im ersten Drittel des Monats Mai.

Schon gegen Ende des April war die Insel Sicilien allem Anschein nach ruhig. Die Häupter des neapolitanischen Regiments täuschten sich so gerne über die Wahrheit, daß sie die scheinbare Ruhe für eine wirkliche nahmen und glaubten auch dem Volke Siciliens weiß machen zu können, daß es ruhig sei.

In der That verhielten sich die Dinge ganz anders.

Wie es schon früher von uns erwähnt worden ist, hatte die mazzinistische Partei seit langer Zeit ihre Augen auf den Süden geworfen und erwartete von dessen Insurrektion die Verwirklichung ihres Grundgedankens: der wahren Einigung Italiens. Dieser Gedanke der Insurgirung des Südens konnte unzweifelhaft auf verschiedene Weise durchgeführt werden und wir haben selbst gesehen, wie der ursprüngliche Plan der war, daß die Freiwilligen Mittelitaliens unter der Führung Garibaldi's durch das Römische ins Königreich Neapel einbrächen. Da die Umstände der Durchführung dieses Planes in der für sie besten Zeit nicht günstig waren, so ward er aufgegeben und dafür die Idee ins Auge gefaßt, eben grad im äußersten Süden anzuknüpfen.

Garibaldi sollte nach Sicilien hinübergehen, um den

Sicilianern einen Mittelpunkt zu schaffen, Einheit in die Bewegung zu bringen; eine Anzahl von kriegsgeübten Offizieren, alten Genossen, sollte den Nationalhelden begleiten, um den Sicilianern das zu geben, was ihnen bei ihrer Enthaltung vom neapolitanischen Militärdienst neben der Einheit am meisten fehlte, tüchtige Führer ihrer Schaaren. Wir werden sehen, wie sich die Idee — zum höchsten Vortheil der Sache — schnell weiter entwickelte, für jetzt genügt es, zu bemerken, daß die Sicilianer seit der Mitte April auf Garibaldi warteten und in der Zwischenzeit daran arbeiteten, Einheit in ihre Organisation zu bringen. Wo keine neapolitanischen Truppen standen, da bildete sich ein sicilianisches Lager.

Solche Lager oder Vereinigungspunkte von Streifschaaren fanden sich namentlich rings um Palermo: bei Gibilrossa und Misilmeri unter den Mastrlechi, bei Corleone mit den Vortruppen beim Parco; bei Alcamo unter Sant' Anna, im Bezirk von Carini; gegen Messina und Catania; in der Provinz Caltanisetta. Die Komite's versteckt, von dem Gouvernement, welches sie emsig verfolgte, vergebens gesucht, wirkten in allen Provinzialhauptstädten fort. Eine provisorische Regierung, an deren Spitze Antonino Ferro stand, hatte ihr Hauptquartier zu Alcamo aufgeschlagen, sammelte dort Geld, Waffen, Munition und ließ das Gesammelte an die Provinzialkomite's und an die Führer der Streifschaaren gelangen.

Rosolino Pilo Giveni, aus dem Geschlecht der Grafen Capace, ein Abkömmling der Anjou, seit 1849 exilirt, war jetzt Garibaldi vorausgeeilt, um seine Ankunft zu verkündigen und in der Gegend des kaum wieder von den Königlichen geräumten Carini neue Schaaren zu sammeln. Schon am 10. April war er in Sicilien gelandet und hatte die Insel von einem Ende zum andern durchzogen, um die Ankunft Garibaldi's zu verkünden, zu den Waffen zu rufen, bei den Waffen zu erhalten.

Die scheinbare Ruhe Siciliens war die Ruhe der Erwartung, das Ausruhen vor dem neuen Anlauf.

Den Hof von Neapel versetzten die Nachrichten von

der Absicht Garibaldi's, nach Sicilien hinüberzugehen, in die höchste Furcht. Die Völker Neapels und Siciliens betrachteten Italiens Nationalhelden schon zu dieser Zeit mit einer abergläubischen Verehrung, sein Name war ein Heer; und der Hof von Neapel theilte, wenn freilich nicht die Verehrung, doch den Aberglauben; die bloße Annahme, daß Garibaldi in Sicilien lande, erfüllte ihn mit Schrecken, und während er in London und in Turin verkündete, was ihm von Garibaldi's Absicht bekannt geworden war und die Hülfe dieser beiden Höfe zu einer Verhinderung der Landung Garibaldi's anrief, suchte er zugleich in Sicilien wo möglich aus der scheinbaren Ruhe eine wirkliche zu machen, so daß der kühne Freischaarengeneral, wenn das Schreckliche nicht abwendbar wäre, doch in Sicilien den Boden nicht mehr geebnet, keine Unterstützung mehr fände, wie er sie sich wünschen mußte.

Am 3. Mai 1860 verkündete der Prinz Castelcicala zu Palermo ein Manifest, in welchem er von einem längst verbrauchten Kunststück wieder einmal Gebrauch machend, die Insurrektion der Insel als das Werk einer kleinen aufrührerischen Partei darstellte, während die Masse der Bevölkerung eine lobenswerthe Ruhe und Theilnahmlosigkeit gezeigt habe. Schon, so fuhr er fort, habe König Franz in seiner angebornen Milde einen Generalpardon zugesagt und die Befehlshaber der mobilen Kolonnen, nachdem durch den Muth der königlichen Truppen die Freischaaren auseinandergejagt seien, hätten ihn zu großer Genugthung Aller verkündet. Immerhin bliebe noch etwas, allerdings Weniges zu thun; noch seien die allertraurigsten Ueberreste der Freischaaren, jene Horden, denen es um nichts Anderes als Raub und Mord zu thun sei, auseinanderzujagen. Aber die Bevölkerung möge Vertrauen haben, dieses würde bald geschehen sein, Ruhe, Ordnung, Wohlstand würden unter dem väterlichen Regimente Franz des II. die Insel bald von Neuem beglücken.

Gleichzeitig wurde die Aufhebung des Belagerungszustandes für Stadt und Provinz Palermo verkündet.

Die Einwohner Palermo's antworteten darauf mit den entschiedensten Zeichen des Mißtrauens und der Verachtung. Insoweit dergleichen Zugeständnisse ernst gemeint waren, konnte sie den Bourbonen nur die Furcht eingeben, und nur so lange konnten sie ernst gemeint sein, als die Furcht andauerte. Die wenigen Läden und Wirthshäuser, welche in der letzten Zeit wieder geöffnet waren, schlossen sich von Neuem, die sicilianische Marseillaise ward verbreitet und gesungen und das Insurrektionskomite warnte die Bevölkerung vor jeder Selbsttäuschung, ermahnte sie, fest zu stehen bei dem ausgesprochenen Gedanken der Vereinigung Siciliens mit dem italienischen Reiche unter Victor Emanuels Szepter und verhieß in solchem Falle den unzweifelhaften Sieg.

Nun und da außerdem die Nachricht eingelaufen war, daß die Expedition Garibaldi's Genua wirklich verlassen habe, verordnete Salzano augenblicklich, daß von Seiten der Polizei und des Militärs verfahren werde, als ob der Belagerungszustand nie aufgehoben worden sei, und Castelcicala rief jene Verordnungen wieder ins Leben, durch welche Filangeri, Fürst von Satriano, 1849 die letzten Keime des Aufstandes zu unterdrücken gesucht hatte. Die Auslieferung aller Waffen wurde somit von Neuem gefordert, und Listen sollten in den Gemeinden ausgefertigt werden von allen denen, welche noch sich bei den Freischaaren befanden; Belohnungen wurden verheißen für die Auslieferung, den Verrath, die Tödtung aller dieser Freiwilligen.

Die offiziellen Blätter des Hofes von Neapel hörten in dieser Zeit nicht auf, immer und immer wieder zu sagen, daß der Aufstand in Sicilien vollständig unterdrückt sei. Aber die Neapolitaner des Festlandes glaubten um so weniger daran, als sie sahen, wie jetzt schon die Regierung nicht nur bloß wegen Siciliens besorgt war, sondern auch für die festländischen Provinzen selbst zitterte. Bei der Stadt Neapel, in der Basilicata, in Calabrien wurden Truppen zusammengezogen; Patrouillenkordons bewachten nicht bloß die Westküste,

1. Bildung der Expedition Garibaldi's und Abgang derselben von Genua.

Am 6. April 1860 traf auf telegraphischem Wege die Nachricht von der Insurrektion Palermo's zu Genua ein; Crispi, Nino Bixio, Rosolino Pilo befanden sich zu Genua und hatten diese Nachricht erwartet; Crispi und Rosolino Pilo hatten schon im Februar das Versprechen Garibaldi's erhalten, daß er im Falle eines ernsten Ausbruchs der Insurrektion auf der Insel sich an deren Spitze stellen walle. Crispi, seit 1849 verbannt, war erst vor Kurzem von Sicilien, seinem Heimathlande, zurückgekehrt, welches er mit falschen Pässen besucht hatte, um die Verhältnisse dort durch eigenen Augenschein kennen zu lernen. Er brach sogleich mit Bixio nach Turin auf, um die Erneuerung der Zusage Garibaldi's zu erlangen und das Nähere für die Expedition vorzubereiten und zu verabreden. Rosolino Pilo rüstete sich, Genua zu verlassen und nach Sicilien abzusegeln, sobald der Abgang Garibaldi's gewiß sei.

Der letztere befand sich damals zu Turin in der Deputirtenkammer. Mochte ihn sein Temperament, sein Charakter noch so sehr zu gewagten Unternehmungen treiben, mochte seine Liebe zu Italien ihn vor nichts zurückschrecken lassen, — jetzt waren noch besondere Umstände vorhanden, welche es ihm doppelt leicht machten, die Sicherheit des Erfolges nicht als Bedingung des Wagnisses zu verlangen. Ein elender Betrug, der ihm Ende 1859 von einer jungen Dame, der Tochter eines Freundes, gespielt wurde, nicht ohne daß man die Machinationen politischer Feinde dahinter vermuthen dürfte, hatte ihn tief verletzt; die durch den Vertrag vom 24. März offenkundig und offiziell gewordene Abtretung seiner Vaterstadt Nizza an Frankreich hatte ihn mit einer tiefen Traurigkeit erfüllt.

schreiten erhielt; im andern Fall unterlag Garibaldi, Cavour war den Störenfried los, Italien hatte einige Märtyrer mehr und Cavour die Muße, seine Zeit abzuwarten.

Wie dem immer sei, Garibaldi erhielt mit Cavours Zustimmung 1019 Flinten, die zugehörige Taschenmunition und 8000 Franken Kriegskasse, und Garibaldi kannte keine Hindernisse mehr. Auf den 5. Mai Abends ward der Abgang der Expedition von der Villa Spinola, dem Sammelplatz und Hauptdepot, festgesetzt, obgleich selbst nicht alle alten Genossen des Generals, immerhin bereit, ihm zu folgen, mit ganzem Vertrauen bei der Sache waren. Von denen, welche mancherlei Schwierigkeiten herausfanden und einiges Mißtrauen in den Erfolg nicht unterdrücken konnten, wollen wir hier nur Sirtori nennen.

Eine Anzahl von Barken ward in der Nähe der Villa Spinola an der Meeresküste gesammelt. Auf diesen sollten zunächst die neuen Argonauten eingeschifft werden, mit ihnen Waffen und Munition; sie sollten aufs hohe Meer hinaussteuern und hier zwei Dampfer finden, welche sie weiter nach dem gelobten Lande Sicilien zu tragen bestimmt waren. Dieser beiden Dampfer, welche der sardinischen Gesellschaft Rubattino gehörten und im Hafen von Genua lagen, mußte man sich, wenigstens anscheinend, mit Gewalt bemächtigen. Nino Bixio mit 40 Mann und zwei Barken erhielt den Auftrag, dieses auszuführen und dann die Dampfer ins Meer hinauszuführen.

Am 5. Mai Abends von 7 Uhr ab versammelten sich alle die Freiwilligen, welche nicht unter Bixio's Kommando gestellt waren, an der Villa Spinola und nach 9 Uhr Abends begann die Einschiffung auf den versammelten Barken, welche alsbald das hohe Meer gewannen. Das Meer war anfangs ruhig, erst nach Mitternacht begann es unruhig zu werden.

Bis eine Viertelstunde vor Mitternacht hatte Garibaldi ruhig auf die Ankunft der Dampfer gewartet, als sie auch da nicht erschienen, verlor er die Geduld und ließ sich auf einem Nachen dem Hafen zurudern.

Er fand hier die beiden Dampfer Piemonte und Lombardo in der Gewalt Bixo's; bald nach 9 Uhr hatte sie dieser geentert, Offiziere, Mannschaft, Maschinisten und Heizer eingesperrt; aber die Heizung der Dampfer hatte, da eigentlich keiner der Enterer recht damit Bescheid wußte, ihre Schwierigkeiten. Der Piemonte war so ziemlich marschfertig, der Lombardo durchaus noch nicht. Garibaldo befahl sofort, daß der Piemonte den Lombardo ins Schlepptau nehme und hinaussteure, sobald er selbst vollständig bereit sei. Das war bald der Fall. Um $2^1/_2$ Uhr Morgens verließen die beiden Schiffe den Hafen, der Piemonte als Schlepper, während auf dem Lombardo tüchtig geheizt ward. Um 3 Uhr Morgens erreichten sie die Barken, auf denen die Seekrankheit in Folge des unruhig gewordenen Meeres arge Verwüstungeu angerichtet hatte. Die Ueberschiffung von den Barken auf die Dampfer fand sogleich statt, allerdings nicht ohne Unordnung, welche bedeutende Folgen haben konnte.

Als sie vollendet war, setzten sich die Schiffe in Bewegung; Garibaldi selbst befehligte auf dem Piemonte, Nino Bixio, Seemann wie er, auf dem Lombardo. Der Piemonte hatte die Spitze, der Lombardo folgte ihm auf möglichst kurzen Abstand. Er ging weniger gut als der Piemonte.

Am frühen Morgen ward an der Küste angelegt, um Lebensmittel einzunehmen. Erst später auf der Höhe von Castagneto ward Garibaldi gewahr, daß sich auf dem Piemonte weder Waffen noch Munition befanden. Er ließ Bixio mit dem Lombardo nahe herankommen und fragte ihn, ob auf diesem Dampfer die Waffen und die Munition verladen wären. Bixio hatte die 1019 Flinten, aber weder eine Anzahl Revolver, welche auf der Villa Spinola vorhanden gewesen, noch die Taschenmunition. Es ergab sich, daß die Barke, welche Revolver und Munition trug, ihre Ladung nicht abgesetzt hatte; ob lediglich in Folge der herrschenden Verwirrung oder in Folge von Anschlägen Cavours und La Farina's, muß bis heute dahingestellt bleiben. Vielleicht wird die Sache niemals aufgeklärt werden. Garibaldi ließ sich indessen nicht entmuthigen. Die Schiffe setzten ihre Fahrt, möglichst dicht bei einander bleibend, nach dem kleinen Hafen Talamone fort, wo ohnedieß aus verschiedenen Gründen Halt gemacht werden mußte.

Am 7. Mai um 10 Uhr Morgens ward Talamone erreicht.

2. Aufenthalt bei Talamone, Landung bei Marsala.

Garibaldi hatte in Genua verschiedene Schreiben zurückgelassen. Das wichtigste, folgenreichste von ihnen war dasjenige, welches an den Doktor Augustin Bertani, praktischen Arzt zu Genua, Deputirten, gerichtet, diesen beauftragte, alle Mittel zu kräftiger Unterstützung der Expedition zu sammeln und ganz Italien in Bewegung zu setzen, ihm begreiflich zu machen, daß wo immer Italiener für ihre Befreiung kämpften, der Kampf zugleich als ein Kampf für die Einheit angesehen werden müsse, daß Italien stark genug sei, sich selbst zu helfen, fremder Beschützer zu entbehren, wenn es eben nur selbst kräftig und beständig an seiner Bewaffnung arbeite, daß man die sicilianische Bewegung nicht bloß in Sicilien unterstützen müsse, sondern überall, wo es Feinde Italiens zu bekämpfen gäbe. Italien und Victor Emanuel! werde das Feldgeschrei der Expedition sein.

In einem zweiten Schreiben an die Direktoren der Gesellschaft Rubattino entschuldigte er die gewaltsame Wegnahme der beiden Dampfer Piemonte und Lombardo als einen Akt der Nothwendigkeit. Für den Fall, daß nicht die gesammte Nation, wie er es freilich als billig voraussetzte, zusammenstände, um die Gesellschaft für entstehende Verluste zu entschädigen, verpfändete Garibaldi Alles, was an Geld und Material von der Subskription für die Million Gewehre noch vorhanden war.

In einem dritten Briefe zeigte er dem König Victor Emanuel sein Unternehmen an. Wenn dasselbe mißglücke, sagte er, so werde wenigstens die Welt die Reinheit der Beweggründe anerkennen müssen, welche dazu trieben, wenn es glücke, würde er sich freuen, dem Könige Sicilien darzubieten, immerhin unter der Bedingung, daß dieser es nicht dem Fremden überliefere, wie er es mit Nizza gemacht. Garibaldi habe dem Könige vorher keine Kunde von seinem Unternehmen gegeben, weil er bei seiner Verehrung für Victor Emanuel fürchtete, dieser könne ihn bewegen, von demselben abzustehen.

Andere Briefe an verschiedene Freunde warnten einerseits davor, zu früh das Unternehmen als unklug zu verurtheilen, andererseits waren sie bestimmt, diese Freunde von der Theilnahme an der Expedition ab und in Italien zurückzuhalten, damit sie hier für die beständige Unterstützung und somit für den Erfolg der Sache wirkten.

Von Telamone aus sendete Garibaldi den Obersten Türr an den Gouverneur von Orbetello, um von diesem wo möglich Patronen herauszuschlagen. Türr wußte den Gouverneur zu bestimmen, daß er nicht bloß 100000 Patronen, sondern auch vier kleine Kanonen und dazu 300 Geschützladungen hergab.

Unmittelbar nach der Ankunft zu Telamone ließ er von Carini den Häuptern der Expedition, welche auf den Piemonte zusammengerufen wurden, folgenden Tagesbefehl verlesen:

„Das zu diesem Unternehmen versammelte Truppenkorps muß die vollständigste Entsagung zu seinem Gesetz machen, um im Hinblick auf die neue Gestaltung des Vaterlandes seine Aufgabe zu erfüllen. Die braven Alpenjäger haben dem Lande gedient und werden ihm dienen mit dem Eifer und der Zucht der besten regelmäßigen Truppen ohne anderen Anspruch als den eines reinen Gewissens.

„Kein Grad, keine Ehrenbezeugung, keine Belohnung haben diese Tapferen gelockt. Nach Beseitigung der Gefahr treten sie in das Privatleben zurück; aber so oft die Stunde des Kampfes schlägt, sieht Italien sie wieder in den ersten Reihen, fröhlich, voll guten Willens, bereit, ihr Blut für es zu vergießen. Der Kriegsruf der Alpenjäger ist wieder der-

10*

selbe, welcher vor nun einem Jahre an den Ufern des Tessin erklang:

„„Italien und Victor Emanuel!““

„Und dieser Kriegsruf, wo immer von uns gethan, wird wieder der Schrecken der Feinde Italiens sein.“

Zu gleicher Zeit ward die Organisation des Korps verkündet:

Oberkommandant: Garibaldi.

Chef des Generalstabes Oberst Sirtori. Sirtori, in seiner Jugend Priester, war 1848 zum Soldaten der Freiheit geworden und hatte sich durch wahren Heldenmuth im Jahre 1849 bei der Vertheidigung Venedigs ausgezeichnet. Später im Exil, in Frankreich studirte er im Hinblick auf künftige Zeiten die Theorie des Krieges, freilich etwas einseitig.

Generaladjutant ward Türr, der Ungar, welcher in seiner Jugend in österreichischem Dienst war, 1848 aus demselben desertirte, 1849 an dem badischen Aufstand Theil nahm und 1859 in dem Korps der Alpenjäger mitkämpfte. In diesem letztern Feldzuge wurde er im Gefechte von Rezzato verwundet.

Der Sicilianer Crispi begleitete die Expedition als Zivilkommissär. Auf inständiges Bitten hatte sich Garibaldi auch herbeigelassen, die Frau Crispi's mitzunehmen, obgleich er sonst von dieser Damenbegleitung auf Kriegszügen nicht eben viel hielt. Chef des Genie war Minutilli, Generalintendent Acerbi, Oberarzt Ripari.

Die gesammte Mannschaft ward in sieben Infanteriekompagnieen nach piemontesischem Muster eingetheilt. Die Kompagnieen wurden kommandirt von Nino Bixio, Orsini, Stocco, La Masa, Anfossi, Carini und Cairoli.

Nino Bixio, Seemann und Landsoldat wie Garibaldi, hatte an dessen Seite 1849 zu Rom, wie 1859 gefochten; er war bekannt durch seinen Ungestüm und seine rücksichtslose Tapferkeit. Von dem Mißbrauch seiner Gewalt über die Soldaten wurden manche Mährchen erzählt.

Orsini war früher neapolitanischer Artillerieoffizier; als solcher kämpfte er, auf die Seite seiner Landsleute übergetreten, bei der sicilianischen Insurrektion von 1848 und 1849. Darauf exilirt fand er eine Anstellung als Artilleriemajor in türkischem Dienst. Als solcher hatte er unter Anderm Omer Pascha's berüchtigten Zug nach Mingrelien mitgemacht. Auf den ersten Ruf von der neuen Erhebung seines Vaterlandes eilte er von Konstantinopel herbei und schloß sich der Expedition Garibaldi's an.

Stocco, ein Calabrese, hatte großen Einfluß in seinem Heimatlande und sich 1848 bei der Insurrektion Calabriens mit Auszeichnung betheiligt.

La Masa, ein Sicilianer, hatte die Insurrektion seines Heimatlandes von 1848 und 1849 mitgemacht, dann dieselbe beschrieben. Im Exil beschäftigte er sich besonders mit dem Studium der Organisation eines italienischen Insurrektionsheeres und veröffentlichte ein gut geschriebenes Buch über diesen Gegenstand. La Masa hatte viele Feinde. Er hatte, wie Alexander Dumas einmal sagt, den Fehler, das Wort „ich" zu viel zu gebrauchen, und Andere wollten finden, daß er dieß besser unterließe.

Anfossi hatte in der sardinischen Armee mit Auszeichnung gedient.

Der Sicilianer Carini hatte in der Insurrektion von 1849 ein sicilianisches Reiterregiment errichtet und gab im Jahre 1859 zu Paris den Courrier franco-italien heraus.

Cairoli, dessen einer Bruder im Jahre 1859 im Kampfe gegen Oesterreich geblieben, war von Pavia herbeigeeilt, sobald er von der Absicht Garibaldi's hörte, und brachte 30000 Franken zu der Expedition mit.

Als der Gouverneur von Orbitello die vier Kanonen hergab, von denen wir gesprochen, ward Orsini zum Artilleriekommandanten ernannt, und seine Kompagnie übernahm der Major Forni.

Bei Talamone ließ Garibaldi sechzig und einige Mann

unter Zambianchi am Lande zurück. Sie sollten in die römischen Staaten unter dem Ruf: Es lebe Victor Emanuel und Garibaldi! eindringen und glauben machen, daß sie die ganze Garibaldische Expedition seien, indem sie eine Proklamation verbreiteten, die in dieser Annahme bestärkte. Auf solche Weise sollten sie die Aufmerksamkeit der Neapolitaner von dem wahren Ziele der Expedition ablenken. Lange konnte selbstverständlich bei der Schwäche dieses kleinen, so gut als geopferten Korps die Täuschung nicht dauern.

Als die Kompagnieen formirt waren, brach die Expedition am 9. Morgens um $3^1/_2$ Uhr von Talamone auf, machte noch einen kurzen Halt bei San Stefano und nahm dann die Richtung direkt nach Süden, auf das Kap Bon los, nachdem die rothen Hemden und die Waffen vertheilt und die vier Kanonen von Orbetello eingenommen wären.

Der Piemonte war voran, der Lombardo folgte. Gegen Abend des 10. blieb der letztere bedeutend zurück. Ein Freiwilliger, welcher sich schon zweimal ins Meer gestürzt hatte und wieder aufgefischt worden war, machte dieselbe Operation zum dritten Mal. Das dritte Auffischen war mit Zeitverlust verbunden. Da man auf dem Piemonte nach Dunkelwerden vom Lombardo nichts mehr gewahrte, so ließ Garibaldi den erstern beilegen, um letzteren zu erwarten und zugleich gegen die ursprüngliche Abrede die Laternen anzuzünden.

Dieß hätte beinahe Bixio bewogen, sich mit dem Lombardo wieder vom Piemonte zu entfernen, als er dieses bemerkte, da er ihn für einen neapolitanischen Kreuzer hielt. Indessen gelang es bald, sich zu verständigen und die beiden Fahrzeuge waren nun wieder vereinigt. Der Lombardo folgte von Neuem in möglichster Nähe.

Am 11. Mai um 10 Uhr Morgens auf der Höhe von Farignana bemerkte Garibaldi einen englischen Kauffahrer, welcher von Marsala kam. Er hielt sogleich auf denselben ab, um ihn anzurufen. Er erfuhr von dem Käpitän, daß sich im Hafen von Marsala augenblicklich keine neapolitanischen

Kriegsfahrzeuge befänden, und hielt darauf sogleich westwärts auf Marsala los. Unterwegs erhielt er von dem Patron einer Barke die Bestätigung der Nachricht, welche der Engländer gegeben.

Diese Nachricht war richtig. Von den zwei neapolitanischen Kriegsfahrzeugen, welche auf der Rhede von Marsala stationirt waren, hatte der Capri, Kapitän Acton, die Rhede schon am 10. Mai verlassen, um auf das hohe Meer hinaus zu steuern; der Stromboli, Kapitän Caracciolo, war erst am 11. Morgens um 9 Uhr ausgelaufen, um dem Capri zu folgen.

Wäre der Freiwillige vom Lombardo nicht am Abend des 10. zum dritten Mal ins Meer gesprungen und hätte dieß nicht der Expedition während der Nacht einen mehrstündigen Zeitverlust verursacht, so würde sie den Stromboli noch auf der Rhede von Marsala angetroffen haben und wie es dann mit dem Erfolge stand, ist sehr fraglich. Jetzt war an der glücklichen Landung fast nicht zu zweifeln.

In der That lief der Piemonte ohne Zeitverlust in den Hafen von Marsala ein; die ersten Freiwilligen, welche mittelst der Boote des Schiffes das Land erreichten, nahmen die Barken fort, welche sie dort vorfanden, um die Ausschiffung zu beschleunigen; diese wurde ohne die geringste Störung, im Angesicht zweier englischer Kriegsschiffe vollbracht, welche sich auf der Rhede von Marsala befanden, des Aigno und des Indipendence.

Der Lombardo war zurückgeblieben. Von ihm aus sah man, wie auch zwei neapolitanische Dampfer mit aller Kraft auf den Hafen von Marsala lossteuerten. Es war zunächst der Stromboli, welcher die Expedition bemerkt hatte, und ihm folgend der von ihm herbeigerufene Capri.

Bixio ließ, rasch entschlossen, den Lombardo sogleich auf eine Klippe am Hafeneingang auflaufen, um dadurch den Neapolitanern zu thun zu geben und ihre Aufmerksamkeit vom Piemonte abzulenken, welcher die Mehrzahl der Mannschaft, die Kanonen, überhaupt den bedeutenderen Theil der Expedition trug. Er begann zugleich die Ausschiffung, unterstützt von den Barken, welche vom Strande auch dem Lombardo zuruderten.

Der Stromboli hatte sich, während die Ausschiffung schon eingeleitet war, dem Lombardo auf große Kanonenschußweite genähert und begann sein Feuer. Der Kommandant der englischen Fahrzeuge sendete einen Offizier an den Kommandanten des Stromboli und ließ ihn ersuchen, das Feuer einzustellen, weil sich fast alle Offiziere seiner Schiffe zu Marsala am Lande befänden, wie es sich allerdings in der That verhielt. Der Kommandant des Stromboli fand mit Recht die Zumuthung einigermaßen sonderbar; indessen dennoch stellte er das Feuer vorläufig ein und es entspannen sich höchst merkwürdige Unterhandlungen, welche nicht bloß dem Piemonte, sondern auch dem nahe bedrohten Lombardo vollkommen die Zeit gaben, ihre Mannschaft ungefährdet auszuschiffen. Am Lande formirten sich sofort die Kompagnieen.

Die schwache neapolitanische Besatzung räumte in Unordnung den Ort.

Erst als Marsala vollkommen in den Händen der Garibaldiner war, eröffneten Stromboli und Capri wieder das Feuer gegen die verlassenen Schiffe und die Stadt, ohne vielen Schaden anzurichten.

Unmittelbar nach der Landung ließ Garibaldi eine Proklamation an die Straßenecken anschlagen:

„Sicilianer! Ich habe euch ein Häuflein Tapferer zugeführt, die euerm Heldenrufe gefolgt sind, den Rest der lombardischen Kämpfe. Wir sind mit euch und wir fordern nichts Anderes als die Befreiung unseres Landes. Stehen wir Alle zusammen, wird die Arbeit leicht sein. Zu den Waffen denn! Wer nicht irgend eine Waffe ergreift, ist ein Feigling oder ein Verräther. Der Vorwand, es fehle an Waffen, gilt nichts. Wir werden Flinten bekommen, aber für den Augenblick ist jede Waffe gut, wenn sie nur von der Hand eines Tapfern geführt wird. Die Gemeinden werden für die Kinder, für die Frauen, für die zurückgelassenen Greise sorgen. Zu den Waffen Alle! Sicilien wird noch einmal der Welt zeigen, wie ein Land, getragen von dem kräftigen Willen eines ganzen einigen Volkes sich von seinen Bedrängern frei macht."

Andere Proklamationen, von Andern unterzeichnet, wurden in der Stadt, bald in der Umgegend verbreitet. Castiglia, welcher unter Garibaldi's Oberleitung während der Fahrt auf dem Piemonte kommandirt hatte, richtete eine Ansprache an die sicilianische Marine. Eine Proklamation von Cosenz, der für seine Person in Norditalien zurückgeblieben war, um Verstärkungen für die Expedition zu sammeln, forderte seine ehemaligen Waffengefährten im neapolitanischen Heere auf, den Bourbonen den Abschied zu geben und sich zu den Fahnen Italiens, Garibaldi's zu sammeln.

In vielen und großen Worten wendete sich auch La Masa an die Sicilianer, um ihnen die Herrlichkeit Italiens unter dem konstitutionellen Szepter Victor Emanuels zu predigen.

Türr hatte unmittelbar nach der Landung einen Offizier mit einigen Leuten abgeschickt, um sich des Telegraphen zu bemächtigen. Der Telegraphist, welcher durch diese Gesandtschaft außer Dienst gesetzt ward, hatte eben nach Palermo gemeldet, daß zwei Dampfer unter sardinischer Flagge in den Hafen eingelaufen seien und bewaffnetes Volk ausgeschifft hätten. Als Antwort darauf kam die Frage: Wie viel Leute gelandet seien, zu welchem Zweck? Der neue Garibaldinische Telegraphist antwortete darauf: Er habe sich geirrt, die eingelaufenen Dampfer seien Handelsschiffe mit Schwefelladungen von Girgenti. Von Palermo ward ihm darauf erwidert: er sei ein Schafskopf, und darauf hin antwortete er nichts mehr.

Der Empfang der Garibaldiner von Seiten der Marsalesen war kein besonders begeisterter; die Bewohner Marsala's meinten, der Zuzug komme zu spät, die Insurrektion der Insel sei so gut als unterdrückt. Sie hatten die letzten Vorfälle,

Die Infanterieregimenter hatten jedes 2 Bataillone, das Infanteriebataillon zu 6 Kompagnieen, die Kavallerieregimenter hatten 4 Schwadronen, die Artillerieregimenter zählten ein jedes 2 Feld- und 1 Festungsbataillon, jedes Feldbataillon 4 Batterieen zu 8 Geschützen.

Im Großen war die neapolitanische Armee in 4 Armeekorps eingetheilt, eins der Garde und drei der Linie, jedes Korps in zwei Divisionen, jede Division in zwei Infanterie- und eine Kavalleriebrigade nebst der betreffenden Artillerie und Genie.

Unabhängig von dieser Eintheilung, welche übrigens der Ausbruch des Krieges alsbald zerriß, bestanden 11 Generalinspektionen, ähnlich den Territorialdivisionen der Franzosen, von denen die ganze Verwaltung der Armee zur Friedenszeit ausging.

Die Korps wurden von Generallieutenants, die Divisionen von solchen oder von Maréchaux de camp * (Marescialli di campo), die Brigaden von Maréchaux de camp oder Brigadiers kommandirt. Der vollständige Titel des Brigadiers ist Oberst Brigadier (Colonello Brigadiere), derselbe bezog den den Gehalt als Oberst seiner Waffe, aber alle Campagnevortheile, wie ein General. Dieselbe Eintheilung ward auch in der nationalen Südarmee adoptirt, als dieselbe größere Dimensionen annahm.

Ergänzt ward das neapolitanische Heer außer durch die Anwerbung von Ausländern, welche vorzugsweise in besondere Korps zusammengestellt wurden, durch die Konskription auf dem neapolitanischen Festlande und durch Werbung gegen Handgeld auf Sicilien, welches sich der Konskription stets beharrlich widersetzt hatte. Die neapolitanischen Konskribirten dienten in neuester Zeit acht Jahre, wovon 4 bei der

* Man darf Maresciallo di campo, um nicht unnützer Weise Verwechslungen herbeizuführen, nicht, wie es so häufig geschieht, mit Feldmarschall übersetzen; der Maresciallo di campo ist der Generalmajor anderer Armeen (Maggiore-Generale).

Fahne, den Rest in der Reserve. Stellvertretung war gestattet; ein Stellvertreter ward mit 240 Dukaten (1100 Franken) bezahlt; die Söhne von Beamten, welche 12 Dukaten monatlichen Gehalt wenigstens bezogen, waren von der Konskription befreit. Es existirten andere Ausnahmen ähnlicher Art.

Die Werbung in Sicilien brachte der Armee etwa 12000 M.; die im Auslande 10 bis 12000 M. in der Zeit, von welcher hier die Rede ist; der Rest des Heeres mit etwa 110000 M. bestand somit aus konskribirten Neapolitanern. Da das konskriptionspflichtige neapolitanische Festland gegen 7 Millionen Seelen zählte, so kam ein Soldat auf ungefähr 60 Einwohner, ein Soldat bei der Fahne auf ungefähr 100 Einwohner.

Die Offiziere gingen zum großen Theil aus den Unteroffizieren hervor; daß sich sogar in den höheren Stellen des Heeres gar mancher kommandirende Offizier befand, welcher seine Laufbahn als gewöhnlicher Räuber begonnen hatte, ist bekannt genug. Junge Leute von Familie und Konnexionen wurden oft sofort als Offiziere ins Heer eingestellt, darunter auch insbesondere viele Söhne von fremden Offizieren, die sich mit Neapolitanerinnen verheirathet und neapolitanisirt hatten. Offiziere dieser Art waren auch in den national-neapolitanischen Regimentern um so weniger eine Seltenheit, als der wohlhabende Neapolitaner sich so wenig als der nicht wohlhabende zum Kriegsdienste drängt. Sehr viele Offiziere der neapolitanischen Armee konnten weder lesen noch schreiben. Außerordentlichen Talenten war es im Ganzen, in ähnlicher Art, wie in Rußland, leicht, sich Bahn in der Armee zu brechen. Es war nur ein übler Umstand dabei, daß sich Leute von Talent auch gewöhnlich mit Allem beschäftigen, was rings um sie her vorgeht und daß sie dann in Neapel bald in eine politische Richtung geriethen, welche dem Hofe nicht genehm sein konnte. Wir erinnern hier nur an Cosenz, der bald für längere Zeit, freilich unter einer ganz andern als der bourbonischen

auch den höheren neapolitanischen Offizieren von höchster Bedeutung, durch ihre Soldaten den Feind schon auf eine Meile hin todt schießen zu können, da sie bei dem herrschenden Regierungssystem, bei ihren Ansichten sich nicht getrauten, dem Soldaten jenen Muth einpflanzen zu können, der ihn nahe an den Feind heranbringt.

So wurde denn gesagt: der Neapolitaner, intelligent, aber etwas phantasiereich und folglich furchtsam, wie er ist, mehr darauf bedacht, dem Feinde zu schaden, als sich selbst auszusetzen, eignet sich vor Allem zum Jäger, und die Jägerwaffe muß daher vorzugsweise kultivirt werden. Dieß geschah denn auch in der That und alte verbrauchte Polizeigrößen, welche keine Idee von eigentlichen kriegerischen Bewegungen, von der Führung größerer Abtheilungen im Kriege hatten, stiegen durch die Kultur des Scheibenschießens und falsch verstandener Nachrichten über den Gebrauch der französischen Fußjäger und Zouaven schnell zu Brigadiers und Generalmajors auf. Die übrige Infanterie dagegen ward stets mehr vernachlässigt und wie sie war, hätte man sie eigentlich ohne Schaden zu Hause schicken können, ohne damit im Ernste gerade viel zu verlieren. Die Jäger aber wurden gewöhnt, immer nur dann zu schießen, wenn sie noch keinen Feind sahen und davon zu laufen, sobald ihnen der Feind unters Angesicht trat.

Bemerken wir, daß die Vernachlässigung der Linieninfanterie nicht wenig dazu beitrug, sie zu entneapolitanisiren. In dieser Truppe fanden die italienischen Ideen den meisten Eingang, selbst unter den Offizieren. Die unitarischen Vereine fanden hier den besten Boden für ihre Wirksamkeit. Korps, welche sich zu bloßem Kanonenfutter von ihrer Regierung bestimmt sahen, konnten offenbar für diese Regierung keine außerordentlichen Sympathien bewahren oder fassen.

So stand es mit der Infanterie. Ueber die neapolitanische Kavallerie sind so viele Epopöen geschrieben, daß man demjengen, welcher das Gegentheil von denselben behauptet, natürlich schwer glauben wird; indessen wir stehen im

Dienste der Wahrheit und sagen also unsere Meinung grad heraus.

Die Kavallerie war ohne Zweifel in Neapel eine gehätschelte Waffe, wie das in allen streng monarchischen Staaten der Fall ist, und wir wollen willig gestehen, daß ein neapolitanisches Reiterregiment in Parade, so lange keine Kugeln pfiffen, mit den meist hübschen, schön bekleideten Offizieren und Leuten, mit den edel ausschauenden Pferden, einen wirklich prächtigen Anblick gewährte. Wie aber stand es mit dieser Kavallerie vor dem Feinde? Und dem Feinde entgegenzutreten, das sollte doch ihre Bestimmung sein.

Um eine gute Reiterei zu bilden, dazu bedarf es vor Allem guter, nicht schöner Pferde.

Die neapolitanische Pferderace ist arabischer Abstammung, wesentlich arabischer Abstammung, so wie sie heute besteht. Wir erwähnen hiebei der vielleicht wenig bekannten Sache, daß es eines eigenen Erlaubnißscheines bedurfte, um unter der Bourbonenherrschaft ein englisches Pferd in Neapel einführen oder kaufen zu dürfen. Die Erlaubniß wurde sehr häufig verweigert. Die Race pflanzte sich wesentlich in sich fort und nahm damit alle Capricen an, welche Boden und andere Eigenthümlichkeiten des Landes in die Menschen Neapels gepflanzt haben. Das neapolitanische Pferd hat eine ungemeine Aehnlichkeit mit dem neapolitanischen Menschen. Uns Nordländern erscheint es in demselben Maße und in demselben Sinne „possirlich", wie uns der neapolitanische Mensch „possirlich" vorkommt. Im Hengste spricht sich dieser Charakter des neapolischen Pferdes ursprünglicher aus als in der Stute oder im Wallach.

Man hat es immer besonders rühmend erwähnt, daß die neapolitanische Kavallerie mit lauter Hengsten beritten sei. Wir müssen gestehen, daß wir dieß für die unglückseligste Maßregel halten müssen, um eine gute Kavallerie zu erhalten, welche nur immer ersonnen werden kann, doppelt unglücklich aber bei den Eigenschaften der neapolitanischen Pferderace.

Der Hengst ist ohne Zweifel im Allgemeinen kräftiger, feuriger und bei guter regelmäßiger Nahrung ausdauernder als Stute oder Wallach, aber er ist nicht so geduldig und nicht mehr bei mangelhafter Nahrung unter Bewahrung seiner Vorzüge ebenso ausdauernd als Stute oder Wallach. Vom neapolitanischen Hengste gilt dieß doppelt. Derselbe ist kapriciös im höchsten Maße. Dabei geht er schwer ins Feuer, und während von einem guten Reiter Stute oder Wallach immer noch seinem Willen dienstbar gemacht werden können, ist das beim neapolitanischen Hengste gar nicht mehr der Fall. Wir dürfen behaupten, daß mindestens ein Drittel der Pferde der neapolitanischen Reiterei auch vom besten Reiter nie ins Feuer zu bringen waren. Diese Pferde, wenn es ihnen nicht gelang, durch die gewöhnlichen Bocksprünge ihren Reiter, der sie ins Feuer bringen wollte, abzusetzen, brachten ihn entweder glücklich über ihren Kopf zu Boden, oder warfen sich selbst auf den Boden, oder zerrissen mit Entwicklung äußerster Kraft alle Zügel, eher als daß sie ihren Reiter in den Bereich feindlicher Kugeln trugen. Man denke sich nun in einer Schwadron von 150 Pferden 50 von dieser Art. Jedermann, auch ohne die Sache jemals mit angesehen zu haben, wird sich leicht eine Vorstellung davon machen können, welche Unordnung zum Beispiel bei einem Angriff auf ein Viereck einreißen muß, und daß es eigentlich zu einem ernsten Angriff dieser Art von Seiten neapolitanischer Kavallerie niemals kommen kann, selbst wenn alle Soldaten, was doch auch keineswegs vorauszusetzen ist, von dem entschiedensten Willen durchdrungen wären, zum Einhauen zu kommen. In der That ist die neapolitanische Kavallerie 1860 gegen eine nur einigermaßen geschlossene Infanteriemasse, und hätte sie nur aus 20 Mann bestanden, niemals zum Einhauen gelangt, nur gegen rasch vorgedrungene, ohne Unterstützung gebliebene, lang gedehnte schwache Tirailleurketten, gegen welche es am Ende genügte, wenn nur hier zwei oder dort zwei gut berittene Männer, die zufällig ihre Pferde in der Gewalt hatten, gegen sie ansprengten.

Man wird sagen, daß sich durch gute Uebung die Scheu der Pferde vor dem Feuer müsse überwinden lassen. Bei dem launischen Charakter der neapolitanischen Pferde ist es noch zweifelhaft, ob die Sache so allgemein gültig sei, als sie auf den ersten Augenblick scheint, aber getrost kann man allerdings zugeben, daß durch gute Uebung im Feuer in der Reitschule ein großer, sogar der größte Theil des Mangels sich beseitigen lassen würde. Diese gute, zweckmäßige Uebung im Feuer fehlte nun aber allerdings der neapolitanischen Kavallerie gänzlich, wie es zu geschehen pflegt, wo die Paradespielerei eigentlich die Hauptsache ist. Die Angriffe von Kavallerie auf Carrées bei den Friedensübungen, welche man in Frankreich mit großem Rechte so sorgsam vermeidet, wurden in Neapel, wie bei andern Armeen, die sich weit fortgeschritten dünken, auch gemacht, natürlich mit der obligaten Umkehr auf 40 bis 50 Schritt, welche Menschen und Pferde auf eine noch lange nicht recht gewürdigte Art daran gewöhnt, im Ernste dasselbe zu thun.

Obgleich die neapolitanische Reiterei im Verhältniß zur Armee durchaus keine große Stärke hat, glauben wir doch, daß die Hälfte dieser Reiterei, wenn diese Hälfte durchweg nur aus tapfern Männern und aus wohlgezogenen Pferden eines vernünftigen Schlages bestand, zweimal mehr ausrichten konnte als gegenwärtig und unter den herrschenden Umständen das Ganze. Wenn wir schon im ganzen zivilisirten Europa wenig Orte finden, an denen die Kavallerie in Massen — und wir verstehen sehr bescheiden unter einer Masse heute schon nicht mehr als 1000 Pferde — thatsächlich gut entwickelt, mit Erfolg auftreten kann, auch mit dem nothwendigen Raum, um entsprechend zurück und entsprechend wieder vorzugehen, so lassen sich nun die Punkte, die Gegenden der wahrscheinlichen Kriegsschauplätze für die neapolitanische Armee, auf denen die Kavallerie in Massen wirksam werden und in dieser Wirkungsweise einen wahren Nutzen stiften könnte, mit Leichtigkeit zählen.

Die neapolitanische Artillerie war verhältnißmäßig schwach; die gesammte Feldartillerie, die reitende Batterie mit

11*

eingerechnet, zählte nicht mehr als 136 Geschütze; so daß auf 1000 Mann des vollzähligen Heeres nur etwa ein Geschütz kommt, während neuerdings die Artilleristen 4 Geschütze auf 1000 M. verlangt haben und nach den guten Grundsätzen wenigstens 2 Geschütze auf 1000 M. verlangt werden müssen. Eine Armee, deren Basis eine tüchtige Infanterie bildet, kann ohne Zweifel sich mit einer sehr geringen Artillerie begnügen; aber diese Vorbedingung fehlte eben bei der neapolitanischen Armee gänzlich. Das Material der neapolitanischen Armee war gut und zweckmäßig eingerichtet; die Bespannung soweit vortrefflich, als der possirliche Pferdeschlag es zuließ. Gezogene Kanonen waren noch wenige, versuchsweise vorhanden. Aber dieß machte um so weniger aus, als die Distanzen, auf welche die Artillerie bei der Natur des Landes wirken konnte, immer nur beschränkte waren. Sehr selten fand sich nur ein Gesichtsfeld von 1000 Schritt und darüber. In sicheren Positionen und auf größere Distanzen, ehe sie Pferde und Leute verloren hatte, feuerte die neapolitanische Artillerie mit verhältnißmäßig großer Sicherheit. Aber sobald nur ein Bespannungspferd todtgeschossen oder verwundet war, oder sobald der Gegner etwa von der Flanke oder gar vom Rücken her auf einige hundert Schritt herankam, hörte alle Ruhe, alle Sicherheit des Schusses auf, wozu dieses sehr wesentlich mit beitragen mochte, daß die neapolitanische Artillerie sich auf die Standfestigkeit der ihr als Bedeckung beigegebenen Infanterie gar nicht verließ.

So war die Armee des Königs von Neapel beschaffen. Und was hatte sie nun gegen sich?

Tausend Männer ohne vollständige militärische Ausrüstung, in bürgerlicher Kleidung oder in dem rothen Flanellhemd, schlecht, oft geradezu miserabel bewaffnet, aber entschlossen, zu siegen oder zu sterben, unter der Führung des „Richters" von Italien, des von dem Gedanken der Einheit seines Vaterlandes begeisterten Helden. Alles was noch darum und daran hing, zählte fürs erste so gut als nichts. Sollen wir von

·en vier kleinen Kanonen reden, die bei Marsala ausgeschifft, schlecht laffetirt, noch schlechter mit Zug- und Saumthieren versehen waren und für deren Bedienung man kaum zehn Mann ufstreiben konnte, die etwas von dem Geschäfte verstanden? Oder von jenen sicilianischen Guerillas, welche den Schaaren Garibaldi's zuliefen, aber man kann im Anfang kaum sagen, ie verstärkten, da sie in der That im Anfang mehr Konfusion anrichteten als daß sie Nutzen gebracht hätten?

Die Hoffnung Garibaldi's auf eine Verstärkung seiner Krieger ruhte auf dem Norden Italiens. In der That arbeiteten, kaum hatte Garibaldi Genua verlassen, seine alten Kampfgenossen daran, Reserven zu bilden, um sie ihm so bald als möglich zuzuführen. Aber ehe diese Verstärkung bei den mangelhaften Mitteln und bei den passiven und aktiven Hindernissen, auf welche Organisation und Ausrüstung stießen, eine ausgiebige, nennenswerthe werden konnte, darüber mußten Monate vergehen. In dieser Zeit konnte die ganze Schaar Garibaldi's vernichtet sein.

Man muß gestehen, daß, wie niedrig man auch den Werth der neapolitanischen Armee anschlagen mochte, man doch kaum ein Recht hatte, einen großen, schnellen, glänzenden Erfolg, der einer Eroberung Siciliens gleich kam, anzunehmen, zu hoffen und zu erwarten.

Verfolgen wir nun die Ereignisse von der Landung Garibaldi's bei Marsala ab.

4. Treffen von Calatafimi.

Am 12. Mai Morgens verließ Garibaldi mit seiner Schaar Marsala, um ins Innere des Landes vorzurücken. In Marsala selbst, so schien es, würde man weder die nothwendigen Mittel leicht finden, um die Ausrüstung zu vervollständigen, noch ganz ungestört bei dieser Arbeit sein. Im Innern hoffte man beides leichter zu finden. Zunächst ward die Richtung auf Salemi eingeschlagen, welches von Marsala etwa 20 italienische Miglien (5 deutsche Meilen) entfernt ist.

Bei Zaffarana biwakirte an diesem Tage die Kolonne. Schon hier erhielt man verschiedene Nachrichten über den Stand der Dinge auf der Insel. Die wichtigsten waren, daß der Aufstand in der Nähe Palermo's, um Carini noch lebe; daß Rosalino Pilo sich dort befinde und daß eine neapolitanische Kolonne, wie es scheine, aus der Gegend von Palermo im Marsche gegen Calatafimi und Salemi sei.

Am 13. Morgens setzte Garibaldi den Marsch auf Salemi in zwei Kolonnen fort; die Infanterie folgte dem direkten Wege, die Artillerie mit kleiner Begleitung einem längeren, aber gangbareren Wege weiter südlich über Bellusa.

In Salemi wurden die Garibaldiner enthusiastisch empfangen. Garibaldi, durch diesen Empfang ermuthigt, beschloß, hier einen Tag zu rasten. Auf den Antrag der Einwohnerschaft erklärte er sich hier am 14. zum Diktator Siciliens, im Namen Victor Emanuels, „eingeladen dazu von den befreiten Gemeinden der Insel und in Erwägung, daß es in Kriegszeiten nothwendig sei, Zivil- und Militärgewalt in denselben Händen zu vereinigen."

Sein erster Regierungsakt war ein Erlaß vom 14. Mai über die Organisation des sicilianischen Heeres. Demselben zufolge sollte die sicilianische Streitmacht aus allen Waffenfähigen vom 17. bis zum 50. Jahre bestehen, und zwar in drei Klassen: von 17 bis zu 30 Jahren für das aktive Heer, von 30 bis 40 für den Distriktsdienst, von 40 bis 50 Jahren für den Dienst in der Gemeinde. In jeder Gemeinde sollen sofort je nach ihrer Größe eine oder mehrere Aushebungskommissionen errichtet werden und mit der Anlage der Register der Waffenpflichtigen beginnen. Die Ernennung der Offiziere und Unteroffiziere des aktiven Heeres hängt von dem Oberbefehlshaber und dessen Unterkommandanten ab; die Offiziere und Unteroffiziere der Kompagnieen der zweiten und dritten Klasse werden von den Mannschaften gewählt. Die Kompagnieen sollten 60 bis 150 Mann stark sein, die Bataillone mindestens 4 Kompagnieen haben; die Bewaffnung bei den Soldaten der ersten Klasse beginnen.

Diese Verordnung führte, wie man sieht, die Konskription ein, dieselbe Konskription, gegen welche die Sicilianer sich immer gesträubt hatten. Wäre sie zur Ausführung gekommen, so lieferte sie eine Streitmacht von mindestens 250000 M. von der ganzen Insel und darunter mindestens 90000 für das aktive sicilianische Heer. Aber sie kam gar nicht zur Ausführung; die Sicilianer schüttelten dießmal wie früher die Köpfe und kehrten sich nicht im Mindesten an das Dekret. Alle Sicilianer, welche überhaupt nach und nach in das aktive Heer Garibaldi's eintraten, waren Freiwillige. Es war eine elend kleine Zahl. Nach dem Festland von Neapel kamen, wenn man hoch rechnet, später im Heere Garibaldi's gewiß nicht mehr als 4000 Sicilianer herüber. Von den Norditalienern wurden die Sicilianer, selbst nachdem sie sich theilweise gut geschlagen hatten, bis auf den letzten Tag die Piciotti (Bursche, Rekruten) zubenannt.

Garibalidi ließ zu Salemi aus neu herbeigekommenen Freiwilligen, darunter auch den besten der Sicilianer von Marsala, Trapani, Castelvetrano und Salemi selbst, zwei neue Kompagnieen der Alpenjäger, die achte und die neunte, errichten, so daß jetzt das Kernkorps der Alpenjäger etwa 1200 M. zählte. Außerdem hatten sich mit ihren Häuptlingen im Lauf des 14. zu Salemi etwa 2000 M. Guerillasschaaren (Squadre) eingefunden, welche allen guten Willen zeigten, eine Strecke weit mitzulaufen, — ohne sich zu binden, natürlich.

Die niedere Geistlichkeit Siciliens stellte sich von vornherein auf die Seite Garibaldi's. Der erste Priester, der sich dem Nationalhelden herzinnig anschloß, war Pater Giovanni von Castelvetrano aus dem Kloster der reformirten Franziskaner zu Salemi. Er begrüßte Garibaldi als den Messias. Im Mitten einer abergläubischen Bevölkerung war es kein geringer Vortheil, die Geistlichkeit auf seiner Seite zu haben. Gari-

[illegible] fing die niedere Geistlichkeit vollends durch sein Proklama:

„An die guten Priester."

Wir theilen dasselbe wörtlich mit, da es die Anschauung Garibaldi's vortrefflich versinnlicht. Es lautet:

„Welches die Zukunft Italiens sein möge, wie immer das Schicksal über dessen Loos entscheide, der Klerus macht heut' gemeine Sache mit unsern Feinden, und besoldet fremde Soldaten, um die Italiener zu bekämpfen. Er wird von dem Fluch aller kommenden Geschlechter verfolgt sein.

„Doch tröstet es wahrhaft, daß man in Sicilien die Priester an der Spitze des Volkes gegen die Unterdrücker marschiren sieht. Man darf glauben, daß die wahre Religion Christi noch nicht untergegangen ist.

„Die Hugo Bassi, Verità, Guzmaroli und Bianchi sind noch nicht alle todt, und an dem Tage, an welchem das Beispiel dieser Märtyrer, dieser Helden der nationalen Sache, Nachfolger findet, wird der Fremde aufhören, den Boden unseres Vaterlandes niederzutreten, der Herr unserer Söhne, unserer Weiber, — unser Herr zu sein. Joseph Garibaldi."

Eine Artillerie-Handwerkstätte ward unter der Leitung der beiden Maschinisten der Dampfer Piemonte und Lombardo — Achill Campo und Joseph Orlando — zu Salemi errichtet; die Schiffsmannschaft der beiden Dampfer ward zu einer Kompagnie für die Begleitung der Artillerie formirt und die genuesischen Scharfschützen unter Mosto bildeten gleichfalls eine neue Kompagnie.

Der Brigadier Landi war am 14. von Alcamo nach Calatafimi vorgerückt, hatte dieses besetzt und seine Vorposten etwa 2500 Schritt südwärts gegen Vita auf dem Wege nach Salemi vorgeschoben.

Die Truppenmacht, die er nach Calatafimi vorführte, bestand aus dem 8. Jägerbataillon, einem Bataillon Scharfschützen und einem Bataillon des 10. Linienregiments, dann 200 Mann Kavallerie und 4 Gebirgsgeschützen; andere Truppen waren bei Alcamo zurückgelassen, um dort den neu zusammengebrachten Guerillasschaaren die Spitze zu bieten.

Calatafimi gilt allgemein für eine „schöne Position"; die Stadt von etwa 5000 Einwohnern liegt auf dem Abhang einer Höhe, auf welcher selbst ein altes Schloß sich erhebt; im Nordwesten auf einer andern Höhe liegen die Ruinen von Segeste. Die Höhen von Calatafimi und Segeste sind durch ein Thal getrennt, in welchem etwa von Süden nach Norden ein unbedeutender Bach, ein Zufluß des Fiume Freddo, hinsickert. Südwärts von Calatafimi, etwa 2500 Schritt von der Stadt entfernt, senken sich die Höhen, welche hier den Namen der Pianta de' Romani tragen, ziemlich jäh zu einem auch etwa 2500 Schritt breiten Grunde ab, an dessen anderer Seite, südwärts, sich die Höhen des Dorfes Vita erheben. Die Straße von Calatafimi nach Salemi durchschneidet diesen Grund und das Dorf Vita, welches von Calatafimi 3, von Salemi 4 italienische Miglien entfernt ist.

Garibaldi ward in der Nacht vom 14. auf den 15. von der Bewegung Landi's benachrichtigt und beschloß, auf Calatafimi vorzurücken.

Die Marschordnung war folgende:

An der Spitze ein Bataillon der Alpenjäger, unter Carini, bestehend aus

- der neunten Kompagnie, Kapitän Grigiotti;
- der achten Kompagnie, Kapitän Bassini;
- der siebenten Kompagnie (Studenten von Pavia) unter Cairoli;
- der sechsten Kompagnie unter Ciaccio in Stellvertretung Carini's;
- der fünften Kompagni unter Anfossi.

Darauf folgten Orsini und Minutilla mit der Artillerie und dem Genie; d. h. zwei Kanonen, da die andern ohne Laffeten waren, und der aus der Mannschaft des Piemonte und Lombardo errichteten Kompagnie unter Castilla.

Endlich das Bataillon Bixio in nachstehender Ordnung:

die vierte Kompagnie unter Sprovieri, statt La Masas, von dem wir alsbald zu reden haben werden;
die dritte Kompagnie unter Stocco;
die zweite Kompagnie unter Forni;
die erste Kompagnie unter Dezza, welcher Bixio vertrat;
die genuesischen Karabiniers unter Mosto.

Die sicilianischen Squadren unter Coppola und Sant' Anna sollten die Kolonne als Seitendetachements begleiten, der eine rechts, der andere links; von diesen Guerillasschaaren waren am 14. zu Salemi etwa 2000 M. zusammen; was davon ernstlich am Gefecht theilnahm, läßt sich auf 250 M. berechnen. Die ganze Streitmacht Garibaldi's beläuft sich demnach, wenn man einen hohen Anschlag macht, auf 1500 M.

Landi verfügte über 3000 M. verhältnißmäßig tüchtiger Soldaten.

Garibaldi mit den Offizieren seines Stabes eilte nach seiner Gewohnheit der Kolonne voraus, um der Erste am Feinde die Stellung desselben zu erspähen.

Von den letzten Ausläufern der Höhen von Vita bemerkte er alsbald die Tirailleurlinien Landi's, welche sich auf der Pianta de' Romani ausbreiteten. Er schickte einen Ordonnanzoffizier mit den nothwendigen Dispositionen zur Kolonne zurück. Der Ordonnanzoffizier traf die Kolonne an, als sie bereits Vita hinter sich hatte.

Die Dispositionen waren: Alles zieht sich rechts von der Straße auf die Höhen, nur die Artillerie unter Bedeckung der Kompagnie Anfossi bleibt an der Straße stehen. Die Avantgarde bilden die genuesischen Karabiniere unter spezieller Leitung Türrs.

Dann folgen die Kompagnieen Carini's, die 7. (rechts) und die 8. (links) im ersten, die 6. hinter der 7., die 9. hinter der 8. im zweiten Treffen.

Die vier Kompanieen Bixio's unter diesem und Sirtori bilden die Reserve.

Carini war mit den genuesischen Karabinieren und den

vordersten beiden Kompagnieen bis an den äußersten Rand der Höhen von Vita vorgerückt; die sicilianischen Freischaaren auf den beiden Flanken hatten beim ersten Erblicken der Neapolitaner ein gräßliches Geschrei erhoben, hatten ihre Flinten auf mehrere Miglien Entfernung abgebrannt und verliefen sich zum größten Theile, freilich um im Fortgange des Gefechtes auf verschiedenen Punkten des Schlachtfeldes, mehr oder minder entlegen von dem Kerne des Kampfes, zurückzukehren. Sie leisteten hier — den Königlichen gegenüber — durch Zufall noch gute Dienste. Für jetzt aber hatten Sant' Anna und Coppola nicht mehr als höchstens 250 M. zusammenhalten können, welche sie hinter den Kompagnieen Carinis aufstellten.

Garibaldi bemerkte — es war um 9½ Uhr Morgens — in den Reihen der Königlichen bedeutende Bewegung. Er schloß, daß dieselben von den Höhen von Calatifimi in den Grund hinabsteigend, ihrerseits zum Angriffe vorgehen wollten. In solchem Falle schien es zweckmäßig, die Höhen von Vita behauptend, hier den Angriff zu erwarten.

Während Sant' Anna und Coppola von Neuem vordetachirt wurden, um die Flanken des Feindes zu beunruhigen, mußten die vordersten Kompagnieen sich niedersetzen, um auszuruhen, da immerhin die Tirailleurlinien der Königlichen noch 15 Minuten vorzugehen hatten, ehe ihre Kugeln den Garibaldinern irgend einen Schaden zufügen konnten.

Landi ließ in der That die Jägerketten des 8. Jägerbataillons langsam vorgehen, unterstützt von geschlossenen Kompagnieen; die Karabiniere und das Bataillon des 10. Linienregiments, sammt der Kavallerie, in der linken Flanke gestützt auf zwei Geschütze, die in Batterie gebracht wurden, hielt er auf dem Höhenkamm von Calatafimi zurück.

Während die neapolitanischen Jäger vorrückten, frühstückte Garibaldi mit den Seinen ruhig; ein Stück Brot und ein Stück Käse machten freilich die ganze Mahlzeit aus.

Die Neapolitaner waren noch etwa tausend Schritt von den Garibaldinern entfernt, als aus den gezogenen Gewehren der erstern die ersten Kugeln in die Reihen der letztern einschlugen. Da ließ Garibaldi zum Angriff blasen. Bixio erhielt zu gleicher Zeit den Befehl, mit seinem Bataillon in zwei Treffen, links von Carini, in die Linie zu rücken.

Die Neapolitaner stutzten, als jetzt die genuesischen Karabiniere und das Bataillon Carini sich erhoben. Sie empfingen dieselben indessen mit Schüssen. Als dann die Garibaldiner näher rückten und nun auch ihrerseits von ihren Feuerwaffen Gebrauch machen konnten, da zogen die neapolitanischen Tirailleurs sich zurück auf ihre geschlossenen Unterstützungen; die genuesischen Karabiniere folgten ihnen schnell, wurden aber auf der Höhe mit einem heftigen Linienfeuer empfangen.

Sie mußten weichen; die ersten Kompagnieen Carini's folgten ihnen und traten in ihre Stelle; auch sie aber konnten nicht vordringen. Die sechste und neunte Kompagnie mußten sie ablösen. Bei diesem Angriff fiel Schiaffini, welcher die Fahne der sechsten Kompagnie trug.

Die Neapolitaner wichen zurück. Die siebente und achte Kompagnie hatten sich zu neuem Vorgehen geordnet und folgten den Neapolitanern in ihre wieder eingenommenen Stellungen; die siebente Kompagnie immer gegen die linke Flanke der Königlichen drückend. Bei diesem Angriffe ward eine der beiden in der linken neapolitanischen Flanke aufgestellten Berghaubitzen sammt der zugehörigen Munition genommen.

Während dessen war auch Bixio mit seinen vier Kompagnieen links von Carini in die Linie gerückt, und gleiche Wechselfälle des Kampfes ergaben sich auf dem linken Flügel der Garibaldiner, wie auf ihrem rechten. Besonders aber war es dieser letztere, welcher die Neapolitaner um ihren Rückzug auf Alcamo und Palermo besorgt machte, der sie zu beständigem Aufgeben kaum eingenommener Stellungen veranlaßte, an deren Statt immer höher gelegene mit gleichem Resultate besetzt wurden. Zur großen Besorgniß der Neapolitaner trugen auch die Freischaaren Sant' Anna's bei, welche weit rechts die Linie der Garibaldiner verlängerten, so wenig sie auch wirklich thaten, das ernste Gefecht suchten.

Für den Erfahrenen war es schon in der ersten Stunde des Kampfes leicht zu erkennen, auf welche Seite der Sieg sich neigen müßte. Während die Neapolitaner nur daran dachten, immer neue, vermeintlich bessere Stellungen zu suchen, aus denen sie selten einen Schritt vorwärts thaten, während sie in dem Gedanken an die eigene Sicherheit wenig Möglichkeit übrig behielten, dem Feinde zu schaden, drangen die Garibaldiner beständig vor, belebt von dem Grundsatze ihres Führers, daß die Ausdauer am Ende den Sieg davon tragen müsse. Oft genug, namentlich in den hohen Kornfeldern in Unordnung gebracht und verirrt, sammelten sie sich abtheilungsweise immer sogleich wieder zu neuem Angriffe, und ohne ängstlich die Mannschaften zu zählen, welche ihnen gelungen war, von ihren Kompagnieen wieder zusammenzubringen, trugen sie deren Führer immer von Neuem an den Feind. Während Garibaldi immer in den ersten Reihen der Seinen war, hielt Landi, als ob er eine Armee von mehrern hunderttausend Mann zu kommandiren habe, weit entfernt aus dem Bereich der Gefahr auf einer Höhe bei Calatafimi.

Es war etwa 11 Uhr Vormittags gewesen, als der Kampf ernstlich begonnen hatte; gegen 3 Uhr Nachmittags waren die Königlichen bis in die letzte und Hauptposition zurückgetrieben, welche sie südlich von Calatafimi ausgewählt hatten. Garibaldi ließ Halt machen und sammelte den rechten Flügel unter dem Schutz eines Bergabhangs zum letzten Angriff; ebenso Bixio den linken; die meisten der Führer waren zu Fuß, entweder weil sie ihre Pferde verloren hatten oder weil auf dem hügeligen, durchschnittenen Terrain noch weniger zu Pferd als zu Fuß durchzukommen war.

Garibaldi's Artillerie war bisher noch nicht zum Schuß gekommen. Orsini hatte die beiden einzigen Geschütze, über welche er verfügte, wegen der mangelhaften Transportmittel und der mangelhaften Uebung seiner Leute in der Bedienung, welche schnelle Bewegungen so wenig vorwärts als rückwärts, so wenig als schnelles zum Schußkommen und schnellen Positionswechsel gestatteten, und da er außerdem erwartete, die Neapolitaner würden zum Angriffe schreiten, auf den Höhen von Vita, an der Straße, ziemlich entfernt von den Neapolitanern aufgestellt und verbarrikadirt. Als nun beim ersten Vorgehen der genuesischen Schützen die neapolitanischen Jägerketten zurückwichen und sich in die Stellung auf den Höhen der Pianta de' Romani zurückzogen, als der Stand der Dinge sich in dieser Weise erhielt und es klar ward, daß der ernstliche Kampf nie mehr auf die Höhen von Vita wiederkehren werde, da traf Orsini Anstalten, aus der dortigen Stellung, aus welcher er nichts zur Unterstützung der Infanterie beitragen konnte, weiter vorzugehen. Es hielt dieß aber lange auf, da die eigne Barrikade, zur Deckung angelegt, sich jetzt als ein bedeutendes Hinderniß des Vorgehens erwies und erst theilweise aufgeräumt werden mußte. So kam Orsini nicht eher vorwärts, als bis gerade Garibaldi sich zu dem letzten entscheidenden Angriffe vorbereitete. Für diesen konnte Orsini auch seine beiden Geschütze an zweckmäßiger Stelle in Batterie bringen.

Als Garibaldi etwa 300 M. vom rechten Flügel wieder gesammelt hatte, gab er das Zeichen zum Beginne des letzten entscheidenden Angriffs. Dieser wurde mit Ungestüm unternommen, wieder hauptsächlich gegen die linke Flanke des Feindes gerichtet. Nun aber thaten zu gleicher Zeit auch die Geschütze Orsini's einige Schüsse.

Die Neapolitaner, schon ermüdet durch die Anstrengungen des Tages, entmuthigt durch das stets wiederholte, nicht immer ersichtlich motivirte Zurückgehen, welches doch niemals zum Ausholen zu einem desto kräftigern Schlage, zum Anlaufe zu einem desto weitern Sprung vorwärts ward, als sie nun wiederum einen dieser Angriffe auf sich einstürmen sahen, vor denen zu weichen sie sich schon gewöhnt hatten, als nun auch Kanonen den Angriff der Garibaldiner unterstützten, gaben nach einigen Salven den Widerstand auf und flohen gegen Calatafimi. Hatten sie schon den ganzen Tag über zehn Garibaldiner gesehen, wo nur einer war, wie mußte sich deren Zahl jetzt nicht in ihren Augen vermehren, da sie auch Geschütze auffahren sahen, welche auf die Ankunft neuer Verstärkungen schließen ließen.

Garibaldi hatte die Schlacht gewonnen. Er biwakirte auf dem eroberten Schlachtfelde, um seinen erschöpften Soldaten, obgleich ein Theil derselben den sofortigen Angriff auf Calatafimi selbst verlangte, die nöthige Ruhe zu geben; an eigentliche Erholung war nicht zu denken, da es an Wasser und Speise und Trank gebrach.

Landi verfaßte, sobald er sah, daß man ihn in Calatafimi für diesen Tag nicht weiter stören werde, einen kläglichen Bericht an den Fürsten Castelcicala. Nach demselben hatte er sich mit einer unzählbaren Menge von Feinden schlagen müssen und war auf allen Punkten von diesen umgeben. Er verlangte schnelle Hülfe, Verstärkung: Infanterie und mindestens noch eine halbe Batterie. An Artilleriemunition fehle es ihm fast ganz, mit der Infanteriemunition sei es auch übel bestellt; dazu fehle es an Lebensmitteln, weil die Banden des Feindes sich der Mühlen und des dort aufgespeicherten Korns für die Königlichen bemächtigt hätten. Der Oberkommandant der Feinde — also Garibaldi selbst — so behauptete Landi's Bericht, sei todt, ihre Fahne genommen. Ueber den Verlust des Stückes, welches ihm die Garibaldiner abgenommen, sagte er, dasselbe sei auf dem Saumthier gewesen, dieses Saumthier sei getödtet worden und so habe das Stück bei dem schon angetretenen Rückzug zurückgelassen werden müssen.

Er versprach, sich in Calatafimi, wo er ohne Zweifel werde angegriffen werden, hartnäckig zu vertheidigen.

Der Bericht Landi's war in vielen Punkten ungenau. Garibaldi war glücklicher Weise für Italien nicht todt; die angebliche Fahne der italienischen Streitmacht, die einzige Trophäe der Neapolitaner war das Fähnlein der 6. Kompagnie, und das Geschütz, welches Landi verloren hatte, war wirklich in Batterie auf seiner Laffete gewesen, als es die Garibaldiner nahmen. Die Aengstlichkeit, mit welcher Landi den Verlust dieses

Stückes bei Castelcicala zu entschuldigen sucht, verräth ganz den alten Offizier eines stehenden Heeres, dem bei jeder Verantwortlichkeit grauset.

Der Bericht Landi's kam nicht in die Hände Castelcicala's, ward vielmehr von den umherstreifenden Banden der Sicilianer aufgefangen.

Was nun unmittelbar nach beendigtem Kampfe Landi's Absicht sein mochte, — als er nach dem Dunkelwerden zahlreiche Wachtfeuer auf den umliegenden Höhen sah, welche zum kleinsten Theil von den Alpenjägern, zum allergrößten von den einzelnen verstreuten sicilianischen Freischaaren angezündet waren, und als dann auch Berichte kamen, daß bedeutende Banden sich in der Gegend von Alcamo und Carini, an der Rückzugsstraße nach Palermo zeigten, da änderte er seinen Sinn und räumte in aller Eile Calatafimi, um auf Alcamo und Partinico zu marschiren.

Am Morgen des 16. konnte Garibaldi in Calatafimi einrücken, wo er mit großem Jubel empfangen ward, vierzig politische Gefangene sogleich befreite und seine Genossen mit dem nachstehenden Tagesbefehl begrüßte.

„Mit Gefährten, wie ihr, kann ich an jedes Unternehmen mich wagen und ich hab' es euch gestern gezeigt, da ich euch zu einem Strauße führte, hart durch die Zahl der Gegner und ihre festen Stellungen. Doch ich rechnete auf eure gefeiten Bayonnete und ihr seht, daß ich mich nicht getäuscht habe.

„Indem wir die traurige Nothwendigkeit beklagen, italienische Soldaten bekämpfen zu müssen, müssen wir doch auch zugestehen, daß wir einen Widerstand fanden, der werth einer bessern Sache. Und dieß zeigt am besten, was Alles wir fähig sein werden auszuführen, an jenem Tage, an welchem die ganze italienische Familie sich um das ruhmreiche Banner der Erlösung zusammenschaaren wird.

„Morgen wird das italienische Festland geschmückt sein zur Feier des Siegs seiner freien Söhne und unserer tapfern Sicilianer; eure Mütter, eure Geliebten stolz auf euch, werden mit erhobnem und lächelndem Antlitz durch die Gassen schreiten.

„Der Kampf kostet uns theure Brüder, die in den ersten Reihen gefallen sind. In den Jahrbüchern des Ruhmes Italiens werden die Namen dieser Märtyrer unserer heiligen Sache glänzen.

„Ich werde eurem Lande die Namen der Braven nennen, die so tapfer die jüngsten und unerfahrensten Soldaten zum Kampfe führten und morgen auf weiterem Schlachtfeld die Soldaten zum Siege führen werden, welche die letzten Ringe der Ketten zerbrechen sollen, mit denen unser theures Italien gefesselt war. Joseph Garibaldi."

Die Verluste im Gefechte von Calatafimi waren auf beiden Seiten eher gering als bedeutend zu nennen. Die Königlichen hatten nach den höchsten Angaben nicht mehr als 140 M. verloren, will sagen ein Zwanzigstel der im Gefecht gewesenen Mannschaft und das gleiche Verhältniß besteht für die Garibaldiner, deren Verlust an Todten und Verwundeten auf etwa 70 M. angegeben wird.

Ein erster Kampf gibt fast stets mehr oder minder ein Bild aller folgenden Kämpfe des gleichen Feldzugs, wenn die Gegner im Wesentlichen dieselben bleiben und es ist daher immer von Interesse, sich diesen ersten Kampf genauer anzusehen, um sich ein Urtheil über die Gründe von Sieg und Niederlage zu verschaffen.

Was die Zahl der Mannschaften betrifft, welche sich bei Calatafimi gegenüberstanden, darf man das dortige Treffen nur als ein unbedeutendes bezeichnen; es war im Verhältniß nicht bedeutender für den Feldzug von 1860, als das Treffen von Montebello für den Feldzug von 1859. An diesem Vergleiche ändert auch nichts der Verlust an Verwundeten und Todten auf beiden Seiten; nichts das gegenseitige Stärkeverhältniß. Denn wenn bei Montebello die Franzosen und Piemontesen im Vergleich zu den Oesterreichern viel schwächer waren, als bei Calatafimi die Garibaldiner im Vergleich zu den Neapolitanern, so waren dafür Franzosen und Piemontesen bei Montebello, wenn nicht kriegsgeübte, doch regelmäßige, seit lange exerzirte Truppen, mindestens unter dienst- und kriegserfahrnen Führern und die Garibaldiner bestanden zum guten Theil aus jungen Leuten, welche nichts oder wenig vom Kriege gesehen hatten und deren Uebung im Dienste äußerst mangelhaft genannt werden mußte.

Welches waren nun die Gründe des Sieges der an Zahl und an Dienstübung schwächern Garibaldiner?

Der Zauber des Führers, die persönliche Tapferkeit, die Ausdauer, das innige Verhältniß der Soldaten unter sich, der Führer und der Soldaten zu einander, endlich das Prinzip des Angriffes.

Die Macht, welche Garibaldi über die Gemüther hat, ist eine wahrhaft großartige und mit den einfachsten und natürlichsten Mitteln erworbene. Der Mann „ohne militärische Bildung", der „glückliche Abenteurer" ist Garibaldi für alle Kadettenhauszöglinge von Piemonts Küsten bis zu den russischen Küsten hinauf. Aber er ist es für keinen Menschen von Herz und Verstand. In den Augen jedes wahren Soldaten ist er ein großer General und daß er auch die Leitung bedeutender Truppenmassen auf weitgedehntem Schlachtfeld versteht, wenn immer er dabei mit andern Mitteln arbeitet, als die Zöglinge von Pedantenschulen, nicht die Zöglinge der Schule überhaupt, das sollte er noch im gleichen Jahre in der Entscheidungsschlacht am Volturno, am 1. Oktober, zeigen.

Wir behaupten nicht, daß alle Genossen der Expedition, welche am 11. Mai 1860 bei Marsala landete, Helden waren. Wir wissen sogar, daß dieß eine Unwahrheit behaupten hieße. Aber die Hälfte der Genossen waren Tapfere, wie man sie selten findet, und unter den Führern der Bataillone und Kompagnieen waren die meisten Leute, welche die Wörter Furcht und Unmöglichkeit nicht kannten. Ausnahmen gab es auch hier, namentlich in späterer Zeit; aber die Regel blieb doch aufrecht stehen. Während ein kommandirender Offizier der Königlichen, wenn ihm die Hälfte seiner Leute ausriß, ganz sicher auch zurückging, um die Mannschaft „wieder unter seine Hand zu bringen", ward dieß „Unterdiehandbringen" von den meisten Offizieren Garibaldi's ganz anders verstanden. Sie dachten in der Regel, wenn das Ausreißen anfing, wie Erlach bei Laupen: „Gut, daß die Spreu sich vom Weizen sondert!" und griffen mit zwölf Mann jede beliebige Zahl von Feinden an, unter Benutzung aller Vortheile des Terrains und in der selten täuschenden Hoffnung, einen guten Theil der Ausgerissenen entweder jetzt oder doch binnen Kurzem zu neuem Angriffe wieder um sich zu versammeln. Wer anders handelte, der war kein echter Offizier Garibaldi's.

Die Defensive war für die Garibaldiner nur eine Lückenbüßerform; bei jedem Augenblick Halt dachten Soldaten und Führer nur daran, wie vorgehen, wie auf die zweckmäßigste Weise, um dem Feinde zu schaden.

Die Ungeübtheit der meisten Soldaten machte ein Vorrücken in geschlossenen Linien fast unmöglich, das freundliche Verhältniß unter den Soldaten und zwischen Offizieren und Soldaten, der Ehrgeiz, der Trieb der Nacheiferung machten es aber auch bei den bessern Korps der Garibaldischen Armee bis auf die letzten Tage hin ziemlich unnöthig.

Die gewöhnliche Art des Vorrückens war in losen Linien, die sich in heftigem Feuer oder in bösem Terrain weiter aus einander zogen, bei minder heftigem Feuer und gangbarerem Terrain von selbst mehr zusammenschlossen. Die Nachbarn behielten einander im Auge und verloren einander eigentlich nie. Auf diese Art ward selbst ein momentanes Zurückweichen, selbst auf weitere Entfernungen, selten von Nachtheil. In den eigentlichen Garibaldinern ging der geistige Zusammenhalt über den materiellen und ihr Kampf, von dem Moment der persönlichen Tapferkeit getragen, hatte etwas von dem Kampf der alten Spartiaten. Er war ein System von Einzelkämpfen, nicht eine Reihe, ein ungeordnetes Konglomerat von Einzelkämpfen, da kein Mann des andern vergaß oder sich außer Zusammenhang mit dem Ganzen glaubte. Die Bewaffnung mit meist schlechten Feuergewehren, weit entfernt, zum Nachtheile zu werden, bestärkte vielmehr in der auf das Selbstgefühl und die geistige Genossenschaft basirten Kampfweise.

In solcher Gestalt zeigte sich der siegreiche Kampf der Garibaldiner bei Calatafimi, in solcher Gestalt erhielt er sich bis zu den letzten Tagen am Volturno. Es versteht sich von selbst, daß in einem beständig sich vermehrenden Heere, wie das Garibaldi's, die später sogenannte Südarmee war, das Verhältniß der Tapfern ein immer geringeres ward, auch die Genossenschaftsbande sich ein wenig lockerten. Aber im Wesentlichen blieben die Dinge dieselben, und die bessern Führer wußten bald denselben Geist und wenn man will, auch dasselbe System auf die jüngsten Soldaten zu übertragen. Je weniger Einer dabei aus den Augen ließ, daß man unter 30000 M. verhältnißmäßig nicht so viel Tapfere suchen kann als unter 1000 M., desto besser gestalteten sich die Verhältnisse für ihn und desto mehr Tapfere zog er in den ersten Gefechten größerer Truppenkörper heran.

Wie anders war Alles bei den Königlichen. Deren Offiziere wurden offenbar besorgt, verwirrt, als „Unordnung" in den Reihen ihrer Soldaten einriß. Unordnung war ihnen aber Alles, was nicht mit der „Ordnung" des Exerzierplatzes stimmte, mit der materiellen Ordnung. Von der geistigen, von der spartiatischen wußten sie nichts, vertrauten nicht auf sie und hatten freilich auch nicht viel Grund, auf sie zu vertrauen.

Der Moment der Unordnung für sie kam bald, sehr bald, sobald sie nicht mehr allein mit ihren weithintragenden Flinten das Feld beherrschten, sobald auch auf ihrer Seite Leute verwundet wurden, Leute fielen, andere die Glieder verließen und ausrissen. Nun begann sogleich das Spiel des Suchens nach bessern Stellungen; wenn man keinen andern Grund dafür hatte, so doch den, die auseinander gekommenen Leute wieder zu sammeln, wieder Ordnung zu stiften. Hat aber dieses Spiel einmal begonnen, so ist wahrhaftig kein Ende des Zurückgehens abzusehen. Wer einmal das Bedürfniß einer schönen Stellung hat, der wird es auch niemals befriedigt fühlen. Mit der besten Ordnung — verhältnißmäßig — gingen also auch die Königlichen immer zurück, und immer entdeckten sie auch noch schönere Stellungen — weiter rückwärts. Der Schwindel der weittragenden Gewehre that auch hier, wie 1859 bei den Oesterreichern das Seinige. Obwohl Garibaldi ganz mit Recht von seinem Standpunkt aus die Tapferkeit der Neapolitaner lobte, so kann doch kein Unbefangener, der nicht Tagesbefehle, sondern Geschichte schreibt, den Widerstand der Neapolitaner bei Calatafimi einen hartnäckigen nennen. Er war es nicht. In diesen Dingen geben die Verlustzahlen den Ausschlag, und wir meinen, daß man nie von hartnäckigem Widerstand reden dürfte — wenigstens der Historiker nicht —, wenn die unterlegene Partei nicht wenigstens ein Fünftel bis ein Viertel der ins Gefecht gebrachten Truppen verloren hat.

5. Marsch nach Renna und Flankenmarsch nach Misilmeri.

Von Calatafimi aus sendete Garibaldi La Masa und Fuxa ab, um die Freischaaren im Süden und Osten Palermo's zu sammeln und mit ihnen Scheinangriffe auf die Königlichen in der Hauptstadt zu machen, deren Aufmerksamkeit auf sich zu lenken, während er selbst mit seinen Alpenjägern und was sich von Sicilianern diesen anschließen würde, über Alcamo und Partinico gegen die Hauptstadt vordringen wollte. Rosolino Pilo, welcher bei Carini wieder etwa 1000 wie es schien zuverlässige Leute gesammelt hatte, erhielt den Befehl, bei Partinico sich mit Garibaldi zu vereinigen.

Landi war in der Nacht vom 15. auf den 16. eiligst von Calatafimi abmarschirt; in Alcamo angelangt, traf er dort nicht auf den Widerstand, welchen er vorausgesetzt hatte; nachdem er sich durch Requisitionen ein wenig gestärkt, erreichte er am 17. Morgens Partinico. Hier war die Bevölkerung im vollen Aufstande; ihr schlossen sich auch verschiedene Freischaaren der Umgegend an, zum Theil von denselben, welche am Tage von Calatafimi noch vor dem Beginne des ernsten Gefechtes sich in verschiedenen Richtungen davongemacht hatten, dann aber auf die Kunde vom Siege wieder zum Vorschein kamen und muthig die geschlagene fliehende Kolonne Landi's verfolgten. Es kam in Partinico zu einem hitzigen Straßengefecht; die Königlichen steckten die Stadt in Brand und begingen die allmälig zur Regel gewordenen Exzesse. Bei dem schnellen Marsche und der einreißenden Indisziplin hatten sich viele Marode von der Kolonne Landi's verloren und fielen einzeln in die Hände der Sicilianer, welche an ihnen ihre Wuth ausließen. Am gleichen Tage bei Fortsetzung des Marsches fielen Landi's erschöpfte Truppen bei Montelepre noch einmal in einen Hinterhalt der mit den Bewohnern vereinigten Freischaaren, verloren abermals viel und rückten am 18. wie nach einem langen Feldzug als eine verwilderte Bande in Palermo ein.

Garibaldi, den Spuren Landi's folgend, marschirte am 17. nach Alcamo, am 18. nach Partinico. Hier erließ er ein Dekret, nach welchem die Gemeinden gehalten waren, allen von den Königlichen angerichteten Schaden vorläufig den betroffenen Privaten zu vergüten; nach Beendigung des Krieges sollten die Gemeinden aus der Staatskasse entschädigt werden. Auch für die Familien der im Kampfe abwesenden Männer sollten die Gemeinden Sorge tragen.

Am 18. Abends brach Garibaldi mit den Seinen von Partinico auf und bezog ein Lager bei Renna, an der großen Straße über Monreale nach Palermo. In diesem Lager vereinigten sich am 19. mit ihm die Freischaaren von Rosolino Pilo. Garibaldi zählte hier im Ganzen unter seinen Befehlen etwa 4000 M.

An diesem und dem nächsten Tage hatten zwischen den Freischaaren und den Königlichen, welche bei Monreale die Südwestseite der Hauptstadt bewachten, verschiedene Scharmützel statt. In einem derselben, bei S. Martino nordwestlich Monreale, blieb am 20. Mai Rosolino Pilo.

Von so geringer Bedeutung diese Scharmützel waren, überzeugten sie doch Garibaldi, daß hier die Stadt wohlgedeckt sei und daß es ein allzu großes Wagstück sein werde, grade aus auf dieser Seite zum Angriff Palermo's vorzugehen, zumal der größte Theil seiner geringen Streitmacht immer noch nicht aus sehr zuverlässigen Elementen bestand; er setzte einiges Vertrauen auf die Freischaaren, welche ihm La Masa und Fuxa zuführen würden, zugleich auf die Täuschung, die er durch ein Erscheinen auf einem andern Punkte als auf dem, wo ihn die Neapolitaner erwarteten, diesen bereiten könne.

Er ließ daher bei Renna und auf dem Monte Cuccio nur Freischaaren zurück und marschirte am 21. Mai rechts ab nach dem Parco, an der großen Straße von Palermo nach Corleone.

Von königlichen Truppen in seinem Rücken hatte er nichts zu fürchten. Alle neapolitanischen Streitkräfte, welche für ihn in Betracht kamen, waren in und dicht um Palermo konzentrirt. Auch jene Kolonne, welche gleichzeitig mit dem Vorgehen Landi's zu Land auf Alcamo und Calatisimi, zur See auf Trapani und Marsala entsendet worden war, um von dort den Garibaldinern in den Rücken zu fallen, war gar nicht zur Landung gekommen, sondern auf die Kunde von Landi's Niederlage bei Calatafimi schleunigst von der Hauptstadt zurückgerufen worden.

Während Garibaldi nach seinem Siege vom 15. sich Palermo näherte, ging in dem Kommando der Königlichen auf der Insel eine große Veränderung vor sich.

Hatte schon die bloße Kunde von der Absicht Garibaldi's, sich nach Sicilien zu begeben, den Hof von Neapel in Besorgniß versetzt, so paarte sich diese nun mit einem wahren Ingrimm auf die Nachricht von der glücklich und unter so eigenthümlichen Umständen vollbrachten Landung des Helden von Nizza bei Marsala.

Während das offizielle Journal von Neapel ankündigte, daß bereits sämmtliche Truppen auf der Westküste Siciliens in Bewegung seien, um die bei Marsala gelandeten Seeräuber einzuschließen und einzufangen, war die Hoffnung, daß dieser Prozeß gelingen werde, doch, wie leicht zu erkennen, nur eine sehr schwache. Canofari, der Minister des Aeußern, mußte eine Anklage gegen Piemont schleudern, die er in Gestalt einer Note an die Gesandten aller Mächte zu Neapel richtete.

Eine That der merkwürdigsten Piraterei, so hieß es in der Note, sei von einer Horde Räubern begangen, die öffentlich angeworben, organisirt, bewaffnet worden seien auf dem Gebiet eines nicht verfeindeten Staates, unter den Augen der Regierung dieses Staates, zum Trotz allen Versprechungen derselben, die Sache hindern zu wollen. Die neapolitanische Regierung sei seit dem 28. April von der Absicht Garibaldi's unterrichtet gewesen und habe dagegen bei der piemontesischen Regierung reklamirt. Nichtsdestoweniger habe Garibaldi seine Landung bei Marsala bewerkstelligen können. Angesichts eines so „skandalösen Attentats", dessen Folgen auf der Insel, auf welcher die Insurrektion kaum erstickt war, wenigstens für einige Zeit nicht vorausgesehen werden können, werfe die neapolitanische Regierung die ganze Verantwortlichkeit auf die Anstifter, Urheber und Genossen dieses Attentates zurück. Auch ein verblümter Angriff auf England war nicht unterlassen, indem die Note zu verstehen gab, daß die glückliche Landung Garibaldi's vorzugsweise dem Verhalten des englischen Geschwaderkommandanten bei Marsala zu verdanken sei.

England und Piemont wehrten sich gegen die Anschuldigungen in dieser Note. Der piemontesische Gesandte zu Neapel erklärte Canofari, daß die Regierung von Turin Alles gethan habe, was in ihrer Macht stand, den Zug Garibaldi's zu verhindern; daß es gerade kein Wunder sei, wenn die piemontesischen Kriegsfahrzeuge die Expedition Garibaldi's nicht angetroffen hätten, da es ja auf offenem Meere der viel zahlreicheren neapolitanischen Flotte ebenso ergangen sei.

Cavour hatte wirklich das Seinige gethan, die Expedition, wenn nicht zu verhindern, so doch möglichst zu schwächen und sie auf einen Zeitpunkt hinauszuschieben, in dem die Wahrscheinlichkeit ihres Gelingens sehr vermindert war. Es war nicht seine Schuld, daß die neapolitanische Regierung auf Sicilien noch viel schwächer war, als er es sich gedacht hatte.

Die Nachricht von der Niederlage Landi's bei Calatafimi, welche mittelst des wiederhergestellten Telegraphen längs der Nordküste und des unterseeischen Telegraphen über den Faro am 16. schon nach Neapel gelangte, wirkte hier wie ein Donnerschlag. Es war also nicht gelungen, die Flibustier einzufangen, vielmehr marschirten sie ganz vergnügt auf Palermo los. Das gewöhnliche Mittel der politischen Hülfslosigkeit, ein Personenwechsel, sollte auch hier Alles gut machen, wie der Hof von Neapel hoffte. Eine telegraphische Depesche rief den Fürsten Castelcicala von seiner Statthalterschaft über Sicilien ab und an seine Stelle ward der Generallieutenant Lanza, ein Sicilianer von Geburt, als außerordentlicher Kommissarius und Alter ego des Königs nach Sicilien gesendet. Castelcicala verließ Palermo schleunigst am 17. Mai und Lanza traf dort am 18. Mai ein.

Der Zweck der Sendung Lanza's war nach dem offiziellen Journal von Neapel, die Ordnung auf der Insel mit allen geeigneten Mitteln herzustellen und sich zu dem Ende auf alle diejenigen Punkte zu begeben, auf welchen er seine Anwesenheit für am nothwendigsten halten würde. Nachdem die Ordnung hergestellt worden, würde Franz II., so hieß es in dem Ernennungsdekret weiter, einen königlichen Prinzen als seinen Generalstatthalter nach der Insel senden. Lanza erhielt zugleich die Vollmacht, allen den Insurgenten, welche sich jetzt der legitimen Obrigkeit unterwerfen würden, vollständige Amnestie im Namen des Königs zu ertheilen.

An demselben Tage noch, an welchem Lanza den Boden Italiens betreten hatte, meldete er sich durch ein Proklama den Sicilianern an. Er sagte ihnen im Wesentlichen, sie möchten Vernunft annehmen, nichts von den fremden Eindringlingen,

Alles von der Gnade des jungen Monarchen erwarten. Mit Versprechungen, namentlich von materiellen Vortheilen, diesem Köder des modernen Despotismus, war er nicht sparsam.

Zwei Tage später, am 20. Mai, antwortete darauf das geheime Insurrektionskomite im Namen des „Volkes". Die Antwort war einfach: kein Glaube an die Bourbonen, kein Glaube an abtrünnige Sicilianer, die mit den Bourbonen gemeinsqme Sache machen, kein Glaube an Versprechungen materieller Vortheile, in der Noth so oft gethan, nie gehalten, so viel Zeit dazu immer gewesen war. Einziger Feldruf Siciliens sei: Es lebe Italien! es lebe Viktor Emanuel! Es lebe Garibaldi!

Salzano, welcher unter Lanza das Militärkommando in Stadt und Distrikt Palermo bewahrte, hatte zwei Kriegsfahrzeuge in der Verlängerung der Via Toledo Stellung nehmen lassen. Dieß und die Vorbereitungen, welche im Castellamare zu einem Bombardement der Stadt getroffen wurden, beunruhigten nicht wenig die Konsuln der fremden Mächte zu Palermo. Sie verlangten Aufschlüsse, reichten Proteste ein, forderten Sicherheit des Eigenthums für die Unterthanen ihrer Souveräne. Salzano mußte darauf nach dem Befehle Lanza's am 20. Mai begütigend antworten: die königlichen Truppen seien in Palermo, um zu schützen, nicht um zu verwüsten, niemals würden sie sich hinreißen lassen, Akte zu begehen, welche den Gesetzen der Zivilisation und der militärischen Ehre widersprächen. Aber freilich, wenn eine Insurrektion in der Stadt ausbräche, würden die Truppen Franz II. gezwungen sein, von allen Mitteln Gebrauch zu machen, um dieselbe zu unterdrücken.

Lanza begnügte sich nicht mit diesen diplomatischen Handlungen, sondern traf auch im Einverständniß mit Salzano die nothwendigen Anordnungen für die Aufstellung der Truppen, um einem Angriffe Garibaldi's zu begegnen. Seine ganze Aufmerksamkeit war dabei auf die Südwestseite gerichtet. Erst im Laufe des 23. Mai erhielt er gerüchtsweise die Kunde, daß Garibaldi nicht mehr bei Renna, vielmehr beim Parco stehe; dorthin wurden nun am 24. Morgens von Monreale und von Palermo aus verschiedene Kolonnen gerichtet.

Sie standen unter dem Befehl des Generals Colonna und der Obersten Bosco und von Mechel.

Im Ganzen mochten die Neapolitaner, welche von Monreale und den Porrazzi bei Palermo auf Parco gerichtet wurden, 6000 M. zählen. Die Kolonne des rechten Flügels hatte am 23. gegen Castelluccio und Miserocannone scharmuzirt und von einigen gefangenen Freischärlern die Frontveränderung Garibaldi's erfahren.

Am frühen Morgen des 24. Mai bemerkte Garibaldi von dem Pizzo del Fico, oberhalb Parco aus die kombinirte Bewegung der Neapolitaner. Er sah, daß er eine bisher noch nicht dagewesene Uebermacht gegen sich habe. Seine Alpenjäger waren bereits durch die angestrengten Märsche und das Treffen bei Calatafimi vermindert und die sicilianischen Freischaaren waren meist auf dem Monte Cuccio und bei Renna zurückgeblieben; La Masa und Fuza hatten ihm noch keine Truppen zugeführt.

Garibaldi beschloß deßhalb, kein ernstes Gefecht anzunehmen, vielmehr den Rückzug anzutreten; dadurch möglichst viele königliche Truppen sich nachzuziehen, sie von Palermo zu entfernen, dann durch einen neuen Flankenmarsch eine andere Angriffsrichtung gegen Palermo zu gewinnen und in dieser während der Abwesenheit des größten Theils der königlichen Truppen in die Hauptstadt einzudringen.

Als Arriergarde ließ er den königlichen Truppen Türr mit den genuesischen Schützen, der 8. und 9. Kompagnie und einer Abtheilung sicilianischer Freischaaren gegenüber. Die verfügbare Artillerie war in einer guten Position weiter rückwärts in Batterie gestellt. Mit dem Rest seiner Truppen marschirte Garibaldi in der Richtung auf Corleone nach Piana de' Greci.

Türr kam bald ins Gefecht; nachdem er dasselbe in der Stellung von Parco eine Zeitlang unterhalten hatte, trat auch er den Rückzug an, von Zeit zu Zeit neue Positionen nehmend. Die Neapolitaner, stolz darauf, die Position von Parco auch einmal im Ernste „genommen" zu haben, was so oft eine Friedensübung für die manövrirende Garnison von Palermo gewesen war, verfolgten von Mittag ab nicht mehr und bald darauf war auch Türr bei der Piana de' Greci.

Garibaldi versammelte einen Kriegsrath, bestehend aus ihm selbst, Sirtori, Türr, Orsini und Crispi. Er setzte diesen auseinander, daß man möglicher Weise die ganze heute im Gefecht gewesene Streitmacht der Neapolitaner in der Richtung auf Corleone weiter ziehen könne, wenn man auf dem Wege dorthin nur einen kleinen Theil der eigenen Kräfte zurückgehen lasse; das Gros könne unterdessen seitwärts abmarschiren und aus einer andern Richtung her über Palermo herfallen, welches auf solche Weise beträchtlich von Truppen entblöst sein werde. Die Richtung des Abmarsches des Gros war durch verschiedene Umstände fest gegeben. Dasselbe konnte nur rechts auf Marineo und Misilmeri abmarschiren; denn in diesen Gegenden hatte man den Zuzug der von La Masa und Fuxa gesammelten Freischaaren zu erwarten. Außerdem war die Ostseite von Palermo diejenige, welche von den besonders auf der West- und Südseite gegen Carini, Renna und Piana de' Greci hin aufmerksamen Neapolitanern am meisten von Truppen entblößt war. Auf dem Wege von der Piana de' Greci gegen Marineo hin war mit Artillerie kaum vorwärts zu kommen; es ergab sich schon aus diesem Grunde sehr einfach, daß man eben die Artillerie auf der Straße nach Corleone zurückgehen ließe, zugleich mußte dieß desto sicherer die Neapolitaner in derselben Richtung vorwärts ziehen. Denn wie hätten Soldaten einer stehenden Armee jemals daran gedacht, daß dort, wo die ganze Artillerie sei, sich nicht auch das Gros der feindlichen Streitkräfte befinde? Endlich mußte es jedem der Führer Garibaldi's, wenn sonst nicht, so nach der Affaire von Calatafimi einleuchten, daß man bei der Beschaffenheit dieser Artillerie sich wohl ohne sie behelfen könne und daß sie einen nennenswerthen Nutzen schwerlich stiften werde.

Anzeige.

Das vorliegende Werk, der italienische Krieg 1860, wird 38—40 Druckbogen stark, mit 7 Karten und Plänen in drei bis vier rasch auf einander folgenden Lieferungen zum Preise von 3 Rthlrn. — oder fl. 5. 8 kr. für das Ganze erscheinen.

In unserm Verlag sind erschienen:

Rüstow, W., der italienische Krieg 1859, politisch-militärisch beschrieben. 8⁰. Mit 3 Kriegskarten. 3. Aufl. 2 Rthlr. 7½ Ngr. — 3 fl. 51 kr.

— — der ungarische Krieg 1848—1849. 2 Bände. 8⁰. mit 5 Karten und Plänen. 6 Rthlr. — 10 fl. 8 kr.

— — militärisches Handwörterbuch, nach dem Standpunkte der neuesten Literatur und mit Unterstützung von Fachmännern bearbeitet und redigirt. In zwei Bänden. 1858 und 1859. gr. 8⁰. br. 4 Rthlr. 10 Ngr. — 7 fl. 35 kr. rhein.

— — die Feldherrnkunst des 19. Jahrhunderts. 2 Theile, gr. 8⁰. 1857. br. 3 Rthlr. 6 Ngr. — 5 fl. 36 kr. rhein.

— — allgemeine Taktik. Mit erläuternden Beispielen, Zeichnungen und Plänen, nach dem gegenwärtigen Standpunkte der Kriegskunst bearbeitet. 8⁰. 1858 br. 2 Rthlr. 8 Ngr. — 4 fl. rhein.

— — der Krieg gegen Rußland, mit Plänen. 2 Bände. 8⁰. 1855 u. 1856 br. 3 Rthlr. — 5 fl. 6 kr. rhein.

Die kriegerischen Ereignisse in Italien im Jahre 1848 und 1849. 8⁰. br. 1 Rthlr. 18 Ngr. — 2 fl. 36 kr. rhein.

Bava, General, Bericht über die militärischen Operationen im lombardischen Feldzug vom Jahre 1848. 8⁰. br. 18 Ngr. — 1 fl. rhein.

Hoffstetter, G. v., Garibaldi in Rom 1849. Militärisches Tagebuch aus Italien 1849. 8⁰. br. 1 Rthlr. 7½ Ngr. — 2 fl. 9 kr. rhein.

Der
italienische Krieg
1860

politisch-militärisch beschrieben

von

W. Rüstow.

Mit 7 Karten und Plänen.

Des „italienischen Krieges" zweiter Band.

Zweite Lieferung.
Bogen 13—21 und Karte I. und II.

Zürich,
Druck und Verlag von Friedrich Schultheß.
1861.

☞ Aufgeschnittene oder beschmutzte Exemplare werden nicht zurückgenommen.

Garibaldi's Plan war in seiner Großartigkeit so einfach, so ganz zu den Verhältnissen der „Flibustierschaar“ passend, daß eine Einrede dagegen unmöglich erhoben werden konnte.

Orsini setzte sich im Lauf des Nachmittags vor dem Dunkelwerden gegen Corleone in Marsch.

Garibaldi mit dem Gros schlug nach dem Dunkelwerden die Straße ein, welche von Piana nach S. Cristino führt, von wo aus man dann auf Fußwegen das obere Thal des Ficarazzibaches gewinnt.

Wir folgen zunächst Orsini. Er hatte bei sich 5 kleine Kanonen, 40 Karren mit Munition und allen möglichen Bagagen beladen; 50 Artilleristen, 40 M. Train, deren ganze Bewaffnung in 12 Flinten bestand, und 150 M. sicilianische Freischaaren mit Jagdgewehren. Im Ganzen zählte die Kolonne 240 M. Die Bespannung der Karren war so schlecht, daß schon bald nach dem Beginne des Marsches mehrere derselben zurückgelassen werden mußten. Das konnte nichts schaden, da es die wirklich verfolgenden Neapolitaner in ihrer Meinung von einer unordentlichen Flucht der ganzen Garibaldischen Streitmacht gegen Corleone hin bestärken mußte.

Beim Wald von Ficuzza, bevor die dortige Bergkette überschritten ward, mußte Orsini am Abend des 24. Mai wegen Ermüdung seiner Leute Halt machen. Am 25. bei der Morgendämmerung brach er aus dem Biwak wieder auf und erreichte am gleichen Tage um 3 Uhr Nachmittags Corleone, wo er enthusiastisch empfangen ward, da man von einem Feinde noch nichts gewahr wurde. Dieser Empfang veranlaßte Orsini vollends, sich in Corleone häuslich niederzulassen.

Am 25. Morgens machten die Neapolitaner Colonna's eine Rekognoszirung gegen Piana de' Greci; sie erhielten hier die Nachricht, daß die ganze Artillerie Garibaldi's mit vielen Wagen gegen Corleone zurückgegangen sei; zwar kamen auch einzelne Spuren einer Nachricht von dem Abmarsch einer zweiten Garibaldischen Kolonne auf S. Cristino. Aber da man auch von S. Cristino aus eine gute Straße nach Corleone gewinnt, die sich mit der Hauptstraße bald wieder vereinigt, so ward hierauf kein Werth gelegt. Auf der Hauptstraße über Piana de' Greci gegen Corleone hinaus fanden sich viele Spuren eines schleunigen Rückzuges in den zurückgelassenen Karren, auf der Straße nach S. Cristino nichts davon.

Auf die Meldungen hin über diese Rekognoszirung stellte sich Salzano selbst an die Spitze der Truppen Colonna's, um die Flibustier gegen Corleone zu verfolgen. Er führte 6000 M. mit sich; am 26. brach er von Piana auf, am 27. Vormittags um 10 Uhr näherte er sich an den Südabhängen der Bergkette von Ficuzza hinabsteigend Corleone.

Der Enthusiasmus der Bewohner von Corleone hatte plötzlich ein Ende, als die Nachricht von dieser Annäherung eintraf. Sie verließen haufenweise die Stadt, um in die Berge zu flüchten.

Orsini glaubte durch eine feste Haltung dem Feinde imponiren und ihn bis zum Dunkelwerden oder wenigstens bis zur vollen Nachmittagshitze hinhalten zu können, um dann seinen Rückzug fortzusetzen.

Er ließ von den sicilianischen Freischaaren den nördlichen Umfang von Corleone besetzen, nahm mit drei Geschützen an der Brücke eines Zuflusses der Coniglione und am Wege nach Chiusa südlich der Stadt Stellung, postirte zwei Geschütze in seiner rechten Flanke auf einer isolirten Höhe, wohin man die Stücke nur von Hand bringen konnte, und sendete alles überflüssige Fuhrwerk sogleich auf Chiusa zurück.

Die Neapolitaner entwickelten lange Jägerketten und gingen längs der Windungen der Straße und beiderseits derselben zum Angriff auf Corleone vor. Die sicilianischen Freischaaren ergriffen nach wenigen Schüssen die Flucht in der Richtung auf Chiusa. Orsini mit seinen drei Stücken nahm sie auf, that einige Schüsse auf die königlichen Truppen, welche durch Corleone südwärts vordrangen, sah sich aber dann veranlaßt, eiligst abzufahren; der Rückzug der Artillerie verwandelte sich bald in eine heillose Flucht. Das Geschrei: neapolitanische Kavalleris! brachte Alles bis auf einige wenige entschlossene Leute, die bei ihrer Pflicht ausharrten, zum Laufen.

Der Offizier, welcher die beiden Geschütze in der rechten Flanke kommandirte, hatte einige glückliche Schüsse auf die neapolitanischen Kolonnen gethan; dann als er neapolitanische Jäger und Reiter schon südwärts der Stadt bemerkte, trat er den Rückzug an. Die Schwierigkeit des Weges verlangsamte denselben sehr. Der Offizier zögerte nicht lange, die beiden Geschütze einen Bergabhang hinabzuwerfen, um sich mit seinen Artilleristen desto ungehinderter in Sicherheit bringen zu können. Bei dem von seinen Einwohnern verlassenen Campofiorito erreichte er die Kolonne wieder, welche eiligst ihren Marsch nach Chiusa fortsetzte und um 10 Uhr hierselbst einrückte, wie gewöhnlich von dem tollsten Jubel empfangen.

Den 28. Morgens setzte Orsini seinen Rückzug nach dem Bergneste S. Giuliana fort. Die Wege dahin waren miserabel. Da ein falscher Allarm entstand, daß die neapolitanischen Reiter der Kolonne bereits wieder auf den Fersen seien, ließ Orsini die Laffeten verbrennen, die Geschütze vernageln und marschirte ohne Geschütze mit seinen Leuten nach Giuliana und am 29. nach Sambuca.

Die große Eile und der weite Rückzug waren in der That nicht nothwendig gewesen; doch wenn man die Aermlichkeit der Mittel Orsini's betrachtet und wenn man bedenkt, daß er von den Alpenjägern nicht den besten Theil, sondern das Gegentheil bei sich hatte, sind sie allerdings sehr erklärlich.

Die Königlichen hatten vom 28. Mai ab so gut als gar nicht mehr an die Verfolgung gedacht. Schon am 27. Abends erhielt Salzano die Nachricht, daß am gleichen Tage Morgens Garibaldi in die Hauptstadt eingedrungen sei und dieselbe so gut wie genommen habe. Er ward zurückgerufen. Am 29. Mai war dieselbe Nachricht auf sicherem Wege auch bereits nach Sambuca gedrungen und Orsini fand sie daselbst vor. Mit Hülfe der Bürgerschaft von Sambuca war es möglich, sämmt-

13 *

liche unterwegs zurückgelassene Geschütze wieder aufzubringen und neu zu laffetiren, neu auszurüsten.

Folgen wir jetzt dem Marsche Garibaldi's.

Derselbe mit etwa 1000 M., seinen Alpenjägern und den zuverlässigsten der sicilianischen Freischaaren, senkte sich am Abend des 24. Mai, wie wir gesehen, über S. Cristino in das Thal des Ficarazzibaches hinab. Gegen Mitternacht wurde das Wäldchen erreicht, welches westlich von Risalaimi an der Straße liegt, die südwärts nach Marineo, nordwärts nach Palermo führt. Am 25. früh Morgens brach Garibaldi aus dem Biwak auf, welches er bei diesem Wäldchen genommen hatte, und kam um 8 Uhr Vormittags nach Marineo. Am Abend desselben Tages verließ er Marineo und marschirte nach Misilmeri; vor Mitternacht traf man dort ein.

6. Einnahme von Palermo.

Schon waren beim Konvent Gibilrossa, nordwestwärts von Misilmeri, zahlreiche Freischaaren versammelt, theils diejenigen, welche die Brüder Mastricchi seit lange dort zusammengehalten, theils neu von La Masa herbeigeführte und von Fuxa aus Bagheria gesendete.

La Masa war von Calatafimi aus von Garibaldi nach Roccamena gesendet; man hört, daß Garibaldi dabei zwei Fliegen mit einer Klappe schlagen wollte, La Masa los werden und ihn doch nützlich verwenden. La Masa fand in Roccamena keine Freischaaren mehr; wie es hieß, waren sie ins Lager Garibaldi's abgezogen. Dagegen ward er von Dimarco eingeladen, nach Mezzojuso zu kommen, um dort eine Zahl von Volks- und Freischaarenhäuptlingen vorzufinden. Er ging nach Mezzojuso, indem er das Gebirg von Ficuzza überschritt, sammelte dort etwa hundert Freiwillige und trat mit ihnen den Marsch auf Misilmeri an. Unterwegs schlossen sich ihm noch etwa 250 M. an. Mit 350 M. also gelangte er nach dem Kloster Gibilrossa bei Palermo; dort vereinigten sich mit ihm die Abtheilungen, welche am 24. Mai Fuxa zu Bagheria zu den Waffen gerufen hatte, und die andern zahlreichern, welche von den Brüdern Mastricchi bei Gibilrossa bereits gesammelt waren.

Am 26. Morgens musterte Garibaldi bei Gibilrossa die sicilianischen Freischaaren; am 26. Abends versammelte er alle obersten Führer, um ihnen seinen Plan auseinanderzusetzen.

Er, so sprach er, beabsichtige einen Handstreich auf Palermo. Zweierlei nur könne man thun, entweder diesen Handstreich ausführen oder sich ins Innere des Landes zurückziehen, um dort neue Kräfte zu sammeln, diese stark zu organisiren. Er sei für das erstere Unternehmen.

Und Garibaldi hatte allerdings die besten Gründe dazu für den direkten Angriff auf Palermo zu stimmen; denn daß aus der sicilianischen Organisation in nächster Zeit nicht viel werden würde, das hatte er schon zur Genüge gesehen, wenn er es auch vorzog, so wenig als möglich davon zu reden. Außerdem aber waren ihm bereits die Nachrichten zugegangen, welche hinreichend bestätigten, daß seine Kriegslist geglückt sei, daß die Königlichen mit bedeutenden Massen den unbrauchbaren Kanonen auf der Straße nach Corleone folgten und daß andere bedeutende Massen gegen die sicilianischen Freischaaren des Lagers von Renna und des Monte Cuccio, getäuscht durch deren hell brennende Wachtfeuer, hinter denen freilich so gut als nichts stand, bereit waren, daß dagegen Palermo's Ostseite nur schwach besetzt sei.

Alle mußten schließlich Garibaldi's Meinung beistimmen. Es handelte sich dann um den Weg, der einzuschlagen sei, um Palermo zu betreten. Der Wege dahin waren von Misilmeri mehrere.

Der eine zumeist rechts führte zunächst nach Musica d'Orfeo und dann längs des Meeres zur Stadt.

Der zweite ging über die Berge von Gibilrossa und die Admiralsbrücke grad auf das Thor von Termini los.

Der dritte über Mezzagno und bei den Porrazzi vorbei gegen die Südseite der Hauptstadt und das Bastion Montalto.

Garibaldi gab dem zweiten, mittleren, Weg den Vorzug. Der erste war offenbar ein Umweg, außerdem mußte man auf ihm späterhin längs dem Meeresgestade marschiren, den Angriffen feindlicher Kreuzer aufs höchste ausgesetzt. Der dritte Weg brachte in den Bereich der neapolitanischen Hauptmacht, welche um den königlichen Palast nächst der Porta nuova konzentrirt war, und man durfte nicht leicht voraussetzen, daß man hier ohne großen Widerstand durchdringen werde.

Die Führer der sicilianischen Freischaaren, indem sie im Allgemeinen sich der Ansicht Garibaldi's, der Stimmung für den mittlern Weg anschlossen, schlugen doch noch eine vierte Straße vor, welche, nur kürzer als die vorige, zu demselben Resultate wie sie führte. Sie ging über Gibilrossa und Mezzagno unter dem Kloster Madonna di Gesù gegen die Admiralsbrücke und das Thor von Termini. Garibaldi, obwohl er den Unterschied zwischen einem guten und einem schlechten Wege sehr wohl kannte, ordnete seine Meinung doch derjenigen der sicilianischen Führer unter, nicht bloß weil er eine Vorliebe für phantastische Wege hatte, oder weil er glaubte, daß die sicilianischen Führer die Wege in ihrem Lande genauer kennen müßten als er — von diesen Vorurtheilen war er vollkommen frei —, sondern weil er diese Sicilianer sich moralisch noch mehr unterwerfen wollte, als es bisher der Fall gewesen war.

Nachdem man diese Frage abgemacht hatte, kam es darauf an, die Marschordnung zu bestimmen. Garibaldi war selbstverständlich dafür, daß seine erprobten Alpenjäger die Spitze hätten; doch die Eitelkeit einiger Sicilianer lehnte sich dagegen auf, und Garibaldi gab hier wie in andern Nebendingen nach.

Die Marschordnung war demnach folgende:

Voran eine kleine Avantgarde, kommandirt von Major Tukery, bestehend aus 5 Guiden Garibaldi's und 3 Mann von jeder Kompagnie der Alpenjäger, im Ganzen aus 32 M.

Eine Abtheilung sicilianischer Freischaaren unter La Masa.

Das Bataillon Bixio's, die genuesischen Karabiniere an der Spitze.

Garibaldi mit seinem Stabe.

Das Bataillon Carini's.

Der Rest der sicilianischen Freischaaren.

Nachdem die Kolonne nicht ohne Mühe geordnet war, brach am 26. Mai um 10 Uhr Abends die Spitze von den Höhen von Gibilrossa auf; sie zählte im Ganzen 750 Alpenjäger und etwas über 2000 M. sicilianischer Freischaaren. Sie schlug die Straße über Mezzagno ein und senkte sich von da bei Santa Madonna di Gesù vorbei in das ausgetrocknete Bett eines Wildbaches hinab. Eine Straße fehlte gänzlich, die Truppen kamen sehr auseinander. Eine Stunde nach Mitternacht hatte die Spitze die Ebene am Oretobache erreicht und machte Halt, damit Alles gehörig anschließen könne.

Nachdem dieß geschehen war, worüber viel Zeit verloren ward, wurde der Marsch gegen die Admiralsbrücke hin fortgesetzt.

Die Neapolitaner hatten rings um die Mauern der innern Stadt Palermo zwei große Kommunikationsstraßen hergerichtet, welche von dem königlichen Palast und der Porta nuova aus, die eine rechts bei der Porta Termini, die andere links bei der Porta Macqueda vorbei nach dem Hafen und dem Castellamare führten. Diese Kommunikationsstraßen bildeten eine Art von Esplanade für die Befestigung.

Vor der Porta Termini war eine Barrikade ausgeführt und es stand bei derselben ein Hauptposten, die Reserve desselben befand sich am alten Markt in der Stadt, die Vortruppen an der Admiralsbrücke am Oreto. Auch vor der Porta Antonio, südlich der Porta Termini, war eine Barrikade aufgeführt, hinter welcher zwei Geschütze standen, welche die Kommunikationsstraße gegen Porta Termini hin der Länge nach bestrichen; zwei Geschütze hinter der Barrikade von Porta Termini bestrichen die Straße ins Freie.

Die ganze neapolitanische Truppenmacht, welche an den

beiden Thoren von Termini und Antonio zunächst zu bekämpfen war, belief sich auf ungefähr 1000 M.

Garibaldi dachte den Posten an der Admiralsbrücke ohne Schuß zu überrumpeln, auf solche Weise unversehens bis an die Porta Termini vorzudringen und dort ein Gleiches zu thun. Dieß ward durch die sicilianischen Freischaaren vereitelt.

Tukery mit seiner Avantgarde marschirte, als er die ersten Häuser der Vorstadt erreichte, still und ruhig voran. Die Sicilianer aber, welche ihm folgten, meinten, als sie die ersten Häuser sahen, sie befänden sich schon in Palermo, und theils aus Freude darüber, theils um sich für den Kampf, der nun doch wohl entbrennen mußte, Muth zu machen, erhoben sie ein fürchterliches Kriegsgeschrei und einige feuerten auch ihre Gewehre ab.

Dadurch wurde der Posten an der Admiralsbrücke aufmerksam, trat unters Gewehr und machte sich zum Widerstand bereit. Tukery konnte ihn nicht überrumpeln und mußte ihn bewältigen. Verstärkungen kamen von der Porta Termini herbei. Mit diesen vereint zog sich beim Morgengrauen der Posten von der Admiralsbrücke zurück durch die Gärten und hinter den Mauern der Terminivorstadt. Die Straße war frei.

Tukery folgte gegen die Porta Termini hin durch die Straße der Vorstadt. Die beiden Geschütze hinter der Barrikade, welche die Straße bestrichen, eröffneten ein heftiges Kartätschfeuer. Tukery deckte sich vorschreitend mit seiner Avantgarde so gut als möglich gegen dasselbe, indem er sich längs den Häusern hinzog.

Die sicilianischen Freischärler, als sie sahen, daß der Posten an der Admiralsbrücke bewältigt war, stürmten in hellem Haufen der Avantgarde nach, schreiend und schießend. Der erste Kartätschschuß von der Sandsackbarrikade aber, welcher sie traf, brachte sie in die heilloseste Verwirrung. Damit diese sich nicht steigere und damit auch Tukery nicht ohne Unterstützung bleibe, befahl Garibaldi, die Sicilianer neben der Straße in den Gärten zu sammeln, wo sie gedeckt waren, und ließ das Bataillon Bixio der Avantgarde schnell folgen. Tukery und Bixio drangen schnell bis nahe an die Porta Termini vor. Ein erster Angriff derselben auf die Barrikade ward von den Königlichen abgeschlagen.

Da bereits viele Zeit verloren war, fürchtete Garibaldi, daß sein Angriff auf das Thor durch einen Gegenangriff aus der Flanke beunruhigt werden könne. Die Reserven vom königlichen Palast und den Porrazzi konnten auf der Kommunikationsstraße bei Porta Antonio vorbei herankommen, um den Flankenangriff auszuführen. Concentrirte sich hier erst der Kampf am Thore, so ward Alles in Frage gestellt.

Garibaldi ließ daher von den sicilianischen Freischaaren zunächst die Mauern längs der äußern Seite der Kommunikationsstraße besetzen, um neapolitanische Truppen aufzuhalten, welche auf dieser vordringen möchten.

Immerhin blieb es äußerst wünschenswerth, sobald als möglich in die Stadt einzudringen. Erst einmal darin, konnte man sich verbarrikadiren, sich festsetzen, die ganze Stadt insurgiren und so den Neapolitanern das Leben heiß machen.

Aber auch ein zweiter Angriff auf die Barrikade ward zurückgeschlagen.

Unterdessen war die Stadt aufgeschreckt durch das begonnene Gefecht; eine Anzahl kühner Männer rief trotz der Vorschrift des Platzkommandos, daß Jedermann sich zu Hause zu halten habe, die Bewohner zu den Waffen; aus einigen Klöstern ertönten die Sturmglocken.

Man durfte die Bewohner Palermos nicht im Stiche lassen. Garibaldi befahl einen neuen Sturm auf die Barrikade. Dießmal ward sie erstiegen; der Guide Nullo war der erste Garibaldiner in der Stadt; die Avantgarde folgte, dieser die genuesischen Karabiniers. Tukery war am Bein verwundet; die Wunde war anscheinend nicht schwer, doch erlag ihr der tapfere Ungar am 7. Juni, namentlich weil er sich nicht zu der nöthigen Enthaltsamkeit in Speise und Trank hatte bequemen können.

Es war $5^1/_2$ Uhr Morgens, als Garibaldi die Stadt betrat; die genuesischen Karabiniere zerstreuten sich sogleich in kleinen Abtheilungen durch die Straßen rechts und links der Porta Termini und veranlaßten die Posten an den nächsten Thoren und in einzelnen besetzten Häusern ihre Stellungen zu räumen.

Am alten Markte machte Garibaldi den ersten Halt, hier sammelte er die Seinen; allmälig wagten die Anwohner des Platzes Thüren und Fenster zu öffnen, und die Garibaldiner construirten aus Wagen, herabgeworfenen Matratzen u. s. w. Barrikaden, um sich erst einen festen Punkt zu schaffen. Sirtori suchte nach Plänen von Palermo, damit man Ordnung und System in den weiteren Fortgang des Angriffes bringen könne.

Nachdem am alten Markt die nothwendigen Vorkehrungen getroffen waren, ward der Angriff gegen den Mittelpunkt der Stadt, in der Richtung auf den Platz Bologni hin fortgesetzt. Hier errichtete Garibaldi sein Hauptquartier und ein Generalkomité der Insurrektion unter dem Vorsitze von Gaetano la Loggia, welches sich schon um 6 Uhr Morgens am alten Markt (fiera Vecchia) gebildet hatte, schlug eben daselbst seinen Sitz auf. Es forderte die schleunige Bildung einer Nationalgarde und Garibaldi, indem er anzeigte, daß er in Palermo eingedrungen sei, rief alle körperlich und geistig tüchtigen Sicilianer zu den Waffen.

Am Abend des 27. Mai war fast ganz Palermo in den Händen der Garibaldiner und der Bevölkerung. Die Neapolitaner standen theils am königlichen Palast im Süden der Stadt, theils im Castellamare im Norden; einige Kasernen und Gebäude im Innern, welche sie in Händen hatten, vermittelten noch die Kommunikation zwischen den beiden Hauptposten: königlicher Palast und Castellamare.

Am 28. Mai ward das Eroberungswerk fortgesetzt; die Garibaldiner drangen über die Piazza Quattro Cantoni bis zur Porta Macqueda vor; der Domplatz in der Nähe des königlichen Palastes ward gleichfalls besetzt; die Neapolitaner im königlichen Palast einerseits, im Castellamare andererseits, wo auch Lanza sich befand, waren jetzt ganz von einander getrennt und Garibaldi, um das bisher eroberte zu behaupten, konstituirte ein Vertheidigungskomité unter dem Vorsitz des Herzogs von Verdura, welches sich vorzugsweise mit der Erbauung von Barrikaden rings um die Hauptplätze der Stadt und zur Sicherung der Kommunikationen zwischen ihnen zu beschäftigen hatte. Am gleichen Tage ward die frühere Munizipalbehörde aufgelöst und eine neue unter dem Vorsitz Verduras als Prätor trat an ihre Stelle.

Die Eroberung Palermos war keineswegs ohne Widerstand von Seiten der Königlichen vor sich gegangen. Nachdem Lanza die Ueberzeugung gewonnen hatte, daß die Garibaldiner wirklich in die Stadt eingedrungen seien, daß seine Soldaten dieselben nicht aufhielten, gab er diesen Befehl, sich in ihre Quartiere zurückzuziehen und begann das Bombardement vom Castellamare aus um 10 Uhr Vormittags am 27. Mai; die in Verlängerung der Via Toledo aufgestellte Flotte eröffnete ihr Feuer um Mittag.

Dasselbe richtete sich vornämlich auf den Mittelpunkt der Stadt, in dem Garibaldi sein Hauptquartier aufgeschlagen hatte. Das Bombardement richtete ungeheure Verwüstungen an, ohne indessen seinen Zweck zu erreichen. In den ersten 24 Stunden wurden vom Castellamare allein 2600 Bomben auf die Stadt geschleudert. Nichts desto weniger drangen die Garibaldiner vor und am 27. Abends mitten in der Verwüstung waren die von ihnen eroberten Stadttheile festlich erleuchtet.

Das Feuer der Flotte hörte schon am 28. Morgens ganz auf; wir werden sehen, wie dieß zusammenhing.

Am 29. versuchten die Neapolitaner auf mehreren Punkten sich der am 27. und 28. verlorenen Positionen wieder zu bemächtigen. Es gelang ihnen nicht.

Vom königlichen Palast und vom Bastion Montalto aus geriethen die Königlichen mit sicilianischen Freischärlern ins Gefecht; Garibaldi sendete Verstärkungen von seinen Alpenjägern zuerst unter Missori, dann unter Sirtori. Wenn von Verstärkungen die Rede ist, muß nie an Bataillone oder Regimenter, sondern an 20 bis 30 M. gedacht werden. Es kam zum heftigen Gefecht; die Garibaldiner setzten sich im Kloster Sa. Maria Annunziata fest und verbarrikadirten sich auf dem es umgebenden Platze gegen das Bastion Montalto. Alle Versuche der vom königlichen Palast vordringenden Neapolitaner, das Kloster zu nehmen, wurden von den Garibaldinern vereitelt, welche endlich auch das Bastion Montalto in ihrer Gewalt behielten.

Sowie man vom Kloster Annunziata und dem Bastion Montalto auf der Westseite den königlichen Palast bewachte und gleichsam beherrschte, so auf der Ostseite von der Kathedrale und dem umliegenden Platze aus. Die Wache bei der Kathedrale hatte Sant Anna mit einer Abtheilung sicilianischer Freischaaren. Am Vormittag des 29. Mai ward er aus seiner Stellung vertrieben. Garibaldi selbst nahm diese an der Spitze einer kleinen rasch versammelten Abtheilung von Alpenjägern wieder.

In der Nacht vom 28. auf den 29. verließen einige Schiffe der neapolitanischen Flotte den Hafen und steuerten nach Termini. Sie nahmen hier zwei Bataillone Fremdtruppen ein und kehrten mit diesen nach Palermo zurück. In der Stadt war das Gerücht verbreitet, daß die Truppen an der Porta de' Greci gelandet werden sollten. Als die beiden Dampfer sich am 29. Nachmittags um 3 Uhr der Stadt näherten, erregte das in den an die Porta de' Greci anstoßenden Quartieren einen allgemeinen Allarm und eine große Verwirrung. Indessen landeten die Fremdtruppen nicht an der Porta de' Greci, sondern am Castellamare. Lanza hatte sich eines andern besonnen.

Für den 29. hatte er allerdings einen Plan zur Wiedereroberung des verlorenen Palermo und zugleich zur Einfangung Garibaldis kombinirt; die Truppen vom Palazzo Reale her sollten sich der anstoßenden Quartiere bemächtigen; die von Termini herbeigeholten Fremdtruppen vereint mit einer Abtheilung aus dem Castellamare den nördlichen Theil der Stadt wiedererobern; die Truppen, welche von der Verfolgung Orsinis auf und über Corleone zurückgerufen waren, sollten zu gleicher Zeit von Osten her in Palermo eindringen.

Diese letzteren Truppen kamen am 29. Mai nicht heran; die Angriffe der Korps aus dem königlichen Palast auf Montalto einerseits, auf den Cathedralplatz andererseits hatten kein Resultat oder wurden vereitelt, und dem Generalstatthalter des Königs sank nun das Herz in die Hosen.

Die neapolitanische Flotte hatte, wie erwähnt worden ist, ihr Feuer schon am 28. Morgens eingestellt. Dieß war in Folge von Verhandlungen geschehen, die sich zwischen dem neapolitanischen Geschwaderkommandanten und dem englischen Admiral Mundy, der sich gleichfalls auf der Rhede befand, angesponnen hatten.

Mundy protestirte sogleich gegen das Bombardement der Stadt, als es kaum begonnen hatte. Der neapolitanische Geschwaderkommandant antwortete auf diesen Protest, er selbst könne zwar das Feuer der Flotte einstellen, dagegen nicht dafür garantiren, daß dasselbe vom Fort Castellamare aus geschehen werde. Er berichtete über diese Verhandlung an Lanza. Lanza hätte schon jetzt einen Waffenstillstand nicht ungern gesehen, um unterdessen die Truppen Salzanos von Corleone heranzuziehen, außerdem eine gute Kommunikation zwischen dem Castellamare, dem königlichen Palast, den Truppen bei den Porrazzi und bei Monreale herstellen zu können. Er erbot sich, einen solchen Waffenstillstand einzugehen, wenn Mundy zwischen ihm und Garibaldi als Vermittler auftreten wolle. Darüber ward das Feuer von der neapolitanischen Flotte eingestellt.

Mundy weigerte sich aber, den Vermittler zu machen, worin er vollständig recht hatte; seiner Meinung nach mußten

Lanza und Garibaldi, sei es persönlich, sei es durch Kommissarien, mit einander verhandeln.

Die Neapolitaner wollten in ihrem Widerwillen gegen Alles, was sie „Flibustier“ hießen, sich nicht dazu verstehen. Sie rechneten am 28. Mai noch auf die Erfolge des 29. Nachdem aber der Versuch der Rückeroberung der verlorenen Positionen, der Wiedergewinnung der freien Verbindung durch die Stadt zwischem dem Castellamare und dem königlichen Palast gescheitert war, besannen sie sich eines Andern und am 30. Mai Morgens erhielt Garibaldi ein Schreiben Lanzas, in welchem letzterer, der nun den Flibustierhäuptling zum ersten Male General titulirte, anzeigte, daß Mundy geneigt sei, an Bord seines Admiralschiffs, des Hannibal, zwei neapolitanische Generale behufs einer Konferenz mit Garibaldi zu empfangen und bei der Unterredung den Vermittler zu machen. Garibaldi möge, wenn er einverstanden sei, die Stunde bestimmen, zu welcher ein Waffenstillstand beginnen solle und die beiden Generale, welche neapolitanischer Seits für die Konferenz bestimmt waren und sich im Palazzo reale befanden, von dort nach dem Strande des Meeres frei passiren und geleiten lassen.

Wenn man die ganze kolossale Dummheit, welche sich in dieser Zuschrift kund gibt, zu ermessen weiß, so wird man zugeben müssen, daß dieser Brief Lanzas für Garibaldi schon so gut als der vollständige Sieg war. Manche Offiziere der stehenden Heere haben nicht die geringste Achtung vor Männlichkeit, vor einer Stellung, welche durch den Werth des Mannes selbst gewonnen ist, nur vor den Graden, die durch Nichtsthun in gemessenen Zeitabschnitten „abverdient“ oder „erdient“ oder durch die Gnade verliehen worden sind. Wenn Lanza in der Weise, wie er es that, an den General Garibaldi schrieb, so war das gewiß nicht Folge der Achtung, welche verständige Männer, Leute von Herz und Kopf einem Manne wie Garibaldi auch ehe er glücklich und mit glänzendem Erfolg aufgetreten gezollt haben, —

nein, es konnte nur Folge der gemeinen, erbärmlichsten Furcht sein. Sehen wir zu, wie es denn mit dieser Furcht stand, wie sie begründet war.

Die Königlichen hatten die Verbindungen durch die Stadt zwischen ihren beiden Hauptposten, Castellamare und königlicher Palast, verloren. Aber wie? war es denn unmöglich, diese Verbindung wieder herzustellen? Die Königlichen hatten seit der am 29. erfolgten Rückkunft der beiden Dampfer mit den Fremdtruppen 24000 M. in Palermo und in der gegen Corleone entsendeten Kolonne. Vierundzwanzigtausend Mann wirklicher Soldaten, wohlbewaffnet und geübt und organisirt, an Munition und an Lebensmitteln kein Mangel; im Nothfall war immer Zuschub von der Meerseite her zu erlangen, denn die neapolitanischen Schiffe beherrschten immer noch das Meer, obwohl die königlichen Soldaten in der Rathlosigkeit das Castel del Molo und den Molo selbst, welche den Hafen auch von der Landseite beherrschen, schon aufgegeben hatten. Garibaldi hatte den 24000 Königlichen noch immer nichts entgegenzustellen als höchstens 800 Alpenjäger, 2000 mitgebrachte sicilianische Freischärler und die schwache namentlich an Waffen Mangel leidende Insurrektion von Palermo. Sollten nun die Truppen im königlichen Palast, die Truppen, welche von Corleone zurückerwartet wurden, nicht im Stande sein, durch diese unendlich geringe, noch wenig zusammengewachsene garibaldische Streitmacht sich den Weg nach Castellamare zu bahnen? Wollte man sagen, es sei durch die Stadt allerdings schwierig gewesen, nun so hatte man die Kommunikationsstraßen um die Stadt. Die ganze neapolitanische Heeresmacht konnte sich jedenfalls nach Castellamare den Weg längs dieser Kommunikationsstraßen erzwingen, konnte sich in wenigen Tagen um das Castellamare ein verschanztes Lager errichten und auf dieses gestützt, ihren beherrschten Kreis immer weiter ausdehnen, hier auch allenfalls Momente der Erschlaffung und Verwirrung abwarten, die sich in Palermo gewiß fanden, und aus diesen Momenten Nutzen ziehen.

Allerdings war der Zustand der neapolitanischen Truppen ein scheußlicher. Die Offiziere hatten keine Gewalt mehr über ihre Soldaten. Der Aberglaube der letzteren war durch die bisherigen Erfolge Garibaldis geweckt. Ihrer Meinung nach hatten die königlichen Soldaten bei Catalafimi, bei Monreale, beim Parco sich gut geschlagen und doch hatte das Alles nicht geholfen; sie schlossen nun daraus nicht auf die mangelhafte Befähigung der meisten ihrer Offiziere, sondern auf die Unüberwindlichkeit Garibaldis. Die Söldnerei hatte vielen Aberglauben des alten Landsknechtthums nach Neapel getragen und dieser hatte in der neapolitanischen Nationalarmee einen nur zu fruchtbaren Boden gefunden. Der Glaube z. B., daß Garibaldi mit einer geweihten Hostie geimpft und dadurch unverwundbar sei, war allgemein bei den Neapolitanern; die Meinung, daß Garibaldi ein sterblicher Mensch sei, hatte kaum noch irgendwelche Anhänger. Die Offiziere nährten diese verderblichen Anschauungen thörichter Weise, um sich selbst zu rechtfertigen.

Jene traurige Ansicht, daß ja doch Alles nichts helfe, fraß in der königlichen Armee immer mehr um sich. Hiemit mengte sich nun Erbitterung gegen die Bewohner Palermos, von deren Eingreifen in den Straßenkampf die Soldaten allerdings gelitten hatten, und da man für das Allgemeine nichts mehr hoffte, wollte jeder Soldat vor dem letzten Ende sich noch jedes mögliche Vergnügen machen und sich so weit thunlich bereichern.

Die Erbitterung gegen die Palermitaner hatte Akte der Bestialität zur Folge, wie man sie im 19. Jahrhundert in keinem europäischen Lande mehr hätte für möglich halten sollen. Es ist hier nicht der Ort von diesen Exzessen gegen Weiber, Greise, Kinder, an denen sich sogar königliche Offiziere betheiligten, weitläufig zu reden, doch müssen wir konstatiren, daß Alles, was in dieser Beziehung von den neapolitanischen Truppen am 27., 28., 29. Mai erzählt worden ist, weit entfernt übertrieben zu sein, vielmehr die Wahrheit noch immer weit hinter sich läßt.

Die anfänglich von den Befehlshabern selbst angeregten und begünstigten Exzesse und Räubereien brachten nun vollends die Truppen aus der Hand ihrer Führer, und es war schwer, diese Truppen als Soldaten in irgend einer Kraft und Einheit erfordernden Thätigkeit zu verwenden.

Dennoch wird man nicht Alles auf die Rechnung des mangelhaften Zustandes der königlichen Truppen setzen dürfen; bei den Führern mußte Energielosigkeit, Unfähigkeit, Mangel an Glauben in den Fortbestand des bourbonischen Regimentes von Neapel hinzukommen, um jene vollständige Hoffnungslosigkeit und Rathlosigkeit und die Resultate herbeizuführen, welche vom 30. Mai ab immer deutlicher hervortreten.

Garibaldi konnte nicht anders als die Vorschläge Lanzas annehmen. Bei der numerischen Schwäche seiner Streitkraft mußte er von jedem Mittel Gebrauch machen, welches ihm einen Sieg ohne Kraftverlust geben konnte. Schon waren neapolitanische Soldaten zu ihm desertirt und hatten gräuliche Schilderungen von dem Verfall in der königlichen Armee gemacht; Garibaldi konnte hoffen, daß die Insubordination und Desertion in den königlichen Truppen noch weiter einreißen würden, wenn bekannt würde, daß er einen Waffenstillstand bewilligt habe, daß Unterhandlungen angeknüpft seien. Garibaldi antwortete also, daß er sich am Nachmittag des 30. auf dem Hannibal einfinden werde, daß der Waffenstillstand an demselben Tage um 12 Uhr Mittags zu beginnen habe und daß er für die Begleitung der beiden zur Unterhandlung mit ihm bestimmten Generale vom königlichen Palast nach dem Meeresstrand sorgen werde.

Garibaldi ließ schon um 11 Uhr Vormittags auf allen von seinen Truppen besetzten Punkten das Feuer einstellen, während das Castellamare fortfuhr, hin und wieder noch eine Bombe in die Stadt zu schleudern.

Ehe die Stunde des Waffenstillstandes gekommen war, entstand plötzlich ein Tumult an der Porta Termini, derselben, durch welche Garibaldi in Palermo eingedrungen war.

Die Avantgarde der gegen Corleone zur Verfolgung Orsinis gesendeten Kolonne, welche jetzt zurückkehrte, unter Bosco und von Mechel, warf sich auf dieses Thor, trieb den kleinen Posten der dort aufgestellten Garibaldiner zurück, betrat die Stadt und bemächtigte sich des alten Marktes. In dem Kampfe, welcher sich hier erhob, ward unter Andern auch Carini verwundet.

Was bedeutete dieß? Garibaldi mußte um so mehr geneigt sein, hinter der Sache eine Verrätherei zu suchen, als wie es schien zu gleicher Zeit mit dem Vorgehn dieser Kolonne, das Feuer vom Castellamare sich wieder verstärkte. Endlich erschienen Parlamentäre von Lanza und stifteten im Verein mit den Officieren Garibaldis Ruhe; die Neapolitaner blieben aber im Besitz des alten Marktes.

Als dieß „Mißverständniß" — oder was es sonst sein mochte — beseitigt war, ließ Garibaldi den General Letizia und den Stationskommandanten von Palermo, welche mit ihm unterhandeln sollten, aus dem königlichen Palast abholen und nach dem Strande begleiten. Er selbst mit Türr begab sich gleichfalls auf den Hannibal.

Mundy hatte die beiden Kommandanten des französischen und des amerikanischen Geschwaders vor Palermo gleichfalls auf den Hannibal eingeladen, um der Konferenz beizuwohnen. Letizia erhob anfangs Einsprüche gegen die Anwesenheit dieser Herrn, fügte sich aber in dieselbe, da Garibaldi durchaus nichts dagegen einwendete.

Letizia setzte die Dinge, worüber er mit Garibaldi zu verhandeln wünschte, in sechs Punkte formulirt auf. Garibaldi nahm Alles an bis auf den fünften Artikel. Dieser Artikel verlangte nämlich, daß die Gemeindsbehörde von Palermo eine demüthige Adresse, in welcher sie die wahren Bedürfnisse der Stadt auseinandersetze, an den König Franz II. richte und sie diesem überreichen lasse.

Garibaldi weigerte sich mit der größten Entschiedenheit, auf diesen Punkt einzutreten und die Konferenz blieb für den

Augenblick ohne Resultat. Als nach 5 Uhr Nachmittags Garibaldi von ihr zurückkehrte, zeigte er den Palermitanern an, daß er den fünften Artikel als demüthigend für die Stadt verworfen habe und daß somit die Feindseligkeiten am 31. Mai Mittags wieder aufgenommen werden würden.

Sogleich eilte Alles zu den Barrikaden, und Garibaldiner, sicilianische Freischaaren und palermitanische Insurgenten besetzten von Neuem ihre Posten, um zum 31. Mittags Alles in Bereitschaft zu setzen.

Doch kam es nicht zum neuen Kampfe. Von Stunde zu Stunde sank den neapolitanischen Führern mehr der Muth. Am 31. Mai früh Morgens verlangte Lanza durch einen Parlamentär von Garibaldi die Zustimmung zu einer neuen Besprechung mit Letizia. Garibaldi war einverstanden und um 10 Uhr Vormittags erschien Letizia im Hauptquartier Garibaldis, im prätorianischen Palast. Er schlug einen Waffenstillstand auf unbestimmte Zeit vor und sprach dabei die Hoffnung aus, daß während desselben eine Uebereinkunft erzielt werden könne, die der Sache ohne weiteres Blutvergießen eine Ende mache. Garibaldi wollte von einem Waffenstillstand auf unbestimmte Zeit nichts wissen, verstand sich aber zu einer Verlängerung desselben um drei Tage. Es kam somit zu folgender Konvention:

„1. Der Waffenstillstand wird um 3 Tage, gezählt vom 31. Mai Mittags um 12 Uhr ab, verlängert; nach Ablauf dieses Termins wird der neapolitanische Oberkommandant (Lanza) einen Adjutanten (an Garibaldi) senden, um festzustellen, zu welcher Stunde die Feindseligkeiten wieder aufgenommen werden sollen."

„2. Die königliche Bank wird dem Staatssekretär Crispi gegen Empfangsbescheinigung übergeben und das Detachement, welches die Wache dort hat, zieht mit Waffen und Gepäck nach dem Castellamare ab."

„3. Die Einschiffung aller Verwundeten und der Familien wird fortgesetzt, jedoch mit allen Vorkehrungen, um dabei unterlaufende Mißbräuche zu vermeiden."

„4. Alle Lebensmittel können frei den Posten und Stellungen beider Theile zugeführt werden und es werden alle nothwendigen Maßregeln getroffen, um dieß im vollsten Sinne des Wortes zu verwirklichen."

„5. Die Gefangenen Mosto und Rivalta (Garibaldiner) können gegen den Oberlieutnant Colonna oder einen andern Offizier und den Hauptmann Grasso (Neapolitaner) ausgewechselt werden."

Der Staatssekretär der provisorischen Regierung von Sicilien:	Der General en Chef:
Francesco Crispi.	Ferdinand Lanza.

Unmittelbar nach dem Abschlusse dieser Konvention mußte sich Letizia nach Neapel einschiffen, um dem Könige Franz von der Lage seiner Truppen zu Palermo Kunde zu geben und ihn zum Abschlusse einer definitiven Konvention unter günstigen Bedingungen zu bestimmen.

Letizia kam am 1. Juni in Neapel an.

Er sprach mit dem Könige, mit den Ministern. Franz II. war sehr empört über die Zumuthungen, die ihm gemacht wurden. Man solle, sagte er, lieber Palermo von Grund aus zerstören; dazu, mit Rebellen zu unterhandeln, würde er niemals seine Zustimmung geben.

Mit diesem Beschride schiffte sich Letizia in der Nacht vom 1. auf den 2. Juni wieder ein, um nach Palermo zurückzukehren. Indessen hatte er, wie gesagt, nicht mit dem Könige allein gesprochen, sondern auch mit den Ministern und bei ihnen hatte er durchaus jenen Widerwillen gegen den Abschluß einer Konvention mit den Rebellen nicht gefunden, wie verschieden auch immer die Gründe sein mochten, die den einen oder den andern für eine solche stimmten.

Letizia kehrte am 3. Morgens nach Palermo zurück und verhandelte sogleich mit Lanza. Während der Abwesenheit

Letizias hatten sich die Dinge, wie eigentlich vorauszusehen war, für die Königlichen zu Palermo noch verschlimmert.

Am 1. Juni war an Crispi der Finanzpalast in der Via Toledo gemäß den Bestimmungen der Konvention vom 31. Mai ausgeliefert worden. Crispi fand hier fast 5½ Millionen Dukaten in baarem Gelde, wovon allerdings nur 200000 dem Staate gehörten, während der Rest Privatdepositen waren. Immerhin eine schöne Summe für die Garibaldiner, welche mit einer Kriegskasse von 8000 Franken von Genua ausgezogen waren.

Die Desertionen von den Königlichen zu den Garibaldinern mehrten sich von Tage zu Tage. Selbst die Fremdtruppen wurden schwierig und fragten emsig, wie viel Sold denn Garibaldi zahle. Seit sie wußten, daß er Geld habe, wurden sie dringender. Die Königlichen machten aus diesen dringenden Anfragen mit poetischer Licenz, daß Garibaldi durch Geldversprechungen die königlichen Truppen an sich locke. Sie wußten es eben nicht besser.

Die verschiedenen Mißbräuche, welche während einer Waffenruhe stets von beiden Parteien versucht werden, und die gewöhnlichen gegenseitigen Klagen, welche ihnen zu folgen pflegen, blieben auch hier nicht aus. Schließlich war der Vortheil immer auf der Seite Garibaldis.

Die Palermitaner hingen mit schwärmerischer Anhänglichkeit an Garibaldi; sie thaten auf seinen Befehl Alles, was er verlangte.

Diese Erscheinungen hatten Lanza völlig deprimirt und er empfing daher den Befehl Franz II., lieber Palermo völlig zu zerstören, als mit Rebellen zu unterhandeln, mit Achselzucken. Letizia war mit ihm einer Meinung. Er hatte ja auch noch andere Nachrichten als den Befehl des Königs. Auf die Kunde vom Fortschritte der Insurrektion, von der Einnahme Palermos hatte schon am 30. Mai der Minister Carafa die Gesandten der fremden Mächte zu Neapel eingeladen und ihnen erklärt, daß der König, um fernerem Blutvergießen vorzubeugen,

Palermo von seinen Truppen räumen wolle, wenn die Konsuln der fremden Mächte nur dahin wirkten, daß die Königlichen mit allen Kriegsehren abziehen dürften.

Carafa verlangte freilich zu gleicher Zeit eine offizielle Erklärung der Mächte, daß sie keinen Dynastiewechsel im Königreich beider Sicilien dulden würden und den Bourbonen den Besitz dieses Königreichs garantirten. Er verlangte ferner für vorkommende Fälle eine Intervention der Mächte mit ihren Flotten.

Die Gesandten hatten sich darauf beschränkt zu erklären, daß sie über diese Angelegenheit an ihre Regierungen berichten wollten. Soviel war indessen nach den Nachrichten, welche Letizia von Neapel mitbrachte, deutlich, daß die dortige Regierung einer etwaigen Räumung Palermos trotz aller Redensarten und aller Wuth des Königs nicht abgeneigt sei und daß man bereits die Möglichkeit einer Ausdehnung der Revolution auch auf das Festland vor Augen habe, daß man zu Neapel daran denke, mittelst einer Räumung Palermos sich den Beistand der Mächte gegen jene Möglichkeit zu erkaufen.

Lanza und Letizia kamen dahin überein, daß in Palermo kaum noch etwas auszurichten sei, daß auch auf eine Besserung hier nicht gerechnet werden dürfe, daß es klug sei, den Kriegsschauplatz zu wechseln. Konnte man nicht, indem man sich auf Messina zurückzog, von dort aus die ganze Insel wiedererobern? Die militärischen Analogien spielen in solchen Fällen immer eine große Rolle. Für den vorliegenden Fall waren sie ziemlich frisch; man brauchte nur an die Jahre 1848 und 1849 zurückzudenken. Lanza und Letizia waren daher für das Aufgeben Palermos, und da Letizia versichern konnte, daß man zu Neapel in dieser Beziehung auf einen absoluten Widerstand nicht stoßen werde, so ward beschlossen, eine neue Verlängerung des Waffenstillstandes von Garibaldi zu erlangen und diese dazu zu benutzen, daß Letizia sich noch einmal nach Neapel begebe, um dort neue, passendere Instruktionen zu holen.

Letizia besprach sich mit Garibaldi; dieser, welcher alle Anstalten getroffen hatte, um am 3. Juni Mittags die Feindseligkeiten wieder eröffnen zu können, welcher wiederholt alle Sicilianer zu den Waffen gerufen hatte, übersah doch keineswegs, welchen Werth es für den Fortgang der ganzen Insurrektion haben müsse, wenn durch die That gezeigt ward, daß nicht bloß ein einzelner General, daß die Regierung des Königreichs beider Sicilien gezwungen sei, mit ihm, dem „Flibustier", zu unterhandeln. Er verstand sich daher ohne große Einwendungen zur Verlängerung des Waffenstillstandes und verlangte nur, daß Letizia gewisse Dinge in Neapel fordere, deren Zugeständniß von Seiten der bourbonischen Regierung allerdings für ihn gleichbedeutend mit Sieg war.

Letizia reisete noch am 3. Juni nach Neapel und kehrte von dort am 5. nach Palermo zurück. Nach kurzen Unterhandlungen, bei welchen Garibaldi, der Flibustier, den epaulettirten Nullitäten durch die Festigkeit imponirte, mit welcher er auf seinen Hauptsachen bestand und durch die Gutmüthigkeit und Nachläßigkeit, mit welcher er ihnen ihre Hauptsachen schenkte, kam dann die Konvention über die Räumung Palermos seitens der Königlichen am 6. Juni endgültig zu Stande.

Sie lautete folgendermaßen:

„1. Die Kranken (der königlichen Armee), welche sich in den beiden Hospitälern oder an andern Orten befinden, werden schleunigst eingeschifft."

„2. Dem ganzen (königlichen) Armeekorps, welches sich in Palermo befindet, steht es frei, die Stadt zu Land oder zu Wasser zu verlassen mit Equipage, Material, Artillerie, Pferden, Bagage, Familien und was ihm sonst irgendwie gehören mag, das Material im Castellamare eingeschlossen. Seine Excellenz der Generallieutnant Lanza hat die freie Wahl, wie er Palermo verlassen will, ob zu Land, ob zu Wasser."

„3. Wird der Seeweg vorgezogen, so wird mit der Einschiffung des Kriegsmaterials, der Equipagen und eines Theils der Pferde und andern Thiere der Anfang gemacht. Die Truppen folgen nach."

„4. Die sämmtlichen Truppen schiffen sich am Molo ein; alle begeben sich daher vorläufig nach dem Quartier Quattro venti."

„5. General Garibaldi räumt Castelluccio, den Molo und die Leuchtthurm-Batterie ohne irgend einen Akt der Feindseligkeit."

„6. General Garibaldi liefert alle Kranken und Verwundeten (der königlichen Armee), welche sich in seiner Gewalt befinden, aus."

„7. Die Gefangenen werden von beiden Seiten in Pausch und Bogen, nicht Mann gegen Mann, ausgewechselt."

„8. Sieben im Castellamare zurückgehaltene (nicht militärische) Gefangene werden freigegeben, wenn die ganze Einschiffung vollbracht und das Fort Castellamare vollständig geräumt ist. Diese Gefangenen werden von der Garnison selbst nach dem Molo geführt und dort ausgeliefert."

„Nachdem diese Artikel angenommen sind, wird in einem Addizionalartikel beigefügt, daß die Garnison auf dem Seewege spedirt und am Molo von Palermo eingeschifft wird."

6. Juni 1860.

Laut Vollmacht seiner Excellenz des Generallieutenants Lanza, Oberbefehlshabers des königlichen Armeekorps

V. Bonopane, G. Garibaldi.

Oberst und Unterstabschef.

L. Letizia,

Marquis von Monpellieri, General.

Man sieht aus den Parenthesen, welche wir gemacht haben und deren Inhalt sich nicht im Original befindet, wie eilig die Königlichen es hatten und wie sehr selbstverständlich Garibaldi von ihnen als Sieger anerkannt war.

Am 7. Juni Morgens marschirte die Truppenkolonne,

welche bisher im königlichen Palast und dessen Umgegend gestanden, längs der westlichen Kommunikationsstraße um die Stadt in das zwischen dem Castell des Molo und dem Castellamare vorbereitete Lager ab; ebendahin diejenige Kolonne, welche sich am 30. Mai des alten Marktes bemächtigt hatte und während des Waffenstillstandes auf demselben geblieben war.

Einzelne Polizisten, vorher der Schrecken Palermos, obwohl in militärische Uniformen gesteckt, wurden doch bei dieser Gelegenheit erkannt und es setzte einige Exzesse.

Im Ganzen versammelte Lanza im Castellamare und dessen Umgegend noch 20000 Soldaten.

Die Einschiffung der Bagagen und des Materials am Molo begann sogleich laut der Konvention und darauf wurden täglich etwa 2000 bis 3000 M. der Truppen nach Neapel gesendet.

Am 20. Juni zogen die letzten Königlichen aus dem Lager und dem Castellamare ab und die sieben Gefangenen, von denen der 8. Artikel redet, bisher als Geiseln im Fort zurückgehalten, wurden in Freiheit gesetzt und durchzogen im Triumph die Stadt.

Palermo war jetzt gänzlich in den Händen Garibaldis, der schon am 14. Juni sein Hauptquartier im königlichen Palast aufgeschlagen hatte.

Sämmtliche neapolitanischen Offiziere, welche in und um Palermo ein Kommando geführt hatten, wurden nach Ischia gesendet, um dort ihr Verfahren und Benehmen vor einem Kriegsgerichte zu rechtfertigen. Es waren der Generallieutenant Lanza, die Generalmajors Salzano, Cataldo, Pasquale Marra, die Brigadiers Bartolo Marra, Sury, Landi, Letizia, der Oberst Bonopane vom Generalstab. Dazu kam eine Anzahl anderer Offiziere, denen vorgeworfen ward, daß sie am 30. Mai auf dem Hannibal mit den Garibaldinern Champagner getrunken hätten.

Die gegenseitigen Anklagen der gefallenen Größen gewährten ein eben so widerliches Schauspiel als ihre Rechtfertigungen.

7. Organisationen. Ankunft neuer Verstärkungen für Garibaldi.

Garibaldi hatte mit dem Beginn der Organisationen für die Insel nicht auf die vollständige Räumung Palermos gewartet. Schon am 2. Juni setzte er ein sicilianisches Ministerium ein. Das Portefeuille des Kriegs und der Marine erhielt Orsini, welcher mit seiner wiederhergestellten Artillerie am 5. Juni in Palermo eintraf, da die Porrazzi und der königliche Palast noch von den Königlichen besetzt war, nicht durch die Porta nuova, welche auf dem kürzesten Wege lag, sondern auf einem Umwege unter Monreale und der Bocca di falco vorbei durch die Porta Macqueda. Das Innere erhielt Crispi, die Justiz Guarnieri, den öffentlichen Unterricht und Kultus der Prälat Ugdulena, die Finanzen Domenico Perrani, in seinem Fache sehr gewandt, unter den Bourbonen Generalschatzmeister Siciliens, die öffentlichen Arbeiten Raffaele, erst jetzt wieder aus dem Exil zurückgekehrt, das Aeußere Pisani, welcher an der Spitze des geheimen Komites gestanden, das die letzte Insurrektion Siciliens vorbereitet hatte.

An dem gleichen Tage ward Allen, welche sich für die Freiheit Siciliens geschlagen, ein Landantheil aus den bisherigen königlichen Domänen dekretirt; am 6. Juni erschien ein Dekret über die Pensionirung der Wittwen und Waisen der Männer, welche für das Land kämpfend gefallen waren.

Die Insel ward in 24 Distrikte behufs ihrer künftigen Verwaltung eingetheilt, jeder Distrikt mit einem Gouverneur an der Spitze.

Am 13. Juni befahl Garibaldi die Abschaffung des Titels Excellenz und des Handkusses, mit welchen beiden Dingen in Sicilien bekanntlich sehr verschwenderisch umgegangen ward und in denen Garibaldi mit Recht Zeichen und Instrumente der Sklaverei sah.

Vor allen Dingen aber beschäftigte Garibaldi die militärische Organisation, welche ihn in den Stand setzen sollte, das Werk der Befreiung der Insel fortzusetzen und nachher auch auf das Festland überzugehen, auf dem er die Fahnen Italiens über Neapel und Rom, schließlich nach Venetien zu tragen hoffte.

Die irregulären Freischaaren (Squadre) Siciliens, welche sich der kleinen Schaar des kühnen Führers nach jedem Siege anschlossen, um bei jedem bevorstehenden Kampfe auszuweichen, waren mehr ein Hinderniß der militärischen Organisation als eine Hülfe bei derselben.

Garibaldi entließ sie durch einen Tagesbefehl vom 13. Juni, in welchem er ihnen freilich nicht sagte, daß sie ihm lästig seien, sondern nur, daß ihre Dienste jetzt nicht mehr gebraucht würden.

Das Projekt der Einführung der Konskription auf Sicilien konnte als gescheitert betrachtet werden. Garibaldi mußte sich also auf die Alpenjäger, auf die regulären Truppen, welche einzelne sicilianische Führer, wie La Porta, Corrao, Fardella und andere auf der Insel organisirt hatten, auf die Zuzüge stützen, welche ferner aus Oberitalien erwartet wurden.

Aus den vorhandenen Alpenjägern und den regulären sicilianischen Truppen sollten vorerst zwei Brigaden unter Bixio und Türr errichtet werden und so schnell als möglich in das Innere der Insel abmarschiren, um sich hier durch weiter anzuwerbende Freiwillige und durch Aushebungen, soweit diese möglich wären, zu verstärken.

An der Formation dieser Truppen ward rüstig gearbeitet.

Orsini, sobald er in Palermo angekommen war, beschäftigte sich mit der Ausrüstung und Organisation der Artillerie; da die Königlichen bei ihrem Abzuge alles Material mit sich genommen hatten, mußte Alles neu geschaffen werden. Keine Waffenfabriken, keine Artilleriehandwerkstätten waren vorhanden. Orsini ließ sie anlegen. Die Glocken wurden aus den

Kirchthürmen genommen, um sie in den Gießereien in Kanonen zu verwandeln. Als Türr und Bixio zum Abmarsch bereit waren, konnte wenigstens jeder von ihnen einen Zug Artillerie mit sich nehmen.

Die Nachricht von den Erfolgen Garibaldis auf Sicilien hatte natürlich ganz Oberitalien in Bewegung gebracht und es war leicht, von dort neue Freischaaren nach Sicilien hinüberzuführen, sobald man nur Geld und Waffen für sie aufbringen konnte.

Die erste Expedition von einigen hundert Mann aus Oberitalien, welche Garibaldi von Genua her auf dem Utile fast auf dem Fuße folgte, landete schon am 1. Juni bei Marsala und stand am 5. Juni in Palermo zur Verfügung.

Eine zweite Expedition unter Major Corte ging am 10. auf dem Utile und dem amerikanischen Klipper Charles-Jane von Genua ab. Auf dem Fuße sollte ihr die große Expedition Medicis folgen, welche Garibaldi nur erwartete, um die ersten formirten Brigaden den Zug ins Innere antreten zu lassen.

Die Neapolitaner hatten Wind davon bekommen und die Dampffregatte Fulminante mit dem General Roberti an Bord lief von Gaeta aus, um die Expedition zu hindern. Fünfzehn Seemeilen vom Kap Corso an der Nordspitze Korsikas traf der Fulminante den kleinen Utile, welcher den amerikanischen Klipper im Schlepptau hatte. Die Passagiere dieser letztern Fahrzeuge machten sich unvorsichtiger Weise als Garibaldiner bemerkbar; sie warfen zwar ihre Waffen zeitig ins Meer und verweigerten die Durchsuchung, mußten aber am Ende doch sich bequemen, dem Fulminante nach Gaeta zu folgen. Hier wurden die Schiffe als Prisen, die Passagiere als Gefangene behandelt.

Der sardinische Gesandte Villamarina und der amerikanische Chandler protestirten, sobald sie offiziell von der Wegnahme der beiden Fahrzeuge auf dem offenen Meere unterrichtet waren, was freilich erst am 15. Juni geschah, gegen diese Sequestration. Vorerst hatte dieß keine Folgen. Später indessen wurden Schiffe, wie Gefangene frei gegeben und die erstern thaten noch manchen Dienst für die Spedition nach Sicilien, wie die letztern zum größten Theil sich ein zweites Mal einschifften, um unter Garibaldis Fahnen zu kämpfen.

Sicherlich hatten die Neapolitaner nicht Unrecht, wenn sie sich beklagten, daß ihnen durch solche Proteste, wie sie bei dieser Gelegenheit vorkamen, alle Mittel des Widerstandes abgeschnitten würden. Die Wegnahme des Utile und des Klipper, die Eile, welche der Fulminante hatte, mit dieser Beute nach Gaeta zurückzukehren, sicherten unbedingt die Landung der Expedition Medicis an der Küste Siciliens.

Medici hatte am 11. Juni 2500 Freiwillige, für welche gute gezogene Gewehre mitgeführt wurden, zu Genua auf den drei Dampfern Washington, Franklin und Oregon eingeschifft, am 12. kam er nach Cagliari, wo er vier Tage liegen blieb und sich mit der Organisation der Mannschaft beschäftigte, ohne daß diese indessen die Schiffe verlassen durfte.

Am 16. steuerte er von der Rhede von Cagliari nach dem kleinen Seehafen Castellamare, westlich Palermo, nicht zu verwechseln mit dem Castellamare, der Cittadelle der Hauptstadt. Von Castellamare marschirte er über Alcamo, Partinico und Monreale nach Palermo, wo seine Avantgarde am 20., das Gros am 21. Juni eintraf.

Die Ankunft Medicis machte es möglich, die Operationen gegen die Ostküste der Insel hin zu beginnen, um auch diese endgültig in Besitz zu nehmen und so die Operationen gegen das Festland Neapels hin zu basiren.

Diese Operationen wollen wir nun zunächst erzählen, indem wir die innern Beschäftigungen Garibaldis, welche allerdings auch nicht ohne Wichtigkeit waren, einstweilen bei Seite setzen.

8. Vorrücken der Kolonnen Garibaldis gegen die Südküste und die Ostküste der Insel

Es ist früher erzählt worden, wie zu Catania die königliche Gewalt durch den Prinzen Fitalia behauptet ward, nachdem von Messina Verstärkungen herangekommen waren. Das Militärkommando führte der General Clary, welcher einen wohlbegründeten Ruf als Räuber hatte, und nie vergaß für den eigenen Beutel zu sorgen, wo irgend die Gelegenheit sich dazu bot. Um das Volk in Ruhe zu halten, hatte Fitalia gesagt, daß Catania ohne Blutvergießen in die Hände der Sicilianer übergeben werden würde, wenn Palermo von den Königlichen nicht mehr behauptet werden könne.

Als nun die Nachricht vom Falle Palermos in Catania bekannt ward, da erinnerten die Bürger Fitalia an diesen seinen Ausspruch und verlangten den Abzug der Truppen. Clary aber ließ sofort die Hauptpunkte der Stadt besetzen und gab den Truppen Befehl, bei der ersten feindlichen Handlung der Einwohnerschaft das Feuer zu eröffnen.

Auf diese Antwort hin erhob sich am frühen Morgen des 31. Mai die Bürgerschaft Catanias; die Sturmglocken riefen die Guerillasschaaren vom Lande herbei, welche auch hier, wie um jede größere Stadt Siciliens sich in der Umgegend seit dem 4. April gebildet und behauptet hatten.

Der westliche und südliche Theil der Stadt war schon nach kurzem Kampfe mit den neapolitanischen Vortruppen in den Händen der Sicilianer.

Clary hatte allerdings bereits den Befehl, sich auf Messina zu konzentriren, indessen einestheils wollte er Catania nicht verlassen, ohne den Aufstand niedergeschlagen zu haben, andererseits wartete er noch auf die Brigade Afan de Rivera, welche auf ihrem Rückzuge aus dem Innern der Insel im Marsche nach Catania begriffen war.

Am Domplatz und um das Rathhaus, wo Clary seine Hauptmacht vereinigt hatte, erhob sich ein erbitterter Kampf.

Die Catanesen gewannen einige Vortheile, mußten aber endlich weichen, da die Zahl der wirklichen Kämpfer sich nicht eben vermehrte, Waffen wenige vorhanden waren und auch die Munition allmälig ausging. Dazu kam endlich die erschlaffende Hitze der ersten Nachmittagsstunden.

Als mit diesen eine Pause im Kampfe eingetreten war, verordnete Clary eine allgemeine Entwaffnung der Bürgerschaft und ließ dieselbe mit Gewalt in den nächst um den Domplatz gelegenen und von ihm beherrschten Stadttheile beginnen. Bei dieser Gelegenheit ward viel geplündert, auch an einigen Orten Feuer angelegt.

Während seine Soldaten bei dieser angenehmen Beschäftigung waren, erhielt Clary die Kunde, daß auch zu Aci reale, auf seiner Marschlinie nach Messina, der Aufstand ausgebrochen sei. Er beschloß, sofort dahin abzumarschiren, ohne Rivera zu erwarten. Er brach in der That noch vor dem Dunkelwerden von Catania auf und steckte dabei den nördlichen Theil der Stadt in Brand, um seinen Rückzug zu decken.

Aber die Leiden Catanias sollten noch kein Ende erreicht haben; während die Bewohner mit dem Löschen beschäftigt waren und sich theilweise des Abzugs Clarys als eines erfochtenen Sieges freuten, rückte in der Nacht vom 31. Mai auf den 1. Juni Rivera in die Stadt ein.

Rivera hatte am 25. Mai die Garnisonen Girgentis und Caltanisettas, sowie die Truppen aus der Umgegend dieser Städte, vereinigt und marschirte am gleichen Tage von Caltanisetta ab, um über Pietraperzia, Barrafranca, Caltagirone und durch die Ebene von Catania nach letzterer Stadt zu ziehen. Unterwegs legte er bedeutende Kontributionen auf, allerdings dazu gezwungen durch den entblößten Zustand seiner Truppen, welche er doch ernähren mußte. Die Insurgentenschaaren der von ihm durchzogenen Gegenden griffen einzelne Theile seiner Kolonne, Arriergarde und Seitendetachements zu verschiedenen Malen mit Erfolg an.

Erbittert durch diese Angriffe betrat Rivera mit etwas

über 2000 M. und mehreren Stücken Artillerie das von Clary bereits geräumte Catania. Er setzte sich fest, erklärte einer zu ihm gesendeten Deputation der Bürgerschaft, daß er nicht gesonnen sei, mit Rebellen zu unterhandeln, vielmehr entschlossen, die Stadt vom Erdboden zu vertilgen. Danach that er denn auch. Unterdessen während in den von Clary noch verschonten Stadttheilen geplündert und gebrannt wurde, bemächtigte er sich des Hafens und schiffte am 3. Juni hier die Infanterie für Messina ein, während die Kavallerie und Artillerie die von Clary beherrschte Landstraße über Aci reale einschlug. Ein Theil der Einwohnerschaft von Catania griff am 3. Juni in der Verzweiflung noch einmal zu den Waffen und es kam, ehe Rivera seine Einschiffung vollendet hatte, abermals zu einem Blutbade, in welchem Catanesen wie Königliche bedeutende Verluste erlitten.

Am 7. rückten auch diejenigen Truppen Clarys und Riveras, welche den Landweg genommen hatten, nachdem Clary zu Aci reale noch eine beträchtliche Kontribution erhoben hatte, in Messina ein. Clary übernahm hier das Kommando.

Catania war frei; es ward nicht wieder von den Königlichen betreten. Ein eingesetztes Sicherheitskomité organisirte die Nationalgarde und strebte mit deren Hülfe auch dem zu begegnen, daß etwa die Squadre vom Lande die Plünderung auf Rechnung der königlichen Truppen fortsetzten.

In Syracus hatte der Kommandant Rodriguez selbst eine Ruhestörung herausgefordert; am 23. Mai durchzogen betrunkene Soldaten die Straßen und machten ohne die mindeste Veranlassung von ihren Säbeln und selbst von den Feuerwaffen gegen die Einwohner Gebrauch. Diese setzten sich kaum zur Wehre; die waffentüchtige Jugend befand sich meist bei den Freischaaren in der Umgegend. Jetzt wanderten noch viele Einwohner, bestürzt über die Gewaltthätigkeiten der Soldaten, aus. Einige der letztern aber beschimpften auch die englische Flagge am Konsulatsgebäude, welche zur Feier des Geburtstags der Königin Victoria ausgehängt war und verwundeten die Gattin des Konsuls. Dieser verlangte Genugthuung und Rodriguez versprach, die Schuldigen ermitteln und vor ein Kriegsgericht stellen zu wollen. Indessen um sich und die Stadt vor ähnlichen Brutalitäten zu schützen, rief der Konsul auch noch einen englischen Kriegsdampfer herbei, der alsbald auf der Rhede von Syracus vor Anker ging. Die Ruhe der Stadt ward jetzt bis zu deren Räumung seitens der Königlichen nicht wieder gestört.

Auch Messina verhielt sich äußerlich ruhig. Die Nachricht von dem Eindringen Garibaldis in Palermo, dann gar von der Kapitulation verbreitete Bestürzung in den Reihen der Königlichen und bewog den Kommandanten, Gewaltmaßregeln gegen die Einwohnerschaft zu vermeiden. Dieselben Nachrichten hoben den Muth der Volkspartei, hielten sie aber in der Hoffnung, daß Garibaldi nun auch bald nach Messina kommen würde, um so mehr von voreiligen Ausbrüchen zurück, als die waffentüchtige Jugend meist ausgewandert war. Die Anwesenheit verschiedener fremder Kriegsschiffe im Hafen trug dazu bei, beide Parteien im Zaume zu halten.

Darüber, daß Garibaldi die Besatzung von Palermo mit Waffen und Gepäck hatte abziehen lassen, war die Volkspartei zu Messina, wie anderer Orten in Sicilien nicht ganz zufrieden. Weil Garibaldi so Vieles gethan hatte, sollte er nun auch Alles erreichen können. Die Sicilianer gerade in den Gegenden, welche bisher nichts gethan hatten, überschätzten die Streitkraft Garibaldis, weil sie die Kraft überschätzten, welche ihm von Sicilien selbst zuflösse. Bald freilich stellte sich die ruhigere Ueberlegung ein, daß man es dem Befreier wohl überlassen müsse, seine Unternehmungen und seine Forderungen nach den Kräften zu bemessen, über die er thatsächlich verfügen und die er selbst besser kennen mußte als ein anderer.

Das geheime Insurrektionskomité zu Messina lieferte den Soldaten, welche in Folge der Kapitulation von Palermo herüberkamen und welche Lust hatten, zu Garibaldi überzutreten — es waren ihrer allerdings nicht zu viele, die

Mittel zur Desertion und um zu dem Heere Garibaldis zu gelangen.

Vom 20. Juni ab ließ Garibaldi allmälig drei Kolonnen in verschiedenen Richtungen gegen die Ost- und Südküste aufbrechen, um das wirklich von seinen Truppen beherrschte Gebiet zu erweitern und damit sich dieselben, wie schon bemerkt worden ist, aus diesem Gebiete verstärken könnten.

Die erste Kolonne, welche am 20. von Palermo aufbrach, war die von Türr formirte Brigade. Sie ging über Misilmeri, Villafrati, Alia, S. Catarina, Caltanisetta, Caltagirone nach Catania. Türr mußte schon zu Villafrati krank zurückbleiben; bald ging er von dort über Palermo und Genua ab, um sich in den Bädern von Acqui zu erholen; die Brigade, auf Türrs Empfehlung unter das Kommando des Oberst Eber gestellt, erreichte am 15. Juli Catania. Sie hatte einen bloßen Reisemarsch gemacht, sich an verschiedenen Punkten durch eingereihte Freiwillige verstärkt und nur einmal Gelegenheit gehabt, gegen einen schwachen Insurrektionsversuch einzuschreiten.

Die zweite Kolonne, Brigade Bixio, marschirte über Corleone nach Girgenti und von dort der Südküste, dann der Ostküste entlang aufwärts.

Die dritte Kolonne endlich sollte von der neuen Expedition gebildet werden, welche Medici eben nach Sicilien geführt hatte und längs der Nordküste über Termini nach Barcellona marschiren. Diese Kolonne traf zuerst ernstlich mit dem Feinde zusammen. Verfolgen wir zunächst ihren Marsch.

Medici war am 28. Juni von Palermo aufgebrochen und erreichte am 30. Termini; hier sollte ein längerer Halt gemacht werden, um die Organisation zu vervollständigen und neue Rekruten einzureihen. In Termini erhielt Medici einen Befehl Garibaldis, durch welchen er zum Oberkommandanten der Provinz Messina mit Militär- und Zivilgewalt ernannt wurde. Zu gleicher Zeit kam eine Nachricht von Patti, derzufolge die Neapolitaner von Messina eine Bewegung vorwärts machten; ihre Avantgarde sei in der Richtung auf Milazzo schon bis Spadafora vorgerückt. Als Zweck der Neapolitaner ward angegeben, Barcellona zu besetzen. Diese Stadt war zugleich Provinzhauptort und ein Hauptpunkt, man kann sagen der Hauptpunkt der Insurrektion im Nordosten der Insel.

Medici, willens Barcellona zu schützen, brach noch in der Nacht vom 30. Juni zum 1. Juli nach Cefalù auf, wo seine Truppen am 1. Juli eintrafen. Hier mußte er ihnen nothwenig einige Ruhe gönnen, wollte er sie nicht unfähig an den zu erwartenden Feind bringen. Er brach mit einigen Generalstabsoffizieren und Guiden von Cefalù nach Barcellona auf und hinterließ seinem Unterkommandanten den Befehl mit der Truppe so schnell als möglich zu folgen. Am 5. Juli erreichte er Barcellona.

Von hier aus erließ er zwei Proklamen, eins an die Bewohner der Provinz Messina, ein anderes an die neapolitanischen Soldaten.

Er befand sich angesichts des Feindes. Die Königlichen hielten, wenn auch schwach, Milazzo besetzt; Medici hatte noch gar keine Truppen bei sich. Bis diese von Cefalù herankamen, konnten auch die Neapolitaner Milazzo bedeutend verstärken. Medici konnte vorläufig nichts weiter thun, als sich seine Lage betrachten und die nothwendigen Vorbereitungen für den Zeitpunkt treffen, da seine Truppen herankommen würden.

9. Treffen von Milazzo.

Etwas über 5 deutsche Meilen (22 italienische Miglien) westlich vom Kap Faro sondert sich von der Nordküste Siciliens eine schmale von Süden, wo sie mit dem Hauptheil der Insel zusammenhängt, nach Norden gestreckte Halbinsel ab. Sie endet nordwärts mit dem Kap Milazzo. Ihre Länge von Süden nach Norden beträgt 4 Miglien, ihre größte Breite von Westen nach Osten etwa auf der Mitte der Länge etwas mehr als eine italienische Meile.

15*

Die Wurzel der Insel ist sehr tief gelegen; das Land brauchte sich hier nur noch um Weniges zu senken und aus der Halbinsel Milazzo würde eine Insel werden; stellenweise ist dieser niedrige Landtheil angesumpft und mit Schilf bedeckt; nordwärts, wie südwärts von ihm erhebt sich das Land, allmälig zuerst, dann immer rascher, dort in die Halbinsel, hier in das Innere Siciliens hinein. Unmittelbar nordwärts der Wurzel liegt die Stadt Milazzo, nordwärts der Stadt das alte Fort von Milazzo. Die Halbinsel hat an ihrer Wurzel, auf der Höhe der Stadt und des Forts, welches die Stadt dominirt, eine Breite von nur höchstens 1400 Schritt. Doch tritt die Stadt mit ihren Gebäuden weder östlich noch westlich dicht an das Meer heran; beiderseits vielmehr, namentlich aber im Westen finden sich noch freie Räume. Die bedeutendsten Gassen der Stadt laufen von Süden nach Norden, die bedeutendste in der Mitte gerade auf das Thor des alten Forts los, dessen südliche Mauern durch eine schmale Esplanade von den nördlichsten Gebäuden der Stadt getrennt sind. Westwärts erweitert sich diese Esplanade zu einer größeren Strandebene, ostwärts läuft sie zu dem eigentlichen Hafen der Stadt hinab.

Nördlich dem Fort auf der Halbinsel finden sich noch zerstreute Häuser und einige Thürme, welche selbst wieder das Fort beherrschen.

Ein gut gebahnter Weg führt von der Stadt gerade südwärts; folgt man ihm von Milazzo aus, so durchschreitet man zuerst Gärten und Häuser der Vorstädte und die früher erwähnten Schilfstrecken, weiter gelangt man dann durch das Dorf S. Pietro an den Meribach oder Santa Luciabach, der hier etwa 4 Miglien vom Südende Milazzos entfernt ist und, nachdem man diesen Bach überschritten hat, in den Ort Meri, Meli oder Miri; von Meri der gleichen Straße weiter folgend, die sich jetzt nur etwas gegen Norden hin abbiegt, nach weiteren 3 Miglien nach Barcellona.

Der Bach von Meri fließt im Wesentlichen von Süden nach Norden; im untern Lauf wendet er sich beträchtlich gegen

Westen; in der Nähe des Ortes Meri ist er an beiden Ufern mit niedrigen Mauern eingefaßt. Im obern Laufe nähert er sich, nur durch eine schmale Bergkette getrennt, dem Rocitobach, der östlich von ihm fließend in die Bucht östlich der Halbinsel Milazzo mündet.

Auf der Bergkette und zwar auf einer terrassirten Erweiterung derselben liegt der Ort S. Lucia, gegen 6 Miglien von Milazzo entfernt. S. Lucia ist über S. Filippo mit S. Pietro verbunden und über dieses mit Milazzo.

Von S. Pietro führt eine Straße östlich nach Corriola am Rocitobach, eine andere westlich nach S. Marina nahe der Mündung des Baches von Meri.

Von S. Lucia geht eine Straße über den Rocitobach und dann an dessen rechtem Ufer über Pace nach Archi.

Die ganze Gegend ist reich an Wegen; zwischen den einzelnen dicht zusammengebauten Kernortschaften finden sich verhältnißmäßig viele einzelne Gehöfte; Gärten und Höfe sind meistentheils mit Mauern umgeben, auch die engen Wege vielfach auf lange Strecken mit solchen oder mit Hecken, insbesondere von indianischen Feigen eingefaßt.

Die Uebersicht auf weitere Entfernungen und ins Einzelne hinein fehlt auf dem ganzeu Terrain fast durchaus, soviel Punkte immer sich finden lassen, von denen aus man eine gute allgemeine Uebersicht haben kann.

Dieses kleine Gebiet sollte jetzt bald der Schauplatz ernster und entscheidender Kämpfe werden.

Medici dehnte seine Rekognoszirungen ungehindert bis zu den Höhen von Gesso am Uebergange von der Nordküste über die neptunischen Gebirge nach Messina aus.

Am 10. Juli erreichte die Avantgarde seiner Truppen Barcellona; unterdessen hatten die Neapolitaner die Garnison von Milazzo bedeutend verstärkt, das ganze 1. Linienregiment war dorthin transportirt worden. Von andern Verstärkungen, welche von Messina herankommen würden, war wenigstens die Rede. Medici, die Absicht eines Schlages auf

Barcellona besorgend, der jetzt zur Ausführung kommen sollte, glaubte sich auf die Vertheidigung dieser Stadt vorläufig beschränken zu müssen. Er wählte zu diesem Behufe die Stellung am Meribache mit dem Centrum beim Orte Meri. Am 14. Juli konzentrirte er bei demselben seine Streitkräfte. Um dieselben zu verstärken, mobilisirte er die Nationalgarde von Meri und zog einige Abtheilungen sicilianischer Streifschaaren an sich.

Den rechten Flügel der Stellung machte S. Lucia mit einem vorgeschobenen Posten gegen S. Filippo zwischen dem Nocito und dem Meribache; von hier bog sich die Stellung gegen letzteren zurück und folgte dessen Laufe bis zur Mündung ins Meer. Die ganze Stellung hatte eine Länge von 5 italienischen Meilen und Alles, was Medici zu seiner Verfügung hatte, mochte sich auf 2500 M. unter den Waffen belaufen. An der Brücke von Meri waren 2 kleine Kanonen aufgestellt, welche man zu Barcellona gefunden hatte und welche die Hauptstraße von Meri nach S. Pietro bestrichen.

Am 14. Juli verließ Oberst Bosco mit seiner Brigade von 4 Bataillonen, einer Schwadron und 4 Geschützen, im Ganzen etwa 3500 M., Messina. Er handelte nicht im vollen Einverständniß mit Clary, dem dortigen Kommandanten, aber wohl im Einverständniß mit dem Hofe von Neapel. Er hatte sich gerühmt, die ganze Kolonne Medicis vernichten und auf einem Pferde, welches Medici von ausgewanderten Messinesen geschenkt worden war, in die nunmehrige Hauptstadt der Königlichen zurückkehren zu wollen. Bei Gesso ließ er ein Bataillon zur Bewachung des wichtigen Passes über die Berge zurück und marschirte mit dem Rest seiner Mannschaft noch am gleichen Tage nach Spadafora; von dort am 15. nach Milazzo.

Bei seinem Anrücken kam es, da die Besatzung von Milazzo ein Detachement gegen die vorgeschobenen Posten Medicis sendete, zu einem leichten Scharmützel.

Bosco nahm seine Hauptstellung in den Vorstädten

südlich der Wurzel der Halbinsel von Milazzo, mit dem linken Flügel bei Archi; die Stadt und das Fort dienten als Reservestellungen; sie wurden als solche eingerichtet.

Am 17. begannen die Feindseligkeiten ernstlich. Bosco sendete ein Bataillon gegen die äußerste rechte, ein anderes gegen die äußerste linke Medicis. Auf beiden Punkten kam es am frühen Morgen zum Kampfe, besonders aber auf ersterem, wo die Italiener von Major Simonetta befehligt wurden. Die Königlichen zogen sich in ihre Stellungen zurück. Medici, der eine Erneuerung des Angriffs voraussah, nahm seinen verstärkten rechten Flügel bis S. Filippo mit Seitendetachement bei Corriola am Nocitobach vor und ließ an der Hauptstraße von Meri nach Milazzo, dort wo sie den Weg von S. Filippo nach S. Marina kreuzt, eine Barrikade anlegen.

Am Nachmittag um 4 Uhr erneuerte Bosco mit verdoppelten Kräften den Angriff; der Hauptangriff kam von Archi gegen Corriola; der rechte Flügel der Königlichen stand an der Hauptstraße von Milazzo nach Meri, hielt sich aber Anfangs zurück. Mit ihrem linken Flügel überschritten die Königlichen bei Corriola den Nocitobach; sie trafen hier auf einen heißen Empfang seitens des rechten Flügels von Medici. Dieser brachte die Königlichen in die Gefahr von ihrem Gros abgeschnitten zu werden. Nun erst ging, um diese Gefahr abzuwenden, auch der rechte Flügel Boscos vor, und es kam namentlich an der erst kürzlich erbauten Barrikade zum lebhaften Gefecht, welches sich anfangs zum Nachtheil der Garibaldiner gestaltete, aber bald von einem aus der Reserve Medicis vorgezogenen Bataillon hergestellt ward.

Beim Dunkelwerden endete der Kampf.

Beide Führer schieden aus dem obwohl unbedeutenden Gefechte mit der Meinung, daß sie zu schwach seien und Verstärkungen nothwendig hätten.

Bosco, der an Stelle des Kommandanten Torre Brana auch den Befehl über das Fort Milazzo übernommen hatte, zog seine Truppen in die vorbereitete Stellung südlich der Wurzel der Halbinsel zurück und verlangte von Clary Verstärkungen. Clary sendete nur ein Bataillon nach Gesso vorwärts, welches das dort von Bosco zurückgelassene Bataillon ablösete, so daß dieses nun nach Milazzo abmarschiren konnte, wo es am 18. Juli Abends eintraf. Mit diesem Bataillon und nach Abschlag der Verluste von bisher, die übrigens unbedeutend waren, hatte Bosco nunmehr 4600 M. zu seiner Verfügung.

Medici telegraphirte um Verstärkungen nach Palermo. Garibaldi konnte dieselben senden.

Am 3. und 6. Juli war ein neuer Zuzug aus Oberitalien, die Expedition des Obersten Cosenz, in Palermo angelangt. Ihre 340 M. starke Avantgarde traf am 3., der Rest der Kolonne am 6. Juli ein, letzterer auf dem Wellington und in der Stärke von 1200 M. Nach einigen Wochen der Organisation war es leicht, diese Truppe im Gefecht zu verwenden. Uebrigens hatte die Kolonne von Cosenz von allen bisherigen die mindesten Schwierigkeiten von Seiten der piemontesischen Regierung zu überwinden gehabt; sie hatte sich völlig ausgerüstet einschiffen können.

Mit seiner Avantgarde war Cosenz bereits auf dem Marsche, um Medici zu folgen. Seine Leute zurücklassend mit dem Befehle, ihm möglichst schnell zu folgen, eilte Cosenz auf die ihm zugekommenen Nachrichten von Patti her voraus und traf am 18. bei Medici ein, mit welchem er die Stellungen beging.

Bosco hatte am 17. Juli offenbar die Absicht gehabt, den rechten Flügel der Garibaldiner zu umgehen und dieß war in sofern nicht unrichtig, als Medici wirklich gedachte, im Fall eines Mißgeschickes sich südwärts über S. Lucia in die Gebirge zu werfen, damit er nicht wesentlich an Terrain verliere und Verstärkungen die Zeit gebe, heranzukommen. Indessen gab Bosco am 17. diesen Plan auf und wählte einen viel besseren, den man auch in seinen Einzelheiten um so weniger mißbilligen kann, wenn man erwägt, daß Bosco allerdings seinen

Feind viel stärker schätzte, als er wirklich war. Er bildete sich nämlich ein, daß Medici mindestens 8000 M. habe.

In dieser Voraussetzung nun wollte er sich jetzt auf der Defensive und zwar in jener früher erwähnten vorbereiteten Vertheidigungsstellung eine italienische Meile südlich von Milazzo, die durch die äußersten Gebäude und Gehöfte der Vorstädte und die Schilfniederungen bezeichnet wird, behaupten. Diese Stellung hatte vom äußersten rechten Flügel an der Küste der westlichen Bucht von Milazzo bis zum äußersten linken an der Mündung des Nocitobaches eine Länge von höchstens 5000 Schritt. Diese Länge konnte noch bedeutend vermindert werden, wenn man sich nordwärts gegen die Wurzel der Landzunge und die als Reservestellung vorbereitete Stadt mit ihrem Fort zurückzog. Aus diesem Umstande folgt, daß es auch kein großer Nachtheil für den Zusammenhang der Vertheidigungslinie war, wenn einzelne Punkte derselben zeitweis an die Garibaldiner verloren gingen.

Wenn Bosco in seiner Stellung angegriffen wurde, so wollte er mit der Vertheidigung auf dem übrigen Theil der Linie einen Angriff mittelst seines rechten Flügels verbinden.

Offenbar läßt sich gegen diesen Plan an sich nichts einwenden. Die Vertheidigungslinie war bei ihrer Beschaffenheit von sehr wenigen Truppen so lange zu behaupten, und in solcher Weise zu behaupten, als es der Erfolg des Angriffes verlangte; der Angriff mit dem rechten Flügel der Königlichen gegen den linken der Garibaldiner aber drängte diese von ihrer wahren und eigentlichen Rückzugslinie auf Barcellona ab. Es kam nur darauf an, zweierlei Bedingungen zu erfüllen. Erstens brauchte man für die Behauptung der Vertheidigungslinie zwar wenige, aber dafür sehr tüchtige, ganz für das stehende Lokalgefecht geeignete Truppen, welches — für Subalternoffiziere und Soldaten — das schwierigste aller Gefechte ist. Zweitens mußte der Angriff auf dem Punkte, wo er unternommen ward, mit allem Ungestüm, welchen nur der Glaube an den Sieg in der Tasche gibt, ausgeführt werden.

Daß nun diese beiden Bedingungen erfüllt würden, mußte von vornherein bezweifelt werden. Wenn überhaupt in jeder Nation nur die tüchtigsten Soldaten für eine glückliche Durchführung eines stehenden Lokalgefechtes geeignet sind, so kann man sagen, daß von tüchtigen Soldaten dieser Art, deren man überall wenig findet, je weiter nach Süden desto weniger gefunden wird. Alle Bewaffnungskünsteleien, alle Drillerei wird an dieser Wahrheit auch nicht ein Pünktchen ändern. Der sichere Glaube an den Sieg aber war bei den Neapolitanern in allen Graden und Stellungen bereits dermaßen erschüttert, daß man einer kräftigen Durchführung des Angriffes kein günstiges Prognostikon stellen konnte.

Garibaldi trafen die Depeschen Medicis über seine Gefechte vom 17. zu Palermo. Es ging aus diesen Depeschen hervor, daß Medici in wirklicher Gefahr sei, wenn die Neapolitaner sich zu einem kräftigen Entschlusse aufschwangen. Andererseits war, wenn Garibaldi hier kräftig auftreten konnte, etwas Entscheidendes zu machen. Seit Ende Mai ruhten eigentlich die Waffen, hundert Intriguanten hatten unterdessen in allen Lagern ihr Spiel getrieben, Turiner, Neapolitaner und Palermitaner, wovon wir alsbald reden werden. Garibaldi hatte das Bedürfniß, einmal wieder zu zeigen, daß es noch die Zeit sei, da die Waffen entscheiden.

Er schiffte sich am 18. Juli mit etwa 1000 M. von verschiedenen Korps zu Palermo ein, landete bei Patti am 19. und eilte seinen Leuten in das Hauptquartier Medicis voraus. Hier bestimmte er den 20. Juli zu einem allgemeinen Angriff auf Milazzo. Es ward darauf gerechnet, daß die zu Land von Patti aus marschirenden Truppen wenigstens noch im Laufe des Gefechtes herankommen könnten. Garibaldi wollte seinen Hauptangriff gegen den linken Flügel der Königlichen richten, um ihre Verbindung mit Messina abzuschneiden.

Als er darüber im Klaren war und Medici angewiesen hatte, die Spezialbefehle für den 20. Juli zu geben, erließ er nachstehenden Tagesbefehl:

„Die Brigade Medici hat sich verdient gemacht um das Vaterland. Ihre Soldaten, angegriffen von überlegener Macht, haben von Neuem bewiesen, was die Bajonnette der Kinder der Freiheit gelten. Die Brigadiers Cosenz, Medici, Carini, Bixio werden zu Generalmajors, Oberst Eber zum Brigadier befördert. Die nationale Armee von Sicilien wird für jetzt aus vier Divisionen Infanterie der ersten Kategorie, einer Brigade Artillerie und einer Brigade Kavallerie bestehn. Die Divisionen werden gezählt von der 15. ab, welche General Türr kommandirt. Betreffs der Formation der Brigaden werden mir die Generalmajors sogleich die nöthigen Vorschläge betreffs der Ernennung der kommandirenden Offiziere vorlegen. Für die Zukunft werden unsere Truppen den Namen der Südarmee (Esercito meridionale) führen. Der Generalsekretär des Kriegsdepartements ist mit dem Vollzug der vorstehenden Verordnung beauftragt."

Dieser Tagesbefehl ist insbesondere in sofern wichtig, als er die Südarmee konstituirt, wie sie nun ferner den Feldzug durchführte.

Türr, Sirtori, Orsini waren schon früher zu Generalmajors ernannt.

Türr erhielt das Kommando der 15. Division, der ersten der Südarmee, welche zu dieser Zeit, wie übrigens auch die andern lediglich aus einer schwachen Brigade bestand; Cosenz das Commando der 16.; Medici das der 17., Bixio das der 18. Division. Von der 19., welche erst später hinzu kam, werden wir auch erst später zu reden haben. Orsini commandirte die theils, so weit sie bestand, sehr zersplitterte, theils in der — langsam fortschreitenden — Errichtung begriffene Artillerie, Carini die als selbstständiges Corps gar nicht existirende Kavallerie, von welcher in Wirklichkeit jetzt nichts vorhanden war, als das spärlich anwachsende, zuletzt vielleicht 50 Pferde zählende Guidenkorps Garibaldis und ein sicilianisches Reiterregiment, welches gegenwärtig 12 Mann, worunter mindestens die Hälfte Offiziere zählte.

Die Dispositionen für den 20. Juli zum Angriffe auf Milazzo oder zunächst Boscos Stellung südwärts Milazzo waren folgende.

Der rechte Flügel unter Simonetta $3^1/_4$ Bataillons und die genuesischen Karabiniers marschirt von Meri über S. Pietro auf Milazzo;

der linke Flügel unter Malenchini, $3^1/_4$ Bataillons geht von Meri über S. Marina auf Milazzo.

Auf der Höhe von S. Pietro setzen sich diese beiden Kolonnen mit einander in Verbindung.

Medici führt dieselben und hält sich bei der Kolonne Simonetta auf.

Die 4 Bataillone Dunne, Corte, Corrao und Bacchieri, welche zum größten Theil erst von Patti erwartet wurden, bilden die Reserve unter Cosenz an der großen Straße von Meri nach Milazzo.

$^3/_4$ Bataillone bleiben vorerst als Besatzung in Meri.

Ein Korps sicilianischer Freischaaren unter Nicolo Fabrizi, 2 Bataillone, unterstützt von $^3/_4$ Bataillons zu S. Lucia, demonstrirt gegen Archi und bewacht die Hauptstraße nach Messina, um möglicherweise von dorther herankommenden Sukkurs abzuhalten.

Das Ganze zählte also 14 Bataillone; das stärkste dieser Bataillone zählte aber nicht über 300 M. Man wird schwerlich fehlgehn, wenn man die ganze vereinigte Streitmacht — nach Ankunft der von Patti her erwarteten Bataillone — am 20. auf 4000 M. allerhöchstens anschlägt. Mit diesen hatte es Bosco zu thun und er hatte dagegen schlecht gerechnet, über 5000 M. zu verfügen. Sämmtliche neapolitanischen Berichte über das Gefecht von Milazzo tragen den Stempel der Verlogenheit so offen an der Stirne, daß ihnen jeder, ohne auch nur einen Begriff von militärischen Dingen zu haben, mit fünf gesunden Sinnen ansieht, wie sie a posteriori in jeder Bedeutung, die man diesem Wort beizulegen Lust hat, gemacht worden sind.

Um 5 Uhr Morgens stand auf Seiten der Garibaldiner Alles unter den Waffen; Malenchini links, Medici mit Simonetta rechts setzten sich auf S. Pietro in Bewegung. Ueber die Höhe dieses Ortes hinausgekommen traf zuerst Malenchini an den Häusern und Höfen längs der Spiaggia S. Papino auf geordneten und ernsten Widerstand. Um 7 Uhr Morgens begann hier das Feuer. Nachdem es eine Zeitlang ohne besonderes Resultat gedauert hatte, führten die Neapolitaner Artillerie vor, ordneten unter deren Schutz ihre Infanterie in Kolonnen, brachten einige Kavallerie auf die Strandebene und schritten zum Angriff. Diesem Angriff, namentlich aber dem Choc der Kavallerie widerstanden die jungen Soldaten Malenchinis nicht. Sie wichen, und wenn Malenchini auch immer wieder hier und dort eine Abtheilung sammelte, um sie dem Feinde entgegenzuführen, wenn es hin und wieder auch gelang, von Neuem vorzugehn, das allgemeine Resultat war doch dieses, daß er allmälig Terrain verlor.

Garibaldi von diesem Stande der Dinge unterrichtet, weit entfernt dadurch eingeschüchtert zu werden, hatte mit seinem Feldherrnblicke sogleich erkannt, daß sich grade aus dieser Lage der Dinge Gewinn ziehen lasse. Er befahl Medici sich rechts zu halten, die Mühlen am Nocitobach anzugreifen, von hier aus immer grade auf Milazzo vorzudringen. Während Medici diese Bewegung ausführte, wollte er selbst das Gefecht auf dem linken Flügel herstellen und hinhalten. Ein Zweifel waltete nicht mehr darüber ob, daß die Neapolitaner vorzugsweise mit ihrem rechten Flügel handeln wollten, daß sie gedachten, mit diesem einen Schlag zu thun, mit ihm positive Erfolge zu erzielen. Fand dieses Bestreben nun ernsten Widerstand, so ward es ungefährlich und es war anzunehmen, daß die Königlichen nun immer mehr Kräfte auf ihren rechten Flügel ziehen würden, so daß die Wahrscheinlichkeit für Medici wuchs, den linken Flügel Boscos über den Haufen zu werfen und mit seinen Truppen in die Stadt zu bringen.

Medici, da er sich von der Mittellinie gegen rechts hin

entfernen mußte, ließ die Geschütze von Meri her unter Escorte eines Bataillons über S. Pietro vorrücken.

Garibaldi nahm vorläufig nur die genuesischen Scharfschützen mit sich und wendete sich links gegen die Gebäude und Gehöfte an der Spiaggia S. Papino. Er ertheilte Cosenz Befehl mit der Reserve, soweit sie bereits bei Meri angekommen wäre, zu seiner Unterstützung vorzurücken.

Garibaldi, allein mit den genuesischen Scharfschützen und seinen wenigen Guiden, fiel mitten in die Stellung der Neapolitaner hinein, die, nachdem sie Malenchini zurückgeworfen hatten, ihre Kavallerie ordneten, um diesen zu verfolgen. Garibaldi war entschlossen, den beabsichtigten Reiterangriff um jeden Preis zu verhindern. Er griff mit seinen Guiden die neapolitanische Kavallerie in einer engen Gasse zwischen den Mauern der Gehöfte an. Es kam hier zu Kämpfen Mann gegen Mann. Garibaldi ward aus der Gefahr der Gefangenschaft oder aus der Lebensgefahr durch die Tapferkeit des Guidenhauptmanns Missori gerettet.

Der Angriff der neapolitanischen Reiter war vereitelt; Malenchini hatte seine Bataillone sammeln können und ging nun mit diesen, vereint mit den genuesischen Scharfschützen und mit dem Bataillon Dunne, welches Cosenz selbst herangeführt hatte, zum neuen Angriff auf die Stellung vor. Der Angriff traf noch auf große Schwierigkeiten, namentlich wegen des Mangels an aller Uebersicht, welche Gehöftmauern, Hecken, Schilfdickichte versperrten und des Mangels an Gangbarkeit, welche die Garibaldischen Truppen auf die engen Wege verwies. Die genuesischen Karabiniers, welche in dem Schilfdickicht gegen einen Graben vordrangen, über den eine Brücke auf die Ebene von Milazzo führt, hatten mit den größten Schwierigkeiten des Vordringens um so mehr zu kämpfen, als sie kaum einen Schritt vor sich sehen konnten. Der Feind sendete ihnen aus sicherm Versteck seine Kugeln.

Garibaldi wünschte vor Allem, einen Ueberblick über die Stellung des Feindes zu gewinnen, um einen Anhaltspunkt für die Haltung des Angriffes zu erhalten. Ein glücklicher Zufall begünstigte ihn.

In der westlichen Bucht von Milazzo nämlich erschien der Kriegsdampfer Tukery. Dieses Schiff 1848 von der damaligen insurrektionellen Regierung von Sicilien in England angekauft, führte ursprünglich den Namen Indipendenza und ward dann, als es 1849 in die Hände der neapolitanischen Regierung überging, in Veloce umgetauft. Am 9. Juli mußte der Veloce einen Kauffahrer eskortiren, welcher Truppen vom 1. neapolitanischen Linienregiment nach Milazzo brachte. Bei Milazzo angekommen zeigte Kapitän Anguissola, welcher den Veloce kommandirte, dem Kapitän des eskortirten Kauffahrers an, daß er noch eine besondere Sendung auszuführen habe und brach nach Palermo auf. Im dortigen Hafen angekommen, hißte er die italienische Trikolore auf und erklärte seinen Uebertritt zu Garibaldi. Dieser begab sich sogleich auf das Schiff, um es zu übernehmen. Von der Besatzung verlangte ein großer Theil nach Neapel zurückgesendet zu werden, was auch ohne weiteres bewilligt wurde. Der Veloce erhielt jetzt den Namen Tukery zu Ehren jenes ungarischen Majors, der in Folge der bei der Erstürmung der Porta Termini von Palermo erhaltenen Wunde gestorben war. Der Tukery hatte seitdem mehrere Kaperfahrten gemacht und von neapolitanischen Handelsdampfern den „Herzog von Calabrien“ und die „Elba“ aufgebracht. Jetzt nun befand er sich in der westlichen Bucht von Milazzo.

Garibaldi begab sich auf das Schiff, von welchem aus in der That die Stellung des rechten neapolitanischen Flügels zu übersehen war. Während sich Garibaldi auf dem Schiffe befand, bemerkte man neue Kolonnen, welche vom Fort aus auf der westlichen Strandebene vorwärts rückten. Es war eine Reserve des rechten Flügels und man konnte aus dieser Bewegung schließen, daß sich Bosco zu einem neuen Angriff mit seinem rechten Flügel vorbereite; Garibaldi ließ vom Tukery sogleich einige Schüsse auf jene Kolonne thun, welche bestens getroffen, sich in Unordnung gegen das Fort zurückzog.

Garibaldi gab dem Tükery den Befehl, einige Mannschaft nordwärts des Forts ans Land zu setzen, um sich der dortigen, das Fort beherrschenden Stellungen zu bemächtigen. Er selbst aber ging wieder ans Land, um den Angriff seines linken Flügels zu leiten, der wie vorauszusehen war, jetzt wenige Schwierigkeiten finden würde. Dieß traf auch zu, um so mehr, als zu gleicher Zeit der rechte Flügel in die nächste Nähe der Stadt vorgedrungen war.

Medici hatte auf seinem Vormarsche rechts nicht jenen Widerstand gefunden, wie der linke Flügel; obwohl auch er bei jedem neuen Gehöft, bei jeder neuen Kreuzstraße von den neapolitanischen Jägern empfangen, gezwungen, jede Stellung, die sich ihm auf solche Weise bot, zu nehmen — und es waren ihrer nicht wenige — nur langsam vorwärts kommen konnte.

Sobald Garibaldi wieder ans Land gestiegen war, ließ er den linken Flügel zu neuem kräftigem Angriffe vorgehen. Bosco hatte hier den ernsten Widerstand bereits aufgegeben. Seine Jäger zogen sich auf die Reservestellung in und bei der Stadt zurück; hinter deren Mauern und Häuser, hinter die Barrikaden, welche am Strande meist aus auf diesen gezogenen Fischerbarken errichtet waren.

Der linke Flügel drang nun ohne ernste Hindernisse über die Brücke auf der Landzunge vor und vereint mit dem rechten Flügel schritt er zum Angriffe auf die Stadt. Der Widerstand der Neapolitaner war hier nicht ernst; sie räumten vielmehr die Reservestellung bei der Stadt, um alle Truppen in das Fort zurückzuziehen und dessen Kanonen das Wirkungsfeld frei zu machen.

Die Garibaldiner drangen in die Stadt ein, freilich nicht ohne noch harte Verluste, namentlich von den Kanonen des Forts, aber auch von Schüssen aus den Häusern von reaktionären Einwohnern, zu erleiden. Bald indessen, um 5 Uhr Nachmittags, schwieg das Feuer fast ganz; nur von der und jener Seite fiel noch etwa ein Flintenschuß.

Garibaldi sammelte seine Leute, ließ sie in den

gewonnenen Stellungen sich verbarrikadiren und möglichst gesicherte Biwaks beziehen.

Der Tukery erhielt den Befehl, um das Kap von Milazzo in die östliche Bucht zu segeln und dort im Hafen vor Anker zu gehen. Der Tukery hatte wirklich Leute nördlich des Forts ans Land gesetzt und diese hatten sich der Thürme daselbst bemächtigt, welche von den Neapolitanern ohne Widerstand geräumt worden waren. Indessen war das Schiff bei dieser Gelegenheit in das wirksamste Feuer des Forts gekommen und hatte einige Beschädigungen erlitten, so daß es von Ruderbarken um das Kap in den Hafen gebracht werden mußte, was am 21. Juli Morgens geschah.

Die Lage der beiden Parteien war beim Ende des Kampfes diese: Garibaldi im Besitze der Landzunge, so daß Bosco den Landweg nach Messina nicht mehr nehmen konnte, ohne sich durchzuschlagen; auch nordwärts des Forts standen garibaldische Abtheilungen. Der Hafen war von den Garibaldinern beherrscht, welche mehrere Kanonen erbeutet hatten und eine Einschiffung Boscos verhindern konnten, wenn diesem auch neapolitanische Schiffe behufs einer solchen zukamen. Möglicherweise konnten neapolitanische Truppen Bosco zur Hülfe entweder zur See, oder auf dem Landwege von Messina herankommen. Gegen jene diente die nöthige Wachsamkeit in den gewonnenen Stellungen; um die Ankunft dieser zeitig zu erfahren, mußten die Sicilianer unter Nicolo Fabrizi, welche am 20. Juli so gut als nichts zu thun gehabt hatten, rechts abmarschiren auf Spadafora.

Der Verlust der Garibaldiner am 20. Juli war bedeutend; er belief sich auf 750 M. an Todten und Verwundeten, also auf etwa 1/5 der im Gefecht gewesenen Truppen.

Der Verlust der Neapolitaner wird angegeben auf 2 Offiziere, 38 M. an Todten, 8 Offiziere, 83 M. an Verwundeten, 31 an Vermißten, im Ganzen also auf 162 M., d. h. auf 1/30. Dieser Verlust ist äußerst gering. Die Differenz zwischen dem des Siegers und dem des Besiegten ist groß. Sie ist vollkommen erklärlich, da die Neapolitaner in verdeckten Stellungen fochten und eine verhältnißmäßig sehr bedeutende Artillerie hatten, während es an letzterer den Garibaldinern fast gänzlich fehlte und sie eine Stellung nach der andern angreifen mußten. Wenn die Neapolitaner aber mit einem gewissen Stolz noch auf ihren geringen Verlust hinwiesen, so muß man billig fragen, warum sie denn nicht vorgezogen haben, mit einem etwas größern Verlust etwas Rechtschaffenes zu erreichen? Was würden wohl die Garibaldiner erzielt haben, wenn sie schon durch einen Verlust von 150 M. sich hätten abschrecken lassen?

Wir müssen noch bemerken, daß die Neapolitaner mit einer kaum glaublichen Verlogenheit angeben, sie hätten im Gefecht vom 20. Juli nur 1600 M. gehabt, wogegen die Garibaldiner zu 11000 angeschlagen werden. Die Neapolitaner zählen hier nur die Leute, die sie in den Tirailleurketten hatten. Aber nehmen wir einmal an, die Lüge wäre Wahrheit, so würde doch immer ihr Verlust ein noch sehr geringer für einen „hartnäckigen" und „tapfern" Widerstand sein. Dieser Verlust betrüge ja selbst in diesem Falle nur $^1/_{10}$ der Streitkraft.

Garibaldi verlor im Kampfe von Milazzo ein Pferd und erhielt eine leichte Kontusion, Missori und Medici wurden die Pferde unter dem Leibe getödtet, dem letztern erst in der Stadt, Cosenz ward am Halse leicht verwundet.

10. Kapitulation von Milazzo.

Am 21. Juli herrschte Stille; jeder Theil verhielt sich ruhig; man feuerte nicht, aber man knüpfte auch keine Unterhandlungen an.

Am 22. Juli erschienen auf der Rhede von Milazzo drei französische Handelsdampfer, der Protis, Karl Martel und die Stella. Diese Schiffe waren wie noch fünf andere von der neapolitanischen Regierung für den Transport von Truppen und Material gemiethet. Die Regierung bezahlte für diese 8 Dampfer, Kohlen ungerechnet, monatlich 466000

Franken. Besitzerin der größten und besten Flotte Italiens wagte sie es fast gar nicht mehr, sich derselben zu bedienen. Alle Offiziere insbesondere von der Flotte schienen ihr unsicher; von der Mannschaft war zwar der größte Theil wie man annahm, gut königlich gesinnt; indessen wie wenig das ausmachte, hatte das Beispiel des frühern Veloce, des jetzigen Tukery, gezeigt. Die Regierung von Neapel dachte nicht mehr daran, sich ihrer Schiffe zu bedienen, sie begnügte sich damit, zu verhindern, daß Garibaldi sie gebrauche und ließ sie abgetackelt in den Häfen von Castellamare, Neapel und Gaeta liegen. Nur wenige Kriegsschiffe machten eine Ausnahme von der Regel und erfreuten sich eines genügenden Vertrauens der Regenten, um Exkursionen auf das Meer hinaus machen zu dürfen.

Als von den drei oben genannten Schiffen zuerst der Protis auf der Rhede von Milazzo erschien, begab sich der Hafenkapitän an Bord, wie es Gebrauch ist. Er erfuhr vom Kommandanten des Protis, Kapitän Salvi, daß dessen Schiff, sammt Ladung, bestehend in Proviant für die Besatzung von Milazzo zur Verfügung des dortigen Kommandanten stehe. Salvi meinte den neapolitanischen Kommandanten und war nicht wenig erstaunt zu erfahren, daß gegenwärtig Garibaldi Herr des Hafens und der Stadt Milazzo sei.

Am 23. Morgens traf auf der Rhede von Milazzo der französische Kriegsavisodampfer Mouette, Kommandant Boyer ein. Boyer hatte sofort eine Unterredung mit Garibaldi. Man kam überein durch Vermittlung des Kapitäns Salvi Unterhandlungen mit Bosco anzuknüpfen oder vielmehr ließ sich Garibaldi dazu bestimmen. Er verlangte indessen, daß die ganze Mannschaft kriegsgefangen werde, wogegen den Offizieren gestattet werden sollte, sich nach Neapel zu begeben. Zugleich ward die Drohung hinzugefügt, daß wenn die Besatzung sich nicht ergebe, sie über die Klinge springen solle.

Salvi begab sich am 23. Vormittags ins Fort, um Bosco diese Mittheilung zu machen. Bosco wollte davon nichts

16 *

wissen. Er gab Salvi einen Brief für Garibaldi, einen andern für den König Franz II. mit. In dem erstern sagte er, daß auch er unnützes Blutvergießen zu vermeiden wünsche und nicht abgeneigt sei, den Platz auf ehrenvolle Bedingungen zu übergeben, immer unter dem Vorbehalt ihrer Ratifikation durch die Regierung. Er bekenne, daß die Lage der Cittadelle keine glänzende sei, doch sei sie auch keineswegs eine verzweifelte und biete einem entschlossenen General und entschlossenen Truppen noch immer viele Hülfsquellen.

Die Drohung des über die Klingespringens hatte er für eine Drohung mit in die Luftsprengen genommen. Er erwiderte darauf: statt sich unter ehrwidrigen Bedingungen zu ergeben, würde er es vorziehen, allein in die Luft zu springen, wenn man nur die Gefälligkeit haben wolle, ihm den Punkt zu bezeichnen, auf welchem die Mine läge. Nun wäre es allerdings Garibaldi schwer gewesen, dem Oberst Bosco eine Mine zu zeigen, mittelst deren Fort Milazzo und Besatzung in die Luft gesprengt werden konnte. Für Bosco allein wäre indessen leicht zu sorgen gewesen, man hätte ihm nur ein Pulverfäßchen als Sitz anzubieten brauchen.

Während die Mouette, der Karl Martel und die Stella die Rhede von Milazzo verließen, blieb der Protis noch zurück, um abzuwarten, ob Bosco sich eines andern besinnen werde. Darüber kamen am 24. Morgens vier neapolitanische Dampffregatten von Neapel auf der Rhede an. Man hätte meinen sollen, daß sie bestimmt seien, Bosco zu unterstützen. Nichts davon; die eine derselben hatte den Oberst Anfani vom Generalstab an Bord und dieser hatte den Auftrag, mit Garibaldi zu kapituliren. Bosco mußte sich fügen.

Es war der Moment eingetreten, da die neapolitanische Regierung sich entschlossen hatte, die Insel Sicilien Preis zu geben, in der Hoffnung, dadurch — mit Hülfe Piemonts — das neapolitanische Festland zu bewahren.

Laut der zwischen Garibaldi und Anfani abgeschlossenen Kapitulation rückten die neapolitanischen Truppen mit den

Kriegsehren aus dem Fort und durften sich sogleich nach Neapel einschiffen. Das Fort mit der gesammten Artillerie und Kriegsmunition ward an Garibaldi übergeben; ebenso erhielt derselbe sämmtliche Staatspferde und von den Maulthieren die Hälfte, während die andere Hälfte von den Neapolitanern eingeschifft werden durfte. Bosco mußte — das war eine spezielle Bedingung — die beiden Pferde, welche sein Privateigenthum waren, in Folge der von ihm ausgestoßenen Drohung zurücklassen. Eins dieser Pferde erhielt Medici, der auf demselben in Messina einrückte, wie Bosco versprochen hatte, auf dem erbeuteten Pferde Medicis es zu thun.

Am 25. fand die Einschiffung der neapolitanischen Truppen im Hafen von Milazzo statt. Eine Anzahl neapolitanischer Soldaten desertirte bei dieser Gelegenheit zu den Garibaldinern.

In Folge dessen, was Garibaldi über die augenblicklichen Absichten der neapolitanischen Regierung erfahren hatte, meinte er das Eisen schmieden zu müssen, so lange es warm sei. Er war entschlossen, keine Bedingung anzunehmen, sich keiner Bedingung zu fügen, welche ihn verhindern konnte, seine Waffen nach dem Festlande hinüberzutragen.

11. Konvention von Messina.

Auf die Kunde vom Ausfalle des Treffens von Milazzo am 20. Juli setzte der Kommandant von Messina, General Clary, die Cittadelle von Messina in vollen Vertheidigungsstand und forderte am 22. sämmtliche Fahrzeuge im Hafen auf, diesen zu räumen, um die Vertheidigungsanstalten der Cittadelle nicht zu geniren. Nur der französische Avisodampfer Mouette, welcher Kohlen einnehmen mußte, blieb im Hafen. Der Räumung des Hafens folgte eine fast allgemeine Auswanderung der bisher noch zurückgebliebenen Bewohner der Stadt. Man machte sich auf einen Angriff Garibaldis, auf den Widerstand Clarys, auf ein Bombardement Messinas von der Cittadelle her gefaßt.

Garibaldi hatte bereits die sicilianische Brigade Nicolo Fabrizi über Spadafora und Gesso gegen Messina in Bewegung gesetzt; am 24. Abends sendete er einen Unterhändler von Milazzo an Clary. Am 25. Morgens begann auf den Höhen über Gesso ein lebhaftes Schärmutziren zwischen den Vortruppen Fabrizis unter Interdonato und den Vorposten Clarys. Am 25. Abends wiederholte sich dasselbe.

Clary hatte unterdessen auch seinerseits Nachricht von den neuen Absichten der Regierung und darauf bezügliche Instruktionen erhalten. Die Räumung der Insel war beschlossen, die vollständige, falls Garibaldi sich verpflichtete, nichts gegen das neapolitanische Festland zu unternehmen, die Räumung der Stadt Messina, jedoch nicht der Cittadelle, falls Garibaldi solcherlei Verpflichtung nicht eingehen wollte. Um diese Punkte drehten sich im Wesentlichen alle folgenden Verhandlungen. Schon im Laufe des 25. zeigte Clary den Bewohnern Messinas an, daß er die Stadt räumen werde, nur verlangte er Bürgschaft dafür, daß die Garibaldiner ihr Feuer auf den Bergen einstellten, die Einschiffung der Truppen im Hafen von Messina nicht störten. Die Bürgerschaft forderte er auf, die Wachtposten in der Stadt, soweit es zur Erhaltung der Ruhe und Ordnung nothwendig sei, zu besetzen.

Schon am 25. Juli begann Clary die Einschiffung der neapolitanischen Truppen aus der Stadt, in der Nacht vom 25. auf den 26. Juli zog er auch die Vorposten von den Höhen über Gesso zurück. Am 26. Abends traf dann Medici zu neuen Unterhandlungen mit Clary in Messina ein und kehrte am 27. zu seiner unterdessen vorgerückten Division zurück, um zu Mittag an deren Spitze in Messina einzumarschiren. Bald nach Mittag kam auch Garibaldi in Messina an. Medici hatte noch eine Konferenz mit Clary und am 28. Vormittags wurde die nachstehende Konvention abgeschlossen:

„Im Jahre 1860, den 28. Juli, sind Thomas de Clary, Maréchal de camp und Oberkommandant der in Messina vereinigten Truppen und Generalmajor Ritter Jakob Medici, bestimmt durch die Gefühle der Menschlichkeit und um das Blutvergießen zu vermeiden, welches die Besetzung Messinas vom einen Theil, die Vertheidigung der Stadt und ihrer Forts von der andern Seite zur Folge gehabt haben möchte, kraft der ihnen von den betreffenden Mandanten übertragenen Vollmachten über nachstehende Konvention übereingekommen:

„1. Die königlichen Truppen räumen ungehindert die Stadt und die sicilianischen besetzen dieselbe, auch ihrerseits ungehindert."

„2. Die königlichen Truppen räumen die Forts Gonzaga und Castelluccio binnen zwei Tagen von Unterzeichnung dieser Konvention ab. Jede der beiden vertragschließenden Parteien bestimmt zwei Offiziere und einen Kommissär, um ein Inventar aufzunehmen von sämmtlichen Geschützen, Kriegsmaterial, Lebensmittelvorräthen und Allem, was sich sonst in den besagten Forts befindet. Es ist ferner die Sorge der sicilianischen Regierung, nach der Räumung seitens der königlichen Truppen den Transport der inventarisirten Gegenstände sogleich zu beginnen, ihn mit möglichster Schnelligkeit zu betreiben und die gesammten Gegenstände auf dem neutralen Gebiete abzuliefern, von welchem weiterhin die Rede sein wird."

„3. Die Einschiffung der königlichen Truppen darf von Seiten der Sicilianer nicht belästigt werden."

„4. Die Cittadelle mit den zu ihr gehörigen Forts Don Blasco, Leuchtthurm und San Salvator bleiben in den Händen der königlichen Truppen, jedoch unter der Bedingung, daß diese, was sich immer fernerhin ereignen möge, der Stadt keinen Schaden zufügen dürfen, ausgenommen den Fall, daß diese genannten Befestigungen selbst angegriffen würden und daß Angriffsarbeiten in der Stadt selbst ausgeführt würden. Unter Feststellung und Aufrechthaltung dieser Bedingungen, enthält sich die Cittadelle jeder Feindseligkeit gegen die Stadt bis zum Ende des Krieges."

„5. Es wird ein Rayon neutralen Gebiets festgestellt, dessen Grenze parallel der Grenze des militärischen Rayons der

Cittadelle läuft, so daß dieser um 20 Meter über seine bisherige Ausdehnung hinaus erweitert wird.“

„6. Der Verkehr zur See bleibt für beide Theile vollständig frei. Die Flaggen beider Parteien werden daher gegenseitig respektirt. Im Uebrigen bleibt es den beiden Kommandanten, welche die gegenwärtige Uebereinkunft geschlossen haben, überlassen, sich über die Maßregeln für die Verpflegung der königlichen Truppen zu verständigen, welche aus der Stadt Messina bezogen werden muß.“

„Gesehen, vorgelesen und angenommen, Tag, Monat und Jahr wie oben, im Hause des Herrn Franz Fiorentino, Banquier zu den Quattro Fontane.“

Thomas de Clary, Maréchal de camp.
Ritter Jakob Medici, Generalmajor.
Für gleichlautende Abschrift:
G. Guassalla,
Hauptmann im Generalstab.

Wir fügen sogleich noch hinzu, daß man leicht über alle Anstalten übereinkam, die Besatzung der Cittadelle, sowie der zu ihr gehörigen Forts auf der Landzunge von Messina aus mit den nothwendigen Lebensmitteln zu versehen. Das Neutralitätsgebiet ward auf der Ebene von Terranuova bezeichnet. Hier standen fortan die Vorposten der Cittadelle einerseits, der sicilianischen Brigade Nicolo Fabrizi andererseits, welche die Besatzung der Stadt Messina bildete, einander in nächster Nähe gegenüber.

Garibaldi hatte sich auf keine Bedingung eingelassen, welche ihm irgend wie in seinen Plänen eines Ueberganges auf das Festland hinderlich sein konnte. Vielmehr war die Schifffahrt freigegeben, im Faro konnten sicilianische oder garibaldinische Schiffe ebenso gut verkehren als neapolitanische und die Forts von Messina durften nach den Artikeln der Konvention offenbar keiner Ueberschiffung garibaldischer Truppen nach dem neapolitanischen Festlande Hindernisse in den Weg legen.

Ehe wir nun Garibaldis Siegeszuge dorthin folgen, ist

es nothwendig, ein wenig zurückzugreifen und uns den diplomatischen Verkehr des Königs von Neapel nach allen Seiten hin, die Umänderung der Staatsverfassung zu Neapel, die mannigfachen innern Kämpfe, welche, von außen her geschürt, Garibaldi auf Sicilien zu bestehen hatte, anzusehn.

12. Politische Zustände Neapels im Mai, Juni und Juli. Franz II., Cavour und Garibaldi.

Unter dem Eindrucke der Nachrichten über die Landung Garibaldis bei Marsala, seine Fortschritte, seinen Sieg bei Calatafimi, dem bald die Einnahme Palermos folgte, sendete Franz II. trostlos Gesandte nach allen Ecken. Von allen Seiten her ein entmuthigendes Stillschweigen, gute Räthe, keine Verpflichtungen. „Wenn mir, so hatte Franz II. kalkulirt, ein beliebiger Flibustier eine Provinz nach der andern abnimmt, — kann dasselbe nicht schließlich allen „legitimen“ Monarchen Europas begegnen, sollten diese meine Brüder, mögen sie nun so lange oder so kurze Zeit als sie wollen, in ihrem „legitimen“ Besitz sein, mögen sie denselben durch das Schwert, durch die Eroberung, durch den Straßenkravall, durch die Metzelei, durch den Schacher erworben haben, mögen sie ihn behaupten durch das Pfefferland, durch die Galeeren, durch Konstitutionen, durch Konkordate oder wie sie sonst wollen, — sollten diese meine Brüder nicht alle das höchste Interesse haben, mich gegen die beliebigen Piraten zu unterstützen?“

Die allgemeine Antwort darauf war Achselzucken. „Ich möchte wohl, aber ich kann nicht, wie ich will“, sagte der Eine. „Ja, sagte der Andere, du hättest so viel Zeit gehabt, deinen Neapolitanern ein solches Spielzeug, welches wir Legitimen unter uns eine „Verfassung“ nennen, zu geben. Warum hast du das nicht gethan? Jetzt ists schwer rathen, liebes Fränzle.“ — „Gieb schnell noch eine Verfassung“, rieth der Dritte, probatum est. Wenigstens muß mans versuchen, wenn das Feuer auf den Nägeln brennt. Manchmal hats schon geholfen, und wenn man mit diesem Köder die Gimpel erst gefangen hat, so kann man nachher wieder einmal machen, was man will."

Armer Franz, was nützten dir diese guten Rathschläge? Du wolltest die Kanonen und Kriegsschiffe ganz Europas gegen die Flibustier und gegen deine eigenen getreuen Unterthanen, die nichtsnutziger Weise auch gar nichts von dir wissen wollten. Aber statt des Brotes gab man dir einen Stein, statt des Fisches eine Schlange. — Nicht einmal das, manche Schlangen lassen sich noch ganz gut essen. Aber Ideen? gute Rathschläge? was thu ich damit?

Napoleon III., an den Herr de Martino gesendet war, bewies sich erstens sehr mitleidig, zweitens war er gewiß derjenige, welchem es am meisten behagen mußte, wieder einmal in Italien einzuschreiten, in dem ihm so mancher ungefällige Streich in den letzten Zeiten gespielt worden war, und der auch am bereitesten war, einmal wieder hier das Ruder in die Hand zu nehmen. Freilich ob für Franz II.? Das war ganz eine andere Frage. Der unbefangene Mensch konnte sich allenfalls die beiden warmen Brüder, Napoleon III. und das Fränzle unter dem Bilde des Katers und des Mausekönigs vorstellen. Der Kater spielt gern noch ein wenig mit dem Mausekönig, ehe er ihn vollständig verschlingt. Es machte dem Ehrenkater unendlichen Spaß, den Mausekönig zappeln zu sehen, zu sehen, wie in dessen Gesicht Hoffnung und Verzweiflung wechseln! O wie dumm ist der Mausekönig, wenn er die Zähne auf dem Leibe fühlt!

Napoleon III, der Beschützer der europäischen Freiheit, rieth natürlich zu einer Konstitution, die so rasch als möglich gegeben werden müßte. Zu entschiedener Hülfe gegen die „Flibustier" wollte er sich so wenig verpflichten, als irgend ein anderer warmer Bruder, doch ließ er Hoffnungen durchblicken.

Am 18. Juni kam de Martino mit seinen Versprechungen und den dazu gehörigen Fragezeichen und Befehlen nach Neapel zurück. Am 26. Juni fand man den souveränen Akt des kleinen Franz, der noch vor Kurzem lieber österreichischer Korporal als konstitutioneller König sein wollte, an den Straßenecken von Neapel angeschlagen. Wie schwer mußte ihm auch nur diese Mißgeburt geworden sein!

Der „Souveräne Akt“ lautete:

„Von dem Wunsche beseelt, unsern hochgeliebten Unterthanen ein Zeichen unseres souveränen Wohlwollens zu geben, haben wir uns entschlossen, das Zugeständniß einer konstitutionellen und repräsentativen Ordnung im Königreiche zu machen, in Uebereinstimmung mit den italienischen und nationalen Grundsätzen, zu dem Ende, für die Zukunft Sicherheit und Wohlfahrt zu befestigen und die Bande immer enger zu ziehen, welche uns mit den Völkern vereinigen, die die Vorsehung uns zu regieren berufen hat.“

„Zu diesem Ende sind wir zu folgenden Entschließungen gelangt:

„1. Wir bewilligen eine allgemeine Amnestie für alle politischen Vergehen bis zu diesem Tage.“

„2. Wir haben den Kommenthur Don Antonio Spinelli mit der Bildung eines neuen Ministeriums beauftragt, welches in kürzestmöglicher Zeit die Artikel des Statutes auf der Grundlage repräsentativer Institutionen in italienisch-nationalem Sinne zusammenstellen wird.“

„3. Es wird mit Seiner Majestät dem König von Sardinien ein Uebereinkommen betreffs der gemeinsamen Interessen der beiden Kronen in Italien abgeschlossen werden.“

„4. Unsere Flagge wird von nun an die italienischen Farben in drei vertikalen Streifen tragen, jedoch so, daß in der Mitte das Wappen unserer Dynastie beibehalten wird.“

„5. Was Sicilien betrifft, so bewilligen wir demselben ähnliche Repräsentativeinrichtungen, wie sie den Bedürfnissen der Insel entsprechen mögen, und einer der Prinzen unseres königlichen Hauses wird Vizekönig der Insel sein.“

Portici, 25. Juni 1860.

Franz.

Wir haben uns bemüht, dieses eigenthümliche Aktenstück nicht bloß wortgetreu, sondern auch sinngetreu zu übersetzen. Jedermann wird der gedrechselte Ton der ganzen Geschichte auffallen. Es ist weder Initiative, noch Aufrichtigkeit, noch Vertrauen darin. Es ist eine widerwärtige Quälerei.

Spinelli brachte wirklich ein Ministerium zusammen. Abgesehen davon, daß dieses Werk nicht geringe Mühe gekostet hatte, war es auch immer in Betreff verschiedener Mitglieder sehr unsicher, ob sie nun eigentlich Lust hätten zu bleiben oder nicht, ob sie mit den andern zusammen arbeiten wollten oder nicht. Die innere Einheit, welche stark macht, fehlte ganz; mit ihr das gegenseitige Vertrauen.

De Martino übernahm das Aeußere, del Re Inneres und Polizei, Caracciolo die Kirchensachen, Manna die Finanzen, la Greca die öffentlichen Arbeiten, Morelli Gnaden und Justiz, Ritucci Krieg, Garofalo die Marine.

Die Bevölkerung von Neapel legte keinen Werth auf die Versprechungen des souveränen Aktes. Die geheimen Insurrektionskomités warnten zum Ueberfluß davor.

Armer Blinder auf einem Thron! In der That, man sah aus diesem souveränen Akt nur, daß Franz II. nicht mehr Souverän war. Traurige Leidenschaften und traurige Hoffnungen bewegten ihn.

Franz II. versprach Sicilien eine beschränkte Autonomie und einen Vizekönig, aber Sicilien war nicht mehr sein.

Franz II. verkündete eine allgemeine Amnestie und mußte wissen, daß Piemont die Feinde, die es ihm groß gezogen, über den Boden Neapels ausschütten werde.

Franz II. wollte ein Einverständniß mit Sardinien erzielen, aber wenn es für Cavour leicht war, Neapel ohne Einverständniß mit den Bourbonen zu haben, wenn er bloß das Maul aufzuthun brauchte, um sich die gebratenen Tauben hineinfliegen zu lassen, warum sollte er sich erst mit Franz II. verstehn?

Franz II. hatte von seinem Standpunkt aus nichts gethan, als nachgegeben, einen Akt der Schwäche begangen, als er die Konstitution verhieß.

Wenn nun auch auf der einen Seite vorauszusehen war, daß er sich von dieser Schwäche nicht ganz werde lossagen können, so war es doch eben so klar, daß er sich leicht den etwaigen Hoffnungen auf die Wiedereroberung seiner absoluten Macht hingeben, daß er der Reaktion keinen energischen Widerstand entgegensetzen werde, welche von der Königin Mutter, Maria Theresia, ihren Söhnen und ihren Anhängern betrieben ward. Es war klar, daß Franz II. nicht das thun würde, was ihn vielleicht immer noch retten konnte, sich vollständig als konstitutionellen König zeigen, mit Aufrichtigkeit, die keinen Zweifel in dieser Beziehung duldete, handeln, dann aber auch alle Energie entfalten, um niederzuschlagen und niederzuhalten, was irgendwie für Reaktion gelten konnte, sich an die Spitze der Armee stellen, um sein Land zu vertheidigen. Hätte Franz II. dieß Alles auch gewollt, es auszuführen, dazu gehörten außerordentliche Eigenschaften des Geistes und Charakters. Aber Franz II. konnte nicht einmal so etwas wollen, er war von einem wo möglich noch dickerem Legitimitätsdunst benebelt, als manche der übrigen „legitimen" Fürsten Europas.

Das Volk Neapels glaubte an kein Versprechen eines Bourbon. Die geheimen Insurrektionskomités ermahnten zur Ruhe, zur Befreundung mit dem Heere, forderten aber zugleich auf, jede erscheinende Konzession, welche dem Könige doch nur abgezwungen sein könne, und welche er immer nur mit dem Rückhaltsgedanken alsbaldiger Zurücknahme unter günstigen Umständen machen würde, mit Verachtung aufzunehmen. Garibaldi sei der einzige Retter, er sei es allein, auf den man hoffen, den man erwarten müsse; er werde das Einzige bringen, was dienen könne, das einheitliche Italien unter Viktor Emanuels Szepter!

Und nach diesen Anleitungen verhielt sich das Volk; keine

Freude, keine Theilnahme zeigte sich. Die Stimmen der Kanonen, die auf den Regierungsgebäuden aufgezogenen dreifarbigen Fahnen verkündeten den souveränen Akt von Portici; das Volk sah ihn an den Straßenecken angeschlagen und ging achselzuckend vorüber.

Selbst der Gläubigste konnte ja auch noch nichts hoffen! Die Anhänger des alten Regiments in allen entscheidenden Stellungen und kein Anzeichen, daß man sie wechseln wolle; die alte Polizei auf allen Straßen und herausfordernder als je. In der That gelang es ihr, Skandal zu erregen. Am 27. Juni Abends begann derselbe, am 28. dauerte er fort. Polizei und Militär schritten ein, Werkzeuge der Kamarilla unterstützten sie. Das Militär machte indessen hie und da gemeine Sache mit der Bürgerschaft und arretirte zum großen Jubel der Bevölkerung Polizeipatrouillen. Nun schwoll den Neapolitanern der Kamm und am 28. griffen sie sämmtliche Polizeikommissariate an. Ein allgemeiner Schrecken bemächtigte sich der alten Polizei und sie suchte sich zu retten, wie sie konnte; der alte Polizeipräfekt Ajossa suchte Sicherheit auf einem französischen Schiffe und fand sie.

Am 27. hatten zwei Handlanger der Kamarilla den französischen Gesandten Brenier in der Toledostraße überfallen, und ihn mißhandelt.

Diese Szenen hatten zur Folge, daß das Ministerium Neapel in Belagerungszustand erklärte; das Fort S. Elmo wurde armirt und in Vertheidigungszustand gesetzt. Fügen wir sogleich hinzu, daß sich fast Niemand um den Belagerungszustand kümmerte, daß er gehandhabt wurde, als ob er nicht bestände. Man verdankte dieß dem neuen Polizeipräfekten, welcher an Ajossas Stelle getreten war, dem alten Liberalen Liborio Romano, dessen sämmtliche Handlungen keinen andern Schluß zulassen, als daß er sein Amt lediglich annahm, um desto sicherer zur Verjagung der Bourbonen beitragen zu können. Wie dem immer sei, die Erklärung des Belagerungszustandes war jedenfalls ein schöner Anfang der neuen konstitutionellen Freiheit. Manna wurde darüber sein Ministerportefeuille sofort wieder leid und er dankte ab.

Die übrigen Minister meinten nun, daß auch etwas zur Versühnung des Belagerungszustandes geschehen müsse und legten daher dem Könige Franz am 1. Juli den Vorschlag vor, einfach die Konstitution von 1848 wieder herzustellen, statt daß man sich erst mit der Schaffung einer neuen Konstitution abgebe und darüber lange, lange Zeit verliere. In der That wurde die Konstitution von 1848 verkündet, man verfuhr dabei mit solcher Eile, daß man einfach das alte Dekret von 1848 abdrucken ließ, ganz wörtlich — sogar mit der Unterschrift Ferdinand II. Sicherlich ein böses Omen, welches den Neapolitanern keinen guten Willen machen konnte, an die neue konstitutionelle Freiheit und ihre Dauer zu glauben.

Zufolge der Konstitution ward die Presse frei. Trotz des Belagerungszustandes entstanden plötzlich eine Menge kleiner Blätter, welche in den Straßen ausgerufen wurden. Kein einziges war den Bourbonen günstig; alle riefen nach Italien, Viktor Emanuel, Garibaldi; alle behandelten das Regiment Franz II. mit offenem Spott, mit Hohn, mit Verachtung. Die Bilder Viktor Emanuels und Garibaldis wurden zu Hunderten und Tausenden auf allen Gassen ausgeboten und verkauft.

Laut der Konstitution mußte auch eine Nationalgarde in Neapel errichtet werden. Franz II. getraute sich nicht, sie zu verweigern; er ernannte zu ihrem ersten Kommandanten den Prinzen Ischitella, zum zweiten den Herzog von Cajanello, — aber unter der Hand setzte er dem wirklichen Zustandekommen der Organisation, dabei unterstützt von der Kamarilla, einen stumpfen Widerstand entgegen. Die Stärke der Nationalgarde ward für die Hauptstadt von 400000 Einwohnern zunächst auf nur 5000 M. beschränkt.

Die Konstitution verlangte auch den Zusammentritt des Parlaments; der Abschluß der Wählerlisten ward aber alsbald bis auf den 10. August vertagt. Die Wahlberechtigten beeilten sich nicht, sich einschreiben zu lassen. Wozu? fragten die einen, am 10. August wird hoffentlich schon Garibaldi hier sein und die ganze Geschichte wird ein Ende haben. — Wozu? sagten die andern; kommt Garibaldi nicht und werden die Bourbonen noch einmal Herr, so werden sich die Wählerlisten in Proskriptionslisten, in Listen politischer Verbrecher verwandeln. Lassen wir also die Sache bei Seite, — darin stimmten alle überein.

In dieser Luft Neapels, fernerhin ohne den Schutz der alten flüchtigen Polizei, auf den Schutz der neuen Polizei Liborio Romanos wenig vertrauend, fühlte sich die Königin-Mutter mit ihrem Anhange nicht mehr wohl in der Hauptstadt. Sie zog sich mit dem größesten Theil ihrer Familie und den Häuptern der Kamarilla hinter die düstern Wälle Gaetas zurück, dieser Stadt, welche ganz geeignet ist, zu einem Uhuneste der Reaktion zu dienen. Aus dieser Ränkeschmiede ging noch mancher dunkle Plan hervor, bis sie endlich spät genug ausgelüftet und die Eulen gezwungen wurden, ein anderes Reaktionshauptquartier zu beziehen.

Statt der abziehenden Reaktion begannen die Flüchtlinge, von 1848 und 1849, welche theils im übrigen Italien, theils im Auslande ein Asyl gefunden, nach Neapel zurückzukehren; die meisten, um im Sinne Cavours zu arbeiten, kein einziger um den wankenden Thron der Bourbonen zu stützen. Einigen wenigen nur wurden trotz der verheißenen allgemeinen Amnestie die Pässe zur Rückkehr nach Neapel verweigert.

Die Söhne der Oesterreicherin, die Herzoge von Trani und Caserta, welche mit einem Theile ihres Anhanges in Neapel und um den König Franz zurückgeblieben waren, wirkten unterdessen in den Kasernen im Stillen, um einen Theil der Truppen, insbesondere die königliche Garde zu einem Reaktionsversuch zu bestimmen. Ein solcher hatte in der That Sonntag den 15. Juli statt, kleinlich, erbärmlich angelegt, indessen immerhin war es ein Reaktionsversuch.

Am 15. Juli hatten die Gardegrenadiere ihren Ausgangstag; auf verschiedenen Punkten der Stadt, in der Via Toledo, am Thor von Capua, an der Chiaja rotteten sie sich gleichzeitig in Haufen zusammen, zogen von Leder und begannen auf das Volk, auf Alles, was sich zu Fuß oder zu Wagen durch die belebten Straßen bewegte, einzuhauen. Besonders schien es dabei auch wieder auf die Franzosen abgesehen zu sein. Man hörte dabei den Ruf: es lebe der König! auf einigen Punkten aber ward auch der Graf von Trani zum König ausgerufen.

Nicht alle Truppen machten mit den Gardegrenadieren gemeinschaftliche Sache; im Gegentheil trugen einzelne Truppentheile unter der Führung vernünftiger Offiziere viel zur Zerstreuung der betrunkenen Banden bei.

Das Ministerium verlangte vom Könige die Auflösung des Gardekorps; der Onkel des Königs, der Graf von Syracus vereinigte seine Forderungen mit denen des Ministeriums, die andern Prinzen traten ihnen entgegen. Es kam darüber zu heftigen Szenen. Der König wählte wie gewöhnlich einen Mittelweg. Er begab sich in die Gardegrenadierkaserne in Pizzofalcone, hielt hier den Soldaten eine gewundene Standrede und ließ sie die Konstitution beschwören. Dagegen wurden die Garden nicht aufgelöst, die Grenadiere wurden nur nach Portici verlegt, dort auf Kosten des Königs festlich bewirthet und erhielten überdieß eine Solderhöhung.

Aehnliche Dinge, wie zu Neapel am 15., hatten sich am gleichen Tage zu Sa. Maria, zu Caserta und zu Capua zugetragen; wenige Tage später kamen sie zu Avellino vor. Es war wohl unmöglich die Handlungen der Gardegrenadiere nach alle Dem als vereinzelte und zufällige darzustellen.

Darüber erlitt das Ministerium eine neue Aenderung, Pianelli ward Kriegsminister und — Don Liborio Romano übernahm das Portefeuille des Innern.

Die Nationalgarde trat nun mit der Entfernung der Gardegrenadiere von Neapel am 17. Juli endlich in Dienst.

Die Austritte von Offizieren aus der Armee, nicht etwa von Reaktionärs, sondern von Liberalen, mehrten sich von Tage zu Tage, und einige dieser Offiziere erließen aufregende Erklärungen über ihren Austritt.

Um das in dem souveränen Akt versprochene Einverständniß mit Piemont anzubahnen, beschloß die Regierung schon am 29. Juni, die beiden gekaperten Fahrzeuge Utile und Charles Jane freizugeben, was auch alsbald in Vollzug gesetzt wurde.

Es handelte sich nun darum, eine Gesandtschaft nach Turin zu senden, um hier ein vollständiges Einverständniß für so lange als es nöthig schiene zu erzielen.

An manchen Thüren ward angeklopft; es wollte sich lange Niemand finden, der die Gesandtschaft übernehmen wollte. Endlich fanden sich Manna und der von Konstantinopel zurückgerufene Baron Winspeare bereit; beide mehr geeignet, einander entgegenzuarbeiten, als mit einander zu arbeiten. Sie reisten am 11. Juli von Neapel ab.

Cavour und die neapolitanische Regierung waren eigentlich nur in einem Stücke einverstanden. Beiden war Garibaldi ein Dorn im Auge. Cavour war jetzt noch mehr als früher entschlossen, diesem „glücklichen Abenteurer", diesem „Querkopf", diesem „Menschen, welcher Einem Alles verdirbt", Hindernisse zu bereiten. Aber damit hörte auch alle Liebe zu der neapolitanischen Regierung auf. Diese Regierung sollte auch nach Cavours Wunsche gestürzt werden; aber nicht durch Garibaldi. Wie dann? Die Cavouristen hatten verschiedene Intriguen am neapolitanischen Hofe angesponnen. Eine kleine Hofrevolution sollte den armen Franz II. vertreiben; es sollte dann, wenn irgend möglich, sogleich Viktor Emanuel ausgerufen, oder es sollte wenigstens eine Volksabstimmung oder parlamentarische Abstimmung, kurz eine annexionistische, zu Gunsten Viktor Emanuels veranlaßt werden. Viktor Emanuel ward dadurch König von Neapel; zur Belohnung aber sollte ein bourbonischer Prinz, der an der Spitze der Hofrevolution in solchem Sinne gestimmt hätte, zum Vicekönig von Neapel ernannt werden. Als neapolitanische Helfershelfer bei diesem saubern Plan wurden vorzugsweise die Grafen von Syracus und von Aquila, letzterer schwerlich mit Recht, und der General Nunziante genannt.

Nun konnte es freilich mit dem Zustandekommen der beabsichtigten Palastrevolution zu Neapel noch etwas Weile haben; die neapolitanischen Häupter derselben waren nicht faul mit Versprechungen, aber sie waren feige; sie verdeckten ihre Feigheit unter dem Vorwand der Nothwendigkeit weitgreifender Vorbereitungen. Cavour glaubte ihnen, weil sein Wunsch darauf ging, daß die Palastrevolution sich mache.

Es kam darauf an, daß sie eher zu Stande komme, als etwa Garibaldi in Neapel einrücke. Es kam also darauf an, Garibaldi zurückzuhalten; seinen Siegesmarsch zu verzögern, was einigermaßen dadurch zu erreichen war, daß man ihm in Sicilien selbst Intriguen und Schwierigkeiten schuf. Es kam aber auch darauf an, mit der jetzigen neapolitanischen Regierung nicht offen zu brechen, damit der Täuberich Cavour seine Taubenunschuld vor der ganzen politischen Welt Europas bewahre und endlich sagen könne: Seht ihr, so geht's; was soll man machen? wir müssen König von Neapel werden!

Winspeare und Manna, die offiziellen Gesandten des Königs Franz, wurden in Turin aufs Schönste hingehalten. Natürlich, so hieß es, müsse die Regierung Viktor Emanuels vollkommen sicher sein, daß hier nicht bloß der bourbonische König von Neapel, daß auch das Volk dieses Landes ihr die Hand biete. Wie soll sie aber in dieser Beziehung Sicherheit erlangen, bevor sie die Regierung ganz ernstlich in die neue constitutionelle Bahn einlenken, bevor sie ein neapolitanisches Parlament hergestellt, und die Größen des alten Regimes aus den einflußreichen Stellen entfernt sehe? Man könne sich treu und ehrlich zu einer wahrhaft italienischen Politik die Hand bieten; man könne dahin übereinkommen, daß die neapolitanische Regierung sich völlig von der Verbindung mit Oesterreich, von dem österreichischen Einflusse lossage, daß sie im Verein mit Piemont Schritte beim Papst thue, in der Richtung, daß auch dieser die Interessen Italiens allein ins Auge fasse, sich den Bedürfnissen Italiens füge. Immerhin brauche die piemontesische Regierung Garantien, daß man sie nicht bloß auf eine gewisse Zeit und für den Nothfall an der Nase herumziehen wolle. Dazu könnte z. B. ein Wechsel von Truppen dienen, dergestalt, daß piemontesische Truppen nach Süditalien, neapolitanische nach Oberitalien verlegt würden, daß neapolitanische und piemontesische Truppen unter einem Befehl vereinigt würden. Aber auch dieß genüge immer noch nicht. Piemont sei bei seiner italienischen Politik immer darauf angewiesen, den Volkswillen zu erforschen, ihm gemäß zu handeln; mit einer italienischen Regierung, die noch nicht sichtbarlich auf diesen Volkswillen gestützt sei, könne es niemals zu einem Abschluß gelangen. Das Resultat sei daher für jetzt immer, daß man beim besten Willen noch abwarten müsse, bis eben ein neapolitanisches Parlament konstituirt wäre. Ferner sei da dieser Störenfried, der Garibaldi, der schwer Vernunft annehme, der sich eben jetzt rüste, von dem eroberten Palermo gegen den Osten der Insel Sicilien vorzurücken. Dieser Garibaldi mache dem piemontesischen Kabinet Kopfzerbrechens genug. Man müsse, um einige Zeit Ruhe zu gewinnen, einen Abschnitt im Kampfe herbeizuführen suchen, etwa wie man ein Haus, das nur erst von der Feuersbrunst bedroht sei, mit Pulver in die Luft sprenge, um eine Barriere zwischen den brennenden Häusern und den noch nicht brennenden zu schaffen.

Den Störenfried, den Garibaldi sich vom Leibe zu halten, das wäre es nun auch gerade gewesen, was der Hof von Neapel sich herzlich wünschte, und als der „glückliche Abenteurer" nun von Palermo in den Osten Siciliens vordrang, als seine Schaaren schon vor Milazzo standen und als die Lazzaroni zu Neapel auf allen Gassen rühmten, daß „Galabardo" das Brot in Palermo auf einen Schlag billiger gemacht habe und es sammt der lieben Pasta auch in Neapel billiger machen würde, da wurden die Gesandten des Königs von Neapel zu Turin immer dringender und versprachen die Räumung der ganzen Insel seitens der neapolitanischen Truppen, wenn nur Piemont sich verbürge, daß der „Flibustier" nicht über den Faro komme.

Eine ähnliche Sprache führte La Greca zu Paris und zu London.

Wie aber wollte Cavour sich für Garibaldi verbürgen? Hatte er nicht schon alles Mögliche versucht, um den Mann von sich abhängig zu machen? Indessen die Sache mußte versucht werden; ein letzter Hebel mußte angesetzt werden, und deßhalb wurde der König Viktor Emanuel bestimmt, in solchem Sinne ein Schreiben an Garibaldi zu richten. Dieses vom 23. Juli datirt lautete folgendermaßen:

„General! Sie wissen, daß ich Ihre Expedition nicht gebilligt und mich derselben durchaus fern gehalten habe. Aber heut macht es mir die schwierige Lage, in welcher sich Italien befindet, zur Pflicht, mich mit Ihnen in direkte Verbindung zu setzen."

„In dem Falle, daß der König von Neapel die vollständige Räumung Siciliens zugiebt, jede Art von Einfluß freiwillig aufgibt und sich persönlich verpflichtet, keine Art Druck auf die Sicilianer auszuüben, so daß sie alle Freiheit erhalten, sich die Regierung zu wählen, welche ihnen am genehmsten ist, in diesem Falle, glaube ich, würde es für uns das gerathenste sein, auf jede fernere Unternehmung gegen das Königreich Neapel zu verzichten. Sind Sie anderer Meinung, so behalte ich mir ausdrücklich die ganze Freiheit des Handelns vor und enthalte mich, Ihnen irgend eine andere Bemerkung in Bezug auf Ihre Pläne zu machen."

Dieser Brief des Königs, welcher erst anfangs August in die Hände Garibaldis gelangte, war Cavours letzter Trumpf, um den Freischaarengeneral zurückzuhalten. Wie er von diesem aufgenommen und beantwortet ward, werden wir alsbald sehen; alle unsere Leser können bereits nach der allgemeinen Exposition des Verhältnisses von Cavouristen und Mazzinianern zu einander, welche wir gegeben haben, voraussehen, was mit der indirekten Drohung in dem Briefe des Königs, der Drohung, sich die volle Freiheit des Handelns vorzubehalten, gemeint war. Wer noch nicht gesehen hat, oder nicht hat sehen wollen, den werden spätere Thatsachen belehren, daß ihm die Augen übergehn. Nun aber wollen wir ein wenig betrachten, welche Trümpfe Cavour schon vorher gegen Garibaldi ausgespielt hatte.

Mitte Juni bereits sendete Cavour Garibaldi zwei Männer auf den Hals, die nur Unheil stiften konnten in Sicilien. Der erste, unschuldigere, war der Marquis Torrearsa, welcher am 13., der andere giftigere, der Intriguant La Farina, welcher am 16. Juni zu Palermo ankam. Garibaldi empfing beide freundlich; waren sie doch beide Sicilianer, hatten sie doch beide im Exil geduldet. Torrearsa ward sogleich zum Präsidenten des Ministerraths und zum Vizediktator ernannt. Beide aber waren in einem Stücke entschiedene Gegner Garibaldis; beide nämlich wollten die sofortige Erklärung der Annexion Siciliens an Piemont; Torrearsa freilich nur unter Bedingungen, La Farina ein einfacher Spießgesell Cavours ohne Bedingungen, damit Meister Cavour seine Intriguen in Bezug auf Neapel frei spinnen könne, und um den beneideten Garibaldi zu entthronen. Verschiedene Cavoursche Polizeispione arbeiteten und wühlten in der gleichen Weise wie Farina in dieser Richtung; ob diese Polizeispione übrigens unter La Farinas Direktion standen und von ihm ihre genauen Instruktionen empfingen, haben wir hier nicht zu untersuchen und es ist auch von geringem Werth, dieß zu untersuchen. Die Sache bleibt im einen wie im andern Falle dieselbe.

Die Folgen der Arbeit La Farinas sollten nicht lange auf sich warten lassen.

Am 23. Juni begab sich der Stadtrath von Palermo,

den Herzog von Verdura an seiner Spitze, zum Diktator, um ihm eine Dankadresse und das Diplom eines Bürgers von Palermo zu überreichen.

Verdura bemerkte als Sprecher der Deputation unter Anderem auch, daß Sicilien sich nach der Annexion an das Königreich Viktor Emanuels sehne.

Garibaldi, dem schon sehr Vieles über die Thätigkeit des lieblichen La Farina bekannt geworden war, hielt die Gelegenheit für günstig, um sich einmal über die Annexionsfrage, wie er sie verstand, frei von der Leber weg auszusprechen. Feind jeder Hinterhaltigkeit, wollte er in dieser Beziehung einmal reinen Tisch machen, alle Zweifel über seine Absichten ein für allemal verbannen. Entweder — oder!

Fast alle sicilianischen Gemeinden, so sprach der Diktator, hätten sich bereits für die Verbindung mit dem italienischen Reiche Viktor Emanuels ausgesprochen. Er selbst habe den Feldzug von 1859 mit dem Rufe: Italien und Viktor Emanuel eröffnet und sei längst überzeugt, daß man in König Viktor Emanuel den Mann zu suchen habe, der von der Vorsehung bestimmt sei, die italienische Familie zusammenzuschweißen. Er könne, gestützt auf die Kundgebungen der Gemeinden durch ein Diktatorialgesetz die Annexion erklären und sie zur Ausführung bringen. „Aber, fuhr er fort, verstehen wir uns recht! ich bin hieher gekommen, um für Italien zu kämpfen, nicht für Sicilien allein. Und so lange nicht ganz Italien vereinigt und frei ist, wird auch die Sache keines einzelnen Theiles von ihm abgemacht sein. Alle diese zerrissenen, zerstreuten, unterjochten Theile aneinander knüpfen, sie in den Stand setzen, das eine und freie Italien zu bilden, das ist der Zweck meiner Unternehmung. Wenn wir soweit gekommen sein werden, daß wir Jedem sagen können: Italien soll eins sein, und beliebt es euch nicht, so habt ihr es mit uns zu thun, dann erst kann die Rede von der Annexion sein. Wenn heute die Annexion des einzigen Siciliens erklärt würde, so müßten die Befehle für die Insel von anderswoher kommen, ich würde dann gezwungen sein, meine Hand von der Arbeit zu lassen und mich zurückzuziehen."

Die Folge dieser deutlichen Aussprache gegen die sofortige Annexion Siciliens an Piemont war, daß Torrearsa und Pisani, letzterer Minister des Aeußeren, am 24. Juni ihre Entlassung eingaben.

Ein weiterer Zwischenfall führte endlich die Auflösung des gesammten Ministeriums herbei. Am Abend des 25. Juni ließ Crispi durch die Quästoren fünf angesehene Männer zu Palermo arretiren, welche im Verdacht von Intriguen mit dem Hofe zu Neapel, etwa auch mit Cavour standen. Darüber erhob sich bei der Partei dieser Leute ein großes Geschrei. Garibaldi verlangte von Crispi Auskunft; dieser konnte sich nicht entschließen zuzugeben, daß er die Verhaftung jener Männer angeordnet habe. Die Quästoren aber behaupteten dieß, obgleich sie einen schriftlichen Befehl nicht vorzeigen konnten. Sie verlangten ihre Entlassung. Garibaldi nahm dieselbe nicht an.

Unterdessen hatte die Partei der Verhafteten, verbunden mit allen Gegnern Crispis, deren nicht wenige waren, gehetzt von den Cavouristen unter La Farinas Leitung, die Leute auf die Straße gebracht. Man verlangte laut den Fall der Minister: „Nieder mit den Ministern! es lebe der Diktator!" dieß war das Feldgeschrei.

Garibaldi nahm hierauf die Entlassung des Ministeriums an und es konstituirte sich am 26. sogleich ein neues Ministerium. Von den alten Räthen des Diktators blieb nur Orsini, der Kriegsminister; alle andern waren neu. Das Innere erhielt der Arzt La Loggia, die öffentliche Sicherheit Ludwig La Porta, den Kultus der Pater Lanza, Aeußeres und Handel Natoli, den öffentlichen Unterricht und die öffentlichen Arbeiten Daita, die Finanzen Di Giovanni, die Justiz Santoconale.

Am gleichen Tage ward auch ein Wahlgesetz publizirt, „in Erwägung, daß das sicilianische Volk bald berufen sein könnte, sein Votum über eine Annexion der Insel an die befreiten Provinzen Italiens, sei es durch direkte Abstimmung, sei es durch Vermittlung einer Repräsentantenversammlung abzugeben."

Die Wahlkommissionen, welche die Register der Stimmberechtigten in den Gemeinden anzufertigen und sonst alle Vorbereitungen betreffs der Abstimmung und der etwaigen Wahlen zu treffen hatten, sollten am 10. Juli zusammentreten und die Register der Stimmberechtigten bis zum 16. vollenden; sie am 18. durch Anschlag bekannt machen und bis zum 20. Reklamationen annehmen.

In Betreff der Abstimmungsart und des Tages der Abstimmung ward auf ein Dekret verwiesen, welches seiner Zeit nachfolgen würde.

Garibaldi hatte also äußerlich den wüthenden Annexionslustigen eine Konzession gemacht; indessen er hatte sich Zeit vorbehalten; bis Ende Juli etwa konnten erst sämmtliche Reklamationen gegen die Register der Steuerberechtigten erledigt sein und dann blieb es immer noch in Garibaldis Gewalt, neue Zeit zu gewinnen. Der Tag der Wahlen und der Abstimmung war ja erst noch festzusetzen; ferner konnte Garibaldi eine Repräsentantenversammlung berufen, statt über Annexion oder Nichtannexion, bedingte oder unbedingte, direkt abstimmen zu lassen. Zu dieser Versammlung mußte dann gewählt werden. Das Wahlgesetz ließ diese Sache ganz offen, es war eine bloße Vorbereitung auf alle Fälle. So kam man bis in den August hinein.

Bis zu diesem Zeitpunkt konnte sich aber noch vieles ändern. Begann das Kriegsgewirr von Neuem, so hinderte dieß Wahlen und Alles, was damit zusammenhängt, gab wenigstens Ursach oder Vorwand — wie man will — die Wahlen zu verschieben. Ging Garibaldi unterdessen auf das Festland über, so kamen dadurch wieder ganz andere Verhältnisse zum Vorschein.

Alles dieß war sehr leicht zu übersehen und sowie andere,

sahen es auch die Cavouristen, die unter La Farinas Leitung eben darauf ausgingen, dem Störenfried Garibaldi „das Handwerk zu legen“, die Früchte, welche er gesäet zu ernten und ihn gänzlich zu beseitigen, wenn er etwas anderes sein wollte, als cavourscher General Diese Partei wußte eben, daß die Befehle „anderswoher“, nämlich von Turin kämen, daß der Fall eintrete, für welchen Garibaldi erklärt hatte, daß er seine Hand vom begonnenen Werke ab und sich zurückziehen müsse.

Farina hörte daher auch nicht auf, für die sofortige Annexion weiter zu wühlen, Zweifel gegen Garibaldi, gegen dessen Absichten — wobei das rothe Gespenst in Gestalt Mazzinis die oft gethanen Dienste wieder versehen mußte, zu verbreiten, kurz zu verdächtigen und die Macht und Autorität zu untergraben, deren voller Bestand für Sicilien, wie für ganz Italien, jetzt so sehr nothwendig war.

Dieses Treiben wurde endlich dem Diktator zu bunt und er sah ein, daß man hier einmal ohne lange Federlesens zu machen, durchgreifen müsse. In der Nacht vom 7. auf den 8. Juli ließ er La Farina arretiren, ihn nebst noch zwei höchstverdächtigen Subjekten, korsikanischen Polizeispionen, Totti und Grisell, auf die Marie Adelaide packen und nach Genua spediren, wo La Farina schäumend vor Wuth am 11. Juli aus der Luft wieder ans Land gesetzt ward. Derjenigen, welche gegen dieß Verfahren des Diktators etwas Ernstliches einzuwenden wußten, waren wenige. Höchstens machte man ihm zum Vorwurf, daß er in der Anzeige der Andieluftsetzung La Farinas denselben mit zwei Kerlen wie Totti und Grisell in einen Topf geworfen habe. Aber das Ministerium Garibaldis war unzufrieden mit dessen Vorgehen. Garibaldi nahm dessen Entlassung ohne weiteres an und bestellte sogleich ein neues Ministerium. Orsini behielt den Krieg, La Loggia erhielt das Aeußere, Amari öffentliche Arbeiten und Unterricht, Errante Kultus und Justiz, Interdonato das Innere.

Mehrfach ward die Ausweisung La Farinas als ein Bruch

Garibaldis mit Cavour bezeichnet; in der That war sie kein Bruch, sondern nur eine offene Erklärung desselben; der Bruch selbst war lange vor der Ausweisung La Farinas vorhanden. Man sieht nun aber wie Cavour seit diesem Ereigniß daran verzweifeln mußte, selbst irgend etwas mit Garibaldi aufzustellen und deßhab spielte er in dem Augenblicke, der ihm geeignet schien, jenen Trumpf aus, den König Viktor Emanuel zu bestimmen, daß er an Garibaldi schreibe. Zu Neapel wie zu Palermo wußte man von diesem Brief lange ehe er an seine Adresse gelangte, ehe er noch geschrieben war.

Zu Neapel stimmte dieß zu jenem halben Entschluß, die Insel Sicilien gänzlich zu räumen, einem halben Entschluß, den Garibaldi ausbeutete, um Milazzo und die Stadt Messina desto leichter zu erhalten, ohne sich indessen irgend welche Bedingungen bezüglich seines Verhaltens zum Festlande auflegen zu lassen. Vielmehr hatte er den Uebergang auf das neapolitanische Festland sicher beschlossen.

Die Antwort Garibaldis auf den erwähnten Brief Victor Emanuels lautete:

„Sire! Euer Majestät ist die hohe Achtung und Liebe bekannt, welche ich für Sie hege. Aber die augenblickliche Lage der Dinge in Italien gestattet mir nicht, Ihnen zu gehorchen, wie ich es wünschte. Von den Völkern gerufen, hielt ich mich so lange zurück, als es mir möglich war. Aber wenn ich jetzt trotz aller mir zugehenden Aufforderungen zögerte, würde ich mich gegen meine Pflicht verfehlen und die heilige Sache Italiens gefährden."

„Erlauben Sie mir also dießmal, Sire, daß ich Ihnen ungehorsam sei. Sobald ich meine Aufgabe erfüllt, und die Völker von einem verabscheuten Joche befreit habe, werde ich meinen Degen zu Ihren Füßen niederlegen, und Ihnen bis an das Ende meiner Tage gehorchen. Joseph Garibaldi."

Dieses war für jeden Eingeweihten deutlich. Das neapolitanische Festland ruft mich, sprach Garibaldi, und ich werde dahin gehen, ohne mich im geringsten um die Wünsche und Pläne des Herrn Cavour und seiner Konsorten zu bekümmern.

Und in diesem Sinne handelte Garibaldi. Indessen war es noch nicht so leicht, den Uebergang zu bewerkstelligen, als es scheint. Wir werden von den Hindernissen und von den Vorbereitungen zu der Uebertragung des Kriegs auf das Festland im nächsten Abschnitte handeln.

Hier erwähnen wir nur noch, daß schon Ende Juni Garibaldi die Schleifung des Castellamare zu Palermo auf der Stadtseite dekretirte. Nur die nach dem Meere hin gelegene Seite sollte konservirt werden. Garibaldi gab mit diesem Dekrete den Wünschen der Bevölkerung von Palermo nach, welche in der alten Feste, die schon von den Sarazenen gegründet war, lediglich eine Zwingburg sah, und mit Jubel und haufenweise herbeiströmte, um an der Niederreißung der Mauern dieses Zwingpalermo mitzuarbeiten.

Dritter Abschnitt.

Vom Uebergange Garibaldis auf das neapolitanische Festland bis zum Falle von Capua.

Mitte August bis zum 3. November 1860.

1. Der neapolitanische Kriegsschauplatz.

Bevor wir den Uebergang Garibaldis von der Insel Sicilien auf das neapolitanische Festland erzählen, wollen wir einen Blick auf die Beschaffenheit dieses neuen Kriegsschauplatzes werfen, indem wir diejenigen Punkte und Linien besonders hervorheben, welche für die Kriegführung unter den gegebenen Umständen hauptsächlich wichtig erscheinen, oder wichtig für sie geworden sind.

Das neapolitanische Festland zählt auf 1535 Quadratmeilen 6,890000 Einwohner.

Im Westen ist es vom tyrrhenischen Meere und dessen Fortsetzung, der Meerenge von Messina bespült, im Osten vom adriatischen Meere, im Süden sendet das ionische Meer einen tiefen Busen, den Golf von Tarent in das Land hinein, welcher den Schuh Calabriens von dem apulischen Hacken sondert.

Neapel ist politisch in 15 Intendenzen oder Provinzen abgetheilt. Gehen wir von Süden nach Norden, so grenzen hier im Westen an den Meerbusen von Messina und das tyrrhenische Meer, im Osten an das ionische Meer und den Golf von Tarent Calabria ulteriore prima, Calabria ulteriore seconda, Calabria citeriore und die Basilicata.

Nördlich der Basilicata grenzen nur an das tyrrhenische Meer, während sie im Osten Landgrenzen haben, das Principato citeriore, Neapel und die Terra di Lavoro.

Wieder von Süden angefangen grenzt an das adriatische Meer im Osten, an den Golf von Tarent im Westen die Terra d'Otranto. Nördlich davon grenzen nur im Osten an das adriatische Meer, dagegen im Westen ans Land die

Terra di Bari, die Capitanata, Molise, Abruzzo citeriore und Abruzzo ulteriore primo.

Die beiden einzigen Provinzen, welche nur Landgrenzen haben, sind das Principato ulteriore zwischen dem Principato citeriore und der Capitanata, dann Abruzzo ulteriore secondo zwischen Abruzzo ulteriore primo und der Terra di Lavoro.

Die Apenninen durchziehen das ganze neapolitanische Festland von der Grenze der päpstlichen Staaten ab, zunächst unter dem Namen der Abruzzen, dann als eigentlicher Südappennin bis zu der Nordgrenze Calabriens als ein breiter vielverzweigter Rücken, dessen Kamm eine Durchschnittshöhe von 2500 und Gipfel von 5000 Fuß Höhe hat. Im Norden treten die Verzweigungen bis dicht an beide Meere, fruchtbare und tiefgelegene, aber nicht sehr bedeutende Küstenebenen freilassend; weiter südlich treten sie nur an das tyrrhenische Meer scharf heran, während sie im Osten sich allmälig zu den weiten, wasserarmen Weidebenen Apuliens abflachen, die fast die ganze Terra d'Otranto und Terra di Barri und den größten Theil der Capitanata einnehmen.

Die calabrischen Apenninen mit einer Kammhöhe von 4000 und Gipfeln von 6000 bis 7000 Fuß Höhe treten an das tyrrhenische Meer und die Straße von Messina auf der einen, an den Golf von Tarent auf der andern Seite scharf heran und zwar gesondert in zwei Massen, eine nördliche und eine südliche, deren Grenze man etwa bei Nicastro in Calabria ulteriore seconda suchen kann.

Die beiden Hauptverkehrsstraßen des Landes sind durch den Hauptkamm der Apenninen von einander geschieden. Die westliche Hauptverkehrsader ist die sogenannte Konsularstraße. Sie geht von Reggio im Süden über Scilla, Monteleone, Castrovillari, Lagonegro, Sala, Eboli, Salerno, Neapel, Capua, Molo di Gaeta nach Terracina, wo sie auf das päpstliche Gebiet übertritt. Diese Straße, die Hauptmilitärstraße des Königreichs Neapel, ist fast durchweg gut und gut erhalten. Die Städte liegen meist seitwärts und nicht selten auf unbequeme Weise weit entfernt von ihr auf schwer zugänglichen Höhen; an der Straße findet man aber in angemessenen Abständen zahlreiche Tavernen. Es scheint fast, als hätte man bei der Anlage und dem Ausbau dieser Straße weit mehr militärische Verhältnisse als diejenigen des Handels und Verkehrs im Auge gehabt und darauf gerechnet, den Soldaten bequem von der Berührung mit dem Landesbewohner fern halten zu können.

Die östliche Hauptader geht von Lecce im Süden über Massafra, Bari, Molfetta, Barletta, Foggia nach Pescara; sie ist bei Weitem nicht in so gutem Zustande als die westliche Straße.

Erwähnenswerthe Querverbindungen sind:

1) Der Weg von Gerace nahe dem ionischen Meer über den Passo del Mercante unter dem Colle Motulo vorbei nach Gioja am adriatischen Meere; im östlichen Theil bis Casalnuovo nur von Infanterie und Saumthieren zu passiren.

2) Der Weg von Soverato nuovo am ionischen Meer über Chiaravalle und Vallelonga zur Mündung des Angitolaflüßchens in den Golf von Sant Eufemia (nördlich des Pizzo), ein verhältnißmäßig guter Weg.

3) Die gute Straße von Catanzaro am ionischen Meer (Golf von Squillace) über Tiriolo und dann längs des Lamato über Nicastro nach S. Eufemia bis zum adriatischen Meer.

4) Die gute Straße von Paola am tyrrhenischen Meer über Rende nach Cosenza und der Weg von Rossano am ionischen Meer nach Tarsia an der Konsularstraße.

5) Die Straße von Bari am adriatischen Meer über Gioja und Potenza nach Auletta an der Konsularstraße.

6) Die große Straße von Foggia über Ariano und Avellino nach Neapel.

Von Wegen, welche den nördlichen Theil Neapels mit dem päpstlichen Gebiete verbinden, erwähnen wir vorzugsweise noch die folgenden:

1) Von Capua über S. Germano und Frosinone nach Rom;

2) von Capua über Venafro, Isernia, Aquila und Leonessa;

3) von Chieti über Cività di Penne und Teramo nach Ascoli.

An Eisenbahnen existirten im Königreich Neapel:

1) diejenige von der Stadt Neapel nach Salerno oder vielmehr nach den beiden Aufnahmsstationen La Cava und Vietri bei Salerno;

2) von der Stadt Neapel über Caserta nach Capua mit einer Zweigbahn nach Nola.

Alle Straßen, welche hier nicht erwähnt worden sind, befinden sich, wenn nicht auf ihrer ganzen, doch auf ihrer größten Erstreckung in einem schlechten Zustande, insbesondere aber gilt dieß von den sämmtlichen Gebirgsstraßen.

Die Flüsse der Westseite, von denen hier allein die Rede sein soll, sind sämmtlich unbedeutend, für mäßige Flußfahrzeuge nicht schiffbar und im Sommer bei der Trockenheit an vielen Stellen zu durchfuhrten. In Calabrien, in der Basilicata und dem Principato citeriore findet man auf der Westseite nur kurze gießbachähnliche Küstenflüsse (Fiumare); der erste bedeutendere Fluß, den man von Süden nach Norden gehend zu überschreiten hat, ist der Sele, welcher sich bei Auletta durch die Gewässer des Calore verstärkt; letzterer Zufluß begleitet von Casalnuovo bis gegen Auletta hin die Konsularstraße oder gibt ihr vielmehr in seinem stellenweise ziemlich erweiterten Thale Raum; der untere Sele selbst fließt in der deltaförmigen Niederung, die sich von Auletta bis nach Salerno nordwärts, bis nach Pesto südwärts ausdehnt.

Ein zweiter bedeutenderer Fluß ist der Volturno, dessen Thal sich von Capua abwärts, mehr auf seinem linken als auf seinem rechten Ufer zu der reichen südlichen Ebene der Terra di Lavoro erweitert, die dann in die Ebene von Neapel übergeht, aus welcher der einsame vulkanische Kegel des Vesuv aufsteigt.

Der dritte wichtigere Fluß endlich ist der Garigliano, dessen unteres Thal minder erweitert als jenes des Volturno von letzterem durch niedere Hügelreihen geschieden ist.

Die hauptsächlichsten Ortschaften, welche uns hier interessiren, sind in Calabria ulteriore prima Reggio, Scilla und Palmi.

Reggio mit 25000 Einwohnern und einem alten Fort ist die Hauptstadt der Provinz; zwischen dieser Stadt und Scilla liegen längs der Küste mehrere sogenannte Forts zur Bewachung der Meerenge von Messina. Sie sind eigentlich bloße Küstenbatterien mit schwach oder gar nicht befestigten Kehlen, mit einem Thurm ein jedes zur Beherbergung der kleinen Besatzung, von den über ihnen aufsteigenden Höhen her dominirt und wie alle Cordonsbefestigungen ohne wirklichen Werth. Eine glückliche Landung an irgend einem Punkt der Küste und sie sind sämmtlich umgangen, ihre Besatzung kann nichts besseres thun, als sie räumen und den Rückweg suchen, so gut er sich finden lassen will.

In Calabria ulteriore seconda bemerken wir Tropaea, il Pizzo, Mileto, Monteleone, Tiriolo, Maida, Catanzaro.

Pizzo liegt tief und düster unterhalb der Hauptstraße, von der man mühsam zu ihm hinabsteigt, hart am Meeresstrande. So dunkel wie sie selbst sind ihre Einwohner, die Reaktion kann kein besseres Nest finden und man begreift, daß sich diese verkommene Bevölkerung den Titel der allergetreusten von den Bourbonen verdiente, nicht bloß indem sie den hier 1815 gelandeten Murat gefangen nahm, der in ihren Mauern erschossen ward. Durch die Höhen des Kap Zambrone vom Pizzo getrennt liegt gleichfalls hart an der Meeresküste Tropaea, aber wie jenes in der Tiefe, so dieses auf einem ins Meer vorspringenden Felskegel, so daß man zu Tropaea mit eben so viel Mühe hinaufsteigt, als zum Pizzo hinab, ohne aber eben in der Höhe mehr Licht hier zu finden als dort in der Tiefe. Jede dieser Städte hat einen unbedeutenden Hafen;

18*

einigermaßen größere Dampfer müssen namentlich bei Tropaea mehrere hundert Schritt vom Lande entfernt bleiben. Jede der Städte hat etwa 5000 Einwohner.

Eine gute Straße von Tropaea nach dem Pizzo geht über Monteleone mit einem alten Schloß und 7000 Einwohnern, welche Oel und Seidenbau treiben. Mileto in der Nähe der alten gleichnamigen Residenz der Normannenfürsten mit 4000 Einwohnern ist ein ganz modernes Städtchen. Catanzaro, die Hauptstadt der Provinz mit 10000 Einwohnern, ist besonders durch seine Käsefabrikation bemerkenswerth.

Maida, Tiriolo, Soveria, letzteres ganz an der Nordgrenze der Provinz erwähnen wir zunächst, weil sich über sie die neue Hauptstraße von Monteleone nach Cosenza zieht, nicht wie fälschlich auf den meisten Karten angegeben, über Nicastro. Maida ist außerdem kriegsgeschichtlich erwähnenswerth, wegen des Treffens, das daselbst am 4. Juli 1806 die bei Sant Eufemia gelandeten Engländer, unterstützt von calabresischem Landsturm, den Franzosen unter Reynier lieferten und welches gewöhnlich als Beispiel für die angebliche Ueberlegenheit der Linie über die Kolonne figuriren muß.

In Calabria citeriore sind nennenswerth Cosenza, Paola und Castrovillari. Die Provinzhauptstadt Cosenza mit 12000 Einwohnern liegt an den Flüssen Crati und Busento (Buzenzo), welche von hier ab vereinigt, dem ionischen Meere zuströmen. Paola, unfern dem tyrrhenischen Meer, jedoch auf der Höhe, hat eine verhältnißmäßig bedeutende Industrie, besonders in Seide, und eine gute Rhede.

Von den Städten der Basilicata nennen wir nur die Hauptstadt Potenza mit 10000 Einwohnern und Lagonegro, an der Konsularstraße, die sich hier dem Meere beträchtlich nähert, um sich später ins Principat hinein wieder von ihm zu entfernen. Lagonegro ist durch eine gute neuere Straße mit dem Meere bei dem jetzt kleinen, aber immer noch guten, einst berühmten Hafen von Sapri verbunden. Sapri steht zum Theil auf den Ruinen der alten Römerstadt Vibona; in neuerer Zeit ist es wieder durch die unglückliche Expedition Pisacanes, welcher 1857 hier landete, bekannt geworden. Es liegt bereits im Principato citeriore, in welchem sich die weiteren Städte Padula, la Sala, Diana, Auletta, Eboli und Salerno befinden, mit Ausnahme des letztern sämmtlich auf die Höhen geflüchtet. Auletta ward zum großen Theil von dem Erdbeben von 1857 zerstört.

Salerno ist eine freundliche Hafenstadt von etwa 25000 Einwohnern mit weitgedehnten, doch im Ganzen nicht viel bedeutenden Befestigungen, die sich auf der Höhe an die alte Cittadelle anlehnen. Nördlich von Salerno zwischen diesem und Nocera befindet sich die viel genannte Stellung von La Cava zwischen dem Monte Caruso im Osten und der sich gegen Sorrent hinab erstreckenden Kette des Monte S. Angelo im Westen, welche sich schließlich noch in der Insel Capri fortsetzt.

In der Provinz Neapel haben wir außer der Hauptstadt selbst nur noch den Hafen Castellamare zu nennen. Neapel ist eine Stadt, welche sich der halben Million Einwohner stark nähert. Sie ist offen, hat aber sechs Castelle, welche freilich mehr geeignet sind, einem Volksaufstande zu begegnen, als einem Feinde, der von außen her kommt, bange zu machen und Arbeit zu geben.

Vier von den Castellen liegen am Meere und zwar, von Osten nach Westen gezählt Castello del Carmine, nach dem Aufstand Masaniellos 1647 erbaut; Castel nuovo, ein ziemlich regelmäßiges Viereck, grad am Hafen, angeblich schon 1283 begonnen; Castell del uovo, auf einer langgestreckten Landzunge im Meere und darüber hoch in der Stadt Pizzo falcone.

Castello Capuano oder die Vicaria war früherhin Residenz der Könige von Neapel; es liegt am capuanischen Thor. Castell S. Elmo, eine sechseckige unregelmäßige Sternschanze auf einer steilen Felshöhe im Westen der Stadt ist die eigentliche Cittadelle oder vielmehr Zwingburg Neapels.

die von dorther nach Sicilien sich begeben hatten, mindestens, und wiederum war die Zahl von 48000 Kriegern, wenn man aus Sicilien auch nur ein sehr mäßiges Kontingent hinzuschlug, anscheinend keine übertriebene.

Wir wollen nun auch eine Rechnung anstellen, über welche Kräfte Garibaldi Ende Juli wirklich disponirte. Was die aus Norditalien herübergekommenen Expeditionen betrifft, so zählen wir unserer Meinung nach hoch, aber wir lassen Alles das aus, was zwar mit der oder jener Expedition gehen wollte, aber nicht ging; ferner Alles das, was mit einer Expedition nach Sicilien nur deßhalb abging, um sich möglichst bald aus der Zahl der Combattanten zu drücken, eine Vergnügungsreise nach dem Süden auf allgemeine Kosten zu machen oder sich in Civilstellen in Sicilien oder Neapel einzuschmuggeln. Die Schilderung der nähern Verhältnisse, welche hier mitspielen, gehört nicht in die allgemeine Geschichte und wir müssen sie einem andern Orte vorbehalten.

Es kamen also aus Oberitalien:

Die erste Expedition, welche bei Marsala landete	1085 M.
Die Expedition Medici	2500 „
Die Expedition Cosenz	1600 „
Die Expedition Sacchi, welche am 19. Juli von Genua abging und Anfangs August über Milazzo nach Spadafora vorgeschoben ward	1500 „
Kleinere Expeditionen von Genua und Livorno	1600 „

Dieß gibt im Ganzen etwa 8300 M., von denen etwa 1000 M. auf den Schlachfeldern Siciliens den Tod gefunden hatten oder verwundet waren, so daß sie noch eine Zeit lang in den Spitälern der Insel zurückbleiben mußten. Um aber diesen Verlust so gering als möglich anzuschlagen, wollen wir rechnen, daß von Freiwilligen aus Norditalien 8000 zum Uebergang nach dem neapolitanischen Festland verfügbar waren.

Dazu kamen dann, wenn man die bloßen Nationalgarden abrechnet, ferner die Depots, welche oft mehr auf dem Papier als in der Wirklichkeit bestanden, die ganz unabhängigen Freiwilligenkorps, endlich die Truppen, welche in Messina zur Beobachtung der Cittadelle zurückgelassen werden mußten, noch etwa 4000 Sicilianer, welche von den Kolonnen Bixios, Ebers und Medicis bei dem Marsche durchs Innere gegen die Ostküste hin in die verschiedenen Korps eingereiht waren.

Die ganze aktive Operationsarmee Garibaldis zählte demnach „angelogen" 12000 M. Von dieser faktischen Stärke überzeugte sich Garibaldi selbst erst in den letzten Momenten, bevor er Ernst machen wollte. Denn die verschiedenen Kommandanten hatten, um sich mehr Ansehn und Bedeutung zu geben, ihre Rapporte immer eher höher als tiefer gehalten, den ganzen unnützen Schwanz, auf den sie nie rechnen konnten, mitgezählt und ihre Hoffnungen auf das, was sie noch in nächster Zeit zusammenzubringen gedachten, als Wirklichkeit behandelt.

Genügten jene 12000 Mann? Man konnte sagen: Garibaldi ist mit 1000 M. bei Marsala gelandet und in 14 Tagen war die ganze westliche Hälfte der Insel Sicilien, ja fast ganz Sicilien sein. Dagegen ließ sich aber folgendes aufführen: Garibaldis Landung bei Marsala war eine Ueberraschung; außerdem war die Insel Sicilien seit dem 4. April in vollständiger aktiver Revolution; der Haß der Sicilianer gegen die Neapolitaner unterstützte Garibaldi gewaltig. Dazu kam die Unentschiedenheit am Hofe von Neapel. Jetzt kann der Hof von Neapel unmöglich noch überrascht werden; die Verluste an Truppen, welche die neapolitanische Armee während des Kampfes auf der Insel Sicilien erlitten hat, sind so äußerst geringfügig, daß sie kaum ins Gewicht fallen. Streicht man auch von den gewöhnlichen Angaben über die Stärke der neapolitanischen Armee ein gut Theil weg, so werden doch immer noch 100000 M. übrig bleiben; diese werden beständig verstärkt, insbesondere auch durch Anwerbungen von österreichischen und bayrischen Soldaten. Freilich ist auch Calabrien schon unruhig, hat doch Antonio Garcea schon Ende Mai die Calabresen zu den Waffen gerufen; indessen merkt man noch nichts von einem großen Erfolg und kleine Detachements der neapolitanischen Truppen werden hier wie an andern Orten wohl ausreichen, um den ernsten Ausbruch des Aufstandes auf dem neapolitanischen Festland niederzuhalten. So mag der König immerhin trotz aller Zersplitterung seiner Streitkräfte, zu welcher er gezwungen sein kann, vermögen, den Garibaldinern 50000 bis 60000 M. konzentrirt entgegenzustellen. Gegen eine solche Uebermacht zu kämpfen ist aber eine gewagte Sache, mag die Beschaffenheit jener neapolitanischen Truppen noch so gering sein. Uebrigens ist es noch nicht ausgemacht, daß diese Truppen durch und durch schlecht sein müssen. Wenn man klug genug ist, Garibaldi in erster Linie Truppen entgegenzustellen, welche noch nicht in Sicilien mit ihm in Berührung gekommen sind, welche durch die dortigen Ereignisse noch nicht demoralisirt sind, so fragt es sich noch sehr, ob diese sich nicht ganz gut schlagen, zumal wenn sie in der Gesinnung der Bevölkerung eine Stütze finden, wenn diese ihnen nicht vollkommen feindselig entgegentritt, ja sich ihnen vielleicht gar zuneigt. Angenommen, diese Zustände machen sich noch nicht in Calabrien bemerkbar, so ist es doch immer möglich, daß sie es im Norden thun, und mag nun Garibaldi ganz Calabrien siegreich durchziehn und verliert er weiter nordwärts nur eine entscheidende Schlacht, was soll er dann mit seinen 12000 M. beginnen, um den Schlag wirksam auszugleichen? falls er überhaupt zur Zeit dieser entscheidenden Schlacht noch über 12000 M. verfügt, eine Sache, die nicht gerade absolut wahrscheinlich ist, da er doch wohl gezwungen sein kann, Detachements in Calabrien zurückzulassen. Ohne allen Zweifel trägt an der schimpflichen Niederlage der Neapolitaner in Sicilien auch die Unfähigkeit ihrer Generale einen großen Theil der Schuld. Aber ist es denn ausgemacht, daß alle neapolitanischen Generale unfähig sind? soll man nicht vielmehr mit

Fug und Recht annehmen, daß sich auch fähigere Kräfte unter ihnen finden; ja wird nicht die Noth lehren, tüchtigere jüngere Männer mit der Führung der Truppen zu betrauen, zu welcher die älteren in Sicilien sich unfähig bewiesen haben? Ist es selbst nicht möglich, daß Lamoricière, wovon schon gesprochen wird, die von ihm befehligte päpstliche Armee mit der neapolitanischen vereinige und nun über die vereinigten das Oberkommando übernehme? Wird nicht der Ruf dieses Führers auch den neapolitanischen Soldaten einen andern Geist einflößen und wird Lamoricière, der in Afrika mit Erfolg gegen die Araber gefochten hat, so leicht als alte neapolitanische Generale sich von der Kühnheit Garibaldis, seinen „Flibustierkunststücken" imponiren lassen?

Dieß waren ernste Betrachtungen und Garibaldi hatte alle Ursache sie anzustellen. Er unterließ dieß auch durchaus nicht und kam zu dem Resultate, daß er Verstärkungen suchen oder, was die gleiche Folge haben muß, den Feind irgendwie schwächen, im Wesentlichen zersplittern müsse.

Die Mittel, welche sich zu dem letztern Ziele darboten, waren: bevor man ernstlich mit der ganzen Kraft auf dem neapolitanischen Festlande auftrete, kleine Landungen zu veranstalten, bald hier bald dort, vorzugsweise an Punkten, an welchen man bereits Einverständnisse hatte. Die Landungen an den verschiedenen Punkten machten den Hof von Neapel irre, flößten ihm Besorgnisse für das ganze Küstengebiet, auch vielleicht für die Hauptstadt Neapel selbst ein, veranlaßten ihn dadurch, was freilich ein entschiedener militärischer Fehler ist, ein Fehler jedoch, der nicht bloß häufig, ja fast in der Regel begangen, sondern auch vor dem regelmäßig nachhinkenden Mißerfolg nicht selten als höchste Weisheit gepriesen und dann immer erst nachher betrauert wird, — veranlaßten ihn dadurch, seine Truppen, soweit sie für den aktiven Operationsdienst verfügbar waren, in einen dünnen Grenz-, hier Küstenkordon zu zersplittern. Ließ man nun mit den Landungsdetachements noch Leute gehen, die aus dem Neapolitanischen gebürtig, in dessen verschiedenen Provinzen Bekanntschaften und Einfluß hatten, Leute zugleich von militärischen Kenntnissen und militärischer Begabung, — bisherige Flüchtlinge, so konnten sie dort, wo eine Landung gelang, der Neigung zum Aufstande eine militärische Form geben und das Wesen bloßer Räuberbanden in das Wesen einer wirksamen Volksbewaffnung verwandeln.

Garibaldi beschloß, sich dieses Mittels zu bedienen und seine Wirksamkeit durch die Aussprengung verschiedenartiger und verwirrender Gerüchte zu erhöhen. Wie dieses Mittel einen Erfolg hatte, auf welchen selbst Garibaldi kaum rechnen konnte, werden wir alsbald sehen. Garibaldi konnte nicht im Voraus wissen, wie weit der Erfolg reichen werde und wie günstig auch Alles sich machte, immerhin mußte er eine Verstärkung desjenigen Theiles seiner Streitmacht wünschen, über welchen er unmittelbar und mit Sicherheit verfügen konnte.

Eine solche Verstärkung stand nun Anfangs August für Garibaldi so gut als bereit. Es war jene kleine Armee, welche bei ihrem Ausbruch aus Oberitalien den Namen Division oder Expedition Terranova annahm.

Die Expedition Terranova war durch die Thätigkeit Mazzinis und des als Vertreter Garibaldis zu Genua zurückgelassenen Dr. Bertani behufs eines Unternehmens gegen den Kirchenstaat organisirt worden. Oberbefehlshaber desselben war der Oberst Pianciani, Generalstabschef der Oberst W. Rüstow, welche beide vorzugsweise die Organisation geleitet hatten. Die Stärke der Expedition belief sich auf etwa 9000 M. Eingetheilt ward dieses kleine Heer in sechs kleine Brigaden. Die vier ersten Brigaden sollten nach dem Plane, wie er vor den dazwischen kommenden Hindernissen definitiv festgestellt war, von Genua und la Spezzia auslaufend sich zunächst bei Monte Christo sammeln und von dort aus bei Montalto an der päpstlichen Küste landen, um nun unter Vermeidung eines Zusammenstoßes mit den Franzosen in der Richtung auf Viterbo oder Montefiascone gegen den linken Flügel der Armee

Lamoricières vorzudringen und über den Haufen zu werfen, was ihnen vereinzelt begegne, überlegenen und gesammelten Streitkräften aber auszuweichen; die fünfte Brigade, in Toscana formirt, sollte von dort aus zu Lande vorrückend, sich der Stadt Perugia bemächtigen und dann vereint mit den bei Montalto gelandeten Brigaden operiren. Die sechste Brigade, in der Romagna gebildet, sollte einige Tage vor der Landung in die Marken einfallen und die Aufmerksamkeit Lamoricières auf sich ziehen, um solchergestalt die Operationen der Landung und auf Perugia zu erleichtern. Späterhin sollte das ganze kleine Heer durch die Abruzzen das Königreich Neapel gewinnen und seine Verbindung mit der Hauptmacht Garibaldis bewerkstelligen.

Es versteht sich von selbst, daß die Anwerbung — oder wie man es nennen will, — und Organisation dieser 9000 M. nicht ohne vieles Gerede vor sich gehen konnte. Die piemontesische Regierung, welche Ende Juli um jeden Preis die revolutionäre, eigentlich nationale Thätigkeit neutralisiren wollte, konnte selbstverständlich von ihrem beschränkten Standpunkt aus nicht mit dem Plane der römischen Expedition zufrieden sein.

In der gleichen Zeit, da Cavour den König Viktor Emanuel bewogen hatte, an Garibaldi zu schreiben, um diesem von dem Plane des Ueberganges auf das neapolitanische Festland abzurathen und während Garibaldis Antwort noch erwartet wurde, wurde von der piemontesischen Regierung Farini nach Genua gesendet, um durch Praktiken beliebter Art auf Bertani zu wirken und die Expedition ins Römische zu verhindern oder dieselbe dergestalt abhängig von der piemontesischen Regierung zu machen, daß letztere die Bestimmung jener nach Willkür verändern könne.

In den letzten Tagen des Juli schloß demnach Farini mit Bertani eine Art Konvention, vermöge welcher die piemontesische Regierung sich verpflichtete, die Organisation der römischen Expedition nicht verhindern, vielmehr ihr, soweit es ohne allzu auffällig zu werden, möglich sei, ihr Vorschub leisten zu wollen, wogegen Bertani sich verpflichten sollte, die Expedition zuerst nach einem Hafen Siciliens zu expediren, von wo sie dann gehen könne, wohin sie wolle, dieselbe ferner nicht auf einmal, sondern in einzelnen kleinern sich von Tag zu Tag oder von zwei zu zwei Tagen folgenden Staffeln, nicht aus einem sondern aus verschiedenen Häfen zu entsenden. Die sardinische Regierung sollte hinwiederum gestatten, daß die Expedition sich an der Nordostküste der Insel Sardinien, an den Küsten des Orangengolfes und der Bucht von Terranova sammle, wo auch die Bewaffnung vorgenommen werden sollte. Nach diesem angenommenen Sammelplatz ward die Expedition — Expedition Terranova genannt, wobei allerdings der Nebengedanke mit unterlief, daß sie nicht nach Sicilien, sondern nach einem neuen andern Lande bestimmt sei.

Bertani, welcher die Hoffnung hatte, daß Garibaldi, wie es auch nach Früherem und noch nach einem Befehle vom 30. Juli, der freilich fast 14 Tage später nach Genua gelangte, anzunehmen war, durchaus mit der Expedition ins Römische einverstanden sei, daß ferner Garibaldi selbst die ersten Schritte der Expedition auf dem römischen Gebiete leiten werde, so daß kein Zweifel darüber bleiben könne, sie handle auf sein Geheiß, — Bertani begab sich in den ersten Tagen des August selbst nach Sicilien, um dort mit Garibaldi das Nähere zu verabreden.

In der Nacht vom 7. auf den 8. August verließ die erste Staffel der Expedition Genua, und es folgten ihr von Genua und la Spezzia aus die übrigen der Verabredung mit Farini gemäß so, daß am 13. auch der Generalstab der Expedition von Genua abgehen konnte, wo nur noch ein kleiner Theil der vier ersten Brigaden zurückblieb. Die Führer der Expedition hofften, daß ihnen der Umweg über Sicilien werde erspart werden und daß sie von Terranova aus direkt nach Montalto an der römischen Küste würden übersetzen können. Den Führern der 5. und 6. Brigade, in Toscana und in der Romagna, waren entsprechende Instruktionen ertheilt worden.

Unterdessen aber hatten sich die Verhältnisse auf zwei Seiten der Art herausgestellt, daß von diesen beiden her gleicher Weise auf die Ablenkung der Expedition von ihrem ursprünglichen Ziele hingearbeitet ward.

Die Regierung von Piemont hatte Kenntniß von der Antwort erhalten, welche Garibaldi auf das Abmahnungsschreiben Viktor Emanuels ertheilt hatte. Garibaldi wollte nicht hören. Die piemontesische Regierung hatte immer noch die Aussicht, daß in Neapel eine Revolution ihrer Art, wie sie dieselbe wünschte, eine Palastrevolution oder eine ähnliche andere ausbreche, bevor Garibaldi die Hauptstadt Neapel erreiche, wenn derselbe auch ohne Säumen auf das calabrische Ufer überginge. Diese Aussicht ward etwas gestört, die Fäden gingen in höherm Grade verloren, wenn durch das Zustandekommen der römischen Expedition eine neue Verwicklung im Norden Neapels entstand. Ganz offen der Expedition Terranova entgegentreten konnte die piemontesische Regierung nicht, weil diese Expedition die öffentliche Meinung in ganz Norditalien in hohem Maße für sich hatte. Man konnte der Expedition auf Grund der Konvention von Genua zwischen Bertani und Farini noch allerlei kleine Schwierigkeiten in den Weg legen, gebaut vornämlich auf den Geldmangel, der in den letzten Tagen vor dem Abgang in den Kassen der Expedition herrschte, man konnte diesem Geldmangel Dauer geben, die Gratistransporte der Freiwilligen auf den Staatsbahnen einstellen und was dergleichen Mittel mehr waren. Indessen dieß Alles verschlug nicht; die piemontesische Regierung wußte recht gut, daß diese kleinen Hindernisse, welche sie allerdings zu bereiten nicht verschmähte, besiegt werden würden. Sie traf daher Anstalten, die Expedition in jedem Fall nach Sicilien hinüberzuleiten. Die Konvention von Genua gab dazu, weil nach ihr die Expedition in eine Anzahl kleiner Staffeln zerlegt ward, bequeme Gelegenheit. Die Reise Bertanis nach Sicilien gab den Grund dazu her, daß man sich nicht auf sein Wort verließ, sondern noch ein Avisoschiff, die Gulnara, im Hafen von Terranova stationirte; und dessen Befehlshaber ward angewiesen, die Kommandanten der einzelnen Staffeln der Expedition, sobald sie im Orangengolf und in der Bucht von Terranova eintreffen würden, zum sofortigen Weitersteuern nach Palermo durch Befehle, Schmeicheln, Drohungen, kurz alle möglichen Mittel zu veranlaßen. Außer verschiedenem Gerede, welches über die Reise Bertanis nach Sicilien umhergetragen ward, war auch dieses, — und dieses allerdings nicht unbegründet, — daß er von Garibaldi einen Befehl zum unmittelbaren Uebergang nach dem Römischen erwirken wolle, also ein Verfahren gegen die Konvention. Dieser vorausgesetzten Konventionsverletzung glaubte die piemontesische Regierung mit einer andern Konventionsverletzung zuvorkommen zu dürfen, indem sie den vier ersten Brigaden der Expedition den von ihr selbst bestimmten Sammelplatz an der Küste der Insel Sardinien nahm.

Durch das Spiel der Umstände ereignete sich, daß die piemontesische Regierung dießmal ganz im Sinne Garibaldis handelte. Als Bertani auf der Insel Sicilien mit dem Diktator zusammentraf, hatte dieser bereits die wirkliche Stärke seiner Streitkräfte erkannt und beschlossen, zu deren direkter Verstärkung die Expedition Terranova nach Sicilien zu ziehen. In diesem Sinne ward er auch von einem Theil seiner Führer bearbeitet, welche durch die fette Division Terranova ihre eignen magern Divisionen aufzufüttern gedachten. Und wenn man bedenkt, wie gewisse Leute nach der Auflösung der Südarmee sich innigst an Cavour anschlossen, kann man sich des Verdachtes kaum erwehren, daß sie auch schon vorher mit Cavour in gleicher Richtung in Allem, was sich auf die Division Terranova bezog, arbeiteten.

Kehren wir nun zu den Operationen zurück.

Zur Bewachung der westlichen Küsten des südlichen Calabriens hatte die neapolitanische Regierung schon am Ende des Mai und Anfangs Juni zwei Brigaden unter den Generalen Briganti und Melendez aufgestellt. Briganti hütete den Küstenstrich südlich von Bagnara mit dem Zentralpunkt Reggio; nördlich Bagnara bis Nicotera und gegen Tropaea hinab kommandirte Melendez. Die Truppen, über welche beide verfügten, wurden auf 10 bis 12000 M. angeschlagen; die eben so starke Reserve unter dem General Viale war um Monteleone konzentrirt. Nach einer Inspektionsreise des General Marra in Südcalabrien ward beschlossen, die gesammte Truppenmacht in diesem Landestheile bis auf 30000 M. zu bringen.

In der Nacht vom 8. auf den 9. August schiffte Garibaldi bei Torre di faro auf 20 Barken 400 M. ein, welche als Avantgarde gegenüber an der calabrischen Küste landen, sich ins Innere schlagen und den Aufstand in Südcalabrien organisiren sollten. Das Detachement theilte sich in mehrere Abtheilungen; eine dieser Abtheilungen ward an der Batterie von Altafiumara zwischen der Punta del Pezzo und Torre del Cavallo von einem lebhaften Feuer empfangen und mußte das Weite suchen. Dagegen gelang es einer andern Abtheilung von 150 M. unter dem Kommando Missoris, bei welchem sich auch einige Insurgentenführer, geborene Calabresen, befanden, unbemerkt bei Cannetello nahe der Punta del Pezzo ans Land zu kommen. Missori theilte seine Leute in mehrere Kolonnen; Führer aus dem Lande fanden sich ein und brachten die Truppe Missoris auf unbetretenen Gebirgspfaden durch die neapolitanischen Truppen hindurch nach den drei Meilen vom Landungsplatze entfernten Höhen von Aspromonte; hier ruhte Missori aus; die Calabresen brachten Lebensmittel herbei und viele von ihnen schlossen sich dem Häuflein Missoris an. Dieser glaubte, so verstärkt, Bagnara angreifen und hiedurch die Landung größerer Streitkräfte Garibaldis erleichtern zu können. Er marschirte in der Nacht vom 10. auf den 11. gegen Bagnara und griff die Neapolitaner daselbst am Vormittag des 11. an. Bald überzeugte er sich, da Verstärkungen der Königlichen herankamen, daß deren Uebermacht zu groß sei, und zog sich nach kurzem Scharmützel in die Berge wieder zurück.

Aehnliche kleine Landungen, die auf gar keinen Widerstand stießen, fanden an denselben Tagen an der Ostküste Südcalabriens bei Bovalino und Bianco statt.

Die beiden neapolitanischen Dampfer Ettore Fieramosca und Fulminante, welche im Faro von Messina kreuzten, hatten von der Landung Missoris gar nichts bemerkt, bald hier bald dorthin gerufen, fanden sie, wohin sie auch kamen, nichts mehr von den Gelandeten vor. Melendez, welcher große Lust hatte, sich ins Innere gegen die von Missori gesammelten calabresischen Insurgenten zu wenden, um sie zu zerstreuen, getraute sich doch die Küste nicht zu verlassen, ohne daß von Seiten der Flotte deren Sicherheit gegen neue Landungen auf drei Tage verbürgt werde. Da diese Bürgschaft nicht gegeben ward, blieb er in seinen weitläufigen Stellungen an der Küste.

Garibaldi hatte den Hauptangriff auf Calabrien noch verschoben, um erst selbst sich nach dem Golfe der Orangen zu begeben und von dort die Expedition Terranova heranzuholen. Er hielt dieß für nöthig, da man ihm gesagt hatte, daß die Mehrheit der Expedition keiner andern Bestimmung folgen wolle, als derjenigen nach dem Römischen.

Garibaldi übergab am 12. August den Oberbefehl am Faro dem General Sirtori, seinem Generalstabschef, trug diesem auf, die Vereinigung von Barken bei Torre di Faro zu vollenden, ebenso die dortigen Batterieen, und schiffte sich auf dem Washington ein. Ausgesprengt ward, was nach dem Briefe Viktor Emanuels und der Antwort, welche Garibaldi darauf gegeben hatte, nicht ganz so unwahrscheinlich war, daß dieser nach Turin berufen sei, um dort Rechenschaft von seinem Verfahren abzulegen und daß er diesem Rufe nun folge. In der Nacht vom 13. auf den 14. befand sich Garibaldi im

Hafen von Castellamare bei Neapel und machte hier einen Versuch zur Entführung des neapolitanischen Linienschiffes Monarca. Dieser Versuch mißglückte, doch hatte das Erscheinen Garibaldis im Hafen von Castellamare die Folge, daß die Königlichen in der Hauptstadt wiederum ganz irre wurden und nun auch einen Landungsversuch bei Neapel selbst oder in dessen nächster Nähe zu fürchten begannen.

Am 14. Vormittags war Garibaldi im Golf der Orangen, traf aber hier nur den größten Theil der dritten und vierten Brigade, Gandini und Puppi, der Division Terranova, die erste und die zweite Brigade, Eberhard und Tharrena, hatten den Golf bereits verlassen und waren nach Palermo gesegelt; der Rest der dritten und vierten Brigade mit dem Generalstabe der genannten Truppe war noch nicht angekommen.

Die Brigade Eberhard (Genua), welche auf dem Torino zuerst im Orangengolf anlangte, war hier alsbald von der Gulnara angefallen und bearbeitet worden, nach Palermo zu steuern, ohne auf das Nachkommen der andern Schiffe und Truppen zu warten. Ohne großen Widerstand zu leisten, ließ Eberhard gegen den Wortlaut der Instruktion sich zu dieser Fahrt bestimmen. Als er absegelte, ohne irgend eine Notiz zu hinterlassen, brachte dieß Unruhe unter der Mannschaft der zweiten Brigade, Tharrena, (Parma) hervor, welche unterdessen auch angekommen war. Von der Gulnara, von einigen Leuten, welche sich für Bevollmächtigte Garibaldis ausgaben, wurde diese Unruhe geschürt; es ward dazu auch noch der Umstand benutzt, daß einiger Mangel an Lebensmitteln eingetreten war und daß die Lebensmittel in der armen Gegend nicht sogleich ergänzt werden konnten. So hatte sich denn auch Tharrena bestimmen lassen, nach Palermo zu steuern.

Eberhard, als er in Palermo angekommen war, erhielt dort den Befehl, um die Westküste und Südküste von Sicilien herumzusteuern; beigegeben ward ihm der Franklin mit einigen hundert Mann. Diese Truppenkörper sollten sich dann mit der Division Bixio vereinigen, welche bereits an

19*

der Ostküste von Sicilien stand und sich hier noch am 13. mit der Unterdrückung von Unruhen zu Bronte im Aetna-Bezirk beschäftigte. Die Vereinigung hatte zu Taormina statt und die Division Bixio kam, wie wir gleichfalls hier im Voraus bemerken, durch den Zuschub des erwähnten Truppenkörpers auf etwa 4500 M.

Die Brigade Tharrena ward in Palermo zurückgehalten und in ihr zeigte sich allerdings vorzugsweise ein unruhiger Geist.

Der Byzantin, welcher einen Theil der Brigaden Gandini und Puppi und den ganzen Generalstab trug, war, obgleich sämmtliche Truppen bereits um 8 Uhr Morgens eingeschifft waren, doch bis zum Nachmittag des 13. in Genua zurückgehalten worden, in Folge der kleinlichen Manöver der piemontesischen Regierung, welche an diesem Tage namentlich der Expedition zustehende Gelder zurückhielt oder deren Zahlung unter nichtigen Vorwänden verzögerte.

Rüstow hatte darauf gedrungen, daß entweder er sobald möglich nach dem Orangengolfe vorausgesendet werde oder daß Pianciani selbst vorausgehe, damit ein Oberkommando zum Zusammenhalten der Expedition von vornherein vorhanden wäre. Pianciani hatte geglaubt, nicht darauf eingehen zu dürfen, weil ihm in seinen Instruktionen gesagt war, daß er mit dem Generalstab sich zuletzt einschiffen solle. So gelangte der Byzantin erst am 14. spät Nachmittags zuerst in den Golf der Orangen, dann in die Bucht von Terranova.

Garibaldi aber hatte hier am Vormittage des 14. nur den Großtheil der Brigaden Gandini (Milano) und Puppi (Bologna) vorgefunden und diese sogleich mit sich nach Cagliari genommen. Nach Cagliari steuerte denn auch der Byzantin, als Pianciani in der Bucht von Terranova die andern Schiffe nicht gefunden und allerdings noch ziemlich unklare Nachrichten über den Stand der Dinge eingezogen hatte. Am 15. Nachmittags kam der Byzantin auf der Rhede von Cagliari an. Hier traf er Garibaldi selbst mit dem Gros der Brigaden Gandini und Puppi und Garibaldi ertheilte Pianciani den Befehl sogleich nach Palermo zu steuern, wohin auch die übrigen Schiffe folgen sollten, sobald sie Kohlen eingenommen haben würden.

Am 16. Abends erreichte der Byzantin Palermo. Am 17. Morgens hatte Pianciani eine Besprechung mit Garibaldi. Garibaldi sagte, er könne die Expedition ins Römische nicht zulassen, weil er die Division für sein Unternehmen gegen das neapolitanische Festland nicht entbehren könne. Dieß muß hier ausdrücklich erwähnt werden, weil aus leicht begreiflichen Gründen, lügnerischer Weise ausgesprengt worden ist, Garibaldi würde die Division Terranova selbst nach dem Römischen geführt haben, wenn er mehr als die 2000 M. von Gandini und Puppi am 14. Vormittags in dem Golf der Orangen vorgefunden hätte. Lediglich dieser Mangel an Mannschaft habe ihn bestimmt, die Expedition nach Sicilien zu ziehen.

In Folge der Erklärungen Garibaldis legte Pianciani, der versprochen hatte, nur ins Römische, nirgend anderswohin zu gehen, sein Commando nieder und Garibaldi übertrug den Befehl über die jetzt noch vereinigten drei Brigaden Tharrena, Gandini und Puppi der Expedition dem Oberst-Brigadier und bisherigen Generalstabschef Rüstow, der zugleich den Auftrag erhielt, die Division in Milazzo zu sammeln und zu organisiren.

Rüstow selbst mit der Mannschaft vom Byzantin war bereits am 18. Vormittags zu Milazzo, wo in den nächstfolgenden Tagen auch die übrigen Truppen ankamen, so daß er am 21. gegen 4000 M. hier versammelt hatte. Da Tharrena seinen Abschied genommen hatte, erhielt Major Spinazzi dessen Brigade. Durch den Abgang Piancianis, die Ablenkung der Division von ihrem ursprünglichen Ziele, das hiedurch da und dort erregte Mißvergnügen und Zerwürfniß war einige Verwirrung in die Angelegenheiten gekommen, eine Anzahl Offiziere und Soldaten hatten mit Pianciani zu Palermo die

Entlassung genommen. Rüstow bemühte sich nun, die Truppe zu Milazzo zu reorganisiren, versah sie mit Waffen und Munition und ließ sie exerziren, wozu bisher noch nicht ein einziger Tag außer für die erste Brigade in Genua hatte gewonnen werden können. Von der fünften und sechsten Brigade, welche in Folge des Laufes der Dinge außer Verbindung mit den vier ersten in Mittelitalien zurückgeblieben waren, werden wir ferner reden.

Unterdessen begann Garibaldi, welcher schon am 17. August Vormittags Palermo verlassen und sich an die Ostküste Siciliens begeben hatte, seine Operationen des Ueberganges nach Calabrien.

Zu dieser Zeit war seine verfügbare Macht in zwei Gruppen an und nächst der Ostküste Siciliens vertheilt. Bei Taormina und Giardini versammelten sich die 4500 M. Bixios und Eberhards; die andere Gruppe, jetzt aus 12 bis 13000 M. bestehend, befand sich in mehreren Staffeln an der nordöstlichen Küste Siciliens. In erster Linie bei Messina und Torre di Faro waren die Divisionen Cosenz und Medici und die Brigade Eber aufgestellt, abgesehen von den zur Beobachtung der Cittadelle von Messina bestimmten Truppen, etwa 8000 M.; dahinter bei Spadafora stand die Brigade Sacchi, 12 bis 1500 M.; hinter dieser zu Milazzo die Division Rüstow, gegen 4000 M.

Orsini war mit der zu Palermo organisirten Artilleriemannschaft und 12 vierundzwanzigpfündigen Positionsgeschützen, einer Batterie Gebirgsgeschützen, einer Feldbatterie und 2 Mörsern am 28. Juli zur See von Palermo abgefahren, hatte in Milazzo noch 9 Mörser aufgenommen und sich mit diesen 35 Geschützen nach Torre di Faro begeben, wo die Artillerie von Anfang August ab die von Garibaldi angeordneten Küstenbatterien erbaute und bewaffnete, und im Verein mit dem Genie auch einige schwimmende Batterieen ausrüstete und fliegende Brücken zum Uebersetzen der Pferde und des Geschützes nach Calabrien herstellte. Eine Anzahl von 156 Barken ward in den ersten Tagen des August bei Torre di Faro vereinigt.

Der Kommandant der Cittadelle von Messina unterließ es nicht, gegen die Vorbereitungen der italienischen Südarmee zum Uebergang nach Calabrien zu protestiren, als wären sie eine Verletzung der abgeschlossenen Uebereinkunft; indessen selbst ihm in seinen Annahmen und auch wohl außer Stande, sie ernstlich zu verhindern, that er nichts Ernstliches zu diesem Ende.

Garibaldi, der durch seine Anstalten die Aufmerksamkeit der neapolitanischen Kreuzer ganz auf die Gegend von Torre di Faro gelenkt zu haben glaubte, beschloß nun den Uebergang seines Gros an einer südlicheren Stelle beginnen zu lassen. Die Truppen Bixios und Eberhards sollten von Giardini bei Taormina nach Melito in Calabrien übersetzen; von hier aus auf Reggio marschiren, um dieses anzugreifen und so bald sich das Gefecht bei Reggio entsponnen haben würde, sollten Medici und Cosenz so viele Mannschaft als ihnen die Umstände und die noch verfügbaren Barken gestatteten, von Torre di Faro nach der Gegend von Villa San Giovanni überführen.

Garibaldi begab sich in Person nach Taormina, wo er den Torino, den Franklin, die von beiden herangebrachten Leute und die Truppen Bixios vorfand. Es ergab sich bei genauer Besichtigung, daß es im Ganzen 4300 M. waren. Die beiden Schiffe, welche zur Disposition standen, waren beschädigt, und schienen um so weniger geeignet, auch nur für eine kürzere Ueberfahrtzeit eine größere Anzahl Truppen aufzunehmen, als wofür sie eigentlich eingerichtet waren; doch Garibaldi nahm darauf keine Rücksicht. Auf dem Torino mußten sich 3100 M., auf dem Franklin 1200 M. einschiffen.

Am 19. August um 10 Uhr Abends verließen die beiden Schiffe Taormina und am 20. Morgens um 2 Uhr näherten sie sich Melito zwischen Capo dell' Armi und Cap Spartivento. Unfern Capo dell' Armi lief der Torino auf ein Riff; — der

Kapitän dieses Schiffes war von Anbeginn als eine nicht ganz zuverläßige Person betrachtet. Garibaldi ließ sogleich debarkiren. Als dieß geschehen war, sollte der Franklin dem Torino vom Riff helfen, was ihm indessen nicht gelang. Garibaldi bestieg daher wieder den Franklin, um nach dem Faro zu steuern und wo möglich Hülfe von dort herbeizuholen. Jenseits Capo dell' Armi begegnete er zwei neapolitanischen Kriegsdampfern, Aquila und Fulminante. Diese bemerkten alsbald den Torino und begannen ihn zu beschießen. Erst als sie gar keine Bewegung auf dem Schiffe bemerkten, begaben sie sich auf dasselbe, plünderten es und steckten es in Brand.

Garibaldi, als er die Kanonade hörte, sah ein, daß die vom Faro herbeigeholte Hülfe zu spät kommen müßte, ließ sich an der calabrischen Küste ans Land setzen und suchte Bixio auf.

Er ließ die gelandeten Truppen sofort auf der großen Straße längs der Meeresküste gegen Reggio vorrücken. Bixio hatte den rechten, Eberhard den linken Flügel; auch Missori, benachrichtigt von dem Uebergange Garibaldis nach Calabrien, suchte diesen mit einem Theil seiner Kolonne auf und erhielt den Befehl, gleichfalls gegen Reggio zu marschiren.

Die Einwohner dieser Stadt bedrängten den königlichen Kommandanten, als sie die Landung bei Capo dell' Armi erfahren hatten, er möge es nicht auf einen Straßenkampf ankommen lassen und die Stadt nicht der Plünderung aussetzen. In Folge davon nahm der Kommandant, indem er nur das Fort besetzt ließ, mit etwa 1000 M. Stellung an dem Bache südlich von Reggio. Schon am 20. Nachmittags traf Bixio auf die Vorposten der Neapolitaner, welche sich nach geringem Scharmützel auf die Hauptstellung zurückzogen. Am 21. August griff Bixio diese Hauptstellung an. Nur der rechte Flügel der Neapolitaner leistete ernsten Widerstand und die Brigade Eberhard hatte in Folge davon verhältnißmäßig erhebliche Verluste; der rechte Flügel Bixios litt dagegen vorzugsweise von dem

Feuer des Forts von Reggio; nachdem der rechte Flügel der Königlichen geworfen und Missori auf den Höhen im Osten des Forts erschienen war, zogen sich die Neapolitaner auf der ganzen Linie zurück und warfen sich theils in das Fort, theils zerstreuten sie sich durch die Stadt und in der umliegenden Gegend.

Das Fort machte anfangs Miene sich zu vertheidigen, indessen steckte es schon am 22. die weiße Fahne auf, es wurden Unterhandlungen angeknüpft, welche dann alsbald zu einer Uebergabe führten. Am 23. Morgens rückte die Garnison mit Gewehr und persönlichem Gepäck aus und überließ Garibaldi mit dem Fort 8 Feldgeschütze, 2 80pfdge. Paixhans, 6 36pfdge. Paixhans, 14 Mörser, 8 andere Positionsgeschütze, 500 Gewehre und vieles andere Kriegsmaterial.

Unmittelbar nach dem Siege von Reggio, welcher von der Südarmee mit dem Verluste von 147 Todten und Verwundeten erkauft war, hatte Garibaldi einen Theil der im Gefecht verwendeten Streitkräfte an der Meeresküste nordwärts marschiren lassen.

Andererseits schifften Cosenz und Medici bei Torre di Faro so viele Truppen ein, als es die vorhandenen Barken gestatteten, sobald sie den Kanonendonner bei Reggio am 21. vernahmen, landeten in der Nacht auf den 22. in der Gegend von Scylla und rückten, da sie vernahmen, daß die Neapolitaner sich bei Piale und S. Giovanni konzentrirten, sogleich südwärts auf die Höhen der Costa di Motaiti über Piale.

In der That hatte Briganti seine eigenen Truppen und einen Theil der Brigade Melendez bei Villa S. Giovanni zusammengezogen.

Am 23. Morgens sahen die Neapolitaner sich von der Südseite und von der Nordseite durch die Truppen der Südarmee eingeschlossen, und deren Kreis zog sich immer enger um sie zusammen; die Vortruppen der Königlichen begannen ein unnützes Feuer auf große Entfernung gegen die Garibaldiner

Garibaldi ließ keinen Schuß thun, dagegen Briganti auffordern, er möge sich ergeben.

Bald zeigte sich im Lager der Königlichen Unruhe und Bewegung; weder Offiziere noch Soldaten zeigten große Lust sich zu schlagen. Gegen Abend ward eine Uebereinkunft abgeschlossen, vermöge welcher die Soldaten der Königlichen ihre Waffen abgaben und gehen konnten, wohin sie wollten. Man rechnet, daß auf diese Weise sich etwa 9500 M., theils direkt von Villa S. Giovanni, theils in Folge der dortigen Kapitulation von den nicht engagirten Truppen des Generals Melendez zerstreuten. Dergleichen Kapitulationen wiederholten sich nun während des Marsches nach Neapel noch mehrere Male. Es ist daher gut, hier sogleich einiges Nähere über sie zu sagen. Die Offiziere wurden dabei stets mit Waffen und Eigenthum entlassen; sie hatten in der großen Mehrzahl nichts Eiligeres zu thun, als sich von ihren Soldaten zu trennen, über die sie durchaus keine Gewalt mehr hatten, sobald die äußeren Bande der Disziplin zerrissen waren, und auf deren Anhänglichkeit, Liebe und Achtung sie wenig vertrauten. Sehr wenige Offiziere traten zu Garibaldi über, die Mehrheit suchte so schnell als möglich nach Neapel zu kommen, um zu sehen, ob dort noch etwas zu machen sei. Auch von den Soldaten trat fast nichts zu Garibaldi über; die Soldaten, soweit sie nicht zu den Fremdenregimentern gehörten, dachten nur daran, in die Heimat, zu Eltern und Brüdern zu kommen. Abgerissen zogen sie in kleinen Haufen, in unregelmäßigen Märschen die Straßen Calabriens, der Basilicata und des Principates entlang, oft bunt gemischt, mit den ihrem Abzuge rasch folgenden Bataillonen Garibaldis, Ruhehalte machend, wo und wie die Müdigkeit es gebot oder die Bequemlichkeit es ihnen zeigte, für ihr Geld in den Tavernen zehrend, so lange sie noch Geld hatten, hie und da auch wohl stehlend und bettelnd, letzteres selbst bei den Garibaldinern. Krankheiten zeigten sich bei ihnen in dieser ersten Zeit noch nicht. Die Seuchen kamen vielmehr erst später jenseits des Volturno, wo dann jede Taverne, jedes Laubhüttenlager ein Spital ward, welches die Luft sogar weithin verpestete. Die Fremdtruppen hielten durch die Noth gedrungen wegen ihrer Unbekanntschaft mit dem Land und der Sprache und da sie eine Heimat im Neapolitanischen vorerst nicht anders finden konnten, als unter den Fahnen des Königs Franz, besser zusammen als die einheimischen, wurden auch nicht sogleich von ihren Offizieren verlassen. Die von Garibaldi in ihre Heimat entlassenen Leute machten, wohin sie kamen, den übrigen noch in Korps vereinigten neapolitanischen Soldaten große Lust, bei nächster Gelegenheit ihr Beispiel nachzuahmen und wirkten so, wenn auch nur passiv, zum Siege Garibaldis mit.

800 M. von denjenigen, welche bei Reggio und Piale kapitulirt hatten, verlangten nach Neapel gebracht zu werden; nur unter dieser Bedingung hatten sie sich ergeben wollen. Garibaldi ließ sie, ohne zu markten, auf dem Franklin einschiffen, und am 25. August fuhren sie unter Parlamentärflagge in den Hafen von Neapel ein, um nun auch hier das Lob Garibaldis zu verkünden.

Alles was von den Kolonnen Brigantis und Melendez' einigermaßen geordnet zurückkam, nicht bei Reggio und Piale kapitulirt hatte und zusammenblieb, bestand in 1809 M. vom 1., 13. und 14. Linienregiment, 1. Jägerbataillon und 2. Lancierregiment.

Daß bei den großen Erfolgen Garibaldis viel Schimpflichkeiten von Seiten der Neapolitaner mit unterliefen, ist unbestreitbar. Wenn die neapolitanischen Generale und Offiziere brave Männer waren, so wurden die raschen Erfolge Garibaldis eine absolute Unmöglichkeit. Aber es ist ein gewaltiger Irrthum, wenn man meint, Garibaldi habe mit Geld operirt, um sich Verräther zu kaufen. Garibaldi hatte kein Geld und die ewigen Geldverlegenheiten der Südarmee hörten erst nach der Einnahme von Neapel auf. Es ist möglich, daß hie und da ein neapolitanischer Schurke sich zu einer raschen Kapitulation in der Berechnung entschloß, seine eigne Regiments-

oder Brigadekasse für sich verwenden zu können, aber auch dieß wird nur selten vorgekommen sein, denn auch die königlichen Kriegskassen waren nicht übermäßig gefüllt. Die Hauptsache war bei den schnellen Erfolgen Garibaldis ohne alle Frage die Faulheit der gesammten neapolitanischen Zustände, der Mangel an Vertrauen auf den Bestand der Dinge grade bei den gebildeten Klassen des Landes in Civil und Militär und die daraus hervorgehende Rathlosigkeit. Es waren ganz ähnliche Zustände wie 1806 in Preußen. Dieselben Burschen, welche noch wenige Wochen vorher hochnäsig ihre Soldaten mit der scheußlichsten Willkür gemißhandelt und auf dem Exerzirplatz alle Armeen der Welt aufgefressen hatten, standen wie Memmen da, sobald die äußerliche Disziplin nicht mehr ausreichte und an den Mann und den Manneswerth appellirt ward. Die preußische Armee, welche sich jetzt durch die „militärischen Blätter" repräsentiren läßt, die preußische Armee von heute mag sich dieß merken.

Als Briganti am 25. August durch Mileto, südlich von Monteleone, ritt, erhob sich unter den Soldaten, die, von Piale entlassen, dort, eine wüste Bande, lagerten, der Ruf „Verräther", — ein Ruf, der oft von denen zuerst angestimmt wird, welche die ersten davon gelaufen sind, also immer die ersten sein wollen, nur nicht, wo es gilt dem bewaffneten Feinde zu begegnen. Die wüste Bande fiel über ihren General her, riß ihn in Stücken und — beraubte ihn. Solche Thatsachen müssen vom Geschichtschreiber erwähnt werden, so gern er darüber fortgehen möchte.

Am 24. August zog Garibaldi seine ganze aktive Armee, bis auf die Division Rüstow, welche noch zu Milazzo blieb, bei Scylla nach dem neapolitanischen Festland herüber. Die Truppen ordneten sich nun an der Küste so, daß die zuletzt übergegangenen Truppen an der Spitze waren; voran die Brigaden Eber und Sacchi, dann die Division Cosenz, die Division Medici und die Division Bixio. Auch die Artillerie, welche von den Batterien von Torre di Faro am 21., 22.

und 23. August eine lebhafte Kanonade gegen das neapolitanische Kriegsgeschwader unterhalten hatte, um den Uebergang nach Calabrien zu decken, mußte nun an die calabresische Küste übersetzen, wo Orsini beauftragt ward, die Küstenbatterieen dergestalt einzurichten, daß der Südarmee die Herrschaft über den Faro durchaus sichergestellt werde.

Bevor wir nun den Marsch Garibaldis durch Calabrien, die Basilicata und das Principat nach Neapel erzählen, ist es nothwendig, einige Augenblicke bei der Insurrektion in diesen Provinzen zu verweilen, welche der Südarmee vorauseilte, und dann zu sehen, wie sich der König Franz II., sein Hof und sein Ministerium zu den Ereignissen verhielten.

3. Die Insurrektion auf dem neapolitanischen Festland.

Gleichzeitig mit der Landung der ersten Truppen Garibaldis auf dem Festlande erhob sich auf dem ganzen Gebiete des Königs Franz die Insurrektion. Garibaldis Heer ist vorerst nur der Stützpunkt dieser Insurrektion, welche ihm vorausschreitet. Es ist unmöglich, dieselbe in allen ihren Einzelheiten zu verfolgen, doch nothwendig, den Leser mit ihrer Verbreitung einigermaßen bekannt zu machen. Dieß wollen wir nun versuchen, indem wir uns weniger an die Zeitfolge als an die Gruppirung nach den Landschaften halten. Wir bemerken nur als allgemein gültig, daß bei der Organisation des Aufstandes jene Agenten Garibaldis vorzugsweise thätig waren, welche seit der ersten Landung Missoris sich nach und nach über die Provinzen vertheilten, daß sie dem Aufstande vornämlich Kraft und Einheit gaben.

Im nördlichen Calabrien erhob sich auf die erste Kunde von den Siegen Garibaldis bei Reggio und Villa S. Giovanni die ganze Bevölkerung. Zu Catanzaro, zu Cosenza, zu Castrovillari, an der Westküste zu Paola und S. Lucido wurden die Gensdarmen vertrieben, nationale Beamte eingesetzt, die Insurrektion im Namen Italiens, Viktor

In der Capitanata brach am 17. der Aufstand zu Foggia aus. Zwei Escadrons Dragoner, welche daselbst standen und die Insurrektion bekämpfen sollten, machten statt dessen mit den Insurgenten gemeinschaftliche Sache. Der Militärkommandant von Apulien, General Flores, sendete darauf zwei Kompagnieen vom 13. Linienregiment von Bari nach Foggia. Auch diese Truppen schlossen sich, kaum hier eingetroffen, den Insurgenten an. Flores begab sich selbst nach Foggia, konnte aber auch nichts ausrichten. Da sich nun auch Bari und andere Städte Apuliens erhoben, konzentrirte Flores seine Truppen, soweit er sie noch in der Hand behielt, und zog sich allmälig aus Apulien gegen die Grenze des Principato ulteriore zurück, wo er eine sicherere Stellung einzunehmen gedachte und glaubte auf den Beistand einer bedeutenden königlichen Partei Rechnung machen zu dürfen.

Ganz Apulien war frei und organisirte sich augenblicklich, um Garibaldi zu unterstützen.

Sobald das insurrektionelle Gouvernement der Basilicata sich gesichert sah, wendete es alle seine Kräfte darauf, durch Agenten den Aufstand auch ins Principat zu tragen, ja ihn auf die Terra di Lavoro und in die Abruzzen zu spielen. Vom 25. August ab erhoben sich Eboli, la Sala, der Bezirk des Cilento im Principato citeriore. Die Königlichen ließen dieß ruhig geschehen, dagegen sahen sie nicht so ruhig zu, als auch im Principato ulteriore die Revolution sich regte. Die päpstliche Enclave Benevent ward zuerst unruhig; dann sammelten sich Freischaaren im südöstlichen Theil der Terra di Lavoro, um Alife und Piedimonte, und das Gerücht sagte, sie beabsichtigten sich auf Avellino zu werfen. Hiedurch wäre die Verbindung von Salerno mit dem General Flores unterbrochen gewesen und mit allen den Korps, welche noch in den Abruzzen standen. In den nördlichen Abruzzen kommandirte der General Benediktis. Durch Gerüchte und durch das Erscheinen von Schiffen im adriatischen Meere irregeführt, hatte derselbe in den nördlichen Abruzzen seine Truppen konzentrirt und sein Hauptquartier zu Giulia nova genommen.

Um die Verbindung zwischen Salerno und Arriano zu sichern, wurde nun sogleich von Salerno nach Avellino eine starke Brigade unter General Perez gesendet, welche hier am 26. August ankam.

Die eigentliche Vertheidigungslinie der Königlichen gegen Garibaldi war somit Ende August diejenige von Salerno über Avellino nach Arriano. Auf dieser Linie zählte man am 26. August etwa 20000 M.; auf eben so viel werden die Truppen veranschlagt, welche hinter Salerno auf der Linie von dieser Stadt über Nocera nach Neapel und bei dieser Hauptstadt selbst standen. Zu ihnen gehörte auch der größte Theil der Fremdtruppen. Als Reserve dieser Macht von 40000 M. konnten die Besatzungen der beiden Festungen Gaeta und Capua und verschiedene kleinere Korps in den Abruzzen, zusammen damals etwa 15000 M., dann das Korps des Generals de Benedictis in den nördlichen Abruzzen und an der Küste des adriatischen Meeres, etwa 8000 M., angesehen werden. Die ganze Macht, über welche Franz II. auf der Vertheidigungslinie Salerno-Avellino-Arriano und nördlich dieser Linie verfügte, belief sich somit auf mindestens 63000 M. in den letzten Tagen des August. Dazu konnten nun möglicher Weise noch zwei Korps herangezogen werden, welche sich augenblicklich südwärts der erwähnten Vertheidigungslinie befanden. Das eine war die Brigade Caldarelli, etwa 4000 M., Ende August auf dem Marsche von Cosenza nach Salerno, das andere war das Korps des Generals Viale in Calabrien, die Reserve der früheren Brigaden Melendez und Briganti, auf 12000 M. geschätzt. Gelang es diesen beiden Korps, sich der königlichen Hauptarmee anzuschließen, so verfügte Franz II. gegen Garibaldi Ende August über etwa 80000 M.

Es war zweckmäßig, diese Verhältnisse hier ein wenig zusammenzufassen, damit uns über dem Gewirre der Thatsachen, die sich drängen und anscheinend keinen Zusammenhang haben, der Ueberblick nicht verloren gehe.

4. Franz II. und seine Regierung im Laufe des August.

Zu Neapel gingen die Dinge bis zur Landung Garibaldis in Calabrien denselben Weg, wie wir ihn früher bezeichnet haben.

Der König schwach, keines Entschlusses fähig, weder im Stande reaktionär mit Entschiedenheit aufzutreten, noch sich aufrichtig auf die Seite der Freiheit zu schlagen; das Ministerium aus verschiedenen Elementen zusammengesetzt, worunter einige Leute, die wohl schwerlich aus einer andern Absicht in dasselbe eingetreten waren, als um den Thron desto bequemer stürzen zu helfen. Franz II. suchte seine Autorität dadurch zu behaupten, daß er den Forderungen des Ministeriums, so wie anderer immer nur halb nachgab. Während auf der einen Seite ihm empfohlen ward, diejenigen, welche für entschiedene Reaktionärs galten, ins Exil zu schicken, sollte auf der andern Seite, z. B. das Geburtsfest der verhaßten Königin Wittwe zu Neapel gefeiert werden, welche mit ihrem Anhange in Gaeta saß. Dieß führte fast zu Ruhestörungen; allerdings kamen sie nicht zum Ausbruch, doch mißglückte die halb anbefohlene Illumination gänzlich und das Festspiel im Theater konnte nicht stattfinden, weil die Schauspieler sich nicht dazu hergeben wollten und hundert Vorwände fanden, um die Sache zu vereiteln. Der Haß, der sich am 31. Juli direkt nur gegen die Königin Maria Theresia aussprach, zeigte sich doch zugleich als ein Haß gegen das ganze Geschlecht der Bourbonen. Nunziante, der als Reaktionär ausgewiesen war, allerdings schon längst verdächtig, in der cavourischen, nicht garibaldischen, Konspiration gegen die bourbonische Herrschaft oder gegen die Herrschaft Franz II. zu sein, zeigte sich deutlich als Parteigänger Cavours, sobald er den Boden Frankreichs betreten hatte. Wie er sprachen sich viele andere Generale aus. Was sollte man unter solchen Umständen von den Truppen erwarten? Niemand glaubte an den Fortbestand des Bourbonenkönigthums; das Volk von Neapel, ein großer Theil der Beamten, selbst der Polizei, warteten auf den Erlöser Garibaldi; der Fall Franz II. erschien nur noch als eine Frage der Zeit. In der Presse ward Alles ohne Scheu, wie ohne Gefahr gesagt; die Bilder Garibaldis und Viktor Emanuels gingen in den Straßen von Neapel reißend ab; vom Heldenkönig und der Heldenkönigin wollte man nichts wissen.

Lange schmeichelte sich Franz II. mit der Hoffnung, daß Frankreich und Piemont einen Uebergang Garibaldis auf das Festland nicht dulden würden, ja er bildete sich selbst ein, Versprechungen dieser Art erhalten zu haben. Er wußte von dem Briefe Viktor Emanuels an Garibaldi, und in seine Ideen von königlicher Gewalt paßte es durchaus nicht, daß ein Mann wie jener Flibustier gegen den Befehl eines Königs handeln könne. Er wie seine Regierung — letztere bis auf wenige Ausnahmen — konnten es niemals sich ausreden lassen, daß Garibaldi den ganzen Zug nach Sicilien auf den Befehl Cavours unternommen habe, niemals konnten sie daran glauben, daß Garibaldi auf eigene Faust und aus eigener Kraft gehandelt habe.

Aus dem Traume von der Sicherheit des Festlandes ward Franz II. durch die ersten sichern Nachrichten über die Landung Missoris gerissen, welche am 11. August nach Neapel kamen. Natürlich wußte man hier nicht, was und wer gelandet sei. Franz II. ließ den französischen Gesandten Brenier rufen und sprach ihm von den Versprechungen Napoleons und Cavours, die er zu haben wähnte; Brenier wußte selbstverständlich nichts von solchen Versprechungen. Der junge König fragte darauf: was er nun thun solle? Brenier rieth ihm, sich selbst an die Spitze der Armee zu stellen und Garibaldi entgegen zu gehen, Neapel und die Umgebung aber der Sorge des Kriegsministers Pianelli und der Nationalgarde zu überlassen. Würde die Armee trotz des Königs an ihrer Spitze

20*

geschlagen, nun so möge dieser sein Land räumen und an einem befreundeten Hofe Sicherheit suchen. Unter allen Umständen wäre ein solches Verfahren das ehrenvollste, königlichste, und das herrliche Neapel bliebe von den Schrecken des Krieges verschont.

Der König antwortete: er würde dem Rathe Breniers folgen, sobald er einen ersten Erfolg sehe; diesen müsse er nothwendig erst sehen.

Dieß war soviel als: er wollte nicht eher ins Wasser gehen, als bis er schwimmen könne.

Es ist viel von dem „Heldenkönig" Franz II. gesprochen worden. Die Partisane des Obskurantismus und Despotismus, welche diesen „Heldenkönig" erfunden haben, können ihn um so leichter der Welt präsentiren und endlich durch ewige Wiederholung die Welt an ihn glauben machen, da es für anständige Menschen schwer ist, über das Unglück herzufallen. Jene benutzten das Unglück Franz II. für die Ausposaunung seines Heldenkönigthums. Diese Fälschung der Geschichte darf nicht geduldet werden und so schwer es uns werden mag, diesem Gebahren gegenüber sind wir gezwungen, alle Rücksichten auf die Achtung vor dem Unglück, welche wir am wenigsten jemals verläugnet haben, bei Seite zu setzen, um der geschichtlichen Wahrheit zu ihrem Rechte zu verhelfen.

Wäre Franz II. ein Heldenkönig gewesen oder sprechen wir bescheidener, hätte er nur die Spur von einem Helden an sich gehabt, er würde dem Rathe Breniers, sich an die Spitze der Armee zu stellen, gefolgt sein, freilich ohne die Absicht, nach dem ersten verlorenen Gefechte davonzulaufen. Einem Helden mußte ein ehrenvoller Untergang vorzüglicher erscheinen, als ein schmähliches Dasein.

Am 11. August flohen von Neapel noch viele Größen der Reaktion, unter ihnen auch der General Filangieri, welcher als Minister Franz II. sich der Wiederherstellung der Konstitution am hartnäckigsten widersetzt hatte und jetzt die Welt glauben machen wollte, er habe im Gegentheil den König zur Verleihung einer Konstitution getrieben.

Am 12. August im Ministerrath stellte Liborio Romano den Antrag, dem Könige bei der gefährlichen Lage der Dinge die Nothwendigkeit vorzustellen, daß er über Alles, was sich auf die Führung des Krieges bezöge, sein verantwortliches Ministerium befrage und höre. Spinelli übernahm dieß Geschäft. Franz II. erwiderte, die Konstitution gebe dem König das Recht über Krieg und Frieden, er werde der Konstitution gemäß handeln. — Es ist merkwürdig, wie gut die Könige diejenigen Punkte der Konstitution kennen, welche ihnen irgend ein Recht oder Vorrecht geben.

Auf diese Antwort hin wollte Liborio Romano mit einigen Kollegen seine Entlassung eingeben, der Rest des Ministeriums sprach aber dagegen, worauf Liborio Romano den neuen Antrag stellte, in einem an den König gerichteten Briefe denselben dringend zu bitten, daß er die Stadt Neapel nebst ihrer Umgebung auf keinen Fall zum Kriegsschauplatz werden lasse. Man stritt sich im Ministerium darüber hin und her, ohne zu einem Entschluß oder Beschluß zu gelangen. Liborio Romano, sobald er demnächst den König aufsuchte, malte demselben die Lage aufs traurigste, sagte ihm gerade heraus, was das Volk glaube, daß das Ende der Bourbonenherrschaft nahe, unvermeidlich sei, möge Franz II. thun, was immer er wolle. Romano suchte in dem Könige jeden Glauben an die Zuverläßigkeit der Armee zu zerstören. Franz wollte sich diesen nicht nehmen lassen, that aber auch nicht das mindeste, um sich von dem wirklichen Geiste derselben zu überzeugen oder ihn zu bessern und zu heben, soweit es noch möglich sein konnte.

Zu derselben Zeit verlangte das Ministerium vom König, daß er den Grafen Aquila, seinen Oheim, von Neapel entferne. Derselbe ward eines Versuchs gegen das bestehende Regiment beschuldigt. Man hatte Bilder von ihm gefunden mit der Unterschrift: Es lebe der Regent! Man hatte Waffen abgefaßt, die auf seine Bestellung nach Neapel gekommen waren. Ein Schuß, der am Sonntag in der Toledostraße gefallen war, ward, obgleich ihm durchaus nichts folgte, für ein Signal ausgegeben. Kurz, der Graf Aquila sollte an der Spitze einer Verschwörung stehn, wobei unentschieden blieb, ob diese mit den Intriguen Cavours zusammenhing oder nicht. Der König gab dem Verlangen des Ministeriums nach und am 15. August mußte der Graf — „mit einer Mission nach England beauftragt“, — Neapel verlassen.

Das Erscheinen Garibaldis im Hafen von Castellamare und der Versuch auf den Monarca in der Nacht vom 13. auf den 14. August hatten ganz Neapel in Bewegung gebracht; ein Schuß, der etwa in Neapel fiel, konnte die größte Verwirrung anrichten und unberechenbare Folgen nach sich ziehen. Die einen fürchteten, die andern hofften die baldige Landung Garibaldis im Hafen der Hauptstadt selbst. Der Kommandant der Hauptstadt, General Ritucci, erklärte dieselbe wiederum in Belagerungszustand. Unter einem Appel an den guten Geist der Bevölkerung verbot er das Zusammenstehn von mehr als 10 Personen. Jede solche Versammlung, welche nicht auf die zweite Aufforderung auseinanderginge, sollte mit Anwendung der Gewalt zerstreut werden. Heimliche Versammlungen wurden gänzlich verboten; zu diesen gehörten auch die Komités, welche sich in Erwartung der Wahlen zusammengethan hatten, eigentlich besser gesagt, die Wahlen zum Vorwand von Versammlungen nahmen, denn in Wahrheit glaubte in Neapel schon Niemand daran, daß es vor der Ankunft Garibaldis noch zu Wahlen kommen werde. Ritucci verbot auch das Waffentragen; Feuerwaffen und blanke Waffen, selbst zu dicke Stöcke wurden gleicherweise verpönt, ebenso das Auflesen von Steinen auf den Straßen. Alle aufrührerischen Rufe auf Plätzen und Gassen wurden mit sofortiger scharfer Ahndung bedroht. An demselben Tage bat die Polizei durch Anschläge an den Straßenecken die Einwohnerschaft, nicht zu erschrecken, wenn sie morgen Kanonenschüsse höre; es sei nur zur Feier des Napoleonstages. Die Wahlen zum Parlament wurden zugleich bis zum 30. September vertagt. — Sechs inhaltschwere Wochen!!

Am 21. August wurde die wirkliche Landung Garibaldis Capo dell' Armi in Neapel bekannt.

Jetzt schwindet vollends alles Vertrauen in den Fortbestand Regierung Franz II. Wir geben hier zunächst zwei Dokumte, welche die Situation vortrefflich bezeichnen.

Am 22. August überreichte das Ministerium dem König nachstehende Adresse:

Sire!

„Die außerordentlichen Umstände, in denen das Land sich indet, die äußerst schwierige Lage, in welche uns die unerschlichen Rathschläge der Vorsehung nach außen, wie nach ien versetzt haben, legen uns Euer Majestät gegenüber die nersten und heiligsten Pflichten auf und veranlassen uns, le und ehrfurchtsvolle Worte als feierliches Zeugniß von serer Anhänglichkeit an die Sache des Thrones und des ndes an Sie zu richten."

„Wir erklären die Lage für äußerst schwierig; wir liefern Beweise."

„Durch eine Menge zusammentreffender, wahrhaft beklaswerther Ursachen, über welche wir vorziehen einen Schleier werfen, sehen wir die ruhmreiche Dynastie, welche von dem chherzigen Karl III. gegründet 126 Jahre bis auf Sie benden hat, Sie Majestät, dessen Herz der Sitz der schönsten lüthe moralischer und religiöser Tugenden ist, — sehen wir se Dynastie heute durch das Schicksal der Zeiten und die iedertracht der Menschen auf einen Punkt gebracht, daß die ückkehr eines wechselseitigen Vertrauens von Volk und Fürst cht bloß schwierig, daß sie selbst unmöglich ist."

„Wir beschränken uns darauf, diese gesellschaftliche Thatche, über welche das Urtheil der Nachwelt und der Geschichte heimfällt, festzustellen. Da wir aber soweit gekommen, halten ir es für unsere Pflicht, Euer Majestät vorzuschlagen und zurathen:"

„daß Euer Majestät sich für einige Zeit aus dem Lande und aus dem Palast Ihrer Ahnen entfernen;"

„daß Sie als zeitweilige Regentschaft ein Ministerium niedersetzen, welches alles Vertrauen verdient."

„Wir sind gezwungen zu erkennen, wie dringend diese Maßregel ist. Weder wir, die Minister der Krone, noch irgend ein anderer ist im Stande, in diesem Punkt die öffentliche Meinung zu ändern oder umzustimmen. Uns bleibt nichts als die schmerzliche Nothwendigkeit, sie in freien aber traurigen Ausdrücken Euer Majestät zu enthüllen."

„Sollten wir etwa keine Rechnung tragen jenem allgemeinen Ausdruck öffentlichen Mißtrauens, welches aus allen Poren hervorquillt, und unglücklicher Weise in die Massen eindringt, — ja, was noch schlimmer ist, in einen Theil der Landarmee und der Flotte, in welchen doch immer die letzte Sicherheit des Thrones und der gesellschaftlichen Ordnung lag und liegen wird."

„Wir sind fest überzeugt, Sire, daß es nicht in unserer Macht steht, die öffentliche Meinung sei's zu ändern, sei's zu verachten; und in der That in Zeiten wie diese, muß die rohe Gewalt immer nichtig bleiben, und unwirksam, wenn sie nicht von der öffentlichen Meinung getragen wird, von ihr Festigkeit erhält. Und das ist nicht alles; zu den unentwirrbaren Schwierigkeiten der innern Lage gesellt sich die Schwierigkeit der äußern. Wir finden uns Angesichts Italiens, welches sich auf den Weg der Revolution geworfen hat, mit der Standarte Savoyens in der Faust, das heißt gestützt von Herz und Arm einer Regierung, die wohl geordnet ist und repräsentirt wird von der ältesten Dynastie Italiens. Das sind die Gefahren, das ist die Drohung, welche durch den Willen des Schicksals auf der Regierung Euer Majestät lasten."

„Andererseits geht Piemont nicht mehr allein, nicht ohne Unterstützung vor. Die beiden großen Mächte des Westens, Frankreich und England, halten, obwohl aus verschiedenen Gründen und Absichten, schützend ihre Hände über Piemont. Garibaldi ist ersichtlicher Weise nur das Werkzeug dieser jetzt gewaltigen Politik."

„Auf Grund dieser gegebenen Verhältnisse wollen wir untersuchen, welcher Weg eingehalten werden muß, um Ehre, Würde und Zukunft der von Euer Majestät repräsentirten erhabenen Dynastie zu retten.“

„Setzen wir den Fall des Widerstandes bis zum äußersten! Wir gestehen vor allem Euer Majestät, daß wir die Elemente des Widerstandes für geschwächt, schwankend und unsicher halten. Welche Rechnung kann die Regierung auf die königliche Marine machen, welche, sagen wirs frei heraus, in voller Auflösung ist?“

„Nicht größeres Vertrauen kann man auf die Landarmee setzen. Sie hat alle Bande der Disziplin, der Subordination zerrissen, und kann im regelmäßigen Kriege nicht bestehen.“

„Wer von den Führern des Heeres würde mit gutem Gewissen die Verantwortlichkeit übernehmen wollen? Und jener kleine Kern der Fremdtruppen kann kein größeres Vertrauen einflößen, als die nationale Armee. Diese Ansammlung bewaffneter Menschen, welche jedes Gefühles militärischer Ehre baar und ohne wahre Anhänglichkeit an Euer Majestät sind, würde nur das Mißtrauen der eingebornen Soldaten, der ehrlichen Bürger erwecken, Alles bedrohend, ohne etwas sicher zu stellen.“

„Wer also von den rechtschaffenen Räthen der Krone könnte den Widerstand und den Kampf billigen ohne eine andere Stütze als diese so schwachen, so unsichern, so lockern Elemente? Immerhin würden im Kampfe Ströme Blutes fließen.“

„Nehmen wir aber auch einen augenblicklichen Sieg des Heeres und der Regierung an. — Dieser Sieg, Sire, würde einer jener Unglückssiege sein, schlechter als hundert Niederlagen, ein Sieg mit Blut, Mord und Verwüstung erkauft, ein Sieg, welcher das Gewissen ganz Europas aufstacheln würde, eine Freude aller Feinde Ihres erhabenen Hauses, ein Sieg, welcher vielleicht einen Abgrund öffnen würde zwischen Ihnen und den Völkern, welche von der Vorsehung Ihrem väterlichen Herzen anvertraut sind."

„Wenn wir nun nach den Eingebungen der Ehre und unseres Gewissens die Partei des Widerstandes, des Kampfes und des Bürgerkrieges verwerfen, welches wird der weise, ehrenhafte menschliche Entschluß sein, der Entschluß, welcher eines Abkömmlings Heinrichs wahrhaft würdig ist?"

„Der Einzige, zu welchem wir nach unserer Pflicht rathen können, ist der:"

„daß Euer Majestät sich für einige Zeit aus dem Land und Palast Ihrer Ahnen entfernen;"

„daß sie als zeitweilige Regentschaft ein ehrenhaftes, Vertrauen erweckendes Ministerium einsetzen."

„An die Spitze dieses Ministeriums werden Sie keinen Prinzen der königlichen Familie setzen. Die Gegenwart eines solchen würde aus Gründen, die wir nicht erörtern wollen, die Wiederherstellung des öffentlichen Vertrauens verhindern und keine genügende Bürgschaft für die Wahrung der dynastischen Interessen geben. Sie werden vielmehr an die Spitze des Ministeriums einen Mann stellen, der allgemein bekannt und geehrt ist und sowohl das volle Vertrauen Euer Majestät als das des Landes verdient."

„Indem Euer Majestät sich von Ihrem Volke entfernen, werden Sie an dasselbe freimüthige und großherzige Worte richten, die Ihr väterliches Herz und Ihren edeln Entschluß bezeugen, dem Lande die Gräuel des Bürgerkriegs zu ersparen. Sie werden Europa zum Richter aufrufen und von der Zeit und der Gerechtigkeit Gottes die Rückkehr des Vertrauens und den Triumpf Ihrer legitimen Rechte erwarten."

„Das, Sire, ist der Rath, den wir Euer Majestät mit dem Freimuth eines guten Gewissens geben müssen und allein geben können. Wir haben das Vertrauen, daß Euer Majestät ehrfurchtsvolle und aufrichtige Rathschläge nicht verachten werden, die dahin zielen, die Ehre und Würde der Dynastie und

und zugleich die in Gefahr befindliche öffentliche Ordnung zu sichern.“

„Wenn unglücklicher Weise Euer Majestät in Ihrer Weisheit nicht glaubten, diesen Rath annehmen zu sollen, so würde uns nichts anderes übrig bleiben, als auf die hohen Würden zu verzichten, mit denen Euer Majestät uns geehrt haben, da wir erkennen müßten, daß wir des Vertrauens unseres Souveräns uns nicht erfreuen.“

Das zweite Aktenstück, dessen wir erwähnten, ist ein Schreiben, welches der Graf von Syracus, Oheim des Königs, am 24. August an den König richtete. Es lautet:

„Sire! Wenn früher meine Stimme sich erhob, um Gefahren zu beschwören, welche unser Haus bedrohten und wenn sie damals nicht gehört ward, so lassen Sie dieselbe doch heute, da sie größere Gefahren verkündet, bis in die Tiefe Ihrer Seele dringen und nicht verhallen über unklugen zugleich und verderblichen Rathschlägen.“

„Die Lage Italiens ist eine andere geworden: Das Gefühl der nationalen Einheit ist in den wenigen Monaten seit der Einnahme Palermos riesenmäßig gewachsen; es hat Euer Majestät die Kraft genommen, auf welche die Staaten sich gründen, es hat Ihr Bündniß mit Piemont unmöglich gemacht. Die Bevölkerungen Oberitaliens stießen im Entsetzen, welches sie bei der Nachricht von den Metzeleien in Syrien befiel, mit einer schreckenerregenden Einmüthigkeit die Gesandten Neapels zurück und man überließ uns der schmerzlichen Probe der Waffen, allein, ohne irgend ein Bündniß, eine Beute des Hasses der Massen, welche auf jedem Punkte Italiens sich mit dem Rufe der Vernichtung erhoben, geschleudert gegen unser Haus, das nun der Gegenstand des allgemeinen Abscheus geworden ist. Und unterdessen ergriff die Flamme des Bürgerkrieges die Provinzen des Festlandes. Der Bürgerkrieg wird Ihre Dynastie mit sich schleppen zu jenem äußersten Abgrund, den verkehrte Räthe seit langer Zeit der Nachkommenschaft

Karls III. bereitet. Dann wird das unnütz vergossene Blut noch die tausend Städte des Reichs überschwemmen und Sie, der sie einen Augenblick die Hoffnung und Liebe des Volkes waren, werden mit Entsetzen als die einzige Ursache des brudermörderischen Krieges betrachtet werden!"

„Sire! noch ist es Zeit. Retten Sie Ihr Haus vor den Verwünschungen des gesammten Italiens! Folgen Sie dem Beispiel unserer königlichen Base von Parma, welche beim ersten Hauche des Bürgerkrieges ihre Unterthanen des Gehorsams entband und sie zu Herren ihres Schicksals machte. Europa und seine Völker werden Ihnen das erhabene Opfer anrechnen und Sie, Sire, können vertrauend das Antlitz zu Gott erheben, welcher die großherzige That Euerer Majestät erkennen wird."

„Gestählt im Unglück, wird Ihr Herz sich den edlen Eingebungen der Vaterlandsliebe öffnen und Sie werden den Tag segnen, an welchem Sie sich edelmüthig selbst der Größe Italiens opferten."

„Indem ich, Sire, diese Worte an Sie richte, erfülle ich das heilige Gebot, welches die Erfahrung mir gibt, und ich bitte Gott, daß er Sie erleuchte und dadurch seines Segens würdig mache. Euer Majestät ergebenster Oheim:

Leopold, Graf von Syracus."

Der Oheim räth dem König seine Krone der Größe Italiens zum Opfer zu bringen; in der That, ein solcher Akt frei und entschlossen vollzogen, so lange noch die Möglichkeit des Widerstandes vorhanden war, hätte die Bourbonen in den Augen Europas rehabilitiren können. Ein heldenmüthiger Widerstand, bei welchem der König seine eigene Person Preis gab, hätte auch nicht verachtet werden dürfen. Franz II. wußte keinen von den beiden Wegen einzuschlagen, die eines Königs würdig waren, wie wir sogleich sehen werden. Das Ministerium rieth in seiner Adresse dem König nur, Neapel zeitweilig zu verlassen. Es fehlte dem Ministerium offenbar nichts als die Offenheit des Grafen von Syracus. Verfasser der Adresse war Liborio Romano und es ist ganz und gar unwahrscheinlich, daß dieser geglaubt habe, Franz II. könne einmal wieder nach Neapel zurückkehren, wenn er das Land jetzt verließe. Liborio Romano wollte lediglich den König entfernen, um von diesem nicht gestört zu sein und das Land an Garibaldi oder an Cavour ausliefern zu können, je nach den Umständen, je nachdem der eine oder der andere rascher bei der Hand war.

Ehe wir erzählen, wie Franz II. sich zu der Adresse des Ministeriums verhielt, müssen wir noch einige Ereignisse aus der gleichen Zeit erwähnen, welche, so sehr sie dem Anscheine nach außer Zusammenhang sind, doch zur Aufklärung der Gesammtlage Vieles beitragen.

Garibaldi hatte am 3. August, um den cavourischen Intriguen die Spitze abzubrechen, von sich aus das piemontesische Statut zum Grundgesetz Siciliens erklärt und die Eidesleistung für Viktor Emanuel angeordnet, allerdings noch ohne den Termin zu fixiren. Erst am 21. August, also erst, nachdem die Landung Garibaldis auf dem Festland bekannt geworden war, protestirte de Martino im Namen der neapolitanischen Regierung bei den fremden Mächten gegen diese Handlungen Garibaldis. Es geht daraus klar hervor, daß die neapolitanische Regierung eine Zeitlang völlig entschlossen war, Sicilien an Viktor Emanuel zu überlassen unter der Voraussetzung, daß Viktor Emanuel Garibaldi von dem Uebergange auf das Festland zurückhalten wolle und könne. Erst als diese Voraussetzung sich als eine irrige erwies, kam man auch zu Neapel von dem früheren stillschweigenden Zugeständniß zurück.

Die piemontesische Regierung hatte einige Kriegsschiffe mit einer Besatzung von Bersaglieri in den Hafen von Neapel gesendet, unter dem Vorwande, die piemontesischen Unterthanen bei vorkommenden Gelegenheiten schützen zu wollen; wahrscheinlicher zugleich, und hauptsächlich, um, wenn die erwartete Palastrevolution gelänge, einige Truppen zur Hand zu haben. Sonderbarer Weise wurde grade an dem Abend, an welchem die Landung Garibaldis bekannt geworden war, am 21. August, eine Anzahl Bersaglieri ans Land gesendet. Aufgehetzt gegen die Piemontesen fielen Soldaten der königlich neapolitanischen Garde diese Bersaglieri an und es kam zu einer Art Straßenkampf, an welchem sich auch die Nationalgarde und zwar zu Gunsten der Bersaglieri betheiligte. Zwei Bersaglieri wurden dabei verwundet. Alsbald forderte der piemontesische Gesandte Villamarina Genugthuung, welche ihm dann auch sogleich wurde. Die neapolitanischen Gardesoldaten wurden vor ein Kriegsgericht gestellt und die verwundeten Bersaglieri erhielten 20000 Franken Entschädigung.

Eine andere Entschädigungsforderung trat in der gleichen Zeit dringend hervor. Man erinnert sich, daß bei dem Tumult vom 28. Juni der französische Gesandte Brenier verwundet ward. Er hatte damals nichts anderes gefordert, als daß La Greca auf seiner Gesandtschaftsreise nach Paris die Sache mit dem Minister des Auswärtigen, Thouvenel, ins Reine bringe. Jetzt nun erhielt Brenier von Thouvenel die Nachricht, daß La Greca nichts ins Reine gebracht habe und zugleich Vollmacht, in der Sache nach Belieben zu verfahren. Brenier verlangte darauf eine außerordentliche Gesandtschaft nach Paris, um Entschuldigungen zu überbringen, vollständige Entschädigung aller der Franzosen, welche in einer oder der andern Art Opfer des Bombardements von Palermo geworden waren und den Januariusorden für Thouvenel. Alles ward zugestanden und der Herzog von Cajaniello ging mit einem Klagebriefe Franz II. an Napoleon III. ab, auf dessen Beistand immer noch einige Hoffnungen gebaut wurden.

Am 22. August hatte das Ministerium dem König die früher erwähnte Adresse überreicht, welche ihn aufforderte, zeitweise das Land zu verlassen. Franz II. verlangte 48 Stunden Bedenkzeit. Nach diesen 48 Stunden dankte er weder ab, noch bewilligte er den Ministern ihre Entlassung. Letztere ward unter allerlei Vorwänden verweigert, das Ministerium übrigens mit verschiedenen Gegenständen beschäftigt. Einer der wichtigsten von diesen war das Projekt einer Neutralisirung der Stadt Neapel und die Unterhandlungen über dieses Projekt.

Im Ernste warf sich Franz II. vollständig der Reaktion in die Arme. Seine Stiefmutter und seine Halbbrüder, die Grafen Trani und Caserta, erhielten vollständig das Uebergewicht. Eine große Konspiration ward vorbereitet; ihre Fäden gingen nicht bloß nach Gaeta, sie reichten nach Rom. Am 30. August sollte ein großer Staatsstreich die absolute Gewalt wieder in die Hände Franz II. zurückspielen; die Armee, gestützt auf jene Lamoricières, welche sich unter Umständen mit ihr vereinigen konnte, sollte dann gegen Garibaldi geführt werden. Um die antireaktionäre Thätigkeit Liborio Romanos und des Kriegsministers Pianelli zu paralysiren, sollte vorher der reaktionäre Cutrofiano zum Platzcommandanten und Ischitella, der dieß Kommando eine Zeitlang niedergelegt, wieder zum Kommandanten der Nationalgarde ernannt werden. Diese Ernennungen erfolgten wirklich am 27. August und am 28. schärfte Cutrofiano von Neuem den Belagerungsstand ein. Die An- und Absichten der reaktionären Partei können wir nicht besser charakterisiren als durch das an den König gerichtete Manifest, welches sie insgeheim drucken ließ und welches am 30. August vertheilt werden sollte. Es lautet:

„Das neapolitanische Volk an seinen König Franz II."

„Wenn das Vaterland in Gefahr ist, ist das Volk berechtigt, von seinem Könige zu verlangen, daß er es vertheidige; denn die Könige sind für die Völker gemacht und nicht die Völker für die Könige. Wir sollen ihnen gehorchen, aber sie sollen verstehen uns zu beschützen. Deßhalb hat Gott ihnen nicht bloß ein Szepter, sondern auch ein Schwert verliehen."

„Heute, Sire, steht der Feind vor Ihrer Thüre. Das Vaterland ist in Gefahr. Seit vier Monaten ist ein Abenteurer an der Spitze aus allen Nationalitäten zusammengelesener Banden in das Reich eingefallen und hat das Blut unserer Brüder vergessen. Der Verrath einiger Elenden hat ihm geholfen; eine noch elendere Diplomatie hat ihn gleichfalls bei seinen verbrecherischen Unternehmungen unterstützt. Noch wenige Tage und dieser Abenteurer wird uns sein verhaßtes Joch auflegen. Seine Absichten kennen wir nur zu gut und auch Sie kennen dieselben, Sire. Uebrigens macht dieser Mensch auch gar kein Geheimniß daraus. Unter dem Vorwand vereinigen zu wollen, was niemals vereinigt war, will er uns zu Piemontesen machen, uns den Katholizismus rauben und wenn er die Religion vernichtet hat, in den Provinzen eine republikanische Regierung aufrichten unter der wilden Diktatur eines Mazzini, dessen Arm und Schwert er sein wird."

„Aber, Sire, seit Jahrhunderten sind wir Neapolitaner. Ihr unsterblicher Vorahn Karl III. entriß uns dem Joche der Fremden. Wir wollen Neapolitaner bleiben, leben und sterben als Neapolitaner, mit jener schönen und weisen Civilisation, welche jener große König uns gegeben hat. Und wie? der Sohn Ferdinands sollte nicht mit fester Hand das Szepter halten können, welches er von seinem Vater ruhmreichen Andenkens ererbt hat? der Sohn der verehrungswürdigen Maria Christine sollte uns schimpflich seinem Feinde überlassen? Franz II. mit einem Worte, unser geliebter Herrscher hätte nicht den Muth und die Kraft des niedrigsten der Könige? Nein, Sire, nein, das kann nicht sein?"

„Sire! Retten Sie also Ihr Volk. Wir fordern es von Ihnen im Namen der Religion, welche Sie zum Könige geweiht hat, im Namen der ererbten Gesetze, welche Ihnen das Szepter Ihrer Vorfahren überliefert haben, im Namen des Rechtes und der Gerechtigkeit, welche es Ihnen zur Pflicht machen, beständig für unser Wohl zu wachen und wenn es sein muß, für die Erlösung Ihres Volkes zu sterben."

„Wir sagen es Ihnen, Sire, das Vaterland ist in Gefahr und mit lautem Rufe fordert es von Ihnen vier Dinge:"

„1. Ihr Ministerium verräth Sie. Seine Handlungen beweisen es, seine Verbindungen mit Judas und Pilatus bezeugen es. Jagen Sie Ihr Ministerium davon und stellen Sie an die Spitze der Geschäfte ein Ministerium erlesener Männer, ehrlich, ergeben Ihrem Volk, Ihrer Krone, der Verfassung."

„2. Viele **Fremde** verschwören sich gegen Ihren Thron, gegen Ihre Nation. Treiben Sie diese Fremden aus dem Reiche."

„3. Zahlreiche **Waffenniederlagen** befinden sich in Ihrer Hauptstadt. Befehlen Sie eine Entwaffnung."

„4. Die ganze **Polizei** ist Ihren Feinden ergeben. Setzen Sie an deren Stelle eine ehrenwerthe und treue Polizei."

„Das ist es, Sire, was Ihr neapolitanisches Volk von Ihnen fordert. Ihre Armee ist Ihnen eben so ergeben, als sie tapfer ist. Ziehen Sie das Schwert und retten Sie das Vaterland. Wenn man Recht und Gerechtigkeit für sich hat, hat man Gott zur Seite."

„Es lebe unser König Franz II.! Es lebe das Vaterland! Es lebe die Verfassung! Es lebe die tapfere neapolitanische Armee!"

Niemand wird diesem Aufruf eine gewisse wilde Frische absprechen können; daß er in einer klerikalen Küche gebraut und daß es mit der mehrmals angerufenen Verfassung nicht eben sehr ernstlich gemeint war, sieht man ihm auf tausend Schritte an. Für uns ist das Dokument besonders insofern wichtig, als wir daraus, wenn wir die Handlungen des Königs Franz II. dagegen halten, ersehen, daß selbst seine eigene Partei ihm nichts anderes als Beleidigungen zu sagen wußte.

Es sei uns nun vergönnt, gegen dieses Manifest, welches eben im **Geheimen** gedruckt ward und niemals zur Wirksamkeit kommen sollte, zwei der vielen **revolutionären** Manifeste zu stellen, welche in der gleichen Zeit **öffentlich** an die Straßenecken Neapel's geklebt wurden und auf das Erscheinen Garibaldis vorbereiten sollten.

„Der Diktator Garibaldi rückt an der Spitze von 14000 Mann durch Calabrien vor. Die königlichen Truppen schließen sich entweder ihm an oder fliehen beim Leuchten seines Schwertes.

Die Revolution, welche in der Basilicata ausgebrochen ist, findet ein Echo im Herzen aller Vaterlandsfreunde und verbreitet sich mit der Blitzesschnelle des Gedankens von Provinz zu Provinz. Von der äußersten Spitze Calabriens bis nach Salerno hinab sind die Ketten der verfluchten Bourbonen für immer zerbrochen."

„Brüder, steigen wir von unsern Bergen herab, auf denen niemals die Liebe zum Vaterland und zur Freiheit verschwunden! Werfen wir in unserem Aufschwung die Feinde Italiens nieder! Zu kämpfen für die Einheit und Freiheit Italiens ist das älteste, beständigste Sehnen unserer Seele. Herbei! Der Augenblick ist entscheidend, der Sieg unzweifelhaft. Denn unsere Sache ist heilig und die Vorsehung streitet mit uns."

„Es lebe die Einheit Italiens! Es lebe Viktor Emanuel! Es lebe unser Diktator Garibaldi!"

Ein anderes:

„Neapolitaner! es ist Zeit ein Ende zu machen mit der Nachkommenschaft Karls III. Ihr kennt jetzt das „göttliche Recht" und habt nichts, auch gar nichts mehr mit ihm zu schaffen!"

„Der Mensch, welcher über euch regiert, heißt nicht Franz II., nein, sein Name ist Niedertracht. Haß hieß sein Vater, Verrath sein Großvater, Lüge sein Urgroßvater."

„Sprechen wir nicht von seiner Großmutter und Urgroßmutter, von Messaline und Sappho, damit unsere Töchter nicht zu erröthen brauchen!"

„Neapolitaner, es ist schon allzulang, daß ihr auf euern Gassen den deutschen Ruf: Werda? hört und antwortet: Sklaven!"

„Es wird Zeit, daß der Ruf ertönt: Chi va là? und ihr antworten könnet: Bürger!"

„An allen Enden Gewehrfeuer; an allen Enden läßt der Ruf: Es lebe Italien! sich vernehmen."

„Ihr allein scheint taub und stumm."

„Reggio, Potenza, Bari, Foggia sind in vollem Aufstande, ihr allein betrachtet den allgemeinen nationalen Brand mit so ruhigem Auge, daß man es für gleichgültig halten könnte."

„Neapolitaner! fürchtet zu spät zu kommen, fürchtet, daß wenn ihr endlich kommt, die Lombardei, Sicilien, Calabrien, die Basilicata mit Donnerstimme euch zurufen:

„„Zurück, Bastarde Italiens, ihr seid nicht mehr unsere Brüder; ihr gehört nicht mehr der heiligen Familie an.""

„Neapolitaner, zu den Waffen!"

Während diese höchst verschiedenartigen Ansprachen sich kreuzten, theils offen, theils noch im Keime, in der Vorbereitung, hatte de Martino dem französischen Gesandten Brenier das Projekt einer Neutralisation der Stadt Neapel mit ihren Umgebungen vorgetragen. Die königlichen Truppen sollten die Stadt räumen, diese unter dem Schutze des Volkes selbst, der Nationalgarde — und der verschiedenen Geschwader der fremden Mächte bleiben.

Die königliche Partei gewann hiedurch in jeder Beziehung. Zuerst konnte der König den Schein annehmen, als gäbe er den vielen an ihn gerichteten Forderungen nach, um jeden Preis die Hauptstadt vor den Schrecken des Krieges zu bewahren; sodann konnte er seine sämmtlichen Truppen aus der Hauptstadt herausziehen, sie erst südwärts derselben gegen den heranrückenden Garibaldi verwenden und, wenn hier ein Sieg nicht errungen ward, sie hinter den Volturno ziehen, um dort von Neuem das Glück der Waffen zu erproben, endlich, wenn die fremden Mächte den Vorschlag in seiner Vollständigkeit annahmen, verpflichteten sie sich zugleich zu einem Auftreten gegen Garibaldi unter vorkommenden Umständen und Franz II. hatte jene ersehnte Intervention, auf welche er vorzugsweise seine Hoffnungen baute.

Der französische Gesandte erklärte sich mit dem Vorschlage gänzlich einverstanden, wohl hauptsächlich, weil er sogleich erkannte, daß doch nichts aus der Ausführung werden würde; der englische Gesandte erklärte sich ebenso entgegen

21 *

dem Vorschlag, weil er ihn ernster nahm und um jeden Preis verhindern wollte, daß England in die Uebernahme einer Verpflichtung hineingespielt würde, die ihm in keinem Falle genehm sein konnte.

Wie sich immer die Mächte zu dem Neutralisationsgedanken verhalten mochten, dessen Verwirklichung grade in dem Hauptzweck, welchen man öffentlich bekennen durfte, in der Schonung der Königsstadt und Ersparung von Menschenblut konnte doch immer nur erreicht werden, wenn Garibaldi auch die Neutralisation der Hauptstadt annahm.

Wenn nun Garibaldi auch die Menschlichkeit in Person ist, so war es doch sehr fraglich, ob er, selbst von diesem Standpunkte aus die Neutralisation gutheißen konnte. Jedenfalls ward er durch dieselbe vieler Hülfsquellen beraubt, die ihm im höchsten Maße noth thaten. Dieser Umstand konnte es den Königlichen erleichtern, sich am Volturno und später am Garigliano zu setzen, konnte Garibaldi die Ueberwindung dieser Hindernisse erschweren und es konnte nun hier viel mehr Blutvergießen nothwendig werden, als die Einnahme der Hauptstadt gekostet haben würde.

Immerhin konnte man Garibaldi fragen, was er zu der Sache meinte; dieß war aber auch jedenfalls nothwendig, wenn man in der Sache einen Schritt weiter kommen wollte. Der piemontesische Gesandte machte das Anerbieten, Garibaldi persönlich aufzusuchen und seine Zustimmung wo möglich erwirken zu wollen. — Da erhoben sich nun aber der österreichische und päpstliche Gesandte. Sie wollten nicht dazu stimmen, daß gewissermaßen auch im Namen ihrer Mächte mit dem „Flibustier“ unterhandelt werden sollte, und das ganze Projekt ging um so mehr in die Brüche, als Villamarina für seine Vermittlung selbstverständlich noch die Genehmigung Viktor Emanuels einholen mußte.

In der Nacht vom 28. auf den 29. August ward dem Ministerium, welches bisher immer noch hingehalten war, als dessen Seele, dessen wirklich thätiges Glied Liborio Romano anzusehen ist, Liborio Romano, der sich bereits nicht mehr als Minister Franz II. betrachtete, der durch das von ihm redigirte bedingte Entlassungsgesuch vom 22. August seinem Gewissen genug gethan zu haben glaubte und jetzt nur noch für Garibaldi — als den thätigsten und nächsten der Aspiranten auf die Herrschaft über Neapel — arbeitete, diesem Ministerium ward das Projekt der Verschwörung des Königs und des Hofes kund. Auf die Anzeige eines Setzers hin entdeckte man die reaktionäre Proklamation, welche wir wörtlich mitgetheilt haben, und eine Anzahl Exemplare derselben bei einem französischen Priester, der mit Rom in beständigen und innigen Beziehungen stand.

Dem Könige wurde davon sogleich Anzeige gemacht, was sehr überflüssig war, da er die Sache sehr gut kannte. Er verrieth sich sogar vor seinen Ministern, indem er mit ziemlicher Sicherheit aussprach, daß jener französische Priester bereits Neapel verlassen hätte. Dieß war nicht der Fall, derselbe war vielmehr verhaftet und Liborio Romano ließ ihn selbst auf die Fürsprache Breniers nicht frei.

Darauf hin, ferner auf die Ernennungen Ischitellas und Cutrofianos, welche, wie dieß schon von uns erwähnt worden ist, mit dem Reaktionsprojekt im innigsten Zusammenhange standen, riethen nun die Minister am 30. August noch einmal dem Könige, Neapel zu verlassen und die Regentschaft einzusetzen aus allen den Gründen, die in der Adresse vom 22. August angegeben waren. Sie verlangten ferner, auch gedrängt von den Bataillonschefs der Nationalgarde, die Entfernung Ischitellas und Cutrofianos von ihren Posten. An die Stelle Cutrofianos sollte der ganz antibourbonisch gesinnte Viglia, an die Stelle Ischitellas der verständige, liberale de Sauget treten. Antwort auf ihre Anfrage und ihre Forderungen verlangten die Minister bis zum 31. August Vormittags 11 Uhr.

Die frühzeitige Entdeckung des Reaktionsprojektes hätte vielleicht den Ausbruch, zu welchem Alles vorbereitet war, noch nicht verhindert. Im Plane lag es aber auch, daß zur Stunde des Ausbruchs Franz II. selbst sich auf den Straßen zeigen sollte, und Franz II. ward am Morgen des 30. August benachrichtigt, daß ein Komplot organisirt sei, um ihn mit Orsinibomben zu begrüßen, worauf er beschloß, sich nicht auf die Straße zu begeben.

Doch wollte er in die Annahme Viglias und de Sangeis nicht willigen, er wollte sich höchstens dazu verstehen, an die Stelle Cutrofianos den General Cataldo zu sehen. Hierauf reichten nun die Minister ihre Entlassung von Neuem ein und dießmal ward sie angenommen. Der Rath Ulloa ward mit der Bildung eines neuen Kabinets beauftragt. Da sich indessen sofort zeigte, daß aus derselben schwerlich etwas werden möchte, verstand sich das Ministerium Liborio Romano dazu, die laufenden Geschäfte noch ferner zu versehen, bis ein neues Ministerium gebildet sein würde, und unter der Bedingung, daß Cutrofiano keinen Befehl geben dürfe, ohne dem Kabinet vorher Mittheilung zu machen und dessen Genehmigung einzuholen. Garibaldi flog durch Calabrien heran und ein neues Kabinet in Neapel ward überflüssig.

Fügen wir noch hinzu, daß die piemontesische Regierung auf die Nachrichten von dem siegreichen Vordringen Garibaldis in Calabrien ihre Anstrengungen verdoppelte, um vor der Ankunft des Nationalhelden in der süditalienischen Hauptstadt dort eine annexionistische, cavourische Revolution zu Stande zu bringen, welche Garibaldi ausschlösse, daß während der Graf von Syracus Neapel verließ, um sich nach Turin zu begeben, der in Cavours Sold getretene Nunziante von einem piemontesischen Schiffe im Hafen Neapels aus einen annexionistischen Aufruf an die neapolitanische Armee in die Stadt schleuderte, und daß neue piemontesische Truppen zu Genua für Neapel eingeschifft wurden, so werden wir ein ziemlich getreues Bild von dem ganzen Wirrwarr entworfen haben, welcher in den letzten Tagen des August zu Neapel herrschte. Wir können uns nun zu dem Marsche Garibaldis zurückwenden.

6. Der Marsch nach Neapel.

Während des Gefechtes von Villa S. Giovanni und Piale war der General Viale mit einem Theil seiner Truppen von Monteleone gegen Bagnara vorgerückt und hatte dem Brigadier Ruiz selbst den Befehl gegeben, die Garibaldiner anzugreifen. Dieser hatte sich geweigert, den Angriff mit seiner geringen Truppenzahl zu unternehmen. Viale zog sich darauf nach Monteleone zurück, legte sich krank ins Bett und forderte seine Entlassung, zumal er sah, in welchem Zustande die Corps von Briganti und Melendez auseinanderliefen und da er vernahm, daß Verstärkungen, welche zu ihm stoßen sollten, an der Landung bei Paola von dessen Bewohnern verhindert worden seien. Die Meuterei in den Truppen nahm immer mehr überhand und zeigte sich besonders in einer an entschiedenste Verachtung gegen die Offiziere grenzenden Insubordination.

An Stelle Viales übernahm General Ghio das Kommando des 12000 M. wenigstens starken Korps von Monteleone und auf die Kunde von der Kapitulation Caldarellis, auf dessen Zuzug von Cosenza her er jetzt nicht im mindesten rechnen konnte, trat er sogleich den Rückzug an; am liebsten möchte er sich am Pizzo eingeschifft haben, um so dem zweifelhaften Marsche durch Calabrien aus dem Wege zu gehen; da es aber an Fahrzeugen fehlte, war er gezwungen, den Rückzug zu Lande fortzusetzen, am 28. kam er auf diesem nach Tiriolo, am 29. setzte er denselben nach Soveria-Manelli an der äußersten Nordgrenze von Calabria ulteriore fort. Von Tiriolo aus läuft die Konsularstraße, bald sich hebend, bald sich senkend zwischen den beiden Bächen Lamato und Corace hin, welche aus der Gegend von Soveria-Manelli herabkommen. Nördlich von dieser Doppelortschaft schließen die beiden Bergketten, welche den Lamato und Corace begleiten, sich zusammen. Von diesem Zusammenschluß senken sich in südlicher Richtung die Abhänge hernieder, auf welchen Soveria-Manelli liegt.

Südlich von dieser Ortschaft nun wählte sich sonderbarer Weise Ghio eine Stellung, um die Armee Garibaldis zu empfangen, wenn sie ihm folgen sollte. Diese Stellung konnte auf den Höhen sehr leicht von Detachements Garibaldis umgangen werden, welche nun in der besten Verfassung waren, von dem Zusammenschluß der Berge her die Königlichen geradezu in den Rücken zu nehmen. Noch sonderbarer erscheint uns aber die Wahl Ghios, wenn wir erwägen, daß eine ihm feindliche Streitmacht bereits in seinem Rücken stand; es war diejenige des insurgirten diesseitigen Calabriens, die Freischaaren des Brigadier Stocco, der längst Garibaldi voranf war, um in der genannten Provinz den Aufstand militärisch zu organisiren.

Garibaldi, den eigenen Truppen vorauseilend, folgte dem Zuge Ghios auf der Spur, nicht ohne noch die Zeit zu gewinnen, hie und dorthin einen Abstecher zu machen und sich von der Lage und den Dispositionen des Landes zu überzeugen.

Kaum hatte Ghio am frühesten Morgen des 29. Tiriolo verlassen, als auch Garibaldi dort eintraf und von der Absicht Ghios unterrichtet ward, sich bei Soveria-Manelli zu schlagen, zugleich aber auch von den üblen Dispositionen der neapolitanischen Soldaten. Garibaldi ließ sogleich einen telegraphischen Befehl an sämmtliche Syndics von Calabria ulteriore ergehen, zur Mittheilung an seine Truppenbefehlshaber. Alle Korps der Südarmee sollten, wo sie auch immer ständen, sich schleunigst auf Tiriolo konzentriren. Im Laufe des Tages erhielt Garibaldi nun noch Nachrichten von Stocco, von den Stellungen, welche dieser bereits im Rücken Ghios auf den günstigsten Gebirgspunkten eingenommen hatte, von den Anstalten, welche er getroffen hatte, um Ghio den weiteren Rückzug ohne vorherigen Sieg fast unmöglich zu machen. Mit großer Umsicht hatten die Calabresen alle Hohlwege verbarrikadirt und neben den Barrikaden auf den Höhen förmliche Batterieen von Steinen angelegt, die den Königlichen auf die Köpfe herabgerollt werden sollten. Diese Einrichtungen zu

Gebirgsschlachten erinnerten lebhaft an die schweizerische Heroenzeit, an Morgarten und an die Freiheitskämpfe der Appenzeller insbesondere. Er sah, daß er einen entscheidenden Schlag würde thun können und telegraphirte daher noch am Abend einen Aufruf an alle seine rückwärtigen Truppen, in welchem er sie wegen ihren früheren Leistungen belobt und sie anspornte, nun noch einmal alle Kräfte zusammenzunehmen; in vierundzwanzig Stunden würden die Geschicke Italiens entschieden sein.

Wo immer die Truppen diesen Befehl erhielten, strengten sie in der That die letzten Kräfte an, doch konnten die am meisten vorgeschobenen Abtheilungen bis zum 30. August Morgens kaum Tiriolo erreichen, welches von Soveria-Manelli fast noch drei deutsche Meilen entfernt ist.

Am frühesten Morgen des 30. August begab sich Garibaldi auf der großen Straße in geringer Begleitung von Tiriolo gegen Soveria-Manelli vorwärts, verließ aber die Straße, ehe er den Ort erreichte und suchte die Schaaren Stoccos auf, welche er nun von den Höhen im Norden sogleich auf allen Seiten gegen die Stellungen der Königlichen hinabsteigen ließ. Bald ward das Flintenfeuer eröffnet und mehrere Stunden ohne großen Erfolg, ohne Entscheidung fortgesetzt. Garibaldi ließ den General Ghio zur Kapitulation auffordern. Dieser lehnte sie ab. Garibaldi wartete auf die Avantgarde seines Heeres von Tiriolo her. Mehrere Boten hatte er abgesendet, um deren Anmarsch soweit thunlich zu beschleunigen. Indessen war die Aufgabe für die Truppen eine zu schwere. Jedoch kam nach Mittag die Avantgarde der Division Cosenz, etwa 1500 M., heran und stellte sich im Süden der Stellung Ghios auf. Dieß genügte, den General Ghio zur Kapitulation zu bestimmen, da er sich nun sagen konnte, wenn er wollte, daß er von allen Seiten eingeschlossen sei.

Die Kapitulation fand unter denselben Bedingungen statt, wie jene von Melendez und Briganti. Sie brachte Garibaldi 10000 Flinten, 12 Feldgeschütze, fast 600 Pferde und Maulthiere und ein bedeutendes Kriegsmaterial aller Art ein.

Zur gleichen Zeit trat nun auch die Division Rüstow in die Handlung. Am 26. August erhielt sie den Befehl, von Milazzo nach Torre di Faro zu marschiren, um dort eingeschifft zu werden. Da ihre Organisation vollendet war, so brach sie noch am gleichen Abend auf und gelangte in drei Märschen, welche zugleich zur Uebung der jungen Truppe dienten, über Gesso und Messina am 28. August nach Torre di Faro, am frühen Morgen des 29. wurden die beiden Brigaden Milano und Parma, da es für die Brigade Bologna an Schiffen fehlte, eingeschifft, um nach dem Golfe von Sa. Eufemia zu steuern. Um Mittag desselben Tages durch die Furcht der Schiffskapitäne vor einem angeblich in diesen Gewässern kreuzenden neapolitanischen Kriegsdampfer, den man sogar gesehen haben wollte, zur Landung bei Tropaea gezwungen, welches etwa drei Märsche von Soveria-Manelli entfernt ist, marschirten die beiden Brigaden noch in der Nacht wieder von Tropaea ab, waren am 30. Mittags bei Monteleone vereinigt, gingen von dort nach dem Pizzo, wurden hier wiederum eingeschifft, so weit die Fahrzeuge ausreichten und steuerten nach Paola, wo sie am 31. August eintrafen. Den linken Flügel der Armee bildend waren sie jetzt durch ihre Wasserfahrt der Avantgarde des Gros bereits um zwei bis drei Märsche voraus, da Garibaldi noch einen guten Theil des 31. August in der Gegend von Soveria-Manelli festgehalten ward, um die Kapitulation in Vollzug zu setzen.

Am 1. September kam General Türr nach Paola. Das Rüstow'sche Korps ward durch Befehl Garibaldis mit der von Türr kommandirten 15. Division vereinigt und mußte sich, soweit es in Paola vorhanden war und soweit die Fahrzeuge ausreichten, sogleich wieder nach Sapri einschiffen, um einen noch größeren Vorsprung zu gewinnen und somit die Avantgarde der ganzen Armee zu bilden. Am Abende des 1. wurden somit etwa 1500 M., nämlich die ganze Brigade Milano und ein Theil der Brigade Parma eingeschifft, der Rest der Brigade Parma sollte sobald als möglich folgen, auch die

Brigade Bologna sollte so schnell es die Verfügbarkeit der Fahrzeuge erlauben würde, nach Sapri geschafft werden. Türr selbst begleitete die Expedition, welche am 2. September am frühen Morgen bei Sapri landete, wo sie nun dem auf der Konsularstraße von Soveria-Manelli über Cosenza vorrückenden Gros der Armee um 5 Märsche voraus war. Während Türr am 3. Morgens nach Lagonegro gereist war, um Befehle von Garibaldi zu holen, während Rüstow sich mit der Bewaffnung der Nationalgarde aus der Umgegend beschäftigte, welche mitgebrachte Gewehrvorräthe möglich machten, traf am Nachmittag Garibaldi von der Seeseite zu Sapri ein und ertheilte Rüstow nach kurzer Abrede den Befehl noch am Abende mit der einzig vollständigen Brigade Milano nach Vibonate abzumarschiren, um über diesen Ort die große Konsularstraße zu gewinnen; die Brigade Parma sollte folgen, sobald sie zu Sapri versammelt, die Brigade Bologna, sobald sie ebendaselbst eingetroffen sein würde.

Die Brigade Milano kam am 3. spät Abends nach Vibonate und erreichte am 4. den Paß des Monte Coccuzzo überschreitend bei Fortino die Konsularstraße, auf welcher sie von nun an weiter zog, während die Brigaden Bologna und Parma ihr auf 2 und 3, das Gros des Heeres auf 4 bis 6 Tagmärsche folgten. Noch am 4. September kam die etwa 900 M. starke Brigade Milano an der Konsularstraße nach Casalnuovo; am 5. marschirte sie bei der königlichen Brigade Caldarelli vorbei nach Sala. Caldarelli hatte zu Padula Halt gemacht, um desto besser seine mit den Calabresen zu Cosenza abgeschlossene Kapitulation, zufolge welcher er nicht gegen Garibaldi kämpfen sollte, zu erfüllen. Das rasche Vorrücken der Brigade Milano schnitt ihm von Salerno ab und er kapitulirte mit Garibaldi.

Am 6. marschirte die Brigade Milano nach Auletta und am 7. September nach Eboli. An demselben Tage, an welchem die kleine Avantgarde diesen Punkt erreichte, zog der Diktator schon in die von Franz II. verlassene Hauptstadt ein.

Wenden wir uns nun zu dieser zurück, um zu sehen, was hier und in der Umgebung sich auf Seite der Königlichen begeben hatte.

Vom 1. September ab wurden verschiedene Kriegsräthe der Generale gehalten. Die Mehrzahl sprach sich zunächst noch dahin aus, daß der Kampf möglich sei; nur wenige wagten geradezu zu erklären, daß sie ihn vorwärts Neapel für mißlich hielten.

Der erste Plan, welcher nun gemacht wurde, war Garibaldi vorwärts Salerno auf der Ebene zwischen diesem und Eboli zu erwarten und hier die Schlacht anzunehmen. Dieser Plan ward sehr bald aufgegeben und an seine Stelle der andere gesetzt: mit dem rechten Flügel die Stellung bei la Cava zu besetzen, mit dem linken Flügel Avellino, und in diesen sogenannten starken Stellungen eine Vertheidigungsschlacht anzunehmen. Zu diesem Behuf wurden die zu Nocera stehenden Fremdenbataillone unter Von Mechel nach Salerno vorgeschoben. Zu Salerno sollte Afan de Rivera, zu Avellino Perez kommandiren, die Reserve befehligte Scotti, der auch den Oberbefehl übernahm, insofern nicht noch in der letzten Stunde ein anderer Befehlshaber gesendet ward.

Dieser Plan war bis zum 4. Abends in Geltung. An diesem Tage ward zu Salerno die Landung bei Sapri bekannt; die mindeste Schätzung der Truppen, welche hier gelandet sein sollten, war auf 4000 M., die höchste ging bis zu 15000 M. Caldarelli, so hieß es zu Salerno, habe sich mit den Truppen Garibaldis vereinigt und marschire mit ihnen gegen Salerno. Neue Landungen von Abtheilungen der Südarmee würden noch näher an Neapel stattfinden. Darauf hin steigerte sich die Unruhe und der meuterische Geist in den zu Salerno vereinigten Truppen, auch in den Fremdtruppen, unter welchen sich unter Anderm viele Böhmen befanden, zum Theil wie sie wenigstens späterhin behaupteten, nur in die Armee Franz II. eingetreten, um diese zu desorganisiren.

Auf alle diese allarmirenden Nachrichten hin, hielt Franz II. in der Nacht vom 4. auf den 5. September einen neuen Kriegsrath. Von den Generalen bestanden jetzt nur noch wenige auf einem Kampf vorwärts Neapel und diese wenigen selbst wollten die Verantwortlichkeit des Oberkommandos nicht übernehmen, als sie der König beim Wort halten wollte.

Darauf hin und als die Nachrichten von Salerno, wie von Avellino, wo die Insurrektion, wie im Benevent jetzt zum offenen Ausbruch gekommen war, immer beunruhigender wurden, ward in einem Ministerrathe am 5. beschlossen, daß der König Neapel verlasse und sich nach Gaeta begebe, wo er ein neues Ministerium bilden wollte. Alle Truppen sollten aus der vorderen Linie theils über Neapel, theils über Nola und Caserta hinter die Linie des Volturno und nach Capua zurückgezogen und hier soweit möglich wieder in ein kompaktes Ganzes zusammengeschmolzen werden.

Die betreffenden Befehle wurden sofort gegeben und der Rückzug von Salerno und Avellino angetreten; am 6. September marschirten auch die Truppen von Neapel an die Volturnlinie ab bis auf vier Bataillone, welche vorläufig noch zurückblieben. Der König vertraute die Ordnung in der Hauptstadt der Nationalgarde an, deren Bataillonschefs er zu sich berief und von denen er mit folgenden Worten Abschied nahm:

„Da Euer, wollt ich sagen, da unser gemeinsamer Freund Don Peppe (Garibaldi) sich nähert, hört meine Arbeit auf und die eure beginnt. Erhaltet die Ruhe; den (zurückbleibenden) Truppen habe ich befohlen zu kapituliren."

Sobald der Entschluß des Königs, Neapel zu verlassen, bekannt war, liefen von allen Seiten, von Offizieren, Militär- und Civilbeamten, Entlassungsgesuche ein. Die Leute wollten sich Platz für neue Aemter schaffen.

Am 6. September Abends schiffte sich der König mit seiner Gemahlin, seinen noch um ihn befindlichen Verwandten und kleinem Gefolge auf dem Postschiffe ein, um nach Gaeta zu steuern. Zwei spanische Fregatten begleiteten ihn; von seiner eigenen Kriegsflotte hatte er kein einziges Schiff bei sich. Man hatte dieselbe schon mehrere Tage vorher nach Gaeta schicken wollen, damit sie Garibaldi nicht in die Hände fiele. Indessen war ausgesprengt worden, die Flotte solle in Wahrheit nach Triest gesendet und dort den Oesterreichern überliefert werden. Auf dieses hin weigerte sich der größte Theil der Offiziere und der Mannschaft der Flotte, den Hafen von Neapel zu verlassen. Sie wartete jetzt auf Garibaldi.

Indem Franz II. seine Hauptstadt räumte, hinterließ er zwei Aktenstücke, eine Proklamation und einen Protest.

Die Proklamation lautete:

„Unter den Pflichten der Könige sind diejenigen, welche ihnen die Tage des Unglückes auferlegen, die schwersten und heiligsten. Ich gedenke sie zu erfüllen, mit Entsagung, ohne Schwäche, mit heiterem, vertrauensvollem Muthe, wie es dem Sprossen so vieler Herrscher geziemt."

„Deßhalb richte ich noch einmal meine Worte an das Volk meines Reiches, von dem ich mich entferne, schmerzerfüllt, daß es mir nicht vergönnt war, mein Leben für sein Glück und seinen Ruhm zu opfern."

„Ein ungerechter Krieg wider das Völkerrecht hat meine Staaten überschwemmt, obwohl ich mit allen Mächten Europas im Frieden war. Die Veränderung des Regierungssystems, meine Hingabe an die großen nationalen Grundsätze vermochten diesen Krieg nicht fern zu halten. Ja es hat selbst die Nothwendigkeit, den Bestand des Staates zu vertheidigen, Ereignisse im Gefolge gehabt, die ich stets beklagt habe. Feierlich protestire ich daher gegen solchen Angriff und berufe mich auf die Gerechtigkeit aller civilisirten Völker."

„Das diplomatische Korps, welches bei meiner Person beglaubigt war, wußte von Anbeginn, von welchen Gefühlen gegen diese herrliche Hauptstadt des Reiches meine Seele erfüllt war. Immer wollt ich vor der Vernichtung und dem Kriege bewahren ihre Einwohner, deren Eigenthum, Gebäude, Denkmäler, öffentliche Anstalten, die Kunstsammlungen, Alles das, welches das Erbtheil ihrer Bildung, ihrer Größe ausmacht, was den kommenden Geschlechtern gehört und damit über den Leidenschaften der Zeit steht. — Die Stunde, mein Wort zu halten, ist gekommen. Der Krieg nähert sich den Mauern der Stadt und in unsäglichem Schmerze verlasse ich sie mit einem Theile meines Heeres, um mich dahin zu begeben, wohin mich die Vertheidigung meiner Rechte ruft. Ein anderer Theil dieses ritterlichen Heeres bleibt hier, um mitzuwirken zur Erhaltung und zum Schutze der Hauptstadt, welche ich als ein Heiligthum dem Ministerium, dem Syndikus und dem Kommandanten der Nationalgarde empfehle. Was ich von ihrer Ehre und ihrem Bürgersinn fordere, ist dieses, daß sie dieser theuersten Vaterstadt die Schrecken innerer Unordnungen und das Unglück des nahen Krieges ersparen. Zu diesem Ende übertrage ich ihnen alle nothwendigen und die ausgedehntesten Regierungsvollmachten."

„Sproß eines Herrscherhauses, welches seit 126 Jahren über diese festländischen Gebiete regierte, bleib ich mit meiner Liebe hier. Ich bin Neapolitaner und nicht ohne den schwersten Kummer kann ich meinen geliebtesten Unterthanen Lebewohl sagen. Welches immer mein Schicksal sein möge, glücklich oder unglücklich, ich werde immer in aller Liebe mich ihrer erinnern. Ich lege ihnen ans Herz die Eintracht, den Frieden, die bürgerliche Pflichterfüllung. Ein ungemäßigter Eifer für mein Schicksal möge niemals die Verwirrung unter sie schleudern."

„Wenn es der Gerechtigkeit Gottes gefallen wird, mich wieder auf den Thron meiner Vorfahren zu führen, so möchte ich, und bete darum, meine Völker einträchtig, stark und glücklich wiedersehen."

Neapel, den 5. September 1860. Franz.

Der Protest an die Mächte ist folgendermaßen abgefaßt:

„Nachdem ein kühner Bandenführer mit allen Kräften, über welche die europäische Revolution verfügt, unsere Lande angefallen hatte und das im Namen eines italienischen Fürsten, unseres Verwandten und Freundes, haben wir mit allen Mitteln, die in unserer Macht standen, seit fünf Monaten für die heilige Unabhängigkeit unserer Staaten gekämpft. Das Loos der Waffen war uns ungünstig. Das keck Unternehmen, welches jener Fürst, wie er förmlichst versicherte, durchaus nicht anerkennen wollte. und welches dennoch während des Laufes der Unterhandlungen, die darauf hinzielten, ein inniges Einverständniß mit ihm zu erreichen, grade in seinen Staaten Hülfe und Unterstützung fand, dieses Unternehmen, welchem das ganze Europa, obwohl es den Grundsatz der Nichtintervention ausgerufen hatte, gleichgültig zusah, uns allein den Kampf gegen den Feind Aller überlassend — es ist jetzt auf dem Punkte, seine traurigen Wirkungen bis auf unsere Hauptstadt auszudehnen."

„Andererseits haben Sicilien und die Provinzen des Festlandes seit lange her und auf alle Weise von der Revolution bearbeitet, deren Druck sie zum Aufstand gebracht hat, — sie haben provisorische Regierungen errichtet unter dem Titel und dem angeblichen Schutze jenes Fürsten und sie haben einem sogenannten Diktator Vollmacht zur freien Bestimmung ihrer Schicksale anvertraut."

„Stark durch unser Recht, gestützt auf die Geschichte, auf die völkerrechtlichen Verpflichtungen und auf das öffentliche Recht in Europa gedenken wir unsere Vertheidigung so lange als möglich fortzusetzen. Jedoch sind wir nicht minder entschlossen, auf jedes Opfer hin, dieser großen Hauptstadt, dem glorreichen Sitze der ältesten Erinnerungen, der Wiege der Künste und der Civilisation des Königreiches die Schrecken des Kampfes und der Anarchie zu ersparen."

„Wir werden daher ihre Mauern mit unserer Armee verlassen und die Erhaltung der Ordnung der Achtung vor der Obrigkeit, der Loyalität und der Liebe unserer Unterthanen anvertrauen."

„Indem wir einen solchen Entschluß fassen, fühlen wir

Anzeige.

Das vorliegende Werk, der italienische Krieg 1860, wird 38—40 Druckbogen stark, mit 7 Karten und Plänen in drei bis vier rasch auf einander folgenden Lieferungen zum Preise von 3 Rthlrn. — oder fl. 5. 8 kr. für das Ganze erscheinen,

---

In unserm Verlag sind erschienen:

Rüstow, W., der italienische Krieg 1859, politisch-militärisch beschrieben. 8°. Mit 3 Kriegskarten. 3. Aufl. 2 Rthlr. 7½ Ngr. — 3 fl. 51 kr.

— — der ungarische Krieg 1848—1849. 2 Bände. 8°. mit 5 Karten und Plänen. 6 Rthlr. — 10 fl. 8 kr.

— — militärisches Handwörterbuch, nach dem Standpunkte der neuesten Literatur und mit Unterstützung von Fachmännern bearbeitet und redigirt. In zwei Bänden. 1858 und 1859. gr. 8°. br. 4 Rthlr. 10 Ngr. — 7 fl. 35 kr. rhein.

— — die Feldherrnkunst des 19. Jahrhunderts. 2 Theile, gr. 8°. 1857. br. 3 Rthlr. 6 Ngr. — 5 fl. 36 kr. rhein.

— — allgemeine Taktik. Mit erläuternden Beispielen, Zeichnungen und Plänen, nach dem gegenwärtigen Standpunkte der Kriegskunst bearbeitet. 8°. 1858 br. 2 Rthlr. 8 Ngr. — 4 fl. rhein.

— — der Krieg gegen Rußland, mit Plänen. 2 Bände. 8°. 1855 u. 1856 br. 3 Rthlr. — 5 fl. 6 kr. rhein.

Die kriegerischen Ereignisse in Italien im Jahre 1848 und 1849. 8°. br. 1 Rthlr. 18 Ngr. — 2 fl. 36 kr. rhein.

Bava, General, Bericht über die militärischen Operationen im lombardischen Feldzug vom Jahre 1848. 8°. br. 18 Ngr. — 1 fl. rhein.

Hoffstetter, G. v., Garibaldi in Rom 1849. Militärisches Tagebuch aus Italien 1849. 8°. br. 1 Rthlr. 7½ Ngr. — 2 fl. 9 kr. rhein.

Der italienische Krieg 1860

politisch-militärisch beschrieben

von

W. Rüstow.

Mit 7—8 Karten und Plänen.

Des „italienischen Krieges" zweiter Band.

Dritte Lieferung.

Bogen 22—31 und Karte III. bis V.

Zürich,
Druck und Verlag von Friedrich Schultheß.
1861.

☞ Ausgeschnittene oder beschmutzte Exemplare werden nicht zurückgenommen.

jedoch zugleich, was unsere alten und unverletzlichen Rechte, unsere Ehre, das Interesse unserer Erben und Nachfolger, was noch mehr die Interessen unserer vielgeliebten Unterthanen uns auferlegen, und wir protestiren laut gegen alle die Handlungen, die bisher begangen, gegen alle Ereignisse, die gekommen sind und noch kommen mögen. Wir behalten uns alle unsere Titel und alle Rechte vor, welche aus den Verträgen und den heiligen und unbestreitbaren Erbfolgeordnungen herfließen. Wir erklären feierlich alle bezeichneten Ereignisse und Thatsachen für null und nichtig, ungesetzlich, ohne Kraft, indem wir, was uns betrifft, unsere Sache und die Sache unserer Völker in die Hände des allmächtigen Gottes befehlen, fest überzeugt, daß wir in der so kurzen Zeit unserer Regierung nicht einen einzigen Gedanken gehabt haben, der nicht dem Wohl und dem Glücke unserer Unterthanen geweiht gewesen wäre. Die Einrichtungen, welche wir ihnen unwiderruflich verbürgt haben, geben Zeugniß davon."

„Dieser Protest wird von Uns allen Höfen übergeben werden und wir wollen, daß er von uns unterzeichnet, besiegelt mit unserem königlichen Wappen, gegengezeichnet von unserem Minister der auswärtigen Angelegenheiten, aufbewahrt werde bei unserem königlichen Staatsministerium der auswärtigen Angelegenheiten, bei der Präsidentschaft des Ministerraths, beim Ministerium der Gnaden und der Gerechtigkeit, als ein Denkmal unseres unabänderlichen Entschlusses, immer Vernunft und Gerechtigkeit der Gewalt und der Usurpation entgegenzustellen."

Neapel, den 6 September 1860. Franz.

Jakob de Martino.

Nachdem der König die Hauptstadt verlassen hatte und als bekannt geworden war, daß Garibaldi noch in der Nacht in Salerno eintreffen werde, versammelten sich am Abend spät die Minister und beschlossen am nächsten Morgen eine Deputation nach Salerno an Garibaldi zu senden, um über seinen Einzug in die Stadt zu verhandeln.

Garibaldi, der bis zum 6. September mit der Brigade Milano marschirt war, verließ sie in der That auf die ihm von Neapel und Salerno zukommenden Nachrichten und eilte nach letzterer Stadt voraus, wo er in der Intendenz abstieg.

Am 7. Morgens um 6 Uhr fand zu Neapel ein neuer Ministerrath statt, in welchem aber Spinelli, de Martino und Pianelli nicht erschienen. Hier ward beschlossen, eine Adresse an Garibaldi abzufassen, um sie diesem bei seinem Einzuge zu überreichen. Die Ausarbeitung dieser Adresse war nicht nothwendig, da Liborio Romano sie bereits fix und fertig aus der Tasche hervorzog.

An den Straßenecken las man eine Proklamation des Polizeipräfekten Bardari, durch welche auch dieser das Volk auf den neuen Regenten vorbereitete. Die Proklamation war vom 6. datirt. Man erinnere sich, daß Neapel noch immer von königlichen Truppen besetzt war.

Am 7. Morgens, als die ihm zugesendete Deputation zu Salerno eingetroffen war, telegraphirte Garibaldi an Liborio Romano:

„Italien und Viktor Emanuel!"

„An das Volk von Neapel!"

„Sobald der Syndikus und der Nationalgardekommandant von Neapel, welche ich erwarte, hier eingetroffen sind, werde ich zu euch kommen."

„In diesem feierlichen Momente empfehle ich euch die Ruhe und Ordnung, welche sich für die Würde eines Volkes ziemen, welches die Herrschaft über seine Rechte wieder ergreift."

Salerno, 7. September 6½ Uhr Vormittags.

Der Diktator beider Sicilien:
Joseph Garibaldi.

Darauf antwortete Liborio Romano:

„An den unbesiegbaren General Garibaldi, Diktator beider Sicilien!"

„Liborio Romano, Minister des Innern und der Polizei."

„Mit der größten Ungeduld erwartet Neapel Ihre Ankunft,

um den Erlöser Italiens zu begrüßen und in Ihre Hände die Staatsgewalt und sein Schicksal niederzulegen.“

„Bis dahin stehe ich für die Ruhe und Ordnung ein. Ihre Worte, welche bereits dem Volke bekannt gemacht wurden, sind das beste Pfand für den Erfolg meiner Bemühungen in diesem Betreff.“

„Ich erwarte Ihre letzten Befehle und bin mit unbegrenzter Hochachtung Ihr

Liborio Romano.“

Um $10^1/_2$ Uhr Vormittags bestieg Garibaldi mit einem geringen Gefolge von Offizieren bei Vietri die Eisenbahn und kam um Mittag nach Neapel. Liborio Romano begrüßte ihn an der Eisenbahnstation, begleitet von den noch zusammengebliebenen Ministern und Ministerialdirektoren mit nachstehender Anrede:

„Herr General! Sie sehen vor sich ein Ministerium, welches seine Gewalt von Franz II. erhalten. Wir nahmen sie an in der Ueberzeugung, dem Vaterland ein Opfer zu bringen. Wir nahmen sie an in der schwersten Zeit, da der Gedanke der Einheit Italiens unter dem Szepter Viktor Emanuels, welcher schon längst die Neapolitaner bewegte, getragen von Ihrem Schwerte, ausgerufen von dem nachbarlichen Sicilien, bereits allmächtig geworden, als alles Vertrauen zwischen Regenten und Regierten schon geschwunden war, als altes Mißtrauen und zurückgehaltener Haß Dank den neuen konstitutionellen Freiheiten öffentlich hervortraten, als das Land tief erschüttert war von schweren Aengsten vor einer neuen und gewaltsamen Reaktion. Unter solchen Umständen nahmen wir die Gewalt an, um die öffentliche Ruhe zu erhalten und den Staat vor der Anarchie und dem Bürgerkriege zu bewahren. Darauf war alle unsere Arbeit allein gerichtet. Das Land hat unsere Absichten begriffen, und unsere Anstrengungen zu schätzen gewußt. Niemals hat uns das Vertrauen unserer Mitbürger gefehlt, und wir verdanken es ihrer thätigen Mitwirkung, wenn bei soviel Haß der Parteien die Stadt

22*

sich dennoch frei von Gewaltthat und Vernichtung gehalten hat.«

„General, alle Völker des Reichs, hier in offenem Aufstand, dort durch die Presse, an andern Orten durch andere Kundgebungen, haben in genügend sichtbarer Weise ihre Stimme abgegeben. Auch sie wollen Theil haben an dem großen italienischen Vaterland unter dem konstitutionellen Szepter Viktor Emanuels. Sie, General, sind das erhabenste Symbol dieser Stimme und dieses Gedankens, und deßhalb wenden sich alle Blicke zu Ihnen und alle Hoffnungen beruhen auf Ihnen.«

„Und wir Verwalter der Macht, Bürger und Italiener auch wir, übergeben die Macht in Ihre Hände, sicher, daß Sie dieselbe mit Kraft aufrecht erhalten, daß Sie mit Weisheit dieses Land dem edlen Ziele zuführen werden, welches Sie sich gesteckt haben, welches geschrieben steht auf Ihren siegreichen Bannern und geschrieben steht in den Herzen aller. Italien und Viktor Emanuel!«

Garibaldi dankte, nannte Liborio Romano den „Retter Neapels«, drückte ihm die Hand und zog nun im Triumph unter dem Jubel des Volkes in die Hauptstadt ein. Unter den Truppen der Castelle zeigte sich eine Bewegung, als wollten sie den Diktator mit Kanonenschüssen begrüßen, doch unterblieb es. Als Garibaldi beim Zug durch die Stadt bei einer Wache vorbeikam, wollte der Offizier seine Soldaten feuern lassen, diese aber verweigerten den Gehorsam. Garibaldi begab sich zunächst in die Kathedrale und stieg dann in der Foresteria ab, von deren Balkon er das Volk anreden mußte; doch verlegte er sein Quartier bald in den Palast Angri an der Toledostraße.

Die Straßenecken bedeckten sich alsbald mit einer noch von Salerno datirten Proklamation Garibaldis: An die geliebte Bevölkerung von Neapel.

„Sohn des Volkes betrete ich mit wahrer Achtung und inniger Liebe diesen herrlichen Mittelpunkt italischer Völkerschaften, welche viele Jahrhunderte des Despotismus weder erniedrigen noch zwingen konnten, das Knie vor der Tyrannei zu beugen."

„Das erste Bedürfniß Italiens war die Eintracht, um zur Einheit der großen italienischen Familie zu gelangen. Heut hat uns die Vorsehung die Eintracht gegeben Dank der erhabenen Uebereinstimmung aller Provinzen in dem Gedanken der Wiederherstellung der Nation. Sorgen wir nun ebenso für die Einheit. Die Vorsehung hat unserm Lande Viktor Emanuel gegeben, welchen wir von diesem Augenblick ab als den wahren Vater des italienischen Vaterlandes nennen können."

„Viktor Emanuel, das Muster der Fürsten, wird seinen Nachkommen ihre Pflichten für das Glück eines Volkes einprägen, das ihn mit stürmischer Ergebenheit an seine Spitze gestellt hat."

„Den italienischen Priestern, die vom Bewußtsein ihrer Mission erfüllt sind, verbürgen die Achtung, welche ihnen entgegenkommen wird, der Aufschwung, der Patriotismus, die wahrhaft christliche Haltung ihrer zahllosen Mitbrüder, welche wir von den verdienten Mönchen der Gancia bis zu den edeln Priestern des neapolitanischen Festlandes stets an der Spitze unserer Soldaten den größten Gefahren der Schlachten die Stirn bieten sahen. Ich wiederhole es: die Eintracht ist das erste Bedürfniß für Italien. Wir werden also Alle, welche früher nicht mit uns übereinstimmten, welche jetzt aber aufrichtig ihren Stein zum Baue des Vaterlandes herbeitragen wollen, wie Brüder empfangen. Endlich bei aller Achtung vor dem fremden Hause wollen wir Herren im eigenen Hause sein, mögen die Mächtigen der Erde damit einverstanden sein oder nicht."

Durch die erste Verordnung, welche Garibaldi erließ, vereinigte er die gesammte neapolitanische Flotte mit dem von Admiral Persano kommandirten sardinischen Geschwader. Ferner entließ er die Marineinfanterie, welche ihm bisher nicht günstig gewesen war, die durch die ihr ertheilte Erlaubniß, heim zu gehen, von welcher die Mehrzahl mit Vergnügen Gebrauch machte, sogleich gewonnen wurde.

Während Türr von Auletta dem Diktator nacheilte, um mit ihm in Neapel einzuziehen, war Rüstow am 7. mit der Brigade Milano nach Eboli gelangt. Hier erhielt er spät Abends den Befehl, so schnell als möglich und wenn thunlich noch am 8. mit der Brigade Milano nach Neapel zu kommen, damit der Diktator bei der Unsicherheit der ganzen Lage wenigstens etwas von seinen Truppen zur Hand habe. Nach unausgesetzten und zum Theil starken und schwierigen Märschen vom 3. September ab, war es, obwohl man von Vietri aus die Eisenbahn benutzen konnte, nicht so leicht, dem Befehle nachzukommen. Wagen für die ganze Brigade Milano waren in Eboli nicht aufzutreiben. Um daher mit möglichst geringer Anstrengung der Truppen doch dem Befehl zu genügen, wählte Rüstow folgendes Auskunftsmittel. Um 12 Uhr Mitternacht marschirt ein Detachement der Nationalgarde von Eboli in der Richtung nach Salerno ab und sendet alle Wagen und sonstigen Fuhrwerke, welche es unterwegs trifft, der Brigade Milano entgegen. Diese bricht um 1 Uhr Morgens von Eboli auf und setzt vorerst nur ihre schwer Fußkranken auf die drei von Eboli mitzunehmenden Wagen. Für Alles, was unterwegs matt wird, werden die von der Nationalgarde entgegengesendeten Fuhrwerke in Beschlag genommen und endlich wird alles Uebrige, was noch nicht zu Salerno angekommen wäre, auf die wiederum zurückgesendeten Fuhrwerke gepackt. Rüstow selbst ging bis in die Nähe von Salerno voraus, um hier die ankommenden Fuhrwerke zu empfangen, die Truppe zu sammeln und die freigewordenen Wagen sogleich unter Bedeckung zurückzusenden.

In Folge dieser Anstalten wimmelte von 3 bis 8 Uhr Morgens am 8. September die ganze Landstraße von Eboli nach Salerno von Fuhrwerken der verschiedensten Art, Omnibus, Kutschen, meist aber zweirädrige Karren, bespannt mit Pferden, Ochsen und Eseln, mit Soldaten beladen. Nach Neapel ward telegraphirt, die ganze garibaldische Armee fahre gemüthlich zu Wagen nach der Hauptstadt. Einige Pedanten fanden, daß dieses neue Marschsystem alle Disziplin zerstöre. Indessen um 9 Uhr Vormittags rückte die Brigade Milano in herrlichster Ordnung, das Musikkorps eines neapolitanischen Regiments, welches Rüstow in Salerno gefunden und ihr entgegengeschickt hatte, an der Spitze, in Salerno ein und hätte vier Stunden später in Neapel sein können, wenn die neapolitanischen Eisenbahnen nicht an allerlei Gebrechen gelitten hätten. Um ganz sicher zu gehen ward der Abmarsch nach Vietri erst um 2 Uhr Nachmittags angeordnet und der Weitertransport auf der Eisenbahn sollte sogleich beginnen. Statt dessen konnte derselbe wegen Mangels an Eisenbahnwagen erst um 6 Uhr Abends anfangen und die Brigade Milano, verstärkt durch mobilisirte Nationalgarden aus dem Principat, Alles in Allem etwa 1200 M., brauchte nicht weniger als 4 Züge von Vietri nach Nocera, so daß erst um Mitternacht die letzten Truppen zu Nocera eintrafen, wo sämmtliche Züge zusammengehängt wurden, um nun gemeinsam nach Neapel zu fahren. Am 9. September Morgens um 2 Uhr rückten somit die ersten geschlossenen Truppen Garibaldis in die schlafende Stadt ein und fanden, sie zum großen Theile durchziehend, mühselig ein vorläufiges Unterkommen in der Kaserne von Pizzofalcone, durchmischt mit königlichen Soldaten, welche noch dort zurückgeblieben waren. An dem gleichen Tage des Einzugs mußte die Brigade Milano, wie wir sehen werden, auch schon wieder marschiren.

6. Die Expedition von Ariano. Garibaldis politische Thätigkeit während der ersten Tage seines Aufenthaltes in Neapel.

Wir haben gesehen, wie der rechte Flügel und das Centrum der neapolitanischen Aufstellung auf der Linie Salerno, Avellino, Ariano auf den bloßen Ruf der Annäherung der Garibaldiner sich verflüchtigte. Von Salerno, von Avellino waren am 6. September die Königlichen vollständig zurückgegangen; nicht so war es mit dem linken

Flügel; im Gegentheil schien dieser gerade jetzt eine gewisse Bedeutung erlangen zu sollen. Wir haben gesehen, wie General Flores als er vor dem Aufstande Apulien räumte, sich gegen die Grenzen des jenseitigen Principats hinzog. In diesem hatte sich gleichzeitig mit der von Benevent aus unterstützten liberalen Bewegung eine mächtige Reaktion erhoben. Hauptsitz derselben war Ariano, Nebensitze waren Monte Mileto und das dicht dabei liegende Dorf Torre delle Rocelle. Hauptanstifter war der Bischof von Ariano, thätig unterstützt von der Masse der Geistlichkeit. Flores verlegte die Brigade Bonannos, etwa 4000 M. stark, nach Ariano und kaum war dieselbe hier angekommen, kaum meinte die Reaktionspartei, wenig von dem unterrichtet, was sonst in der Welt vorging, nun einen genügenden Stützpunkt zu haben, als sie sich wüthend erhob, die Häupter der liberalen Partei, soweit sie nicht flohen, massakrirte, ja Angehörige ihrer Familien, Greise, Frauen und Kinder auf scheußliche Weise ums Leben brachte, sengte und plünderte, kurz Gräuel beging, wie sie in der Regel nie von Soldaten, nur von einer fanatisch durch die Pfaffen aufgestachelten Volksmenge begangen werden.

Auf die Kunde von diesen Scheußlichkeiten bewaffneten sich in den anstoßenden Theilen des Principates, in dem die Insurrektion der liberalen Partei nach dem Abzuge der königlichen Truppen sich siegreich fühlte, die Nationalgarden, ebenso in Benevent, wo der Aufstand vollständig triumphirte und sogar die päpstlichen Truppen, selbst Gensdarmen und Fremdtruppen großentheils zur Partei der Einheitsbewegung übergegangen waren. Aber am 7. war auch schon der Diktator in Neapel eingezogen und an ihn erschallte nun der Hülferuf seiner Anhänger aus dem jenseitigen Principat. Garibaldi, dem viel darauf ankam, hier die Sache schnell zu Ende zu bringen, ernannte Türr zum Kommandanten in dem jenseitigen Principat, um die reaktionäre Bewegung zu unterdrücken, und stellte eine außerordentliche Jury auf, um die abgefangenen reaktionären Verbrecher abzuurtheilen. Da bei Ariano die Brigade Bonannos stand, Türr Anfangs nur Nationalgarden zu seiner Verfügung hatte, so mußte nun die Brigade Milano, welche erst am frühen Morgen des 9. in Neapel eingerückt war, am Nachmittag desselben Tages wieder marschiren. Sie ging mit der Eisenbahn nach Nola und von dort am Abende noch bis Mugnano und Cardinale. Am 10. marschirte sie nach Avellino, von hier ging Türr mit den Bersaglieri und einem Bataillon auf Fuhrwerken noch bis Denticane (Venticane) vorauf, während Rüstow mit den zwei übrigen Bataillonen in Reserve bis Pratola folgte. Die mobilisirten Nationalgarden aus der Gegend rückten gleichzeitig zu den Seiten der Straße vor. Bei Denticane und Monte Mileto kam es zu einigen Schüssen und die Avantgarde der Brigade Milano schützte die Einbringung zahlreicher Gefangener aus der Umgebung von Monte Mizeto und durch die Nationalgarden. Die Anstifter der Reaktion retteten sich. Am 11. Morgens führte Rüstow auch die Reserve nach Denticane vor und, sobald diese hier angekommen war, brach Türr mit der Avantgarde abermals zu Wagen nach Grottominarda auf; Rüstow mit der Reserve blieb bei Campanerella und Denticane in den vortheilhaften Stellungen am linken Ufer des Calore für den Fall zurück, daß Bonannos es wagen würde, statt auf Unterhandlungen einzutreten, ein ernstes Gefecht anzunehmen, in welchem Falle die Garibaldiner bei ihrer Schwäche leicht auf eine vorläufige Vertheidigung zurückgewiesen werden konnten.

Zu Grottominarda angekommen, forderte Türr, da Flores entflohen und von der Nationalgarde zu Montefusco aufgefangen war, den Brigadier Bonannos zur Uebergabe auf unter den gewöhnlich von Garibaldi eingegangenen oder vorgeschriebenen Bedingungen; Bonannos machte zuerst Schwierigkeiten, er wollte freien Abzug nach Gaeta mit Waffen und Gepäck haben. Indessen wurden seine Soldaten, welche die Garibaldiner noch weit entfernt geglaubt hatten, als sie dieselben nun unmittelbar vor sich sahen, unruhig und die Lust nach Hause zu gehen regte sich in der Mehrzahl. Da außerdem Türr auf seinem Verlangen bestand, so fügte sich endlich Bonannos. Die Kapitulation brachte außer mehreren Tausend Gewehren den Garibaldinern auch vier Sechspfünder und etwa 150 Pferde ein, welche letztern zur Bildung eines Korps Husaren bei der bisher ganz von Kavallerie entblößten 15. Division benutzt wurden, während die vier Sechspfünder die erste verfügbare Artillerie derselben Division bildeten. Die Kapitulation war am 11. Abends abgeschlossen; am 12. früh Morgens begann die Reserve der Brigade Milano bereits den Rückmarsch und Rüstow mit ihrer Spitze erreichte auf demselben Wege, den er gekommen, zurückgehend am 13. Nola, wo die Brigade Milano sich sammeln sollte, um dann vorläufig zu einiger Erholung, wie angenommen ward, nach Neapel zurückzukehren. Die Entwaffnung des Gros der Brigade Bonannos fand bei Ariano statt, nur der Kavallerie der Brigade, 2 Eskadrons königlicher Carabiniere, ward die Vergünstigung gewährt, zu Pferd und in Waffen, geordnet nach Nola marschiren zu dürfen. Da aber gegen den Vertrag die Desertion in dieser Kavallerie einriß, mußte sie Rüstow bereits als sie zu Avellino ankam, entwaffnen lassen.

Zu Neapel waren unterdessen schon vom 9. Nachmittags ab andere Truppen der italienischen Südarmee angekommen, zuerst einzelne Bataillone des Rüstow'schen Korps, von den Brigaden Bologna und Parma, dann immer mehrere, auch von andern Korps und Divisionen.

Die Forts von Neapel ergaben sich eins nach dem andern und ihre Besatzungen zogen theils frei nach Capua und an den Volturn ab, theils zerstreuten sie sich. Die Stadt war in einem beständigen Festzustand, voller Jubel und Freude.

Garibaldi beschäftigte sich ernstlich mit der nothwendigsten Organisation der Verwaltung. Von dem alten Ministerium blieb nur Liborio Romano; alle übrigen Minister wurden erneut, wobei Garibaldi sich befleißigte, möglichst gemäßigte Männer in die Regierung zu bringen. Kriegsminister ward

General Cosenz, Pisanelli erhielt das Ministerium der Justiz, Antonio Ciccone jenes des öffentlichen Unterrichts, Rodolfo Afflitto die öffentlichen Arbeiten, Scialoja, der noch in Turin verweilte, ward zum Minister der Finanzen ernannt. Andrea Colonna ward zum Syndikus der Stadt berufen. Auch die Gesandtschaften wurden neu besetzt; Piersilvestro Leopardi wurde nach Turin geschickt, der Marchese de Bella nach Paris, Carlo Cattaneo für die Gesandtschaft zu London bestimmt. Wenn man von mehreren dieser Männer fast sagen konnte, daß sie Cavouristen seien, so machte dagegen die Ernennung Bertanis zum Generalsekretär des Diktators nicht geringes Aufsehen und würde wahrscheinlich dasselbe Aufsehen gemacht haben, wenn auch Bertani nicht zugleich merkwürdiger Weise den Titel eines Obersten erhalten hätte.

Die ersten Dekrete Garibaldis schafften die Häufung der Aemter auf eine einzige Person ab und erkannten die öffentliche Schuld Neapels an. Die Beamten und Offiziere wurden auf ihre Posten zurückgerufen. Von den Beamten aus allen Provinzen liefen stündlich Zustimmungs- und Unterwerfungsadressen an den Diktator ein. Ein Befehl des Kriegsministers forderte alle Offiziere der königlichen Armee auf, binnen zehn Tagen ihre Unterwerfung unter die neue Regierung zu erklären. Alle Offiziere, welche diesem Befehl folgen würden, sollten ihren Grad behalten, diejenigen, welche mit ihren Leuten kämen, sogleich für den aktiven Dienst, diejenigen, welche allein, ohne ihre Leute kämen, würden vorläufig zur Verfügung (in die Reserve) gestellt; von allen Offizieren, die binnen zehn Tagen ihre Unterwerfung nicht erklärt hätten, sollte angenommen werden, daß sie ihren Abschied eingegeben hätten.

Bemerken wir sogleich, daß dieses Dekret, wenn es auch ein wenig die Demoralisation in den königlichen Truppen beförderte, doch ohne große Wirkung zum eigentlichen Nutzen der Streitkräfte Garibaldis blieb. Diejenigen königlichen Truppen, welche Lust hatten, mit ihren Offizieren die königlichen Fahnen zu verlassen, hatten diese Lust nicht darum, um zu Garibaldi stoßen, sondern lediglich, um heimgehen zu können.

Große Zustimmung fand ein Dekret des Diktators, durch welches der Jesuitenorden abgeschafft und alle Verträge von Hypotheken und Uebertragungen von Gütern dieses Ordens, welche seit der Landung Garibaldis bei Marsala abgeschlossen waren, für null und nichtig erklärt wurden. Alle beweglichen und unbeweglichen Güter der Jesuiten wurden für Nationaleigenthum erklärt.

Für Nationaleigenthum wurden auch erklärt alle Güter des königlichen Hauses, alle diejenigen, welche zur Verfügung des Königs gestellt oder als königliche Majorate bezeichnet oder auf ungesetzliche Weise Dienern der Monarchie zugesprochen und verliehen waren. In diesen Beschluß wurden auch die Güter des Constantinsordens einbegriffen. Diese Güter waren als Fideicomisse und zugleich als Comthureien von einzelnen Adelsfamilien zu Gunsten bestimmter Linien und Zweige derselben Familien unter besondern Bestimmungen und Bedingungen gestiftet und die öffentliche Meinung war sehr getheilt, ob dieses Dekret des Diktators als ein gerechtes angesehen werden könne oder nicht, ob hier nicht eine Verletzung der Rechte des Privateigenthums sicher vorliege.

Andere Dekrete des Diktators setzten alle politischen Gefangenen in Freiheit, verordneten die unentgeltliche Rückgabe aller Gegenstände, welche in den Leihhäusern versetzt waren, insofern der Werth nicht 4 Dukaten (etwa 18 Franken) überstieg, auf Kosten des Staates, schafften die geheimen Fonds für sämmtliche Ministerien ab, verboten die Beisetzung der Leichen in den Kirchen innerhalb der Städte und Ortschaften. Es ward verordnet, daß die verderbliche Zahlenlotterie allmälig unterdrückt und mit dem 1. Januar 1861 vollständig abgeschafft werde; an ihre Stelle sollten Sparkassen eingerichtet werden und die Beamten, welche bisher bei der schuftigen Lotterie angestellt waren, sollten zur Verwaltung der Sparkassen übergehen.

An die Stelle der bisherigen Intendenten in den Provinzen wurden Gouverneure mit einer den Verhältnissen des Uebergangszustandes entsprechenden ausgedehnteren Gewalt gesetzt. Diese Maßregel zeugt auf Seiten Garibaldis und seiner Rathgeber gewiß von einem großen Verständniß. Eine übertriebene Centralisation kann Italien in seiner heutigen Lage ganz gewiß am wenigsten vertragen; die Bedürfnisse der verschiedenen Provinzen Italiens gehen zu weit auseinander. Die Einrichtung der Gouverneurs gestattete, die verschiedenartigen Bedürfnisse leicht zu erkennen und ihnen auf einfache Weise vorläufig zu entsprechen. Wenn die „Staatsmänner" in Turin, denen Garibaldi nur ein Querkopf, ein Störenfried, ein glücklicher Abenteurer ist, nur halb so große Staatsmänner wären als er, so würden sie diese Dinge längst begriffen haben. Aber der Dekretenfabrikant Farini und seine Helfershelfer denken, wenn die Schemata A., B. und C. 2c. 2c. der piemontesischen Kanzleien in der Lombardei und in Neapel, in Toscana und in der Romagna nur getreulich abgeschrieben werden, so sei Alles gut und die „Einheit" Italiens hergestellt. Die äußere Einförmigkeit ist wahrhaftig keine Einheit und kann leicht das Gegentheil der Einheit werden. Es soll von uns gar nicht geläugnet werden, daß zu Gouverneuren nicht immer sogleich die richtigen Leute gewählt wurden und daß daher Anfangs manche Mißbräuche aus dieser Einrichtung herflossen; aber diese Mißbräuche waren immer noch erträglicher als die piemontesischen, und wenn Garibaldi so viele Zeit und Ruhe gehabt hätte, als die Piemontesen bisher, so ist tausend gegen eins zu wetten, daß den Mißbräuchen längst abgeholfen wäre. Garibaldi hatte die Intelligenz und das Herz Süditaliens für sich; die Cavouristen haben für sich nur die käufliche, korrumpirte Gesellschaft, die egoistische Berechnung.

Eine andere Einrichtung, welche Garibaldi anbahnte, zu welcher er den Keim legte, zeugt ebenso sehr von seinem staatsmännischen Blick. Er befahl die Errichtung einer Erziehungsanstalt für Knaben aus dem Volke. Arme Knaben im Alter von 7 bis 10 Jahren sollten in diese Anstalt unentgeltlich aufgenommen und bis zum 18. Jahre in ihr erzogen werden. Sie sollten Unterricht in den Elementarfächern erhalten, außerdem irgend ein Handwerk erlernen, daneben aber auch — militärisch erzogen werden. Die Nationalgüter sollten die Fonds hiezu liefern. Man hat diese Einrichtung wenig verstanden. Man hat gesagt: Garibaldi ist närrisch in die Kinder verliebt, das ist Alles. Allerdings liebt Garibaldi die Kinder. Und welcher brave Mann von Herz und Verstand sollte die Kinder, diese Hoffnung der Zukunft, die Fortpflanzer des eigenen Strebens nicht lieben? Der Mensch, der sie nicht liebt, ist ganz sicher ein Dummkopf oder ein Schurke, oder auch beides zusammen nach beliebiger Auswahl.

Aber das war nicht Alles!

Garibaldi weiß seit lange, was die Cavouristen bis heut noch nicht begriffen haben, daß die Konskription mit langer Präsenzzeit bei der Fahne für Italien, insbesondere für Süditalien, eine Unmöglichkeit ist, daß an die Stelle dieser allmälig verjährenden Einrichtung nothwendig etwas anderes gesetzt werden muß. Viel hört man sagen: der Italiener taugt nicht zum Soldaten. Garibaldi weiß das besser. Er weiß, daß der Italiener im Allgemeinen viel zu viel natürliche Intelligenz hat, um sich von der gottbegnadeten Obrigkeit und deren dummen Helfershelfern einreden zu lassen, daß eine drei- oder vierjährige ungleich und ungerecht vertheilte Dienstzeit bei der Fahne nöthig sei, ihn zum Soldaten zu bilden. Garibaldi weiß, daß diese lange Präsenz der monarchischen Staaten, und sie allein, dem Italiener die Liebe zu militärischen Beschäftigungen nimmt. Seit lange arbeitet er daher auf ein Milizsystem für Italien los; seine Volksbewaffnung ist nichts anderes, kann am letzten Ende zu nichts Anderem führen, als zu einem Milizsystem. Aber die einzige vernünftige, feste, grundsichere Basis für ein solches ist und bleibt die Jugenderziehung, wie dieß zum Beispiel in neuester Zeit in der Schweiz verstanden worden ist und immer mehr begriffen werden wird.

Wo gute Volksschulen bereits vorhanden sind, da kann man die militärische Erziehung in den Unterrichtsplan aufnehmen. Wo aber noch nichts davon besteht, da mag getrost die militärische Organisation von Knabenkorps den Anfang machen und der Volksunterricht auf dieselben gepfropft werden. Dieß ist der Fall Italiens und besonders Süditaliens. Durch die Revolution vom Sommer 1860 war hier reines Feld geschaffen und man konnte einmal mit einer vernünftigen militärischen Organisation auf einem andern Boden als auf dem die unvernünftige von heute besteht, beginnen. Von diesem Gesichtspunkt sehe man den kleinen Anfang an, welchen Garibaldi machte, man wird dann den richtigen Gesichtspunkt, man wird einen Maßstab für die Größe seines Urtheils haben. Andererseits werden wir ja alle sehen, wie weit die Piemontesen, welche ihr Konskriptionsgesetz für das allein seligmachende halten, mit diesem in Süditalien kommen werden, welchen innern Halt ihre Schöpfung gewinnen wird.

Da von mehreren Seiten her die Zerstörung der Forts von Neapel verlangt ward, wie zu Palermo die Zerstörung des Forts Castellamare gefordert worden war, da Garibaldi aber auf jene nicht glaubte eintreten zu können, so vertraute er die Bewachung der Forts lediglich und „für alle Zeiten“ der Nationalgarde der Hauptstadt an, welche allerdings Niemand in Verdacht haben konnte, daß sie auf ihre eigenen Häuser und Mitbürger feuern würde.

Am 14. September verkündete Garibaldi das piemontesische Verfassungsstatut von 1848 für das Königreich Neapel, verordnete, daß es in allen Gemeinden vorläufig bekannt gemacht werde, behielt sich aber einstweilen noch vor, den Termin, an welchem es in Kraft treten sollte, durch ein eigenes Dekret zu bestimmen. An demselben Tage ernannte er den General Sirtori zum Prodiktator des neapolitanischen Festlandes, weil er für seine Person sich für einige Tage nach Palermo begeben wollte. Die Verkündigung des piemontesischen Statuts für Neapel und die Reise nach Palermo hatten dieselben Gründe. In Sicilien hörten die Intriguen für die sofortige unbedingte Annexion der Insel an Piemont nicht auf und in Neapel hatten sie, geschürt von Cavours Agenten, begonnen. Garibaldi hatte aber heute noch wesentlich dieselben Ansichten über die Sache, welche er gegen den Herzog von Verdura zu Palermo vor fast drei Monaten ausgesprochen hatte: daß nämlich zu unbedingter Annexion immer noch Zeit sei, wenn alle Theile Italiens erst befreit wären, und daß Garibaldi auf dieses Ziel wirksam nur dann lossteuern könne, wenn er völlig freie Hand habe, nicht mehr, wenn er sich der Turiner Diplomatenpartei sofort überliefere.

Der Philister in Sicilien wie in Neapel wollte aber davon gar nichts wissen, daß er seine Kräfte auch noch zur Eroberung Roms und Venetiens hergeben solle: wir sind jetzt frei, sagte er, was gehen uns die andern an? Deßhalb wünschte der Philister herzlich die sofortige Annexion an Piemont und unterstützte Cavours Pläne und Intriguen. Garibaldi gab immer nur scheinbar nach, machte scheinbare Konzessionen, die aber die wirkliche Annexion thatsächlich hinausschoben. So verkündete er das piemontesische Statut für das neapolitanische Festland, wie für Sicilien, mit Vorbehalt, den Zeitpunkt des in Kraft Tretens noch zu bestimmen. Die Leute mußten ja doch auch die piemontesische Verfassung erst kennen lernen, um zu wissen, was sie nun eigentlich mit derselben erhielten.

Um Garibaldi zur sofortigen Annexion zu bestimmen, hatte man auch ausgesprengt, daß er vollständig mit Cavour im Einverständniß handle. Darüber wüthend schrieb Garibaldi an den Advokaten Brusco zu Genua folgendes:

„Sie versichern mir, daß Cavour zu verstehen gibt, wir seien die besten Freunde und ganz im Einverständnisse mit einander."

„Obwohl ich immer geneigt gewesen bin, meine persönliche

Abneigung auf dem Altar des Vaterlandes zu opfern, kann ich Ihnen doch versichern, daß ich mich niemals mit Menschen zu versöhnen vermag, welche die Würde der Nation geschädigt und eine italienische Provinz verkauft haben."

Dieser Brief, welcher noch bekannt wurde, ehe er abging, setzte das Ministerium zu Neapel, insbesondere den Polizeiminister Conforti, in nicht geringe Aufregung. Es war die Rede von Abdanken. Garibaldi machte indessen einige scheinbare Konzessionen und das Ministerium blieb.

In Sicilien ließ er sich zu einer Aenderung des Ministeriums herbei; der Toscaner Mordini ward Prodiktator, Peranni erhielt die Finanzen, Parisi das Innere, Tamaja die Polizei, Fabrizi den Krieg, Orlando die öffentlichen Arbeiten, Ugdulena den öffentlichen Unterricht. Das neue Ministerium war keineswegs cavouristisch, sondern mazzinistisch, also gegen die unbedingte und sofortige Annexion an Piemont.

Am 18. kam Garibaldi nach Neapel zurück, um am 19., dem Tage des heiligen Januarius, der Ceremonie der Aufthauung des Blutes beizuwohnen und zu sehen, ob der neapolitanische Nationalheilige ihn anerkennen werde oder nicht.

7. Die Verhältnisse im Lager Franz II. Konzentration der garibaldischen Avantgarde gegen die Volturnolinie und allgemeiner Ueberblick über das Terrain an der Volturnolinie.

Von den Ereignissen zu Neapel selbst wenden wir uns nun einige Stunden nordwärts zu den Feldern am Volturno und Garigliano, auf welchem die Südarmee ihre letzten Kämpfe bestehen sollte, zu den Anstalten des Königs Franz, um die Vertheidigung seines Reiches auf dem kleinen Gebiet desselben, welches ihm noch geblieben war, fortzusetzen.

Zu Gaeta angekommen, bildete König Franz sofort ein neues Ministerium. Casella ward Ministerprädent und erhielt das Portefeuille des Krieges, der Rath Ulloa das Innere, del Re die freilich nicht mehr existirende Marine, Carbonelli die Finanzen, von welchen man fast das gleiche sagen konnte, Canofari die auswärtigen Angelegenheiten. Das Ministerium war ein vollständig reaktionäres und man konnte es nur für eine Heuchelei halten, daß bei ihm nicht die italienischen Farben abgeschafft und die weiße Fahne an ihre Stelle gesetzt ward, daß die Konstitution nicht für abgeschafft erklärt wurde.

Ein offizielles Journal für den Rest des Königreiches und für die zahlreichen Proteste, zu denen die bourbonische Regierung noch Veranlassung finden sollte, ward zu Gaeta gegründet.

Die Armee ward theils zu Capua, theils längs der Volturnolinie, theils weiter rückwärts auf den Straßen gegen den Garigliano, gegen Sessa und S. Germano hin, mit der letzten Reserve in Gaeta konzentrirt. Auch die Truppen aus den Abruzzen wurden zum großen Theil zurückgezogen; man überließ diese Gegenden theils royalistischen Parteigängerkorps, welche sich nunmehr zu bilden anfingen, theils vertraute man auf die Hülfe Lamoricières, welcher seit der Ueberführung der Expedition Terranova nach Sicilien sich über einen auf ihn gerichteten Angriff von Norden her vollkommen beruhigt hatte. Wenige Tage später sollte er allerdings durch den Einfall der Piemontesen in Umbrien und die Marken zu seinem Schrecken aus der Ruhe herausgerissen werden.

Man berechnete die ganze Macht, welche dem Könige Franz bei Capua, an und hinter der Volturnolinie blieb, noch auf 60000 M., wobei die ganze Garde, der größte Theil der Fremden- und der Jägerbataillone, der größte Theil der Kavallerie. Außerdem sollte die Bildung neuer Truppenkörper, freiwilliger Jägerbataillone sofort in Angriff genommen werden. Man wollte, wie es denn auch geschah, den sich meldenden Freiwilligen nicht bloß ein beträchtliches Handgeld und die Sorge für ihre Familien versprechen, es sollte ihnen auch jeder Monat Dienstzeit für ein Jahr gerechnet werden, gerade wie es die Russen 1855 zu Sebastopol gemacht hatten. Diese letztere Bestimmung war es besonders, welche eine beträchtliche

Zahl junger Leute anlockte. Mit achtmonatlicher Dienstzeit eine achtjährige abkaufen, das ließ sich hören. Es versteht sich von selbst, daß bei der Leere der Kassen und der immer mehr einreißenden Verwirrung in der Verwaltung des dem Könige gebliebenen Ländertheils von den Geldversprechungen keine erfüllt ward. Diejenige in Betreff des Abkaufs der langen Dienstzeit möchte wohl erfüllt worden sein, wenn Franz II. Sieger blieb. Da aber der umgekehrte Fall eintrat, ist schwerlich anzunehmen, daß die Piemontesen die Versprechungen des Königs von Neapel für gültig anerkennen werden.

Am 8. September erließ Franz II. folgende Proklamation an die ihm gebliebene Armee:

„Soldaten! es ist Zeit, daß man in euren Reihen die Stimme Eures Souveräns vernehme, der unter euch aufgewachsen ist, der nachdem er früher euch seine Sorgfalt gewidmet, endlich jetzt eure Gefahren und euer Mißgeschick theilt. Diejenigen, welche verblendet oder verführt das Königreich in Unglück und Trauer gestürzt haben, sind nicht mehr unter uns. Ich rufe eure Ehre, eure Treue, eure Vernunft selbst an, die Schande der Feigheit, das Brandmal des Verrathes durch eine Reihe glorreicher Kämpfe und ritterlicher Unternehmungen auszulöschen.“

„Wir sind noch zahlreich genug, um einem Feinde entgegenzutreten, der mit keinen andern Waffen als denen der Verführung und der Täuschung kämpft. Bis auf heute habe ich vielen Städten und vor Allem der Hauptstadt Blutvergießen und die Schrecken des Kampfes sparen wollen. Aber wollten wir jetzt, da wir an die Ufer des Volturno und des Garigliano zurückgewichen sind, unserer Eigenschaft als Soldaten noch neue Demüthigungen zufügen lassen? Wollet ihr zulassen, daß euer Souverän durch eure Schuld vom Throne stürze und euch ewiger Schande überlasse. Nein! Nein! Niemals!“

„In diesem entscheidenden Augenblick wollen wir alle uns um unsere Fahnen zusammenschließen, wollen wir unsere Rechte, unsere Ehre und den schon so sehr erniedrigten neapolitanischen

23*

Namen vertheidigen. Und wenn noch Verführer da sind, die euch das Beispiel der Unglücklichen vorhalten möchten, welche sich auf niederträchtige Weise dem Feind überliefert haben, so werdet ihr nur dem Beispiel jener muthigen, tapfern Soldaten folgen, welche sich an das Schicksal ihres Königs Ferdinand II. anschlossen und dadurch das Lob Aller und die Wohlthaten und die Dankbarkeit ihres Monarchen verdienten.“

„Möge jenes schöne Beispiel der Treue euch zu edelmüthiger Nacheiferung anspornen, und wenn der Herr der Heerschaaren unsere Sache beschützt, so könnt ihr auch sicher hoffen, was ihr bei einem andern Verhalten niemals erreichen werdet.“

„Gaeta, den 8. September 1860. Franz.“

Allerdings hatte König Franz ein volles Recht, so zu sprechen und immer noch auf den Sieg zu hoffen, anzunehmen, daß er den besten Theil seiner Armee jetzt um sich versammelt habe, daß die Spreu vom Waizen gesondert sei, und wenn er nicht die süditalische Armee mit dem Vergrößerungsglas betrachten wollte, konnte er um so größere Hoffnungen hegen, als selbst, wenn die ganze Südarmee in ihrem aktiven, eigentlich wirksamen Theil zusammengezogen war, die königliche numerisch immer noch dreifach so stark war, ganz abgesehn von dem Uebergewicht, welches ihr das bessere Material, ihre Reiterei, ihre Artillerie hätte geben sollen; aber allerdings hatte es die königliche Armee hier mit anderen Gegnern zu thun, als etwa an einem 15. Mai. Gegen die Soldaten Garibaldis waren die Lorbeeren nicht so ungemein leicht zu gewinnen.

Garibaldi, als er sich bereitete, Neapel zu verlassen und nach Palermo für einige Tage hinüberzureisen, hatte dem General Türr das Kommando über denjenigen Theil der Südarmee übertragen, welcher zunächst als Avantgarde verfügbar gemacht und im Bezirk von Caserta gegen die Volturnolinie zusammengezogen werden konnte. Man rechnete darauf in 3 bis 4 Tagen um Caserta 8 bis 9000 M. der Südarmee vereinigen zu können und am 14. September begann das Vorschieben der allmälig nach Neapel vorgerückten Brigaden und der Brigade Milano, die eben von der Expedition von Ariano nach Nola zurückkehrte, auf Caserta.

Ehe wir nun die Thätigkeit dieser Truppen verfolgen, wollen wir einige Blätter der Orientirung auf dem Terrain widmen.

Zum Mittelpunkt unserer Betrachtung wählen wir die Festung Capua. Der Volturno, der Fluß der Windungen und Krümmungen, welcher seinen Namen mit dem größten Rechte verdient, fällt 14 italienische (3½ deutsche) Meilen unterhalb Capua bei Castel Volturno ins Meer. Er hat in dieser Gegend die Hauptrichtung von Osten nach Westen; in dieser Hauptrichtung fließt er auch schon 3 deutsche Meilen oberhalb Capua. Er hat sie angenommen bei der Scafa del Torello. Bisdahin ist er von dem Einfluß des Titernobachs ab in der Richtung von Norden nach Süden geflossen und sein oberer Lauf hat im Wesentlichen die Richtung von Nordwesten nach Südosten. Der untere Lauf von der Scafa del Torello ab bis Castel Volturno und ganz insbesondere bis in die Gegend von Capua interessirt uns hier vornämlich. Auf dieser Strecke ist der Volturno meistentheils tief eingeschnitten, doch fehlt es auch nicht an Punkten, wo die Thalränder sehr weit zurücktreten und das Flußbett ganz flach eingeschnitten ist. Die Breite des Volturn beträgt hier selten mehr als 200 Fuß und an den breitesten Stellen finden sich im heißen Sommer manche Fuhrten, die indessen immer mit großer Vorsicht und nur unter Leitung von Führern aus der nächsten Umgegend benutzt werden können, auch dann wegen der wechselnden Beschaffenheit des Flußbettes nur von kleineren Detachements. Die gewöhnlichen Uebergänge über den Volturn von der Scafa del Torello abwärts sind Fähren oder fliegende Brücken (Scafe); wir haben von der Scafa del Torello abwärts bis Capua noch die Scafa di Limatola, die Scafa di Cajazzo, die Scafa di Formicola und die Scafa di Triflisco. Die letztere ist etwas über 2 Miglien von der hölzernen Brücke bei Capua entfernt, die Entfernung zwischen den übrigen Uebergängen beträgt von einer bis zu drei italienischen Meilen.

An der Stelle, wo Capua liegt, macht der Volturn einen seiner merkwürdigsten Bogen. Plötzlich nämlich nimmt er die Richtung von Südosten nach Nordwesten an, behält diese ungefähr 2200 Schritt weit bei, dann macht er eine kurze Wendung von Nordwesten nach Südosten auf 1100 Schritt und fällt nun in die Richtung von Nordosten nach Südwesten, in dieser Richtung bleibt er auch noch eine Meile nach dem Austritt aus den Werken Capuas, welcher 1100 Schritt von der Wurzel der Wendung liegt. Der Kürze halber wollen wir den ersten 2200 Schritt langen Schenkel den obern, den zweiten den mittlern, und den dritten den untern nennen. Der untere Theil des obern Schenkels schließt mit dem gesammten mittleren eine nach Südosten offene, nicht ganz 300 Schritt breite Halbinsel ein; auf dieser ist ein Theil der Stadt Capua am linken Ufer des Volturn erbaut; die Stadt setzt sich aber noch weiter gegen Süden zwischen dem obern Laufe des obern Schenkels und dem untern Schenkel fort und die Linie derjenigen Werke, welche nicht dem Laufe des Volturno folgen, macht vollständig Front nach Süden. Diese gesammte Linie hat eine Entwicklung von ungefähr 2000 Schritt. Am unteren Anschluß an den Volturno liegt die Cittadelle (Donjon), ein regelmäßiges Viereck von beschränkten Dimensionen, gegen außenhin durch vorgeschobene Lünetten verstärkt, dann folgen nach Osten oder gegen den obern Anschluß hin vier nicht ganz regelmäßige bastionirte Fronten. Capua ist von Vauban erbaut, in neuerer Zeit unter der Regierung Ferdinands II. wieder hergestellt und verbessert, in allem Wesentlichen trägt es ganz den Charakter einer Vauban'schen Festung. Die Stadt dehnt sich nicht bis völlig an die nordwestliche Spitze der Halbinsel aus, vielmehr ist diese 300 Schritt von der Spitze durch eine bastionirte Front abgeschnitten, welche längs des Volturno mit dem obern und untern Anschluß durch flache, so weit es sich mit Bequemlichkeit machen ließ, bastionirte Fronten verbunden ist.

Den Graben der Festung, und einen ganz vorzüglichen, bildet auf dem größten Theil des Umzuges, wie schon aus dem Vorigen sich ergibt, der Volturno, der Graben auf den Landfronten ist nur am obern Anschluß an den Volturno mit Wasser angelassen.

Das einzige permanente Werk auf dem rechten Ufer des Volturno ist ein einfacher fleschenförmiger Erdbrückenkopf mit gleichem Reduit auf der nach Westen geöffneten Halbinsel zwischen dem mittleren und unteren Schenkel des Volturno.

Der Hauptausgang auf dem linken Volturnufer ist das Thor von Neapel ungefähr auf der Mitte der Landseite. Dieser Ausgang ist konstruirt wie bei allen übrigen vauban'schen Festungen. Durch das eigentliche Thor in der Courtine des Hauptwalls gelangt man über eine Brücke in das vorliegende Ravelin, aus diesem durch eine andere Brücke in den gedeckten Weg und aus letzterm mittelst einer durch eine Barriere geschlossenen Rampe auf das Glacis, auf die Chaussee nach Caserta oder zu der dicht am Glacis, 150 Schritt vom gedeckten Wege gelegenen Eisenbahnstation.

Ein Ausfallsthor mit entsprechendem Uebergang über die Gräben befindet sich am linken Volturnufer an dem obern Anschluß an diesen Fluß. Es ward besonders gebraucht, um die Reiterei auf die Esplanade hinauszusenden oder von dieser in die Festung zurückzuziehen. Ueber die Volturnbrücke und durch den Brückenkopf am rechten Ufer gelangt man auf die Straße nach Gaeta und nach Rom.

Permanente Vorwerke existirten nicht, doch war ein solches, ein zweiter Brückenkopf am rechten Ufer an dem obern Schenkel des Voltura und in Fleschenform in ziemlich ausgedehnten Dimensionen begonnen und das Material zu einer Pontonsbrücke, die im Augenblick geschlagen werden konnte, lag völlig vorbereitet auf dem Flusse.

Die Esplanade vor den Landfronten hatte eine durchschnittliche Breite von 1200 Schritt, in ihrem westlichen Theile befanden sich einige Gehöfte noch näher an der Festung.

Armirt war der Platz sehr reichlich, auf den Landfronten allein mit 60 Geschützen und im Verhältniß auch auf allen andern Seiten.

Die Eisenbahn von Capua nach Neapel läuft von jener Festung aus zunächst ziemlich in der Richtung von Nordwest nach Südost, erst von Caserta ab nimmt sie eine entschiedener südliche Richtung an. Auf der Strecke, welche uns hier interessirt, läuft sie bei drei bedeutenden Städten vorbei, bei Sa. Maria, Caserta und Maddaloni. Alle diese Ortschaften bleiben der Eisenbahn, von Capua aus gerechnet, links, d. h. sie bleiben nördlich und östlich von ihr. Das Gleiche gilt von den vortrefflichen Chausseen, welche die genannten Ortschaften mit einander verbinden. Von der Brücke von Capua ist der runde Markt in Sa. Maria etwa 2¼ Miglien entfernt, von demselben Anfangspunkt das große Portal des Palastes von Caserta etwas über 6 Miglien, und abermals von demselben Anfangspunkt die Mitte von Maddaloni 9½ Miglien. Es wird den Leser, wie wir nach früheren Erfahrungen annehmen dürfen, nicht verdrießen, uns bei unseren topographischen Erörterungen zu folgen, weil sie ihm das Verständniß der Begebenheiten sicher erleichtern und ihm manche spätere Mühe abnehmen. Wir wollen daher die Wegeverbindungen von den genannten Ortschaften aus verfolgen, insbesondere gegen den Volturn hin, um die anderen topographischen Gegenstände anzuknüpfen und zwar nehmen wir zuerst Maddaloni zum Mittelpunkt.

Von Maddaloni führt eine Straße in ziemlich genau östlicher Richtung nach dem päpstlichen Benevento einerseits, nach dem bereits öfter von uns erwähnten Avellino andererseits. Sie geht durch die caudinischen Pässe und der an dieser Straße gelegene Ort Forchia soll den Punkt bezeichnen, an welchem die Römer von den Samniten gedemüthigt wurden. Ein anderer ganz nahe gelegner Paß sollte zu einer Demüthigung der königlich neapolitanischen Truppen durch einen Theil der

Südarmee in dem Feldzuge, welchen wir eben beschreiben, den Schauplatz abgeben.

Dieser ist der Paß von Valle. Von Maddaloni aus führt nämlich eine andere Straße fast in der Richtung nach Norden, doch etwas gegen Osten abbiegend bei Villa Gualtieri vorbei und quer unter dem riesenmäßigen Aquädukt hindurch, welcher der berühmten Cascade des Parkes von Caserta, dem theuren Spielwerk der Bourbonen, von den Höhen des Monte Taburno ihre Gewässer zuleitet. Jenseits des Aquäduktes tritt diese Straße zwischen die bedeutenden südwärtigen Höhen des Monte Longano und Monte Pancaro, welche sie von der Straße von Benevent sondert und zwischen die nördlichen und westlichen Höhen des Monte Caro. Zwischen diese Höhen ist Valle eingekeilt. Bald jenseits Valle aber tritt die Straße in eine weite Thalebene und führt über den Isclerobach und Ducenta nach Solopaca. Hier überschreitet sie mittelst einer eisernen Brücke den Calorefluß, der in der Richtung von Osten nach Westen dem Volturno zueilt und nördlich der Scafa del Torello den letzteren erreicht. Ein anderer Uebergang über den Calore führt nahe bei der Scafa del Torello vorbei nach Amoroso.

Die Höhen des Monte Caro erstrecken sich im Wesentlichen in zwei, oder wenn man die Vorberge mitzählt drei, gleichlaufenden von Südosten gegen Nordwesten gerichteten Bergketten, jedoch mit nordöstlichen Verzweigungen über Limatola bis dicht an den Volturno. Diese Höhen sind in viele Gruppen getheilt und führen je nach der Gegend verschiedene Namen. Wir unterscheiden hier nur außer dem Monte Caro den Monte Viro, den Monte Vagliola, den Monte Briano, an welchen letzteren Schloß und Kolonie S. Leucio sich anlehnen. Im Ganzen wollen wir hier diese Höhen als die Höhen von Alt-Caserta bezeichnen, da die Ruinen dieser Stadt sich ungefähr in ihrer Mitte befinden. Mehrfach sind die Höhen bewaldet und dienen zu königlichen Jagden, namentlich heben wir hier hervor die Waldungen des Monte Caro.

und den Park von S. Leucio, letzteren auf dem Monte Briano, im nordwestlichsten Theil der ganzen Gruppe.

Die Hauptverbindung Maddalonis mit Caserta bildet die wohlgebaute und wohlunterhaltene Straße, welche über S. Clemente und Centorano und bei den Kasernen von Falciano vorbeiführt. Von der Mitte Maddalonis erreichen Fußtruppen guter Beschaffenheit den Schloßplatz von Caserta auf ihr in etwa 1½ Stunden. Nahe bei Centorano liegt der hohe, cittadellenartige Konvent Sa. Lucia, von dem man auf theilweise beschwerlichen Wegen zu den Ruinen von Alt-Caserta hinaufsteigt. Auf Jagdwegen längs den Gebirgsrücken erreicht man Alt-Caserta auch von der Straße von Valle aus über den Monte Caro.

Die Hauptstraße, welche von Caserta an den Volturno führt, geht längs der Ostseite des königlichen Parks vorbei, dann unter dem Aquädukt des großen Wasserfalls hindurch und nun in fast nördlicher Richtung dem Palast von S. Leucio entlang und durch die gleichnamige vom König Großnase gestiftete Vergnügungskolonie vorwärts zwischen dem Monte Briano östlich und dem Monte Tifata westlich hindurch. Etwa noch 2000 Schritt bevor sie den Volturno erreicht tritt sie in dessen Thalebene ein und spaltet sich hier, am sogenannten Gradillo in zwei Zweige. Der östliche führt zur Scafa di Cajazzo, der westliche zur Scafa di Formicola.

Ein meist beschwerlicher Gebirgspfad führt von Caserta durch und über die Höhen von Alt-Caserta nach Limatola und zur Scafa di Limatola.

Dieser Gebirgspfad sondert sich von dem vorher beschriebenen guten Wege dort ab, wo letzterer unter dem Aquädukt hinweg nach Briano geht, wendet sich ostwärts über Stock und Stein nach Poccianello und unter Castel Morrone vorbei, welches auf einem südwärtigen Vorsprung des Monte Vagliola erbaut ist, nach Limatola. Limatola ist ostwärts der Höhen von Alt-Caserta im Thal des Isclero zwischen Valle und Ducenta mit der Straße von Valle und weiter in fast östlicher Richtung, nordwärts vom Monte Longano, mit S. Agata de' Goti verbunden. Wenn man von Pozzianello gegen Limatola hin aufsteigt, behält man Alt-Caserta und die dürren kahlen Höhen, auf deren höchsten ein alter Thurm oder ein verfallenes Gemäuer einen Ruhepunkt bietet und auf denen Alt-Caserta erbaut ist, rechts.

Von Caserta nach Sa. Maria gelangt man außer auf der Eisenbahn auf der vortrefflichen Landstraße, welche Casanova rechts, Casapulla links läßt und in den südlichen Theil von Sa. Maria eintritt. Sa. Maria oder Sa. Maria di Capua ist das antike Capua, in welchem Hannibals Heer verliederlichte, verweichlichte und sich mit den dortigen üppigen Weibern ruinirte.

Hier sieht man noch die berühmten Ruinen jenes Amphitheaters, auf welchem seiner Zeit die Gladiatoren des ganzen römischen Reichs ihre Bildung erhielten.

Wenn nicht der geometrische, so doch der Verkehrsmittelpunkt und zugleich der militärische Mittelpunkt von Sa. Maria ist ein kleiner zirkelrunder Platz; von diesem gehen die vier Straßen nach S. Angelo, nach Capua, nach der Eisenbahn und zugleich nach S. Tammaro und Aversa, dann nach Caserta aus. Die Straße nach S. Angelo, welche fast genau von Süden nach Norden läuft, ist eine gute, gut unterhaltene, aber nicht breite Chaussee. Obgleich man in Sa. Maria von einem Thor von S. Angelo spricht, existirt doch ein solches in Wahrheit nicht, die Stadt ist hier offen. Die Straße läßt das Amphitheater links, — übrigens dehnt sich links von ihr die fruchtbare Ebene der Terra di Lavoro aus; rechts oder östlich von ihr erheben sich die Höhen des Monte Tifata. Bei S. Angelo (S. Angelo in Formis) vorbei, welches auf den Abfällen des genannten Berges erbaut ist, geht die Straße bis ganz nahe an den Volturn, biegt dann ostwärts ab und sinkt schließlich zur Scafa di Formicola hinab, wo sie sich mit der andern Straße vereinigt, welche von dieser Scafa nach dem

Gradillo und über ihn nach S. Leucio führt. Die Höhen des Monte Tifata bilden eine von Südost gegen Nordwest laufende, nordwärts zum Volturno abfallende Kette mit konvexen Böschungen, d. h. oben hat diese Kette steile felsige Abhänge, nach unten zu werden dieselben immer flacher und fruchtbarer, besonders gegen Westen hin, wo sie sich ganz in die Fläche des Bauernlandes, die Terra di Lavoro verlieren.

Die Kette des Monte Tifata ist gänzlich von Wegen umschlossen, im Osten begrenzt sie der Weg von S. Leucio nach dem Gradillo, im Westen die Straße von Sa. Maria nach S. Angelo, welche wir ferner kurzweg die Straße von S. Angelo nennen wollen, im Norden die Verbindung der beiden vorgenannten längs dem Volturn, an der Scafa di Formicola zusammenfließend, im Süden oder eigentlicher im Südwesten die große Straße von Caserta nach Sa. Maria. An dem Nordabfalle des Monte Tifata gegen den Volturn und zwar gerade gegen die Scafa di Formicola hin, findet sich eine nicht unbeträchtliche Waldung, der Bosco di S. Vito.

Die Straße von Sa. Maria nach Capua ist eine prächtige, wohlunterhaltene, fast in grader Richtung von Südosten gegen Nordwesten geführte Chaussee. Man betritt sie von Sa. Maria aus durch die beiden Bogen des Capuanerthors, eines ehrwürdigen Denkmals aus dem Alterthum, an welches sich links Mauern anschließen, welche ganz wohl zur Vertheidigung einzurichten sind, während rechtshin oder ostwärts gegen das Amphitheater zu wenigstens ein Graben hinlief, aus dem etwas gemacht werden konnte.

Die Straße von Sa. Maria nach Capua ist an vielen Stellen eingeschnitten, so daß es nicht gerade überall leicht ist, von ihr auf das Seitenterrain oder von diesem auf sie zu gelangen. Sie führt von Sa. Maria aus zuerst bei der Kirche und dem Kirchhof von S. Agostino vorbei, den sie links läßt, dann bei einer Ziegelei (rechts), dann zwischen einem mächtigen Kapuzinerkloster (links) und der Taverne Virilasci (rechts). Von da ab folgen nur noch wenige ummauerte

Gehöfte und einzelne unbedeutende nicht umwehrte Häuschen, jene rechts, diese links. Während bis dahin beiderseits der Straße die Felder mit Bäumen bedeckt sind, welche bald enger, bald weiter, vielleicht im Durchschnitte 10 Schritt von einander entfernt sind, während sich nur wenige lichte Stellen finden, hört der Baumschlag etwa 1500 Schritt von der Eisenbahnstation von Capua auf und man betritt hier die freie Esplanade der Festung, auf welcher rechts die Kapelle S. Lorenzo steht. An dieser Stelle geht von der Chaussee auch die Querstraße ab, welche in der Richtung nach Nordosten zur Straße von S. Angelo und dann weiter zur Scafa di Formicola führt.

Die Eisenbahn, welche auf der Höhe des Capuanerthors von Sa. Maria noch etwa 1000 Schritt links der Chaussee bleibt, nähert sich der letztern unmittelbar 700 Schritt von der Station Capua und läuft nun parallel neben ihr fort. Die Eisenbahn läuft in der Gegend von Sa. Maria und noch weit gegen Capua hin auf einem beträchtlichen Damme, erst nachdem sie das Kapuzinerkloster passirt hat, senkt sie sich zum Niveau der Felder herab.

Eben dort, wo sich die Eisenbahn der Chaussee ganz genähert hat, zweigt sich von dieser eine Straße ab, welche südwärts über S. Tammaro und dann über Aversa nach Neapel führt; sie ist die kürzeste Verbindung Capuas mit Neapel; zwischen Tammaro und Aversa überschreitet sie den tief eingeschnittenen Kanal der Regii Lagni, welcher eine ganz zweckmäßige Vertheidigungslinie abgeben kann. Eine andere Straße, welche gleichfalls von Capua nach Aversa führt, geht von Capua zunächst in westlicher Richtung nach la Foresta und dann südwärts durch den Jagdwald und beim Jagdschloß von Carditello vorbei über die Regii Lagni; schon nördlich von Aversa fällt sie in die vorher erwähnte Straße.

Die Straße von Capua über Sa. Maria, Caserta, Maddaloni und dann weiter nach Nola kann man am linken Ufer des Volturn im Allgemeinen als die südwestliche Grenze des Bergterrains betrachten. Im Süden und Westen dieser Grenze ist alles eben. Wenn nun auch die Garibaldiner durch ihren Mangel an Artillerie und Kavallerie keineswegs von der Benutzung des ebenen Terrains ausgeschlossen waren, da das letztere vielfach bedeckt und durchschnitten ist, begreift man doch leicht, daß sie für ihre Unternehmungen und Stellungen wenigstens die Nähe der Berge vorziehen mußten. Da aber die kürzeste Operationslinie von Capua auf Neapel, falls die Neapolitaner die Offensive wieder ergreifen wollten, über Aversa und grade durch die Ebne führt, so sieht man, daß die Stellungen der Truppen der Südarmee am linken Volturnufer in Bezug auf jene Operationslinie Flankenstellungen sind, nur daß Aversa für die Südarmee ein wichtiger Beobachtungs- und Aufhaltepunkt ward. Auf Aversa gestützt konnte man an den Regii Lagni den Vormarsch des Feindes mittelst eines Detachements verzögern, bis das Gros der Truppen von den Höhen, von Sa. Maria und Caserta her herbeizueilen vermöchte. S. Tammaro liegt $1^3/_4$ italienische Miglien südwestlich von Sa. Maria und ist mit diesem durch zwei schmale doch gute Parallelwege verbunden; außer einem Umwege von S. Tammaro über das Jagdschloß Carditello nach La Foresta führt noch ein kürzerer Richtweg von S. Tammaro nach la Foresta.

Alle etwaigen Offensivunternehmungen der Garibaldiner mußten mit einem Uebergange an das rechte Ufer des Volturno beginnen, mochte dieser übrigens oberhalb oder unterhalb Capuas bewerkstelligt werden. Werfen wir daher jetzt auch auf das rechte Volturnufer einen Blick.

An diesem Ufer gehen von Capua zwei sich späterhin verzweigende Straßen aus, die eine nach Osten, die andere nach Norden. Jene durchschreitet zuerst eine weite Ebne, nähert sich bei der Scafa di Triflisco dem Flusse und wird nun durch die dicht an diesen herantretenden Höhen von Gerusalemme, die Ausläufer des Monte Poppitella hart am Flusse erhalten bis zur Scafa di Formicola. Von hier ab entfernt sie sich bald wieder bis auf 3000 Schritt vom Flusse und steigt an den Abhängen der Höhen von Piana zur hochgelegenen Stadt Cajazzo hinauf, welche 10 italienische Meilen von Capua entfernt liegt. Eine Miglie von Cajazzo nimmt die erwähnte Straße die Seitenstraße auf, welche vom Gradillo über die Scafa di Cajazzo kommt. Ein anderer Weg zweigt sich bei der Scafa di Formicola von der Straße Capua-Cajazzo ab und führt östlich des Monte Poppitella ins Thal des Tregliabaches, eines Zuflusses des Volturn, nordwärts zuerst durch die Ebene der königlichen Fasanerien und dann durch das Thal von Formicola nach letzterem Orte. Formicola ist von der Scafa und vom Volturn ungefähr 5 italienische Meilen entfernt.

Gleichlaufend mit der Straße von Formicola geht von Cajazzo die Straße von Alife aus; sie senkt sich von dem Felsen von Cajazzo nordwärts alsbald in ein Nebenthal des Volturno, dem sie bis zur Einmündung folgt, überschreitet den Volturno und geht nun an dessen linkem Ufer, sich von ihm entfernend, nach Alife; hier wendet sie sich westwärts, überschreitet ein zweites Mal den Volturno, zieht am Südfuß der Höhen von Vairano und Marzanello entlang und fällt beim Busch von Cajanello in die große Straße von Venafro.

Schon ehe die Straße von Cajazzo nach Alife zum ersten Mal den Volturno erreicht hat, zweigt sich von ihr ein Weg ab, welcher am nordöstlichen Abhang der Höhen des Monte Scopello, Provolaro, Femina morta, Cesirocco nach Bajo führt.

Die Hauptstraße, welche von Capua nach Norden geht, ist die Straße von Venafro; sie biegt bis Calvi, 7 Miglien von Capua, etwas gegen Westen hin ab, wendet sich aber dann alsbald in die nördliche Richtung. In der Nähe Capua's zieht sie durch eine weite Ebene; rechts bleiben die Höhen von Gerusalemme zwei Miglien von ihr entfernt, links setzt sich die Ebene bis zum Meere fort. Aber allmälig nähern sich die Höhen des Monte Poppitella ihr immer mehr, und zwischen

Calvi und li Martini bricht sie zwischen der Kette des Pizzo S. Salvatore rechts und den Höhen von Sparanise links durch. Auf der linken Seite begleiten sie nun fast beständig die Höhen, welche Volturn und Garigliano von einander scheiden, auf der rechten Seite dagegen hat sie jenseits der Höhen von Bairano und Marzanello das flache Thal des Volturn. Diese Straße führt dann von Benafro über Isernia in die Abruzzen.

Die Höhen von Piana, auf deren östlichstem Felsen Cajazzo liegt, sind eine schmale Kette, welche von Osten nach Westen läuft und die nördliche Grenze der Ebene der königlichen Fasanerien bildet, welche letztere man von den Höhenpunkten des Parks von S. Leucio und des Gradillo am linken Volturnufer in ihrer ganzen Ausdehnung übersieht, soweit es der Baumschlag gestattet.

Die Kette des Pizzo S. Salvatore, höher als die vorige, liegt gegen vier Miglien weiter nördlich und zieht gleichfalls von Westen nach Osten. Ihr östlichster Punkt liegt etwa auf demselben Meridian, wie der westlichste Punkt der Kette von Piana.

Eine andere Kette ist die bereits früher erwähnte, an welcher die Straße von Bajo hinläuft und welche sich vom Monte Scopello in der Richtung von Südost nach Nordwest bis zum Monte Pozzillo und Pizzo del Monaco erstreckt. Ihr Südostpunkt, der Monte Scopello, liegt unter dem gleichen Breitegrade wie die Kette des Pizzo Salvatore; den geringen Raum, welcher den Ostpunkt der Kette Pizzo Salvatore und den Südostpunkt der Kette von Bajo trennt, füllt der Monte Etna, ein westlicher Vorberg des Monte Protolaro, aus. Die beiden Ketten, Pizzo Salvatore und von Bajo bilden zusammen ein nach Nordwesten geöffnetes U oder Hufeisen, sie schließen das Thal von Sta. Croce ein.

Den Raum zwischen dem Hufeisen im Norden und der Kette von Piana im Süden füllen niedrige, bewaldete, einst zu königlichen Jagden dienende Höhengruppen; deren westliche

Grenze, der Monte Friento, welcher den Ostpunkt der Kette Pizzo S. Salvatore mit dem Westpunkt der Kette von Piana verbindet, bildet zugleich die östliche Grenze des Thals von Formicola, während dessen westliche Grenze durch den nördlichen Theil der Kette des Monte Poppitella gebildet wird, welche sich gleichfalls südwärts von der Kette Pizzo Salvatore abzweigt. Formicola, die Stadt, welche am Südfuße des Pizzo Salvatore selbst liegt, ist somit auf drei Seiten von Höhen umschlossen und nur nach Süden offen.

Niedrige, bewaldete Jagdhöhen dehnen sich auch zwischen der Straße Cajazzo-Alife im Westen und dem obern Volturno im Osten aus.

Ehe wir nun das Terrain verlassen, welches östlich der Straße von Venafro liegt, müssen wir noch zweier wichtiger Wege Erwähnung thun; der erste führt von Alife nordostwärts nach Piedimonte. Dieser Ort hat seinen Namen davon, daß er am Fuße der Berge des Matese liegt, welche sich im Monte Miletto an der Grenze der Terra di Lavoro mit dem Molise zu 6400 Fuß erheben. Von Piedimonte geht die Straße südostwärts nach Solopaca einerseits, nach Benevent andererseits. Von der Straße von Solopaca über Ducenta nach Maddaloni ist bereits die Rede gewesen.

Der zweite Weg, dessen wir noch erwähnen wollten, führt von der Scafa di Formicola, dicht am Volturno an die Westseite der Kette des Monte Poppitella und nun an deren westlichem Abhange entlang über Bellona, Vitolaccio, Pastorano, Partignano, Pignataro nach Calvi. Dieser Weg ist vom Volturn ab bis Pignataro fast durchweg Hohlweg, 7 bis 10 Fuß, ja noch tiefer eingeschnitten, so daß eine Kolonne sich in ihm bewegen kann, ohne auch nur im geringsten aus der Ferne gesehen zu werden. Dagegen wäre es allerdings einem aufmerksamen Feinde leicht, eine solche Kolonne zu vernichten, da man nur an wenigen Stellen aus diesem schmalen Hohlwege heraus kann. Wir bemerken, daß die Eigenthümlichkeit der auf Meilen weit tief eingeschnittenen Hohlwege sich im gebirgigen Theil dieser Gegenden oft wiederholt.

Gehen wir nun auf die Westseite der Straße von Benafro über.

Nicht ganz 4 Miglien nördlich der Brücke von Capua zweigt sich zuerst in nordwestlicher, später in fast westlicher Richtung laufend von der Straße von Benafro die römische Straße (strada di Roma) ab. Sie läuft südlich an den Höhen von Sparanise vorbei, welche sich von ihr gegen Calvi erstrecken, bricht dann zwischen Carinola und Sessa zwischen dem Gebirg von Sa. Croce, dessen Höhen den vom Garigliano und der Straße von Benafro begrenzten Raum erfüllen, im Norden und dem Monte delle Brecciole im Süden durch, tritt bei Sessa in das Thal des Garigliano, überschreitet diesen Fluß, erreicht bald Mola di Gaeta und theilt sich hier. Der südliche Zweig geht nach der Festung Gaeta, der nordwestliche über Fondi und Terracina nach Rom.

Nördlich von Calvi bei der Taverna della Torricella geht eine andere Straße, gleichlaufend der vorigen, von der Straße von Benafro ab und über Teano in die Gebirge von Sa. Croce. Teano ist mit der Straße von Benafro auch noch durch einen nordwärts gerichteten Weg verbunden, welcher in jene bei der Taverna della Catena in der Gegend der Höhen von Vairano und Marzanello einfällt.

Bei derselben Taverne zweigt sich von der Straße von Benafro in nordwestlicher Richtung jene ab, welche über S. Germano und Frosinone nach Rom zieht.

Wir haben uns ziemlich weit vom Volturno entfernt; wir müssen jetzt noch einmal in dessen Nähe zurückkehren. Schon ehe die römische Straße die Höhen von Sparanise erreicht, verläßt sie ein Weg, welcher durch die Ebene bis an die Meeresküste bei Mondragone führt; von diesem führt bei der königlichen Jagd von Mondragone vorbei ein anderer Weg südwärts, überschreitet bei Cancello und Arnone den Volturno, bald darauf bei Torre del Monaco die Regii Lagni, geht auf 5 Miglien westlich bei Aversa vorbei und direkt nach Neapel. Möglicher Weise konnten die Königlichen, wenn es ihnen an der Entschlossenheit zu kühnen Unternehmungen nicht fehlte, auf diesem Wege gegen Neapel operiren, und es ist nicht zu läugnen, daß dieß sehr übel für die italienische Südarmee gewesen wäre, welche einerseits mit ihrem Gros auf die Stellungen in den Bergen und in deren Nähe angewiesen, sich andererseits bei ihrer numerischen Schwäche mit Detachements nicht zu weit ausbreiten konnte.

Durch die vorhergehenden Erörterungen wird der Leser in den Stand gesetzt sein, sämmtlichen folgenden Ereignissen, soweit sie die Südarmee betreffen, hinreichend zu folgen. Wir gehen daher zu der Erzählung der Ereignisse über.

8. Die ersten Vorpostenscharmützel an der Volturnolinie, 15. und 16. September. Die Besetzung von Cajazzo und das Gefecht von Capua am 19. September.

Am 15. September begannen die Vorpostenscharmützel an der Volturnolinie.

Bei Sa. Maria standen von Seiten der Garibaldiner die Brigaden Eber und La Masa, zusammen etwa 3000 M. Die Vorposten waren vorwärts S. Agostino auf der Linie der Ziegelei (Fornace) entwickelt. Eine Feldwache von der sogenannten ungarischen Legion ward am Vormittag des 15. von neapolitanischer Kavallerie angegriffen und wies diese ab; die Neapolitaner zogen darauf Infanterie vor; gegen diese rückten das Scharfschützenbataillon der Brigade Eber und ein Bataillon des Regiments Corrao von der Brigade La Masa, griffen nach kurzem Plänklergefecht zum Bajonnet und trieben die Neapolitaner bis auf die Esplanade zurück. Damit hatte dieß Scharmützel ein Ende.

Bei S. Leucio stand die Brigade Sacchi, verstärkt durch das Bataillon Ferracini und die Mailänder Geniekompagnie von der Brigade Puppi (Bologna). Die beiden letztgenannten Truppentheile unter dem Kommando des Oberstlieutenant Winkler wurden am 16. über den Gradillo gegen den Volturno vorgeschoben. Sobald sie sich dem linken Ufer des Volturno näherten, eröffneten die Neapolitaner ein lebhaftes Feuer vom rechten Ufer her. Die Garibaldiner, welche vom Flusse nichts sahen und von dessen Dasein nichts wußten, wollten einen Bajonettangriff machen, und in der That rissen die Neapolitaner, die doch recht gut wußten, daß sie durch den Volturno gedeckt waren, schmählich aus.

Auf den 19. September ward von Garibaldi ein größeres Unternehmen angeordnet. Dasselbe hatte einen doppelten Zweck. Erstens sollte als Einleitung zu entscheidenden Operationen am rechten Ufer des Volturno die Stadt Cajazzo besetzt werden. Zweitens aber hatte man Nachricht, daß die Neapolitaner am Tage des heiligen Januarius einen Angriff auf die Vorposten der Garibaldiner unternehmen wollten, und es kam darauf an, diesem zu begegnen.

Zur Einleitung der Unternehmung vom 19. hatte Türr schon am 16. Abends den Major Csudafy mit 300 M. nach Maddaloni geschickt, von wo derselbe über Ducenta, Solopaca und Piedimonte in die Berge von Bairano und Marzanello vordringen sollte. Csudafy hatte den Befehl, seine kleine Kolonne durch Leute aus dem Lande selbst zu verstärken und den Neapolitanern für ihren Rücken Sorge zu machen. Zugleich, wie man sieht, sicherte Csudafy durch seinen Marsch die wichtige Linie von Maddaloni über Ducenta, von welcher früher die Rede gewesen ist.

Zur Besetzung Cajazzo's und überhaupt zur Festsetzung am rechten Volturnufer war die Division Medici bestimmt; da diese indessen noch nicht heran war, sollte den 19. vorläufig nur das Bataillon der Jäger von Bologna unter dem Major Cattabene nach Cajazzo rücken; um dieß aber ungefährlich zu machen und zugleich einer Offensivbewegung der Neapolitaner von Capua her entgegenzutreten, sollte am 19. auf verschiedenen Punkten der Volturnolinie am linken Ufer angegriffen werden.

Zu diesem Ende wurden folgende Anstalten getroffen. Türr selbst mit der Brigade Sacchi, dem Bataillon Ferracini und einem Theil der Mailänder Geniekompagnie sollte vorwärts S. Leucio über den Gradillo gegen den Volturno vorrücken. Er hatte im Ganzen etwa 1700 M. mit 2 Geschützen, von den bei Arriano erbeuteten.

Alles Andere, was noch disponibel war, stellte er unter den Befehl des Oberst-Brigadier Rüstow, welcher erst am 16. September zum Chef des Generalstabes der Avantgarde ernannt, bisher die meiste Zeit auf die Organisation eines noch gänzlich mangelnden Stabes hatte verwenden müssen. Rüstow hatte im Ganzen etwa 5300 M., von denen aber ein Theil noch benutzt werden mußte, um die Verbindung zwischen ihm und Türr zu sichern.

Die Vertheilung der Truppen war die nachstehende:

Die Brigade Eber sollte mit dem Regiment Cossowich, 500 M., Sa. Maria besetzt halten; der Rest der Brigade Eber sollte von Sa. Maria nach S. Angelo vorrücken und hier einestheils zur Verbindung zwischen Rüstow und Türr dienen, anderntheils noch weitern Zwecken möglicherweise entsprechen, die wir bald erwähnen werden.

Zwei Bataillone der Brigade Spangaro sollten noch in der Nacht vom 18. auf den 19. von S. Tammaro nach la Foresta vorgehen und am 19. Morgens von la Foresta gegen Capua vorrücken. Die Nothwendigkeit dieses Detachements ergibt sich aus demjenigen, was in der Terrainbeschreibung über die Bedeutung der Linie Capua-Aversa gesagt worden ist.

Die Kolonne Ebers, soweit sie nach S. Angelo vorging, zählte etwa 1500 M., die Kolonne Spangaro's 900 M. Die Brigade Spangaro war die ehemalige Brigade Nicotera der Division Terranova, welche, wie man sich erinnert, aus dem Toscanischen in den Kirchenstaat einfallen sollte, während die vier ersten Brigaden der Expedition bei Montalto landen wür-

die Zentrumkolonne in derselben Ordnung, in welcher sie aufgestellt war, antreten.

Man rückte langsam bis zur Taverne Virilasci vor; die Häuser und Höfe an der Straße bis dorthin wurden vom Feinde unbesetzt gefunden. In der Gegend der Taverne Virilasci standen die ersten Vorposten der Neapolitaner; dieselben hatten bisher immer noch näher an Capua gestanden, daß sie heute weiter vorgeschoben waren, schien die Nachricht zu bestätigen, daß die Neapolitaner selbst an diesem Tage einen Angriff auf S. Maria beabsichtigt hatten. Dieß sollte sich bald noch weiter bestätigen.

Die Neapolitaner hatten nämlich 4 Bataillone beiderseits der großen Straße bereits bis auf die Höhe des Hofes Vitale vorgeschoben; 2 Bataillone, 4 Schwadronen und eine Feldbatterie hielten in Reserve auf der Esplanade von Capua, eine andere Truppe, ein Bataillon mit einiger Kavallerie, war am Morgen auf der Straße nach La Foresta vorgerückt.

Diese letztere Truppe war mit der Kolonne Spangaro's schon bald nach 6 Uhr ins Gefecht gekommen. Nach kurzem Scharmützel zog sich Spangaro mit einem Verlust von 9 Todten und Verwundeten (1 Prozent) nach La Foresta zurück.

Bei Rüstows Kolonne fiel der erste Schuß in der Nähe der Taverna Virilasci etwa um 7 Uhr. Das hier eröffnete Feuer bewog die gegen Spangaro vorgeschobenen Truppen der Königlichen, jede Verfolgung desselben zu unterlassen. Sie fürchteten andernfalls, von Capua abgeschnitten zu werden.

Rüstow ließ die neapolitanischen Tiralleurs bei der Taverne Virilasci sofort lebhaft durch die Mailänder Bersaglieri angreifen. Anfangs drangen die letztern ohne bedeutenden Widerstand vor; bald aber zeigten sich hinter den Tirailleurs der Königlichen geschlossene Bataillone. Die erste Linie di Giorgis und Puppis rückten zum Bajonnetangriff vor und warfen sie, jedoch nur bis zu einem Abschnitte zurück, an welchem das Gefecht zum Stehen kam.

Dieser Abschnitt wird links oder südlich der Straße durch

einen Hohlweg gebildet, welcher sich von jener bis über die Eisenbahn hinweg, zu dem Hause Capece hinzieht; rechts aber durch den Hof Saullo und eine bis zum Hofe Ambrosio ausgedehnte Lichtung in dem Baumschlag, der die Felder bedeckt.

Rüstow, welcher es für möglich hielt, daß Spangaro und selbst Eber, obgleich auf diesen bei seiner Entfernung und bei seiner Aufgabe, zugleich die Verbindung mit Türr zu erhalten, weniger zu rechnen war, in die Flanken und den Rücken der Neapolitaner vorrücken und somit dem Feinde den Rückzug nach Capua abschneiden könnten, beeilte sich nicht zu sehr, dem Schleßgefecht hier ein Ende zu machen.

Solchergestalt dauerte hier das Flintenfeuer von beiden Seiten über eine Viertelstunde. Als aber La Masa mit der Reserve und den beiden Geschützen sich näherte, gab Rüstow Befehl, daß der rechte Flügel mit dem Bajonnet gegen die linke Flanke des Feindes vorgehe und dadurch eine Entscheidung erziele. Der rechte Flügel war ohnedieß am meisten vorgenommen. Das Bataillon Montesi der Brigade di Giorgis, welches aus dem zweiten Treffen rechts gezogen war, als die Reserve sich näherte, ging nun gegen 8 Uhr zum Bajonnetangriff vor. Und dieß entschied.

Die Neapolitaner räumten in Verwirrung den Abschnitt, ihre Infanterie floh theils über die freie Esplanade, theils auf der großen Straße nach dem Thore von Neapel; die Artillerie über die Esplanade nach dem östlichen Ausfallthor; die neapolitanische Kavallerie hielt zur Deckung des Rückzugs auf dem östlichen Theil der Esplanade.

Der linke Flügel der Brigade di Giorgis und der rechte der Brigade Puppi stürmten an der großen Straße, an welcher die sie einfassenden Bäume noch nicht gefällt waren, den Königlichen nach; das Bataillon Montesi drang auf der freien Esplanade bei der Lorenzo-Kapelle vorbei, vorwärts.

Rüstow hielt es nicht für unwahrscheinlich, mit den Königlichen zugleich in Capua eindringen zu können; gelang dieß, so war Capua genommen. Rüstow ritt daher an die Spitze der

Brigade di Giorgis und drang mit einigen Bersaglieren bis auf den Kamm des Glacis vor dem Thor von Neapel vor. Hier sah er, daß Capua allerdings eine ganz untadlige Festung, ohne jene Vernachlässigung, von welcher man gesprochen hatte, wohl armirt in jeder Beziehung sei und daß die Ravelinbrücke hinter den fliehenden Neapolitanern aufgezogen war. Diese hatten den gedeckten Weg vollständig geräumt, dagegen spieen alle Geschütze der Landfronten jetzt Feuer. Das Bataillon Montesi mußte von der Esplanade hinter die Lorenzokapelle weichen; die Truppen von di Giorgis und Puppi, welche bis an die Eisenbahnstation vorgegangen waren, mußten hinter deren Gebäuden einigen Schutz suchen. Kartätschen und Paßkugeln durchsummten den ganzen bestrichenen Raum der Festung.

Leitern hatte die Kolonne der Garibaldiner nicht bei sich; unter Umständen wäre es nicht unmöglich gewesen, ein paar der Eisenbahnwaggons, welche auf der Bahn an der Station von Capua standen, in den Graben zu werfen und über sie hinweg einzudringen. Jedoch war dieß sicher nicht ohne große Schwierigkeiten, und bei seiner geringen Truppenstärke durfte sich Rüstow nicht darauf einlassen.

Wenn es aber nicht mehr möglich war, in Capua selbst einzudringen, so war kein Grund vorhanden, die Truppen länger in dem mörderischen Feuer der Festung zurückzuhalten, dem die Garibaldiner nicht gleiches entgegenzusetzen hatten. Rüstow beschloß also, aus dem Feuer bis auf die Höhe der Taverne Virilasci zurückzugehen.

Um $8\frac{1}{2}$ Uhr wurden die Befehle dazu gegeben. Di Giorgis mußte mit den Leuten, die er von seiner Brigade bis an die Eisenbahnstation vorgenommen hatte und die dort gedeckt aufgestellt bleiben konnten, daselbst halten; unterdessen sollte alles Andere sich am Rande der Esplanade im Schutz des Baumschlages und der Gebäude sammeln und ordnen, nun auch die Avantgarde von der Eisenbahnstation her zurückgehen; dann sollten die Brigaden Di Giorgis und Puppi sich hinter die Taverne Virilasci ziehen, während La Masa die Arriergarde machte und die Bewegung gegen etwaige Verfolgung deckte.

Diesen Befehlen ward ohne Verweilen nachgekommen; doch verzögerte sich der Rückmarsch ein wenig durch den Umstand, daß die Bespannungspferde der beiden Geschütze, welche Major Bricoli am Eck der Esplanade aufgefahren hatte und welche mit gutem Erfolge die feindliche Kavallerie im Zaume hielten, fast sämmtlich todt oder tödtlich verwundet waren. Es kostete einige Mühe, die Protzdeichseln von der Last der Pferde zu befreien, bei welcher Arbeit sich der Lieutenant Zancarini von der Mailänder Geniekompagnie, der Kanonier Zuppo, welcher, da die andern Artilleristen sämmtlich davon gelaufen waren, die beiden Geschütze seit einiger Zeit allein bediente, Rüstows Guide Farini, zwei Soldaten von der Mailänder Geniekompagnie und einige Mailänder Bersaglieri besonders auszeichneten.

Als die Protzdeichseln frei waren, ward aufgeprotzt und die Geschütze wurden zuerst eine Strecke von Hand zurückgezogen, bis die nothdürftigsten Pferde aufgetrieben werden konnten, um sie wieder zu bespannen.

Danach schloß sich die Avantgarde der Brigade di Giorgis an und diese und die Brigade Puppi gingen in bester Ordnung zurück, um etwas nach $9^1/_2$ Uhr bei der Taverne Virilasci wieder Stellung zu nehmen; gedeckt von La Masa, welcher sich nachher gleichfalls an der Taverne aufstellte.

Oberst Puppi ward während dieses Zurückgehens tödtlich verwundet, was einige Unordnung in der Brigade und ein weiteres Zurückgehen derselben als angeordnet war, nämlich hinter das Kapuzinerkloster, zur Folge hatte. Dort konnte der Major Bossi die Brigade wieder zum Stehen bringen und ordnen.

Rüstow fand bei der Taverne Virilasci das eben herankommende, von Casapulla herangerufene 3. Bataillon (Benuti) der Brigade Milano. Da nun die Neapolitaner von Capua her nachzudrängen begannen, ließ Rüstow das Bataillon unter dem Hauptmann de Carolis (Adjutantmajor der Brigade), da der Hauptmann Benuti, Kommandant des Bataillons, eben entsendet war, um die Brigade Puppi wieder vorzuführen, sogleich zum neuen Angriffe vorgehen. Dieser Angriff mit dem einzigen Bataillon trieb die Königlichen alsbald wieder nach Capua hinein.

Es trat hierauf eine vollständige Ruhe ein. Da die Leute heute noch nichts genossen hatten, sich in Sa. Maria Lebensmittel und eine Munitionsreserve fanden, da Rüstow von einem zu Spangaro entsendeten Offizier die Nachricht erhielt, daß jener schon im Rückmarsch nach S. Tammaro sei, ward bei Virilasci um 11 Uhr nur eine Feldwache zurückgelassen, und Rüstow marschirte mit allen andern Truppen nach Sa. Maria, um sie mit Speise und Trank zu erquicken, mit neuer Munition zu versehen und dann von Neuem vorzurücken, wenn es nöthig werden sollte.

Um 2 Uhr Nachmittags schallte aus der Gegend des Gradillo her Kanonendonner nach Sa. Maria herüber; zugleich kam von der Taverne Virilasci Bericht, daß die Neapolitaner an der Capuaner Straße sich von Neuem verstärkten und vorrückten. Da nun bekannt geworden war, daß die Neapolitaner durch Rüstows heftige Angriffe wirklich um Capua besorgt geworden waren und deßhalb selbst Truppen vom obern Volturn herbeigerufen hatten, so daß ihre bei Capua zuletzt am 19. versammelte Macht auf 20,000 M. berechnet wurde, da es möglich war, daß während der mehrstündigen Ruhe die Neapolitaner sich von ihrem Schrecken erholt hatten und nun ihre Macht etwa zum Angriffe auf Türr verwenden wollten, was ihnen, die wohlvorbereitetes Brückenmaterial besaßen, unmöglich schwer fallen konnte, so ging Rüstow, um gegen ein solches Beginnen das Seinige zu thun, abermals an der Capuaner Straße vor, in der gleichen Ordnung wie am Morgen; und unter gleichen Verhältnissen wie am Morgen wurden die Neapolitaner bis an den Abschnitt an den Höfen Vitale und Saullo zurückgedrängt.

Hier machte Rüstow etwa um 4 Uhr Nachmittags Halt, und hier erhielt er den Befehl Garibaldi's, das Gefecht einzustellen und mit sämmtlichen Truppen nach Sa. Maria zurückzumarschiren, da der Zweck des Kampfes vollständig erreicht und Cajazzo fast ohne Widerstand besetzt worden sei.

Am Grabillo hatte sich das Gefecht auf eine ziemlich unschädliche Kanonade und Füsillade beschränkt.

Cattabene, als er mit dem Jägerbataillon von Bologna sich am Vormittage Cajazzo von der Scafa di Cajazzo näherte, fand einen Olivenhügel vor der Stadt schwach von den Königlichen besetzt, vertrieb dieselben, nachdem er längere Zeit ein Plänklergefecht unterhalten hatte, endlich mit dem Bajonnet und machte sich zum Herrn der Stadt.

Cajazzo war also in den Händen der Garibaldiner, und es wäre nur darauf angekommen, die Division Medici oder sonst eine Truppe von bedeutender Stärke rasch nachzuschieben und überhaupt den gewonnenen Vortheil so viel möglich zu verfolgen. Dieß geschah, wie wir sehen werden, nicht.

Der Verlust der Garibaldiner belief sich auf etwa 170 M. an Todten und Verwundeten, wovon 10 M. auf das Bataillon Cattabene, 5 M. auf die Kolonne Türrs, 2 M. auf diejenige Ebers, 9 M. auf die Kolonne Spangaro's und etwas über 140 M. auf die Kolonne kommen, welche unter Rüstows direkter Leitung an der Straße von Capua vorgegangen war.

Die Neapolitaner, welche aus sicheren Stellungen sich ihrer überlegenen Artillerie bedienen konnten, hatten etwa halb so viel verloren.

Die jungen Soldaten der Garibaldiner hatten sich an diesem Tage im Durchschnitt vortrefflich geschlagen. Daß es auch an Ausreißern nicht fehlte, versteht sich wohl von selbst; das Terrain an der Straße nach Capua machte das Verkrümeln derjenigen, welche nicht Lust hatten, mit feindlichen Kugeln Bekanntschaft zu machen, sehr leicht, und einige Ausreißer sind sogar mittelst der Eisenbahn von Sa. Maria nach Neapel gefahren, während Rüstow mit dem Haupttheil seiner braven Soldaten die Neapolitaner, die dreifach überlegen waren, siegreich hinter die Wälle von Capua zurücktrieb.

Das Gefecht von Capua machte großen Lärmen in der Welt; es ist wohl kein Wunder, da es seit Reggio wieder das erste ernste Gefecht war; seit eine Südarmee, die allenfalls diesen Namen verdiente, existirte, waren überhaupt erst zwei ernste Gefechte vorgekommen, das von Milazzo und das von Reggio, und an diesen beiden hatten auch nur verhältnißmäßig geringe Truppenabtheilungen ernstlich theilgenommen, so daß die Welt, ja ein Theil der höhern Offiziere der Armee selbst sich förmlich daran gewöhnt hatten, den Feldzug auf dem neapolitanischen Festlande als einen Spaziergang zu betrachten. Aus diesem Traume riß nun das Gefecht von Capua heraus und war daher Manchem gar nicht angenehm.

Von höheren Offizieren der Garibaldiner war der Oberst Puppi tödtlich verwundet und starb binnen 24 Stunden; dem Major Montesi wurde beim Vorstürmen auf die Esplanade das Pferd durch eine Paßkugel unter dem Leib getödtet und die Degenscheide zerschmettert. Von Rüstows Generalstabsoffizieren erhielten der Major Vigo und der Hauptmann Ronchetti Kontusionen, Rüstow selbst wurden durch Kartätschen zwei Pferde unter dem Leibe getödtet und das Degengefäß beschädigt; Bricoli, welcher die Artillerie führte, ward durch eine Kartätschkugel am Bein verwundet.

Unter dem Vielen, was über das Gefecht von Capua geschrieben worden ist, befindet sich selbstverständlich auch viel dummes Zeug. Dazu trug nicht wenig das Unwesen der „Amateurs" bei, welche in der garibaldischen Armee mehr Freiheit hatten, als in irgend einer andern der Welt. Diese Herren geben sich in den Zeitungsberichten natürlich immer als „Augenzeugen"; sie waren Augenzeugen in Caserta, in Sa. Maria oder gar in Neapel und sahen hier selbstverständlich nur den Schund des kleinen Korps, welches tapfer vor Capua kämpfte, schimpfliche Ausreißer, die sich in jeder

Armee auf gleiche Weise benehmen, in der französischen nicht besser als in der italienischen Südarmee, und die immer das Weiße zu erzählen wissen — — um ihre Schande zu bedecken. Wir verweisen hier nur auf den Bericht des „Augenzeugen“ Lump Edwin James. Da wir die Motive zum Gefecht von Capua einfach dargelegt haben, ist es hier nicht nothwendig, weitere Betrachtungen hinzuzufügen oder gar Blödsinn zu widerlegen. Jedermann wird mit uns darin übereinstimmen, daß das Gefecht von Capua bedeutender und glücklicher war, als jenes von Meri, für welches Medici zum General ernannt und im Tagesbefehl Garibaldi's erklärt wurde, daß die Division Medici sich wohlverdient um das Vaterland gemacht habe.

Wenn man die neuere Kriegsgeschichte ernstlich durchgeht, so wird man keinen einzigen Neben- oder sogenannten Scheinangriff finden, bei welchem auch nur entfernt Aehnliches geleistet wurde, als bei dem Angriffe Rüstows auf die Neapolitaner bei Capua. Eine Macht von wenig über 2000 M. zog hier 20000 Feinde, das Zehnfache, auf sich und hielt sie durch ihre Lebhaftigkeit und Zähigkeit den ganzen Tag über in Athem.

9. Die Wiedereroberung von Cajazzo durch die Königlichen.

Statt nun in aller Eile die Division Medici oder irgend einen andern Truppenkörper von bedeutender Stärke nach Cajazzo zu senden, überhaupt den am 19. September errungenen Erfolg durch eine Offensive am rechten Ufer des Volturn und in der Richtung auf Capua in jeder Weise auszubeuten, was bei der Bestürzung, die die Königlichen am 19. September befallen hatte, sicher leicht gewesen wäre, geschah allerdings von allem Dem nichts.

Auf dringendes Verlangen des Majors Cattabene ward vielmehr nur das Regiment Vacchieri von der Division Medici nach Cajazzo geschickt, welches am 20. September Abends dort eintraf. Da die Königlichen am 20. gar nicht angegriffen wurden, wie sie das nach den Ereignissen des vorigen Tages sicher erwartet hatten, so faßten sie wieder Muth und rafften sich dazu auf, wieder Truppen von Capua, vor Angst am 19. dorthin gezogen, an den obern Volturno zu entsenden, und da sie in Erfahrung brachten, wie schwach Cajazzo besetzt sei, daß aber auch andererseits Verstärkungen im Anzuge seien, kamen sie zu dem Entschlusse, diesen isolirten Posten, so lange es noch Zeit wäre, anzugreifen und wo möglich wieder zu nehmen.

Der Brigadier Colonna versammelte am 21. September Morgens das 4 und 6. Jägerbataillon, nebst einer Batterie von 8 Geschützen, und der Brigadier v. Mechel rückte von Capua mit 3 Fremdenbataillonen, einer Hälfte des 8. Jägerbataillons und 2 Eskadrons ab, um den Angriff Colonna's auf Cajazzo zu unterstützen. Die Neapolitaner verwendeten daher zu dem Unternehmen $5^1/_2$ Bataillone, 2 Eskadrons und 8 Geschütze, oder nahezu 5000 M.

Die Besatzung von Cajazzo bestand aus dem Bataillon Cattabene, 320 M., und dem Regiment Vacchieri, welches in drei schwachen Bataillonen 620 M. zählte. Das ganze garibaldische Korps war also 940 M. stark, die Neapolitaner hatten die fünffache Uebermacht.

Als am Morgen des 21. um 11 Uhr Vormittags Colonna zum Angriffe auf Cajazzo vorrückte, sammelte Vacchieri seine kleine Streitmacht und ließ von den Vortruppen unter Cattabene den Olivenhügel besetzen, auf welchem am 19. September der unbedeutende Kampf stattgefunden hatte. Die Stadt selbst ließ er verbarrikadiren. Nach mehrstündigem Scharmützel, in welchem die Garibaldiner, ohne Gleiches mit Gleichem vergelten zu können, weil sie keine Artillerie hatten, viele Leute verloren, mußten sie sich in die Stadt und hinter die Barrikaden zurückziehen. Die Artillerie der Königlichen überschüttete diese mit Granaten, und als auch v. Mechel herankam, schritten die Neapolitaner zum Sturm auf die Stadt. Gerade als ob es an der fünffachen Uebergahl der Truppen noch nicht genug sei, nahm auch der Klerus, unterstützt von reaktionären Einwohnern Cajazzo's, Theil an dem Kampfe gegen die Garibaldiner; vom Rücken her ward aus den Fenstern gegen sie gefeuert. Trotzdem wehrten sich die tapfern Männer der Südarmee noch drei Stunden lang, von Barrikade zu Barrikade nur langsam weichend in den Straßen. Erst um 6 Uhr Abends waren die Königlichen Herren der Stadt. Was jetzt von den Garibaldinern noch übrig blieb, flüchtete aus der Stadt gegen die Scafa di Limatola hin und über den Volturno; wobei die neapolitanische Kavallerie noch eine große Anzahl Gefangener machte.

Die Neapolitaner hatten 110 M. an Todten und Verwundeten verloren; von den Garibaldinern kamen im Lauf der nächsten Tage im Ganzen etwa 500 M. nach Caserta und Maddaloni zurück, etwa 200 M. waren verwundet in die Gefangenschaft der Neapolitaner gerathen, darunter auch das mit der Sorge für die Verwundeten beschäftigte ärztliche Personal. Der Major Cattabene nebst 8 andern Offizieren waren schwer verwundet gefangen und nach Capua gebracht.

In den Augen der Neapolitaner war die Wiedereinnahme von Cajazzo eine große Waffenthat; in ihrem Bulletin rühmten sie, daß die Grafen von Trani und Caserta sich in dieser „Schlacht" hervorgethan hätten. Jedermann hat eben seinen eigenen Maaßstab.

Wie rühmlich für die Garibaldiner, welche Cajazzo vertheidigten, der Kampf vom 21. September auch war, wie wenig Ursache die Neapolitaner haben mochten, sich zu rühmen, daß sie mit 5000 M., noch unterstützt von einer reaktionären Bevölkerung, endlich nach siebenstündigem Kampfe über 900 M. ohne Artillerie und Kavallerie Herr geworden waren, — das Gefecht vom 21. war immer ein Erfolg der Neapolitaner, und an Erfolge nicht gewöhnt, waren sie ebenso bescheiden in den Anforderungen, die sie an einen solchen stellten, als geneigt, ihn zu übertreiben und jede Uebertreibung in dieser Beziehung für baare Münze auszugeben. Franz II. konnte auf die Wiedereroberung Cajazzo's gestützt, seinen Soldaten recht gut vorerzählen daß jetzt der Umschlag des Kriegsglücks begönne, namentlich wenn er noch hinzunahm, daß Rüstow am 19. September, obwohl er die weit überlegenen Königlichen hinter die Wälle der Festung zurückgetrieben hatte, doch die Festung Capua nicht eingenommen hatte. Und unter allen Umständen konnte daraus, daß Cajazzo, dessen Besetzung doch keinen andern Sinn haben konnte, als daß es den ersten Stützpunkt für ernste Unternehmungen am rechten Volturnufer abgeben sollte, so spärlich und so langsam mit einer genügenden Truppenzahl von den Garibaldinern versehen wurde, mit Recht geschlossen werden, daß in der obern Leitung der Südarmee nicht eben Alles in Ordnung, nicht Alles aus einem Gusse sei. Die Niederlage von Cajazzo konnte ohne Zweifel von der Südarmee sofort wieder gut gemacht werden; ja die Südarmee konnte sich bei einem neuen Unternehmen zu diesem Zwecke selbst der Niederlage mit einigem wahrscheinlichen Erfolge bedienen.

Von diesem Gesichtspunkte ging Rüstow aus. Türr war am 21. krank nach Neapel gegangen; Medici erhielt jetzt das Kommando der Avantgarde, deren Generalstabschef Rüstow blieb. Schon am 23. Morgens reichte nun Rüstow dem General Medici einen Vorschlag für die zunächst zu unternehmenden Operationen ein, welcher im Wesentlichen Folgendes enthielt:

Etwa 2000 M. halten Sa. Maria besetzt und treffen hier Vorbereitungen, als ob es auf eine Belagerung von Capua abgesehen wäre, während sie sich gleichzeitig in Sa. Maria verschanzen; der ganze verfügbare Rest der Armee wird um Caserta dergestalt konzentrirt, daß er in wenigen Stunden an einen passenden Punkt des Volturno oberhalb Capua geworfen werden kann. Dieses Gros der Armee ist bestimmt, den Fluß zu überschreiten. Um das mit Schnelle und Sicherheit thun zu können, muß man einen passenden Theil der Mannschaft im Schanzenbau, einen andern im Brückenschlagen üben und das Material zur Ueberbrückung des Volturno sogleich herbeischaffen, was bei der Nähe der Hauptstadt Neapel, wenn richtig angegriffen, eine Kleinigkeit war. Als Brückenpunkt für den Uebergang über den Volturn wird einer etwa halbwegs zwischen Capua und Cajazzo, oberhalb der Scafa di Formicola, nicht an dieser selbst, erwählt, weil dicht an der genannten Scafa auf den Höhen von Gerusalemme die Neapolitaner mehrere Batterieen erbaut hatten, die dort den Fluß vollständig beherrschten. War der Uebergang über den Volturn gelungen, so sollte die Brücke sofort durch einen doppelten Brückenkopf gedeckt werden und das Detachement von Sa. Maria zu dessen Sicherung herangezogen werden; das Gros, nachdem es sich zunächst durch Umgehung der neapolitanischen Batterieen auf den Höhen von Gerusalemme bemächtigt hatte, konnte sich je nach den Umständen entweder rechts gegen das königliche Korps von Cajazzo oder links gegen dasjenige wenden, welches von Capua zur Unterstützung der Batterieen von Gerusalemme herbeieilen mochte. Im einen wie im andern Falle war der Sieg der Garibaldiner bei dem Stärkeverhältnisse, welches sie unter diesen Umständen entwickelten, sicher, will sagen so wahrscheinlich als möglich, und, wenn sofort ans Werk gegangen ward, konnte Capua in den letzten Septembertagen bereits vollständig isolirt, konnten die Hauptkräfte der Königlichen an den Garigliano zurückgeworfen sein. — Alles was bei Cajazzo vorgefallen war, konnte insofern die Ausführung dieses äußerst einfachen Operationsplanes unterstützen, als man ein schwaches Detachement an die Scafa di Limatola entsendete und hier Anstalten zum Brückenschlag treffen ließ, um die Aufmerksamkeit der Neapolitaner von der eigentlichen Brückenstelle abzulenken.

Rüstow motivirte die Nothwendigkeit, im Angriffe nicht stillzustehen und immer angriffsweise zu verfahren, vornehmlich damit, daß die Südarmee eine durchaus junge Armee, im Vorpostendienste so gut wie gar nicht geübt sei, daher Gefahr laufe, ihre Kräfte dabei mehr als irgend eine andere aufzureiben, weil alle Tage unnütze Allarmirungen zu erwarten

25 *

feien und diese jedesmal bei der Ungeübtheit von Offizieren und Soldaten das ganze, überdieß so schwache Heer unter die Waffen bringen würden, ferner mit der Nothwendigkeit, das Prästigium des Erfolges zu bewahren, welches der Südarmee bisher so großen Nutzen gebracht hatte, so daß ihre Mängel darüber gar nicht zum Vorschein gekommen waren, hiedurch zugleich der Reaktion, die sich in der Terra di Lavoro regte, den Muth zu nehmen und den Muth der Königlichen an der Volturnolinie nicht aufkommen zu lassen.

Eines verschwieg Rüstow. Bereits nämlich waren die ersten Nachrichten von dem Einfall der Piemontesen in die Marken und in Umbrien nach der Terra di Lavoro gedrungen, und man konnte sich, wenn man von den Intriguen Fanti's, Farini's und Cavours auch noch so wenig wußte, doch sehr gut denken, was dieser Einfall eigentlich zu bedeuten habe, daß er fast mehr noch gegen Garibaldi und die Südarmee als gegen den Papst gerichtet sei. So sehr heute die ganze europäische Presse in Allem, was sich auf Italien bezieht, von Cavour und den Cavouristen beherrscht ist, ein Zweifel über diese einfache Sache wird heute wohl außer den verstocktesten Philistern Niemandem mehr bleiben. Es kam darauf an, diese cavourischen Pläne durch schnelle Erfolge gegen Franz II. zu paralysiren. Natürlich aber sagt man dergleichen Dinge nicht gern laut, bevor man Beweise dafür aufbringen kann. Uebrigens waren die aus der militärischen Lage der beiden Parteien, welche sich unmittelbar am Volturn gegenüberstanden, hergenommenen Motive für die rasche und entschiedene, wohlgeregelte Fortsetzung des Angriffes an sich genügend, und leider bestätigte sich dasjenige, was Rüstow über den Einfluß des Stillstehens am linken Ufer des Volturno auf die junge Südarmee gesagt hatte, in wenigen Wochen nur allzu sehr.

Einige Anstalten zur Ausführung des Rüstow'schen Planes wurden allerdings getroffen; am 25. September verlegte Garibaldi sein Hauptquartier nach Caserta; um Sa. Maria, Caserta, Maddaloni wurde die ganze Armee konzentrirt, Brückenmaterial, freilich so schlecht als man es nur auftreiben konnte, ward beschafft und vorwärts geführt, Sa. Maria wurde verschanzt und auf den Höhen von S. Angelo wurden einige Batterieen erbaut, die in gaëtanischer Entfernung etwa so aussehen konnten, als wollte man Capua damit beschießen. Zum Theil waren sie gegen die neapolitanischen Batterieen auf den Höhen von Gerusalemme gerichtet.

Aber Alles ging schläfrig. Verwöhnt durch den Marsch, der fast ohne Waffenthat von der Südspitze Calabriens nach Neapel und nach Caserta geführt hatte, hatten mehrere der höheren Offiziere gar keine große Lust mehr, etwas Vernünftiges und Ernstes zu thun. Dazu kamen die Nachrichten von dem Vorrücken der Piemontesen, und während die wahren Soldaten in der Südarmee dadurch gerade bestimmt wurden, etwas Ernstliches zu unternehmen und darauf zu dringen, meinten Andere, es sei ja nun nicht mehr nöthig: die von Norden herandringenden Piemontesen würden Franz II. ohnedieß in die Enge treiben. Wozu sich noch quälen? Da späterhin von diesen Quietariern manche sich so vortrefflich mit Cavour, Fanti und Farini verstanden haben, darf man vielleicht annehmen, daß sie schon im September die Verpflichtung fühlten, die Pläne jener piemontesischen Herren zu unterstützen und zu begünstigen. Und so hörte man denn in jener Zeit schon ernstliche Klagen über die Schwäche der Südarmee, während sonst immer, wo es galt, eine neue Division und einen neuen Divisionskommandanten zu schaffen, ganz das Gegentheil gehört worden war. Während Garibaldi bisweilen sich beklagte, daß er zu viele Leute habe, ließ er sich doch zu jenem Aufruf vom 19. September von Neapel aus bestimmen, der an die Freiwilligen ganz Italiens gerichtet, sie zu seinen Fahnen rief, allerdings unter dem Vorgeben, daß es jetzt nur noch darauf ankomme, sich zur Eroberung Roms zu rüsten. Da wir vermuthen, daß nach dem eben Erzählten dieser Aufruf vollkommen verständlich sein wird, so wollen wir ihn wörtlich hieher setzen:

„Der Diktator Süditaliens an die Freiwilligen.

„Als der Gedanke eines italienischen Vaterlandes noch in Wenigen lebte, machte man Verschwörungen und starb. Heute kämpft man und triumphirt. Die Vaterlandsfreunde sind zahlreich genug, um Heere zu bilden und dem Feinde Schlachten zu liefern. Aber unser Sieg ist noch nicht vollständig. Noch ist nicht das ganze Italien frei, noch sind wir fern den Alpen, unserm glorreichen Ziele. Die köstlichste Frucht dieser ersten Erfolge ist die, daß wir uns bewaffnen und den Sieg verfolgen können. Ich fand euch bereit, mir zu folgen, und jetzt rufe ich euch Alle zu mir. Kommt schnell zu der großen Musterung der Truppen, welche die bewaffnete Nation sein sollen, die Nation, bewaffnet, um Italien frei und eins zu machen, mag es den Gewaltigen der Erde gefallen oder nicht.

„Sammelt euch auf den Plätzen eurer Städte, ordnet euch mit diesem Instinkt des Volkes für den Krieg, der genügt, um euch fähig zu machen, in Masse den Feind anzugreifen.

„Die Führer der so gebildeten Korps werden vor ihrer Ankunft in Neapel den Direktor des Kriegsministeriums benachrichtigen, damit er Alles Nothwendige bereit halten könne. Für die Korps, welche passender zur See hierher kommen können, werden die geeigneten Anstalten getroffen werden.

„Italiener, der Augenblick ist entscheidend. Schon kämpfen Brüder von uns gegen den Fremden im Herzen Italiens. Gehen wir ihnen nach Rom entgegen, um von dort alle zusammen auf das venetianische Gebiet zu marschiren. Alles, was unsere Pflicht und unser Recht ist, können wir vollbringen, wenn wir stark sind. Also Waffen, also Männer! Herz, Eisen und Freiheit!

„Neapel, den 19. September 1860."

Thatsächlich blieb die Südarmee in ihren defensiven Stellungen am linken Volturnoufer, bis die Königlichen selbst zum Angriffe übergingen. Vom 21. bis zum 30. September ereignete sich nichts besonders Erhebliches. Das Detachement Csudafys, welches über Piedimonte, sich um 600 M.

Landsturm verstärkend, beständig bedroht von der zum großen Theil bourbonisch gesinnten Bevölkerung, bis in die Berge von Bairano vorgedrungen war, traf hier auf weit überlegene neapolitanische Truppen und mußte nach kurzem Scharmützel mit denselben sich auf dem Wege zurückziehen, auf welchem es gekommen war.

In der Gegend von S. Angelo kam es zu mehrfachen Vorpostengefechten, indem die Königlichen ausfielen, um die begonnenen Batteriearbeiten zu stören. Das bedeutendste dieser Gefechte fand in der Nacht vom 27. auf den 28. September statt und ist hauptsächlich dadurch bemerkenswerth, daß das Regiment Dunne hier in Folge von ein paar Schüssen auf neapolitanischer Seite von einem panischen Schrecken ergriffen ward und spornstreichs davon lief.

So oft ein Flintenschuß auf den äußersten Vorposten fiel, wurden stets sämmtliche Lager und Quartiere bis Caserta und Maddaloni hinab allarmirt und alle Truppen traten unter die Waffen, wo sie dann meist 5 oder 6 Stunden harren mußten, ehe sie wieder einrücken durften, und da Flintenschüsse auf den äußersten Vorposten keine Seltenheit waren, so kann man sich denken, daß die sämmtlichen Truppen der Südarmee eigentlich aus der Bereitschaft nicht herauskamen; was dann sicher keinen guten Eindruck auf die Soldaten machen konnte.

Nachrichten von den Neapolitanern oder bloße Gerüchte ließen die italienische Südarmee beständig einen Angriff von Seiten der Königlichen erwarten; endlich ward es am 30. September Ernst damit und am 1. Oktober brachen die Königlichen heraus und es kam zur Entscheidungsschlacht am Volturno. Diese wollen wir nun um so mehr ausführlich erzählen, als seit mehreren Wochen bereits die ganze cavourische Maschine im Gange war, um durch ganz Europa theils die Südarmee zu verleumden, allerhand Erfindungen über angebliche Niederlagen derselben zu verbreiten, theils durch bogenlange Rapporte kleine Scharmützel der ins Römische eingebrochenen Piemontesen in Schlachten zu verwandeln und durch diese Fiktionsschlachten im Norden das, was sich am Volturno wahrhaft Ernstliches ereignet, vollständig zu verschütten, endlich der gläubigen und gut vorbereiteten Menge zu sagen, daß die Schlacht am Volturno, nachdem sie gewonnen war, von den Piemontesen gewonnen sei. Dieses ganze Lügengewebe auf einen Schlag zu zerstören, wären allerdings Viele im Stande. Aber wer von Furcht oder Hoffnung bewegt ist, ist wenig geneigt, denjenigen die Wahrheit zu sagen, von denen er fürchtet oder hofft. So nehmen wir denn mit Freude das Geschäft auf uns, die Wahrheit ans Licht zu bringen.

10. Die Schlacht am Volturno. 1. und 2. Oktober.

I. Aufstellung der Streitkräfte der Südarmee am 30. September.

Wir wollen zuerst versuchen, eine möglichst genaue Uebersicht der Aufstellungen der Südarmee am 30. September zu geben.

Auf dem äußersten rechten Flügel stand Bixio mit seiner eigenen, der 18. Division, der Brigade Eberhard von der Division Medici, der Kolonne Luigi Fabrizi. Die Brigade Dezza von der 18. Division zählte 1828 M.; die Brigade Spinazzi 670; die Brigade Eberhard 1502, die Kolonne Fabrizi 1560 M. Dazu kamen 6 kleine Berghaubitzen und 20 berittene Guiden. Das Ganze zählte 5653 M.

Bixio stand mit seiner Hauptmacht vorwärts Maddaloni, hielt den Monte Caro und Monte Longano besetzt und hatte seine äußersten Vorposten auf der Straße von Maddaloni nach Ducenta bei Valle.

Bei Castel Morrone am Paß von Caserta nach Limatola stand das Bersaglieribataillon Bronzetti von der 16. Division, 227 M.

Bei S. Leucio und nordwärts am Gradillo war die

Brigade Sacchi aufgestellt, neuerdings verstärkt durch die ehemalige Brigade Puppi. Sacchi verfügte im Ganzen über 1500 Mann.

Medici hielt die Höhen von S. Angelo bis gegen Sa. Maria hinauf besetzt. Er hatte in zwei Brigaden seiner eignen Division, der 17., 2500 M., 200 genuesische Carabiniere, das Genieregiment Brocchi, 300 M., und die Brigade Spangaro von der 15. Division, 1000 M. Medici verfügte demnach im Ganzen über 4000 M. Bei ihm befand sich der alte General Avezzana, erst seit kurzem aus Amerika herübergekommen. Garibaldi hatte ihm bis zur Formirung der zu errichtenden calabresischen Division die Aufsicht über die ganze Linie gegen Capua gegeben. An Geschützen hatte Medici 9, sämmtlich in Batterie, darunter 6 gezogene Vierpfünder.

An Medici's linken Flügel schloß sich auf der Linie von Sa. Maria Milbitz an, der in Abwesenheit des Kriegsministers Cosenz dessen Division, die 16., kommandirte. Er hatte Truppen theils von der 16. Division, theils von der 15., zusammen etwa 4000 M., mit 4 Geschützen.

Auf dem äußersten linken Flügel stand bei Aversa die Brigade Basilicata unter Oberst Corte, 1500 M.

Das Hauptquartier befand sich zu Caserta; hier war auch die allgemeine Reserve konzentrirt, deren Kommando der von Neapel zurückgekommene Türr, dem Rüstow als Generalstabschef der Reserve beigegeben war, erhielt. Nach den Nachrichten, welche Rüstow am 30. September Nachmittags vom General Sirtori über die Stärke und Zusammensetzung der Reserve einzog, bestand dieselbe um diese Zeit aus der Brigade Eber, 1600 M.; der Brigade di Giorgis, 850 M., diese beiden von der 15. Division; der Brigade Assanti von der 16. Division, 1100 M.; dem Bataillon Paterniti, 250 M.; der Calabresenbrigade Pace, 2100 M.; im Ganzen somit aus 5900 M. Von der Brigade Pace waren nur 200 M. gut bewaffnet, 500 andere einigermaßen, der Rest von 1400 M. war aber für jetzt ganz undienstfähig, so daß der

Kombattantenstand der Reserve sich auf 4500 Mann reduzirte. Dazu kamen noch 13 Geschütze, von denen indessen am 30. Nachmittags 9 bereits Befehl zum Abmarsch nach Sa. Maria hatten.

Wie man sieht, waren die einzelnen Theile der Divisionen auf mörderliche Weise auseinander gerissen.

Zählen wir nun zusammen:

Bixio	. . . .	5600 M.
Bronzetti	. . . .	227 „
Sacchi	. . . .	1500 „
Medici	. . . .	4000 „
Milbitz	. . . . . .	4000 „
Corte	. . . . . .	1500 „
Reserve	. . . . . .	4500 „

so ergibt sich ein Gesammtstand der Streitkräfte Garibaldi's am 30. September von 21,000 M. Wir bemerken ausdrücklich, daß diese Rechnung sehr hoch ist; denn erstens haben wir überall dort, wo sich der Stand der Truppe nicht ganz genau ermitteln ließ, den höchsten Anschlag genommen, zweitens aber drückte sich, abgesehen von Kommando's rückwärts, welche noch vorkamen, Mancher noch zur Schlacht am 1. Oktober, so daß schwerlich mehr als 18000 M. in Reih' und Glied wirklich zum Gefecht disponibel waren.

II. Plan, Stärke und Truppenvertheilung der Königlichen.

Nachdem wir nun die Stärke und Stellungen der italienischen Südarmee, welche den Kampf vom 1. Oktober als Defensivkampf begann, kennen gelernt haben, wollen wir uns über den Plan und die Stärke der Neapolitaner unterrichten.

Die Neapolitaner, da sie die Armee Garibaldi's in der Defensive verharren und durchaus keinen neuen Versuch zur Festsetzung am rechten Volturnufer machen sahen, hatten beschlossen, ihrerseits die Offensive zu ergreifen. Dazu wurden sie doppelt bestimmt, durch die Vorgänge im Kirchenstaat, die Siege der Piemontesen über Lamoriciere. Kündigte Cavour nicht an, daß er ins Neapolitanische lediglich wolle einrücken lassen, um die „Anarchie" zu bekämpfen?

Wenn es aber dem König Franz gelang, Garibaldi entscheidend zu schlagen, vielleicht zu vernichten, dadurch die bourbonische Partei zu erheben, zu ermuthigen, so war ja die cavourische „Anarchie" besiegt und Cavour konnte diesen Vorwand wenigstens nicht mehr benutzen, dem Volke Neapels seine theure Hülfe zu bringen.

Aus diesem Grunde und von diesem Gesichtspunkte aus machte die bourbonische Partei die äußersten Anstrengungen, wo möglich in entscheidender Schlacht die italienische Südarmee zu besiegen; sie raffte alle Kräfte zusammen und hielt sich des Sieges für so sicher, daß sie selbst alle Anstalten traf, den hypothetisch vorweg genommenen zu völliger Vernichtung der Garibaldiner auszubeuten.

Am 4. Oktober war der Namenstag des Königs Franz; dieser Namenstag sollte in Neapel gefeiert werden; Franz II. kam selbst mit den Grafen von Trapani und Caserta nach Capua, um an dem Entscheidungskampfe Theil zu nehmen; und für den Fall des Sieges ward den Soldaten, um sie doppelt anzufeuern, die Plünderung aller Ortschaften versprochen, die sie auf dem Wege von Capua nach Neapel antreffen würden.

Den Oberbefehl übernahm der General Ritucci. Auf dem äußersten linken Flügel sollte der Brigadier v. Mechel mit einer Kolonne von 8000 M., wobei 5 Fremdenbataillone, über den obern Volturn, dann über Ducenta auf Maddaloni vorrücken und Alles, was er vor sich fände, über den Haufen werfen.

Ein Detachement unter Oberst Perrone, 1200 M., sollte von Cajazzo aus über Castel Morrone gegen Caserta vordringen; als Reserve aber der Brigadier Ruiz mit 3000 M. vorläufig in Cajazzo stehen bleiben.

Aus Capua selbst sollten zwei Hauptkolonnen vorbrechen.

Die eine unter General Afan de Rivera, bestehend aus den beiden Brigaden des Brigadiers Barbalonga und des Obersten Polizzi, zusammen 10000 M., sollte das Dorf S. Angelo in Formis und die Höhen des Monte Tifata angreifen und nachdem sie sich der dortigen Stellungen bemächtigt haben würde, über den Gradillo auf S. Leucio vordringen, sich mit dem Detachement von Perrone vereinigen, Caserta nehmen, hier mit v. Mechel in Verbindung treten, der, wie man voraussetzte, unterdessen Maddaloni genommen haben würde.

Die zweite Kolonne, welche aus Capua vorbrach, unter General Tabacchi, und bei welcher sich die gesammte Gardeinfanterie befand, war 7000 M. stark; sie sollte Sa. Maria angreifen, hier möglichst viele Kräfte der Garibaldiner festhalten oder hinziehen und dadurch den Kolonnen v. Mechels und Afan de Riveras die Wirkung gegen den Rücken der italienischen Südarmee desto mehr erleichtern. Mit der Kolonne Tabacchi's wollten auch die Grafen von Caserta und Trapani marschiren, während Franz II. sich derjenigen Afans de Rivera, der die Hauptthätigkeit zufiel, anschließen wollte.

Ein Seitendetachement von 1500 M. unter dem Brigadier Sergardi sollte S. Tammaro angreifen.

Die Kavallerie, bis auf wenige Schwadronen, die den verschiedenen Kolonnen zugetheilt waren, im Ganzen noch 2500 Pferde, sollte sich vorläufig auf der Esplanade von Capua aufstellen, um je nach Bedarf hie und dort verwendet zu werden.

General Colonna mit 5000 M. nahm Stellung am rechten Ufer des Volturn bei der Scafa di Triflisco oberhalb Capua, um als Reserve der Kolonne Riveras zu folgen; er hatte einen Pontontrain auf dem Volturno zu seiner Verfügung, mit dem er in kurzem eine Brücke bauen konnte, um den Uebergang zu bewerkstelligen.

Endlich blieben in Capua selbst etwa 7000 M. theils als Besatzung, theils als Reserve zurück.

Fassen wir jetzt zusammen, so haben wir

Kolonne v. Mechel	8000 M.
Detachement Perrone	1200 „
Detachement Ruiz	3000 „
Kolonne Afan de Rivera	10000 „
Kolonne Tabacchi	7000 „
Detachement Sergardi	1500 „
Brigade Colonna	5000 „
Besatzung von Capua und Kavalleriereserve	9500 „

Im Ganzen hatten es also die Garibaldiner mit etwa 38000 M. zu thun, wenn man die Reserve zu Capua nicht zählt, das heißt mit der doppelten Zahl; die Feldartillerie der Königlichen bestand aus 8 Batterieen oder 64 Geschützen; hiezu kommen aber für verschiedene Gefechtsmomente die Positionsbatterieen der Höhen von Gerusalemme und die Festungsartillerie der Landfronten von Capua.

Wir bemerken ausdrücklich, daß, wenn wir bei der Südarmee die höchsten Zahlen genommen haben, in Hinsicht auf die neapolitanische Armee das entgegengesetzte Prinzip von uns befolgt worden ist. Gefangene Offiziere der Königlichen gaben deren Gesammtstärke für den 1. Oktober auf 45,000 M. an, welche Zahl auch bei uns herauskommt, wenn wir die Besatzung von Capua mitrechnen. Wir haben uns die obigen Zahlen im Einzelnen von gefangenen Offizieren zu verschaffen gewußt. Unter allen Umständen sind sie die niedrigsten.

Als die Königlichen schmählich nach Capua zurückgejagt waren, machten sie natürlich aus ihrem entscheidenden Angriff eine bloße „Rekognoszirung“ und bemühten sich in ihren offiziellen Rapporten, die Zahl ihrer verwendeten Mannschaft auf so gut als nichts herabzudrücken, wobei sie sich namentlich des Kunstgriffes bedienten, niemals die Stärke ihrer Kolonnen anzugeben, und indem sie einige Truppentheile nannten, die in dieser oder jener Kolonne waren, glauben zu machen, daß diese genannten Truppentheile allein die ganze Kolonne gebildet hätten. Dabei ereignete es sich dann allerdings, daß eine solche

Kolonne, die zum Angriff auf ein verschanztes Dorf verwendet werden sollte, nur aus Kavallerie zusammengesetzt gewesen wäre. Cavour, der offenbar die größten Lügen über den 1. Oktober durch Europa ausgesprengt hat, ist Franz II. so hülfreich als möglich gewesen, den ganzen Sachverhalt zu fälschen. Es kann dieß nicht oft genug gesagt werden, und wir werden es immer und bei jeder einzelnen Gelegenheit wieder hervorheben, ohne Besorgniß, dem wahrheitsliebenden Leser dadurch langweilig zu werden.

III. Postenscharmützel am 30. September bei S. Angelo.

Medici's äußerster rechter Flügel stand Ende Septembers beim Bosco S. Vito, durch eine Feldwache von Sacchi mit diesem letzteren in Verbindung. Medici's Zentrum befand sich zu S. Angelo in Formis; der linke Flügel dehnte sich längs der Straße gegen Sa. Maria hinab bis zu den Häusern Sassano und di Napoli. Die Geschütze waren in Batterie auf den Höhen des Monte Tifata; die Vortruppen waren unter Benutzung der deckenden Häuser und des Baumschlags bis auf etwa 2000 Schritte gegen Capua und rechts bis an die Ufer des Volturno vorgeschoben.

Am 30., als v. Mechel seine Bewegung auf Ducenta begonnen hatte, begann Colonna in den ersten Nachmittagsstunden ein lebhaftes Geschütz- und Kleingewehrfeuer von dem rechten Ufer des Volturn bei der Scafa di Triflisco und der Scafa di Formicola her gegen die Posten Medicis. Medici antwortete mit Infanterie- und Artilleriefeuer. Dieses hielt bis gegen Abend an. Es kostete jeder Partei etwa 40 Todte und Verwundete; auf Seite Medicis kamen das Regiment Vacchieri, ein Bataillon Zouaven der Division und eine Kompagnie genuesischer Carabiniere, im Ganzen ungefähr 700 M., ins Feuer.

Auf Seiten der Südarmee ward das lebhafte Feuergefecht

anfangs auf den Versuch eines Ueberganges über den Volturn, den die Neapolitaner machen wollten, gedeutet; alle Reserven zu Caserta mußten unters Gewehr treten. Gegen Abend hörte das Feuer auf, und Garibaldi, der die Sache nunmehr für eine Demonstration hielt, die seine Aufmerksamkeit von den Flügeln auf das Zentrum lenken sollte, ließ die Reserven zu Caserta, bis er den wahren Angriffspunkt des Feindes erkannt haben werde, wieder einrücken.

IV. Die Schlacht am Volturno am 1. Oktober bis zu den ersten Nachmittagsstunden.

Am 1. Oktober Morgens um 2 Uhr rückten die Kolonnen Sergardis, Tabacchis und Afan de Riveras aus dem neapolitanischen Thore von Capua auf die Esplanade; formirten sich auf dieser und rückten in der Morgendämmerung zum Angriffe vor. Es entspannen sich nun mit dem Anbruch des Morgens etwa gleichzeitig zwei Gefechte, das eine vor Sa. Maria, das andere bei S. Angelo. Wir wollen diese bis in die ersten Nachmittagsstunden hinein, jedes für sich, erzählen und mit dem Gefechte bei Sa. Maria beginnen.

a. Gefecht von Sa. Maria.

Die Truppen von Milbitz waren folgendermaßen vertheilt:

Auf dem äußersten linken Flügel das Regiment Fardella zu S. Tammaro; 500 M.

das Regiment Malenchini auf gleicher Höhe an der Eisenbahn und gegen Sa. Maria hin; 500 M.

im Zentrum an der Konsularstaße die Regimenter Lange und Sprovieri und das Bataillon neapolitanischer Freiwilligen; 1200 M.

dahinter in Reserve das Regiment Palizzolo, eine Geniekompagnie, 110 unberittene Kavalleristen, eine Kompagnie der Sicherheitswache von Sa. Maria und 70 Husaren; 720 M.

auf dem rechten Flügel beim Amphitheater und

zur Straße von S. Angelo hin die Brigade La Masa (Regimenter Corrao und La Porta) und die sogenannte französische Kompagnie de Flotte; 1100 M.

Von den Geschützen standen 2 in einem Einschnitte auf der Eisenbahn vorwärts der Station; die beiden andern unter den Bogen des alten Capuanerthors von Sa. Maria.

Die ganze Vertheidigungslinie von Milbitz von S. Tammaro bis zur Straße von S. Angelo war etwa 4000 Schritte lang.

Bald nach 5 Uhr Morgens griffen die Vortruppen von Tabacchi diejenigen von Milbitz bei der Ziegelei und dem Kapuzinerkloster an.

Die Vorposten von Milbitz zogen sich zurück, während die Haupttruppen überall unters Gewehr traten.

Tabacchi hatte seine beiden Flügel vorgenommen, insbesondere den linken gegen die Straße von S. Angelo; jedoch waren die Flügel beide schwach, mehr um die Verbindung zu erhalten und die Flanken aufzuhellen, als zum entscheidenden Angriff bestimmt.

Der linke Flügel Tabachis kam mit La Masa ins Gefecht, gewann zuerst einige Vortheile, ward indessen von La Masas Reserve bald zurückgetrieben.

Malenchini zog seine Vorposten hinter die kleine Batterie auf der Eisenbahn zurück, damit deren Front frei werde; das Feuer dieser Batterie hielt in der That die längs der Eisenbahn vordringende feindliche Infanterie glücklich auf. Als Fardella die Annäherung Sergardis bemerkte, der auf der Straße von Capua nach S. Tammaro vorrückte, und da Sergardi so manövrirte, als wolle er sich zwischen S. Tammaro und die Eisenbahn einschieben, räumte Fardella mit seinem Gros S. Tammaro und zog sich gegen die Eisenbahn hin, um hier Malenchini wirksamer zu unterstützen. In S. Tammaro ließ er nur ein kleines Beobachtungsdetachement zurück, welches im Nothfall in der dortigen Gegend sich ohne Gefahr in beliebiger Richtung zurückziehen konnte.

Sein Gros hatte Tabacchi zunächst der Capuanerstraße zusammengehalten.

Sobald die Vorposten des Zentrums von Milbitz sich auf Sa. Maria zurückgezogen hatten, ließ Tabacchi auf der Capuanerstraße eine Batterie von 8 Geschützen auffahren, welche vornehmlich gegen die kleine Batterie unter dem Capuanerthor arbeitete. Diese kleine Sechspfünderbatterie antwortete indessen nicht ohne Glück und ohne ihrerseits erheblichen Schaden zu leiden. Nachdem das Feuer der Artillerie fast eine Stunde gedauert hatte, nahm Tabacchi beiderseits der Straße seine Infanterie vor. Milbitz warf ihm unter dem Oberst Porcelli die beiden Regimenter Lange und Sprovieri entgegen. Die Neapolitaner wurden hinter ihre Artillerie und auf ihre geschlossenen Reserven zurückgetrieben, wozu auch Malenchini und Fardella durch einen Angriff auf die rechte Flanke beitrugen.

Unterdessen aber hatte Tabacchi auf seinem linken Flügel an der Straße von S. Angelo eine starke Kolonne formirt, die ungestüm gegen die Brigade La Masa vordrang und diese in die Enge trieb.

Als sich am Morgen der Kampf entsponnen hatte, war Garibaldi an der Eisenbahnstation mit Milbitz zusammen; da man bald nicht mehr zweifeln konnte, daß es heute Ernst sei und die Sache größere Dimensionen annehmen werde, so verlangte Garibaldi von Sirtori einen Theil der Reserven von Caserta. Sirtori nahm zuerst die Brigade Assanti von der 16. Division und bald darauf den dienstfähigen Theil der Brigade Pace und sendete sie nach Sa. Maria.

Die Brigade Assanti, ohne das zu ihr gehörige Bataillon Bronzetti, welches zu Castel Morrone stand und focht, 1100 M. stark, kam um 8 Uhr Vormittags zu Sa. Maria an, eben als La Masa ins Gedränge gekommen war, und mußte sofort zum Angriffe an der Straße von S. Angelo schreiten.

Ein Bataillon vom Regiment Albuzzi sendete Assanti

ans Capuanerthor, um die dortige Reserve zu verstärken. Mit einem Bersaglieribataillon ging er an der Straße von S. Angelo vor; mit dem Regiment Fazioli rechts, mit dem Regiment Borghesi links der Straße, während ein Bataillon vom Regiment Albuzzi am Thor von S. Angelo in Reserve blieb. Dieser Angriff trieb die Königlichen hier zurück.

Unterdessen hatte Milbitz auch vor dem Capuanerthor einen neuen Angriff machen lassen; Tabacchi schlug denselben ab und drang bis fast unmittelbar an die Verschanzungen von Sa. Maria vor. Aber sobald die Garibaldiner sich erholt hatten, brachen sie von allen Seiten wieder heraus und Tabacchi mußte sich mit Verlust mehrerer Geschütze zurückziehen.

Hierauf trat eine Ruhe von fast einer Stunde ein, da Tabacchi das Bedürfniß fühlte, seine Leute zu sammeln und Milbitz andererseits bei der Geringfügigkeit seiner Mittel nicht aus der Defensive herausgehen zu dürfen glaubte, die er nur mit Angriffen versetzte, soweit dieß zur Abwehr nothwendig war.

Um 11 Uhr hatte Tabacchi sein Korps wiederum geordnet und schritt zu neuem Angriffe gegen das Capuanerthor und rechts und links von demselben. Malenchini, Fardella und Sprovieri hielten den Angriff an der Eisenbahn auf, unterstützt durch zwei neue Geschütze, die eben aus der Reserve von Caserta herangekommen waren; zwei andere gleichfalls von Caserta geholte Geschütze wurden zur Unterstützung von La Masa und Assanti an dem Thor von S. Angelo verwendet.

An der Porta Capuana verstärkte Milbitz das Regiment Lange durch das Regiment Palizzolo und die Geniekompagnie aus der Reserve. Wichtige Dienste leistete in diesem Abschnitt des Gefechtes die Kompagnie de Flotte, welche in einem verschanzten Hause postirt, die Verbindung zwischen dem Zentrum und dem rechten Flügel von Milbitz zwischen der Capuanerstraße und der Straße von S. Angelo unterhielt. Nach Artikeln in französischen Zeitungen führt diese 60 Mann starke Kompagnie die ganze Schlacht; ihr sind in den Schlachtbeschreibungen einiger tapfern Journalisten vielleicht zwei Spalten gewidmet, während der ganze übrige Kampf auf der 12 Miglien langen Front von Valle über Castel Morrone und S. Angelo nach Sa. Maria und S. Tammaro mit einigen Zeilen abgethan ist. Hier springt allerdings der Blödsinn sogleich Jedem in die Augen; aber es gibt andere Schlachtbeschreibungen, die um kein Haar besser und richtiger sind. Man sei auf seiner Hut gegen alle diejenigen, in denen gewisse Namen eine Alles verschlingende Rolle spielen, während vielleicht die Träger dieser Namen gar nichts gethan haben. Der Unsinn dieser Nachrichten war ein zu guter Brocken auch für die cavourischen Blätter, als daß sie nicht alles Mögliche gethan hätten, ihn mit Vorliebe zu verbreiten, wie sehr sie andererseits vernünftigen Nachrichten alle Verbreitung abzuschneiden aufs äußerste beflissen waren.

Auch der Angriff um 11 Uhr ward auf allen Punkten von Milbitz abgeschlagen.

Indessen sammelte Tabacchi neue Kräfte und rückte um 1½ Uhr Nachmittags zu neuem Angriffe vor, den er zugleich durch die vorgezogene Kavallerie gegen die Eisenbahn hin und an der großen Straße unterstützte. Die Kavallerie gegen die Eisenbahn hin ward durch das Feuer der Eisenbahnbatterie zurückgetrieben; am Capuanerthor sprengte die neapolitanische Reiterei zweimal bis dicht an die Befestigungen heran; gegen die an der Straße vorrückenden neapolitanischen Jäger mußte Milbitz selbst die neapolitanischen Freiwilligen unter Major Monteforte vorführen. Milbitz erhielt bei dieser Gelegenheit eine Kontusion am Bein.

Tabacchi hatte diesen Reiter- und Jägerangriff nur unternommen, um unter dessen Schutz eine neue Batterie an der Straße in der Gegend der Ziegelei aufzufahren, welche alsbald ein allerdings wenig genährtes Feuer auf die Gegend des Capuanerthors hin eröffnete; hinter dieser Batterie wurden von neuem die neapolitanischen Infanteriekolonnen geordnet.

26*

Hier wollen wir das Gefecht bei Sa. Maria verlassen; es ist ungefähr 2 Uhr Nachmittags. Das Gefecht ist bis jetzt als ein glückliches Defensivgefecht geführt worden; indessen die Kräfte, über welche Milbitz verfügt, sind fast aufgezehrt; es fehlt ihm gänzlich an frischen Truppen.

b. Gefecht bei S. Angelo.

Um $5^1/_2$ Morgens griff Afan de Rivera auf allen Punkten die Vorposten Medicis an. Ehe dieser Frontangriff auf der Linie von der Maseria Antinolfi über Santoro bis Gianfrotti begann, war eine Abtheilung der Brigade Colonna bei der Scafa di Triflisco über den Fluß gegangen, griff sofort ins Gefecht ein und schnitt eine Abtheilung der Vortruppen Medicis sogleich im Anfange des Gefechtes fast ohne daß es von Medici bemerkt worden war, ab, wendete sich dann auf verdeckten Wegen beim Bosco S. Vito vorbei gegen die Höhen von S. Nicola.

Medici sammelte bei dem entstehenden Allarm und der mit ihm verknüpften Verwirrung was er von seinen Leuten augenblicklich zusammenbringen konnte. Die Vorposten halten hie und da Stand und verzögern das Vorrücken der Neapolitaner. So gewinnt Medici Zeit, das zweite Regiment der Brigade Simonetta auf den rechten Flügel nördlich S. Angelo zu senden; das erste Regiment derselben Brigade mit dem alten General Avezzana und dem Oberst Simonetta an der Spitze stellt sich südlich S. Angelo auf, um die Kommunikation mit Sa. Maria offen zu halten; Medici selbst versammelt im Zentrum, was er von der theils auf Vorposten befindlich gewesenen zweiten Brigade der 17. Division und von der Brigade Spangaro aufzutreiben vermag und nimmt mit diesen Truppen Stellung bei einer Batterie, die westlich S. Angelo am Abhange errichtet ist.

Indessen dringen die Kolonnen Afans de Rivera vor und es kommt zum hartnäckigen Kampfe, der mit wechselndem Glücke geführt wird; bald weichen die Königlichen, bald die Garibaldiner zurück, und namentlich führen die ersteren auf ihrem rechten Flügel immer neue Streitkräfte vor, um die Verbindung mit Tabacchi herzustellen und zu sichern, so daß es allen Anstrengungen Avezzanas und Simonettas nicht gelingen will, Herren der großen Straße von S. Angelo nach Sa. Maria zu bleiben.

Garibaldi, der, wie wir sahen, am frühen Morgen des 1. Oktober sich zu Sa. Maria befand, begibt sich, nachdem er die nothwendigen Befehle für das Heranziehen eines Theils der Reserven erlassen und Milbitz seine Instruktionen ertheilt hat, etwa um 7 Uhr Morgens zu Wagen nach S. Angelo, um auch dort sich den Stand der Dinge zu betrachten, im Fall Medici nicht oder nicht ernstlich angegriffen sei, ihn in die linke Flanke Tabacchi's vorzuführen; doch findet er Medicis Truppen alsbald im heftigsten Kampfe. Ein Pferd und ein Kutscher Garibaldis werden unterwegs erschossen. Indessen hat eben Simonetta für einen Augenblick wieder den Feind zurückgeworfen und Garibaldi gelangt auf der großen Straße selbst zu dem Punkte, wo sich von ihr der Seitenweg nach S. Angelo in Formis rechts abzweigt. Nachdem er sich vom Stande der Dinge überzeugt hat, ertheilt er Medici den Befehl, seine Position um jeden Preis zu behaupten, während er selbst sich auf die Höhen über S. Angelo begeben will, um sich einen Ueberblick über die gesammte Lage des Gefechtes zu verschaffen.

Medici kämpft fort unter wesentlich den gleichen Umständen, wie zum Anfange des Gefechtes, nur daß die Zahl seiner Leute durch zahlreiche Todte und Verwundete und das Verkrümeln und Mattwerden anderer sich beständig vermindert, während der Feind die Verminderung seiner Streitkräfte bei seiner ungeheuern Ueberlegenheit wenig bemerkt. Medici hat um 9 Uhr Vormittags noch höchstens 2000 M. unter der Hand.

Garibaldi unterdessen findet den Feind bereits im Besitz der Höhen oberhalb S. Angelo in Formis. Es war die Jägerkolonne, welche bei der Scafa di Triflisco den Volturno überschritten hatte. Garibaldi setzt ihnen auf dem Monte S. Nicola eine Kompagnie genuesischer Karabiniers und zwei Kompagnieen der Brigade Sacchi, die er hier auf Vorposten gefunden hat, entgegen, sammelt von Leuten, was ihm sonst unter die Hand kommt und treibt die Königlichen zurück.

Das Gros Riveras, seit Mitternacht auf den Beinen, fängt gegen Mittag, dem zähen Widerstand Medicis gegenüber, den es nicht erwartet hat, an, matt zu werden. Der Kampf schlief ein, aber die Neapolitaner waren noch im Besitz der Höhen südlich von S. Angelo.

Auch die Truppen Medicis waren furchtbar ermattet und soweit noch zum Gefechte verfügbar, in unglaublich geringer Zahl. Man bereitete für sie zu S. Angelo das Essen; die einzelnen Häuflein der Tapfern, welche sich während des Kampfes am Vormittag von verschiedenen Korps zusammengefunden haben, schließen sich noch enger zusammen, hoffend, daß neuer Kampf nicht nöthig sein werde, aber doch neuer Kämpfe gewärtig und bereit, sie zu bestehen.

Und in der That hatte Afan de Rivera nur neue Truppen in die erste Linie vorgezogen und schritt um 1 Uhr zu abermaligem Angriffe auf S. Angelo; dießmal drangen seine Zentrumkolonnen bis in das Dorf S. Angelo in Formis vor; die Leute Medicis werden auf allen Punkten zurück auf die Höhen getrieben; die Königlichen bemächtigen sich der für die Garibaldiner bereiteten Speisen, erobern mehrere Geschütze, stecken einige Häuser in Brand. Garibaldi sieht, daß, wenn die Neapolitaner noch neue Reserven für S. Angelo haben, ein andauernder Widerstand Medici's bald unmöglich werden wird. Schon hat er den Befehl ertheilt, die letzten Reserven von Caserta nach Sa. Maria vorzuziehen, und jetzt faßt er den Entschluß, sich selbst nach Sa. Maria zu begeben, um jene Reserven von dort herbeizuholen. Aber auf der großen Straße kann er nicht hindurch; diese ist südlich von S. Angelo stark von den Königlichen besetzt. Auf Seitenwegen durch die Berge östlich der Straße muß er sich zum Theil zu Fuß nach Sa. Maria begeben, wo er nach 2 Uhr eintrifft.

c. Gefecht von Maddaloni oder Valle und von Castell Morrone.

Um nun die Umstände völlig zu übersehen, unter denen die Reserve in den Kampf eingriff, müssen wir noch das Gefecht von Maddaloni bis in die ersten Nachmittagsstunden erzählen und endlich einen Augenblick bei dem Kampfe Bronzettis bei Castel Morrone verweilen.

Bixio hatte am 30. Nachmittags von Garibaldi den Befehl erhalten, sich zur Abwehr eines erwarteten feindlichen Angriffs in Bereitschaft zu setzen.

Bixio traf folgende Anstalten:

Die Brigade Eberhard stellte sich auf dem rechten Flügel auf den Nordabfällen des Monte Longano und beim Aquädukt auf; die Brigade Spinazzi bei Villa Gualtieri im Zentrum; 2 Bataillone der Brigade Dezza auf dem linken Flügel, auf den Abfällen des Monte Caro.

Der Ueberrest der Brigade Dezza nahm bei S. Michele, die Kolonne Fabrizi bei S. Salvatore zwischen Maddaloni und dem Aquädukt eine Reservestellung.

Zwei Geschütze unter Bedeckung eines Bataillons der Brigade Eberhard wurden auf der Straße nach Valle aufgestellt; ein anderes links der Straße, so daß es die Brücke des Aequädukts bestrich; drei blieben in Reserve hinter der Brigade Spinazzi.

Das Bataillon, welches auf Vorposten in Valle gewesen war, ward von dort zurückgezogen.

Am 1. Oktober um 5 Uhr Morgens fand eine Reiterpatrouille, welche Bixio nach Valle vorgesendet hatte, dort feindliche Vortruppen, und beim Hellwerden bemerkte Bixio von den Höhen eine starke Kolonne des Feindes, die auf der großen Straße von Ducenta heranmarschirte. Es war v. Mechel.

Dieser, als er das Thal des Isclero erreicht hatte, theilte noch in der Morgenfrühe zwei Detachements ab, von denen eines, das des rechten Flügels, die Höhen von Caserta Vechia und Casola gewinnen sollte, um die Verbindung Bixios mit Caserta zu unterbrechen und die linke Flanke der Garibaldiner anzugreifen, während ein anderes auf Sa. Agata de' Goti marschirte, um von dort auf den Höhen des Monte Longano in die rechte Flanke Bixios zu fallen.

Wir haben gesehen, wie Bixio, besonders für seine linke Flanke, die Verbindung mit Caserta, besorgt, dort die Hauptmasse der Reserven aufgestellt hatte.

Mit seinem Gros rückte v. Mechel auf der großen Straße weiter und kam um 7$^{1}/_{2}$ Uhr über Valle hinaus. Hier formirte er aus dem Gros in verdeckter Stellung abermals drei Kolonnen, von denen die eine rechts den Monte Caro, die andere links den Monte Longano angreifen sollte, während die dritte den Hauptangriff auf der großen Straße zu machen hatte.

Eine Batterie von 8 Stücken ward an der großen Straße aufgefahren; in dieser Verfassung wartete v. Mechel noch einige Zeit, damit die Kolonnen von Sa. Agata de' Goti und über Casola herankommen und kräftig eingreifen könnten.

Um 8$^{1}/_{2}$ Uhr Vormittags begann der Angriff; während die Batterie der Königlichen die große Straße mit einem lebhaften Feuer bestrich, drangen die vier Seitenkolonnen gegen den linken und rechten Flügel Bixios zugleich vor.

Auf dem linken Flügel wurde Dezza bis an die äußersten westlichen Abfälle des Monte Caro zurückgetrieben, doch gelang es Dezza, hier die beiden Bataillone wieder zu sammeln. Als hier der Kampf heftig entbrannt war, schob Bixio, um ihn zu unterstützen, die Brigade Spinazzi vorwärts auf die südlichen Abhänge des Monte Caro, rechts von Dezza, und rief 2 Bataillone der Brigade Dezza von S. Michele vorwärts; nach Villa Gualtieri, dagegen die Kolonne Fabrizi von Maddaloni nach S. Michele.

Während dieses auf dem linken Flügel und im Zentrum Bixios vor sich ging, war der Angriff der Neapolitaner auf den rechten Flügel der Garibaldiner ein entschieden glücklicher gewesen; die Brigade Eberhard, zugleich in der Front, in der Flanke und im Rücken angegriffen, wich nach kurzem

Kampfe aus den ersten Positionen, anfangs ruhig, als aber der Feind heftiger nachdrängte, in Verwirrung auf Maddaloni. Die beiden Geschütze, welche Bixio auf der großen Straße aufgestellt hatte, mußten von ihrer Bedeckung verlassen, überdieß von dem weit überlegenen Feuer der Neapolitaner gewaltig bearbeitet, gleichfalls auf Maddaloni zurückgezogen werden.

Wenn v. Mechel in der Lage gewesen wäre, diesen Moment gehörig auszunutzen und mit der Mehrzahl seiner Truppen sogleich auf Maddaloni vorzudringen, so stand es um Bixio sehr schlimm, und daß die Königlichen sich Casertas bemächtigten, war fast gewiß.

Indessen hatte v. Mechel sein Augenmerk vorzugsweise auf seinen rechten Flügel gerichtet. Hier lag, wie es schien, der kürzeste Weg, auf welchem man die Verbindung Bixios mit Caserta und mit den übrigen Streitkräften Garibaldis unterbrechen konnte. Hier lag zugleich die kürzeste Verbindung mit der Kolonne Perrones, die von Limatola hinaufrücken sollte, freilich schon lange vergebens erwartet wurde, aber immer noch nicht erscheinen wollte.

Und gerade auf dem rechten Flügel v. Mechels hatte sich nun das Glück wiederum für die Garibaldiner erklärt.

Dezza nämlich, als er das erste Bataillon der auf den Südabhang des Monte Caro vorbeorderten Brigade Spinazzi bemerkte, gab seinen Bataillonen den Befehl, in ihrer Position Stand zu halten und das Feuergefecht fortzuführen, während er zu dem Kommandanten jenes Bataillons der Brigade Spinazzi eilte und diesem auftrug, den Feind in der linken Flanke anzugreifen. Mit diesem Flankenangriff verband er im rechten Augenblick einen Frontangriff seiner beiden Bataillone, und die Neapolitaner wurden hier auf glänzende Weise durch den Wald bis nahe gegen Valle zurückgeworfen.

In Folge der Niederlage, welche die Brigade Eberhard erlitten hatte, und des damit verbundenen Verlustes der großen Straße nordwärts des Aquädukts und der Höhen des Monte

Longano beschloß Bixio zuerst, eine neue geordnete Stellung zu nehmen, welche ihm gestatten würde, auf regelmäßige Weise den Kampf weiter zu führen. Er rief daher zunächst die auf den Monte Caro entsendete Brigade Spinazzi bis auf das eine Bataillon, über welches Dezza disponirt hatte, gegen Villa Gualtieri hin zurück; eben dahin sollten auch die vier Geschütze zurückgezogen werden, welche noch am Aquädukt beschäftigt waren; indessen gelang das nur mit dreien, das vierte mußte, da hier eben die Neapolitaner stark nachdrängten, im Stich gelassen werden.

Die neue Stellung, welche Bixio in den ersten Nachmittagsstunden wirklich eingenommen hatte, lag westlich der großen Straße von Maddaloni über Valle nach Ducenta und machte Front gegen diese Straße; ihre Rückzugslinien gingen theils über Centorano, theils über S. Nicolà alla Strada und längs der Eisenbahn nach Caserta.

Auf dem äußersten rechten Flügel zu Maddaloni befand sich, was von der Brigade Eberhard zusammengeblieben war; bei S. Michele stand Fabrizi, bei der Villa Gualtieri ein Theil der Brigaden Dezza und Spinazzi, endlich jenseits (nordwärts) des Aquädukts Dezza mit drei Bataillonen seiner eigenen und der Brigade Spinazzi, deren genügende Erwähnung gethan worden ist, auf dem äußersten linken Flügel. Bixio versicherte sich der Aufstellungen seiner Truppen und der Stärke der noch vorhandenen, soweit es möglich war, und merkwürdiger Weise ließ ihm der Feind volle Muße dazu.

Vorzugsweise war Bixio um seine Linke besorgt; er sollte indessen bald günstige Aufschlüsse über diese erhalten.

Wir verlassen hier nun auch das Gefecht von Maddaloni und fügen nur über dasjenige von Castel Morrone hinzu, daß hier die Kolonne Perrones Bronzetti im Lauf des Vormittags angegriffen hatte; obwohl Bronzetti die fünffache Ueberlegenheit gegen sich hatte, wehrte er sich doch tapfer in seiner festen Stellung, und obwohl er starke Verluste an Mannschaft erlitt und ihm bereits die Munition knapp zu werden begann, war er doch um 2 Uhr Nachmittags noch rüstig bei der Arbeit, noch hatte Perrone ihm keinen entschiedenen Abbruch thun können.

V. Das Eingreifen der Reserve und die Entscheidung der Schlacht vom 1. Oktober.

Werfen wir zusammenfassend einen Blick auf den Stand der Schlacht um etwa 2 Uhr Nachmittags, wobei wir den Schloßplatz von Caserta als das Zentrum betrachten, so ergibt sich Folgendes:

Auf dem äußersten rechten Flügel bei Maddaloni hat Bigio seine erste frontale Position gegen Valle verloren; doch behauptet sich sein linker Flügel noch auf den Höhen des Monte Caro jenseits des Aquädukts; die Neapolitaner stehen hier mit überlegenen Kräften auf etwa 12000 Schritte vom Schloßplatz von Caserta und können dieses Zentrum, wenn sie thatkräftig eingreifen, in etwa 4 Stunden, den Kampf eingerechnet, erreichen. Doch verhalten sie sich im Augenblick merkwürdig ruhig.

Die Kolonne Perrones ist etwa ebenso weit vom Schloßplatz von Caserta entfernt; doch hat sie durchaus noch nichts Entscheidendes gewonnen; wie wir die Lage kennen, kann indessen Bronzettis Widerstand in jedem Augenblick aufhören. Von diesem Moment an hat die Kolonne Perrones immerhin bei den schwierigen Wegen noch 5 Stunden bis zum Schloßplatz von Caserta.

Sacchi beim Gradillo ist so gut wie intakt; er hat keinen Feind gegen sich, nur wenige Kompagnieen von ihm sind, vom Diktator verwendet, auf dem Monte S. Nicola am Vormittag ins Gefecht gekommen.

Bei S. Angelo ist Afan de Rivera jetzt im allerentschiedensten Vortheil; nutzt er diesen Vortheil aus, gibt er sich die Mühe, selbst zu sehen, so kann ihm die fürchterliche Schwäche seines Gegners Medici kaum verborgen bleiben; greift er mit seiner Uebermacht, nach den Erfolgen, die er bereits errungen, kräftig zu, läßt er seine Leute nicht Zeit und Kraft über Brandlegung und Plünderung verlieren, so muß der nördliche Theil des Monte Tifata binnen einer Stunde ganz in seiner Gewalt sein; binnen einer andern Stunde kann auch Sacchi der Ueberzahl erlegen sein, und zwei Stunden nachher spätestens kann Afan de Rivera auf dem Schloßplatz von Caserta stehen und hier dem möglicher Weise bis dahin vorgedrungenen v. Mechel die Hand reichen.

Bei Sa. Maria ruht der Kampf im Augenblicke, aber auch hier werden alle Anstalten getroffen, ihn alsbald wieder zu erneuern; die Truppen von Milbitz sind meist seit dem frühesten Morgen im Feuer, und Gott allein weiß, wie lange sie einem energischen Angriff noch widerstehen. Von Sa. Maria aber nach dem Schloßplatz von Caserta marschirt man auf der guten Straße in $1^1/_2$ Stunden, und kommen selbst Arriergardegefechte hinzu, immer noch in 3 Stunden.

S. Tammaro ist in den Händen der Königlichen.

Von der allgemeinen Reserve zu Caserta ist seit dem Morgen die sämmtliche Artillerie nach Sa. Maria und S. Angelo vorgezogen, außerdem die Brigade Assanti, das Bataillon Paternitt und was von der Brigade Pace einigermaßen dienstfähig war. Die allgemeine Reserve bestand demnach noch aus den beiden Brigaden Eber und di Giorgis, welche zusammen etwa 2450 M. stark gewesen wären. Doch hatte man noch mehrere Detachements, um den Stand des Gefechts zu erkunden, von ihr entsenden müssen, eines gegen Maddaloni hin, ein anderes über Macerata, da es hieß, daß hier der Feind von S. Tammaro her in der linken Flanke von Milbitz vordringe, ein Gerücht, welches sich als unwahr erwies. In der That war demnach die allgemeine Reserve noch etwa 2300 M. stark; ohne ein einziges Geschütz.

Vor 2 Uhr Nachmittags erhielt diese Reserve den Befehl zum Vorrücken vom Schloßhof von Caserta nach Sa. Maria. Türr mit der Brigade di Giorgis (Milano) setzte sich auf die Eisenbahn; Rüstow mit den Offizieren des Stabes und einem kleinen Husarendetachement eilte auf der Landstraße nach Sa. Maria. Ihm folgte auf demselben Wege die Brigade Eber. Die verschiedenen Abtheilungen trafen in Sa. Maria ein: Rüstow mit seinen Begleitern um $2^1/_2$ Uhr; die Brigade di Giorgis um $2^3/_4$ Uhr; die Brigade Eber bald nach $3^1/_4$ Uhr.

Nachdem Rüstow sich einigermaßen über den Stand des Gefechts vor dem Capuanerthor orientirt und seine Offiziere zum Empfange der erwarteten Truppen vertheilt hatte, begab er sich nach dem runden Platze in Sa. Maria zurück, dem allgemeinen Rendezvous. Hier traf er mit Garibaldi zusammen, der eben von S. Angelo eingetroffen war. Garibaldi wollte auf die Meldung Rüstows von dem Herankommen der Reserve zuerst, daß diese ausruhe, bevor sie ins Gefecht komme. „Wir sind Sieger", sagte er, „es gilt nur noch den letzten entscheidenden Schlag, und dazu sind frische Truppen nöthig." Jetzt aber kam die Brigade Milano im Laufschritt von der Eisenbahn herauf. Diese Truppe war frisch, sie war nicht marschirt, und Garibaldi ertheilte den Befehl, daß sie sofort auf der Straße nach S. Angelo vorrücke.

Rüstow an der Seite des Diktators setzte sich selbst an die Spitze der Brigade. Kaum war deren Spitze, die Bersaglieri von Mailand, vor das Thor hinaus gelangt, als sie heftiges Feuer in ihrer linken Flanke erhielt. Tabacchi rüstete sich eben zu neuem heftigeren Angriff auf das Capuanerthor von Sa. Maria. Garibaldi nahm einige Abtheilungen von Calabresen, die er in den Büschen vor dem Thor von S. Angelo fand, und warf sie links von der Brigade Milano dem Feinde entgegen.

Indessen schien es Rüstow, daß, wenn man diagonal von der Straße von S. Angelo gegen diejenige von Capua vorbräche, man die Entscheidung am leichtesten herbeiführen werde. Diese Bewegung in der Richtung etwa über den Hof Parisi gegen den Hof Saullo nahm das Korps Tabacchis, so wie jenes Afans de Rivera in Flanke und Rücken und konnte ihnen den Rückzug nach Capua abschneiden. Rüstow zog daher sogleich die Bersaglieri, denen alsbald die Infanteriebataillone der Brigade folgten, links von der Straße heraus und drang durch den Baumschlag der Felder bei Moricello vorbei vorwärts; die feindliche Infanterie zog sich gegen die Capuanerstraße zurück, und Tabacchi beschloß bei dem immer lebhafteren Vorgehen der kleinen Brigade Milano den allgemeinen Rückzug. Um diesen zu decken, warf er den Mailänder Bersaglieren vier Eskadrons entgegen. Diese Kavallerie mußte, zum Theil allerdings auch durch das Terrain gehemmt, als sie auf 80 Schritt an die sich sogleich in Gruppen formirenden Bersaglieri heran war und von diesen Feuer erhielt, umkehren.

Tabacchis Rückzug wurde jetzt ein eiliger. Derselbe ward noch beschleunigt durch das, was vom Capuanerthor von Sa. Maria aus gegen den Feind unternommen wurde. Rüstows Flankenangriff hatte die Fortsetzung des Angriffs Tabacchis auf das Capuanerthor und dessen Linie vollständig abgeschnitten. Sobald Milbitz gewahr wurde, daß die Königlichen den Rückzug antraten, ließ er 60 Mann Husaren zur Verfolgung vom Capuanerthor vorbrechen, und Tabacchi mußte diesen mehrere Geschütze überlassen.

Ferner war nun auch die Brigade Eber in Sa. Maria angekommen; eine Hälfte derselben ward von Sirtori vor das Thor von S. Angelo zur Unterstützung der Brigade Milano dirigirt, die ungarische Legion, die Fremdenkompagnie und das Regiment Cossovich; mit der andern Hälfte, dem Bersaglieribataillon und dem Regiment Bassini, ging Türr auf der Capuanerstraße zur Verfolgung des Feindes vor.

Der gescheiterte Kavallerieangriff der Königlichen hatte die Mailänder Bersaglieri dennoch etwas stutzig gemacht, und dieß sprach sich um so mehr aus, als sie gerade jetzt, um in die Richtung zu gelangen, in welcher Rüstow sie haben wollte, sich etwas rechts hinaus in das freie Feld ziehen mußten. In diesem Moment war die sogenannte ungarische Legion nebst der Fremdenkompagnie vor das Thor von S. Angelo hinausgekommen und setzte sich rechts von der Brigade Milano, grade in der Richtung, in welche Rüstow den Angriff haben wollte. Rüstow, der so eben ein Pferd unter dem Leibe verloren und sich nur nothdürftig wieder beritten gemacht hatte, setzte sich sogleich an die Spitze der Tirailleurs der ungarischen Legion.

Die ungarische Legion und die Fremdenkompagnie, zusammen 260 M., gingen nun längs dem Hohlweg von dem Hofe di Napoli gegen den Hof S. Ambrosio vor; links von ihnen die Brigade Milano, 700 M., in der Richtung auf Parisi und die Taverne Virilasci.

Das Vorrücken der Tirailleurs der ungarischen Legion war ein besonders glänzendes, während die geschlossene Reserve der ungarischen Legion und der Fremdenkompagnie allerdings mit großer Langsamkeit folgte. Die Brigade Milano rückte ebenso lebhaft als die Tirailleurs der ungarischen Legion vorwärts. Der linke Flügel der Kolonne Tabacchi floh unaufgehalten vor diesen geringen Streitkräften gegen die Esplanade von Capua. Tabacchi fürchtete, daß bei diesem ungestümen Vordringen der Garibaldiner ihm nicht bloß selbst die große Straße nach Capua verlegt werden, daß auch Afan de Rivera am Rückzuge gehindert werden könne.

Gegenüber Afan de Rivera hatte Medici, obwohl mit immer schwächer werdenden Kräften, bis zum Eingreifen der Reserve ins Gefecht tapfer gehalten. Das Vordringen der Reserve entschied auch den Abzug Afans de Rivera gegen Capua.

Um nun ihren Rückzug zu decken und ihre Vereinigung bei Capua zu sichern, ließen Afan de Rivera und Tabacchi die ganze Reservekavallerie von der Esplanade bei der Capelle S. Lorenzo vorbei in die Richtung auf die Häuser Ambrosio und Saullo vorbrechen. Diese Kavalleriemasse traf auf die einzigen 60 Tirailleurs der ungarischen Legion, zum größten Theil Norddeutsche, wie der Führer auch, Rüstow, der mit ihnen vorgegangen war. Es kam hier einmal wirklich zum

Einhauen, zu den sonst in diesem Kriege seltenen Säbelwunden. Rüstow mußte sich aus dem Hofe Ambrosio seinen Weg mitten durch die neapolitanischen Reiter bahnen. Indessen machte das endliche Herbeikommen der ungarischen Legion und Fremdenkompagnie einerseits, die bei Virilasci vorbeirückende Brigade Milano andererseits dem Gefecht nicht bloß ein schleuniges Ende, sondern bestimmte auch die neapolitanische Kavallerie zum Rückzuge auf die Esplanade.

Um 5 Uhr Abends schwieg auf den Feldern von Capua und S. Angelo das Feuer gänzlich, das Unternehmen des Feindes war vereitelt und trotz seiner Uebermacht war er zum Rückzug hinter seine Wälle gezwungen worden.

Die Reserve Garibaldis stand am Abend folgendermaßen:

Eber mit dem Regiment Cossovich, welches auf keinen Widerstand mehr gestoßen war, da Rüstows Angriff den Rückzug der Neapolitaner bereits entschieden hatte, an der Straße von S. Angelo auf der Höhe des Hofes Avallo;

Rüstow mit der ungarischen Legion und der Fremdenkompagnie beim Hause de Angelis; mit der Brigade Milano bei der Taverne Virilasci und gegen Vitale;

Die von Türr vorgeführte Hälfte der Brigade Eber, welche nur noch schwache und schnell weichende Tirailleurketten vor sich gefunden hatte, hinter dem Kapuzinerkloster.

Gleichzeitig mit dem Kampfe bei S. Angelo und Sa. Maria war auch das Gefecht von Maddaloni siegreich für die italienische Südarmee entschieden.

Wir verließen Bixio in der Stellung, in welche ihn die ersten Angriffe Mechels zurückgedrängt hatten. Er war gezwungen gewesen, eine Schwenkung rückwärts zu machen; doch hatte der tapfere Dezza den Drehpunkt des linken Flügels, den Monte Caro, festgehalten.

Sobald sich Bixio dieses Umstandes versichert hatte, sobald er außerdem erkannte, daß die Königlichen aus der schlaffen Unthätigkeit nicht heraustraten, in welche sie, wie erwähnt, nach ihren ersten Erfolgen verfallen waren, beschloß er, selbst die Offensive wieder zu ergreifen.

Er formirte zwei Bataillone der Brigade Dezza und ein Bataillon der Brigade Spinazzi, zusammen etwa 800 M., im Angriffskolonnen und ging mit dieser kleinen Macht von Villa Gualtieri gegen die Brücke des Aquädukts und das Zentrum des Feindes vor. Im lebhaften Anfall warf er diesen über den Haufen, nahm das früherhin verloren gegangene Geschütz wieder und drang auf der großen Straße nach Ducenta und an derselben bis zu der neapolitanischen Batterie vor. Diese mußte eiligst und mit Hinterlassung zweier gezogener Geschütze abfahren.

Sobald Dezza das Vorrücken Bixios an der großen Straße gewahrte, ergriff auch er mit seinen drei Bataillonen auf dem Monte Caro die kräftigste Offensive und suchte über Valle hinaus die Rückzugslinie des Feindes zu gewinnen. Ein glänzender Sieg ward so von dem linken Flügel und dem Zentrum Bixios über den rechten Flügel und das Zentrum der Neapolitaner, etwas nach 4 Uhr Nachmittags, gewonnen. Auch der linke Flügel der Königlichen zog sich in Folge dessen in Eile und Verwirrung zurück.

Der Tag gehörte, wie auf der ganzen Linie, so auch vor Maddaloni den Garibaldinern. Bixio hatte am Abend des 1. Oktober alle seine am Morgen besetzten Stellungen wieder inne.

Der 2. Oktober sollte aber noch ein Nachspiel der Schlacht bringen.

VI. Der 2. Oktober. Gefecht von Caserta.

Wir haben gesehen, wie in den ersten Nachmittagsstunden des 1. Oktober Bronzetti bei Castel Morrone noch tapfer gegen die Angriffe des weit überlegenen Perrone Stand hielt. Doch endlich gingen seinen Braven Munition und Kräfte aus; der Ueberrest mußte um 4 Uhr Nachmittags, als auf allen andern Punkten des Schlachtfeldes der Sieg sich für die Waffen Garibaldis entschied oder zu entscheiden begann, die Waffen strecken.

Doch hatte der zähe und kühne Widerstand Bronzettis auch Perrones Kräfte mächtig reduzirt, und dieser getraute sich nicht, mit demjenigen, was ihm noch geblieben war, allein den Marsch über Poccianello nach Caserta fortzusetzen. Er verlangte daher Verstärkungen von Ruiz, und dieser ließ in der That noch 2000 M. nachrücken, so daß Perrone nun mit 3000 M. gegen die Höhen von Caserta Vecchia vorrücken konnte.

Ein Theil dieser Truppen kam noch am 1. Oktober Abends mit den Posten Sacchis am Park von S. Leucio ins Gefecht.

Garibaldi, am 1. Abends zu S. Angelo von dem Vorrücken Perrones unterrichtet, beschloß sofort, diese Kolonne zu vernichten. Die Calabresen von Stocco und die Brigade Assanti wurden auf Caserta dirigirt. Garibaldi selbst setzte sich am 2. Morgens mit etwa 600—700 M. (genuesische Carabiniere, eine Abtheilung der Brigade Spangaro und eine Kompagnie Montanari del Vesuvio) von S. Angelo durch die Berge gegen Briano in Bewegung; Sacchi befahl er, ihm in Reserve zu folgen.

Perrone hielt die Höhen von Poccianello und Caserta Vecchia besetzt und schickte sich zum Angriffe auf Neu-Caserta an, als Garibaldis Guiden, die unter Missoris Befehl ihn rekognosziren sollten, ihn zuerst bemerkten.

Garibaldi sendete sogleich Befehl an Bixio, von Maddaloni eiligst auf die Höhen von Caserta Vecchia zu rücken und so dem Feind in die linke, wie die Kolonnen des Diktators selbst und Sacchis in die rechte Flanke zu fallen.

Bixio ließ die Kolonne Fabrizi zur Bewachung der Stellungen vor Maddaloni auf der Straße nach Ducenta zurück, ließ Dezza mit seiner Brigade vom Monte Caro auf den Monte Viro in den Rücken der Feinde marschiren und führte selbst links von Dezza die Brigaden Spinazzi und Eberhard auf Caserta Vecchia.

Sirtori hatte auch piemontesische Truppen von

Neapel herbeirufen zu müssen geglaubt. Es kam in der That ein Bataillon piemontesischer Bersaglieri, ungefähr 400 M. stark, nach Caserta heran.

Dieses Bataillon vereint mit Stocco's Calabresen und einem Theil der Brigade Assanti empfing den ersten Angriff Perrones, dessen Avantgarde in den ersten Nachmittagsstunden nach Neu-Caserta hinabrückte und bis auf die Piazza Mercato theilweise selbst bis auf die große Esplanade vor dem königlichen Schloß vordrang.

Während die Königlichen mit den ihnen in Caserta entgegengeworfenen Streitkräften Garibaldis Flintenschüsse wechselten und in den Stadttheilen, die in ihre Gewalt gefallen waren, auf eine bisweilen höchst kindische und komische Weise plünderten, — sie räumten unter Anderm ein Modemagazin aus —, griffen Sacchi und Bixio den Schweif der Kolonne Perrones auf den Höhen von Alt-Caserta und S. Leucio an. Dieser Angriff entschied fast ohne Blutvergießen. Auch die Avantgarde Perrones wich nun in höchster Verwirrung aus Neu-Caserta zurück auf die Höhen. Aber fast nichts von der ganzen Kolonne Perrones entging den Garibaldinern. Bixio machte viele Gefangene, andere wurden in Neu-Caserta gemacht, der Ueberrest bis auf wenige Versprengte, die sich einzeln nach der Scafa di Limatola und Amoroso retteten, ergab sich an Sacchi. Von allen Seiten eingeschlossen, hatten die Königlichen keine andere Wahl, als rühmlichen Tod die Waffen in der Hand oder Uebergabe. Sie wählten die letztere Auskunft.

Das am 1. Oktober von der Südarmee aufgegebene S. Tammaro ward von einem Detachement derselben am 2. Oktober Mittags ohne Schwertstreich wieder besetzt.

Dieß ist der getreue Bericht über die große Schlacht am Volturno. Eine solche Waffenthat, die sich dreist den ersten aller Zeiten an die Seite stellen darf, konnte von den Cavouristen durch ihre leichten Siege von Perugia und Castelfidardo, erfochten mit weit überlegenen Streitkräften über undisziplinirte, demoralisirte Banden, nicht zugedeckt werden. Hier hatte ein junges Freiwilligenheer über die besten Truppen Franz. des II., die außerdem mit doppelter Uebermacht über es herfielen, einen der glänzendsten Siege erfochten, welche die Weltgeschichte kennt.

Cavour mit seinen Kariatiden hatte den Einfall in Umbrien und die Marken, von welchem wir nun alsbald erzählen müssen, lediglich unternommen, um die Früchte der Arbeit Garibaldis zu pflücken, Garibaldi seine Lorbeeren zu entreißen. Durch die theils verkauften, theils entschieden einfältigen Zeitungen Europa's gingen seit der Mitte des September ellenlange Berichte über die Scharmützel von Perugia, Castelfidardo, Ancona, und ließen kaum noch Raum zu einigen Zeilen über die bedeutendsten Thaten des garibaldischen Heeres, dann auch nur, um dieses zu verunglimpfen. Es ist möglich, daß Cavour auch aus dem garibaldischen Heere Leutchen aufgekauft hat, denen es nicht darauf ankommt, in dreibändigen Büchern die Thaten ihrer Waffenbrüder zu verunglimpfen und verleumderisch zu entstellen, wobei ihnen vielleicht gnädigst verstattet wird, ihre eigenen Thaten zu ihren Gunsten zu entstellen. Bei dieser Möglichkeit ist es doppelt Pflicht des unabhängigen Geschichtschreibers, die Wahrheit nicht bloß zu sagen, sondern sie auch mit aller Kraft des Herzens und des Geistes zu vertheidigen, zu schützen.

Als es klar ward, daß die Schlacht am Volturno denn doch zu groß sei, als daß man sie mit den spaltenlangen Berichten über Perugia, Castelfidardo, Ancona — man verzeihe, wenn wir vielleicht in der Reihe der großen cavourischen Siege verschiedene zu Völkerschlachten aufgeputzte Vorpostenscharmützel vergessen —, als daß man sie mit jenen spaltenlangen Berichten verdecken könne, da erreichte die Unverschämtheit der Cavouristen den höchsten möglichen Grad. Sie entblödeten sich nämlich nicht, zu behaupten, die Piemontesen, nämlich jene Cavours und Fantis, hätten die Schlacht am Volturno gewonnen, diese Piemontesen hätten das Heer Garibaldi's am 1. Oktober gerettet!!!

Aus unserer Erzählung ergibt sich, daß am 1. Oktober kein piemontesischer Soldat Theil am Kampfe genommen hat. Es ergibt sich daraus ferner, daß am 2. Oktober an dem kleinen Gefecht von Caserta ein 400 Mann starkes piemontesisches Bersaglieribataillon Theil genommen hat, welches, wie wir gleich hinzufügen wollen, 2 oder 3 Verwundete in diesem Gefechte hatte. Man wird vielleicht sagen, daß es ein Fehler Sirtoris war, diese Piemontesen von Neapel zu rufen; wir wollen sogar nicht verschweigen, daß wir selbst dieser Meinung von Anfang an gewesen sind. Indessen, wie wir unsere Leute kennen, müssen wir doch sogleich hinzufügen, daß für die Cavourianer die Anwesenheit auch nur eines einzigen piemontesischen Soldaten durchaus nicht nothwendig war, um zu behaupten, daß ihre Piemontesen die Schlacht am Volturno gewonnen hätten. O nein! auf ein wenig Lüge mehr kommt es den Leuten nicht im Mindesten an.

Die Königlichen (Neapolitaner) haben natürlich die lügenhaften Berichte dr cavourischen Blätter mit Freuden ergriffen; in den zahllosen Protesten und Manifesten, in denen die Minister des Königs von Gaeta sich über die Einsamkeit beklagen, in welcher das legitime Europa diesen König ließ, in welchen sie vorzugsweise und wiederholt die „Perfidie" der piemontesischen Regierung angreifen, wird auch immer und immer wiederholt, daß am 1. Oktober die Südarmee verloren gewesen wäre, wenn ihr nicht die Piemontesen Fantis und Cavours zu Hülfe gekommen wären, sie gerettet hätten. Damit nun die Welt wisse, welches in den Augen der Neapolitaner von Gaeta diese rettenden Piemontesen des 1. Oktobers waren, so wollen wir ihr aus der besten Quelle berichten, daß diese „regulären Soldaten", diese Piemontesen keine andern waren, als die jungen Soldaten der Brigade Milano, Rekruten, die einigemal im Feuer gewesen. Sie waren jene „piemontesischen Veteranen", „deren todesmuthigem Anfall keine Armee der Welt zu widerstehen vermochte".

Daß wir persönlich diese Anklagen wider Piemont in

Bezug auf die Ereignisse des 1. Oktobers und die Aufklärungen darüber, wie sie eigentlich zu verstehen sind, mit nicht geringer Freude und nicht geringem Stolze vernommen haben, kann Jedermann sich denken. Aber auch von einem allgemeinem Standpunkt aus sind jene Anklagen mit ihren Erläuterungen von Bedeutung. Es geht nämlich aus ihnen nun auch von neapolitanischer Seite deutlich und unwiderleglich hervor, daß das Unternehmen der Königlichen am 1. Oktober keine „Rekognoszirung" war. Allerdings wird dieß jedem Unbefangenen an und für sich klar sein; indessen da die militärischen offiziellen Berichte der Königlichen von Gaeta die Schlacht am Volturno stets als eine Rekognoszirung von neapolitanischer Seite bezeichnet haben, die erst abgebrochen wurde, als der Zweck vollständig erreicht war, ist es immerhin wichtig, nun auch von der Gaetaner Seite selbst ein Zeugniß zu haben, daß es sich am 1. Oktober nicht um die Absicht einer Rekognoszirung, sondern einer Vernichtung der italienischen Südarmee handelte.

Man muß also den Cavouristen aufrichtig danken, daß sie durch ihre Lügen zur Aufklärung der Wahrheit beigetragen haben.

VII. Resultate der Schlacht. Betrachtungen.

Die Verluste, mit welchen die italienische Südarmee den Sieg am Volturno erkaufte, waren nicht unerheblich. Es ist geradezu unmöglich, sie völlig genau anzugeben, aber so genau als es möglich ist und jedenfalls ohne einen Irrthum von Bedeutung wollen wir sie zusammenstellen.

Es verloren:

	Todte.	Verwundete.	Vermißte.
Die 16. Division, einschließlich des Bataillons Bronzetti . . .	147	355	339
Andere Truppen, welche unter Milbitz fochten	52	150	200
Medici	220	500	600
Brigade Sacchi	2	10	10

	Todte.	Verwundete.	Vermißte.
Calabresen von Pace	12	30	80
Bixio	46	175	100
Brigaden Eber und Milano . .	27	108	60

Der Gesammtverlust beläuft sich demnach auf 506 Todte, 1328 Verwundete, 1389 Vermißte oder auf 3023 M., so daß am 3. Oktober die Südarmee in ihrem aktiven Theil noch 15000 bis 16000 M. unter den Waffen gezählt haben mag. Das Verhältniß der Todten zu den Verwundeten stellt sich etwa wie 2 : 5. Die Südarmee verlor verhältnißmäßig viele Tödte wegen der überlegenen neapolitanischen Artillerie; sie hatte auf je 10 M. ihrer Stärke einen Todten oder Verwundeten. Bei dem Korps Bixios kamen auf 187 todte und verwundete Unteroffiziere und Soldaten 34 todte und verwundete Offiziere. Das Etatsverhältniß der aktiven Offiziere, d. h. derjenigen, welche nicht bloß den Titel führten und sich in Neapel vergnügten, sondern auf dem Schlachtfelde zu finden waren, zu den aktiven Soldaten schwankte bei den verschiedenen Korps der Südarmee von 1 Offizier auf 12 M. bis 1 Offizier auf 15 M. Dabei sind alle Offiziere der Stäbe, der Intendantur und der Ambulance eingerechnet. Wir führen hier gelegentlich das Verhältniß ausdrücklich an, um zu zeigen, daß die Armee keineswegs so übertrieben mit aktiven Offizieren gesegnet war, als dieß von gewisser Seite her und zu bekannten Zwecken ausgesprengt und behauptet worden ist. Auch bei regulären Heeren, wenn sie nicht gar zu starke Kompagnie-Etats, sondern solche von etwa 100 bis 120 M. haben, wird sich nach einigen Monaten eines Feldzugs, besonders wenn in diesem wenige Gefechte vorgekommen sind, das gleiche Verhältniß der Offiziere zur Mannschaft von 1 : 12 bis 1 : 15 herstellen. Daß späterhin bei der Auflösung der Südarmee eine ganze Menge von Titelhelden zum Vorschein gekommen sein mag, von welchen man im Gefecht nie etwas zu entdecken vermochte, ist bei den revolutionären Zuständen Süditaliens zur Zeit der Eroberung und bei der Titelsucht der Süditaliener wohl möglich. Wie viele solcher Titelhelden gibt es nicht in jeder regulären Armee!! und bei einer regulären Armee werden sie noch obenein auf Staatskosten permanent gefüttert, pensionirt, dekorirt u. s. w. u. s. w. Der Verlust an Offizieren war also ein unverhältnißmäßig großer, und man wird daraus auf den Geist des Muthes und der Tapferkeit der aktiven, wirklichen Offiziere der Südarmee einen Schluß ziehen können.

Die Zahl der Vermißten ist, wie man sieht, ziemlich bedeutend; diese Vermißten sind bei weitem nicht sämmtlich in Gefangenschaft gerathen; Gefangene verlor die Südarmee eigentlich nur bei Castell Morrone, dann vorwärts S. Angelo beim Beginne des Kampfes. Der Rest der Vermißten sind solche, welche aus Gesundheitsrücksichten sich sogleich beim Beginne des Kampfes, „als die ersten Lerchen sangen", verkrümelten und es nicht verstanden hatten, sich schon am Abend des 1. oder doch des 2. Oktober zur Brodvertheilung bei ihren Korps wieder einzufinden oder wohl gar bis zu völliger Beruhigung der Gemüther ein Asyl in einem Spital zu Neapel oder einem andern Vergnügungs- und Ruheort gefunden hatten.

An Geschützen verlor die Südarmee sechs kleine nicht bespannte Stücke auf den Höhen von S. Angelo.

Wie groß der Verlust der Königlichen an Todten und Verwundeten in der Schlacht am Volturno gewesen sei, das ist nie bekannt geworden. Indessen vermuthen wir, daß er denjenigen der italienischen Südarmee nicht erreichte; denn obwohl die Königlichen am 1. und am 2. Oktober mehrfach angriffsweise verfuhren und die Garibaldiner sich theilweise in vortrefflichen Positionen befanden, konnten diese doch einen derartigen Vortheil bei ihrem Mangel an Artillerie und an geübten Schützen keineswegs ausnützen. An Gefangenen (insbesondere auf den Höhen von Caserta am 2. Oktober) verloren die Königlichen über 3000 M., dazu 7 Geschütze großen Feldkalibers, unter ihnen 2 gezogene und 2 sechszöllige lange Haubitzen.

Die Hauptlast des Kampfes trugen am 1. Oktober unzweifelhaft die Truppen, welche unter Medici auf den Höhen von S. Angelo, unter Milbitz bei Sa. Maria kämpften. Niemand wird den Truppen, welche auf den Höhen von S. Angelo gegen die vierfache Uebermacht Stand hielten, das höchste Lob und die höchste Anerkennung versagen, zumal wenn er erwägt, daß diese Truppen sogleich im Anfang theils durch die Gefangennahme der vorgeschobenen Posten, theils durch das Verschwinden zahlreicher Verkrümelter bei dem überraschenden Anfall der Königlichen, der aus ihm entspringenden Verwirrung, auf eine kaum glaubliche Weise geschwächt wurden. Wäre Sa. Maria oder S. Angelo verloren gegangen, so war die Schlacht verloren, und Niemand hätte sagen können, was in solchem Falle aus Neapel wurde. Gewiß aber hätte nicht jede Truppe den wiederholten Angriffen der Neapolitaner mit solcher Zähigkeit und Tapferkeit vom frühen Morgen bis gegen den späten Abend widerstanden, als die jungen Garibaldiner auf den Höhen von S. Angelo und auf der Linie von Sa. Maria. Es waren hier Kämpfe, welche man dreist denjenigen Wellingtons bei Waterloo an die Seite stellen darf. Der Kundige wird nach unserer Erzählung die Vergleichspunkte leicht herausfinden.

Der glänzendste, lohnendste Theil der Aufgabe fiel am 1. Oktober der Reserve und insbesondere der von Rüstow vorgeführten Abtheilung, Brigade Milano, ungarische Legion und Fremdenkompagnie zu; am 2. auf den Höhen von Caserta Bixio und Sacchi.

Garibaldi war unvergleichlich vor, in und nach der Schlacht. Bixio hat er die Sorge für seinen Rücken anvertraut; er weiß, daß dieser, so lange ihm noch ein Mann und eine Kugel bleibt, mindestens nur Schritt vor Schritt weichen wird. Nur langsam, nur geschwächt wird der Feind in dem für ihn glücklichsten Falle über Maddaloni nach Caserta gelangen. So kann man das Vertrauen haben, die Zeit für einen vollständigen Sieg über die aus Capua gegen S. Tammaro, Sa. Maria, S. Angelo vorbrechenden Streitkräfte des Feindes zu gewinnen. Dorthin also wendet sich der Diktator in Person, und nach den nothwendigsten Anordnungen zu Sa. Maria begibt er sich nach S. Angelo, diesem entscheidenden Punkt. Bemächtigen sich die Neapolitaner der Stellung von S. Angelo und des Monte Tifata, so steht der Vereinigung dieser Kolonne mit derjenigen Mechels kein Hinderniß mehr im Wege. Diese Vereinigung aber, welche den Sieg für die Königlichen fast sicher stellt, muß um jeden Preis verhindert werden. Werfen die Neapolitaner nicht ihre Hauptkraft auf S. Angelo, so kann Medici von dessen Höhen hinab selbst in die Flanke der gegen Sa. Maria oder S. Tammaro oder beide vorrückenden Kolonnen schreiten, und diese Offensive, wenn sie möglich wird, muß zugleich die herrlichsten Früchte bringen, entscheidend wirken. Sei es als Ausgangspunkt der Offensive, sei es als Stützpunkt der Vertheidigung, S. Angelo ist die Losung. Und auf den Höhen von S. Angelo entwickelt nun Garibaldi die ganze Kraft seines Charakters und seines Glaubens. Er hat den Stand der Dinge dort traurig genug gefunden, aber kein Erfolg der Königlichen macht ihn irre in seinem Willen zu siegen. Seinen eigenen Willen, seinen eigenen Glauben weiß er den Truppen Medicis, soweit sie noch kämpfen, mitzutheilen. Heiterer Stirne wiederholt er ihnen trotz des mörderischen Feuers der Neapolitaner, welches ihre Reihen lichtet, so oft und immer wieder, daß sie im Siegen begriffen sind, daß sie trotz alledem und alledem nicht wagen, daran zu zweifeln. Jedem Angriff der Neapolitaner antwortet er mit einem Gegenangriff, wo er auch nur ein Dutzend Leute zusammenscharren kann. Erst als er die letzte Kraft der Truppen Medicis in diesem wilden Hin- und Hergewoge einer löwenmuthigen Vertheidigung fast ausgenutzt hat, als auch Milbitzs Bataillone zu ermatten beginnen, als aber der Feind nicht minder in vergeblichen Anstrengungen mürbe geworden ist, so daß es nur eines letzten frischen Stoßes zu bedürfen scheint, als er weiß, daß für den Zentralpunkt Caserta von Maddaloni her für heut kaum noch eine ernste Gefahr droht, erst da ruft er seine letzte Reserve heran und eilt ihr allein, auf gefährlichen Wegen, fast mitten durch die Schaaren des Feindes entgegen. Und auch sie belebt er mit seinem Muthe, auch ihr verkündet er den nahen Sieg und verspricht ihr den Ruhm, die Entscheidung zu bringen; dann wirft er sie auf die nun in Verwirrung fliehenden Schaaren der Königlichen, die gegenüber diesem Häuflein an keine andere Thätigkeit mehr zu denken wagen, als an die Deckung ihres Rückzugs, für welche sie ihre ganze Reservekavallerie aufwenden. Und am 2. Oktober ruft er von allen Seiten die nächsten Truppen auf Caserta heran, um mit ihnen mit Blitzesschnelle endlich dem einzigen Ueberrest so vieler in Bewegung gesetzten Kräfte den letzten Stoß zu geben.

Nichts entgeht dem Adlerblick Garibaldis auf der weiten Linie von 12 italienischen Meilen Ausdehnung, auf welcher er allerdings nur über kaum 20000 Mann verfügt, die indessen bei der Kleinheit der Bataillone in Bezug auf die Schwierigkeiten für die Führung 60000 M. unter andern Verhältnissen gleichzuschätzen sind. Garibaldi vergißt weder den entscheidenden Punkt, noch entgeht es ihm, wo und wann er draufschlagen muß, wo und wann er sich blos vertheidigungsweise verhalten, nachgeben, ja bis zu gewissen Grenzen weichen darf; und überall, wo grade im gegebenen Moment die Hauptentscheidung liegt, da ist er in Person, und indem er seine ganze Seele in die Seele der Seinen ausströmt, vervielfacht er sich, verhundertfacht, vertausendfacht er sich. Und der Feind sieht erstaunt in jedem rothen Hemde einen Garibaldi.

Seht! dies ist das wahre Bild des Mannes, den die Galeerensklaven der Legitimität einen Flibustier, die Kadettenhäusler einen glücklichen Abenteurer, der nicht 500 M. kommandiren könne, nennen, dem Leute, nicht werth, ihm die Schuhriemen aufzulösen und darum stolz auf den Komödiantenaufputz stehender Heere, der allein sie zu etwas macht, sein einfaches rothes Hemd vorwerfen, wenn die lügnerische Zunge

schen offiziellen Rapports der Königlichen über die Volturno-Schlacht beweisen. Diese Stelle lautet:

„Zu diesem Zweck wurden drei Kolonnen gebildet. Die erste unter dem Befehl des Generals v. Mechel, bestehend aus 3 Bataillonen Carabiniere, einigen Bataillonen Linieninfanterie und entsprechender Artillerie und Kavallerie, sollte den linken Flügel des Heeres bilden und über Ducenta und Maddaloni vorgehen, um den Feind auf dieser Seite zu rekognosziren.

„Von den beiden andern Kolonnen bestand die eine, kommandirt vom Generalmajor Afan de Rivera, aus den Jägerbataillonen und den beiden Brigaden des Generals Barbalonga und Oberst Polizzi. Sie sollte die befestigten Höhen von S. Angelo in Formis und das unter ihnen liegende Dorf rekognosziren. Die andere Kolonne, bestehend aus den Regimentern der Garde, Tirailleurbataillonen und wenigen Kompagnieen des 9. und 10. Linienregiments, unter dem General Tabacchi, hatte Befehl, Sa. Maria in Front zu bedrohen und den Feind von jeder militärischen Operation abzulenken, welche General v. Mechel etwa unternehmen könnte.“

Wie uns, werden diese Sätze jedem Leser völlig deutlich erscheinen, nachdem er den Gang der Schlacht kennen gelernt hat.

Mechel hatte die Hauptaufgabe und war doch verhältnißmäßig schwach, obwohl absolut stärker als Bixio, weil man bei der Beschaffenheit der Führer und Truppen sich nicht hatte darüber klar werden können, ob Afan de Rivera einen Neben- oder Hauptangriff machen solle. Man hatte ihm beides zugetheilt. Er sollte den Monte Tifata erobern, während dessen zugleich die Aufmerksamkeit Garibaldis von Maddaloni ablenken; nachher aber sich zu dem letzten entscheidenden, vernichtenden Schlag etwa bei Caserta mit dem unterdessen gleichfalls bis dahin vorgedrungenen Mechel vereinigen.

So viel über den Plan. Die Ausführung entsprach, wie man sich überzeugt haben wird, auch billigen Anforderungen nicht. Es schien fast, als ob jede Kolonne auf die andere warte. Die nothwendige Zähigkeit fehlte dem Angriff gänzlich und gewonnene Erfolge wurden außer bei S. Angelo, und hier auch nur von vereinzelten Truppenkörpern, gar nicht ausgebeutet. Am stärksten trat diese Schwächlichkeit bei Maddaloni, gegenüber Bixio, hervor. Hier hatten die Neapolitaner zuerst einen offenbaren Sieg erfochten, Bixio war in eine ganz andere Stellung als seine ursprüngliche zurückgedrängt. Aber allerdings war dieß immer nur ein Theilsieg der Königlichen. Seine Benutzung, Verfolgung konnte zu großen Resultaten führen, aber auch nur diese. Unzweifelhaft hätte v. Mechel seinen Angriff auf den rechten Flügel Bixios fortsetzen müssen, um Maddaloni selbst und von da aus die Straße nach Caserta zu gewinnen. Statt dessen stellte er sich hin und fing aus der Ferne ein Feuergefecht an, dem Bixio durch seinen glänzenden Bajonetangriff endlich ein Ende machte. Es ist klar, daß der zähe, mit beständigen Offensivstößen gewürzte Widerstand Dezza's v. Mecheln Besorgnisse für seine rechte Flanke und für den Rücken einflößte und daß diese Besorgnisse ihn hauptsächlich von der Verfolgung seines Sieges in der für ihn jetzt offenbar günstigsten Richtung abhielten.

Wie sich hier Dezza große Verdienste um das Gefecht der Garibaldiner bei Maddaloni erwarb, so Bronzetti bei Castel Morrone um den ganzen Kampf vom 1. Oktober. Wenn Bronzetti mit seinem Häuflein Tapferer nicht so lange Stand gehalten hätte, wenn in Folge leichten Nachgebens die über Castel Morrone vordringenden Königlichen schon um Mittag auf den Höhen über Neu-Caserta erschienen wären, so ward wohl sicher der Rest der allgemeinen Reserve hier verwendet und es hätte dem Kampf auf dem Hauptschauplatze bei S. Angelo und Sa. Maria wenigstens Vieles von dem Glanze seiner Entscheidung abgehen müssen.

Es ist viel davon gesprochen worden, daß es der Südarmee in der Schlacht am Volturno an Munition gefehlt hätte, nicht in dem Sinne, daß die Munition nur einzelnen Truppenkörpern zeitweise ausgegangen wäre, was in jedem Gefecht vorkommt, sondern so, daß überhaupt ein gänzlicher Mangel eingetreten wäre. Obwohl die Munitionsreichthümer der Garibaldiner niemals die größten waren, ist dieß doch nicht richtig. Rüstow, sobald er am 16. September zum Chef des Generalstabs der Avantgarde ernannt worden war, hatte sogleich auf seine Faust die Anlage eines Munitionsmagazins zu Caserta an die Hand genommen, zuerst nur für die damals bei Caserta und gegen den Volturn konzentrirten Truppen; allmälig erweiterte er dieß Magazin nicht ohne Mühe, so daß endlich Munition von allen Kalibern der Armee in entsprechendem Verhältnisse vorhanden war, und als am Abend des 30. September Verlegenheiten in Bezug auf die Ammunitionirung zum Vorschein und zur Sprache kamen, womit allerdings eine Anzahl Korps immer erst hervorrückten, wenn sie den Feind vor der Nase hatten, konnte er, obgleich an diesem Tage bereits bedeutende Ausgaben gemacht waren, doch noch Sirtori gegen 200,000 Patronen — eine unerhörte Zahl für ein garibaldinisches Ohr! — überweisen.

Wie bedeutend immer der Erfolg der Südarmee in der Schlacht am Volturno sein mochte, es unterlag doch keinem Zweifel, daß auch er ein unvollständiger war und daß er hätte weiter ausgenutzt werden müssen durch den Uebergang über den Volturno. Garibaldi verschob denselben auch jetzt noch. Die Nachrichten über das Vordringen der Piemontesen hatten ihren guten Theil daran. Um den Einfluß derselben und den cavourischen Einfluß in der Südarmee selbst richtig zu würdigen, müssen wir jetzt zunächst von der Invasion der Piemontesen in die römischen Staaten erzählen.

11. Entschluß Cavours zur Invasion der päpstlichen Staaten.

Wir wissen, wie im Allgemeinen Graf Cavour mit seinen Anhängern in Bezug auf das Unternehmen Garibaldi's in Süditalien rechnete. Als Garibaldi Sicilien erobert hatte, hatte er nach der Meinung dieser Männer seine Dienste gethan und er konnte fernerhin nur — schaden. Man mußte ihm das Handwerk legen, indem man die Früchte pflückte, welche von ihm gesäet waren, indem man sie theilweise reifte.

Ehe Garibaldi nach dem Festlande überging, war Cavour nicht völlig abgeneigt, dem König Franz II. vorläufig gegen die Abtretung der Insel Sicilien den Kontinent zu überlassen. Fügte sich Garibaldi, nun so hörte vorläufig der Krieg auf, Garibaldi trat damit vom Schauplatze ab; Süditalien war so aufgewühlt, die Bourbonenherrschaft in Neapel so verhaßt, daß die Revolution des Festlandes doch nicht lange auf sich warten lassen konnte, und dann war es nicht Garibaldi, dann war es Cavour, welcher auf die eine oder die andere Weise die Karten in seine Hand zu bekommen suchte. Deßhalb der Brief des Königs Victor Emanuel an Garibaldi, deßhalb die fortgesetzten Intriguen auf der Insel für die sofortige Annexion, daher die Ablenkung der Expedition Terra nova von ihrem ursprünglichen Ziel.

Aber Garibaldi fügte sich nicht; er verhinderte die sofortige Annexion der Insel, welche ihn zum Statthalter Cavours gemacht hätte, er erklärte, daß er allerdings seine Waffen nach dem Festland hinüber und über das neapolitanische Gebiet hinaus in die päpstlichen Staaten tragen werde. Er machte kein Hehl daraus, weßhalb er von der sofortigen Annexion nichts wissen wolle. „Der Augenblick", sagte er, „ist da, wo die Einheit Italiens hergestellt werden muß und hergestellt werden kann; wir müssen ihn ergreifen, benutzen. Cavour will eben dieses nicht thun, folglich darf ich ihm nicht das Spiel durch die sofortige Annexion Siciliens in die Hand geben. Und ich kann nicht im günstigsten Augenblick auf der Insel stehen bleiben, ich muß den Krieg nach dem Festland hinübertragen, ich muß durch die päpstlichen Staaten nach Turin zurückkehren."

Er ging auf das Festland über; — er ging als Antiannexionist. Die Entwicklung der Revolution des Festlandes konnte also von Turin her nicht mehr verhindert werden. Anfangs hoffte man auf eine annexionistische Revolution in Neapel, sei es Palast-, sei es Straßenrevolution, die dem Einmarsch Garibaldis in die Hauptstadt zuvorkommen werde, darauf, daß der König Franz II. über Hals und Kopf fliehen, sein Land verlassen werde, daß man dann einen Anlaß haben werde, zuzugreifen, um der „Anarchie" zu steuern. Deßhalb wurden Truppen in Genua konzentrirt, deßhalb wurden einige Bataillone Piemontesen in den Hafen von Neapel gesendet. Indessen diese Hoffnungen verrauschten bald, Garibaldi rückte im Sturmschritt vorwärts, die annexionistische Revolution in Neapel ließ auf sich warten, der König machte keine Anstalten, über Hals und Kopf aus seinem Lande zu fliehen.

Da beschloß Cavour, auch ohne sie in den Kampf einzugreifen. Dieß hatte jene Stelle in dem Briefe Victor Emanuels an Garibaldi sagen wollen, in welcher der König erklärte, er müsse sich seine Entschließungen vorbehalten, falls der Diktator den Rath, auf das italienische Festland nicht überzugehen, hintenansetze.

Sobald Garibaldi seinen Entschluß, allerdings auf das Festland überzusetzen, ausgesprochen, sobald er die ersten Anstalten dazu getroffen hatte, dachte Cavour zunächst daran, Garibaldi möglichst zu schwächen, um ihn dadurch für die Annexion, jetzt nicht mehr bloß der Insel Sicilien, sondern unter Umständen, wie man sie erwartete, auch des neapolitanischen Festlandes, gefügiger zu machen.

Dieß war der Grund zu dem Rundschreiben Farinis an die Gouverneure und Generalintendanten, vom 13. August, demselben Tage, an welchem der Rest des Gros der Expedition Terra nova von Genua abging. Jetzt, so sprach Farini, jetzt, da das Volk Siciliens in dem Stand nicht sei, frei seine Stimme abzugeben, müsse die Regierung von Turin die italienische Bewegung zu „mäßigen" suchen. Anders könne es kommen, daß der Staat durch das Verhalten eines Mannes, der weder einen Auftrag, noch eine öffentliche Verantwortlichkeit habe, in Gefahr gebracht, Italien ins Unglück gestürzt werde. Der Minister verlangte daher jetzt die strengste Bestrafung aller derer, welche Desertionen aus dem Heere oder Desertionen von Konskriptionspflichtigen zu Garibaldi begünstigen oder dazu aufreizen würden; er verbietet die Bildung irgend welcher Volontärkorps, da dieselben der zu organisirenden mobilen Nationalgarde Kräfte entziehen würden.

Die Expedition Terra nova hatte man noch abgehen lassen, aber von ihrem Ziele abgelenkt und versucht, sie zu zersplittern und zu demoralisiren, so daß sie Garibaldi wenig Nutzen bringen sollte, — freilich ohne Erfolg. Nunmehr ward nach dem Inhalt des Zirkulars vom 13. August verfahren; alle Freiwilligentransporte wurden plötzlich, zum Theil auf brutale Weise, verhindert, die Auflösung der Brigade Nicotera, später Spangaro, ward dekretirt; allerdings mußte von dieser Auflösung gegenüber dem allgemeinen Unwillen des Volkes abgestanden werden, indessen ward die Brigade an jedem Unternehmen gegen den Kirchenstaat verhindert und nach Sicilien in solcher Weise hinübergeschafft, daß sie möglichst spät Garibaldi zu gute kommen könne..

Als dann, wie gesagt, die Hoffnungen Cavours auf eine annexionistische Revolution in Neapel, die Garibaldi zuvorkommen sollte, immer mehr schwanden, da beschloß Cavour, auch ohne sie einzugreifen und die Karten in seine Hand zu bringen.

Aber wie eingreifen? wie den Anfang machen?

Cavour bedachte sich nicht lange: er wollte die päpstlichen Staaten angreifen. In der That war dieser Ent-

28 *

schluß ganz des schlauen Staatsmannes würdig. Er hatte nur zwischem *diesem* Wege und dem *unmittelbaren* Uebergang nach Neapel zu wählen.

Der Weg durch das Römische bot aber ungemeine Vortheile, welche wir uns etwas näher betrachten wollen.

Die Hindernisse, welche der Expedition Terra nova in den Weg gelegt waren, deren Ablenkung vom Ziele hatten in Ober- und Mittelitalien großen Unwillen erregt. Fiel nun die piemontesische Armee in die *päpstlichen* Staaten ein, so konnte sich Cavour vor Ober- und Mittelitalien rehabilitiren, indem er ihnen zurief: „Seht jetzt selbst, ob ich italienisch denke und rechne oder nicht! Auch *ich* erkenne die Römer als unsere Brüder, auch ich wünsche ihnen die Befreiung vom Joche der Theokratie, auch ich will an dieser Befreiung arbeiten. Nur *das* wollte ich nicht, daß dieses Werk von einem *schwachen Freiwilligenkorps* unternommen werde, dessen Erfolg doch sehr unsicher, zweifelhaft war; ich lasse dafür jetzt ein *starkes reguläres Heer* marschiren, dessen Erfolg ein ganz und gar sicherer ist. Ich wollte nicht, daß unbesonnene Revolutionärs in den päpstlichen Staaten dumme Streiche machten, Italien vielleicht gar in heillose Verwicklungen mit seinem getreuesten Alliirten stürzten. Ich sende ein Heer, welches meine Politik vertritt, die Politik des Mannes, welcher im Kaiser Napoleon den treuesten Bundesgenossen achtet und von dem nicht vorauszusetzen ist, daß er Italien die Feindschaft des Kaisers der Franzosen auf den Hals ziehe."

Zweitens mußte der Feldzug der Piemontesen in den päpstlichen Staaten bei den Mitteln, welche *Cavour* für ihn aufbot, 45000 M., und bei den Mitteln, welche *Lamoricière* ihnen entgegenstellen konnte, im freien Felde wenig über 8000 M., — *ein ungemein glänzender werden*. Lamoricières kleine Macht mußte *erdrückt* werden. Es war daher alle Aussicht vorhanden zu *gloriosen Bülletins*, zu deren Anfertigung nicht einmal besonderes Geschick erfordert wurde. Mit diesen Bülletins konnte man alle Thätigkeit Garibaldis in den

Hintergrund drücken. Cavour hatte eine große Gewalt in der gesammten europäischen Presse. Ließ er nun diese mit seinen Bülletins und Berichten überschwemmen, ließ er sie dagegen über Garibaldis Thätigkeit schweigen oder Lügen zum Nachtheile der Südarmee verbreiten, so schwächte er das Interesse an Garibaldi ab, hinderte es, sich in der öffentlichen Meinung in dem bisherigen Sinne immer weiter festzusetzen und auszubreiten, zog es auf sich oder in seiner Bescheidenheit vorherrschend auf den König Viktor Emanuel. Auf der Regierung von Turin, nicht mehr auf Garibaldi, sollten die Hoffnungen Italiens, der ganzen mit ihm sympathisirenden Welt fortan ruhen. Wenn Cavour dem Diktator Süditaliens nicht gerade eine eklatante Niederlage wünschte, so wünschte er ihm doch sicher auch keine glänzenden Erfolge, kleine Niederlagen sicherlich. Danach ward die Presse denn auch instruirt. Wer die Thätigkeit der garibaldischen Armee auf dem neapolitanischen Festlande kennt, der wird vollständig an sich selbst irre, wenn er sich nun deren Bild nach den Nachrichten der Zeitungspresse aus dem Jahre 1860 zu bilden versucht. Da liest man von schrecklichen Metzeleien, welche die neapolitanische Kavallerie unter den Garibaldinern angerichtet haben soll, von vollständiger Auflösung ganzer Korps, von der Vernichtung ganzer Divisionen u. s. w.; kurz von Dingen, von denen die Mithandelnden auch nicht das Geringste gesehen haben. Aus der Ermordung von zwei Guiden Garibaldis durch reaktionäre Einwohner wird die Vergiftung einer ganzen Division gemacht; aus ganz gewöhnlichen Verlustverhältnissen vollständige Aufreibung, aus einem offenbaren Siege, wenn dabei, wie in jedem Gefecht, nur der kleinste Rückschlag vorgekommen ist, eine vollständige großartige Niederlage. Und wie sehr diese geflissentlich verbreiteten Lügen ihre Wirkung gethan haben, davon kann man sich leicht überzeugen, wenn man neuerdings erschienene Werke ansieht, selbst solche, die offenbar in einem für die Südarmee wohlwollenden, sympathischen Geiste geschrieden sind. Was Cavour mit diesem Verfahren erreichen wollte, das liegt auf der Hand. Wenn Garibaldi wirklich in eine üble Lage kam, wenn Cavour nun schließlich die Piemontesen ins Neapolitanische einrücken ließ, so konnte er den Italienern, während er sich bei den europäischen Regierungen mit der Nothwendigkeit rechtfertigte, der Anarchie zu steuern, zurufen: Seht, ich habe Garibaldi gerettet! Aber man sieht, daß es hiezu nicht nothwendig war, daß Garibaldi thatsächlich in eine schlimme Lage kam, es kam vielmehr nur darauf an, Italien und Europa allmälig glauben zu machen, daß er sich in einer üblen Lage befinde. Die Lügen der Presse konnten die Thatsachen vollständig ersetzen. Es ist uns vollständig klar, daß diese Lügen in weiten Kreisen in Europa mit großem Behagen und gerne aufgenommen, daß sie gerne für Wahrheiten gehalten wurden. In den Augen eines vernünftigen Soldaten und Politikers werden die Erfolge Garibaldis niemals für einen Beweis gelten können, daß ein Staat jeder militärischen Organisation entbehren könne, daß Volontärkorps nach dem Muster der Südarmee zu jedem kriegerischen Zwecke ausreichen; im Gegentheil, je genauer er diese Formation kennt, desto mehr wird er überzeugt sein, daß eine stehende, wohl vorbereitete Organisation die einzige vernünftige Basis für die Schaffung von Kriegsheeren ist, und daß die Südarmee noch viel leistungsfähiger hätte sein können, wenn sie aus einem solchen Fundament, obwohl immer als Volontärarmee, hervorging. Aber dafür, daß große stehende Heere für jeden Staat überflüssig sind, daß eine Milizorganisation als wesentliche militärische Organisation für jeden Staat von heute vollständig ausreichend sei, dafür können die Erfolge der Südarmee allerdings zum Beweise aufgerufen werden. Wie gern mußten es nun alle diejenigen, welche als Dogmatiker oder aus materiellem Interesse für die stehenden konskribirten Heere eingenommen sind, vernehmen, wenn man ihnen sagte: „Seht, diese Volontärarmee hat nichts vermocht; die reguläre stehende Armee mußte kommen, um sie aus der Patsche herauszureißen! Alle militärischen „Autoritäten“ begrüßten sicher diese Kunde wie ein Evangelium, fragten nicht, ob sie wahr sei oder eine Lüge, sondern nahmen sie, die so sehr in ihren Kram paßte, ohne Weiteres für baare Münze, dachten noch weniger daran, daß noch immer ein Unterschied zwischen dieser Volontärarmee und einer Milizarmee sei, sondern beeiferten sich, die Nachricht zu verbreiten und die Beweise für die Nothwendigkeit der stehenden Heere auf ihrem Grunde zu vermehren. Und staunend und gläubig lauschte auch der Philister dem Evangelium der „Autoritäten“.

Indem Cavour nicht direkt nach Neapel ging, sondern den Weg durch den Kirchenstaat einschlug, gewann er auch Zeit, konnte sich die Dinge in Neapel entwickeln lassen und Momente und Anhaltspunkte abpassen. Die Lügen, die in der europäischen Presse über die Südarmee verbreitet wurden, faßten Wurzel. Vielleicht ging während des Feldzugs in den Marken und Umbrien König Franz II. auch noch aus seinem Lande, vielleicht grade in Folge dieses Feldzugs, welcher ihn der Hoffnung berauben mußte, seine Armee mit derjenigen Lamoricières vereinigen zu können. Wie sehr Cavour diese Flucht wünschte, das beweisen deutlicher als irgend etwas die sich in den von Cavour inspirirten Blättern zu dieser Zeit immer wiederholenden Nachrichten, daß die Flucht wirklich erfolgt sei oder nahe bevorstehe. Der Minister hatte denn damals doch noch einige Scheu vor dem Einfall in das Land eines Fürsten, dessen Gesandter sich noch immer in Turin befand, so lange dieser Fürst noch einen Fuß auf dem Boden seines Landes habe. Für den Fall, daß die ersehnte Flucht nicht erfolgte, gewann man Zeit auch zu andern Dingen. Wenn Deputationen aus Neapel kamen, welche dringend von Victor Emanuel die sofortige Annexion verlangten, was sollte der arme König machen? Seine ganze Vergangenheit legte ihm die Pflicht auf, seiner unterdrückten süditalienischen Brüder auf ihre Forderung hin sich anzunehmen. Solche Deputationen mußten aber erst zusammengebracht, es mußte für sie gearbeitet werden. Daß Cavour dabei auf allzu große Schwierigkeiten stieß, glaube man nicht. Aus unsern früheren Mittheilungen wird schon das Gegentheil hervorgehen. Wir haben erwähnt, daß sich in Süditalien eine große Partei befand, welche durchaus nicht im Stande war, sich zur Höhe der Anschauungen Garibaldis aufzuschwingen. Garibaldi wurde diesen Leuten sehr unbequem, als er ihnen sagte: Wir müssen in Süditalien eine Armee von 150,000 M. organisiren, wir werden mit ihr die päpstlichen Staaten befreien, wir werden uns dann mit der italienischen Nordarmee vereinigen; mit ihr vereint werden wir stark genug sein, um das eine Italien zu gründen, welches wir Alle wollen, mögen die Potentaten Europas mit uns einverstanden sein oder nicht, auch gegen ihren Willen. Da war der Cavour ein ganz anderer Kerl, der sagte: Ich bringe eine vollständige, starke Armee; ihr Süditaliener habt — vorläufig — gar nichts weiter zu thun, als zu bitten: annexirt! annexirt! Alles Andere werde ich schon besorgen; ihr dürft ruhig schlafen unter meinem Schutz und dem unseres großen und getreuen Bruders von Paris. Das war den Annexionisten ein gefundenes Fressen, das vermehrte in Süditalien die Partei der sofortigen Annexion, und es war gar nicht schwer, im Laufe weniger Wochen eine Anzahl Deputationen aus Sicilien und vom neapolitanischen Festland mit dem verlangten: Bitte! bitte! lieber Vater! kauf' mir diese schöne Annexion! herbeizuschaffen.

Der sofortige Uebergang der piemontesischen Armee nach dem Neapolitanischen mußte von Cavour aber auch deßhalb vermieden werden, weil er leicht zu einem offenen Konflikt zwischen dieser Armee und der italienischen Südarmee führen konnte. Daß Cavour einen solchen, die Entzündung des Bürgerkriegs, die Schwächung Italiens nicht wünschen konnte, liegt auf der Hand. Und ebenso

[k]lar ist es, daß Garibaldi auf jeden Fall einen Konflikt zu [v]ermeiden gesucht haben würde, obgleich man ihm oder seinen mazzinistischen Berathern die Absicht zugeschrieben hat, die piemontesische Armee mit offener Feindseligkeit zu empfangen. In[d]essen wenn weder Cavour noch Garibaldi beabsichtigen [k]onnten, in offenen Krieg mit einander zu gerathen, so war [d]och bei der damaligen Stellung der Südarmee es schwer ab[z]usehen, wie sich ohne Reibungen deren Verhältniß zur piemontesischen Armee sollte ohne Weiteres regeln lassen, wenn [d]iese von Genua direkt nach Neapel übersetzte. Diese Rei[b]ungen, welche unabsehbare Folgen haben konnten, ließen sich [o]ffenbar viel leichter vermeiden, wenn die piemontesische Ar[m]ee von Norden vordringend der vom Süden kommenden [S]üdarmee begegnete.

Von welcher Seite immer man die Dinge betrachten [m]ochte, ein vorläufiger Einbruch in den Kirchenstaat war [u]nter allen Umständen zweckmäßiger als ein augenblicklicher [U]ebergang von Genua nach Neapel.

Aber, wie würden sich die übrigen Mächte zu die[s]er Invasion des Kirchenstaates stellen? Die beiden ein[z]igen Mächte, deren Intervention zu besorgen stand, waren [F]rankreich und Oesterreich. Mit Oesterreich konnte [d]ie piemontesische Regierung sich über ihre Absichten unmög[l]ich diplomatisch verständigen; sie mußte vielmehr vor[a]ussehen, daß Oesterreich die Invasion des Kirchenstaates nie[m]als billigen werde. Möglicherweise intervenirte die österreichische [R]egierung sofort, wenn die Piemontesen in den Kirchenstaat [e]inrückten; doch war die Wahrscheinlichkeit nicht [g]roß, da die Regierung mit der Bewegung in Ungarn, die [si]ch allmälig auch über die andern Provinzen des Kaiserstaates [v]erbreitete, genug zu thun hatte, und da sie besorgen mußte, [d]aß Napoleon III., was er auch jetzt sagen mochte, doch wie[d]er unter Benutzung der ganzen schlimmen Lage Oesterreichs [g]egen dasselbe in die Schranken treten werde. Um einer In[t]ervention Oesterreichs einige Zeit widerstehen zu können, wenn sie einträte, zog indessen die piemontesische Regierung geräuschlos ein Truppenkorps gegen den Mincio zusammen.

Anders als mit Oesterreich stand das Turiner Kabinet mit Frankreich; mit dem Kaiser Napoleon konnte man sich diplomatisch verständigen, und da ihn schwerlich etwas ernstlich an einer Intervention hinderte, ward eine solche Verständigung auch unerläßlich.

Cavour sendete daher, als Napoleon Ende August die neu erworbenen savoyischen Provinzen besuchte, Farini und Cialdini nach Chambery, vorgeblich, um den hohen Verbündeten zu begrüßen, in der That aber, um ihm Kunde von den Absichten des Turiner Kabinets zu geben und seine Meinung über die Sache zu vernehmen, seine Zustimmung einzuholen. Die Gesandten stellten dem Kaiser vor, daß die Regierung des Königs Victor Emanuel die Sache Italiens von Neuem ernstlich und kräftig in die Hand nehmen müsse, wenn dieselbe nicht gänzlich der Anarchie überlassen, wenn nicht Italien und Europa in die höchste Verwirrung gestürzt werden sollten. Der Kaiser fand nun auch, daß Victor Emanuel als Vorfechter Italiens Garibaldi und dessen Anhängern, kurz Allem, was als die mazzinistische Partei bezeichnet zu werden pflegt, vorzuziehen sei, verlangte aber ausdrücklich, daß man den Papst in Ruhe lassen solle.

Dieß war auf sehr verschiedene Weise zu verstehen; von dem Turiner Kabinet ward es — mit wie viel Recht oder Unrecht, wollen wir hier noch nicht zu entscheiden versuchen — dahin verstanden, daß den piemontesischen Truppen das ganze päpstliche Gebiet nur mit Ausnahme derjenigen Striche offenstehe, welche von französischen Truppen besetzt seien.

Als Farini am 29. August von Chambery nach Turin zurückkehrte, begann sofort die Konzentration von 4½ Divisionen der piemontesischen Armee theils in Toscana, theils in der Romagna an den Grenzen des päpstlichen Gebietes.

Allerdings mußte man jetzt noch eine Kriegsursache haben, mindestens einen Vorwand. Dieser war leicht zu finden. Man nahm die Miene an, als sehe man in der Anwerbung von Fremdtruppen von Seiten des Papstes, welche insbesondere auch von Oesterreich unterstützt ward, eine fremde Intervention in die italienischen Angelegenheiten und beschloß, vom Papste die Auflösung und Entlassung seiner Fremdtruppen zu verlangen, den Einmarsch in seine Staaten aber sofort zu beginnen, wenn er darauf, wie vorauszusehen war, nicht eintreten würde.

Um das Einschreiten gegen die päpstlichen Fremdtruppen — nicht gegen den Papst — noch plausibler zu machen, ward alsbald ein angeblicher Tagesbefehl Lamoricières durch die cavour'schen Blätter verbreitet, nach welchem der General Pius des IX. jede Stadt, in welcher eine insurrektionelle Bewegung sich zeigen sollte, einer 24stündigen Plünderung durch seine Soldaten preisgab.

Und an insurrektionellen Bewegungen konnte es um so weniger fehlen, als diese jetzt und in derselben Zeit, da sie die Brigade Nicotera nach Sicilien zu gehen zwang, van der Turiner Regierung organisirt wurden.

Freischaaren wurden in Toscana unter Oberst Masi, in der Romagna unter andern Führern errichtet; sie sollten der piemontesischen Armee vorangehen, die Insurrektion wach rufen; Deputationen aus dem päpstlichen Gebiete sollten nun den König Victor Emanuel um seinen Schutz gegen die Anarchie bitten, und wenn der König die Pflicht fühlte und sich berechtigt hielt, in Sicilien und Neapel gegen die Anarchie zu kämpfen, warum sollte er es denn nicht auch auf dem päpstlichen Gebiete thun müssen?

Mit einem Schreiben Cavours vom 7. September, in welchem dieser die Entwaffnung und Entlassung der päpstlichen Fremdtruppen verlangte und im Weigerungsfalle das Einschreiten der Piemontesen ankündigte, ging della Minerva nach Civita Vecchia ab, wo er am 10. September ankam.

unterdrückten süditalienischen Brüder auf ihre Forderung hin sich anzunehmen. Solche Deputationen mußten aber erst zusammengebracht, es mußte für sie gearbeitet werden. Daß Cavour dabei auf allzu große Schwierigkeiten stieß, glaube man nicht. Aus unsern früheren Mittheilungen wird schon das Gegentheil hervorgehen. Wir haben erwähnt, daß sich in Süditalien eine große Partei befand, welche durchaus nicht im Stande war, sich zur Höhe der Anschauungen Garibaldis aufzuschwingen. Garibaldi wurde diesen Leuten sehr unbequem, als er ihnen sagte: Wir müssen in Süditalien eine Armee von 150,000 M. organisiren, wir werden mit ihr die päpstlichen Staaten befreien, wir werden uns dann mit der italienischen Nordarmee vereinigen; mit ihr vereint werden wir stark genug sein, um das eine Italien zu gründen, welches wir Alle wollen, mögen die Potentaten Europas mit uns einverstanden sein oder nicht, auch gegen ihren Willen. Da war der Cavour ein ganz anderer Kerl, der sagte: Ich bringe eine vollständige, starke Armee; ihr Süditaliener habt — vorläufig — gar nichts weiter zu thun, als zu bitten: annexirt! annexirt! Alles Andere werde ich schon besorgen; ihr dürft ruhig schlafen unter meinem Schutz und dem unseres großen und getreuen Bruders von Paris. Das war den Annexionisten ein gefundenes Fressen, das vermehrte in Süditalien die Partei der sofortigen Annexion, und es war gar nicht schwer, im Laufe weniger Wochen eine Anzahl Deputationen aus Sicilien und vom neapolitanischen Festland mit dem verlangten: Bitte! bitte! lieber Vater! kauf' mir diese schöne Annexion! herbeizuschaffen.

Der sofortige Uebergang der piemontesischen Armee nach dem Neapolitanischen mußte von Cavour aber auch deßhalb vermieden werden, weil er leicht zu einem offenen Konflikt zwischen dieser Armee und der italienischen Südarmee führen konnte. Daß Cavour einen solchen, die Entzündung des Bürgerkriegs, die Schwächung Italiens nicht wünschen konnte, liegt auf der Hand. Und ebenso klar ist es, daß Garibaldi auf jeden Fall einen Konflikt zu vermeiden gesucht haben würde, obgleich man ihm oder seinen mazzinistischen Berathern die Absicht zugeschrieben hat, die piemontesische Armee mit offener Feindseligkeit zu empfangen. Indessen wenn weder Cavour noch Garibaldi beabsichtigen konnten, in offenen Krieg mit einander zu gerathen, so war doch bei der damaligen Stellung der Südarmee es schwer abzusehen, wie sich ohne Reibungen deren Verhältniß zur piemontesischen Armee sollte ohne Weiteres regeln lassen, wenn diese von Genua direkt nach Neapel übersetzte. Diese Reibungen, welche unabsehbare Folgen haben konnten, ließen sich offenbar viel leichter vermeiden, wenn die piemontesische Armee von Norden vordringend der vom Süden kommenden Südarmee begegnete.

Von welcher Seite immer man die Dinge betrachten mochte, ein vorläufiger Einbruch in den Kirchenstaat war unter allen Umständen zweckmäßiger als ein augenblicklicher Uebergang von Genua nach Neapel.

Aber, wie würden sich die übrigen Mächte zu dieser Invasion des Kirchenstaates stellen? Die beiden einzigen Mächte, deren Intervention zu besorgen stand, waren Frankreich und Oesterreich. Mit Oesterreich konnte die piemontesische Regierung sich über ihre Absichten unmöglich diplomatisch verständigen; sie mußte vielmehr voraussehen, daß Oesterreich die Invasion des Kirchenstaates niemals billigen werde. Möglicherweise intervenirte die österreichische Regierung sofort, wenn die Piemontesen in den Kirchenstaat einrückten; doch war die Wahrscheinlichkeit nicht groß, da die Regierung mit der Bewegung in Ungarn, die sich allmälig auch über die andern Provinzen des Kaiserstaates verbreitete, genug zu thun hatte, und da sie besorgen mußte, daß Napoleon III., was er auch jetzt sagen mochte, doch wieder unter Benutzung der ganzen schlimmen Lage Oesterreichs gegen dasselbe in die Schranken treten werde. Um einer Intervention Oesterreichs einige Zeit widerstehen zu können, wenn

Man erinnert sich, daß della Minerva der gleiche frühere piemontesische Gesandte zu Rom war, welchem der Papst am 8. Oktober 1859, nachdem die Romagnolen das Ende der päpstlichen weltlichen Herrschaft beschlossen und Victor Emanuel ihnen versprochen hatte, ihre Wünsche auf dem erwarteten europäischen Kongresse zu vertreten, hatte seine Pässe zustellen lassen.

In der Sendung della Minervas im gegenwärtigen Augenblick lag also sicher eine Beleidigung Pius' IX., und man konnte voraus wissen, daß della Minerva keine Freundesbotschaft bringe. Der Delegat von Civita Vecchia verhinderte die Reise des piemontesischen Gesandten nach Rom, und das päpstliche Kabinet weigerte sich, ihn anzunehmen. Della Minerva mußte seine Depeschen durch einen Courier nach Rom senden.

Der Kardinal Antonelli erwiderte am 11. auf die Forderung Cavours. Er verwahrte sich dagegen, daß die piemontesische Regierung dem Papste das Recht bestreiten wolle, fremde Truppen in seinem Solde zu halten, ein Recht, von welchem auch mehrere andere Souveräne in Europa Gebrauch machten und welches ihnen niemals bestritten worden sei, welches dem heiligen Vater aber am wenigsten bestritten werden könne, da er der geistliche Hirte nicht bloß Italiens, sondern der ganzen katholischen Welt sei. Antonelli wies die Vorwürfe, welche das piemontesische Kabinet dem Verhalten der päpstlichen Fremdtruppen machte, als Verleumdungen zurück, verweigerte die Entlassung dieser Truppen und protestirte gegen die Schritte, welche Piemont für diesen Fall androhte, als völkerrechtswidrige.

An dem gleichen Tage, an welchem Antonelli diese Antwort ertheilte, die zu erwarten man übrigens nie für nöthig gehalten hatte, rückten die piemontesischen Truppen in das päpstliche Gebiet ein; und am 12. September erschien ein Memorandum des Turiner Kabinets, bestimmt, dessen Vorgehen bei den Mächten zu rechtfertigen. Der wesentliche Inhalt dieser Denkschrift war folgender:

„In Folge des Friedens von Villafranca kamen die Bevölkerungen eines Theils der nördlichen und mittleren Provinzen Italiens in die Lage, auf ganz friedlichem und ordnungsmäßigem Wege an die Stelle ihrer früheren Regierungen diejenige Victor Emanuels setzen zu können. Hätte diese Bewegung sich über ganz Italien ausdehnen können, so wäre die italienische Frage längst gelöst. Dieß war aber nicht der Fall: Venetien, die päpstlichen Staaten zum größten Theil, die beiden Sicilien blieben von der friedlichen Umgestaltung der Regierung ausgeschlossen. — Das Kabinet übergeht hier die Frage Venetiens. — In den beiden Sicilien führte das Verharren Franz des II. bei der Politik seines Vaters, die Mißachtung, mit welcher er die Rathschläge Frankreichs und Englands behandelte, zur Revolution; Garibaldi übernahm deren Leitung und führte sie auf wunderbare Weise zum Ziele. Die durch diese Revolution bewirkte Umformung ist, obwohl nicht auf friedlichem Wege entstanden, darum nicht weniger legitim, nicht weniger wohlthätig für das europäische Gleichgewicht. Nachdem durch sie auch die beiden Sicilien der großen italienischen Familie und dem monarchischen Regiment Victor Emanuels zugeführt sind, würde man denken können, daß die Anarchisten in Italien keinen Boden mehr finden, daß Europa in dieser Beziehung über Italien ruhig sein dürfe, wenn sich nicht die Provinzen des Zentrums, welche Süden und Norden von einander trennen, in einem traurigen Zustande befänden."

„Die römische Regierung hat jede Theilnahme an der großen nationalen Bewegung abgelehnt, ja dieselbe auf alle Weise bekämpft und ist dadurch in einen beklagenswerthen Zwiespalt mit den noch von ihr beherrschten Völkern gerathen. Um diese im Zaume zu halten, hat sie den Fanatismus des ganzen nicht aufgeklärten Theils von Europa angefacht und sich endlich eine Armee von fremden Söldnern geschaffen. Solches Verfahren erregte in dem ganzen bisher befreiten Theile Italiens einen lebhaften Unwillen; die

und Neapels. Die Tiber, welche im Wesentlichen die westliche Grenze des Kriegsschauplatzes bildet, kommt hier vorzugsweise nur soweit in Betracht, als in ihrem obern Thale die Hauptstraße aus Toscana nach Umbrien hineinführt.

Die vorzüglichsten Flüsse der Marken, Foglia, Metauro, Cesano, Esino, Musone, Potenza, Chienti fließen sämmtlich in der Hauptrichtung von Südwest nach Nordost dem adriatischen Meere zu, durchschneiden also senkrecht die Operationslinie der piemontesischen Kolonnen, welche aus der Romagna durch die Marken nach dem Neapolitanischen vordringen wollen. Ein Hinderniß, auf welches eine hartnäckige ernste Vertheidigung sich basiren könnte, bietet keiner dieser Flüsse, höchstens können sie durch die Abhänge, welche ihre Thalränder bilden, der Vertheidigung einige taktische Vortheile gewähren. Wichtig sind alle diese Flüsse insofern, als ihre Thäler die Querverbindungen über die Apenninen zwischen Umbrien und den Marken vermitteln.

Von den beiden Hauptlängenstraßen, welche für uns in Betracht kommen, führt diejenige durch die Marken beständig längs dem Meere von Rimini über Pesaro, Sinigaglia, Ancona, Loreto, Porto Recanati, Grottamare nach Giulia nova im Neapolitanischen; die andere durch Umbrien streicht von Borgo S. Sepolcro in Toscana im Tiberthal über Città di Castello nach Perugia; hier theilt sie sich in zwei Aeste; der eine von ihnen bleibt noch im Tiberthal bis Todi und führt dann über die Höhen des Tor Maggiore nach Terni; der andere führt von Perugia über Foligno und Spoleto gleichfalls nach Terni. Von hier geht eine Straße nach Rom, eine andere über Rieti ins Neapolitanische nach Aquila.

Die hauptsächlichsten Querverbindungen sind:

1. Von Borgo S. Sepolcro ins Metaurothal nach Urbino und von hier nach Pesaro einerseits ins Fogliathal, andererseits über Fossombrone nach Fano;

2. von Città di Castello oder von Perugia nach

Gubbio, und von hier einerseits ins Metaurothal, andererseits über Fossato und Fabriano in die Thäler des Esino und der Potenza;

3. von Foligno über Colfiorito ins Thal des Chienti nach Tolentino und über Macerata und Osimo nach Ancona.

Von bedeutenden Städten finden sich in den Marken die Festung und Hafenstadt Ancona, von welcher bei Erzählung der Belagerung ausführlicher gehandelt werden wird; Osimo mit 8000 Einwohnern; Sinigaglia mit 8000 Einwohnern, die Vaterstadt der Catalani; Macerata mit 18000, Loretto mit 8000 Einwohnern; Pesaro mit einem alten festen Schloß und 16000 Einwohnern; Urbino, hochgelegen, wie die meisten der bisher erwähnten Städte, mit 11500; Fano mit kleinem Hafen und 15000, Fossombrone mit 5000 Einwohnern.

In Umbrien liegen Perugia mit 19000 Einwohnern in der eigentlichen Stadt, aber weitläufigen Vorstädten, einer Zitadelle, Universität; Foligno mit 10500, Gubbio mit 4000, Spoleto mit 10000 Einwohnern.

13. Der Beginn der Feindseligkeiten des piemontesischen Heeres gegen Lamoricière.

Seitdem die ganze Expedition Terranova mit Einschluß der Brigade Nicotera bis Ende August von der piemontesischen Regierung und Garibaldi in zufälligem Einverständniß nach Sicilien gelenkt war, dachte Lamoricière nicht mehr im mindesten daran, daß die römischen Staaten vom Norden her bedroht werden könnten. Er richtete vielmehr seine ganze Aufmerksamkeit auf den Süden, sei es um vorkommenden Falles seine Armee mit derjenigen Franz II. auf neapolitanischem Gebiete zu vereinigen, sei es, um selbstständig einen Angriff Garibaldis abzuwehren, mochte dieser nun in aller Schnelligkeit mit Franz II. ein Ende machen, oder mochte er sich auch vor der gänzlichen Besiegung der Neapolitaner auf Lamoricière werfen. In seinen Ansichten wurde Lamoricière durch Mittheilungen bestärkt, welche ihm von dem päpstlichen Kriegsminister Kardinal Merode zugingen, denen zufolge der französische Gesandte versichert haben sollte, daß Piemont nicht bloß das päpstliche Gebiet nicht angreifen, sondern auch die Bildung von Freiwilligenschaaren an den Grenzen dieses Gebiets verhindern werde.

Als Lamoricière Anfangs September diese Mittheilungen erhielt, hatte allerdings das Turiner Kabinet den Angriff auf das päpstliche Gebiet bereits beschlossen und jene angeblichen Versicherungen Piemonts lassen sich mit den Thatsachen nur durch die Annahme in Einklang setzen, daß Cavour Umbrien und die Marken nicht zum päpstlichen Gebiet rechnete.

Lamoricière hatte seine Armee beständig zu verstärken gesucht, ohne daß ihm dieses besonders gelungen wäre, da die Verhältnisse, welche bei seinem Dienstantritt bestanden und von denen wir früher gesprochen haben, sich nicht änderten, sondern nach wie vor fortwirkten.

Die Macht, über welche Lamoricière Anfangs September für das freie Feld disponirte, hatte er in vier Brigaden eingetheilt.

Die erste Brigade, General Schmid, bestand aus dem zweiten Linienregiment, dem zweiten Fremdenregiment, einer Kompagnie mobilisirter Gendarmen zu Fuß, 30 berittenen Gendarmen und einer Feldbatterie, also 4½ Bataillonen, 30 Pferden und 6 Geschützen;

die zweite Brigade, General von Pimodan, bestand aus dem 1. und 2. Jägerbataillon, dem 3. Scharfschützenbataillon; einem Bataillon Karabiniers und einem halben Bataillon franco-belgischer Tirailleurs, dann zwei Eskadrons Dragonern, einer Eskadron Chevauxlegers und einer Batterie; also 4½ Bataillons, 3 Eskadrons (wenig über 200 Pferden) und 6 Stücken;

die dritte Brigade, General v. Courten, enthielt das 1. und 2. Scharfschützenbataillon, das 1. Linienregiment, eine Eskadron Gendarmen und zwei Batterieen oder vier Bataillons, 60 Pferde und 12 Stücke;

die vierte oder Reservebrigade, Oberst Cropt, bestand aus dem ersten Fremdenregiment, den päpstlichen berittenen Freiwilligen, meist aus aristokratischen katholischen Familien besonders des legitimistischen Frankreichs, und einer Batterie, oder aus 2 Bataillons, 60 Pferden, 6 Geschützen.

Die gesammte kleine Feldarmee bestand somit aus 15$^1/_8$ Bataillons, 5$^1/_2$ Eskadrons und 30 Geschützen.

Die Bataillone zählten, soweit sie wirklich mobil gemacht waren, jedes kaum 600 M.

Die Feldarmee Lamoricières kam daher Alles in Allem auf höchstens 9000 M.

Die Garnison von Ancona bestand aus dem 4. und dem in der Formation begriffenen, etwa in halber Stärke vorhandenen 5. Scharfschützenbataillon, der Hälfte des irländischen Bataillons S. Patrik, zwei Kompagnieen vom 2. Fremdenregiment, einer Kompagnie mobilisirter Gendarmerie und der ziemlich zahlreichen Festungsartillerie.

Um die übrigen Besatzungen fester Punkte und die Mannschaft zur Bewachung der Gefängnisse zu gewinnen, waren von den sämmtlichen 10 Feldbataillonen, die einen ursprünglichen Stand von 8 Kompagnieen hatten, je 2 Kompagnieen abgetrennt; hiedurch erhielt man 20 Kompagnieen.

Davon befanden sich 3 Kompagnieen in Rom, 3 waren zur Bewachung verschiedener Gefangenhäuser verbraucht; eine Kompagnie zu Orvieto, 4 zu Viterbo, 4 zu Spoleto, einige zu Pesaro und Perugia; die Hälfte des Bataillons S. Patrik, welche nicht zur Besatzung von Ancona gehörte, ward auf Spoleto und Perugia vertheilt. Die Gesammtstärke der Garnison von Perugia belief sich auf 500, die der Garnison von Pesaro auf 600 M.

In der Gegend von Ascoli, welche gut päpstlich gesinnt war, wurde an der Errichtung eines Freikorps unter dem Hauptmann de Chevigné gearbeitet.

Nur ungefähr fünf Bataillone der gesammten Armee waren mit gezogenen Gewehren dreier verschiedener Systeme bewaffnet, alle übrigen Truppen hatten glatte Bajonnetgewehre.

Was die Zahl von 30 Feldgeschützen betraf, so war dieselbe sehr illusorisch, weil es an Bespannungen fehlte; sollten die Geschütze nur einigermaßen so bespannt werden, daß sie manövriren konnten, so mußte man die Munitions- und Trainwagen der Batterieen mit requirirten Pferden oder gar Ochsen fortschaffen, so daß sie den Geschützen nicht folgen konnten. Sollte dieser Uebelstand vermieden werden, so reduzirte sich die Feldartillerie auf kaum die Hälfte der oben angegebenen Stückzahl. Ende Juli hatte man kaum 1000 Schuß für die gesammte Feldartillerie, und im Laufe des August besserte sich darin wenig; die Artilleriemannschaft war gut diszipliniert, aber ihre Uebung im Dienst ließ vieles zu wünschen übrig.

Was den Geist in der Armee betraf, so war er sehr verschieden je nach den einzelnen Korps. Von den aus Eingebornen bestehenden Linienregimentern und Jägerbataillonen war kaum anzunehmen, daß sie sich für den Papst schlagen würden, und man mußte schon froh sein, wenn sie nicht spornstreichs zum Feinde überliefen und mit diesem gemeinschaftliche Sache machten. In den meist aus Schweizern und Süddeutschen bestehenden Fremdenregimentern herrschte die Desertion in schreckenerregendem Maße, doch glaubte man, daß der übrig bleibende Rest sich ziemlich ordentlich schlagen werde. Für die besten Truppen galten die fünf vorzugsweise aus Oesterreich rekrutirten und auch meist von österreichischen Offizieren befehligten Scharfschützenbataillone und das franco-belgische Bataillon oder Halbbataillon. Diese Truppen waren sehr gut diszipliniert, und im Laufe des August gewannen sie auch zusehends an Dienstttüchtigkeit. Auf die

Kavallerie vertraute man durchaus, wie sich später zeigte, nicht mit vollem Rechte. Ebenso ward ein großes Vertrauen auf die zahlreiche Gendarmerie gesetzt; aber bei der Nothwendigkeit, jede Stadt zu überwachen, um eine antipäpstliche Bewegung niederzuhalten, konnte nur wenig von der Gendarmerie für das Feld mobil gemacht werden und mußten selbst noch Linientruppen, wie wir gesehen haben, in ziemlicher Anzahl in die Garnisonen vertheilt werden. Uebrigens hatte sich bei dem Aufstand im Fürstenthum Benevent auch bereits gezeigt, daß man sich auf die Gendarmerie so ganz unbedingt nicht verlassen könne. Sie war dort massenweise zu den Aufständischen übergegangen.

Großen Mangel litt die Armee an Allem, was einem Heere nöthig ist, um für den Soldaten gehörig sorgen und ihn dienstfähig erhalten zu können. Es fehlte an den nöthigen Trains, an Ambulancen, an Material für den Dienst der Spitäler u. s. w. fast ganz

Die vier Feldbrigaden hatte Lamoricière Anfangs September folgendermaßen vertheilt: die Brigade v. Courten zu Macerata auf dem rechten Flügel, wenn man die Front gegen Norden denkt, zugleich mit der Bestimmung, vorkommenden Falls die Garnison von Ancona zu verstärken; die Brigade Schmid zu Foligno; die Brigade Pimodan zu Terni, und die Reservebrigade zu Spoleto, wo sich auch das Hauptquartier der Armee befand.

Ohne allen Zweifel hatte Lamoricière für den Fall eines Angriffs, der von Norden her erfolgte, an die Konzentration seiner ganzen Südarmee auf einer der beiden Seiten der Appenninen, in Umbrien oder in den Marken gedacht, ja er hatte umfassende Voranstalten dafür getroffen und hiebei selbst darauf Rücksicht genommen, daß die Konzentration sehr weit vorwärts gegen die Grenze Toscanas und der Romagna hin stattfinden könnte; so hatte er von Gubbio aus Telegraphenlinien nach Fano einerseits, nach Perugia andererseits errichten und eine gute Straße von Gubbio nach Fratta im

Thal der Tiber herstellen lassen. Mehrfach ließ er Uebungsmärsche ausführen, bei denen gewissermaßen die Konzentration seiner Streitmacht auf den einen oder den andern Punkt probirt wurde.

Aber die Vorfälle und die Mittheilungen der neuesten Zeit hatten dem päpstlichen General jede Besorgniß vor einem ernsten Angriffe von Norden her genommen; damit schwand ihm zugleich die Einsicht in die Nothwendigkeit des Zusammenhaltens seiner Kräfte, und es ward den Piemontesen leicht, seine Aufmerksamkeit bald dahin, bald dorthin zu lenken und so eine Zersplitterung seiner Kräfte herbeizuführen, die ihm bei deren Schwäche doppelt verderblich werden mußte.

Der General Fanti, vorläufig von Victor Emanuel zum Oberbefehlshaber der piemontesischen Truppen ernannt, welche zum Einfall in die päpstlichen Staaten bestimmt waren, konzentrirte von den ersten Tagen des Septembers an auf dem linken Flügel zum Einfall in die Marken das vierte, aus drei Divisionen bestehende Armeekorps unter dem General Cialdini an der südlichen Grenze der Romagna, auf dem rechten Flügel in Toscana bei Borgo S. Sepolcro und Arezzo $1^1/_2$ Divisionen des 5. Armeekorps unter dem Befehle des Generals della Rocca. Da eine vollständige piemontesische Division auf dem Kriegsfuße etwa 12000 M. zählt, so gäbe dieß eine Gesammtsumme von 54000 M.; der wahre Stand belief sich indessen nur auf 45000 M. Fanti, welcher die Stärke der Armee Lamoricières auf 25000 schätzte, oder vorgab, sie so hoch zu schätzen, gibt an, daß die piemontesische Armee unter seinem Befehl um ein Drittel stärker gewesen sei als die päpstliche, daß sie also 34000 M. gezählt habe. Die Unrichtigkeit dieser Angabe liegt auf der Hand.

Während Fanti die Truppen zusammenzog, erhoben sich Unruhen in dem südwestlichen Theil des päpstlichen Gebietes, um Frosinone und Ceprano; daß dieselben angestiftet waren, unterliegt keinem Zweifel. Gleichzeitig lief das Gerücht, daß garibaldinische Truppenabtheilungen aus dem Neapolitanischen über Rieti in die päpstlichen Staaten einzufallen drohten. Wir wissen, daß die ersten Truppen Garibaldis Neapel erst am 9. September früh Morgens erreichten. So unbedeutend jene Unruhen um Frosinone, so unrichtig diese Angaben über einen nahe bevorstehenden Angriff Garibaldis waren, erreichten sie doch vollständig ihren Zweck; die Aufmerksamkeit der päpstlichen Regierung und Lamoricières von dem abzulenken, was sich unterdessen an der Nordgrenze begab. Nach Frosinone ward sogar ein starkes Detachement gesendet.

Indessen kamen denn endlich doch sehr beunruhigende Nachrichten aus der Romagna und Toscana in das Hauptquartier des päpstlichen Generals. Die piemontesischen Truppen mehrten sich zusehends und unter ihren Augen bildeten sich Freischaaren. Lamoricière wendete sich an den Kardinal Antonelli und bat ihn, daß er durch Vermittlung des französischen Gesandten beim heiligen Stuhl Erläuterungen über die Ereignisse in der Romagna und Toscana von der piemontesischen Regierung einziehen möge. Wiederum erfolgte darauf die Antwort, daß Piemont den Papst nicht angreifen und die Bildung von Freischaaren verhindern werde.

Aber gleichzeitig mit dieser Antwort drangen auch schon zwar nicht piemontesische Truppen, doch die nun unter den Augen und unter dem Schutze der Piemontesen organisirten Freischaaren auf verschiedenen Punkten am 7. und 8. September als Vorläufer Fantis in das päpstliche Gebiet ein, bemächtigten sich der Städte Urbino und Fossombrone in den Marken, der Stadt Città della Pieve in Umbrien und riefen Victor Emanuel zum König aus.

Auch diese Maßregel erreichte ihren Zweck so vollkommen, als es kaum denkbar war. Lamoricière, welcher die Nachrichten über den erfolgten Einbruch in der Nacht vom 8. auf den 9. September und am Morgen des letztern Tages erhielt, gab vorläufig jeden Gedanken an Konzentrirung seiner Streitkräfte auf und befahl dem General v. Courten, sofort auf Fossombrone und Urbino zu marschiren, dabei jedoch darauf

Bedacht zu nehmen, daß er seine Kommunikation mit Ancona frei behalte. Ebenso erhielt General Schmid den Befehl, auf Città della Pieve zu gehen und dieses zurückzuerobern. Damit war vorläufig eine möglichst große Kraftzersplitterung eingeleitet. Lamoricière disponirte sicher nur noch über die Brigaden Pimodan und Cropt.

General Schmid ging auf den Befehl Lamoricières sofort nach Perugia und brach am 10. September Abends von hier mit 2 Bataillons, 30 berittenen Gendarmen und 2 Geschützen gegen Città della Pieve auf.

Am 11. um Tagesanbruch erreichte er Tavernelle, 11 Miglien von Perugia und 8 von Città della Pieve. Hier erfuhr er, daß am 10. eine Abtheilung der Freischaaren Masis nach Piegaro gekommen sei, dort Victor Emanuel ausgerufen und die Bogen der dortigen Brücke über einen Zufluß des Nestore gesprengt habe. Schmid ließ sogleich seine Avantgarde nach Piegaro voraus eilen und folgte bald mit dem Rest der Kolonne. Piegaro war von den Freischaaren bereits wieder geräumt. Nachdem Schmid die päpstliche Autorität und die Brücke wieder hergestellt, marschirte er nach Città della Pieve, wo er am Mittag eintraf. Er fand Masi nicht mehr daselbst und erhielt auch keine ganz bestimmte Nachricht darüber, wohin sich derselbe gewendet; am wahrscheinlichsten war es, daß er seinen Marsch auf Orvieto gerichtet habe. Während Schmid Rekognoszirungsabtheilungen ausgesendet hatte, um genauere Nachrichten einzuziehen, auf Befehle von Lamoricière wartete und zugleich seinen Truppen die nothwendigste Ruhe gab, erhielt er am 12. die Kunde, einerseits daß Orvieto in der Gewalt der Freischaaren sei, und andererseits, daß die Piemontesen in Umbrien eingefallen seien, Città di Castello besetzt hätten und Perugia bedrohten. Er glaubte jetzt vor allen Dingen den letztern Punkt sichern zu müssen, brach sogleich von Città della Pieve auf und erreichte am 14. in der Morgendämmerung Perugia.

Masi hatte nach der Besetzung von Città della Pieve,

ohne sich lange daselbst aufzuhalten, mit seinem Gros den Marsch nach Orvieto fortgesetzt, vor welcher Stadt er am 11. September Morgens erschien.

Orvieto liegt auf einer isolirten Höhe und hat eine tüchtige alte Mauerbefestigung, in welche allerdings die Zeit einige Lücken gerissen hat. Es war besetzt mit 110 Scharfschützen und 28 Gendarmen. An andern Orten hatte man wohl Bürgerwehren zur Unterstützung der päpstlichen Truppen errichtet. Zu Orvieto war dieß unterblieben, weil der Delegat in die gut päpstliche Gesinnung der Bürgerschaft sehr mit Recht kein besonderes Vertrauen hatte. Mit gehöriger Benutzung des Terrains und der alten Befestigungen hätte sich Orvieto immerhin gegen einen, wenn auch numerisch überlegenen Feind, der keine Artillerie mit sich führte, längere Zeit halten lassen.

Kaum hatte indessen Masi ein ziemlich unnützes Flintenfeuer begonnen und kaum zählte die päpstliche Besatzung in ihren Reihen einen Verwundeten, als sie auch schon den Widerstand aufgab und ihr Befehlshaber auf die Kapitulationsunterhandlungen eintrat, welche ihm angeboten wurden. Er erhielt freien Abzug mit Waffen und Gepäck und rückte noch am 11. September in der Richtung auf Montefiascone ab; während Masi Orvieto besetzte.

Von Courten war auf den betreffenden Befehl Lamoricières mit seiner Brigade von Macerata gegen Fossombrone und Urbino aufgebrochen; zwei Detachements zu 500 bis 600 M., das eine unter dem Oberst Kanzler, das andere unter dem Oberstlieutenant Vogelsang, hatte er vorausgesendet, um die verschiedenen Abtheilungen der Freischaaren aufzusuchen und zu vertreiben.

Noch am 11. September erhielt v. Courten die Nachricht, daß die Piemontesen ins päpstliche Gebiet eingefallen seien. Augenblicklich trat er nun den Rückzug nach Ancona an, wo er am 13. September eintraf; an Kanzler und Vogelsang hatte er den Befehl gesendet, sie sollten sich zuerst vereinigen und sodann gleichfalls nach Ancona gehen. Die beiden

Detachements stießen in der That am 12. September Abends bei Mondavio zwischen dem Metauro und Cesano zusammen und Kanzler führte nun die Kolonne, welche etwa 1000 M. mit zwei Geschützen stark war, in der Richtung auf Sinigaglia.

Von jetzt ab verschwindet die Wirkung der Freischaaren vor jener der piemontesischen Armee. Wir wollen daher zusehen, in welcher Weise sie das päpstliche Gebiet betrat.

Am 10. September, demselben Tage, an welchem della Minerva mit dem piemontesischen Ultimatum zu Civita Vecchia landete, erschien im Hauptquartier Lamoricières der Hauptmann Farini, um einen Brief des Generals Fanti an den päpstlichen Oberbefehlshaber zu überbringen.

Fanti sagte in diesem Schreiben: Der König Victor Emanuel könne sich nicht verhehlen, daß jede nationale Bewegung in den päpstlichen Staaten, welche durch fremde Truppen niedergeschlagen werde, einen traurigen Gegenschlag zur Folge haben werde; aus diesem Grunde habe er ein piemontesisches Truppenkorps an der päpstlichen Grenze zusammengezogen. Fanti habe den Befehl, dem General Lamoricière anzuzeigen, daß diese piemontesischen Truppen in Umbrien und die Marken einrücken würden, wenn die päpstlichen Truppen sich veranlaßt sähen, gegen eine nationale Manifestation in irgend einer der Städte der genannten Provinzen einzuschreiten, oder wenn die päpstlichen Truppen Befehl erhielten, unter solchen Umständen gegen eine dieser Städte zu marschiren, — oder endlich, wenn Lamoricière einzelne Abtheilungen seines Heeres, die in irgend einer Stadt nationale Manifestationen bereits unterdrückt hätten, nicht augenblicklich zurückzöge.

Lamoricière antwortete, während Farini in seinem Hauptquartier zurückblieb, um Näheres abzuwarten, zunächst dem General Fanti telegraphisch: er habe durchaus keine Vollmachten, auf Mittheilungen zu antworten, wie der piemontesische Befehlshaber sie ihm mache; er würde nach Rom an die päpstliche Regierung berichten und nach dem Bescheide, den er von dort erhielte, sofort erwidern.

Gegen Farini sprach sich Lamoricière in privater Unterhaltung sehr entrüstet über die Aufforderung Fantis aus: mit großem Rechte bemerkte er, daß es von piemontesischer Seite anständiger gewesen wäre, ohne Weiteres den Krieg zu erklären.

Am Abend des 10. kam eine telegraphische Depesche Fantis an, durch welche Farini, ohne fernere Erläuterungen und dergleichen zu erwarten, aus dem Hauptquartier Lamoricières zurückgerufen ward.

Bald darauf erhielt der päpstliche General noch eine telegraphische Depesche des Kriegsministers folgenden Inhalts:

„Die französische Gesandtschaft ist unterrichtet worden, daß der Kaiser Napoleon III. an den König von Piemont geschrieben hat, um ihm zu erklären, er werde sich einem Angriffe auf die päpstlichen Staaten mit Gewalt widersetzen."

Lamoricière konnte sich von der Hoffnung auf eine französische Einmischung zu Gunsten des Papstes wunderbarer Weise schwer trennen; er glaubte an dieselbe um so mehr, als am 6. September ein französisches Regiment zur Verstärkung der Okkupationstruppen bereits bei Civita Vecchia gelandet war.

Immerhin traf Lamoricière jetzt Anstalten, mit seiner Armee den Piemontesen einen vorläufigen Widerstand entgegenzusetzen und dabei die päpstliche Armee soweit möglich intakt zu erhalten.

Für den Fall, daß die Freischaaren aus der Romagna und aus Toscana von der piemontesischen Armee unterstützt würden, hatte Lamoricière schließlich den Plan gefaßt, sich nach Ancona zu werfen und dort seine ganze disponible Feldarmee zu vereinigen. Dieser Umstand zeigt neben so manchem Andern, wie sehr Ende August und Anfangs September in den päpstlichen Regierungskreisen auf eine französische Intervention gegen Piemont gerechnet wurde. Denn daß Lamoricière seine Truppen bei Ancona konzentrirte, konnte doch nur den Sinn haben, daß er dort sich eine Zeit lang zu behaupten gedachte, bis ein Einschreiten von Außen her einen Umschwung zu Gunsten des heiligen Vaters hervorgebracht haben würde; und dieses Einschreiten von Außen her war zunächst wohl nur von französischer Seite zu erwarten.

Allerdings waren die Dinge auch für Frankreich nicht so einfach angelegt, als man es auf den ersten Blick wohl ansehen könnte, und es verlohnt sich, dieß etwas näher zu betrachten.

Einerseits schlossen die Stipulationen von Villafranca, welche niemals ganz beseitigt waren, eine französische Intervention in den italienischen Angelegenheiten aus. Bei einer weiteren Auslegung dieser Stipulationen konnte man auch eine Intervention der piemontesischen Regierung als ausgeschlossen betrachten; indessen diese Regierung hatte sich bereits selbst von jener weiteren Auslegung emanzipirt und war zum Theil von ihr emanzipirt worden. Sie hatte Mittelitalien annexirt und es war wenigstens thatsächlich nichts dagegen geschehen; in Süditalien war der Name Victor Emanuels auf die Fahne der Revolution geschrieben worden und Victor Emanuel und sein Kabinet hatten nie dagegen protestirt; die andern Mächte hatten es in diesen Fällen lediglich bei nichtssagenden Protesten und Vorbehalten bewenden lassen. Thatsächlich erschien daher Piemont wirklich als Hegemone Italiens, und was es in irgend einem Theil Italiens that, konnte schwerlich noch als äußere Intervention betrachtet werden. Wollte man es unter Umständen so betrachten, so wurden auch die übrigen Mächte entfesselt, ihrer ausdrücklichen oder stillschweigenden Versprechungen entbunden und ein allgemeiner Krieg konnte jeden Tag wieder entbrennen. Frankreich hatte kein Interesse daran, für jetzt diese Anschauung zu der seinigen zu machen.

Andererseits war den französischen Okkupationstruppen zu Rom und Civita Vecchia mit theils stillschweigender, theils ausdrücklicher Uebereinstimmung Europas bis jetzt noch der Schutz des heiligen Vaters und dann doch wohl auch eines Theils des Kirchenstaates anvertraut. Denn, wenn man auch allgemein der Ansicht gewesen wäre, was keineswegs der Fall war, daß der Papst seiner weltlichen Herrschaft entkleidet werden müsse, zum Wohle seiner bisherigen Unterthanen, ganz Italiens und der Christenheit, — so lange man überhaupt noch Okkupationstruppen für ihn zu Rom ließ, — bedurften ja diese schon ohne allen Zweifel eines strategischen Gebiets, um gegen andere bewaffnete Mächte ihre Aufgabe lösen zu können.

Je nachdem nun angenommen ward, daß das ganze bisher dem Papst noch erhaltene Gebiet nothwendig ihm auch ferner erhalten werden müsse, oder daß es nur auf die Behauptung des strategischen Gebiets für die Okkupationstruppen ankomme, konnten die Franzosen, angemessen verstärkt, entweder jedem Einfall in das gesammte päpstliche Gebiet, wo immer er auch stattfinden mochte, mit Gewalt entgegentreten, oder sie konnten sich ruhig verhalten, so lange von einem Feinde nur ihr strategisches Gebiet unberührt gelassen ward.

Diese beiden Gesichtspunkte, welche sich von vornherein darboten, wurden nicht genügend auseinander gehalten; wir haben merkwürdiger Weise ihre Unterscheidung nirgends entdecken können, auch in öffentlichen Dokumenten nicht. In vielen Fällen mag die Unterlassung dieser Unterscheidung aus dem Mangel an Einsicht entspringen, in andern sicherlich nicht. Es lag im Interesse mancher Leute, die Sache zu verdunkeln oder im Dunkeln zu lassen, und wir sehen mit den beiden Worten: Schutz des Papstes (und implizite des strategischen Gebiets der Franzosen) einerseits und Schutz des Kirchenstaats andererseits in den offiziellen Schriftstücken ein wunderlich buntes Spiel treiben.

Insgeheim hatte der Kaiser Napoleon sicherlich den Gesichtspunkt der Behauptung des bloßen strategischen Gebiets der Franzosen angenommen; militärisch gab er also den Piemontesen Umbrien und die Marken preis; er konnte dabei immer noch sagen, er werde den Papst gegen jeden Einfall der Piemontesen schützen. Sich ganz deutlich darüber zu erklären, wie er das verstände, dazu hatte er gar keine besondere Veranlassung.

Am 11. September erließ der General Fanti an seine Truppen den nachfolgenden Tagesbefehl:

„Fremde Banden von allen Enden Europa's zusammengetrommelt haben auf dem Boden Umbriens und der Marken die lügnerische Fahne einer Religion aufgepflanzt, welche sie beschimpfen. Ohne Vaterland und ohne Heimat, fordern sie die Bevölkerung heraus und beleidigen sie, um einen Vorwand zu gewinnen, ihr Joch derselben aufzuzwingen.

„Ein solches Märtyrthum muß ein Ende nehmen, eine solche Frechheit muß gebändigt werden, indem wir die Unterstützung unserer Waffen bringen jenen unglücklichen Kindern Italiens, welche lange vergebens auf Gerechtigkeit und Liebe von Seiten ihrer Regierung gewartet haben. Wir erfüllen diese Aufgabe, welche uns der König Victor Emanuel anvertraut. Und Europa möge nun wissen, daß Italien nicht mehr von der Gnade oder der Willkür des ersten besten keckſten oder glücklichsten Abenteurers abhängt."

Der gereizte Ton dieses Tagesbefehls, welcher von einem ähnlichen Cialdinis noch überboten wird, ist augenfällig genug. Wir machen nur darauf aufmerksam, daß Fanti sich nicht entbrechen kann, Garibaldi einen Hieb zu ertheilen. Ob dieß in einem solchen Tagesbefehl nothwendig war, überlassen wir Jedem zu entscheiden. Der Leser mag aber auch hieraus wieder sehen, wie wenig wir übertreiben oder entstellen, wenn wir öfters auf das persönliche Verhältniß der Männer des cavourischen Regiments zu Garibaldi erläuternd und erinnernd zurückkommen, und er wird Mehreres, was wir in den Betrachtungen über den Weg der piemontesischen Armee nach Neapel, den direkten und den indirekten, gesagt haben, doppelt bestätigt sehen.

Am 11. September um Mittag rückten die piemontesischen Truppen in das päpstliche Gebiet ein. Wir folgen zunächst für einige Tage den Bewegungen des 4. Armeekorps, welches den linken Flügel und das Zentrum des piemontesischen Heeres bildete.

Dieses Armeekorps rückte in drei Kolonnen ein.

Auf dem äußersten linken Flügel marschirte die vierte Division längs der Meeresküste grade auf Pesaro los;

rechts von ihr über Salodecchio ging die 7. Division vor, um sich dann im Thal des Arzillaflüßchens gleichfalls gegen die Meeresküste und auf Fano zu wenden;

noch weiter rechts marschirte die 13. Division auf Urbino, um in den Appenninen die Verbindung zwischen den erstgenannten beiden Divisionen und dem rechten Flügel der Armee unter della Rocca herzustellen.

Die vierte Division stieß bei ihrem Vorrücken am 11. September alsbald auf die Stadt Pesaro. Der Kommandant der Garnison, Oberst Zappi, zog dieselbe in das nur mit drei Kanonen armirte und sehr mangelhaft befestigte Kastell, da eine Vertheidigung der gesammten Stadt mit 500 M. unmöglich war.

Die Piemontesen begannen sofort ein lebhaftes Feuer mit gezogenem Geschütze und am 12. September Mittags mußte Zappi kapituliren.

Unterdessen war die siebente Division ohne Widerstand nach Fano vorgerückt und bemächtigte sich dieser Stadt am 12. September.

Am Abend dieses Tages hatten, wie bereits erwähnt wurde, die päpstlichen Kolonnen Kanzler und Vogelsang sich bei Mondavio vereinigt, und am 13. Morgens wollte Kanzler nach Sinigaglia marschiren, um von dort Ancona zu gewinnen; als er den Cesano passirt hatte, erfuhr er indessen, daß Fano von einer piemontesischen Division besetzt sei. Er stieg deßhalb nicht gegen das Meeresufer hinab, sondern blieb auf den Höhen, um etwa 2 Stunden oberhalb Sinigaglia über die Misa zu gehen.

In der That war die siebente piemontesische Division am

13. von Fano nach Sinigaglia marschirt. Hier ward ihr Kommandant von dem Marsche Kanzlers unterrichtet und entsendete am Mittage sofort die Avantgarde, bestehend aus den Lanciers von Mailand und mehrern Bataillonen Bersaglieri und Infanterie auf S. Silvestro und S. Angelo. Bei S. Angelo traf dieses Detachement auf die Kolonne Kanzler und manövrirte, um ihr den Rückzug nach Ancona abzuschneiden. Kanzler traf vortreffliche Anstalten und seine Leute benahmen sich mit großer Tapferkeit. Ohne sein Marschziel aus dem Auge zu verlieren, wies Kanzler mehrere Angriffe ab und erreichte am Morgen des 14. September mit dem verhältnißmäßig geringen Verluste von nur 150 M. Ancona. Die piemontesische Reiterei war ihm noch bis Monte Marciano gefolgt. Hier gab sie die Verfolgung auf und das ganze Detachemement kehrte zur siebenten Division nach Sinigaglia zurück. Die Division blieb den 14. in dieser Stadt stehen und rückte am 15. in das Esinothal vor, wo sie sich zu Jesi und Torre di Jesi verschanzte; am 16. ward auch die vierte Division in das Esinothal vorgezogen.

Die dreizehnte Division war in derselben Zeit von Urbino und Fossombrone über Gubbio am Westabhang der Appenninen nach Gualdo Tadino vorgerückt.

Hier verlassen wir vorläufig den linken Flügel und das Zentrum, um die Fortschritte des rechten Flügels vom Beginne der Feindseligkeiten ab zu verfolgen.

Die Avantgarde dieses Flügels, die Grenadierbrigade Sardinien, besetzte am 11. September Città di Castello und die ganze Kolonne della Rocca marschirte am 12. das Tiberthal abwärts nach Fratta. Am 13. ließ Fanti eine Avantgarde unter dem General Sonnaz, bestehend aus der Grenadierbrigade Sardinien, dem 16. Bersaglieribataillon, einer Batterie und einer Sappeurkompagnie gegen Perugia vorrücken.

Am 14. Morgens griff Sonnaz die Stadt Perugia von der Ost- und Nordseite her an, nachdem eben Schmid mit zwei Bataillonen von Città della Pieve zurückkehrend dieselbe wieder betreten hatte. Schmid gebot im Ganzen über 1400 M. und die Zitadelle von Perugia war in gutem Vertheidigungsstand und gut armirt. Das Gefecht begann an den Thoren der Stadt und ward von da, wie ein jedes Straßengefecht, mit abwechselndem Erfolge geführt. Schon drei Stunden war gekämpft und die Piemontesen hatten mindestens theilweise Nachtheile erlitten, als sie Unterhandlungen anboten. Man sagte dem General Schmid, daß der General Fanti mit allen seinen Streitkräften vorrücke. Er verlangte darauf einen Waffenstillstand, um den General Fanti zu erwarten und mit diesem zu unterhandeln; er forderte dabei selbst, daß die von den Piemontesen bereits besetzten Stadtthore seinen Truppen übergeben würden. Darüber kam General della Rocca mit der lombardischen Grenadierbrigade, dem 9. und 14. Bersaglieribataillon und 2 Batterieen, worunter eine Haubitzbatterie, heran. Das Gefecht entspann sich von Neuem; Schmid zog seine Truppen in die Zitadelle zurück und es begannen nun wirklich Unterhandlungen über deren Uebergabe. Die Piemontesen schlossen dieselbe von allen Seiten ein.

Fanti war herangekommen, die Unterhandlungen hatten aber noch beim Ablaufe des Waffenstillstandes zu keinem Resultate geführt. Doch war Schmid bereits ziemlich herabgestimmt, weil sich insbesondere in einem seiner Bataillone große Neigung zur Meuterei zeigte.

Als Fanti das Feuer seiner Batterieen, die unterdessen vortheilhafte Stellungen genommen hatten, beginnen ließ, erfolgte alsbald die Uebergabe der Zitadelle; die ganze Garnison ward kriegsgefangen, und außer dem Festungsgeschütze fielen den Piemontesen noch 6 Feld- und Belagerungsgeschütze in die Hände.

Am 15. marschirte Fanti mit der Kolonne della Rocca auf Foligno und bemächtigte sich am 16. dieser Stadt nach der leichten Ueberwältigung der dortigen kleinen Besatzung.

Wir haben gesehen, wie die Besatzung von Orvieto am

11. September gegen Masi kapitulirte und denselben Tag gegen Viterbo hin abmarschirte. Auf dem Wege nach Montefiascone begegnete sie einem von Viterbo kommenden Detachement unter dem Hauptmann Petrelli, welches zur Unterstützung von Orvieto bestimmt war. Als Petrelli erfuhr, daß Orvieto bereits in den Händen des Feindes sei und daß Masi eine überlegene Macht zu seiner Disposition habe, marschirte er mit der vereinten Truppe auf Montefiascone zurück, ließ merkwürdiger Weise in dieser Stadt, welche viel minder vertheidigungsfähig ist als Orvieto, die Hälfte seiner Truppen zurück und ging mit der andern nach Viterbo. Die Besatzung von Montefiascone sollte noch mehrere Tage Ruhe haben, da auch Masi sich nicht rührte.

Am 16. waren die Piemontesen im Besitz einer Linie, welche durch die drei Hauptpunkte Orvieto, Foligno, Jesi bezeichnet wird. Sie bedrohten unmittelbar Ancona.

Sehen wir nun zu, was vom 11. bis zum 16. September von Seiten des päpstlichen Oberbefehlshabers geschehen war.

14. Das Treffen von Castelfidardo.

Die Sendung des Hauptmanns Farini nach Spoleto konnte, was ihm auch von Rom her versprochen und berichtet werden mochte, Lamoricière keinen Zweifel darüber lassen, daß die Piemontesen wirklich in das päpstliche Gebiet einrücken würden. Damit trat für ihn der Fall ein, in welchem er sich mit so viel als möglich vereinigter Macht nach Ancona werfen wollte.

Am 10. September Abends wies daher Lamoricière den General Pimodan an, seine Brigade aus ihren Kantonnirungen bei Terni zu konzentriren, Fuhrwerke zu requiriren, Lebensmittel auszutheilen, die Munition zu vervollständigen, kurz seine Truppe marschbereit zu machen. Dasselbe ordnete er für die Brigade Cropt bei Spoleto an. Mit diesen verschiedenen Arbeiten ging der 11. September hin. An demselben Tage setzte Lamoricière außerdem das Schloß von Spoleto, so gut es sich thun lassen wollte, in Vertheidigungsstand, gab ihm eine Besatzung von wenig über 600 M., wobei 300 Irländer, von solchen Korps, deren Ausrüstung noch unvollständig war und sie zu Märschen und lebhaften Bewegungen im freien Felde untauglich machte, und vertraute das Kommando des Platzes dem Major O'Reilly an.

Courten erhielt den Befehl, vor überlegenen Kräften auf Ancona zu weichen, Schmid sollte sich ebenso auf Viterbo zurückziehen; letzterem ward zugleich angezeigt, daß Lamoricière ihm ein Bataillon seiner Brigade entführe.

Am 12. früh Morgens marschirte Lamoricière mit dem 2. Bataillon des 1. Fremdenregiments, einer Kompagnie Irländer, 5 Kompagnieen vom 1. Linienregiment (ursprünglich von der Brigade Courten) von Spoleto auf Foligno ab. Er hatte 8 Geschütze bei sich.

Am gleichen Tage brach Pimodan mit $4^1/_2$ Bataillons, 300 Reitern und ebenfalls 8 Geschützen von Terni auf, um Lamoricière über Spoleto auf den Abstand eines Tagmarsches zu folgen.

Am Abend des 12. kam zu Foligno auch das 2. Bataillon des 2. Fremdenregiments von der Brigade Schmid an, welches bisher in der Umgegend von Perugia gestanden und welches nun Lamoricière an seine Kolonne herangezogen hatte.

Am 13. marschirte Lamoricière von Foligno ab und erreichte über Tolentino am 15. September Morgens Macerata.

In Macerata erfuhr Lamoricière, daß die Piemontesen bereits bei Jesi und vorwärts dieser Stadt ständen. Er befand sich also in nächster Nähe des Feindes. Er konnte in Macerata entweder Pimodan erwarten oder sogleich weiter marschiren. Ersteres war unerläßlich, wenn er von Macerata aus der Straße über Osimo oder auch jener über Recanati und Loreto folgen wollte, die ihn sofort den Piemontesen näher brachten. Bei der Stellung der Piemontesen war es bei einer dieser Marschrichtungen fast nicht anders möglich, als daß sie

30 *

seine beiden Staffeln, die von ihm selbst und die von Pimodan kommandirte, von einander trennten und einzeln schlugen, falls ihre Vereinigung nicht vor der Fortsetzung des Marsches und zu Macerata selbst stattfand. Dieser Gefahr schien man eher zu entgehen, ohne daß Lamoricière seinen Marsch einstellte, wenn er von Macerata auf den Höhen zwischen dem Chienti und der Potenza über Monte Lupone und Monte Santo fort, von hier aus über die untere Potenza und nach Porto Recanati unmittelbar am Meeresgestade zog.

Zur Wahl dieses letztern Weges und zugleich zur Beschleunigung des Marsches seiner Staffel bestimmte Lamoricière noch ein eigener Umstand.

Nach Ancona waren schon im Frühling 1860 500000 Francs gesendet worden, welche nach ausdrücklicher Bestimmung in der Zitadelle niedergelegt und nur im dringendsten Nothfall angerührt, mit denen also die laufenden Ausgaben des Platzes und der Besatzung nicht bestritten werden sollten. Dem war das Platzkommando nicht nachgekommen, hatte — man kann keinen andern Ausdruck dafür gebrauchen — die Summe auf schmähliche Weise vergeudet, und erst als der Einbruch der Piemontesen so gut als gewiß war, fiel es dem Platzkommando ein, daß noch nicht einmal für die Verproviantirung der Festung gesorgt sei, und es forderte nun von Merode die hiezu nöthigen Summen, indem es jetzt erst zugleich mittheilte, daß von den 500000 Francs kein Rappen mehr vorhanden sei.

Zu derselben Zeit aber sah sich Lamoricière genöthigt, von Merode baares Geld für die Marschverpflegung seiner nach Ancona instradirten Truppen zu verlangen, allerdings viel weniger, als für die Verproviantirung von Ancona nöthig war.

Merode sendete nun nicht bloß dieß letztere Geld an Lamoricière, sondern auch die für Ancona bestimmten Summen, welche er allerdings viel besser zur See nach der Festung hätte spediren können. Lamoricière sah sich auf diese Weise, da das Geld vorherrschend in Silber geliefert war, mit einem beträchtlichen Aussentrain belastet, von welchem er nicht wußte, ob er ihn genügend würde decken, ob er ihn überall hin, auf allen Wegen, die er einzuschlagen gezwungen wäre, würde mitschleppen können.

Es lag ihm daher sehr am Herzen, das für Ancona bestimmte Geld möglichst bald los zu werden, ohne es doch zu verlieren, und dieß war am leichtesten zu erreichen, wenn er es auf dem Seeweg spediren konnte. Er bestellte daher einige Kanonierboote von Ancona nach Porto Recanati und zog aus denselben Gründen den Weg über Monte Santo und die untere Potenza nach Porto Recanati allen anderen vor.

Schon in der Nacht vom 14. auf den 15. September unterrichtete er davon Pimodan, der sich, um Befehle einzuholen, für seine Person bei ihm einfand, und wies denselben an, der ersten Staffel auf dem gleichen Wege zu folgen und auf seinem Marsche jedes ernste Gefecht mit den Piemontesen zu vermeiden.

Am 16. September früh Morgens brach Lamoricière mit seiner Staffel von Macerata auf; der Weg bis Porto Recanati beträgt nur etwa 15 Miglien (gegen 4 deutsche Meilen), ist aber keiner von den besten. Dabei war die Hitze an diesem Tage gewaltig. Erst am Abend um 6 Uhr erreichte Lamoricière Porto Recanati. Er fand daselbst die Kanonierboote, welche er von Ancona verlangt hatte, nicht, dagegen erschien der kleine Dampfer San Paolo, welcher von Ancona entsendet war, um Nachrichten von Lamoricière einzuziehen. Auf diesen wurden nun die für Ancona bestimmten Gelder, in Eile und Verwirrung aber auch diejenigen eingeschifft, welche für die Verpflegung der Feldtruppen hätten zurückbehalten werden sollen; dieß verursachte natürlich am folgenden Tage große Ungelegenheiten.

Wir sahen, wie am 15. September die vierte, am 16. auch die siebente piemontesische Division ins Esinothal vorrückten. Cialdini, von dem Marsche Lamoricières auf Tolentino und Macerata unterrichtet, schloß ganz richtig, daß derselbe sich nach Ancona hineinwerfen wolle. Um ihm nun den Weg dahin zu verlegen, ließ er noch am 16. seine Avantgarde von Jesi über Osimo auf Castelfidardo abmarschiren und am 17. auch den Rest der Truppen der vierten und siebenten Division ebendahin folgen.

Die Vortruppen Cialdinis bemächtigten sich am 16. Abends, ohne auf Widerstand zu stoßen, der Musone-Brücke bei Contrada Barca und schoben ihre Posten bis gegen die Höhen von Loreto vor.

Lamoricière erhielt, während er bei Porto Recanati noch mit dem Einschiffen der Gelder für Ancona beschäftigt war, die — allerdings falsche — Nachricht, daß Loreto vom Feinde besetzt sei. Um seine Vereinigung mit Pimodan für den folgenden Tag sicher zu stellen und zugleich um Lebensmittel in genügender Menge auftreiben zu können, hielt es Lamoricière für unumgänglich nothwendig, sich Loretos zu bemeistern.

Er sendete daher dorthin sogleich eine Eskadron Gendarmen, welche er von Macerata mit sich genommen hatte, unter dem Befehl des Hauptmanns Palffy, seines Ordonnanzoffiziers, da die eigenen Offiziere der Gendarmen sich als unbrauchbar erwiesen, — und als die Infanterie kaum eine Stunde bei Porto Recanati geruht hatte, mußte auch sie nach Loreto aufbrechen. Palffy fand die Stadt vom Feinde nicht besetzt, als er aber gegen den Musone und Contrada Barca vorging, erhielt er von dort Feuer.

Wenn man von den Höhen von Loreto, die sich zu 500 bis 600 Fuß erheben, in der Richtung nach Norden hinabsteigt, so gelangt man alsbald in das Thal des Musone und überschreitet diesen Fluß auf der hölzernen Brücke von Contrada Barca. Folgt man der Straße nach Ancona weiter, so trifft man nach 1300 Schritt eine zweite Brücke; dieselbe führt über den Vallatobach, einen linken Zufluß des Musone, dem er ziemlich parallel läuft und mit welchem er sich 2000 Schritt unterhalb der Brücke von Contrada Barca in einem sehr spitzen Winkel vereinigt; nur etwa 400 Schritt vom linken Ufer des Vallato beginnen die südlichen Abhänge der Höhen von Castelfidardo. Deren Hauptkamm läuft auf der Strecke, welche uns hier interessirt, dem Musone und Vallato ungefähr parallel. Die höchsten Punkte sind hier Castelfidardo, 734, und Osimo, 847 Fuß über dem Meere. Vom Orte Castelfidardo aus erstrecken sich gegen das Meer hin, doch ohne dasselbe zu erreichen, niedrige Ausläufer; der eine nach Südosten, der andere nach Osten, der dritte nach Norden.

Ueber diese Ausläufer zieht, nachdem man die Brücke des Vallato überschritten, eine Hauptstraße nach Ancona, so daß ihr Castelfidardo auf etwa 2500 Schritt westlich bleibt. An dieser Straße liegen, wenn man von Süden nach Norden geht, die Weiler Campanari, Crocette und Rochetto; jenseits Rochetto senkt sich die Straße in das Thal des Aspio, welcher gleichfalls ein linker Zufluß des Musone ist und sich mit diesem etwa 5000 Schritt unterhalb der Brücke von Contrada Barca vereinigt; die Entfernung der beiden Brücken über den Vallato und über den Aspio von einander beträgt 7000 Schritt, und auf der Mitte zwischen den beiden Brücken, zugleich auf dem höchsten Punkte der Ausläufer, welche die Kuppe von Castelfidardo entsendet, liegt an der Straße der Weiler Crocette. Jenseits des Aspio ersteigt die Straße die Höhen von Camerano und führt nun in nördlicher Richtung nach Ancona.

Eine andere Straße zweigt sich von der eben näher erwähnten nördlich der Vallatobrücke gegen Westen ab, sendet einen ihrer Zweige direkt auf die Höhen von Castelfidardo und folgt mit dem andern zuerst dem Vallatothal, Castelfidardo nordwärts zur Seite lassend, um dann in sanfter Steigung zwischen Castelfidardo und S. Sabino den Kamm der Höhen zu gewinnen und nach Osimo weiter zu ziehen, von wo sie sich nordwärts nach Ancona wendet.

Eine dritte Straße, welche von Loreto ausgeht, überschreitet den Musone ein wenig unterhalb der Mündung des Aspio mittelst einer Fuhrt. Von dieser Fuhrt ab führen zum

Theil sehr schlechte Feldwege nach Umana; von Umana geht wieder eine gute Straße über Sirolo, Massignano, dann zwischen Camerano im Westen und dem Monte Conero im Osten an die Meeresküste und längs dieser nach Ancona.

Das Thal des Musone und Vallato hat in der Gegend von Loreto eine Breite von 2500, das des Aspio bei Rochetto eine Breite von 1400 Schritt; das Thal des untern Musone von seiner Vereinigung mit dem Aspio ab und an dieser ist etwa 5000 Schritt breit. Die Thalflächen sind mit Bäumen bepflanzt, von Bewässerungskanälen durchzogen; die anstoßenden Höhen tragen neben den Städten und Weilern viele einzelne Höfe und Häuser, und die Wege nehmen auf und an den Höhen häufig den Charakter von Hohlwegen an; Reben bedecken die Abhänge. Musone und Aspio haben alle Eigenschaften der Gebirgsflüsse, der Vallato diejenigen der Niederungsbäche, namentlich, obwohl bei steil eingeschnittenen Rändern, ein schlammiges Bett.

Die Höhen von Castelfidardo und Osimo bis einschließlich zu dem östlichen Punkt ihres östlichen Ausläufers hatte am 16. und 17. Cialdini mit dem Gros der vierten und siebenten Division besetzt; zwischen der Brücke von Contrada Barca über den Musone und derjenigen des Vallato ward auf der Straße eine Verschanzung aufgeworfen und mit zwei gezogenen Kanonen bewaffnet. Auf diese Weise sperrte Cialdini dem päpstlichen General die beiden Straßen über den Weiler Crocette und Camerano und über Osimo. Bei Camerano war die Brigade Como unter dem Brigadier Cugia aufgestellt; sie beobachtete Ancona und deckte so den Rücken der übrigen Streitkräfte Cialdinis, der in seinem Gros über etwa 20000 M. verfügte, die auf eine Frontstrecke von nur etwa 12000 Schritt vertheilt waren.

Am 16. und am Morgen des 17. hatte Lamoriciere von außen her wesentlich nur gute Nachrichten erhalten. Er wußte, daß nicht bloß v. Courten, sondern auch die Kolonnen Kanzler und Vogelsang, und zwar diese nach einem für sie glänzenden Kämpfe, glücklich in Ancona eingetroffen seien. Merode theilte eine Depesche mit, welche der französische Gesandte zu Rom, Herzog von Grammont, an den französischen Konsul zu Ancona gerichtet hatte und welche folgendermaßen lautete:

„Der Kaiser hat von Marseille an den König von Sardinien geschrieben, daß, wenn piemontesische Truppen auf das päpstliche Gebiet dringen, er sich genöthigt sehen wird, sich dem zu widersetzen. Schon sind Befehle zur Einschiffung von Truppen in Toulon gegeben, und diese Verstärkungen werden unverweilt eintreffen. Die Regierung des Kaisers wird den verbrecherischen Angriff der sardinischen Regierung nicht dulden. Als Vizekonsul Frankreichs müssen Sie Ihr Verhalten demgemäß einrichten."

Diese Depesche, welche in der Art, wie sie Lamoricière erhielt, besagte, daß Napoleon sich dem Beginnen der Piemontesen „mit Gewalt" widersetzen werde, hat später zu vielem Hin- und Herschreiben und allen möglichen Erklärungen Veranlassung gegeben.

Ein Schreiben von Triest vom 11. September besagte ferner, daß ein starkes österreichisches Geschwader unter einem fähigen Führer südlich von Ancona kreuzen werde, um eine Blokade dieses Platzes zu verhindern.

Alle diese Nachrichten theilte Lamoricière seinen Truppen mit, um ihren Muth dadurch zu heben. Es ist sicherlich kein gutes Zeichen, wenn man zu solchem Zweck immer auf auswärtige Hülfe verweisen muß. Eine frühere ähnliche Maßregel hatte fast das entgegengesetzte Resultat gehabt. Der Kaiser Franz Joseph nämlich hatte den Offizieren und Soldaten der aus Oesterreich rekrutirten päpstlichen Scharfschützenbataillone mitgetheilt, daß er sie in die österreichische Armee aufnehmen würde, wenn sie trotz eines rühmlichen Widerstandes dem Angriffe überlegener feindlicher Streitkräfte unterliegen sollten. Offiziere und Soldaten fingen darauf an zu berechnen, wie lange sie wohl wenigstens widerstehen müßten, um dieses Vortheils theilhaftig zu werden. Daran, daß sie überhaupt siegen könnten, dachten sie gar nicht mehr.

Die schlechten Nachrichten, vom Falle Orvietos und Perugias erhielt Lamoricière in diesen Tagen nicht.

Dagegen machte ihm die Verpflegung zu Loreto am 17. September große Schwierigkeiten; die Monopolwirthschaft des päpstlichen Regiments verschuldete den Mangel an Mühlen; einige Mühlen in der Gegend waren außerdem bereits von piemontesischer Reiterei besetzt; die Monopolwirthschaft und die Steuerlast verschuldete es auch, daß die Bäcker im Kirchenstaat sich nie mit großen Mehlvorräthen versehen konnten. Baares Geld hätte vielleicht in der Hauptsache die vorhandenen Schwierigkeiten besiegt, aber Lamoricière litt auch daran Mangel, weil fast alles nach Ancona eingeschifft war.

Am 17. machten die Piemontesen eine Bewegung, als ob sie angreifen wollten; es geschah aber nichts davon; eine bedeutende Kavalleriemasse der Piemontesen nahm Stellung in dem offen.n Theil der Thalebene des Musone bei Rostechieto. Am Abende des 17. traf Pimodan, welcher dem gleichen Wege wie Lamoricière gefolgt war, bei Loreto ein.

Lamoricière hatte 2000 M. Infanterie mitgebracht, Pimodan brachte 2600. Die Kavallerie eingeschlossen, verfügte Lamoricière somit über wenig mehr als 5000 M. Weitere Verstärkungen hatte er nicht zu erwarten; er beschloß demnach für den 18. den Marsch auf Ancona. Von Courten sollte denselben durch einen starken Ausfall aus der Festung, in den Rücken der Piemontesen, erleichtern.

Von Loreto aus auf einer der Straßen über Osimo oder Crocette vorzugehen, war für Lamoricière unmöglich; außer den Terrainschwierigkeiten, mit denen er hier sogleich im Beginn seiner Bewegung zu kämpfen gehabt hätte, traf er dabei auf die Hauptstärke der Piemontesen, welche er — noch übertrieben — auf drei Divisionen schätzte.

Er entschloß sich demnach, den Weg durch die Furth unterhalb der Einmündung des Aspio in den Musone und auf Umana einzuschlagen. Auf diesem Wege hoffte er höchstens auf Detachements des äußersten linken Flügels der Piemontesen zu stoßen. Uebrigens war er entschlossen, im Nothfall einen Theil seiner Bagage im Stich zu lassen.

Indessen die Passage dieser Furth konnte nicht in einem Augenblick bewerkstelligt werden, sie mußte längere Zeit aufhalten und Lamoricière konnte hiebei stark von der piemontesischen Artillerie belästigt werden. Die Piemontesen hielten nämlich, wie bereits erwähnt, auch den östlichen Ausläufer der Höhen von Castelfidardo, welcher sich ostwärts der Straße von Camerano zwischen dem Aspio und dem Musone erstreckt und unterhalb der Mündung des Vallato ganz nahe an den Musone herantritt, mit Infanterie und Artillerie besetzt; die Stellungen der letztern waren nicht weiter von der Furth über den Musone unterhalb der Mündung des Aspio entfernt als ungefähr 3000 Schritt, eine Distanz, auf welcher gezogene Geschütze ganz gut wirksam sein können, insbesondere gegen einen großen Bagagetrain.

Lamoricière fand daher, daß er, um den Uebergang des letztern über die Fuhrt und den Marsch desselben auf der ersten Strecke jenseits des Musone gegen Umana hin zu decken, sich zuvor des erwähnten östlichen Ausläufers der Höhen von Castelfidardo bemächtigen müsse. Die Truppen, welche den betreffenden Angriff ausführen sollten, sollten den Musone mittelst einer Furth passiren, welche unterhalb der Vallatomündung zwischen dieser und Arenici über den Fluß führt. Diese Furth steht mit Loreto durch einen guten Weg in Verbindung; am linken Musoneufer zieht von ihr ein anderer Weg ungefähr nordwärts und fällt in die Straße ein, welche Crocette, den Aspio überschreitend, mit Umana verbindet. Die Truppen, welche den Angriff auf die Höhen machten, konnten sich endlich, nachdem er gelungen und nachdem Lamoricière mit dem Rest und der Bagage etwa die Gegend von il Concio gewonnen hatte, auf die Straße von Crocette nach Umana werfen und sich auf ihr mit Lamoricière vereinigen, vorausgesetzt, daß der Uebergang über den Aspio von Crocette nach Umana nicht oder doch nicht stark von den Piemontesen besetzt war.

Nach diesem allgemeinen Plane wurden die besondern Dispositionen ausgegeben. Pimodan sollte die Höhen zwischen Arenici und Crocette angreifen; Lamoricière wollte mit dem Train und der ihn geleitenden Kolonne nach der Furth des Musone unterhalb der Aspiomündung abmarschiren.

Pimodan rückte um $8^1/_2$ Morgens von Loreto ab. Er hatte unter seinem Befehl

die $4^1/_2$ Bataillons seiner Brigade;

an Artillerie unter Oberst Blumenstihl 8 Sechspfünder und 4 Haubitzen; der Artillerie beigegeben waren 100 von Spoleto mitgenommene Irländer, welche weder Tornister noch Patrontaschen hatten; sie sollten behülflich sein, die Geschütze über die Furth und später auf die Anhöhen hinaufzubringen;

an Kavallerie unter Major Odescalchi die Chevauxlegers, 2 Eskadrons Dragoner und die berittenen Freiwilligen.

Die Marschordnung war folgende:

Voran die schweizerischen Karabiniers, dann das 1. Bataillon Jäger (Italiener), dann das franco-belgische Halbbataillon, die Artillerie, die noch übrige Infanterie, endlich die Kavallerie, welche sich später auf die rechte Flanke der Infanterie setzen sollte.

Der Artillerie- und Bagagetrain unter Teronanne, eskortirt von einer halben Eskadron berittener Gendarmen, schlug einen längeren Weg ein, um unmittelbar und in größerer Entfernung vom Feinde an die Furth unterhalb der Aspiomündung zu gelangen.

Auf einem Wege, der zwischen demjenigen Pimodans und dem der Bagage lag, rückte Lamoricière mit 4 Bataillons Infanterie und der Hälfte der Eskadron berittener Gendarmen um 9 Uhr von Loreto ab. Der Weg, auf welchem er marschirte, kreuzte denjenigen, auf welchem Pimodan vorgegangen war, später und führte dann weiter zur Furth unterhalb der Aspiomündung. So blieb Lamoricière eine Zeit lang auf angemessene Entfernung hinter Pimodan und formirte eine Reserve oder zweite Linie für diesen, ohne doch deßhalb sein Marschziel aus dem Auge verlieren zu müssen.

Pimodans Spitze erreichte ohne Zwischenfall die Musonefurth von Arenici.

Cialdini, sobald er die Bewegung Pimodans von Loretto aus wahrnahm, konzentrirte alle verfügbaren Truppen von seinem rechten Flügel gegen den linken auf den Weiler Crocette, indem er die Hut seines rechten Flügels der bei Rostechieto aufgestellten Kavallerie anvertraute. Vorwärts Crocette auf dem östlichen Ausläufer der Höhen von Castelfidardo und bis gegen den Musone bei der Furth von Arenici hin stand bereits das 26. Bataillon Bersaglieri auf den Vorposten, dahinter in Reserve das 10. und das 9. Linienregiment; das letztere entsendete Cialdini sofort an den Aspioübergang auf dem Wege von Crocette nach Umana, so daß, wenn es den päpstlichen Truppen wirklich gelänge, Vortheile gegen Crocette hin zu gewinnen, das spätere Ausweichen über den Aspio auf Umana ihnen doch unmöglich gemacht wäre.

Als die schweizerischen Karabiniers an die Musonefurth gelangten, wurden sie von den piemontesischen Bersaglieren mit lebhaftem Feuer empfangen; sie durchschritten indessen die Furth und die Bersaglieri zogen sich auf die Höhen des östlichen Ausläufers zurück; den Karabiniers folgte das erste Jägerbataillon, diesem die franco-belgischen Tirailleurs; diese drei Bataillone formirten sich in drei Kolonnen hinter dem erhöhten Dammwege, welcher hier das linke Ufer des Musone begleitet. Zu gleicher Zeit wurden die ersten Geschütze der Kolonne Pimodans durch die Furth geschafft.

Sobald sie hinüber waren, gab Pimodan den Befehl zum weiteren Vorrücken. Das nächste Angriffsobjekt waren zwei Gehöfte; das eine lag auf dem nächsten Abhang, das andere höher auf einer niedrigen Kuppe und etwa 700 Schritt hinter dem ersten; bei diesem zweiten Gehöfte befand sich ein Busch. Pimodan sollte nun zunächst das erste (untere) Gehöft nehmen, dann hier Artillerie gegen das zweite Gehöft und den benachbarten Busch auffahren, diese Gegenstände eine Zeit lang beschießen und dann gleichfalls mit der Infanterie angreifen.

Pimodan bestimmte zum Angriff auf das untere Gehöft die schweizerischen Karabiniers, denselben sollten das 1. Jägerbataillon und die franco-belgischen Tirailleurs in Reserve folgen. Den Kommandanten des 1. Jägerbataillons, der sich feige benahm, hatte Pimodan sogleich seines Amtes entsetzen müssen.

Während die Karabiniers vom Uferdamme gegen das erste Gehöft vorrückten, wurden weitere Geschütze über die Furth gebracht und die beiden letzten Bataillone der Kolonne Pimodans, das zweite Jägerbataillon (Italiener) und das zweite Bersaglieribataillon (Oesterreicher) blieben noch am rechten Musoneufer zunächst der Furth in den Gärten zurück. Einige Kugeln der piemontesischen Bersagliere schlugen in das zweite päpstliche Jägerbataillon ein; dessen Kommandant entwickelte darauf eine Tirailleurlinie längs dem Ufer und eröffnete ein sehr lebhaftes Feuer, welches in die Angriffskolonnen Pimodans einschlug und dieselben unruhig machte. Es dauerte lange, ehe diesem Unwesen gesteuert werden konnte. Obwohl Lamoricière in seinem offiziellen Berichte das zweite Jägerbataillon selbst gegen die Beschuldigung in Schutz nimmt, als ob es mit Absicht auf die eigenen Kameraden gefeuert habe, sind doch von glaubwürdigen Augenzeugen allerdings Thatsachen beigebracht worden, welche ganz geeignet wären, eine derartige Beschuldigung zu bekräftigen.

Nach hartnäckigem, aber kurzem Kampfe nahmen Pimodans Angriffskolonnen den piemontesischen Bersaglieren das untere Gehöft ab und diese zogen sich nach dem oberen zurück, wohin jetzt auch von Crocette das 10. piemontesische Linienregiment vorrückte.

Allmälig wurden von der Artillerie Pimodans sechs Geschütze, worunter zwei Haubitzen, bis zu dem untern Gehöfte und zum Theil vorwärts desselben vorgebracht und beschossen und bewarfen das obere Gehöft und den benachbarten Busch allem Anschein nach mit gutem Erfolge.

Das zweite Jägerbataillon und das zweite Bersaglieribataillon wurden gleichfalls ans linke Ufer des Musone gezogen und in Reserve aufgestellt.

Jetzt glaubte Pimodan den Augenblick gekommen, auch das obere Gehöft anzugreifen.

Er formirte dazu eine Kolonne aus dem franco-belgischen Bataillon und Detachements des 1. Jäger- und des schweizerischen Karabinierbataillons. Diese Kolonne gelangte bis auf 150 Schritt an den obern Hof und den dabeiliegenden Busch heran, wurde aber hier von wohlgezielten Salven des 10. Linienregiments dergestalt empfangen, daß sie umkehren mußte.

Die Piemontesen folgten; doch machten die päpstlichen Truppen, insbesondere die franco-belgischen Tirailleurs, Front und griffen mit dem Bajonnet an, die Piemontesen wichen darauf einige hundert Schritt zurück und die Angriffskolonne konnte sich ungestört nach dem untern Hof zurückziehen. Bei dieser Gelegenheit ward der General Pimodan verwundet.

Lamoricière, der dem Kampfe zugesehen hatte, ließ jetzt das 1. Fremdenregiment unter Oberst Allet über den Fluß gehen, begab sich selbst nach dem untern Gehöfte und gab Befehl, dorthin auch die beiden bisher am Musoneufer in Reserve zurückgelassenen Bataillone vorzuziehen, welche durch das 1. Fremdenregiment ersetzt werden sollten; zugleich sendete er an die Kavallerie den Befehl, auch ihrerseits an das linke Musoneufer zu kommen und sich auf die rechte Flanke der Infanterie zu setzen.

Cialdini hatte nunmehr bei den Crocette etwa 8000 M. mit 3. Batterieen zusammengezogen und ließ diese Truppen gegen das obere Gehöft vorgehen, um die Lamoricière'schen Streitkräfte umfassend anzugreifen, während das 26. Bersaglieribataillon und das 10. Linienregiment ihrerseits, um diese Bewegung einzuleiten, von dem obern gegen den untern Hof vorrücken. Die franco-belgischen Tirailleurs, unter dem Befehl ihres Chefs, des Majors Becdelièvre, traten dieser Bewegung tapfer entgegen, und die piemontesischen Plänkler zogen sich gegen den obern Hof zurück. Unterdessen aber war zur Linken des untern Gehöftes die abscheulichste Unordnung eingerissen.

Der Oberst Allet führte das 1. Fremdenregiment deployirt links der Staffel Pimodans in Linie vorwärts; ihm folgten in zweiter Linie alsbald die noch übrigen Bataillone der Kolonne Lamoricières, welche nun auch ans linke Musoneufer gezogen waren, und ein wenig rechts rückwärts vom 1. Fremdenregiment ging das 2. (österreichische) Bersaglieribataillon und das 2. (italienische) Jägerbataillon vor, um sich mit den 3 Bataillonen, welche Pimodan, trotz seiner Verwundung noch immer fortkommandirend, beim untern Hofe zusammenhatte, zu vereinigen.

Bald schlugen einige Kugeln in das erste Fremdenregiment, und Granaten der Piemontesen sausten über die Köpfe der Soldaten dieses Regiments hinweg. Dasselbe hatte zwei oder drei Verwundete, als es auf die feigste Weise davon lief, ein großer Theil der Offiziere zuerst; vergebens war es, daß einige brave Offiziere, der Oberst Allet an der Spitze, die Flucht aufzuhalten suchten; dieselbe ward ansteckend; die zweite Staffel, die übrigen Bataillone der Kolonne Lamoricières, folgten dem bösen Beispiel, ebenso das zweite (italienische) Jägerbataillon. Nur das zweite (österreichische) Jägerbataillon unter dem tapfern Major Fuchmann hielt Stand und vereinigte sich mit dem franco-belgischen Bataillon, um den Rückzug zu decken, wenn man es Rückzug nennen will. In der That war es eine wilde Flucht. Lamoricière, welcher wohl sah, daß er dieselbe nicht aufhalten könne, wünschte wenigstens, daß sie sich auf Ancona richte, wo man die Flüchtigen allenfalls hätte sammeln und wieder einigermaßen zu Soldaten machen können. Er gab daher den Offizieren den Befehl, die Flüchtigen hinter den Deichen des Musone am rechten Ufer gegen die Furth unterhalb der Aspiomündung zu dirigiren, dort wieder über den Musone und auf den Weg nach Umana zu führen. Alle Versuche in dieser Beziehung waren indessen vergebens; kaum 400 M. kamen in die verlangte Richtung; bei weitem die größte Masse floh auf Loreto.

Vom Musone, wo Lamoricière diese letzten Befehle gegeben hatte, begab er sich wieder nach dem untern Gehöft und befahl hier den noch im Feuer befindlichen Bataillonen, nachdem die Artillerie zurückgebracht sein würde, gleichfalls den Rückzug anzutreten, dann wollte er die Kavallerie aufsuchen, welche nach den Befehlen bereits am linken Musoneufer sein mußte, um sie zur Deckung des Rückzugs aufzustellen, fand aber nur die Eskadron der Chevauxlegers.

Als die dezimirten Bataillone, welche noch brav an dem untern Gehöfte gehalten hatten, glücklicherweise unverfolgt von den Piemontesen, zurückkamen, sendete Lamoricière, der wohl erkannte, daß absolut nichts Vernünftiges mehr mit seinen Truppen anzufangen sei, die Chevauxlegers am linken Musoneufer abwärts, wo sie eine Furth über den Aspio fanden und alsbald den Weg nach Umana erreichten, indem sie sich an die Spitze der kleinen 400 Mann starken Infanteriekolonne setzten, welche in diese Richtung gebracht worden war. Auch Lamoricière verließ nun das Schlachtfeld und schloß sich dieser Kolonne an, um mit ihr nach Ancona zu marschiren. Eine vorausgesendete Reiterpatrouille brachte alsbald die Nachricht, daß Umana vom Feinde nicht besetzt sei.

Cialdini, als er den allgemeinen Rückzug der päpstlichen Truppen bemerkte, sendete dem Brigadier Cugia den Befehl, von Camerano auf Massignano zu marschiren, und dem 9. Linienregiment an dem Aspioübergange, auf Umana zu gehen, um solchergestalt den päpstlichen Truppen, welche noch auf die Straße über Umana nach Ancona gelangt wären, den Rückzug abzuschneiden. Doch gelang es nur dem 9. Linienregiment, den Schweif der Infanteriekolonne Lamoricières einzuholen; die demoralisirten päpstlichen Soldaten rissen großentheils gegen das Meer hin aus, und 270 M. streckten hier noch die Waffen vor den Piemontesen.

Hinter Sirolo verließ Lamoricière mit seiner kleinen Kolonne die gebahnte Straße und schlug einen Fußpfad nach dem Camaldulenser Konvent ein, um seinen Marsch besser den Augen der Piemontesen, welche Camerano besetzt hatten, zu entziehen. Nach kurzer Rast beim Camaldulenser Kloster brach er wiederum auf und erreichte um $5^1/_2$ Uhr Nachmittags Ancona.

Gegen 10 Vormittags hatte das Gefecht begonnen und gegen Mittag hatte Lamoricière die Sache verloren gegeben und das Schlachtfeld verlassen.

Etwa 2500 M. mehr oder minder formirter Truppen von Lamoricière hatten sich in Loreto zusammengefunden; da ein General nicht vorhanden war, übernahm der Oberst Cudenhoven das Kommando.

Cialdini, von der Anwesenheit dieser Truppen zu Loreto unterrichtet, ließ am Abend des 18. und in der Nacht auf den 19. im Rücken derselben Recanati, S. Agostino und Caselunghe besetzen, so daß die Päpstlichen nun von allen Seiten eingeschlossen waren. Am 19. September kapitulirte Cudenhoven. Die Mannschaft ward kriegsgefangen, 11 Geschütze und der ganze Munitions- und Bagagetrain, welcher gar nicht über den Musone auf den Weg nach Ancona gekommen, sondern beim Beginn des Gefechts zurückgehalten war, fielen den Piemontesen in die Hände.

Niemand wird läugnen wollen, daß dasjenige, was Lamoricière am 18. ursprünglich beabsichtigte, das einzig Mögliche war. Er konnte unmöglich etwas Anderes wollen, als nach Ancona gehen. Ob zur Deckung dieses Marsches ein Angriff auf die östlichen Ausläufer der Höhen von Castelfidardo absolut nothwendig war, erscheint viel zweifelhafter; vielleicht wäre es von Lamoricières Standpunkt aus klüger gewesen, noch in der Dunkelheit, sobald es die Ruhe, welche man der Kolonne Pimodans nach dem Marsche vom 17. durchaus gestatten mußte, zuließ, von Loreto aufzubrechen, einen so großen Vorsprung als möglich zu gewinnen und im Uebrigen abzuwarten, ob die Piemontesen ihn im Marsche angreifen würden.

Was geschah, als Pimodan einmal angegriffen hatte, nämlich daß nun die ganze Macht Lamoricières in den Kampf verwickelt wurde, daß also Lamoricière seine ursprüngliche Absicht aufgab, ließ sich bei der Ueberlegenheit der piemontesischen Streitkräfte eigentlich von vornherein voraussehen.

Immerhin möchte der 19. September für die Truppen des Papstes ein ganz anderes und rühmlicheres Resultat gehabt haben, wenn sich nicht deren bei weitem größter Theil entschieden feige benommen hätte, ebenso feige, als einzelne wenige kleine Korps mit anerkennenswerther Tapferkeit fochten. Welche Ursache die Piemontesen haben könnten, sich des Tages von Castelfidardo besonders zu rühmen, ist schwer einzusehen.

15. Die Einnahme von Spoleto.

Wir haben oben gesehen, wie Lamoricière, als er Spoleto verließ, das dortige Schloß in Vertheidigungsstand setzte und das Kommando dem Major O'Reilly anvertraute, ferner wie der rechte Flügel der Piemontesen am 16. Foligno besetzte.

Von hier aus mußte noch an demselben Tage der General della Rocca eine mobile Kolonne unter dem General Brignone entsenden, bestehend aus dem 3. Grenadierregiment, 9. Bersaglieribataillon, 2 Eskadrons und 8 Geschützen.

Am 16. September Abends näherten sich die Vortruppen Brignones der Stadt Spoleto; am 17. Morgens nahm die ganze piemontesische Kolonne Stellung, und Brignone forderte den Major O'Reilly zur Uebergabe auf; da dieser sie verweigerte, ließ Brignone seine Artillerie gegen das Thor des Schlosses und die anstoßende Mauer auffahren und ein wohlgezieltes Feuer beginnen, während die Bersagliere die Höhen im Osten und Süden des Schlosses krönten und die Besatzung von dorther beschossen.

Nachdem dieß Feuer bis 11 Uhr Nachmittags gedauert hatte, bestimmte er den Erzbischof von Spoleto, sich als Par-

31 *

lamentär in das Schloß zu begeben, um die Aufforderung zur Uebergabe zu wiederholen.

O'Reilly verweigerte dieselbe abermals, und Brignone erneute darauf und verstärkte noch sein Feuer. Gegen 3 Uhr Nachmittags war das der Stadt zugekehrte Schloßthor vielfach durchlöchert und die Mauern zur Seite waren sehr beschädigt. Brignone glaubte jetzt den Moment zum Sturm gekommen und beorderte zu demselben einige Kompagnieen Bersaglieri und zwei Bataillons Grenadiere.

Die Sturmkolonne drang bis an das Thor vor und suchte es mit der Axt zu öffnen; dieß wollte indessen nicht gelingen, weil das Thor inwendig verbarrikadirt war; das einzige dienstfähige Geschütz, über welches O'Reilly verfügte, feuerte beständig mit Kartätschen, und auch die Infanterie der Besatzung zu den Seiten des Thores unterhielt ein lebhaftes Feuer. Die Piemontesen mußten sich mit einem verhältnißmäßig bedeutenden Verluste zurückziehen.

Brignone wiederholte den Sturm nicht, sondern beschränkte sich jetzt auf ein wohlgenährtes Feuer seiner gut placirten Artillerie und der Infanterie, die sich rings um das Schloß gedeckt einnistete, zum Theil nur 150 Schritt von den Mauern.

Das Feuer der Piemontesen that geringen Schaden; als es dunkel wurde, hatte O'Reilly nicht mehr als 3 Todte und 10 Verwundete, also einen Verlust von 2 Procent der Besatzung; mehrere Bomben waren in die dem Pulvermagazin benachbarten Räume gefallen und hatten dort gezündet, jedoch war es gelungen, das Feuer zu löschen; die Vertheidigungswerke, auch das Thor waren noch in gutem Stande. Schlimmer war es dagegen, daß das einzige bisher noch dienstfähig gewesene Geschütz demontirt war und daß auch die Infanteriemunition, namentlich diejenige für die gezogenen Gewehre, anfing sich zu erschöpfen.

O'Reilly meinte daher, daß er eben noch die Zeit haben werde, eine ehrenvolle Kapitulation zu erlangen. Er knüpfte Unterhandlungen an, und um 8 Uhr Abends kam man über die Uebergabe des Schlosses überein, welche dann sogleich erfolgte.

Zum Ruhme Brignones müssen wir hier ausdrücklich anführen, daß er auf die erste abschlägliche Antwort, die O'Reilly auf die Aufforderung am Morgen ertheilt hatte, sich erbot, sämmtliche Frauen im Schlosse unter seinen Schutz zu nehmen, worauf O'Reilly in der That zwei Damen, seine eigene Frau und die eines andern Offiziers der Besatzung, hinaussendete und unter den Schutz seines ehrenhaften Gegners stellte.

Die Kolonne Brignones erhielt nach der Einnahme von Spoleto den Befehl, Terni, Narni und Rieti zu besetzen was dann auch alsbald ausgeführt ward und wobei viele einzelne Flüchtlinge, meist vom Schlachtfelde von Castelfidardo, in die Hände der Piemontesen fielen.

Fanti hatte in Foligno die Nachricht von dem Marsche Lamoricières von Spoleto auf Macerata erhalten und benachrichtigte am 17. Cialdini von dieser Bewegung mit dem Bemerken, daß der päpstliche General wahrscheinlich beabsichtige, sich nach Ancona hineinzuwerfen, was ihm zu verwehren sei. Wie aus dem früher Erzählten hervorgeht, hatte Cialdini die entsprechenden Maßregeln schon ergriffen, ehe er diese Nachricht Fantis erhielt.

Fanti beschloß nun, auch den rechten Flügel und die Zentrumkolonne (13. Division) gegen Lamoricière zu richten, in dessen Flanken und Rücken zu werfen, den rechten Flügel natürlich nach Abzug der Kolonne Brignones, der bereits seine anderweitige Bestimmung hatte.

Die Kolonne della Roccas marschirte demgemäß noch am 17. nach Colfiorito links ab, senkte sich am 18. ins Thal des Chienti hinab, marschirte am 19. nach Tolentino und am 20. nach Macerata. Hier traf sie mit der dreizehnten Division zusammen, die von Gualdo Tadino über Severino im Potenzathal marschirt war; noch am gleichen Tage wurde della Rocca nach Loreto und die dreizehnte Division nach Osimo vorgeschoben, so daß nun die ganze piemontesische Armee mit einziger Ausnahme der Kolonnen

Brignones und Masis gegen das letzte Bollwerk Lamoricières, gegen Ancona konzentrirt war.

Masi griff am 18. September das päpstliche Detachement zu Montefiascone an und zwang dasselbe zum Rückzuge nach Toscanella, worauf er auch Viterbo besetzte und sich südwärts bis Civita Castellana ausdehnte.

16. Die Einnahme von Ancona.

Ancona liegt auf der Spitze einer nach Norden vorspringenden Halbinsel; die Stadt ist halbkreisförmig um den nach Westen geöffneten Hafen gebaut, den zwei Dämme, ein nördlicher und ein südlicher, einschließen, welche sich gegen einander neigen. Der Hafeneingang wird durch eine Kette geschlossen. Den südlichen Damm vertheidigt das Lazareth oder Wasserkastell, durch eine Zugbrücke mit der Stadtenceinte verbunden, den nördlichen die auf ihm erbaute Leuchtthurmbatterie und die Batterieen des Molo.

Auf einer Höhe auf der Südseite der Stadt breitet sich das Hauptwerk für die Vertheidigung nach der Landseite, das sogenannte verschanzte Lager (campo trincerato) aus, welchem als Reduit die Zitadelle (La Fortezza) dient. Im Osten der Stadt liegt das Werk des Monte Gardetto, welches sowohl für die Vertheidigung gegen die Land- als gegen die Seeseite dient, und dicht hinter dem Monte Gardetto, im Nordosten Anconas, das Werk des Monte Cappuccini, sich gleichfalls ans Meer lehnend; niedrigere Batterieen liegen hier auch längs dem Meere.

Vorwärts der langen Front, welche der Monte Gardetto und das verschanzte Lager begrenzen, lag die Lünette S. Stefano und weiter vorwärts die beiden Lunetten des Monte Pulito und des Monte Pelago, von den Oesterreichern 1859 erbaut, aber nicht vollendet, auch von den Päpstlichen nicht verpallisadirt; ein gleiches, auch von den Oesterreichern erbautes Vorwerk war die Scrima an der Straße nach Sinigaglia.

Die Besatzung bestand nach der Ankunft Lamoricières aus dem ersten Linienregiment, dem Bataillon Castellaz (bestehend aus 2 Kompagnieen des ersten Fremdenregiments, dem Depot desselben und dem kleinen zusammengewürfelten Detachement, welches Lamoricière mitgebracht hatte), dem 1., 3., 4. und unvollständigen 5. Bataillon der (österreichischen) Bersagliere, dem halben Irländerbataillon, einer mobilen Gendarmeriekompagnie zu Fuß, einem Detachement berittener Gendarmen, den von Castelfidardo mitgebrachten Chevauxlegers, 450 Artilleristen und einer Kompagnie Genieearbeiter.

Die Infanterie zählte 4200 M., die ganze Besatzung kaum 5000 M.

Die Werke gegen die Landseite waren mit 110 schweren und 14 leichten Stücken besetzt, zu denen späterhin noch 2 Feldgeschütze kamen, welche es einem Offizier gelungen war, vom Schlachtfeld von Castelfidardo nach Porto Recanati zu retten und dort einzuschiffen. Die Werke auf der Seeseite waren mit 25 Geschützen besetzt. Die Geschütze waren von den verschiedensten Arten und Kalibern; das größte vorhandene Kaliber war der 36Pfünder.

Die Werke waren, namentlich auf der Landseite, in ziemlich gutem Stande; ein gedeckter Weg aber fehlte, wenige Punkte ausgenommen, ganz.

In der Verwaltung hatte die größte Liederlichkeit geherrscht; das Mehl, welches für das Approvisionnement bestimmt war, hatte man in den Mühlen der Umgegend bis auf den letzten Moment gelassen, und hier fiel es den Piemontesen in die Hände. Seit dem 13. September hatte die Besatzung nichts zu essen. Mit Mühe gelang es, in Triest noch Getreide aufzutreiben und das Schiff, welches dasselbe trug, am 19. in die Stadt zu bringen. Eine Dampfmühle, die in Ancona aufgestellt werden sollte, weil es an jeder Art von Mühlen in der Stadt fehlte, war noch nicht aufgestellt, als Lamoricière ankam; er ließ sogleich ernstlich ans Werk gehen, und am 20. konnte die Dampfmühle in Thätigkeit treten.

Auch an frischem Fleische — Fleisch in lebenden Häuptern — fehlte es; Lamoricière konnte noch Vieh aus der Umgegend auftreiben, da glücklicher Weise für ihn die Piemontesen sich nicht mit der engen Einschließung beeilten.

Der Geist der Besatzung war nicht der beste; die niederschlagenden Nachrichten, welche eine nach der andern in die Stadt kamen und von den Einwohnern den Soldaten mitgetheilt wurden, stimmten diese sehr herab. Offiziere und Truppen sahen sich auf einem verlornen Posten, hielten jeden Widerstand für unnütz, und glaubten, daß es das Zweckmäßigste sein würde, durch schnelle Uebergabe sich von den Piemontesen eine möglichst vortheilhafte Kapitulation zu erkaufen. Lamoricière hatte viel zu thun, diese verderbliche Stimmung wenigstens einigermaßen niederzuhalten.

Am 16. September hatte sich die Avantgarde der vom Vizeadmiral Persano befehligten piemontesischen, neuerdings durch neapolitanische Schiffe verstärkten Flotte vor Ancona gezeigt.

Am 18. war die ganze Flotte versammelt; sie bestand aus vier Fregatten und sieben kleineren Fahrzeugen; die Fregatten führten 80pfünder Bombenkanonen und gezogene Kanonen für Hohlgeschosse von 138 Pfund Gewicht, die kleineren Fahrzeuge gezogene Kanonen für 40 Pfund.

Am 18. um Mittag begann die Flotte ein Bombardement, welches vier Stunden anhielt. Da sie hiebei in großer Entfernung blieb und ihre großen Kaliber ausnutzte, konnten die Werke der Festung mit ihrem viel schwächeren Geschütz ihr nicht viel anhaben. Doch waren auch die Wirkungen der Flotte auf die Werke Anconas nicht bedeutend, dagegen litt die Stadt nicht wenig.

Wie man weiß, sollte am 18. v. Courten einen großen Ausfall aus Ancona machen, um dadurch den Abmarsch Lamoricières von Loreto zu erleichtern. Er hatte Lamoricière schon am 17. erwartet und war an diesem Tage wirklich gegen Camerano ausgerückt, aber am Abend, ohne auf den Feind gestoßen zu sein, wieder in die Stadt zurückgekehrt. Am 18. verhinderte ihn nun das Erscheinen der Flotte und das bald folgende Bombardement an der Wiederholung seines Ausfalles.

Am 22. zeigte Persano Lamoricière an, daß Ancona blokirt sei; das Bombardement von der Seeseite her war vom 18. September ab, wenn auch nicht mit gleicher Lebhaftigkeit, täglich fortgesetzt worden; es kostete der Besatzung jeden Tag zwischen 20 und 25 M. an Todten und Verwundeten.

Am 23. rekognoszirte Fanti die Werke und verabredete mit Persano den Angriffsplan; zugleich ließ er die Ausschiffung des Belagerungsparkes im Hafen von Umana und den Transport desselben zu Lande von dort nach Ancona beginnen.

Zum Hauptangriffspunkt hatte sich Fanti den Monte Gardetto ausersehen; um diesen anzugreifen, mußte er sich zunächst der vorliegenden Werke des Monte Pulito und des Monte Pelago bemächtigen, auf welchen dann Batterieen gegen den Monte Gardetto und die Lunette S. Stefano errichtet werden konnten. Die Flotte sollte diese Operationen unterstützen, indem sie östlich des Monte Pelago ungefähr auf gleicher Höhe mit ihm Stellung nähme und ihr Feuer auf den Monte Gardetto, den Monte Cappuccini und die zugehörigen niedern Strandwerke richtete.

Ein Nebenangriff sollte, um die Aufmerksamkeit des Feindes zu theilen, gegen die Lunette Scrima, das Lazareth und das verschanzte Lager gerichtet werden.

Den Hauptangriff übertrug Fanti dem General della Rocca und dem 5. Korps, den Nebenangriff dem General Cialdini mit dem 4. Korps.

Sonntag den 23. September unterhielt die Flotte ein sehr lebhaftes Feuer, welches in der Stadt vielen Schaden anrichtete; eines der piemontesischen Schiffe kam an diesem Tage den Batterieen von Ancona so nahe, daß sie es packen konnten und es ernstlich beschädigten. Andere piemontesische Schiffe, welche dem beschädigten zu Hülfe kommen wollten, wurden durch zwei Feldhaubitzen glücklich im Schach gehalten.

Lamoricière hatte am 22. und 23. alle seine Vorbereitungen für die Vertheidigung getroffen, den Truppen wie den kommandirenden Offizieren ihre verschiedenen Posten angewiesen.

Am 24. verlegte Fanti sein Hauptquartier von Loreto nach der Favorita unterhalb des Dorfes Castro und begann die Operationen zu enger Einschließung des Platzes.

Della Rocca setzte sich auf den Höhen vom Monte Acuto bis zum Monte Ago fest; an ihn schloß sich links vom 4. Korps die 7. Division, welche sich vom Monte Ago über Pedocchio ausdehnte, endlich besetzte die 13. Division die von den Päpstlichen ohne Widerstand geräumte Lunette Scrima; aus diesen Positionen begann die piemontesische Artillerie ein lebhaftes Feuer mit gezogenen 8pfündern, glatten 16pfündern und Haubitzen gegen den Monte Pelago, den Monte Pulito und die Stadt selbst, ein Feuer, welches indessen bei der großen Entfernung nicht viel wirkte.

Am 25. rückte della Rocca bis Pietra della Croce und Sa. Madonna delle Grazie vor; ein Theil des Dorfes Pietra della Croce blieb bei dieser Gelegenheit in den Händen eines Postens der Besatzung von Ancona. Der Capitän Castellaz hatte sich gegen Lamoricière erboten, am 26. September mit seinem Bataillon auch den verlorenen Theil des Dorfes wiedernehmen zu wollen. Sein wirklich unternommener Ausfall traf indessen gerade mit einem großen von Fanti selbst angeordneten Angriff der Piemontesen zusammen.

Diesen Angriff machte der General Pinelli mit der Brigade Bologna und dem 23. und 25. Bersaglieribataillon. Im Nu ward Castellaz geworfen. Seine Soldaten, die sich nicht eben rühmlich benahmen, rissen in ihre heillose Flucht auch die Kompagnie des 3. (österreichischen) Bersaglieribataillons mit hinein, welche einen Theil von Pietra della Croce noch gehalten hatte. Diese Kompagnie machte indessen bei dem

Werke des Monte Pelago Halt, während die Kompagnieen von Castellaz bis in die Stadt hinein ausrissen.

Einige Kompagnieen der Brigade Bologna folgten den Päpstlichen bis auf den Monte Pelago; General Savoiroux, Kommandant der Reservedivision, gab den Befehl zum allgemeinen Angriff auf das Werk des Monte Pelago, welches schon seit dem Morgen lebhaft von der Flotte her beschossen war. Die Linieninfanterie der Brigade Bologna ging um $9^1/_2$ Uhr Vormittags direkt auf das Werk los; rechts von ihr marschirten das 23. und 25. Bersaglieribataillon, um den Monte Pelago zu umgehen; links von ihr rückte verdeckt auf dem stark bepflanzten Grate des Monte Ago das 11. Bersaglieribataillon vor, detachirt von der auf dem Monte Ago stehenden Brigade Como.

Der Monte Pelago war jetzt mit 4 schwachen Kompagnieen besetzt. Als der kommandirende Offizier sich von weit überlegenen Kräften angegriffen sah, ließ er die Geschütze bespannen, um sich in die Stadt zurückzuziehen. Unterdessen war aber das 11. Bersaglieribataillon schon in die Kehle des Monte Pelago vorgedrungen, und die Päpstlichen mußten ihre Geschütze im Stich lassen.

Als der päpstliche Offizier, welcher auf dem Monte Pulito kommandirte, den Monte Pelago verlassen sah, trat auch er mit seinen drei Kompagnieen und dem sämmtlichen Geschütz ohne Beschwer und Widerstand seinen Rückzug an. Der Monte Pulito wurde darauf von dem 23. und 25. Bersaglieribataillon besetzt.

Während dieser Vorgänge auf dem rechten Flügel der Piemontesen hatte Cialdini in der Nacht vom 24. auf den 25. eine Batterie in der Scrimalunette anlegen lassen und eine starke Artillerie auf den Höhen von Montagnolo auffahren lassen; mit seinem Geschütz bearbeitete er am 25. und 26. das verschanzte Lager und dessen Reduit.

Am 26. Nachmittags unternahmen die Piemontesen einen Angriff auf die Lunette S. Stefano. Dieser Angriff, allerdings mit großer Kühnheit begonnen, ward, da die Lunette S. Stefano nicht bloß fester als Monte Pelago und Monte Pulito, sondern auch vom verschanzten Lager und dem Monte Gardetto her gut flankirt war, gänzlich abgeschlagen.

In der Nacht vom 26. auf den 27. ließ Cialdini durch das 6., 7. und 12. Bersaglieribataillon und das 49. Linienregiment die Vorstadt von Porta Pia, welche sich zwischen das Lazareth und das verschanzte Lager einkeilt, angreifen. Nach kurzem Kampfe wurden die päpstlichen Posten, welche sich hier noch befanden, vertrieben, und die Piemontesen setzten sich fest.

Der Verlust des Monte Pelago hatte die Besatzung von Ancona noch mehr entmuthigt; man schrieb dem Monte Pelago eine mehr als verdiente Bedeutung bei, nannte ihn den „Schlüssel" der Festung und erzählte, daß diese 1849 sogleich den Oesterreichern hätte übergeben werden müssen, als dieselben sich des Monte Pelago bemächtigt hatten. Hiezu kam das Ausbleiben der Hülfe von Außen, auf welche man so stark gerechnet hatte: es wendete sich kein französisches Heer gegen die Piemontesen, es erschien von Triest her keine österreichische Flotte, ja selbst die Kriegsschiffe blieben aus, welche die Großmächte sonst vor eine blokirte und bombardirte Seefestung zum Schutze ihrer Unterthanen zu senden pflegen.

Die Piemontesen unterdessen brachten von Umana über die Abhänge des Monte Acuto Belagerungsgeschütz heran und begannen den Bau von Batterieen auf dem Monte Pulito und Monte Pelago.

Am Nachmittag des 27. schlug eine Bombe in das Lazareth, in welchem schlauer Weise die meisten Bekleidungsvorräthe der Garnison aufbewahrt waren, und zündete. Die Besatzung räumte eiligst, mit Hinterlassung von drei Geschützen, das Lazareth und zog sich in die Stadt zurück. Cialdini ließ darauf das Werk in der Nacht vom 27. auf den 28. durch das 6. Bersaglieribataillon besetzen, welches den seichten Meerarm, der es von der Stadt und der Vorstadt Porta Pia trennt, durchwatete.

In derselben Nacht ließ Persano von einer Anzahl Schaluppen den Versuch machen, die Hafenkette zu durchschneiden; dieser Versuch mißlang aber gänzlich, die Schaluppen wurden bald durch das Feuer der Festung und ihrer Kanonierboote zum Rückzuge gezwungen.

Gleichfalls in dieser Nacht wurde auch eine Batterie von 6 Geschützen in der Vorstadt Porta Pia bewaffnet und die Batterieen auf dem Monte Pelago, Monte Pulito und bei Madonna delle Grazie näherten sich ihrem Ende.

Am 28. Morgens ließ Lamoricière das Feuer der benachbarten Werke vorzugsweise auf die Batterie in der Vorstadt Porta Pia und auf das Lazareth konzentriren. Die piemontesischen Bersaglieri in diesem letzteren litten bedeutend. Fanti erschien indessen dieser Posten so wichtig, daß er ihn nicht aufgeben mochte. Die Batterieen von Ancona, welche namentlich dem Lazareth gefährlich wurden, waren die Leuchtthurmbatterie auf dem nördlichen Hafendamm und die zum Theil kasemattirte Molobatterie an der Wurzel desselben Dammes.

Fanti forderte den Admiral Persano auf, einige Schiffe um das Kap herum zu senden, um die genannten Batterieen anzugreifen. Persano schickte darauf vier schwer bewaffnete Dampfer, welche nach 1 Uhr Nachmittags ihr Feuer eröffneten. Das Feuer der schwer bewaffneten Fregatten demontirte bald die Leuchtthurmbatterie und die nicht kasemattirte Molobatterie. Der Victor Emanuel ging darauf bis auf 300 Schritt an die kasemattirte untere Molobatterie heran, eines seiner schweren Hohlgeschosse drang in das Pulvermagazin. Dieses flog in die Luft und richtete eine schreckliche Verwüstung an. Die Batterie war nur noch ein Trümmerhaufen, eine weite Bresche war geöffnet, die Hafenmauern, an welchen die Sperrkette befestigt war, waren eingestürzt. Kurz, die Vertheidigungswerke des Hafens waren so gut als vernichtet.

Da ließ Lamoricière die weiße Flagge aufziehen und sendete den Artilleriemajor Mauri an Fanti ab, um mit diesem über einen Waffenstillstand oder schließlich über eine Kapitulation zu verhandeln. Es war nach 5 Uhr Nachmittags. Mauri fand aber den General Fanti lange Zeit nicht, erst gegen Mitternacht.

Da nun Fanti lange Zeit, obwohl die weiße Flagge aufgezogen war, keinen Parlamentär erscheinen sah, hatte er seine Dispositionen für die Wiederaufnahme und Fortführung des Kampfes getroffen. Wenn bis 10 Uhr Abends kein Gegenbefehl da wäre, sollten die Batterieen des Monte Pulito, Monte Pelago, von Madonna delle Grazie und von Porta Pia ihr Feuer eröffnen, und am folgenden Morgen sollte della Rocca den Gardetto, Cialdini Porta Pia stürmen.

In der That eröffneten um 10 Uhr die genannten Batterieen das Feuer.

Mehr als eine Stunde später erschien dann der Major Mauri bei Fanti, welchen er endlich gefunden hatte. Mauri verlangte zuerst einen Waffenstillstand von 6 Tagen, als dieser verweigert ward, einen solchen von 2 Tagen; als auch hierauf eine abschlägliche Antwort erfolgte, erklärte er, daß Lamoricière geneigt sei, in Unterhandlungen auf der Basis der Kapitulation von Loreto einzutreten. Fanti nahm diese Basis im Allgemeinen an.

Am 29. Morgens um 8 Uhr erschienen dann der Major Mauri und der Dragonerhauptmann Lepri als bevollmächtigte Unterhändler des päpstlichen Oberbefehlshabers im piemontesischen Hauptquartier. Fanti ernannte als seine Bevollmächtigten die Majore Sonnaz und Bertolé Viale. Das Feuer der piemontesischen Batterieen ward eingestellt, aber einige piemontesische Truppentheile hatten sich bereits am frühen Morgen in der Stadt und an der Porta Pia und nächst dem Gardetto festgesetzt.

Am 29. Nachmittags gegen 3 Uhr ward endlich die Kapitulation abgeschlossen. Zufolge derselben sollte die Garnison mit den Kriegsehren ausrücken, dann die Waffen niederlegen und kriegsgefangen nach Piemont gebracht werden. Alles

Staatseigenthum in Ancona, Waffen, Proviantvorräthe, auch die vorhandenen Gelder mußten den Piemontesen ausgeliefert werden.

Noch am Abend des 29. wurden die Werke der Festung nach den Detailbestimmungen der Kapitulation von den Piemontesen militärisch besetzt, und am 30. Morgens rückten die päpstlichen Truppen aus, um in die Kriegsgefangenschaft zu wandern.

Mit der Einnahme Anconas war der achtzehntägige Feldzug der Piemontesen gegen Umbrien und die Marken beendet; er hatte ihnen 28 Feld-, 160 Festungsgeschütze, 20000 Flinten, 500 Pferde, viele Vorräthe aller Art eingetragen; fast die ganze päpstliche Streitmacht war in Gefangenschaft gerathen. Die Piemontesen hatten diese Vortheile mit dem Verlust von nur 579 M. an Todten und Verwundeten, worunter 49 Offiziere, erkauft, d. h. mit $1^1/_4$ Prozent ihrer verwendeten Streitmacht, woraus sich ergibt, daß trotz ihrer erdrückenden Ueberlegenheit doch auch der Widerstand, welchen sie gefunden, lange nicht so stark war, als er hätte sein können. Dasselbe Resultat liefert ja auch die getreue Erzählung der bestandenen Kämpfe im Einzelnen.

Es stand jetzt den Piemontesen kein materielles Hinderniß mehr im Wege, in das neapolitanische Gebiet einzurücken.

17. Einrücken der piemontesischen Armee in die neapolitanischen Provinzen.

Wenn die päpstliche Regierung bis zum 11. September noch gehofft haben konnte, daß ihre Proteste, daß die Erklärungen des Kaisers Napoleon Piemont von dem Eindringen in Umbrien und die Marken zurückhalten möchten, so erwies eine derartige Hoffnung sich sehr bald als Täuschung. Am 18. September daher, noch ehe das Gefecht von Castelfidardo und sein Ausgang bekannt war, als aber doch schon klar geworden, daß Lamoricière keinenfalls den Piemontesen zu widerstehen vermöge, ertönte vom Vatikan ein dringender Hülferuf in Gestalt einer Note Antonellis an die europäischen Mächte. Indem Antonelli die Thatsachen aufzählt, wobei nach der herrschenden römischen Sitte die Klage über angebliche Mißhandlung hoher geistlicher Würdenträger nicht fehlt, gibt er den Mächten zu bedenken, daß es mit der Legitimität in Europa aus und vorbei sei, wenn sie eine solche widerrechtliche Invasion, wie die piemontesische, duldeten.

Bei weitem interessanter als diese Note Antonellis ist jene Allokution, welche Pius IX. am 28. September an das geheime Konsistorium hielt. Pius geißelt aufs äußerste das Verfahren Piemonts, des Königs Victor Emanuel und seiner Regierung, wenn auch von einem so beschränkten Standpunkt aus als man ihn, abgesehen von Rom, wohl nur im preußischen Herrenhause finden dürfte, doch nicht ohne alle Wahrheit. Er tadelt und verdammt dann wiederum vor der ganzen katholischen Welt die „verabscheuenswürdigen und gotteslästerlichen Attentate“ Victor Emanuels und seiner Regierung; erklärt alle ihre Akte für null und nichtig, verlangt wieder und immer wieder die Aufrechthaltung der vollen weltlichen Macht der römischen Kirche und aller ihrer Rechte, welche allen Katholiken gehören. Der Papst beklagt sich dann darüber, daß ihm trotz aller Zusicherungen immer noch keine Hülfe von Außen geworden, und nach dem kecken Zugreifen der Piemontesen, sagt er, gewinne es fast den Anschein, als seien sie vollkommen sicher, daß Niemand sie in ihrem sträflichen Beginnen stören werde. Seien doch piemontesische Truppen bis unter die Mauern Roms vorgedrungen und setzten sie doch durch die Unterbrechung aller Kommunikation den heiligen Vater außer Stand, seine Pflichten gegen die katholische Kirche zu üben. Zu solchen Dingen führe das traurige und verderbliche Prinzip der Nichtintervention, welches lediglich zum Vortheile der Rebellion aufgestellt sei. Pius nimmt die Gelegenheit wahr, alle Fürsten Europas zu einer ernsten Erwägung dieser Ereignisse aufzufordern, welche alles legitime Recht in Europa in Frage stellen, wenn man Piemont nicht entgegentritt, und zeigt ihnen, daß ihre Sache

3.

40'
Colle Torte
Fortoruro
Casal nuova
Mte Rotaro
Miranda
S. Elia
ISERNIA
Macchia
Carlantino
Celenza
Pettorano
S. Marco in Catola
C. Vetere
Arzano
Casoria
Capo di China
S. Stefano
S. Lucia
Volturara
Trojani
Montella
S. Biagio
S. Pasquale
Fontana
Napoli
Acerno
Giffoni
Calabrano
Montecorvino
Rovella
Pagliana
Olevano
NUSCO
50'

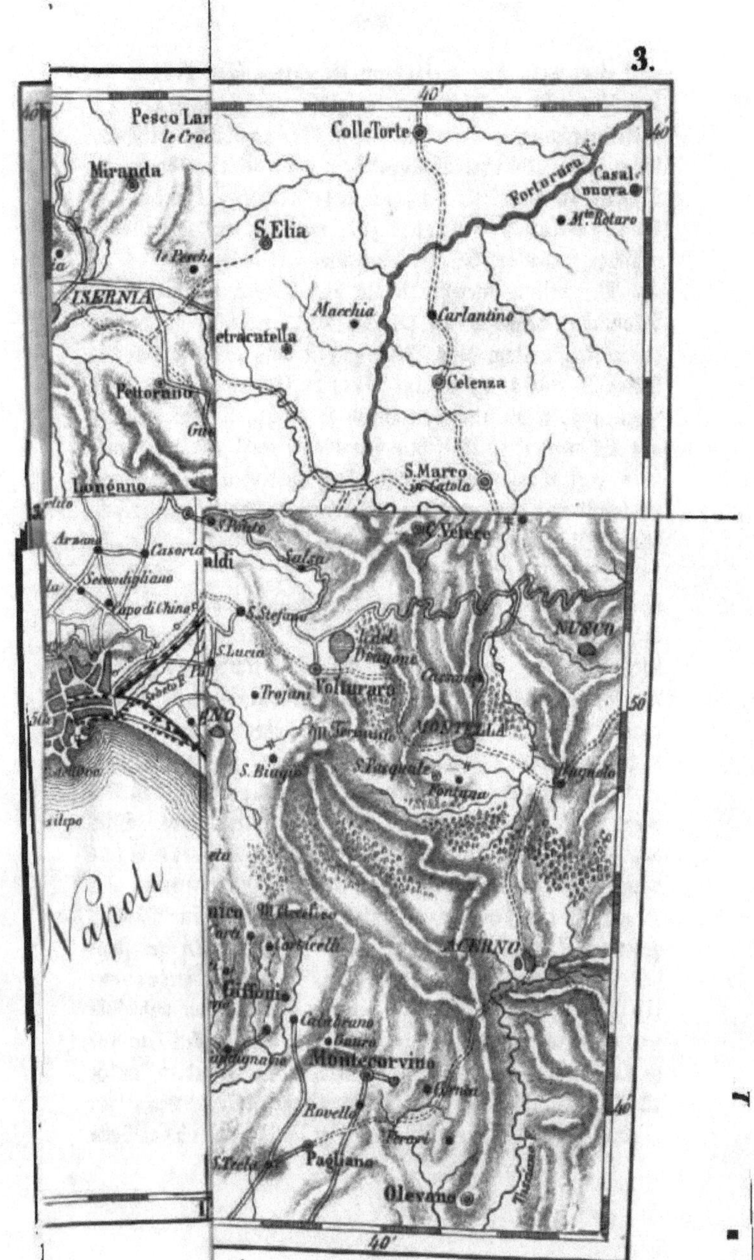

Anzeige.

Das vorliegende Werk, der italienische Krieg 1860, wird 38—40 Druckbogen stark, mit 7—8 Karten und Plänen in drei bis vier rasch auf einander folgenden Lieferungen zum Preise von 3 Rthlrn. — oder fl. 5. 8 kr. für das Ganze erscheinen,

---

In unserm Verlag sind erschienen:

Rüstow, W., der italienische Krieg 1859, politisch-militärisch beschrieben. 8°. Mit 3 Kriegskarten. 3. Aufl. 2 Rthlr. $7^1/_2$ Ngr. — 3 fl. 51 kr.

— — der ungarische Krieg 1848—1849. 2 Bände. 8°. mit 5 Karten und Plänen. 6 Rthlr. — 10 fl. 8 kr.

— — militärisches Handwörterbuch, nach dem Standpunkte der neuesten Literatur und mit Unterstützung von Fachmännern bearbeitet und redigirt. In zwei Bänden. 1858 und 1859. gr. 8°. br. 4 Rthlr. 10 Ngr. — 7 fl. 35 kr. rhein.

— — die Feldherrnkunst des 19. Jahrhunderts. 2 Theile, gr. 8°. 1857. br. 3 Rthlr. 6 Ngr. — 5 fl. 36 kr. rhein.

— — allgemeine Taktik. Mit erläuternden Beispielen, Zeichnungen und Plänen, nach dem gegenwärtigen Standpunkte der Kriegskunst bearbeitet. 8°. 1858 br. 2 Rthlr. 8 Ngr. — 4 fl. rhein.

— — der Krieg gegen Rußland, mit Plänen. 2 Bände. 8°. 1855 u. 1856 br. 3 Rthlr. — 5 fl. 6 kr. rhein.

Die kriegerischen Ereignisse in Italien im Jahre 1848 und 1849. 8°. br. 1 Rthlr. 18 Ngr. — 2 fl. 36 kr. rhein.

Bava, General, Bericht über die militärischen Operationen im lombardischen Feldzug vom Jahre 1848. 8°. br. 18 Ngr. — 1 fl. rhein.

Hoffstetter, G. v., Garibaldi in Rom 1849. Militärisches Tagebuch aus Italien 1849. 8°. br. 1 Rthlr. $7^1/_2$ Ngr. — 2 fl. 9 kr. rhein.

Der italienische Krieg 1860

politisch-militärisch beschrieben

von

W. Rüstow.

Mit 7—8 Karten und Plänen.

Des „italienischen Krieges" zweiter Band.

Vierte Lieferung.

Bogen 32—39½ und Karte VI. bis VIII.

Zürich,
Druck und Verlag von Friedrich Schultheß.
1861.

☞ Aufgeschnittene oder beschmutzte Exemplare werden nicht zurückgenommen.

innig mit der seinen verbunden ist und daß Jedem von ihnen morgen begegnen kann, was dem Papste heute begegnet ist.

Die größte Rechnung machte sich der Papst offenbar auf den Beistand Napoleons III. Wir haben früherhin einer Depesche Grammonts an den französischen Konsul Erwähnung gethan, von welcher das päpstliche Kriegsministerium dem General Lamoricière Mittheilung machte. In dieser Mittheilung, nicht in der Depesche Grammonts, war gesagt, daß Napoleon sich dem Beginnen der Piemontesen mit Gewalt widersetzen würde. Darüber ward viel hin und her geschrieben, und bei der Gelegenheit denn auch festgestellt, daß das päpstliche Kriegsministerium die Worte: „mit Gewalt“ „in guter Absicht“ eingeschmuggelt habe.

Napoleon III. machte in der That der piemontesischen Regierung vor der Welt ein äußerst unzufriedenes Gesicht, als sie die Feindseligkeiten gegen den Kirchenstaat begonnen hatte. Er rief augenblicklich seinen Gesandten, Herrn v. Talleyrand, von Turin ab, ließ aber freilich den ersten Gesandtschaftssekretär, Herrn v. Rayneval, dort, so daß von einem Abbrechen der diplomatischen Beziehungen eigentlich nicht die Rede war.

Auch neue Truppen wurden augenblicklich nach Rom geschickt, zunächst so viele, um zwei Divisionen komplet zu machen, dann vom ersten Oktober ab noch eine dritte Division, und während kurz vor der Eröffnung der Feindseligkeiten der General Goyon, welcher seit so lange die Okkupationstruppen im Kirchenstaat kommandirte, abgerufen und durch den General de Noue ersetzt war, mußte Goyon nach Eröffnung der Feindseligkeiten sich sofort wieder nach Rom begeben, wo er schon am 18. September eintraf.

Später dann, erst als die Piemontesen bereits im Begriff standen, in die neapolitanischen Staaten einzudringen, erweiterten die Franzosen auch ihren Okkupationsrayon bedeutend, indem sie ihn bis an die Tiber und südlich der untern Tiber bis an die neapolitanische Grenze ausdehnten.

Viterbo, Montefiascone, Civita Castellana, Valmontone, Palestrina wurden von französischen Truppen besetzt. Die Form war einfach die, daß Goyon an die Gemeindsbehörden der betreffenden Städte schrieb und ihnen anzeigte, daß an dem und dem Tage französische Truppen einrücken würden, wonach man sich zu richten habe. Es kamen dann einige Proteste, indessen die piemontesischen Truppen, welche etwa in einer solchen Stadt standen, räumten dieselbe, die Franzosen rückten darauf ein und unter ihrem Schutze wurden die päpstlichen Wappen wieder aufgerichtet und überhaupt die päpstliche Regierungsgewalt wieder hergestellt.

Der Welt wurde gesagt, daß sich der Kaiser Napoleon zur Verstärkung seiner Truppenmacht im Kirchenstaat und zu der Ausdehnung des Besetzungskreises vornämlich durch einige Reden und Proklamationen Garibaldis bestimmt gefühlt habe, aus welchen man herausgelesen haben wollte, daß Garibaldi die Absicht habe, Rom anzugreifen, sich Roms zu bemächtigen, ohne sich um die französische Besatzung zu bekümmern. Merkwürdigerweise hatte ja nun auch Piemont seinen Einfall in den Kirchenstaat theilweise unternommen, um Garibaldi desto wirksamer von einem solchen Beginnen gegen Rom und die Franzosen, welches Europa mit einem allgemeinen Kriege bedrohte, abhalten zu können.

Nach der Einnahme von Ancona stand dem Einrücken der Piemontesen in die Provinzen Neapels kein materielles Hinderniß mehr entgegen. Was die Mächte zu diesem Schritte sagen würden, das war eine andere Frage. Indessen die Schnelligkeit, mit welcher vollendete Thatsachen gemacht werden, hilft über viele Schwierigkeiten in dieser Beziehung hinweg, und seit dem Beginne des Jahres hatte das Ministerium Cavour eine nicht zu verachtende Uebung in der Anfertigung vollendeter Thatsachen gehabt. Eine weitere Frage war diejenige nach der Stellung, welche Garibaldi zu der Sache einnehmen würde.

Unmittelbar nach der Besetzung Neapels, von der annexionistischen Partei Neapels und Siciliens gedrängt, hatte Garibaldi sich an den König Victor Emanuel gewendet und ihm vorgestellt, wie die sofortige Annexion an dessen Staaten nur dann zulässig sein würde, wenn Cavour, Farini und Fanti aus dem Ministerium austräten; man könne diesen nicht zutrauen, daß sie eine wahrhaft italienische Politik verfolgen würden, es sei daher auch nicht angemessen, diesen Leuten ohne Weiteres die reichen Hülfsmittel in die Hand zu geben, welche Süditalien biete.

Die genannten drei Minister boten darauf dem König Victor Emanuel ihre Entlassung an, wohl sicher, daß dieselbe nicht würde angenommen werden. Der König verweigerte sie in der That, und nun beschloß Cavour, Garibaldi zu zwingen und alle Trümpfe gegen ihn auszuspielen. Er wollte mit seiner Politik vor das Parlament treten und war keinen Augenblick in Zweifel darüber, daß dieses Parlament, aufgefordert, zwischen ihm und Garibaldi zu wählen, sich nicht für den letzteren entscheiden würde.

Das Parlament ward daher auf den 2. Oktober nach Turin berufen; zugleich zeigte Victor Emanuel dem Diktator an, daß die Besetzung von Süditalien durch piemontesische Truppen eine politische Nothwendigkeit werden könne, und bat Garibaldi, auch seinerseits dahin mitzuwirken, daß die Schwierigkeiten der Sache beseitigt oder doch vermindert würden. Es war am 20. September, als Garibaldi dieses Schreiben erhielt.

Garibaldi hatte, wie wir wissen, bisher seine mazzinistische oder antiannexionistische Politik thatsächlich noch keinen Augenblick verläugnet. Angesichts der Lage aber kam er in einen Zwiespalt mit seinem wesentlich annexionistischen Ministerium. Dieser Zwiespalt konnte nicht verkleistert werden und führte dahin, daß das Ministerium seine Entlassung anbot und erhielt.

Garibaldi beauftragte mit der Bildung eines neuen Mi-

32 *

nisteriums Herrn Conforti; dieser brachte bis zum 29. September wirklich ein neues Ministerium zu Stande, in welches außer ihm Giura für die öffentlichen Arbeiten, Scura für die Justiz, Cosenz für den Krieg, Anguissola für die Marine, De Sanctis für den Unterricht, Crispi für das Aeußere eintraten. Dieses Ministerium sollte ein anti-annexionistisches sein. Männer, welche mit den Verhältnissen und Personen genau bekannt waren, schüttelten den Kopf, sobald sie diese Ministerliste kennen lernten; sie behaupteten, es sei ganz gleichgültig, was diese Minister jetzt sagten und thäten, sie seien der Mehrzahl nach Nullen und Windfahnen und würden bei erster passender Gelegenheit in das Cavour'sche Lager übergehen, ja sie zählten sich vielleicht jetzt nur zu der Antiannexionspartei, um ihren Uebertritt in das annexionistische Lager desto besser zu verwerthen.

Wie richtig dieses Urtheil war, sollte sich sehr bald zeigen.

Zum Prodiktator für das neapolitanische Festland hatte Garibaldi, um sich vorzugsweise mit den militärischen Angelegenheiten befassen zu können, den Marchese Pallavicini-Trivulzio ernannt, einen seiner persönlichen Freunde, der in seinem Auftrage in Turin gewesen war, um dort zu sehen und zu unterhandeln. Am 28. September kehrte Pallavicini nach Neapel zurück. In Hinsicht auf politische Farbe stand Pallavicini etwa gleich mit der Mehrzahl der Minister. Cavour hatte ihm zu Turin gesagt, daß man sich ja leicht mit Garibaldi verständigen werde, wenn derselbe nur die Mazzinisten von sich entferne.

Nun war es sonderbar, daß dieselben Leute, welche sich Gegner der sofortigen und unbedingten Annexion nannten, folglich doch auch Mazzinisten waren, wenn sie die Wahrheit sagten, dagegen von vornherein entschieden und mit einer gewissen Angst, wie sie früher nur in Turin Mode war, protestirten und sogar Maßregeln gegen die Mazzinisten und Entfernung derselben von den Geschäften verlangten.

Zunächst mußte Bertani fort. Bertani war, wie wir gesehen haben, zum Generalsekretär des Diktators ernannt worden. Durch die Art, wie der ein wenig herrschsüchtige Bertani seine Stellung auffaßte, war es nun allerdings dahin gekommen, daß zwei verschiedene Regierungen an der Spitze des neapolitanischen Festlandes zu stehen schienen, die eine repräsentirt durch den Generalsekretär, die andere repräsentirt durch das Ministerium; eine dieser Mächte mußte unter solchen Umständen vollständig paralysirt werden, oder es mußten die größten Unordnungen entstehen, wenn jede dieser Mächte kommandirte und auf eigene Faust über Finanzen und übrige Hülfsquellen des Landes verfügte. Die einzige vernünftige Stellung, welche unseres Erachtens der Generalsekretär des Diktators einnehmen konnte, war diejenige, daß er in Abwesenheit des Diktators dessen Meinung in der Regierung vertrat. Es genügte also vollständig, die Stellung des Generalsekretärs in dieser Weise zu fixiren; das Amt an sich war durchaus nicht überflüssig. Von dem alten Ministerium, wie von dem sich bildenden neuen Ministerium Conforti wurden aber die Nachtheile des Generalsekretariats aufs äußerste übertrieben, und obwohl Conforti nur verlangte, daß dessen Rechte und Geschäfte eingeschränkt würden, zeigte er doch zugleich deutlich, daß es ihm besonders darauf ankomme, keinen Mazzinisten im Generalsekretariat zu wissen.

Was Bertani betraf, so war es für diesen gerade in der gegenwärtigen Zeit leicht, seine Stellung ohne Geräusch aufzugeben. Er war Deputirter fürs Turiner Parlament, und da dieses am 2. Oktober zusammentrat, war es ganz natürlich, daß er Ende September über Genua nach Turin abreiste; es mußte ihm um so wünschenswerther sein, im Parlamente aufzutreten, als die Cavouristen eine Masse zum Theil durchaus lügnerischer und lächerlicher Anklagen gegen ihn in Umlauf gesetzt hatten.

Bertani ging, aber Garibaldi ernannte alsbald abermals einen Mazzinisten, Crispi, den Minister des Auswärtigen, provisorisch zum Generalsekretär der Diktatur.

In Neapel war das Interim im Ministerium von den

Annexionisten und mit besonderer Unterstützung der abgetretenen Minister, die, soweit sie bisher noch nicht wüthende Cavouristen gewesen waren, es jetzt erst wurden, vorzugsweise benutzt worden, Adressen an Victor Emanuel mit der Bitte um sofortige Annexion in Umlauf zu setzen, um auf diese Weise das Einrücken der Piemontesen ins Neapolitanische vorzubereiten. Schon am 25. September ward eine annexionistische Adresse dem Gesandten Victor Emanuels zu Neapel, Villamarina, übergeben, und am 2. und 3. Oktober präsentirte sich eine annexionistische Deputation bei Cavour und dem Prinzen von Carignan zu Turin, welches Victor Emanuel zu dieser Zeit schon verlassen hatte.

Am 27. September zeigte Garibaldi der Südarmee durch einen Tagesbefehl die Siege der piemontesischen Armee im Kirchenstaat an. Er fügte hinzu, was einigermaßen verfrüht war, daß die Piemontesen bereits die Grenze überschritten und neapolitanisches Gebiet betreten hätten, und schloß dann: „Binnen Kurzem werden wir das Glück haben, diese siegreichen Hände (der Soldaten der Nordarmee) zu drücken.“ In diesem ganzen Tagesbefehl ist nicht ein einziges Mal von Fanti, sondern nur von Cialdini als Kommandanten der piemontesischen Armee die Rede, obwohl doch Fanti der wirkliche Oberbefehlshaber dieser Armee war.

Unsere Leser kennen das persönliche Verhältniß Garibaldis zu Fanti vollständig genug, und die Bemerkung dieser neuern Thatsache des Tagesbefehls vom 27. September wird genügen, es ihnen in die Erinnerung zurückzurufen.

Es war unmöglich, daß Fanti die Armee kommandirte, welche in das Neapolitanische einrückte, wenn man nicht geradezu Garibaldi den Handschuh hinwerfen und einigermaßen laut erklären wollte, daß es in der Absicht des Turiner Kabinets liege, den Bürgerkrieg zu entzünden. Am besten übernahm der König Victor Emanuel selbst den Oberbefehl dieser Armee, er, den Garibaldi überall proklamirt hatte, wohin er gekommen. Indem Cavour den König bestimmte, an die Spitze der Armee zu treten, benahm er Garibaldi im Wesentlichen jede Möglichkeit, noch irgend etwas im Sinne jener Politik zu thun, welche die sofortige Annexion Süditaliens an die Staaten Victor Emanuels verwarf. Der König verließ am 29. September Turin, um sich über Bologna zu seinem in den Marken konzentrirten Heer zu begeben.

Lassen wir nun einstweilen den König auf seiner Reise, Garibaldi mit seinem konfusen Ministerium bei Seite, um zu sehen, wie Cavour vor das Parlament trat, welches er auf den 2. Oktober nach Turin berufen hatte.

Cavour legte demselben das sogenannte Annexionsgesetz vor, welches folgendermaßen lautet:

„Einziger Artikel. Die Regierung des Königs ist ermächtigt, anzunehmen und durch königliche Dekrete herzustellen die Annexion der Provinzen Mittel- und Süditaliens, in welchen sich frei durch allgemeine direkte Abstimmung der Wille der Bevölkerungen aussprechen wird, einen integrirenden Theil unserer konstitutionellen Monarchie zu bilden."

Die Motivirung des Gesetzes, wie sie vor der Deputirtenkammer gegeben ward, beginnt mit der Bemerkung, daß vor drei Monaten die Kammern dem Ministerium eine Anleihe bewilligt haben, welche demselben nicht bloß materielle Kraft gab, sich der Geschicke Italiens anzunehmen, deren Bewilligung auch als ein Vertrauensvotum anzusehen war und somit die moralische Kraft der Regierung stärkte. Die militärischen Vorbereitungen, welche die Regierung traf, trugen dazu bei, daß im Interesse Italiens das Prinzip der Nichtintervention respektirt ward, und gestatteten die schnelle Befreiung Umbriens und der Marken. Das Ministerium glaubt mit seinen Anstalten dem Vertrauen der Nation und des Königs entsprochen zu haben. Wiederum haben jetzt 11 Millionen Italiener ihre Ketten abgeworfen und sind in den Stand gesetzt, ihre Regierung frei zu wählen. Das Ministerium ist weit entfernt, sich das Verdienst dieses Erfolges allein zuzuschreiben, es erkennt vielmehr willig die Verdienste der Völker, der Freiwilligen, sowie Garibaldis um den Erfolg an. Doch muß es daran erinnern, daß dieser Erfolg nur die nothwendige Konsequenz der von Carl Albert begonnenen, von Victor Emanuel fortgesetzten Politik ist. Die Kammern sind jetzt berufen, damit das Ministerium sich überzeuge, ob das Vertrauen des Landes in dasselbe noch bestehe, um ein feierliches Urtheil über jene Politik, die Politik der Regierung zu sprechen.

Italien ist jetzt frei bis auf Venedig und Rom. An die Befreiung Venedigs darf für jetzt nicht gedacht werden; die Meinung der Mächte ist einem Angriff auf Venedig entgegen, weil sie Italien nicht stark genug glauben. Es gilt vorerst ein starkes Italien — auch ohne Venedig — hinzustellen, und die Meinung Europas wird sich in Bezug auf Venedig entschieden ändern. Ebenso muß Rom geachtet werden. Die Frage Roms gehört nicht zu denen, welche mit dem Degen gelöst werden, man muß deren Lösung von der Macht der Zeit, von dem unberechenbaren Einfluß, den ein wiedergebornes Italien auf die Ansichten und Urtheile der katholischen Welt üben wird, erwarten. Die Franzosen in Rom angreifen wollen, ist für Italien materiell und moralisch unmöglich.

Wenn die Sache Italiens sich die Sympathieen von ganz Europa erworben hat, so verdankt man das vorzugsweise der Mäßigung, mit welcher jene Provinzen auftraten, welche ihre alten Regierungen vertrieben hatten. Durch diese Mäßigung, durch das Niederhalten jeder Anarchie haben Toscana und die Emilia die Diplomatie überzeugt, daß Italien fähig ist, ein großes Reich mit den freiesten Institutionen zu bilden.

Wie in jenen Provinzen, so muß es nun auch in Süditalien gehen. Dieß darf nicht lange in der Ungewißheit eines Provisoriums bleiben, dessen Folge Unordnung und Anarchie sein würden. Diese aber trügen eine große Gefahr nicht bloß für Süditalien, sondern für ganz Italien in sich. Victor Emanuel hat besondere Pflichten für Süditalien zu erfüllen. In seinem Namen hat sich dieß erhoben, er ist vor Europa und der Nachwelt verantwortlich für das Geschick Süditaliens. Er will keineswegs willkürlich über dasselbe verfügen, aber es ist seine Pflicht, diesen Provinzen es zu ermöglichen, daß sie durch eine freie Willensäußerung aus dem Zustand des Provisoriums heraustreten.

Wie auch ihr Votum ausfalle, die Regierung Victor Emanuels wird dasselbe achten.

Dieß sind die Gründe, welche das Ministerium zur Vorlage des Annexionsgesetzes bestimmten.

Das Ministerium glaubt nicht, daß über die Art der Abstimmung ein Zweifel sein könne. Sie muß in derselben Art wie in Toscana und der Emilia stattfinden. Eine bedingungsweise Annexion kann das Ministerium nicht zulassen, es muß sie, abgesehen davon, daß es die Zentralisation für die beste Form Italiens erkennt, auch als unwürdig der neuern europäischen Völker zurückweisen. Eine bedingungsweise Annexion würde eine Art feudalistischen Unterwerfungspaktes sein.

Fast ganz Italien ist einig darüber, daß die sofortige Annexion Süditaliens stattfinden solle. Doch gibt es allerdings einige Männer, über deren Vaterlandsliebe kein Zweifel sein kann und welche dennoch meinen, daß die Annexion erst nach der Befreiung Venedigs und Roms statthaben solle. Nur ein Grund wäre denkbar dafür, Neapel und Sicilien noch in einer Ausnahmsstellung zu lassen, nämlich der, daß man die Revolution in ihren Bestrebungen für die vollständige Befreiung Italiens unterstützen wollte. Aber wenn 22 Millionen Italiener frei und vereint sind, so hat Italien keinen Grund mehr zur Revolution; wollte es dieselbe noch fortsetzen, so könnte Europa auf den Gedanken kommen, daß für Italien die Revolution nicht Mittel, sondern Zweck sei, und die öffentliche Meinung würde sich gegen Italien kehren.

Revolution und konstitutionelle Regierung können in Italien nicht lange neben einander bestehen, ohne zu Konflikten zum Vortheil des gemeinsamen Feindes zu führen. Allerdings wird Garibaldi, obwohl auch er sich gegen die sofortige Annexion erklärte, immer auf der gleichen Seite bleiben, aber wenn Sicilien und Neapel in einer beständigen Revolution erhalten würden, würde bald ihm, der auf seine Fahne geschrieben: Italien und Victor Emanuel! das Ruder entschlüpfen, und es würde in die Hände derjenigen übergehen, welche an die Stelle jener praktischen Formel das dunkle und mystische Symbol der Sektirer: Gott und das Volk! setzen würden.

Das Ministerium hofft aus allen diesen Gründen die Annahme des Annexionsgesetzes vom Parlament. Es braucht ein Vertrauensvotum um so mehr, als neuerdings eine Stimme, welche den Massen theuer ist, die Garibaldis, Mißtrauen in das Ministerium ausgesprochen hat.

Dieß ist in kurzen Zügen die Motivirung des Ministeriums für das Annexionsgesetz. Am 11. Oktober wurde dasselbe von der Deputirtenkammer mit 290 gegen 6 Stimmen angenommen, am 16. Oktober vom Senat, in welchem 12 Stimmen dagegen waren. Am 19. Oktober vertagten sich darauf die Kammern.

Unterdessen hatte die piemontesische Armee bereits auf zwei Punkten das neapolitanische Gebiet betreten. Die Truppen, welche sich schon seit geraumer Zeit im Hafen und in der Stadt Neapel befanden, wurden vom 6. Oktober ab durch andere zu Genua eingeschiffte verstärkt, und das Korps Cialdinis rückte am 9. in drei Kolonnen aus den Marken in die Nordprovinzen Neapels ein; der rechte Flügel richtete sich über Aquila und Avezzano auf Sora, die Hauptkolonne im Zentrum über Teramo, Popoli, Sulmona, Castel di Sangro auf Isernia, der linke Flügel zuerst längs dem adriatischen Meere, dann auf Benevent.

Der König Victor Emanuel war über Bologna am 4. Oktober in Ancona eingetroffen, wo er selbst das

Kommando seiner Armee übernahm, während Fanti in die Stelle seines Generalstabschefs zurücktrat. Am 9., als die Truppen die neapolitanische Nordgrenze überschritten, erließ der König zugleich eine Proklamation an die Völker Süditaliens. Dieses Aktenstück ist zu wichtig, als daß wir es nicht wörtlich mittheilen sollten. Es lautet:

„In einem Augenblicke heilig für die Geschichte der Nation und die Geschichte Italiens richte ich mein Wort an Euch, Völker Süditaliens, die ihr in meinem Namen Eure Regierung geändert und dann mir Redner aller Stände, Bürger, Magistrate, Deputirte der Gemeinden zugesendet habt, um von mir die Wiederherstellung der Ordnung, die Befestigung in der Freiheit, die Vereinigung mit meinem Reiche zu verlangen.

„Ich will Euch sagen, welcher Gedanke mich leitet, welche Pflichten nach meinem Bewußtsein derjenige zu erfüllen hat, den die Vorsehung auf einen italienischen Thron setzte.

„Ich bestieg den Thron nach einem großen nationalen Unglück. Mein Vater gab mir ein erhabenes Beispiel, indem er die Krone niederlegte, um die eigene Würde und die Freiheit seiner Völker zu retten. Carl Albert fiel die Waffen in der Hand und starb im Exil. Sein Tod vereinte immer mehr die Schicksale meiner Familie und jene des italienischen Volkes, welches seit so vielen Jahrhunderten allen fremden Landen die Gebeine seiner Verbannten überlassen hat, indem es die Erbschaft eines jeden Volkes zurückgewinnen wollte, welches Gott zwischen die gleichen Grenzen gesetzt und durch das Symbol der gemeinsamen Sprache zu einem Volke gemacht hat.

„Ich bildete mich an diesem Beispiel, und das Gedächtniß meines Vaters war mein Leitstern.

„Zwischen der Krone und dem verpfändeten Wort konnte es für mich nimmer eine Wahl geben.

„Ich befestigte die Freiheit in Zeiten, die der Freiheit wenig günstig waren; ich wollte, daß sie sich entwickle und Wurzel schlüge in den Gewohnheiten der Völker. Denn es konnte mir nicht verdächtig sein, was meinen Völkern theuer war. In der Freiheit Piemonts ward sorgsam gehegt das Erbtheil, welches der vorausblickende Geist meines erhabenen Erzeugers allen Italienern hinterlassen hatte.

„Mit den Freiheiten der repräsentativen Verfassung, mit dem öffentlichen Unterricht, mit großen öffentlichen Werken, mit der Freiheit von Gewerbe und Handel suchte ich die Wohlfahrt meiner Völker zu heben. Allerdings wollte ich die katholische Religion geachtet wissen, aber auch frei einen Jeden in dem Heiligthum seines Gewissens, und fest die bürgerliche Gewalt; und so widerstand ich offen jener hartnäckigen und wühlerischen Faktion, welche sich rühmt, die einzige Freundin und Schützerin der Throne zu sein, welche aber in Wahrheit gedenkt, im Namen der Könige zu herrschen und zwischen Fürst und Volk die Schranke ihrer unduldsamen Leidenschaften aufzurichten.

„Diese Art der Regierung konnte nicht ohne Wirkung für das übrige Italien bleiben. Die Eintracht zwischen Fürst und Volk in dem Streben nach nationaler Unabhängigkeit und bürgerlicher und politischer Freiheit, die Freiheit der Rednerbühne und der Presse, die Armee, welche die militärischen Traditionen Italiens unter der dreifarbigen Fahne gerettet hatte, machten aus Piemont den Bannerträger und den Arm Italiens. Die Kraft meiner Herrschaft entsprang nicht aus den Künsten einer geheimen Politik, sondern aus dem offenen Einflusse der Ideen und der öffentlichen Meinung.

„So konnte ich dem unter meinem Szepter vereinten Theil des italienischen Volkes den Gedanken einer nationalen Hegomonie erhalten, aus welchem die harmonische Vereinigung aller getrennten Provinzen in eine einzige Nation entstehen sollte.

„Italien verstand meinen Gedanken, als es sah, wie ich meine Soldaten zur Seite der Soldaten der beiden großen westlichen Mächte auf die Felder der Krimm sendete. Ich wollte das Recht Italiens in die thatsächliche Wirklichkeit, in die europäischen Interessen eintreten lassen.

„Auf dem Kongreß von Paris konnten meine Gesandten zum ersten Male im Angesicht Europas von Eueren Schmerzen reden. Und allen war es klar, wie das Uebergewicht Oesterreichs in Italien feindlich sei dem europäischen Gleichgewicht, welche Gefahren die Unabhängigkeit und Freiheit Piemonts liefen, wenn der Ueberrest der Halbinsel nicht von dem fremden Einflusse befreit würde.

„Mein großherziger Verbündeter, der Kaiser Napoleon III., fühlte, daß die Sache Italiens würdig sei der großen Nation, über welche er regiert. Die neuen Geschicke unseres Vaterlandes wurden eingeweiht durch einen gerechten Krieg. Die italienischen Soldaten kämpften ebenbürtig an der Seite der unbesiegbaren Legionen Frankreichs. Die Freiwilligen, welche aus allen Provinzen, aus allen Familien Italiens sich unter der Fahne mit dem savoyischen Kreuze sammelten, zeigten, wie ganz Italien mich mit der Vollmacht bekleidet hatte, in seinem Namen zu sprechen und zu kämpfen.

„Politische Rücksichten machten dem Kriege ein Ende, aber nicht seinen Folgen, welche sich vielmehr nach der unbeugsamen Logik der Ereignisse und der Völker immer weiter entwickelten.

„Wenn ich jenen Ehrgeiz gehabt hätte, welcher von denjenigen, welche die Zeit nicht verstehen, meiner Familie zugeschrieben wird, ich hätte zufrieden sein können mit dem Erwerbe der Lombardei. Aber ich hatte das kostbare Blut meiner Soldaten nicht für mich, ich hatte es für Italien geopfert.

„Ich hatte die Italiener zu den Waffen gerufen; einige Provinzen Italiens hatten ihre innere Verfassung geändert, um zu diesem Unabhängigkeitskriege herbeieilen zu können, von welchem ihre Fürsten sich mit Abscheu wegwendeten. Nach dem Frieden von Villafranca forderten diese Pro-

Provinzen meinen Schutz gegen die angedrohte Wiederherstellung der alten Regierungen. Wenn, was in Mittelitalien geschehen, die Folge des Krieges war, zu welchem wir die Völker eingeladen hatten, wenn das System fremder Einmischung für immer aus Italien verbannt sein sollte, mußte ich anerkennen und vertheidigen das Recht dieser Völker, gesetzlich und frei ihre Stimme zu erheben.

„Ich zog meine Regierung zurück; jene gaben sich eine geordnete Regierung; ich zog meine Truppen zurück; jene organisirten reguläre Streitkräfte, und durch die Macht der Eintracht und bürgerlichen Tugend gelangten sie zu solchem Ansehen und solcher Kraft, daß sie nur durch die Gewalt fremder Waffen hätten besiegt werden können.

„Dank der Einsicht der Völker Mittelitaliens, gewann in ihnen die monarchische Idee beständig an Festigkeit, und moralisch leitete die Monarchie diese friedliche Volksbewegung. So wuchs Italien in der Achtung der zivilisirten Völker, und es ward Europa offenbar, daß die Italiener wohl fähig sind, sich selbst zu regieren.

„Indem ich die Annexion annahm, wußte ich wohl, mit welchen europäischen Schwierigkeiten ich den Kampf aufnahm. Aber ich konnte mich nicht verfehlen gegen das Wort, welches ich in den Aufrufen zum Kriege den Italienern gegeben hatte. Wer in Europa mich der Unklugheit zeihet, der möge doch in Ruhe überlegen, was geschehen sein würde, was aus Italien werden würde, wenn die Monarchie unfähig erschiene, dem Bedürfniß der nationalen Wiedererweckung zu genügen.

„Durch die Annexionen änderte sich die nationale Erhebung nicht in ihrem Wesen, aber sie nahm neue Formen an. Indem ich von dem Rechte des Volkes jene schönen und edlen Provinzen annahm, mußte ich ohne Hintergedanken die Anwendung jenes Volksrechtes anerkennen, und es war mir nicht gestattet, dasselbe nach dem Maße meiner Neigungen und persönlichen Interessen zu messen. Ich verzichtete daher auf zwei der edelsten Provinzen des väterlichen Reiches; ich brachte dieses Opfer, wie viel es immer meinem Herzen kostete, zum Nutzen Italiens.

„Den italienischen Fürsten, welche meine Feinde sein wollten, habe ich stets aufrichtige Rathschläge ertheilt, entschlossen, wenn es vergebens wäre, der Gefahr zu begegnen, welcher ihre Verblendung die Throne aussetzen konnte, und den Willen Italiens anzunehmen.

„Dem Großherzog (von Toscana) hatte ich vergebens vor dem Kriege ein Bündniß angetragen. Dem Papst, in welchem ich das Haupt der Religion meiner Ahnen und meiner Völker verehre, schrieb ich nach dem Frieden vergebens, und erbot mich, das Vikariat für Umbrien und die Marken anzunehmen.

„Es war klar, daß diese Provinzen, nur von den Waffen fremder Söldner im Zaume gehalten, wenn sie nicht die von mir vorgeschlagene Garantie einer weltlichen Regierung erhielten, früher oder später an die Grenze der Revolution getragen würden.

„Ich will nicht an die Rathschläge erinnern, welche durch viele Jahre von den Mächten dem König Ferdinand von Neapel gegeben wurden. Die Urtheile, welche auf dem Pariser Kongreß über seine Regierung fielen, bereiteten die Völker naturgemäß vor, diese zu ändern, wenn die Klagen der öffentlichen Meinung und die diplomatischen Verhandlungen umsonst wären.

„Seinem jungen Nachfolger trug ich eine Allianz für den Unabhängigkeitskrieg an. Auch da fand ich die Seelen jeder Neigung für Italien verschlossen, die Geister von der Leidenschaft bethört.

„Es war eine natürliche Sache, daß die Ereignisse, welche einander in Nord- und Mittelitalien folgten, auch in Süditalien mehr und mehr die Herzen bewegten.

„In Sicilien brach diese Neigung der Geister in offenen Aufstand aus. Man kämpfte für die Freiheit in Sicilien, als ein tapferer Krieger, Italien und mir ergeben, der General

Garibaldi, zu Hülfe dort landete. Es waren Italiener; ich konnte und durfte sie nicht zurückhalten.

„Der Fall der Regierung von Neapel bekräftigte, was mein Herz wußte: wie sehr den Königen die Liebe, wie sehr den Regierungen die Achtung der Völker nothwendig sei.

„In den beiden Sicilien trat die Regierung unter meinem Namen auf. Aber einige ihrer Akte gaben zu fürchten, daß sie nicht in jeder Beziehung richtig die Politik auslege, welche von meinem Namen repräsentirt wird. Ganz Italien hat gefürchtet, daß im Schatten einer ruhmvollen Popularität, einer antiken Rechtschaffenheit eine Faktion sich neu zusammenzuknüpfen suche, bereit, den nahen Triumph der Nation den Truggebilden ihres ehrgeizigen Fanatismus zu opfern.

„Alle Italiener wendeten sich an mich, daß ich diese Gefahr beschwöre. Es war meine Pflicht, es zu thun; denn bei der gegenwärtigen Lage der Dinge wäre es nicht Vernunft, es wäre Schwäche und Unklugheit, wenn ich nicht mit fester Hand die Leitung der nationalen Bewegung an mich nähme, für welche ich vor Europa verantwortlich bin.

„Ich habe meine Soldaten in die Marken und Umbrien einrücken lassen, um diesen Haufen Volkes aus allen Landen und von jeder Zunge, der sich dort gesammelt hatte, — eine neue und sonderbare Form fremder Intervention, die schlechteste von allen — zu zerstreuen.

„Ich habe das Italien der Italiener proklamirt und werde es nicht dulden, daß Italien das Nest kosmopolitischer Sekten werde, die sich in ihm sammeln, um die Plane sei es der Reaktion, sei es der Weltdemagogie anzuzetteln.

„Völker des südlichen Italiens!

„Meine Truppen rücken zu Euch vor, um die Ordnung zu kräftigen. Ich komme nicht, um Euch meinen Willen aufzuzwingen, sondern um dem eurigen Achtung zu verschaffen.

„Ihr könnt ihn frei aussprechen; die Vorsehung, welche die gerechten Sachen beschützt, wird euch das Votum eingeben, welches ihr in die Urne niederlegt.

„Wie schwer die Ereignisse immer fallen mögen, ich erwarte ruhig das Urtheil des zivilisirten Europas und das Urtheil der Geschichte, weil ich das Bewußtsein habe, meine Pflichten als König und als Italiener zu erfüllen.

„In Europa wird meine Politik vielleicht insofern nicht ohne Nutzen sein, als sie den Fortschritt der Völker mit der Beständigkeit der Monarchieen versöhnt.“

„In Italien weiß ich, daß ich die Aera der Revolutionen schließe.

„Gegeben zu Ancona, den 9. Oktober 1860.

„Victor Emanuel.

„Farini.“

Bei leicht in die Augen fallenden Stellen des Manifestes, namentlich im letzten Theil, muß man sich erinnern, daß Farini, wie Cavour und Fanti, den Diktator haßt, und wenn sie, weil ihn der König liebt, Garibaldi selbst nicht angreifen dürfen, so entschädigen sie sich dafür dadurch, daß sie seine Freunde, die Mazzinisten, die Partei der That, angreifen. Farini sagt: es herrscht Unordnung, es herrscht Anarchie in Neapel, noch Schlimmeres droht, die Monarchie, das monarchische Prinzip ist in Gefahr, die Republik steht vor der Thüre. Weßhalb sagt das Farini? Offenbar damit die monarchischen Mächte Europas für das Einrücken der Piemontesen in Neapel gewonnen werden. Es ist höchst possirlich, daß Farini sich, um den piemontesischen Einfall in Neapel unter den Schutz Europa's zu stellen, ungefähr der gleichen Worte und Wendungen bedient, wie der Papst, um Europa gegen den piemontesischen Einfall in Umbrien und die Marken auf die Beine zu bringen. Wir müssen nur noch daran erinnern, daß, insoweit wirklich Unordnung in Neapel herrschte, diese lediglich durch die Umtriebe Cavours, Farinis, Fantis und ihrer redlichen Helfershelfer angestiftet war.

Das Einrücken der Piemontesen in das Neapolitanische machte nun auch endlich den diplomatischen Beziehungen zwischen den Regierungen Franz II. zu Gaeta und Victor

Emanuels zu Turin ein Ende. Franz des II. Gesandter Winspeare war merkwürdiger Weise bisher immer noch in Turin geblieben.

Am 6. Oktober endlich machte Cavour dem Baron Winspeare die folgende Mittheilung:

„Die Ereignisse, welche zu Neapel in den letzten Monaten statt hatten, hatten die Regierung des Königs bereits bestimmt, Fahrzeuge zum Schutz der sardischen Unterthanen dorthin zu schicken. Seitdem hat die Lage sich nur noch verschlimmert. Franz II. hat seine Hauptstadt verlassen und so in den Augen der Bevölkerung abgedankt. Der Bürgerkrieg, welcher in den neapolitanischen Staaten wüthet, der Mangel einer regelmäßigen Regierung bringen die Prinzipien, auf denen die bürgerliche Ordnung beruht, in große Gefahr.

„In dieser Lage haben die Bürger und Behörden des Königreichs Neapel an S. M. den König Victor Emanuel Adressen gelangen lassen, welche mit zahlreichen Unterschriften bedeckt sind, und flehen die Hülfe des Fürsten an, welchem die Vorsehung die Aufgabe anvertraut hat, Italien den Frieden zu geben und es wieder herzustellen.

„Gemäß den Pflichten, welche ihm diese Mission auferlegt, hat mein erhabener Herr befohlen, ein Armeekorps nach Neapel zu senden. Diese Maßregel wird einem Stand der Dinge ein Ende machen, welcher in Anarchie ausarten könnte, wird so Europa vor großen Gefahren behüten und fernerem Blutvergießen ein Ende machen.“

Man wird nicht umhin können, die naive und geniale Leichtigkeit zu bewundern, mit welcher Cavour den Gegenstand in diesem Schreiben behandelt.

Winspeare antwortete darauf am 7. Oktober Nachstehendes:

„Exzellenz! Die Besetzung des Königreichs beider Sicilien durch piemontesische Truppen, von welcher Sie mir durch Ihre gestrige Mittheilung Anzeige machen, ist so offenbar den Grundlagen jedes Gesetzes und Rechtes entgegen, daß es beinahe unnütz erscheinen könnte, sich mit dem Beweise der Ungesetzlichkeit aufzuhalten. Die Thatsachen, welche dieser Invasion vorhergingen, die Bande der Verwandtschaft und Freundschaft, welche ebenso innig als alt die beiden Kronen verknüpften, machen die Invasion zu einer so außerordentlichen und neuen Erscheinung in der Geschichte der modernen Welt, daß der edle Sinn des Königs, meines erhabenen Herrn, sie nicht für möglich halten konnte, und in der That, in der Protestation, welche der General Casella, Minister der auswärtigen Angelegenheiten des Königs, am letzten 16. September von Gaeta an alle Repräsentanten der befreundeten Mächte richtete, trat das Vertrauen klar hervor, welches Seine Majestät der König Franz II. in den König von Sardinien setzte, daß letzterer niemals den Akten der Usurpation seine Sanktion ertheilen werde, welche unter dem Schutze seines königlichen Namens in der Hauptstadt der beiden Sicilien begangen worden waren. Es ist gleichfalls überflüssig, daß ich Euer Exzellenz zu beweisen suche, wie diese feierliche Protestation in Verbindung mit mehreren andern Proklamationen meines erhabenen Fürsten und mit den heldenmüthigen Anstrengungen, welche er unter den Mauern von Capua und Gaeta macht, unwiderleglich dem sonderbaren Grund widerspricht, als habe S. M. de facto abgedankt. Ich bin erstaunt gewesen, diesen Grund in der obenerwähnten Mittheilung Eurer Exzellenz zu lesen.

„Die Anarchie hat in den Staaten S. sicilischen Majestät triumphirt in Folge einer Revolution, welche über die Ufer trat. Seit dem ersten Augenblick hat alle Welt die Unordnungen vorausgesehen, welche sie nach sich ziehen müßte, und seit langer Zeit, aber vergebens, schlug auch der König, mein Herr, S. M. dem König von Sardinien vor, gemeinschaftlich dieser Revolution einen Damm entgegenzusetzen, damit sie nicht aus ihrem Bette treten, nicht durch ihre Ausschreitungen die wahre Freiheit und Unabhängigkeit Italiens gefährden könnte.

„In dieser Schicksalsstunde, da ein Staat von zehn Mil-

33 *

lionen Seelen die Waffen in der Hand die letzten Ueberbleibsel seiner geschichtlichen Selbstständigkeit vertheidigt, würde es eine müßige Sache sein, zu untersuchen, durch wen diese Revolution so gestärkt ward, daß sie riesige Verhältnisse annehmen konnte, wie sie zu dem größten Theile dieser Umwälzungen gelangte, welche in ihrem Plane lagen. Jene göttliche Vorsehung, deren allerheiligsten Namen Euer Exzellenz angerufen haben, wird in Kurzem bei dem äußersten Kampf ihr Urtheil sprechen. Aber wie auch dieses Endurtheil falle, der Segen des Himmels wird sich ganz gewiß nicht auf diejenigen hinabsenken, welche sich anschicken, die großen Grundsätze der gesellschaftlichen und sittlichen Ordnung zu verletzen, während sie sich für die Vollzieher eines Auftrages Gottes ausgeben. Auch das öffentliche Bewußtsein, wenn das tyrannische Joch der politischen Leidenschaften nicht mehr auf ihm lastet, wird den wahren Charakter einer Unternehmung festzustellen wissen, welche auf die Usurpation berechnet, mit List begonnen, mit der Gewalt zu Ende geführt ward.

„Die Freundlichkeit, mit welcher diese edelmüthige und loyale Bevölkerung mich aufgenommen hat, deren Erinnerung immer in meinem Herzen fortleben wird, verbietet mir, in der strengen Beurtheilung der Akte Sr. sardinischen M. weiter zu gehen. Aber E. Exzellenz wird es leicht begreifen, daß ein längerer Aufenthalt des Repräsentanten S. sicilischen Majestät zu Turin unverträglich wäre sowohl mit der Würde S. M., als mit den völkerrechtlichen Gewohnheiten.

„Sobald ich daher einige Privatinteressen S. M., welche sich auf den Nachlaß Ihrer erhabenen Mutter heiligen Andenkens beziehen, geregelt habe, werde ich diese Residenz verlassen. Ich protestire aber feierlichst gegen die obenerwähnte militärische Besetzung, gegen jede Anmaßung der geheiligten, S. M. dem König beider Sicilien zustehenden Rechte, welche von der Regierung S. M. des Königs von Sardinien bereits ausgeübt ist oder erst versucht werden soll. Des weiteren und zugleich behalte ich dem König Franz II., meinem erhabenen Herrn, die freie Ausübung seiner souveränen Gewalt vor, vermöge welcher er sich mit allen Mitteln, welche er für die zweckmäßigsten erachten mag, gegen diese ungerechten Angriffe und Anmaßungen setzt. Ich behalte ihm das Recht vor zu allen jenen öffentlichen und feierlichen Handlungen, welche ihm die nützlichsten zur Vertheidigung seiner königlichen Krone scheinen.

„Vor meiner Abreise werde ich die Ehre haben, Euer Exzellenz Herrn de Martino vorzustellen, welcher einfach beauftragt sein wird, Ihnen die Mittheilungen zu übergeben, welche die Regierung des Königs, meines Herrn, später noch in den Fall kommen könnte, an die Regierung S. M. von Sardinien zu richten.

„Euer Exzellenz möge mir erlauben, mich von Ihnen zu verabschieden, indem ich Ihnen meinen Dank für das freundliche Verfahren ausspreche, welches Sie in unsern persönlichen Beziehungen stets gegen mich beobachtet haben."

Die Regierung des Königs Franz II. versäumte es nicht, sich auch ihrerseits in einer Art Manifest über dasjenige auszusprechen, was sie von dem Einmarsch der Piemontesen ins Neapolitanische dachte. Um Wiederholungen zu vermeiden, geben wir von dieser Note nur die wichtigsten Stellen wörtlich, im Uebrigen nur eine Analyse.

Casella beginnt mit einer Uebersicht der Vorgänge vom Beginne der Revolution auf der Insel Sicilien ab, dessen, was die neapolitanische Regierung gegen die Revolution, gegen die ihr von Garibaldi zugeführte Unterstützung militärisch und politisch that. Er setzt auseinander, wie dieß Alles zu nichts führte.

„Die (von Franz II. gewährte) politische Freiheit", sagt er, „welche nicht die Zeit zu ihrer Entwicklung gewann, diente lediglich allen Verschwörern als Schild und Schirm. Europa hat zu seinem Aergerniß gesehen, wie ein Minister S. M. (Liborio Romano) sich rühmte, daß er während seines Ministeriums die Revolution organisirt habe, welche dem König seine Krone entreißen sollte."

Der Minister erzählt nun weiter, wie verschiedene Kabinette dem König Franz zu verstehen gegeben, daß, wenn er mit seinen Kräften die Revolution erfolgreich bekämpfe, dieß Anhaltspunkte für eine Einmischung zu seinen Gunsten bieten könne, wie dann der König wirklich am Volturno Widerstand leistete und selbst die Offensive ergriff. „Europa weiß aus den Bulletins der Generale dieses Condottiere (Garibaldi), daß im Dienste der Revolution eine ungarische Legion steht, sowie Truppen verschiedener Nationen, unter Anderm die in letzter Woche zu Neapel gelandete englische Legion. Man hat gesehen, daß im Kampfe vom 1. Oktober Bataillone piemontesischer Bersagliere Garibaldi zu Hülfe kamen.“ Franz II. hat e das beste Vertrauen, mit der innern Revolution, mit dem Mazzinismus, mit den italienischen Banden Garibaldis und den Abenteurern aller Nationen unter seiner Fahne fertig zu werden. Aber nun tritt als mächtige Reserve dieser Streitkräfte auch die starke piemontesische Armee auf. Das Vertrauen muß nun schwinden, nicht bloß wegen der Unzulänglichkeit der Kräfte des Königs, sondern auch weil dieser sieht, daß für ihn der Schutz des Völkerrechts nicht gilt. „Die Truppen des Königs“, so schließt Casella, „werden vielleicht durch diesen unqualifizirbaren Angriff erdrückt; die Unabhängigkeit und Souveränetät dieses Landes, seine alte und anerkannte Monarchie unterliegen vielleicht; aber zugleich mit ihnen erliegen auch alle Rechte, alle Gesetze, alle Grundsätze, auf denen die Unabhängigkeit und Sicherheit der Nationen beruht. Das Beispiel der beiden Sicilien wird der Welt lehren, daß es erlaubt ist, alle Gefühle der Gerechtigkeit und Redlichkeit mit Füßen zu treten und die Revolution auf das Gebiet eines befreundeten Souveräns zu tragen, um sich im vollen Frieden seiner Staaten zu bemächtigen, mit Verletzung des Rechts und der Verträge, mit Verachtung der legitimsten Interessen und indem man die öffentliche Meinung Europas herausfordert.“

Die europäischen Mächte mißbilligten fast sämmtlich

das Verfahren Piemonts gegen den König von Neapel, aber sie mischten sich nicht ein.

Oesterreich hatte seine diplomatischen Beziehungen zu Piemont schon längst auf das reduzirt, was zum Schutze österreichischer Unterthanen in Italien nothwendig war; in dem gleichen Falle befand sich seit der Invasion Umbriens und der Marken auch Frankreich. Hier und dort begnügte man sich, von offiziellen und offiziösen Blättern die Mißbilligung des neuen Schrittes Piemonts hervorheben zu lassen.

Spanien protestirte schon durch eine schwere Note vom 9. Oktober gegen den beabsichtigten Einmarsch der Piemontesen. Diese Note behielt zugleich die prätendirten Erbrechte des spanischen Herrscherhauses auf die Krone der beiden Sicilien vor.

Die russische Regierung rief durch eine Note des Fürsten Gortschakoff am 10. Oktober ihren Gesandten, den Fürsten Gagarin von Turin ab. Gortschakoff hebt hervor, wie dieses lange Zögern der beste Beweis für den Wunsch Rußlands sei, mit Piemont auf gutem Fuße zu stehen. Aber nach der Invasion des päpstlichen Gebietes, nach dem Annexionsgesetz, bei dem Erscheinen piemontesischer Truppen in Neapel könne Rußland nicht mehr glauben, daß Piemont der Revolution auf der italienischen Halbinsel fremd sei. Die Nothwendigkeit, die Anarchie zu bekämpfen, welche die Regierung Victor Emanuels für sich anführe, rechtfertige ihr Verfahren nicht; denn in der That stelle sie sich durch dieses auf den Weg der Revolution, nicht um letztere aufzuhalten, sondern um ihre Erbschaft einzusacken. Es handle sich hier nicht mehr um rein italienische Interessen, sondern um die allgemeinen Interessen aller Regierungen, um ewige Gesetze, ohne welche es weder eine gesellschaftliche Ordnung, noch Frieden, noch Sicherheit für Europa geben könne.

Auch Preußen kam jetzt hervor; es rief zwar seinen Gesandten, Graf Brassier de St. Simon, nicht von Turin ab, doch richtete Herr v. Schleinitz an denselben am

13. Oktober eine Note zur Mittheilung an die piemontesische Regierung. Diese Note ist eine Antwort auf das Memorandum der letztern vom 12. September, durch welches die Invasion in die Marken gerechtfertigt werden sollte. Die preußische Regierung, sagt Schleinitz, habe auf das Memorandum einerseits deßhalb nicht sogleich geantwortet, weil sie herzlich wünsche, im besten Vernehmen mit dem Turiner Kabinet zu bleiben, andererseits, weil sie vorausgesetzt habe, daß diesem Kabinet wohl bekannt sein werde, wie die Berliner Regierung sich zu ganz anderen Ansichten als den im Memorandum vertretenen bekenne. Um Mißdeutungen zu verhüten, könne aber jetzt die preußische Regierung nicht länger zögern, sich auszusprechen. Cavour basire sich gänzlich auf das absolute Recht der Nationalitäten. Auch Preußen schlage die Idee der Nationalität hoch an, finde aber, daß den berechtigten Wünschen der Nationen nur auf dem legalen Wege der Reform und mit Achtung der bestehenden Rechte ein Genüge gethan werden dürfe. Der Weg Cavours führe aber gänzlich von dem Boden der Reform ab und auf jenen der Revolution. Auch könnten die neuesten Akte der piemontesischen Regierung nicht anders bezeichnet werden denn als ein Bruch des Grundsatzes der Nichtintervention, während dieselbe Regierung den erwähnten Grundsatz doch beständig für sich anrufe. „Aufgefordert", so schreibt Herr v. Schleinitz, „uns über derlei Handlungen und Grundsätze auszusprechen, können wir sie nur tief und aufrichtig bedauern, und wir glauben eine dringende Pflicht zu erfüllen, indem wir in der unzweideutigsten und förmlichsten Weise unsere Mißbilligung sowohl dieser Grundsätze als der Anwendung ausdrücken, welche man glaubte von ihnen machen zu können."

Cavour hätte darauf antworten können, daß, wenn man die Achtung vor alten verdorrten „Rechten" überall voranstellen will, man eben nie zu neuen besseren Rechten gelangen kann, daß man dann eben im Sumpf stecken bleiben muß, daß die Weltgeschichte stillsteht, daß Preußen sich und seine Stellung in Deutschland und in Europa nur selbst anzusehen brauche, um die Wahrheit dieser Bemerkungen sofort zu begreifen. Aber das wäre sehr unhöflich von Cavour gewesen. In der That antwortete er am 9. November in einer sehr feinen Weise und sprach dabei — etwas ironisch — die Hoffnung aus, daß auch Preußen wohl zu einer andern Meinung hinsichtlich des Verfahrens Victor Emanuels gelangen werde.

Zuletzt kam nun noch England. Lord Russel schrieb am 27. Oktober eine Note an James Hudson, den englischen Gesandten in Turin. Diese Note ist in ihrer Art ebenso merkwürdig wie die Schleinitzische. Russel hat sich den Vattel hervorgeholt, und mit dieser Postille vor sich steigt er aufs Katheder und sagt: „Da Alle reden, müssen wir auch reden; wir könnten sonst unartig scheinen, und das wollen wir nicht; also los! Hatten die Völker Italiens ein Recht, die Hülfe Victor Emanuels anzurufen? Hatte Viktor Emanuel ein Recht, diese Hülfe zu bringen? Offenbar sind die Italiener die besten Richter über ihre Interessen. Wenn sie nun aus guten Gründen die Waffen ergreifen gegen ihre alten Regierungen, so ist es nach Vattel eine gute und gerechte Handlung, ihnen beizustehen, ihnen Hülfe zu bringen. Die päpstlichen, wie die neapolitanischen Unterthanen hatten offenbar gute Gründe, die Waffen gegen ihre alten Regierungen zu ergreifen; folglich erwarb sich Victor Emanuel ein Verdienst, indem er jenen Unterthanen Hülfe brachte. Quod erat demonstrandum! Die englische Regierung kann sich demnach der Mißbilligung nicht anschließen, welche Andere gegen das Turiner Kabinet ausgesprochen haben. „Die Regierung Ihrer Majestät zieht es vor, ihre Blicke auf das angenehme Schauspiel zu richten, welches ein Volk bietet, indem es begleitet von den Sympathieen und den aufrichtigen Wünschen Europas das Gebäude seiner Freiheiten aufrichtet und das Werk seiner Unabhängigkeit befestigt."

Brauchen wir es ausdrücklich zu sagen, daß die Argumentation Lord John Russels ganz und gar die unserige ist, daß uns nur die schulmeisterliche Form ein wenig komisch vorkommt, und daß wir allerdings die Hülfe der Piemontesen mit etwas andern Augen ansehen als Lord John Russel? Uebrigens hat dieser vollständig das Recht, diese letztere anders zu betrachten als wir; und wenn er unsere Darstellung der sämmtlichen Ereignisse gelesen haben wird, wird er vielleicht auch in diesem Punkte ganz und gar mit uns einverstanden sein.

Die Piemontesen marschirten indessen vorwärts, ohne sich um das Für und Wider, welches von den verschiedenen Mächten Europas ausgesprochen ward, zu kümmern. Wir müssen uns nun nach Neapel wenden, um die Irrgänge der dort herrschenden Politik zu verfolgen, um Garibaldi mitten zwischen den Unruhstiftern Cavours und seinen Gesinnungsgenossen zu betrachten. Ueber die Politik, die im Oktober zu Neapel getrieben ward, sind einige ziemlich gute Nachrichten in englischen und noch mehr in französischen Journalen in die Welt gekommen. Indessen diese Nachrichten gingen zum großen Theil für ein Publikum verloren, vor welchem sie wie Blitze aus heiterm Himmel niederfielen, welches gar nicht auf ihr Verständniß vorbereitet war. Wir haben den Vortheil, von dieser Politik und ihren Schleich- und Irrgängen Lesern zu erzählen, welche vollkommen in den großen Zwiespalt zwischen Cavouristen und Mazzinisten oder Garibaldinern eingeweiht sind, welche wissen, wie dieser Streit nicht bloß auf großen Prinzipien, sondern auch auf persönlichen Feindschaften beruht, aus persönlichen und öffentlichen Differenzen zusammengewebt ist.

18. Das Annexionsvotum.

Was Cavour in Neapel wollte, wissen wir aus dem Annexionsgesetz, welches er zu Turin hatte diskutiren lassen, aus der Begründung desselben vor den Kammern.

Er wollte:

die sofortige Annexion;

die unbedingte Annexion;

die Annexion durch Plebiszit.

Die Mazzinisten wollten etwas Anderes; sie wollten die Berufung von Repräsentantenversammlungen für Sicilien und für das neapolitanische Festland; diese sollten die Fragen diskutiren, ob die Diktatur zu verlängern, oder ob die Annexion Süditaliens an Piemont sofort zu vollziehen sei; ob dieselbe unbedingt zu vollziehen sei, oder unter Bedingungen. Unter den Bedingungen stand obenan diejenige, daß Victor Emanuel die Pflicht übernehme, auch Rom und Venetien mit Italien zu vereinigen; eine andere Bedingung, welche zu diskutiren gewesen wäre, war, ob nicht der Insel Sicilien wie dem neapolitanischen Festland eine Art Verwaltungsautonomie zu bewahren sei, wie sie ja auch Toscana ursprünglich gehabt hatte. Die Mazzinisten verwarfen das Plebiszit nicht, aber sie erklärten es für unwürdig, über eine Lebensfrage Süditaliens blind, ohne vorherige Erwägung und Ueberlegung abstimmen zu lassen, sie durch dasselbe System entscheiden zu wollen, welches Italien Nizza und Savoyen genommen hatte. Das Plebiszit konnte den Ausspruch der Repräsentantenversammlungen nachher bestätigen, aber es sollte ihm nicht vorausgehen. Die Mazzinisten konnten sich bei ihrer Forderung auch auf den Vorgang Zentralitaliens berufen, wo auch nicht sofort die direkte Abstimmung eingetreten war, sondern wo Repräsentantenversammlungen die Frage zuerst berathen und sich über sie ausgesprochen hatten. Warum sollte dieses System nicht mit doppeltem Recht auf Neapel und Sicilien angewendet werden, welche um so Vieles größer sind als die Romagna oder eines der drei Länder der Aemilia, welche um so Vieles entfernter von Piemont liegen, als jene Länder? Wenn im Turiner Parlament so viele Tage über das Annexionsgesetz gesprochen und berathen worden war, weßhalb sollten nun nicht auch ein neapolitanisches und sicilianisches Parlament die Frage von ihrem Standpunkt aus betrachten? Warum sollten die Länder Süditaliens sich durch eine schlau eingerichtete cavourische Abstimmung gewissermaßen übertölpeln lassen?

Die Mazzinisten hofften, daß weder ein sicilianisches noch ein neapolitanisches Parlament sich für die sofortige Annexion, daß sie sich vielmehr für die Verlängerung der Diktatur, für die Verschiebung der Annexion bis zu dem Zeitpunkt, da auch Rom und Venedig für Italien gewonnen sein würden, aussprechen würden, und sie behaupteten, daß die Verlängerung der Diktatur in Süditalien die Erwerbung Roms und Venedigs erleichtern würden, da Piemont durch den Zürcher Frieden Oesterreich gegenüber in Betreff Venetiens, in Betreff Roms durch die Rücksicht auf die Franzosen die Hände gebunden seien und sie auch Süditalien gebunden würden, wenn dasselbe mit Piemont vereint wäre.

Dieß, wie wir wissen, war nun auch die Herzensmeinung Garibaldis, aber von beiden Parteien bearbeitet, schwankte er dahin und dorthin um so mehr, da ihm die Annexionisten beständig das Schreckbild des Bürgerkriegs vorhielten, welches er durch sein Sträuben gegen die sofortige Annexion heraufbeschwöre.

Das Ministerium, welches ursprünglich als ein antiannexionistisches eingetreten war, ward in persönlicher Leidenschaft in wenigen Tagen ein vollständig annexionistisches, den Prodiktator Pallavicini an der Spitze. Die gleichen Klagen über den persönlichen Einfluß der Mazzinisten und Mazzinis selbst, der sich seit einiger Zeit in Neapel aufhielt, auf Garibaldi, über das Willkürregiment der Provinzialgouverneure, welche die Thätigkeit des Ministeriums paralysirten, wie wir sie von dem frühern Ministerium her kennen! Und nun erscheint Cavour als der Rettungsengel aus aller dieser Trübsal, und man kann nichts Besseres thun, als sich ihm mit Kopf und Kragen in die Arme werfen.

Um sich Cavour gefällig zu erweisen und in dessen Sinne zu handeln, schrieb Pallavicini am 3. Oktober an Mazzini und forderte diesen bei seinem Edelsinne auf, Neapel zu verlassen. Mazzini sei ein alter Republikaner, und so lange er in Neapel bleibe, erwecke er Mißtrauen beim König und der

Turiner Regierung; unwillkürlich, auch wenn er es nicht wolle, führe sein Aufenthalt in Neapel zu Zwiespalt und Trennung. Wenn Mazzini selbst auch für die Einigkeit spreche und wirke, so gäbe es doch Viele, welche seinen Namen mißbrauchend, die Absicht hätten, ein anderes Banner als das königliche Victor Emanuels in Italien aufzupflanzen.

Mazzini antwortete hierauf am 6. Oktober, daß er zu Neapel bleiben werde. Wenn er bloß seiner Bequemlichkeit folgen wollte, würde er lieber heut als morgen gehen. Aber er fühle sich nicht schuldig und könnte gerade schuldig erscheinen, wenn er Neapel wirklich verließe auf gegen ihn geschleuderte Beschuldigungen hin. Er wolle persönlich das Recht jedes Italieners, in seinem Lande zu leben, wenn er gegen dessen Gesetze sich nicht verfehle, vertreten. Nachdem er so lange die Italiener zur Opferbereitschaft ermuntert und erzogen, wolle er sie nun durch sein Beispiel zum Bewußtsein der menschlichen Würde erheben, welche so oft gerade von denen verletzt werde, die sich für Prediger der Eintracht und Mäßigung ausgeben. Man könne seine Freiheit nicht gründen, wenn man nicht auch diejenige Anderer achte. „Ich gehe nicht", sagt Mazzini, weil ich durch mein freiwilliges Exil mein Land zu insultiren glaubte, welches sich nicht, ohne sich in den Augen Europas zu entehren, der Tyrannei schuldig machen kann, weil ich den König zu insultiren glaubte, der nicht ein einzelnes Individuum fürchten kann, ohne sich für schwach und wenig sicher der Zuneigung seiner Unterthanen zu erkennen, weil ich die Männer Ihrer Partei zu insultiren glaubte, welche die Gegenwart eines Mannes nicht besorgt machen kann, den sie ja in jedem Augenblick für allein und vom ganzen Lande verlassen erkären. Wollen Sie sich selbst Lügen strafen? Der Wunsch, daß ich gehe, kommt nicht, wie Sie glauben, von dem Lande, dem Lande, welches unter den Fahnen Garibaldis denkt, arbeitet und kämpft, er kommt vom Turiner Ministerium, dem ich nichts schuldig bin und welches ich für verderblich der Einheit des Vaterlandes halte; er kommt von den

Intriguanten und Zeitungsschreibern ohne Gewissen, ohne Ehre, ohne nationales Bewußtsein, ohne alle Achtung außer vor der bestehenden Gewalt, möge sie sein welche sie wolle, von Leuten also, die ich verachte; er kommt von dem Haufen leichtgläubiger Müßiggänger, welche ohne zu prüfen aufs Wort des Allmächtigen schwören, und welche ich folglich bedaure. Ich gehe schließlich nicht, weil ich seit meiner Ankunft eine noch nicht widerrufene Erklärung des Diktators dieses Landes habe, daß ich frei sei auf der Erde der Freien." Das größte Opfer, welches er jemals gebracht, fährt Mazzini fort, habe er damals gebracht, als er im Interesse der Einheit der Verfolgung seiner republikanischen Tendenzen entsagte und die Monarchie annahm. Damals habe er erklärt, daß, wenn er seine alte Fahne wieder aufstecken müsse, er dieß offen ankündigen werde. Er habe nie gelogen und Niemand habe folglich ein Recht, ihm jetzt die Verfolgung anderer Absichten zuzuschreiben, als derjenigen, welche er selbst nenne. Die Undankbarkeit der Menschen sei kein Grund für ihn, sich freiwillig ihrer Ungerechtigkeit zu beugen und sie dadurch gut zu heißen.

Daß Mazzini nicht ging, machte die guten Cavouristen wüthend; sie suchten sich durch das Verbot anti-annexionistischer Vereine, namentlich auch des unitarischen Nationalvereins (associazione nazionale unitaria), dessen Ehrenpräsident der Diktator selbst war, und durch kleinliche Lazzaroni-emeuten, welche sie gegen die Mazzinisten anstifteten, zu rächen.

In Sicilien erließ Mordini in den ersten Tagen des Oktober ein Dekret über die Wahlen zu einem Parlament.

Sobald dieß in Neapel bekannt ward, beantragte hier am 6. Oktober Crispi im Ministerrathe, daß das Gleiche für das neapolitanische Festland geschehe. Am 7., als die Sache berathen ward, waren drei Minister für das Parlament und nur zwei dagegen. Pallavicini, der gegen das Parlament war, sprach jetzt davon, seine Demission zu geben, wenn nicht das Plebiszit — im Gegensatz zum Parlament — vorgezogen würde; er begab sich indessen nach Caserta, um mit Garibaldi zu sprechen. Als er von Caserta zurückkehrte, kündigte er den Ministern an, daß auch der Diktator für das Plebiszit, nicht für das Parlament sei.

Darauf erließen die Minister am 8. Oktober ein Dekret, durch welches auf den 21. Oktober die Volkskomitien des neapolitanischen Festlandes zusammenberufen wurden, um direkt mit Ja oder Nein über das folgende Plebiszit abzustimmen:

„Das Volk will ein eines und untheilbares Italien mit Victor Emanuel als konstitutionellem König für sich und seine legitimen Nachfolger."

Man bemerkt, daß die Frage so gestellt ist, daß schwerlich auch ein Anti-Annexionist mit Nein antworten konnte. Denn das eine und untheilbare Italien mit Victor Emanuel an der Spitze wollten ja auch die Anti-Annexionisten. Ihre Opposition bezog sich ja nur auf Zeit- und Verwaltungsfragen.

Das Dekret war bereits erlassen, als man erfuhr, daß Pallavicini jedenfalls den Diktator „mißverstanden" haben müsse; denn in der That sei dieser gar nicht für das Plebiszit, sondern auch für das Parlament. Mordini hatte nämlich den Minister des Innern der Insel Sicilien, Parisi, nach Neapel geschickt, um dem Diktator über das Dekret betreffs der Parlamentswahlen Mittheilung zu machen, und gegen Parisi hatte sich Garibaldi dahin ausgesprochen, daß er wünsche, es werde auf dem neapolitanischen Festland ganz in derselben Weise verfahren, wie auf der Insel Sicilien.

Parisi bestand darauf; Pallavicini dagegen behauptete, daß Garibaldi das Plebiszit wolle. Parisi und Pallavicini reisten nun in den folgenden Tagen immer abwechselnd nach Caserta, um sich die Bestätigung ihrer Behauptungen von Garibaldi zu holen; und Jeder von ihnen kam stets mit der Nachricht zurück, daß er Recht habe.

Am 11. Oktober Abends endlich waren Parisi, Pallavicini,

Cattaneo, Crispi und Calvino bei Garibaldi in Caserta zusammen. Die Frage des Parlaments oder Plebiszits wurde wiederum behandelt. Pallavicini vertheidigte mit allen Kräften das Plebiszit. In Neapel, sagte er, sei der Geist der Autonomie sehr mächtig; käme es zu einem Parlament und zu Diskussionen in diesem, so laufe man große Gefahr, daß die Entscheidung gegen die Annexion falle. Man gefährde durch das Parlament die Einheit Italiens und beschwöre den Bürgerkrieg herauf.

Garibaldi ward von dem Worte Bürgerkrieg schwer getroffen. „Hört wohl, ihr Herren!“ nahm er das Wort, „mit Garibaldi gibt es niemals einen Bürgerkrieg. Alle meine Feinde sprechen mir beständig von Bürgerkrieg. Es sind immer die gleichen Menschen, welche jeden Augenblick von Zwietracht und Anarchie reden, um dem Ausland von mir den Begriff zu geben, welchen es nach ihrem Wunsche von mir haben sollte. Es sind ganz dieselben Leute, welche sich darauf legen, den Kredit zu verderben, um mir das Regieren unmöglich zu machen.“ Und hiebei fiel nun dem Diktator ein, daß trotz aller Hülfsquellen des Landes und trotzdem die Millionen Piaster bisweilen in den Kassen lagen, die Armee nicht ordentlich bezahlt wurde, daß das Ministerium beständig gerade über diejenigen Provinzialgouverneure sich beklagte, welche das Meiste für die Revolution gethan hatten, welche noch heute am thätigsten waren, und er ließ sich mit Bitterkeit über das Regiment des Prodiktators aus, dem er in vollem Vertrauen auf sein Geschick und seinen guten Willen die ganze Zivilverwaltung in die Hände gegeben hatte. Pallavicini wurde blaß vor Zorn. „Es scheint also, General, daß ich Ihr Vertrauen nicht mehr genieße“, rief er aus. „Nun, so werden Sie einen Bessern finden, dem ich meine Gewalt im Augenblick übergeben kann. Der da“, so fuhr er fort, indem er auf Crispi deutete, welcher, nachdem das Generalsekretariat der Diktatur am 8. Oktober aufgehoben war, doch noch das Ministerium des Auswärtigen behalten hatte, — „der da ist schuld an allem unserm Zwiespalt. Ohne ihn wäre Italien schon fertig. Mit ihm wird es nie fertig werden.“

Crispi erwiderte einige Worte, zu denen er solchem Ausfalle gegenüber und dem Marchese Pallavicini gegenüber das göttlichste Recht hatte. Garibaldi forderte Pallavicini auf, vernünftig zu sein und sich zu beruhigen. „Gut“, antwortete Pallavicini, „ich will mich beruhigen, aber Prodiktator bleibe ich nur, wenn Herr Crispi Neapel verläßt. Entweder er oder ich!“

„Marchese“, erwiderte Garibaldi, „Crispi ist mein bester Freund, ein Mann von Herz, ohne Eigennutz. Er hat alle meine Gefahren getheilt und war mir nützlicher als irgend ein Anderer. Ich darf, kann und will meine Freunde nicht den Launen Dieses oder Jenes opfern, wer immer er sein möge. Bleiben Sie oder gehen Sie, Marchese, nach Ihrem Belieben. Bleiben Sie, so wird es mir lieb sein. Wollen Sie gehen, so werde ich Sie sicher nicht zurückhalten.“

„Also Crispi ist Ihr Freund! Nun dann bin ich's nicht“ — schrie Pallavicini —, „es verlohnte sich nicht, mich von Turin kommen zu lassen.“

Und damit nahm der Marchese seinen Hut und ging davon.

Am 12. kam Garibaldi nach Neapel; er ließ durch Cattaneo den Marchese Pallavicini, durch Crispi die sämmtlichen Minister zu einer Konferenz einladen. Pallavicini antwortete ziemlich massiv und kam nicht; die Minister erschienen. Garibaldi, ein wenig aufgebracht, beklagte sich über die Verwaltung, darüber, daß man die ihm ergebenen Gouverneure absetze, höchst verdächtige Leute an ihre Stelle bringe, daß das Ministerium den Truppen das Nothwendigste vorenthalte; er sprach endlich seinen Wunsch aus, daß in der Annexionssache auf dem neapolitanischen Festland in gleicher Weise verfahren werde, wie auf Sicilien.

Conforti bemerkte darauf, daß er die Freunde Garibaldis, die Männer der That, hochschätze; indessen könne das Ministerium nicht regieren, wenn diese Männer als Gouverneure der Provinzen dem Ministerium nicht gehorchen wollten. So seien allerdings Entsetzungen vorgekommen. Der Finanzminister behauptete, daß er stets für die nothwendigen Gelder für die Truppen gesorgt habe. In der Annexionssache beriefen sich die Minister auf die vorstehend erzählten Vorgänge und meinten, auch in dieser Beziehung nach bestem Wissen gehandelt zu haben. Nach einigen Hin- und Herreden sagte Conforti, es komme ihm so vor, als ob Garibaldi kein Vertrauen mehr in das Ministerium habe und es werde daher am besten sein, wenn dasselbe abtrete und die Regierung in andere Hände übergehe. Nach kurzer Ueberlegung sagte Garibaldi: es möge drum sein. Conforti, Scura und Giura gaben ihre Entlassung, jedoch wollten sie die Geschäfte bis zur Herstellung eines neuen Ministeriums fortführen; Scura und Giura behielten sich den Rücktritt in ihre früher bekleideten Aemter vor.

Unmittelbar nachdem die Minister Garibaldi verlassen hatten, erschien bei demselben der Admiral Persano und später auch der sardinische Gesandte Villamarina, um den Diktator in annexionistischem Sinne umzustimmen; auch Conforti kam zurück, unter dem Vorwand, eine Abschrift der Entlassungseingabe zu nehmen. Indessen machten die Vorstellungen dieser Männer für jetzt keinen Eindruck auf den Diktator. Mit Hinterlassung einer kurzen Proklamation, in welcher er den Neapolitanern die nahe Ankunft des Königs Victor Emanuel ankündigte und sie zur Eintracht ermahnte, kehrte er nach Caserta zurück.

Am 13. Morgens kam er wiederum nach Neapel. Die Annexionisten hatten einen kleinen Straßenkrawall angezettelt; das Volk sprach von Barrikaden und rief: Hinweg mit Mazzini, nieder mit Crispi! Conforti versuchte vergebens, in seiner Weise die Schaaren auf dem Platze des königlichen Palastes zu zerstreuen. Diese wollten Garibaldi sehen. Garibaldi erschien denn auch bald auf dem Balkon der Foresteria und sprach folgendermaßen:

„Es herrscht Zwietracht und Lärmen in dieser Hauptstadt. Wißt ihr, von wem sie angestiftet sind? Von denselben, die mich gehindert haben, mit 45000 Freiwilligen die Oesterreicher zu bekämpfen; von denselben, die mich im vorigen Jahre hinderten, mit 25000 M. zu eurer Befreiung herbeizueilen; von denselben, die Lafarina nach Palermo sendeten und die sofortige Annexion verlangten, d. h. die Garibaldi verhindern wollten, die Meerenge zu überschreiten und Franz II. zu vertreiben. Man hat geschrieen: Tod diesem! Tod jenem! Man hat gegen meine Freunde geschrieen! Die Italiener sollten nicht Tod! einer gegen den andern schreien; sie sollten sich alle achten und lieben, weil alle dazu beitragen, die Einheit Italiens zu gründen. Wenn es Zwiespalt gibt, kommt zu mir. Es komme eine Deputation nicht von Marchesen und Fürsten, sondern von einfachen Männern des Volkes, und ich werde die Mißstimmung vertreiben und die Gemüther beruhigen. Gestern sagte ich euch, daß der König komme. Heute habe ich Briefe von ihm. Am 9. haben seine Truppen die Grenze überschritten und vor zwei Tagen setzte sich Victor Emanuel an die Spitze seines tapfern Heeres. Also in Kurzem werden wir unsern König sehen. Möge während des Uebergangszustandes Ruhe, Klugheit, Mäßigung herrschen, möge das neapolitanische Volk sich als das brave Volk zeigen, welches es ist. Machen wir das eine Italien zum Trotze denen, die es nicht wollen!"

Für den Nachmittag berief Garibaldi eine Versammlung angesehener Männer beider Parteien, um wo möglich jene Versöhnung zu erzielen, welche er aufrichtig wollte. Es erschienen Pallavicini, Crispi, Conforti, Cattaneo, Salicetti, de Luca. Auch Türr fand sich später ein.

Garibaldi eröffnete die Versammlung, indem er sagte, daß verschiedene Meinungen darüber herrschten, ob auch in Neapel, wie es für Sicilien beabsichtigt werde, ein Parlament zusammengerufen werden solle oder nicht. Er wünsche, daß man über diesen Punkt zu einer Uebereinstimmung gelangen könne.

Pallavicini sprach in dem gleichen Sinne wie früher

34*

gegen das Parlament, welches mit den voraussichtlichen Beschlüssen des italienischen Parlaments in Konflikt bringen würde.

Als Cattaneo dabei bemerkte, das Turiner Parlament sei kein italienisches, sondern ein piemontesisches, ward Pallavicini wüthend und es kam zu einem heftigen Zank. Conforti beruhigte diesen und setzte dann auch mit Ruhe seine Ansicht auseinander, wie wir schon wissen, gegen das Parlament und für das Plebiszit. Salicetti meinte, daß das Plebiszit einestheils überflüssig sei, wenn es bloß die Souveränetät Victor Emanuels bestätigen sollte, welche ja schon durch die dem König zugesendeten Deputationen anerkannt wäre, anderntheils keineswegs genüge, um Victor Emanuel zum König des einen und untheilbaren Italiens zu machen. Er schlug daher vor, daß Garibaldi einfach durch ein Diktatorialdekret die Souveränetät Victor Emanuels proklamire, daß darauf ein Parlament die verwickelten Fragen der Einigung Italiens und der Vereinigung der Provinzen mit Piemont berathe und auch die Formel für das Plebiszit feststelle. Dieser Vorschlag Salicettis ward nicht angenommen, worauf de Luca den andern machte, das Plebiszit allerdings stattfinden zu lassen, aber darauf ein Parlament zu berufen, welches alle die Fragen lösete, welche durch das Plebiszit nicht gelöset würden. Dieser Vermittlungsgedanke ward von der anti-annexionistischen Partei schon seit einigen Tagen verfolgt. Man hatte dabei nicht im Sinne, daß das Parlament gewissermaßen das Plebiszit prüfen und entweder verwerfen oder annehmen solle. Eine Berufung des Parlaments nach dem Plebiszit in solchem Sinne wäre allerdings ein Verstoß gegen alle Logik gewesen. Aber man sagte: das Plebiszit gibt Victor Emanuel die Souveränetät; aber damit ist noch nicht gesagt, daß und wie die neuen Länder mit den alten Ländern vereinigt werden sollen. Darüber kann das Parlament immer noch reden.

Pallavicini und Conforti blieben dabei stehen, daß

sie ihre Aemter nicht behalten könnten, wenn man sich nicht einfach auf das Plebiszit beschränke. Während der Verhandlungen kamen Garibaldi annexionistische Adressen mit vielen, offenbar mit Eifer zu Gunsten der Politik des Prodiktators gesammelten Unterschriften zu. *Garibaldi*, durch die unfruchtbare Diskussion ermüdet und auch wohl völlig entschlossen, diesen Schauplatz seiner Thätigkeit bei Ankunft des Königs zu verlassen, so daß es ihm überflüssig schien, noch etwas zu ändern, entschied darauf, daß die Prodiktatoren in Neapel und Sicilien verfahren könnten, *wie sie wollten*, und Pallavicini und Conforti verkündeten darauf im offiziellen Journal, daß der Diktator völlig mit der Politik des Ministeriums einverstanden sei und dieses folglich im Amte bleibe. *Crispi* trat aus.

Zu seinen Truppen vor Capua zurückgekehrt, erließ der *Diktator* am 15. Oktober das nachstehende Dekret:

„Italien und Victor Emmanuel!

„Um einen unbestreitbar der ganzen Nation theuern Wunsch zu erfüllen,

„bestimme ich:

„daß die beiden Sicilien, welche ihre Befreiung dem italienischen Blute verdanken und welche mich frei zum Diktator gewählt haben, einen integrirenden Theil des einen und untheilbaren Italiens ausmachen, unter seinem konstitutionellen König Victor Emanuel und dessen Nachfolgern.

„Ich werde in die Hände des Königs bei dessen Ankunft die Diktatur niederlegen, welche mir von der Nation übertragen ist.

„Die Prodiktatoren sind mit der Ausführung dieses Dekretes beauftragt.

„Sant Angelo, 15. Oktober 1860.

„G. *Garibaldi*.“

Pallavicini und das Ministerium fürchteten, daß Garibaldi, durch die Anti-Annexionisten bearbeitet, *doch wieder von dem Plebiszit zurückgekommen sei*, und in der That konnte man das Dekret vom 15. Oktober so ansehen, als ob Garibaldi den Vorschlag Saliccettis vom 13. ausführen wolle. In Wirklichkeit hatte der Diktator nur die Absicht, mindestens in einer Weise etwas Uebereinstimmendes für Süditalien — für Sicilien und für das neapolitanische Festland — zu thun und zugleich sein Votum in einer Weise abzugeben, die seiner Stellung als Diktator würdig war. Wie dem immer sei, Conforti eilte sogleich nach Caserta, um Garibaldi zu befragen; auf dessen Erklärung, daß er durch das Dekret vom 15. Oktober keineswegs das Plebiszit habe annulliren wollen, erschien dann jenes im offiziellen Blatt vom 17. Oktober mit folgendem Beisatze der prodiktatorialen Regierung:

„Dieses Dekret ändert nichts in der Lage. Das Plebiszit wird nach dem Willen des Diktators unwiderruflich am 21. d. M. statthaben, und Alles kündigt an, daß aus der Urne mit einer ungeheuern Majorität das Votum für die Einigung Italiens hervorgehen wird. Der Diktator hat durch sein Dekret nichts mehr gethan, als was er so oft durch andere Dekrete bezeugte, die er stets überschrieb: Victor Emanuel, König von Italien. Er hat außerdem unter dieser Form einen Wunsch aussprechen wollen, welcher der Gedanke seines ganzen Lebens gewesen ist."

Mordini nahm von dem Diktatorialdekret vom 15. Veranlassung, am 17. auch für Sicilien das Plebiszit anzuordnen, und am 21. fand dann auch in Sicilien, wie auf dem Festland, soweit sie sich nicht mehr in den Händen Franz II. befanden, die Abstimmung statt. Auch die ganze garibaldische Armee stimmte mit. Daß die Soldaten, welche für die Einheit Italiens gekämpft hatten, kein „Nein" in die Urne werfen konnten, versteht sich ziemlich von selbst. Uebrigens konnte das Resultat der Abstimmung bei der vorgelegten Frage im Ganzen nicht zweifelhaft sein. Die „Nein" konnten höchstens von den wenigen Royalisten herkommen, welche den Muth ihrer Meinung hatten; die mazzinistische Presse erklärte einstimmig, daß bei der Fragstellung selbstverständlich jeder gute Italiener mit „Ja“ zu stimmen habe, wie sehr er immer es für zweckmäßig halten möge, daß die Annexion Süditaliens nicht sofort stattfinde.

Wir bemerken hier sogleich, um nicht auf den Gegenstand zurückkommen zu müssen, daß in Umbrien und den Marken die Annexionsabstimmung am 4. und 5. November statt hatte.

Die politischen Beschäftigungen, welche Garibaldi die ganze erste Hälfte des Oktober und darüber hinaus, wahrhaftig nicht in der angenehmsten Weise, beschwerten, erklären es vielleicht am besten, wie er in militärischer Beziehung sich einer entschiedenen Unthätigkeit überließ. Nicht sowohl, daß sie ihm allzu viele Zeit wegnahmen, als weil sie ihm das Leben verleideten und seine Hoffnung, mit seinen Grundansichten, seiner Meinung von demjenigen, was für Italien das Beste wäre, äußerst beschränkten. Cavour wollte nicht mit Garibaldi einig gehen und wendete alle Mittel seines geriebenen Geistes auf, um Garibaldi zu zeigen, daß dieser mit seiner Uneigennützigkeit, mit dem Beispiel, welches er gab, mit seinem Versprechen von Mühen, Gefahren und Ruhm niemals dem Ministerium die Stange halten könne, welches dagegen Ruhe, Sicherheit, gute Anstellungen und Belohnungen aller Art in Aussicht stellte. So mußte der Diktator von Tage zu Tage mehr sehen, wie selbst diejenigen, auf deren Anhänglichkeit an ihn er am meisten gerechnet hatte, obwohl sie noch äußerlich um ihn herumschwenzelten, um von ihm herauszuschlagen, was Cavour ihnen nicht gegeben hätte, was er ihnen aber wohl lassen mochte, nachdem es Garibaldi ihnen gegeben, wie diese selbst mit allen Kräften sich der neuen Turiner Sonne zuwendeten und diese auf alle Weise unterstützten. Nichts aber ist mehr geeignet, einen Mann von der Geistesgröße, der Reinheit und dem Herzen Garibaldis mehr niederzuschlagen, ihm mehr Ueberdruß zu erwecken, als wenn er von denen sich verlassen sieht, die nur durch ihn etwas geworden sind. Oft mußte dem ruhigen Beobachter in der Mitte des Oktober der Vergleich zwischen Garibaldi und Napoleon im Oktober 1813, als die Marschälle der kühnen Operation auf Berlin sich widersetzten, die einzig im Stande war, die Dinge zu bessern, einfallen.

Der Streit zwischen Annexionisten und Anti-Annexionisten enthält die ganze wesentliche Politik, welche im Oktober zu Neapel spielte. Unsere Erzählung hat ihn in das gehörige Licht gesetzt; wir begnügen uns daher, hier nur noch zwei Dekrete zu erwähnen, welche für die Diktatorialregierung bezeichnend sind. Das eine nahm der Stadt Pizzo die Privilegien, welche sie sich von den Bourbonen durch die Gefangennahme Murats 1815 verdient und nun volle 45 Jahre genossen hatte. Das andere vom 25. September setzte der hinterlassenen Mutter des Soldaten Agesilao Milano, der 1856 das Attentat auf Ferdinand II. gemacht hatte, eine monatliche Pension von 30 Dukaten (130 Francs) und jeder seiner beiden Schwestern eine Mitgift von 2000 Dukaten (8600 Francs) aus.

Dieses letztere Dekret zog eine scharfe Note Casellas von Gaeta nach sich.

„In keinem Land" — heißt es in dieser Note — „war die Revolution noch bis zu diesem Grad von Verkehrtheit und Anarchie gekommen; bis heute hatte man den Königsmord noch nicht als eine heilige Sache ehren, den Mord öffentlich belohnen und so zur Hinmetzelung der Fürsten auffordern sehen. Die Diktatur, welche im Königreich beider Sicilien herrscht, hat dieses betrübende Schauspiel geboten. Diese Verherrlichung des Mordes hat stattgehabt in einer Stadt, welche von piemontesischen Truppen besetzt ist, und durch einen Kondottiere, welcher im Namen des Königs von Sardinien handelt, während dieser seit vier Monaten jede Verantwortlichkeit ablehnt, und behauptet, daß man seinen Namen und seine Fahne mißbraucht rc. rc."

Casellas Note war vom 6. Oktober; drei Tage später rückten die piemontesischen Truppen in die neapolitanischen Nordprovinzen unter der Führung ihres Königs ein, — —

vielleicht um die Verherrlichung des Königsmordes zu bestrafen?

14. Das Gefecht von Isernia und die Kapitulation von Capua.

Auch nach dem 2. Oktober blieb, wie bereits erzählt worden ist, die italienische Südarmee in ihren defensiven Stellungen am linken Ufer des Volturno, während die Königlichen außer Capua am linken das rechte Ufer des Flusses insbesondere von Capua aufwärts besetzt hielten.

Von der italienischen Südarmee stand die Division Medici, verstärkt durch die Brigade Spangaro von der 15. und bald auch durch die Brigade Basilicata, auf den Höhen von S. Angelo; vor Sa. Maria hatten die Vorposten rechts der Straße die Brigade Milano, links der Straße die Brigade Eber, beide von der 15. Division, deren Kommando am 5. Oktober wieder Rüstow übernahm, da Türr krank nach Neapel ging, wo er bald darauf zum Kommandanten der Stadt und Provinz ernannt wurde. Die 16. Division und die Brigade La Masa von der 15. Division standen in Sa. Maria selbst und dessen Umgebung, die Brigade Sacchi bewachte die Gegend von S. Leucio und Caserta, die 18. Division, Bixio, die Straße von Maddaloni auf Ducenta. Die 19. — calabresische Division —, Avezzana, war zum größten Theil mit ihrer Reorganisation beschäftigt.

Die Stellungen der Armee wurden namentlich bei S. Angelo und Sa. Maria durch Befestigungen verstärkt. Bei S. Angelo wurden neue Batterieen und Laufgräben erbaut; die Brigade Milano verschanzte sich in ihrer offenen Vorpostenstellung auf der Linie der Ziegelei. Auf der Verbindung zwischen der Stellung von S. Angelo und der Front vor Sa. Maria, dort wo am 1. Oktober die Neapolitaner besonders stark vorgedrungen waren, ward links der Straße von S. Angelo eine starke pallisadirte Lunette errichtet, damit, wenn die Neapolitaner einen neuen großen Ausfall in der Art desjenigen vom 1. Oktober machen sollten, sie die Verbindung zwischen S. Angelo und Sa. Maria nicht in gleiche Gefahr bringen könnten, wie am 1. Oktober. Dicht vor dem Capuanerthor von Sa. Maria ward eine Halbredoute aus Sandsäcken für vier Geschütze erbaut, um die Straße nach Capua wirksamer bestreichen zu können.

Vorpostenscharmützel kamen auf dem Raum zwischen S. Tammaro, Sa. Maria, S. Angelo und Capua fast täglich vor; großen Theils nur veranlaßt durch die Unerfahrenheit der Truppen im Vorpostendienst und im Wesentlichen ohne alle Bedeutung. Als der Einmarsch der Piemontesen von den päpstlichen Staaten her jeden Tag in Aussicht stand, und noch mehr, als er dann wirklich erfolgt war, dachten die Neapolitaner immer ernstlicher auf Vorkehrungen gegen eine förmliche Belagerung von Capua, und die Ausfälle, welche sie unternahmen, hatten theils Rekognoszirungen zum Zweck, um die Lage etwaiger Schanzen und Batterieen zu erkennen, theils die Erweiterung der Esplanade durch Fällen der Bäume an ihrem Rande, welche sowohl am 19. September als am 1. Oktober den Garibaldinern, die bis unter die Mauern der Festung vorgedrungen waren, einen nicht unerheblichen Schutz gewährt hatten.

Größere Ausfälle wurden gewöhnlich am Montage unternommen, wie ja auch die Schlacht vom 1. Oktober auf einen Montag fiel. Die Soldaten der Südarmee spotteten darüber. „Die Neapolitaner", sagten sie, „haben ihre Ausgehtage wie die Schulknaben. Sonntags ist große Messe und die Feldkaplane halten den Truppen feurige Reden, um sie zur Vernichtung der Garibaldiner zu begeistern. Am Montag werden dann die Königlichen herausgelassen, holen sich ihre Portion Schläge und am Mittag oder am Abend kehren sie damit heim, um sich wieder auszuruhen."

Indessen war die Lage der auf Vorposten befindlichen Truppen der Südarmee, d. h. des größten Theils dieser Armee nicht im Mindesten eine beneidenswerthe. Das Wetter begann in den ersten Oktobertagen sich sehr zu verschlechtern; häufige Regen gossen vom Himmel, und die Laubhütten, welche sich die Soldaten in ihren Biwaks erbauten, gewährten nur geringen, keineswegs genügenden Schutz dagegen. Trotz aller Vorsichtsmaßregeln dagegen und möglichst regelmäßiger und reichlicher Verpflegung stieg der Krankenstand bei den am meisten angestrengten Brigaden um so mehr, je weniger der Geist der Soldaten in diesen Beobachtungs- und Defensivstellungen auf ein positives Ziel gespannt werden konnte, — wie es vorauszusehen gewesen und ja auch vorausgesehen worden war.

Am 14. Oktober wurden endlich die seit dem 1. Oktober beständig angestrengten Truppentheile von den Vorposten zurückgezogen. Die Division Medici, jedoch ohne die Brigade Basilicata und Rüstow mit den Brigaden Eber, di Giorgis, Spangaro, Corrao (letztere früher La Masa, in Wirklichkeit, da Carrao verwundet war, kommandirt von La Porta) marschirten nach Caserta und Umgegend zurück. Auf die Front von Sa. Maria rückte dafür die Division Bixio, und auf die Front von S. Angelo kamen nunmehr neben der Brigade Basilicata ein piemontesisches Regiment und drei Bersaglieribataillone von Neapel. Man erinnere sich, daß am 13. Oktober Garibaldi der Partei der sofortigen Annexion in Neapel freie Hand gegeben hatte. In Folge hievon rückten die Piemontesen am 14. Oktober in die Linie ein.

Am Montag den 15. machten die Neapolitaner einen größeren Ausfall gegen die Stellungen von S. Angelo; sie kamen hier zum ersten Mal mit den piemontesischen Truppen ernstlich ins Gefecht, nahmen denselben auch einige Gefangene ab und konnten nun in Wahrheit behaupten, daß die Piemontesen der Südarmee zu Hülfe gekommen seien. Die Neapolitaner verloren in diesem Gefechte 84 M. Todte und Verwundete; der Gesammtverlust der. Piemontesen und Garibaldiner wird auf nur etwa 30 M. angegeben, scheint aber thatsächlich größer gewesen zu sein. Im Laufe des Vormittags schien das Gefecht vor Sa. Maria und S. Angelo einen so ernsthaften Charakter anzunehmen, daß Sirtori eine Wiederholung des 1. Oktober für nicht unwahrscheinlich hielt. Rüstow mußte daher sofort zu einer Rekognoszirung über Poccianello auf die Höhen von Alt-Caserta vorrücken. Er stieß dabei auf keinen Feind, sei es nun, daß die Neapolitaner überhaupt auf dieser Linie heute nichts zu unternehmen beabsichtigten, sei es, daß sie von einem beabsichtigten Unternehmen abstanden, weil sie die Südarmee wach und sogleich auf dem Platze fanden. Da man nicht wissen konnte, ob nicht doch an einem der folgenden Tage noch etwas Ernstes vorfiele, mußten indessen immer noch einige Truppen zur Bewachung der Linien nach Maddaloni und der Scafa di Limatola verwendet werden. Rüstow bestimmte für den Posten des Konventes von Sa. Lucia und einen weiter nach Maddaloni vorgeschobenen kleineren die Brigade Eber, für den Posten von Poccianello und überhaupt an der Straße nach Limatola die Brigaden Milano und Spangaro. Jede dieser Abtheilungen gab täglich einige hundert Mann auf die Vorposten, welche regelmäßig abgelöst wurden, so daß keine übermäßige Anstrengung der Leute eintrat, welche eben nach Caserta verlegt worden waren, um sich auszuruhen. Als am 22. Oktober der größte Theil der Brigade Spangaro zu Batteriearbeiten gegen die Scafa di Formicola vorgezogen ward, mußte die Brigade di Giorgis (Milano) den Posten von Poccianello allein übernehmen.

Als der Einmarsch der Piemontesen ins Neapolitanische von Norden her sicher bevorstand, trafen die Königlichen Anstalten auch gegen diesen. Franz II. ernannte zu diesem Behuf den General Scotti-Douglas zu seinem Alter ego in den Nordprovinzen. Scotti schlug sein Hauptquartier zu S. Germano auf, sammelte hier einige Bataillone Linientruppen, ferner die Gendarmerie, soweit er sie aus den Abbruzzen und dem nördlichen Theil der Terra di Lavoro zusammenbringen konnte, und dekretirte am 8. Oktober auch die Errichtung von zwei neuen Jägervolontärbataillonen. Auf diese Weise brachte er in einiger Zeit in der Gegend von Isernia und Venafro ein Korps von etwa 8000 Mann zusammen.

Bei der voraussichtlichen großen Ueberlegenheit der Piemontesen war schwer anzunehmen, daß Scotti dieselben mit Erfolg dauernd aufzuhalten vermöge. Wenn er auch einer ihrer Kolonnen Stand hielt, so rückte unterdessen eine Seitenkolonne vor und nahm ihn in Flanke und Rücken. Wenn daher die am Volturno vereinigte Macht Franz des II. nicht noch einen Versuch machte, Garibaldi einen entscheidenden Streich zu versetzen, der die ganze Gestalt der Dinge veränderte, so mußte binnen Kurzem diese Macht die Volturnolinie räumen und sich auf die Gariglianolinie zurückziehen. Zu einem großen Unternehmen gegen Garibaldi fehlte aber der Muth seit dem 1. Oktober gänzlich. Vom 10. Oktober ab trafen daher die Neapolitaner bald Anstalten, sämmtliches nicht zur Vertheidigung Capuas nothwendige Kriegsmaterial nach Gaeta zurückzusenden, in welcher Richtung bei Annäherung der Piemontesen die Truppen folgen sollten.

Scotti, von dem Vorrücken Cialdinis benachrichtigt, ging diesem nach Isernia entgegen. Am 20. Oktober marschirte Cialdini von Castel Sangro auf Isernia; Scotti mit 6000 M. marschirte von Isernia nordwärts, um die Piemontesen beim Uebergang über das Vandrathal aufzuhalten. Als er die Höhen des Macerone, etwa 3 italienische Miglien nordwärts Isernia, erreichte, befand er sich angesichts der Avantgarde Cialdinis, welche die Vandra bereits überschritten hatte.

Von Isernia her windet sich die Poststraße in mehreren Windungen zu den Höhen des Macerone hinauf, während sie sich gerade und sanft auf der andern Seite zum Vandrathal hinabsenkt. Westlich der Straße lehnt sich die Kette gegen diese in südlicher Richtung zurück, während sie östlich der Straße sich von ihr entfernt.

Der General Griffini, welcher sich mit 2 Bersaglieribataillonen und 2 Geschützen an der Spitze Cialdinis be-

angesichts des Kastells von Calvi um, ohne einen Angriff zu unternehmen.

Am Abend um 6 Uhr ließ Garibaldi seine Truppen aus ihren Biwaks wieder aufbrechen und in der Nacht ein neues Biwak beim Bosco di Cajanello zwischen dem Rivo di Cajanello und dem Rivo della Fontana Paola beziehen.

Das Korps Cialdinis hatte an diesem Tage Venafro und Umgegend erreicht; hier war nun auch der König Victor Emanuel eingetroffen; am 11. war er von Ancona nach Grottamare gereist, über Teramo hatte er von dort am 18. Chieti, am 23. Castel di Sangro, am 24. Forli erreicht und am 25. war er über Isernia bei dem Korps Cialdinis angekommen. Am 26. Oktober sollten der König und der Diktator mit einander zusammentreffen.

Am 26. Morgens zwischen 5 und 6 Uhr ließ Garibaldi seine Truppen aus dem Biwak von Cajanello aufbrechen und führte sie rechts der Straße in ein neues Biwak bei le Fratte. Da er unterdessen die Meldung erhalten hatte, daß Victor Emanuel und Cialdini mit zwei Divisionen im Anmarsche von Venafro und bereits ganz in der Nähe seien, so übergab der Diktator an Rüstow das Truppenkommando und eilte mit einigen Offizieren seines Stabes auf die große Straße zurück, dem König entgegen. Er traf zuerst auf Cialdini, dann auf Victor Emanuel, den er als „König von Italien“ begrüßte und bis Teano begleitete. Er sah bei dieser Gelegenheit auch seine alten Freunde, Fanti, den Kriegsminister und Generalstabschef des Königs, und Farini, den neuen Generalgouverneur von Neapel, seinen Nachfolger und Verdränger.

Ein kleines Reitergefecht bestand am Vormittag des 26. Oktober ein Detachement der Garibaldiner bei Teano. Da dasselbe unter Anderm Gegenstand einer Note Casellas geworden ist, müssen wir hier davon sprechen, so unbedeutend an sich die Sache ist. Von neapolitanischer Seite ist sie heillos entstellt worden. Cialdini war mit dem provisorischen Oberkommanлdanten der neapolitanischen Feldarmee, General Salzano, in Verbindung getreten und hatte sich auf den 26. mit ihm ein Rendezvous an der Straße von Teano nach der Taverna della Catena bei Alt-Cajanello gegeben. Die Generale wollten hier mit geringer Begleitung zusammentreffen. Ohne hievon unterrichtet zu sein, sendete Rüstow am 26. Morgens, noch ehe das Gros der Truppen das Biwak am Bosco di Cajanello verließ, den Hauptmann Ronchetti vom Generalstab mit einem Detachement von 30 Husaren von dort nach der Taverna della Catena voraus, mit dem Auftrag, von dieser Taverne sich nach Teano zu begeben, um zu rekognoszieren und zu sehen, ob in dieser Gegend Alles vom Feinde frei sei.

Nun war Salzano an diesem Morgen mit einer Eskorte von einer Eskadron Reiter nach Teano gekommen und hatte seine Eskorte daselbst zurückgelassen, um sich weiter nach Alt-Cajanello zu begeben. Ronchetti verfehlte den General Salzano, der einen etwas andern Weg einschlug, und erreichte ohne Aufenthalt oder Widerstand Teano. Die Eskorte Salzanos verließ bei der Annäherung Ronchettis Teano, und dieser Offizier machte zu Teano Halt. Plötzlich ward er hier von den Neapolitanern von zwei Thoren zugleich her angegriffen und mußte ihnen in den Straßen der Stadt ein Gefecht liefern, in welchem die Husaren mehrere Gefangene machten. Um Mittag kam Ronchetti mit seinem Detachement in das Biwak von Le Fratte zurück; unterwegs hatte er noch den General Salzano unter piemontesischer Eskorte angetroffen, der nach Teano zurückkehrte, wo er allerdings seine neapolitanische Eskorte nicht mehr fand.

Die Unterredung Cialdinis mit Salzano war fruchtlos gewesen; Cialdini hatte Salzano überzeugen wollen, daß aller fernere Kampf der Königlichen vergebens sei und sie am besten thäten, die Waffen niederzulegen, und Salzano hatte dem nur Proteste gegen den Einfall der Piemontesen in die Lande Franz des II. und die Versicherung entgegengestellt, daß er bis auf den letzten Mann kämpfen werde. Salzano kehrte nach Sessa zurück.

Cialdini ließ die piemontesischen Truppen bei Teano nur einen kurzen Halt machen. Seine ursprüngliche Absicht war, über Roccamonfina an den Höhen des Monte Croce sofort in den Rücken der Königlichen zu marschiren, um sie absolut von der Linie des Garigliano abzuschneiden und so zum Rückzug gegen Capua zu zwingen, wo sie den Garibaldinern in die Hände gelaufen sein würden; indessen diese Absicht mußte wegen der Schlechtigkeit der Wege bei näherer Erkundigung aufgegeben werden, und Cialdini schlug den besseren Weg über S. Giuliano und Cascano gegen die Front der Königlichen ein. Am Nachmittag des 26. traf seine Avantgarde zwischen S. Giuliano und Cascano auf die Arriergarde der Neapolitaner, welche unter v. Mechel eine sehr günstige Stellung inne hatte. Es kam zu einem sehr hitzigen Arriergardegefecht, welches sich nicht besonders günstig für die Piemontesen gestaltete; indessen trat Salzano mit dem Gros, statt die Chancen, die sich ihm zu bieten schienen, zu benutzen, den Rückzug an den Garigliano an und ließ auch die Arriergarde folgen.

Rüstow erhielt am 26. bald nach Mittag den Befehl Garibaldis, aus dem Biwak von Le Fratte zurück nach der Gegend von Calvi zu marschiren und hier die Truppen Freilager dergestalt beziehen zu lassen, daß die Schwierigkeiten der Verpflegung möglichst beseitigt und die Truppen bei etwa eintretendem Regenwetter unter Dach gebracht werden könnten. Die Schwierigkeiten der Verpflegung rührten theils daher, daß die Gegend an der Straße nach Venafro von den Neapolitanern vollkommen ausgefressen war, theils daher, daß die Brücke an der Scafa di Formicola, sehr unvollkommen gebaut, den Uebergang von Fuhrwerken nicht gestattete, ein Nachschub von Lebensmitteln also nicht gut statthaben konnte, während der kleine Ranzenvorrath der Mannschaft nicht weit reichte. Wegen der Unvollkommenheit der Brücke hatte das

Expeditionskorps auch keine Artillerie mit sich nehmen können. Die Leute lebten außer von einigen requirirten Hühnern und Schweinen während des ganzen Aufenthaltes am rechten Ufer des Volturno vorzugsweise von gesottenen Kastanien.

Der Befehl Garibaldis ward sofort ausgeführt. Am Abend des 26. lagerte die Division Bixio, jetzt von Dezza befehligt, bei Calvi, ebenda die englische Legion, die Brigaden Eber und Milano bei Zuni und Visciano; ein Bataillon von Dezza war nach Partignano, ein Bataillon der Brigade Eber nach Sparanise vorgeschoben; ein Detachement stand, um die Verbindung mit den Piemontesen aufrecht zu erhalten, an der Taverna della Torricella, wo der Weg nach Teano sich von der Straße nach Venafro abzweigt. Garibaldi hatte sein Hauptquartier an der Kirche von Calvi, der Truppenkommandant, Rüstow, das seinige in der Mitte des Kantonnements, in der einsam stehenden Taverna di Calvi.

Am 27. Oktober blieb das detachirte Korps der Südarmee in diesen Stellungen, gewärtig des Befehls zur Theilnahme an einer Schlacht, welche etwa die Neapolitaner hinter den Garigliano zurückwerfen sollte. Da das Arriergardegefecht vom 26. bei S. Giuliano und Cascano bereits hinreichend gewesen war, diesen Dienst zu leisten, war das Warten überflüssig, und am 27. Abends erfolgte noch der Befehl des Diktators zum Rückmarsche nach S. Angelo und Caserta für den 28. Oktober Morgens.

Zur Widerlegung mancher in „guter Absicht" ausgesprengten Gerüchte muß hier erwähnt werden, daß keine Revue des Expeditionskorps vor dem König Victor Emanuel stattfand, ferner daß Rüstow auf ausdrücklichen Befehl oder Wunsch, wie man will, des Diktators dem königlichen Hauptquartier einen Dislokationsrapport seiner Truppen zusendete und von dem Generalstabschef des Königs, General Fanti, die Parole für die letzten Tage des Oktober einholen ließ. Der König passirte am 27. Calvi, um sich nach S. Angelo zu begeben,

35 *

während einer Abwesenheit des Diktators, der einen Ritt nach Sparanise und auf die Römerstraße gemacht hatte, und die Truppen der Südarmee, welche an seinem Wege lagerten, traten, wie sich's gebührte, unters Gewehr und machten dem Könige die ihm zukommenden Ehrenbezeugungen. Die englische Legion erwies sich während der ganzen Expedition jenseits des Volturno als ein vollständiges Impedimentum der Südarmee, und die spätere Zeit änderte an der Sache nichts. Faul, gefräßig und zügellos trieben die Soldaten der englischen Legion sich wie bei Le Fratte, so in der Umgegend von Calvi umher, stehlend und Jagd auf die kleinen schwarzen zahmen Säue machend, welche hier zu Hause sind. Eine solche Marodeurgruppe war es auch, welche am 27. auf den König Victor Emanuel feuerte, als er von Calvi nach S. Angelo ritt. Man bedenke dabei, daß die Leute dieser Legion, ja der größte Theil der Offiziere, nicht ein Wort italienisch verstanden, und von Allem, was eigentlich in Süditalien vorging, nichts wußten. So hielten sie den König von Italien mit seiner kleinen Reitereskorte für neapolitanische Soldaten und schossen auf sie. Aber man wird die Wuth, in welche diese Thatsache Garibaldi versetzte, leicht begreifen können, wenn man die Folgen erwägt, welche sie möglicher Weise haben konnte. Was sollte daraus werden, wenn Victor Emanuel getroffen, vielleicht gar tödtlich getroffen ward, und würde nicht Garibaldi von seinen Feinden gar beschuldigt worden sein, daß er den König habe erschießen lassen? So unsinnig eine solche Beschuldigung sein mochte, wir glauben, daß sie erhoben worden wäre.

Am 28. Oktober Morgens rückte Rüstow mit dem Expeditionskorps auf demselben Wege, welchen er gekommen war, nach der Scafa di Formicola ab. Hier mußte er einen längern Halt am rechten Ufer machen, da die Volturnobrücke wieder einmal gebrochen war, und marschirte dann ohne Aufenthalt über S. Angelo und Sa. Maria nach Caserta, wo die Truppen mit dem Dunkelwerden eintrafen und die Kasernen bezogen.

Um den Zusammenhang nicht zu unterbrechen, wollen wir hier einstweilen die Ereignisse übergehen, welche sich weiter am Garigliano zutrugen, und die letzten Dinge erzählen, welche sich vor Capua begaben.

Garibaldi verstand sich ungern zu einem Bombardement von Capua. Die Piemontesen nahmen ihm diese Arbeit ab. Als Garibaldi über den Volturno ging, übernahm der General della Rocca den Befehl über die sämmtlichen Truppen vor Capua, die der Nordarmee, wie die der Südarmee; die piemontesischen Truppen vor der Festung zu S. Angelo und zu Sa. Maria wurden ansehnlich verstärkt, Genie und Artillerie wurden vorgezogen. Ein piemontesisches Detachement überschritt den Volturno, um das von den Neapolitanern geräumte Cajazzo zu besetzen. Seitens der Südarmee ward die bei Maddaloni formirte calabresische Division Avezzana nach S. Angelo vorgezogen, wo sie am 27. Oktober eintraf.

Die italienische Artillerie erbaute in den folgenden Tagen sechs Batterieen, welche Capua etwa im Halbkreise umgaben; diejenige des äußersten linken Flügels lag vorwärts La Foresta, von hier ging die Linie über das Kapuzinerkloster, vorwärts des Hofes Gianfrotti bis dicht an den Volturn oberhalb Capua. Die Batterieen waren sämmtlich sehr weit ab, die des linken Flügels über 2000 Schritt, die am rechten Flügel, die nächste noch über 1000 Schritt von den äußersten Werken der Festung entfernt.

Die Neapolitaner machten am 28. und 29. mehrere Ausfälle, um den Batteriebau zu stören. Es kam dabei zu lebhaften Scharmützeln, namentlich auf dem rechten Flügel der Italiener vorwärts S. Angelo, wo die Calabresen am 28. sich einer angefangenen Halbredoute am Eingang zur Esplanade bemächtigten, die sie auch am 29. behaupteten. Die Störung des Batteriebaues gelang somit nicht.

Am 29. Nachmittags kamen zwei Parlamentäre aus dem Platze zu della Rocca, um mit ihm zu unterhandeln. Man konnte sich indessen über die Bedingungen nicht einigen. Am

das Thor von Neapel aus. Als Deserteurs werden behandelt Alle, die nicht verhindert sind, zu marschiren und dennoch in der Stadt bleiben.

„Art. 5. Die Offiziere aller Grade — ausgenommen die Generale, welche auf der Eisenbahn nach Neapel geschickt werden, — marschiren mit den Truppen. Die Familien der Militärs dürfen den Kolonnen nicht folgen.

„Art. 6. Die Verwundeten und Kranken werden unter dem Schutz der die Besatzung bildenden Truppen in Capua zurückgelassen. Den kranken Offizieren ist erlaubt, ihre Ordonnanzen bei sich zu behalten.

„Art. 7. Die vertragschließenden Parteien ernennen eine gemischte Kommission, zu welcher eine jede stellt:

einen Offizier der Artillerie,
einen Offizier des Genie,
einen Beamten der Militärintendanz.

„Diese Kommission übernimmt Alles, was sich im Platze und dessen Dependentien befindet und dem Gouvernement gehört. Sie nimmt ein Inventar darüber auf.

„Art. 9. Die Offiziere nehmen ihre einfache Bagage mit sich.

„Art. 10. Es ist abgemacht, daß sich nach Unterzeichnung dieser Kapitulation keine geladene Mine mehr im Platze befinden darf. Würde eine solche gefunden, so würde diese Kapitulation als null und nichtig betrachtet und die Garnison allen Folgen einer Uebergabe auf Gnade und Ungnade ausgesetzt.

„Art. 11. Diese Kapitulation würde gleichfalls als null und nichtig betrachtet, wenn sich fände, daß Geschütze vernagelt, Gewehre, Büchsen oder andere Waffen unbrauchbar gemacht wären."

Zwei andere Artikel wurden auf besonderes Andringen des Generals Cornè noch um 3 Uhr Nachmittags der Kapitulation beigefügt, nämlich:

„Art. 12. Die Familien der Offiziere der Garnison von Capua, sowie der übrigen, welche der Armee des Königs

Franz angehören, welche sich zu Capua befinden, sind unter den Schutz der Armee S. M. des Königs Victor Emanuel gestellt.

„Art. 13. Die den Offizieren gehörigen Pferde werden ihnen gelassen."

Nach Zufügung dieser beiden Artikel ward die Kapitulation von Corné und Liguori einerseits, von della Rocca und dessen Generalstabschef, dem Oberstlieutenant Fornari, andererseits unterzeichnet.

Die Thore Capuas wurden noch am 2. November Abends von Detachements der italienischen Armee besetzt; am 3. Morgens marschirte die Garnison aus, um in die Kriegsgefangenschaft zu gehen, und die Uebergabe des Materials begann.

Die Uebergabe von Capua brachte den Italienern 10500 Gefangene mit 6 Generalen, 290 Bronzegeschütze, 160 Laffeten, 20000 Flinten, 80 Wagen, Brückenmaterial zu 240 Metres Länge, 500 Pferde und Maulthiere, große Vorräthe von Munition und Bekleidungsgegenständen.

Im Ganzen waren von den italienischen Batterieen am 1. November etwa 300 Schuß gegen Capua gethan, kaum 20 mochten in die Stadt gekommen sein und etwa 6 von diesen haben wirklichen Schaden gethan.

Vierter Abschnitt.

Vom Falle von Capua bis zum Ende des Krieges.

3. November 1860 bis 21. März 1861.

1. Einzug Victor Emanuels in Neapel, Abschied Garibaldis und Auflösung der Südarmee.

Nach dem Falle von Capua blieben dem König Franz II. noch der Platz Gaeta, die Cittadelle von Messina mit ihren Nebenwerken, das Bergnest Civitella di Tronto mit alter Befestigung und außerdem eine Feldarmee, die auch jetzt noch auf 40000 M. angeschlagen werden konnte. Außerdem organisirten seit dem Anfange des Oktober verschiedene Parteigänger Freiwilligenschaaren für Franz II. vorzugsweise in den Abbruzzen; unter ihnen machte sich zu dieser Zeit vorzugsweise der Oberst Lagrange oder Klitsche de Lagrange bemerkbar, welcher in der zweiten jenseitigen Provinz der Abbruzzen sein Wesen trieb und mit Hülfe der Gendarmerie und selbst der Finanzwachen dieser Gegenden, die er zum großen Mißfallen des Finanzministeriums von ihren Grenzposten wegnahm, seine Freischaaren formirte.

Als aber Capua fiel, da hatte sich auch bereits deutlich gezeigt, daß die Feldarmee Franz des II. schwerlich noch einen nennenswerthen Widerstand leisten werde, und die reaktionären Freischaaren erschienen damals höchst unbedeutend. Das Resultat des Annexionsvotums war seit den ersten Tagen des November bekannt, die Eroberung Süditaliens konnte, wie aus dem Obigen hervorgeht, für so gut als vollbracht gelten. Es stand dem daher nichts mehr entgegen, daß Victor Emanuel Besitz ergreife, und seine Besitzergreifung mochte selbst, wie angenommen werden konnte die Vollendung der Eroberung beschleunigen. Daß der Protest Casellas vom 8. November gegen das Plebiszit vom 21. Oktober und die Konsequenzen, welche Victor Emanuel daraus zog, nicht in Betracht kommen konnte, ist einleuchtend, wenn er auch eine Woche früher erschienen wäre als er erschien.

Schon am 5. November hatte sich der Prodiktator Pallavicini mit den Ministern und andern hohen Staatsbeamten nach Caserta begeben, um dem König, den sie dort treffen sollten, das Resultat des Annexionsvotums zu verkündigen; indessen war der König an diesem Tage am Garigliano aufgehalten und kam nicht nach Caserta.

Am 6. November Vormittags hatte Garibaldi drei Viertheile der aktiven Südarmee, die disponibel waren, etwa 14000 M. Infanterie, 300 Pferde und 32 Geschütze, zu Caserta zusammengezogen und auf der Esplanade des Schlosses und längs der Straße nach Neapel aufgestellt, um sie dem Könige Victor Emanuel in Parade vorzuführen; der König aber kam nicht, und Garibaldi nahm allein diese glänzende Parade einer jugendlichen, aber wetter- und kampfgebräunten, einer kleinen, aber durch Kämpfe und Mühen aller Art gestählten Armee ab. Der König sollte nun am 7. November kommen, um die Südarmee die Musterung passiren zu lassen. Doch noch am 6. November spät Abends ward auch dieß abbestellt.

Am 7. November Vormittags fuhr Victor Emanuel auf der Eisenbahn von Sa. Maria durch Caserta, ohne sich hier aufzuhalten, nach Neapel, in welches er um 11 Uhr im Wagen seinen Einzug hielt, ihm zur Seite Garibaldi, ihnen gegenüber die beiden Prodiktatoren, Pallavicini und der von Sicilien herübergekommene Mordini. Garibaldi trug hier, wie bei der Begegnung vom 26. Oktober, das Kostüm, welches er den ganzen Feldzug über getragen, das rothe Hemd, den grauen Tabarro darüber und den alten niedrigen schwarzen Filzhut. Wir bemerken diesen an sich unbedeutenden Umstand nur deßhalb, weil nach verschiedenen Nachrichten namentlich am 26. Oktober Garibaldi die piemontesische Generalsuniform getragen hätte, ja weil selbst Bilder von dieser Begegnung erschienen sind, die ihn in der Uniform darstellen.

Der Regen stürzte seit Mitternacht vom Himmel und schien

nicht enden zu wollen. Selbst der sonst bei Einzügen gekrönter Häupter gebräuchliche Sonnenblick wollte sich nicht zeigen, und für Freudenthränen waren die Tropfen, welche vom Himmel fielen, in Wahrheit ein wenig allzu dick. Die Ehrenpforten und Triumphbögen waren größtentheils unvollendet und die Kränze und Blumengewinde tropften. Aber das ganze Volk von Neapel war auf den Beinen, um den neuen König zu sehen, welchen der Diktator ihm zuführte. Der Zug ging zuerst nach der Kathedrale, von da nach dem königlichen Schlosse, wo Victor Emanuel nun seine Residenz nahm.

Er erließ nachstehende Proklamation:

„An die Völker Neapels und Siciliens.

„Das allgemeine Stimmrecht hat mir die souveräne Gewalt über diese edlen Provinzen gegeben.

„Ich nehme diesen neuen Beschluß des nationalen Willens nicht aus dem Ehrgeiz, zu regieren, sondern nach meinem Gewissen als Italiener an.

„Es mehren sich meine Pflichten, es mehren sich die Pflichten aller Italiener. Aufrichtige Einigkeit und beständige Opferwilligkeit sind mehr als je nöthig. Alle Parteien müssen sich in Ehrfurcht beugen vor der Majestät Italiens, welches Gott aufrichtet.

„Hier müssen wir eine Regierung einrichten, welche den Völkern die Garantie des Lebens in Freiheit, der öffentlichen Meinung die Garantie strenger Redlichkeit gibt. Ich rechne auf die thätige Mitwirkung aller ehrlichen Leute. Wo die Macht ihren Zügel, die Freiheit ihren Schutz im Gesetze findet, dort vermag die Regierung so viel für das Wohl des Volkes, als das Volk durch seine Tugend verdient.

„Europa müssen wir zeigen, daß, wenn die unwiderstehliche Gewalt der Ereignisse stärker gewesen ist als die Verträge, die in dem hundertjährigen Unglück Italiens gegründet wurden, wir mit der vereinten Nation die Herrschaft jener unveränderlichen Grundsätze herzustellen wissen, ohne welche jede Gesellschaft schwach, jede Gewalt bestritten und unsicher ist."

Am 8. November um 11 Uhr Vormittags empfing Victor Emanuel im großen Thronsaal des königlichen Schlosses, umgeben von dem Generalstatthalter Farini, den Großwürdenträgern und seinem Generalstab, den Diktator Garibaldi und das Ministerium der Diktatorialregierung.

Conforti, der Minister des Innern der letztern Regierung, sprach:

„Sire! Das neapolitanische Volk, in den Wahlversammlungen vereinigt, hat mit ungeheurer Mehrheit Sie zu seinem Könige erklärt. Neun Millionen Italiener vereinigen sich mit jenen andern Provinzen, die von Euer Majestät mit so viel Weisheit regiert werden, und machen Ihr feierliches Versprechen wahr, daß Italien den Italienern gehören solle."

Hierauf wurde der feierliche Vereinigungsakt verlesen und unterschrieben.

Am 9. November Morgens um $3^1/_2$ Uhr verließ Garibaldi das Hotel d'Angleterre, wo er die letzten Tage gewohnt hatte, und bestieg mit geringer Begleitung den Washington, nahm auf dem englischen Admiralschiffe Renown einen kurzen Abschied von dem englischen Admiral Mundy und steuerte dann nach Caprera.

Der Südarmee hinterließ er folgenden Abschied:

„An meine Waffengefährten.

„Auf der vorletzten Staffel unserer Auferstehung müssen wir die Periode betrachten, welche jetzt endet, und uns vorbereiten, auf glänzende Weise den staunenswerthen Gedanken der Erwählten von zwanzig Generationen hinauszuführen, dessen Vollendung die Vorsehung dieser glücklichen Generation anvertraut hat.

„Ja, junge Männer! Italien verdankt euch ein Unternehmen, welches den Beifall der Welt verdient hat.

„Ihr habt gesiegt und ihr werdet ferner siegen, weil ihr jetzt für die Taktik gemacht seid, welche die Schlachten entscheidet.

„Ihr seid nicht entartet von jenen, welche in das tiefe

Gedräng der macedonischen Phalangen einbrachen und den stolzen Siegern Asiens die Brust zerrissen.

„Dieser staunenswerthen Seite der Geschichte unseres Landes wird eine noch ruhmvollere folgen. Der Sklave wird endlich dem freien Bruder ein scharfes Eisen zeigen, welches zu den Ringen seiner Ketten gehörte.

„Zu den Waffen Alle! — Alle; und die Unterdrücker und die Uebermächtigen werden wie der Staub verfliegen!

„Ihr, Frauen, weiset von euch die Feigen; sie werden euch nichts als Feiglinge geben; — und ihr, Töchter des Landes der Schönheit, wollet tapfere und edle Sprossen.

„Mögen die furchtsamen Doktrinäre gehen und anderswo ihren Sklavensinn und ihre Elendigkeiten umherschleppen.

„Dieses Volk ist sein eigner Herr! Es will der Bruder der andern Völker sein, aber stolz die Stirne gegen die Uebermüthigen erheben; will nicht seine Freiheit erschleichen oder erbetteln, will nicht im Schlepptau sein von Leuten mit einem Herzen von Koth. Nein! nein! nein!

„Die Vorsehung schenkte Italien einen Victor Emanuel. Jeder Italiener muß sich an ihn anschließen, sich um ihn schaaren. Neben dem König Ehrenmann muß aller Zwist verschwinden, aller Mißmuth verfliegen. Noch einmal wiederhole ich euch meinen Ruf: Zu den Waffen Alle! Alle! Wenn der März 1861 nicht eine Million Italiener in Waffen findet, dann arme Freiheit! armes Leben Italiens! O nein! fern von mir ein Gedanke, der mir wie Gift widersteht. Der März 61 und wenn es sein muß, der Februar wird uns Alle auf unserm Posten finden.

„Italiener von Calatafimi, von Palermo, vom Volturno, von Ancona, Castelfidardo, Isernia und mit uns jeder Mann dieses Landes, der kein Feigling ist, kein Sklave; Alle, Alle geschaart um den ruhmvollen Soldaten von Palestro werden wir der wankenden Tyrannei den letzten Stoß, den letzten Schlag versetzen.

„Empfanget, junge Freiwillige, ehrenvolles Ueberbleibsel

aus zehn Schlachten, ein Wort des Abschieds. Ich sende es euch voller Liebe aus dem tiefsten Grund meiner Seele. Heute muß ich mich zurückziehen, aber für wenige Tage; die Stunde des Kampfes wird mich wieder mit euch finden, bei den Soldaten der Freiheit Italiens.

„Nur diejenigen mögen in ihre Heimat zurückkehren, welche dringende Familienpflichten rufen, und diejenigen, welche ruhmreich verstümmelt, den Dank des Vaterlandes verdient haben; sie werden ihm auch dort an ihrem Heerde noch dienen mit gutem Rath und durch den Anblick der edlen Narben, welche ihre männliche Stirn von zwanzig Jahren schmücken. Ausgenommen diese, mögen die Uebrigen bleiben, um die ruhmvollen Banner zu bewachen.

„Binnen Kurzem werden wir uns wiederfinden, um zur Erlösung unserer Brüder zu marschiren, welche noch Sklaven des Fremden sind; binnen Kurzem werden wir uns wiederfinden, um zusammen zu neuen Triumphen zu marschiren.

„Neapel, 8. November 1860.

„J. Garibaldi."

Garibaldi wiederholt auch hier wieder, daß Italien sich von jedem fremden Einfluß frei machen müsse, daß es sich dazu wappnen müsse, auf eigenen Füßen zu stehen. Er fordert demnach für den letzten Kampf, dessen Beginn er in das Frühjahr 1861 setzt, eine Million bewaffneter Italiener. Für einen großen Befreiungskampf ist das sicherlich nicht zu viel verlangt, wenn es gilt, alle Kräfte anzuspannen. Man wird das finden, wenn man erwägt, daß ja die Schweiz dasselbe Verhältniß von $4^1/_2$ Prozent in ihrer regulären Streitmacht, d. h. in Auszug und Reserve, hat, von der Landwehr ganz abgesehen. Aber man kann ganz sicher sein, daß Italien niemals der Forderung Garibaldis wird genügen können, wenn es sein militärisches System nicht auf ganz neue Grundlagen stellt, wenn durchaus dasselbe für ganz Italien nach dem piemontesischen Schema gemodelt werden soll.

Garibaldi verlangt ferner, daß die Südarmee, deren

Kommando er an Sirtori übertrug, bis auf wenige Ausnahmen, die er zuläßt, zusammenbleibe. Es ließ sich sofort voraussehen, daß dieß nicht geschehen werde, theils weil außer eigentliche Kriegsthätigkeit gesetzt, der größte Theil der Soldaten wenigstens das entschiedene Verlangen hegen würde, auf längere Zeit in die Heimat zurückzukehren, theils weil die piemontesische Regierung das Zusammenbleiben der Südarmee nicht wollte.

General della Rocca hatte am 3. November auf Befehl des Königs an Garibaldi einen sehr schön klingenden Brief geschrieben, in welchem er die hohe Befriedigung Victor Emanuels von der Haltung der Südarmee und zugleich die Hoffnung aussprach, daß die Bande der Waffenbrüderschaft zwischen ihr und der regulären Armee sich immer inniger knüpfen würden; auch hatte der König allem Anschein nach verschiedene Versuche gemacht, Garibaldi zurück-, ihn von der Heimkehr nach Caprera abzuhalten. Daß aber Garibaldi keine untergeordnete Stellung unter Cavour und Farini annahm, von denen vorauszusehen war, daß sie ihn auf Schritt und Tritt gerade in allem dem hindern würden, was er für nothwendig hielt, ist einleuchtend genug. Nur, wenn ihm der König das Generalgouvernement von Neapel und Sicilien oder auch nur vom neapolitanischen Festland mit voller Zivil- und Militärgewalt ließ, konnte Garibaldi bleiben. Er schlug alle ihm angetragenen persönlichen Vortheile, Auszeichnungen und Belohnungen aus und forderte noch am 8. November das Generalgouvernement. Ob es für den König bei seiner Kenntniß Garibaldis absolut unmöglich war, darauf einzugehen, darüber wollen wir hier nicht entscheiden. Aber daß er nicht darauf eingehen würde, das zeigte der Umstand klar, daß er Farini als Generalgouverneur mit sich gebracht hatte.

Der Brief della Roccas und die Versuche, Garibaldi im Neapolitanischen zurückzuhalten, schienen darauf zu deuten, daß die Regierung zu Turin das Zusammenbleiben der Süd-

36*

armee wünsche; indessen die Haltung, welche einzelne Offiziere der piemontesischen Armee gegen Offiziere der Südarmee annahmen, wunderliche Aeußerungen, Schwierigkeiten, welche von der nunmehr eingesetzten piemontesischen Regierung dem regelmäßigen Gange der Verpflegung und Soldzahlung bei der Südarmee entgegengestellt wurden und fast darauf berechnet schienen, als sollten deren Soldaten zu Exzessen getrieben werden, sowie ähnliche Dinge mehr, mußten den Unbefangenen, der sich nicht selbst verblenden wollte, vollends von dem überzeugen, was er bei einiger Kenntniß der Turiner Regierung auch ohnedieß wissen konnte, daß diese Regierung nämlich von der Südarmee befreit sein wollte, weil dieselbe zu Vieles gethan hatte.

Ein Dekret vom 11. und ein königlicher Tagsbefehl vom 12. November bestimmten über die Südarmee, daß dieselbe in ein besonderes Korps des regulären Heeres mit einer Kapitulation von zwei Jahren für die Unteroffiziere und Soldaten umgewandelt werden sollte; die Offiziere dieses Korps sollten ihre besondere Anciennetät und ihr besonderes Avancement haben. Eine Kommission von Generalen des regulären Heeres und der Südarmee sollte die Titel der Offiziere prüfen, und die Regierung wollte sich die Versetzung von Offizieren der Südarmee in das reguläre Heer — unter Berücksichtigung der Rechte der Offiziere des letztern — vorbehalten. Auf alle Offiziere, Unteroffiziere und Soldaten der Südarmee, welche durch Verwundung dienstunfähig geworden waren, sollten die piemontesischen Pensionsgesetze ihre Anwendung finden. Die Offiziere, welche ihren Abschied verlangten, sollten eine Abfertigung von 6 Monaten Friedensgehalt ihres Grades, die Unteroffiziere und Soldaten im gleichen Falle eine solche von 3 Monaten vollem Gehalt (was später auch in 6 Monate umgewandelt ward) und außerdem freie Reisepässe empfangen; die Offiziere, Unteroffiziere und Soldaten der augenblicklich zur Südarmee gehörigen mobilen Nationalgarden eine Abfertigung von einem Monate.

Wie vorauszusehen war, verlangten nun fast alle Soldaten der Südarme ihren Abschied; sie rechneten etwa so: statt eine piemontesische Kapitulation von zwei Jahren anzunehmen, gehen wir lieber mit unserer sechsmonatlichen Abfertigung — die sich für den Soldaten der Infanterie auf etwa 160 Francs belief — heim und treten, wenn Garibaldi im nächsten Frühjahr wieder Freiwillige aufruft und unsere häuslichen Verhältnisse es erlauben, wieder ein. So blieb von den Soldaten kaum ein Prozent, meist Venetianer, Leute aus dem Patrimonium Petri und Ausländer, die aus irgend einem Grunde nicht in die Heimat zurückkehren konnten, oder nicht wußten, was sie zu Hause anfangen sollten.

Von den aktiven Offizieren dagegen hatten mindestens zwei Drittel Lust, im Dienst zu bleiben. Von diesen waren nun einige gegen jedes Skrutinium ihrer Titel aufgebracht; sie wiesen auf das Beispiel der Armee von Zentralitalien hin, deren Offiziere keinem Skrutinium unterworfen worden wären, und doch habe die Armee von Zentralitalien nichts gethan gehabt, als einige Monate Garnisonsdienst geübt, während die Südarmee immer im Felde gelegen, auch die königlich neapolitanischen Offiziere würden bei ihrem Uebertritt in die piemontesische Armee ohne Skrutinium aufgenommen, und diese hätten doch gegen Italien gekämpft, während die Südarmee für Italien gekämpft habe.

Indessen die Mehrzahl der verständigen Offiziere erkannte es an, daß ein Skrutinium absolut nothwendig sei. Von piemontesischer Seite ist behauptet worden, daß sich zuletzt 7000 Offiziere Garibaldis gefunden hätten. Nun müssen wir dieß nach aller unserer Kenntniß für eine böswillige Erfindung halten, indessen so viel ist sicher, daß in den Depots die Offiziere wie die Pilze aufschossen, Offiziere, die nie vor dem Feinde gewesen waren und auch gar nichts mit ihm zu thun haben wollten, daß auch viele mit einem Offiziersbrevet sich lediglich in Zivilstellen im Neapolitanischen einschlichen, oder auch nach Norditalien zurückgingen, ohne mehr als etwa einen Marsch mitgemacht zu haben. Wenn man diesen Ueberschuß abschnitt, so bleiben, die Verwaltungs- und Sanitätsoffiziere mitgerechnet, bei dem aktiven Theil der Armee noch etwa 2000 wirkliche aktive Offiziere. Daß auch von diesen mancher seinem Posten nicht gewachsen war, ja daß viele sich die meiste und wichtigste Zeit hindurch auf Urlaub umhertrieben, daß andere sich vor dem Feinde nicht gut benommen hatten, ist eine ausgemachte Sache. So lag unseres Erachtens ein Skrutinium im eigenen Interesse der Südarmee; dasselbe würde alle beseitigt haben, welche eigentlich nie aktiven Dienst gethan, sondern lediglich ihren Titel in Italien umhergeschleppt hatten, ferner diejenigen, welche sich entschieden schlecht benommen hatten. Es wäre dann ein guter Rest von gegen 2000 Offizieren geblieben, deren Manchem zwar militärwissenschaftliche Ausbildung fehlte, aber keineswegs die allgemeine Bildung, welche die Erwerbung der militärischen Kenntnisse leicht macht.

Mit diesen Ansichten über die Nothwendigkeit der Auswahl waren, wie erwähnt, die meisten der Offiziere der Südarmee einverstanden. Aber sie verwarfen die gemischte Kommission, sie wollten eine Kommission, welche lediglich aus der Südarmee hervorgegangen wäre, weil, wie sie sagten, von den verständigen Offizieren der Südarmee die Nothwendigkeit, daß Unterschiede gemacht würden, am besten erkannt werde, und weil diese Armee am besten wissen müsse, was an ihren einzelnen Offizieren sei.

Diejenigen, welche ihre Entlassung genommen hatten, Offiziere und Soldaten, begannen von Ende November an, nach der Heimat zurückzukehren. Der Rest der Offiziere und Soldaten, letztere im Ganzen wenige hundert Mann, ward laut einem königlichen Dekret vom 16. Januar um die Mitte Februar in Kantonnirungen in Piemont gelegt, und zwar der große Generalstab mit allem Zubehör nach Turin, die Kavallerie nach Pinerolo, die Artillerie nach der Veneria reale, das Genie nach Casale, die 15. Division, mit welcher auch die übriggebliebenen Offiziere der 19. vereinigt wurden, nach Mondovi, die 16. nach Asti, die 17. nach Biella, die 18. nach Vercelli. Die Besoldungen wurden vom 16. Februar an auf den Kantonnementsfuß gesetzt. In ihren Kantonnements führten nun diese Offiziere, ohne daß irgend etwas für ihre militärische Ausbildung geschah, was so leicht gewesen wäre, geplagt von allerlei Tracasserien, welche ihnen das Bleiben verleiden sollten, ein müßiges und unnützes Leben. Die gemischte Kommission, welche ursprünglich zu Neapel ernannt, dann ihren Sitz nach Turin verlegte, that hier so wenig etwas als dort, obgleich alle Vorarbeiten für sie von den Divisionen schon Ende Oktober gemacht waren, so daß es leicht war, die Qualitäten der Offiziere zu prüfen, und daß die Kommission lediglich etwa mit Beschwerden solcher ernstlich zu schaffen gehabt haben würde, welche sich benachtheiligt glaubten. Ebenso wenig, als sich ein ernster Wille zeigte, den im Dienst gebliebenen Offizieren der Südarmee eine feste Stellung in einer oder der andern Art anzuweisen, ebenso wenig wurden die Dekorationen und Ehrenerwähnungen verliehen, für welche die Listen bei der Südarmee, und zwar nach einem sehr bescheidenen Maßstabe, schon Anfangs November ausgefertigt wurden. Es änderte auch nichts darin das Erscheinen Garibaldis im Parlament zu Turin im Lauf des April, und die Lage ist noch jetzt, Ende Juli 1861, die gleiche. Daß die piemontesische Regierung, oder jetzt die Regierung des Königreichs Italien, alle Ursache hätte, die Dienste der ihr verbliebenen Offiziere der Südarmee zu benutzen, wird Jedermann begreifen, der da weiß, wie sehr die militärische Organisation Italiens noch im Rückstande ist, wie viel selbst nur von den 300,000 M. Fantis noch lediglich auf dem Papiere steht, der die stets noch bedrohte Lage Italiens würdigt und folglich Garibaldis Million Italiener in Waffen nicht für eine zu starke Forderung hält. Von dem eklatanten Undanke, dessen sich das cavourische Regiment schuldig machte, soll hier die Rede nicht sein; wir reden nur von den Forderungen des gesunden Menschenverstandes und des Interesses Italiens.

Mit dem 9. November, dem Tage des Abganges Garibaldis von Neapel, hörte, wie sich aus unserer Darstellung ergibt, die italienische Südarmee auf, als ein nützlicher, wirksamer militärischer Körper zu bestehen; sie beschäftigte sich von da an lediglich noch mit der Arbeit an ihrer Auflösung. Die fernere militärische Arbeit in Süditalien blieb somit der piemontesischen Armee allein überlassen.

9. Die Festung Gaeta und die ersten Operationen der Piemontesen zu ihrer Einschließung.

Wir verließen die gegen den Garigliano operirende piemontesische Streitmacht nach dem Gefecht von S. Giuliano und Cascano am 26. Oktober. An den beiden folgenden Tagen zogen sich die Neapolitaner an das rechte Ufer des Garigliano zurück und nahmen mit dem rechten Flügel ans Meer gelehnt Stellung auf der Linie über Trajetto nach Sujo. Am 29. Oktober griffen die Piemontesen die Gariglianolinie in Front an, während die italienische Flotte unter dem Admiral Persano sich der Gariglianomündung näherte, um den rechten Flügel der Neapolitaner zu bombardiren. Aus diesem letzterem Bombardement wurde indessen nichts.

Die Sache hing so zusammen:

Am 6. Oktober hatte die Diktatorialregierung zu Neapel die Blokade der Häfen von Gaeta und Messina erklärt. Dagegen protestirte sogleich Franz des II. Minister der auswärtigen Angelegenheiten, der General Casella, in einer Note an die Mächte, indem er sich darauf berief, daß die Regierung Garibaldis eine illegitime sei, die einzig legitime Regierung im Königreich beider Sicilien sei diejenige Franz des II. zu Gaeta. In Folge des Protestes sendete der Kaiser Napoleon einen Befehl an den Admiral Barbier de Tinan, sich von Neapel mit einem Geschwader in die Gewässer von Gaeta zu begeben und dessen Blokade zu verhindern.

Dieß konnte in weiterem oder engerem Sinne gefaßt werden; sollte Barbier de Tinan nur die Stadt und Festung Gaeta gegen ein feindliches Auftreten der italienischen Flotte sichern, oder die ganze Küste von der Einmündung des Garigliano ins Meer um das Kap von Gaeta herum bis nach Sperlonga; sollte er Gaeta und eintretenden Falls den Küstenstrich nur gegen eine von Garibaldi verhängte Blokade, oder gegen jede sichern, welche von einer italienischen Flotte unternommen würde? Die Neapolitaner faßten die Sache in dem ihnen günstigsten, weitesten Sinne, die Italiener dagegen in dem allerengsten auf, der für sie der günstigste war. Victor Emanuel hatte daher auch dem General Persano, den Befehl ertheilt, bei dem Angriff der Landarmee auf die Gariglianolinie mitzuwirken. Barbier de Tinan aber neigte sich der neapolitanischen Auffassung zu und ließ dem Admiral Persano sagen, daß er von seiner Regierung den Befehl habe, die Mitwirkung der italienischen Flotte zu verhindern. Persano, um nicht folgenreiche „Mißverständnisse" herbeizuführen, zog seine Flotte von der Küste zurück. Die piemontesische Landmacht war also auf ihre eigenen Kräfte reduzirt, und in Folge davon beschränkte sich das Gefecht vom 29. Oktober lediglich auf eine Kanonade und Füsillade über den Garigliano hinüber. Die Neapolitaner verloren dabei den Brigadier Negri von der Artillerie.

Nun ließ aber Victor Emanuel sogleich den Telegraphen spielen, um von Paris eine ihm günstigere Auslegung des an Barbier de Tinan ertheilten Befehls einzuholen. Es ward seinen Wünschen zu Paris wirklich entsprochen; am 1. November kamen neue Befehle für Barbier de Tinan an, welche dessen Wirkungskreis beschränkten. Für die Nacht auf den 2. November ward daher vom König Victor Emanuel der ernste Beginn des Uebergangs über den Garigliano angeordnet. Gegen den linken Flügel der Neapolitaner, gegen Sujo und bei Mortula, demonstrirten die Piemontesen lediglich; dagegen bombardirte Persano den rechten Flügel

Römischen auf etwa 30000 M. Da diese Truppen in viele einzelne Garnisonen vertheilt, zum Theil nur einen halben Tagmarsch von der Grenze der neapolitanischen Abbruzzen entfernt lagen, so war es leicht, sie haufenweise über diese Grenze zu spediren, was denn auch reichlich mit **Beförderung** des **päpstlichen Gouvernements** geschah; in den Abbruzzen bildeten diese zurückspedirten Soldaten den Kern der Brigandenhaufen, welche dort die Herrschaft **Franz** des II. aufrecht zu erhalten bemüht waren und noch sind.

Die **Franzosen** besetzten nach dem Uebertritt Ruggieris auch **Terracina** militärisch, um etwaige Grenzverletzungen Seitens der Piemontesen unmöglich zu machen, und aus andern weniger öffentlichen Gründen.

Zählt man zusammen:

die Besatzung von Capua bei der Uebergabe . . 10[illegible]
das Korps Ruggieros . . . . 22[illegible]
Truppen, welche am 4. November in und bei Gaeta vereinigt wurden . . . . 20[illegible]
verschiedene Versprengte von Isernia, Cajazzo, überhaupt dem Volturno, von Calvi . . . . . 80[illegible]

so findet sich, daß Franz II. um die Mitte Oktober noch ein über 60000 M. disponirte. Wir weisen bei dieser Gelegenheit hierauf nur hin, um zu zeigen, wie früher von uns gemachte Zahlenangaben, z. B. über die Stärke der Neapolitaner in der Volturnoschlacht, durchaus nicht etwa übertrieben erscheinen.[1]

Vom 5. November ab setzte sich nun **Cialdini** auf den **Höhen nördlich von Gaeta** fest, und die Entscheidung war auf die Einnahme dieser Festung reduzirt.

Die Stadt und Festung **Gaeta** ist auf einer spitz auslaufenden dreieckförmigen Halbinsel erbaut, die von Westen nach Osten eine Länge von ungefähr 2500 Schritt hat. Gegen die **Landseite**, im Westen, ist die Halbinsel durch eine ungefähr 1500 Schritt lange Befestigungslinie abgeschlossen, die aus einer Reihe von Batterieen besteht. Nordwestlich die

Befestigungslinie beginnt eine Landenge, welche unmittelbar an jener nur etwa 800 Schritt breit ist; diese Landenge, durch welche die Halbinsel der Festung Gaeta mit dem Festlande zusammenhängt, ist fast ganz eben. Früherhin erhob sich auf ihr ein Hügel, der Monte Secco, welcher gute Batteriestellungen für den Belagerer abgab; eben deßhalb ließ ihn Ferdinand II. vollständig abtragen. Ungefähr 800 Schritt nordwestlich der Landfronten, wo die Landenge sich zu erweitern beginnt, erheben sich auch die Höhen amphitheatralisch; die wichtigsten hier zu erwähnenden sind der Monte della Catena, der Monte Tortanello und der Monte Christo, 2500, 3200 und 4400 Schritt von den Landfronten auf der kürzesten Linie entfernt.

Die Meerfronten liegen östlich der Landfronten längs der Nordseite der Halbinsel von Gaeta, auf derselben Seite befindet sich auch der Hafen; im westlichen Theil der Halbinsel läuft unmittelbar an den Meerfronten die schmale Unterstadt entlang; der östliche, minder breite Theil der Halbinsel ist zum großen Theil von der Oberstadt ausgefüllt.

Innerhalb der Befestigungen erheben sich zwei Höhen von 300 bis 400 Fuß. Die umfangreichere westliche trägt den Orlandothurm; ein altes römisches Grabmal, welches während der Belagerung als Beobachtungsposten benutzt wurde und zugleich den optischen Telegraphen zur Korrespondenz mit Terracina trug; die östliche, minder bedeutende Höhe trägt ein altes, aus der Normannenzeit stammendes Kastell, welches als Kaserne benutzt ward. Die Kuppen beider Höhen liegen viel näher der südlichen als der nördlichen Küste der Halbinsel, und ihre Felsabhänge fallen steil zu jener ersteren hinab, so daß hier Befestigungen überflüssig, folglich auch nicht vorhanden sind.

Außerhalb der Befestigungen auf dem Wege nach Mola dicht an der Meeresküste liegt die Vorstadt Borgo di Gaeta. Sie besteht aus einer einzigen Straße, und ihre nächsten Häuser

ment mit 5 Geschützen am 21. März blieb ohne den mindesten Erfolg; mit Mühe waren am 2. April 22 Geschütze in Batterie gebracht; aber die französischen Artillerieoffiziere verlangten 80, um mit Aussicht auf Erfolg agiren zu können. Auch dießmal war Gaeta nicht von der Meerseite blokirt, da die englische Flotte mit der sicilischen vereinigt das Meer beherrschte und die Wirkung französischer Schiffe unmöglich machte. Ungeduldig ließ endlich Napoleon Ende Mai Massena das Kommando vor Gaeta übernehmen, welcher 14000 M. oder das Doppelte der Besatzung gegen den Platz vereinigte und am 7. Juli die Batterieen so weit vorgetrieben hatte, um an das Bresche-legen in der Gegend der Zittadelle denken zu können. An dem genannten Tage eröffneten 89 Geschütze zugleich das Feuer; bis zum 10. hatte es bereits die Werke bedeutend beschädigt, am 12. wurde der Prinz von Hessen-Philippsstadt verwundet, und Massena, der dieß vernahm, glaubte eine neue Aufforderung ergehen lassen zu können. Als darauf abschlägige Antwort erfolgte, ward das Feuer der Belagerer bis zum 18. Juli fortgesetzt und die Tranchéen immer weiter vorgetrieben. Am 18. waren zwei große Breschen geöffnet, und Massena traf die Anstalten zum Sturm, welcher am 20. Juli unternommen werden sollte; indessen knüpften die Belagerten schon am 18. Unterhandlungen an, und der Platz wurde übergeben. Die Belagerer hatten vom 7. bis 18. Juli 40000 Kanonenkugeln und Bomben verbraucht, die Belagerten 100000.

Diese kurze Erinnerung an eine frühere Belagerung aus einer nicht allzu fern liegenden Zeit wird nicht ohne Interesse sein, wegen der Vergleiche mit der Belagerung von 1860, zu welchen sie Veranlassung bieten kann.

Cialdini ließ, um seine ersten Batterieen etabliren zu können, zuerst weitläufige Wegbauten von der Meeresküste beim Borgo nach dem Monte Tortanello und Monte Christo einerseits, nach dem Monte della Catena andererseits beginnen. Diese nahmen Zeit fort. Ehe wir daher die Ereignisse von Wichtigkeit, welche beide Theile angehen, erzählen, können wir uns erst noch in der Festung umsehen und uns über deren Zustände orientiren.

Die eigentlichen Landfronten von Gaeta waren mit 179 Geschützen bewaffnet, worunter 54 Kanonen von 24 Pfd. oder darunter; 12 Feldschlangen, 76 Bombenkanonen von 60 und 80 Pfd.; 16 Haubitzen, 17 Mörser, 4 gezogene Kanonen.

Die Hauptwerke auf den Landfronten sind, wenn man vom linken Flügel beginnend, nach dem rechten fortschreitet:

Die Batterie Transsilvania mit 5 60pfünder Bombenkanonen;

Malladrone mit einem 24pfünder und einer 80pfünder Bombenkanone;

Batterie und Redoute Trinità mit 3 80pfündigen und 10 60pfündigen Bombenkanonen, wozu später noch 2 gezogene 4pfünder und 1 gezogener 12pfünder kamen;

die Platform (Platta forma) mit 4 24pfündern und 2 Haubitzen;

Dente di Sega mit 10 24pfündern und 3 Mörsern;

Philippsstadt mit 1 12pfünder, 6 24pfündern, 1 12pfündigen Feldschlange, 2 Haubitzen und 3 Mörsern;

S. Andrea mit dem zugehörigen Niederwall (Faussebraye) mit 5 24pfündern, 7 Mörsern, 1 12pfünder, 7 12pfündigen Feldschlangen und 4 Haubitzen;

S. Jacob mit 7 24pfündern;

Fico mit 4 80pfündigen Bombenkanonen;

Conca mit 4 24pfündern, 3 60pfündigen Bombenkanonen und 2 Mörsern;

Cappelletti mit 4 24pfündern und 5 60pfündigen Bombenkanonen.

Die Verbindung zwischen den Landfronten und den Seefronten war mit 21 Geschützen besetzt, vertheilt auf die drei Batterieen der Zitadelle, ihrer Contregarde und ihrer niedern Flanke.

Die Batterie der Zitadelle bestand aus 7 24pfündern und 11 6pfündern; die der Contregarde aus 3 16pfündern,

2 gezogenen 12pfündern und 1 Mörser; die der niedern Flanke (fianco basso) endlich aus 3 12pfündern, 3 Haubitzen und 1 Mörser.

Die Bedienung dieser Verbindungsbatterieen, bei denen neben der Zitadelle das Landthor, durch welches man nach dem Borgo geht, liegt, war der Fremdenbatterie anvertraut, die nach dem Tode des Hauptmanns Fevot der Hauptmann v. Sury (ein Schweizer wie jener) übernommen hatte.

Hinter den Landfronten, und zwar hinter den Batterieen Philippsstadt, S. Andreas und S. Jacob, lag als ein zweites Stockwerk die Batterie Königin (Regina), besetzt mit 1 24pfünder, 38 60pfündigen Bombenkanonen und 1 gezogenen 12pfünder.

Auf den Seefronten befanden sich 142 Feuerschlünde. Die Hauptbatterieen waren hier vom linken (westlichen) nach dem rechten (östlichen) Flügel:

S. Antonio mit 5 36pfündern;

Addolorata oder Poterna mit 2 24pfündigen Feldschlangen und 2 Haubitzen;

Ferdinando und Favorita mit 18 80pfündigen Bombenkanonen, 1 30pfünder, 3 60pfündigen Bombenkanonen und 2 12pfündern;

Granguardia mit 5 36pfündern, 1 Haubitze und 2 Mörsern;

Vico am Seethor mit 6 80pfündigen Bombenkanonen; 5 24pfündern, 4 30pfündern und 3 Haubitzen;

Sa. Maria mit 13 80pfündigen Bombenkanonen, 5 30pfündern und 2 Haubitzen;

obere und untere Batterie Guasta ferri mit 8 80pfündigen Bombenkanonen, 18 36pfündern, 3 Haubitzen und 6 Mörsern.

Die ganze Armirung bestand nach der von uns gegebenen Uebersicht aus 342 Geschützen.

Im Laufe des Kampfes, als der Mangel an gezogenen Kanonen sich für die Belagerten sehr fühlbar machte, ließ der

Arsenaldirektor Afan de Rivera mehrere 12pfündige Feldgeschütze in gezogene verwandeln, von denen zwei nebst einem 4pfünder auf dem Berge des Orlandothurms in Batterie gebracht wurden, die andern sind in unserer Aufzählung bereits mitbegriffen. Diese Geschütze schossen anfangs sehr genau, doch dehnten sie sich, da die Metallstärke der glatten Geschütze für den Gebrauch, den man jetzt von ihnen machte, zu gering gewesen war, bald aus, die Geschosse erhielten zu viel Spielraum und die Genauigkeit des Schusses hörte damit auf.

Die Werke waren keineswegs im guten Stande. Jedermann weiß, daß auch die beste und wohlerhaltenste Festung, wenn sie einer Belagerung widerstehen soll, noch gewisse Arbeiten nothwendig macht, die man unter dem Namen der fortifikatorischen Armirung — ganz abgesehen von der artilleristischen — begreift. Obgleich seit dem 19. August Garibaldi festen Fuß auf dem neapolitanischen Kontinent hatte, obgleich er seit dem 7. September Herr Neapels war, obgleich die Volturnoschlacht am 1. Oktober trotz ihrer Uebermacht so unglücklich für die Königlichen ausgefallen war, daß sie alle Ursache hatten, an einen baldigen Rückzug hinter den Garigliano als eine Möglichkeit zu denken, obgleich zu derselben Zeit die Nachrichten über das Eindringen der Piemontesen aus dem Römischen ins Haupquartier der Neapolitaner gelangten, waren doch bis zum 5. November in Gaeta nicht einmal die Vorbereitungen zur fortifikatorischen Armirung des Platzes getroffen, welche unter den obwaltenden Verhältnissen vorzugsweise in der Beischaffung von Materialien hätten bestehen müssen. An der Armirung mußte nun vom 5. November ab eifrig gearbeitet werden, und es konnte trotz alles Eifers, der von Einzelnen aufgewendet ward, nicht Vieles geleistet werden, theils weil die Masse der Offiziere indolent war, theils auch weil es am allernothwendigsten Material fehlte.

Und abgesehen von der Armirung, fehlte es auch den Grundkonstruktionen der Festung an der nöthigen Haltbarkeit. Die neuen Ausbesserungen unter der Regierung Ferdinands

37*

des II. hatte ein Günstling dieses Königs, der Major Guarinelli, geleitet; dieser hatte mehr für das Auge seines Gönners und für seinen Beutel, als für den Nutzen des Staates und der Soldaten gearbeitet, welche einmal den Platz vertheidigen sollten. Wir glauben, daß Kasematten, die nach den guten alten Prinzipien, Pulvermagazine, die nach den hergebrachten alten guten Regeln angelegt und erbaut sind, auch heute noch im Allgemeinen den schweren Geschossen der großen gezogenen Geschütze widerstehen werden. Aber allerdings ist es uns bekannt, wie sehr oft die Ingenieure aus architektonischen Rücksichten und um sich Liebeskind bei ihren Herren zu machen, von den alten guten Regeln abweichen. Dieses ist namentlich auch in Preußen, insbesondere in den letzten zwanzig Jahren der Fall gewesen, und jeder aufrichtige Mann, der Lust hat, in Einzelnheiten einzugehen, welche hier allerdings entscheiden, wird unsere Beschuldigung wahr finden. Man wird kein Recht haben, auf die neupreußische Befestigungsmanier zu schimpfen, wenn einmal gewisse neuestpreußische Kasematten gewisser Defensionskasernen nach den ersten Schüssen mit gezogenem Belagerungsgeschütz einfallen. Mit tüchtigen Offizieren und tüchtigem Material kann man bisweilen in einigen Wochen und selbst während der Belagerung noch manchem Schaden abhelfen. Beides fehlte in Gaeta. Wie sehr ein Einzelner hier sich zerreißen mochte, der Einzelne konnte nicht überall und nicht immer überall sein, — und der Erbauer, Guarinelli, befand sich jetzt im Lager der Piemontesen, zu denen er bei guter Zeit übergegangen war, und — er mochte sich jetzt rühmen, daß er für die Auferstehung Italiens gearbeitet und gewirkt habe. Jedenfalls konnte er mit seiner Kenntniß der Oertlichkeit und der Schwächen des Platzes den Piemontesen gute Dienste leisten.

Die gewöhnliche Garnison von Gaeta bestand aus dem 16. Jägerbataillon, dem Tirailleurbataillon der Garde, dem Schweizer Veteranenbataillon, einem Artillerieregiment und einem Geniebataillon.

Dazu kamen am 3. November die drei Garde-Infanterieregimenter; außerdem viele Versprengte aller möglichen verschiedenen Korps, Gendarmen, unberittene Kavalleristen u. s. w.; auch Leute der versprengten päpstlichen Armee, insbesondere französische Legitimisten hatten sich in nicht unbedeutender Zahl eingefunden und fanden sich im Verlauf der Vertheidigung noch weiter ein.

Die übrigen organisirten Korps, nämlich 8 Jägerbataillone und die Fremdenbrigade, blieben vorerst im Lager vor dem Platze, und der größte Theil der Fremdenbrigade wurde schon am 5. Morgens in Marsch über Sperlonga nach der römischen Grenze gesetzt, damit man die Zahl der zehrenden Mäuler vermindere, so daß von der Fremdeninfanterie nur ungefähr 800 M. übrig blieben, die in ein Bataillon zusammengestellt wurden.

Gouverneur des Platzes war der General Ritucci, zweiter Gouverneur der Brigadier Marulli; die Landfronten kommandirte der General v. Riedmatten, die Seefronten der General Sigrist.

Die Truppen, welche außerhalb der Werke im Lager standen, hatten folgende Stellung: Auf dem äußersten rechten Flügel das 2. Jägerbataillon, dann folgten nach dem linken Flügel hin das 3., 6., 7., 8., 9., 10. und 15. Jägerbataillon, endlich das halbe 3. Fremdenbataillon am äußersten linken Flügel an der Cala di Serpa; die Vorposten dieser Truppen waren bis auf die Höhe der Torre Atratina vorgeschoben.

Am 11. November unternahm Cialdini einen allgemeinen Angriff auf die Vorposten, um sie gegen den Platz oder in den Platz zurückzudrängen. Kaum hatte der Kampf begonnen, als das 8. und das 15. Jägerbataillon, letzteres seinen Kommandanten Pianelli an der Spitze, zu den Piemontesen übergingen; dieß hatte zur Folge, daß die Piemontesen, in der durch den Uebergang des 15. Bataillons entstandenen Lücke vordringend, das halbe Fremdenbataillon, welches den Rückzug nicht mehr finden konnte, zum größten Theil gefangen machten.

Alle noch übrigen neapolitanischen Truppen wurden nun hinter die Werke zurückgezogen, und die Piemontesen stellten ihre Vortruppen dort auf, wo bisher die neapolitanischen gestanden hatten. Die Piemontesen konnten nunmehr zur Anlage ihrer ersten Batterieen in aller Ruhe vorschreiten.

3. Ereignisse in und vor Gaeta bis zum Abgang des französischen Geschwaders.

In der Festung beschäftigte man sich mit der Reorganisation der Truppen, mit der Kompletirung der Bewaffnung der Werke.

Die Generale Barbalonga, Colonna und Salzano nahmen, des Kampfes müde und darauf bedacht, sich bei den Piemontesen eine gute Aufnahme zu verschaffen, ihren Abschied.

Die 1000 Gefangenen von der italienischen Südarmee, welche sich in Gaeta befanden, würden am 12. November nach Mola gebracht und an Cialdini übergeben; der wahre Grund, weßhalb man sich ihrer entledigte, war der, ihre Lagerdecken, an welchen es im Platze sehr fehlte, für die neapolitanischen Truppen zu bekommen.

Am 20. November verließ die Königin-Wittwe, Maria Theresia, mit ihren sieben jüngsten Kindern Gaeta, um sich nach Rom zu begeben, wo sie sich in größerer Sicherheit befand und vielleicht ein viel besseres Feld der Thätigkeit fand als in Gaeta. Am 21. November folgte ihr nach Rom das diplomatische Korps, welches sich in der Festung stark langweilte und außerdem noch schlecht und in Gefahr leben sollte; nur der spanische Gesandte, Bermudez de Castro, Marquis von Lema, blieb im Platze zurück.

An demselben Tage segelte auch die Gräfin von Trapani mit ihren Kindern ab.

Während solchergestalt Manches von dannen ging, traf dagegen am 18. November Bosco in Gaeta ein. Bosco war im September, als Franz II. Neapel verließ, krank dort zurückgeblieben und von Garibaldi unter der Bedingung in Ruhe gelassen, daß er zwei Monate nicht gegen die Italiener diene; er hatte sich zuletzt in Frankreich aufgehalten und kam nun zurück, da seine Zeit abgelaufen war. Man baute große Stücke auf ihn: in der That mochte er der unternehmendste von den neapolitanischen Generalen sein, indessen dieß wollte nicht viel heißen, und ein gutes Stück Komödianterei lief bei ihm so gut mit unter als bei manchen andern Generalen, die sich einen ephemeren Namen zu machen gewußt haben.

Bekanntlich hatte Franz II. die Prägung und Vertheilung einer Medaille zur Verherrlichung nicht bloß des kleinen Erfolges von Cajazzo, sondern auch seiner sämmtlichen Niederlagen angeordnet. Da es an Mitteln fehlte, die Medaille herzustellen, ward am 21. November wenigstens das Band dazu vertheilt; Bosco, kaum in Gaeta angekommen, verlangte nun auch sogleich eine besondere Medaille für die Niederlage von Milazzo; und in der That, was dem einen recht ist, ist dem Andern billig: wenn sich Neun dafür Medaillen umhängen, daß sie Schläge bekommen haben, warum soll es dann der Zehnte nicht auch thun?

Ein größerer Ausfall sollte am 25. November unternommen werden, unterblieb aber; aus dem Umstande, daß an diesem Tage und zur bestimmten Stunde die Piemontesen mit Feldgeschütz heftig auf die Gegend des Landthores schossen, schloß man wohl nicht mit Unrecht, daß Cialdini Einverständnisse im Platze haben müsse und gut bedient werde.

Am 29. November Morgens ward nun endlich der sogenannte größere Ausfall unter der Oberleitung Boscos vorgenommen, nachdem schon mehrere Tage lang von ihm gesprochen worden war.

Man hatte zu der eigentlichen Operation 440 M.! unter dem Oberstlieutenant Migy bestimmt; zur Unterstützung ward ein Bataillon auf dem Glacis aufgestellt. Bosco wollte die Sache vom Platze aus mittelst Trompetensignalen dirigiren!!

Migy drang in drei Kolonnen über Torre Atratina, wo er die äußersten Vorposten antraf, bis zum Kapuzinerkloster vor, wo er auf bedeutenderen und geordneten Widerstand stieß. Dazu brachen aus dem Borgo, wo sich die Piemontesen jetzt gehörig festgesetzt hatten und der von seinen Bewohnern am 19. November geräumt worden war, zwei Bataillone Bersaglieri in den Rücken der Ausfallskolonne vor, welche von einem von Migy zurückgelassenen kleinen Posten nur mit Mühe eine Zeitlang aufgehalten wurden.

Die Ausfallskolonnen zogen sich mit einem Verlust von 23 M., worunter der Oberstlieutenant Migy, der bald an seiner Verwundung starb, nach Gaeta zurück, ohne eigentlich etwas ausgerichtet zu haben.

Sonderbarer Weise hatte Franz II., wie man sagt, aus Ehrfurcht von der dortigen Kirche, den Festungsbatterien verboten, auf den Borgo zu schießen, außer wenn dort Truppen, Fuhrwerke oder Arbeiter gesehen würden. Dieß gab den Piemontesen eine ganz vortrefflich sichere Position im Borgo, die, namentlich gegen alle Ausfälle der Neapolitaner von deren rechtem Flügel aus, nichts zu wünschen übrig ließ.

Am 1. Dezember endlich demaskirten die Belagerer eine Batterie auf den Monte Christo, 4200 Schritt, fast eine halbe deutsche Meile von den nächsten Werken der Festung. Sie bestand aus zwei 20centimetrigen gezogenen Geschützen und eröffnete ihr Feuer am 1. Dezember um 5 Uhr Nachmittags; sie unterhielt es jeden Tag mehrere Stunden, besonders zur Enfilade der Meerfronten, aber auch gegen den Orlandothurm; diese Batterie schoß sehr unsicher und that kaum erwähnenswerthen Schaden.

In der Nacht vom 4. auf den 5. Dezember ließ Bosco einen kleinen Ausfall unternehmen, um drei Häuser im Borgo, welche besonders die Aussicht von der Festung her verhinderten, mittelst Pulversäcken zu sprengen. Der Erfolg war wenig entsprechend. Die Piemontesen errichteten, um dergleichen Unternehmungen desto besser entgegentreten zu können, eine kleine

Batterie auf den Höhen von Sa. Agata, die am 7. Dezember ihr Feuer eröffnete.

Am 8. Dezember trat eine Waffenruhe ein, welche drei Tage dauerte. Der 8. Dezember ist der Tag Mariä Empfängniß; Ferdinand II. feierte ihn zu Neapel stets durch eine große Parade. Bei einer dieser Paraden 1856 war das Attentat des Agesilao Milano vorgekommen. Victor Emanuel hatte Cialdini den Befehl ertheilt, an diesem Tage das Feuer gegen Gaeta einzustellen. Franz II. benutzte die Ruhe zum Erlaß einer Proklamation an die Völker der beiden Sicilien, welche wir hier einschalten wollen:

„Gaeta, den 8. Dezember 1860.

„Völker der beiden Sicilien.

„Von diesem Platze aus, wo ich mehr als meine Krone, die Unabhängigkeit des gemeinsamen Vaterlandes vertheidige, erhebt euer Herrscher seine Stimme, um euch in euerem Elend zu trösten und um euch glücklichere Zeiten zu versprechen. Zusammen verrathen, zusammen beraubt, werden wir uns zusammen aus unserem Unglücke erheben. Das Werk der Ungerechtigkeit hat niemals lange gedauert, und die Ursurpationen sind nicht ewig.

„Ich habe mit Verachtung die Verleumdungen, mit Geringschätzung den Verrath betrachtet, so lange Verleumdungen und Verrath sich nur an meine Person hefteten. Ich habe nicht für mich gekämpft, sondern für die Ehre des Namens, welchen wir tragen. Aber wenn ich meine geliebten Unterthanen allen Uebeln der Fremdherrschaft preisgegeben sehe, wenn ich sie behandeln sehe wie unterworfene Völker, ihr Blut und ihr Gold in andere Lande tragen, sie von einem fremden Herren mit Füßen getreten, dann schlägt das neapolitanische Herz in meiner Brust voll Entrüstung, und was mich einzig tröstet, das ist die Treue meiner braven Armee, das Schauspiel des edlen Einspruchs, der sich auf allen Punkten des Königreichs gegen den Triumph der Gewalt und der Spitzbüberei erhebt.

„Ich bin Neapolitaner; unter euch geboren, habe ich keine

andere Luft geathmet, keine anderen Länder gesehen, kenne ich keine andere Stätte als meine Geburtsstätte. Alle meine Neigungen sind in dem Königreich, eure Gewohnheiten sind meine Gewohnheiten, eure Sprache ist meine Sprache, euer Ehrgeiz mein Ehrgeiz. Sprosse eines alten Herrscherhauses, welches während langer Jahre über diese schönen Lande regierte und deren Unabhängigkeit und Selbstherrlichkeit hergestellt hatte, komme ich nicht, um mich nach Ausplünderung der Waisen und der Kirche durch fremde Gewalt dieses lieblichsten Theiles von Italien zu bemächtigen. Ich bin ein Fürst, welcher euch gehört und welcher Alles seinem Wunsche geopfert hat, seinen Unterthanen Frieden, Eintracht und Wohlstand zu erhalten.

„Die ganze Welt hat es gesehen, um kein Blut zu vergießen, habe ich meine Krone aufs Spiel gesetzt. Verräther, von dem fremden Feinde bezahlt, setzten sich in meinen Rath neben getreue Diener; in der Aufrichtigkeit meines Herzens konnte ich an den Verrath nicht glauben. Es kam mir zu schwer an, zu strafen; ich konnte nicht nach so viel Unglück die Aera der Verfolgungen eröffnen; und so haben die Unredlichkeit einiger Leute und meine Milde die Invasion erleichtert, welche durch das Mittel von Abenteuerern, durch die Lähmung der Treue meiner Völker und der Tapferkeit meiner Soldaten vollbracht ward.

„Beständigen Verschwörungen preisgegeben, habe ich keinen Tropfen Bluts vergießen lassen, und man hat mein Verhalten der Schwäche geziehen. Wenn die zärtlichste Liebe für meine Unterthanen, wenn das natürliche Vertrauen der Jugend in die Redlichkeit Anderer, wenn die instinktmäßige Abneigung gegen das Blutvergießen diesen Namen verdienen, ja sicher, dann bin ich schwach gewesen. In dem Augenblick wo das Verderben meiner Feinde sicher war, habe ich den Arm meiner Generale zurückgehalten, um nicht die Zerstörung Palermos zu vollziehen. Ich habe lieber Neapel, mein Haus, meine geliebte Hauptstadt verlassen, ohne durch euch daraus vertrieben zu sein, als daß ich sie den Schrecken eines Bombardements wie diejenigen aussetzte, von welchen später Capua und Ancona betroffen wurden. Ich habe in guten Treuen geglaubt, daß der König von Piemont, welcher sich meinen Freund und Bruder nannte, welcher beständig versicherte, daß er die Invasion Garibaldis mißbillige, welcher mit meiner Regierung ein inniges Bündniß für die wahren Interessen Italiens verhandelte, ich habe geglaubt, daß er nicht alle Verträge brechen, alle Gesetze verletzen würde, um in meine Staaten einzufallen in vollem Frieden, ohne Grund und ohne Kriegserklärung. Wenn das mein Unrecht ist, so ziehe ich mein Unglück dem Triumph meiner Feinde vor.

„Ich hatte eine Amnestie verliehen, ich hatte allen Verbannten die Thore des Vaterlandes geöffnet, ich hatte meinen Völkern eine Verfassung bewilligt. Sicher habe ich mich nicht gegen meine Versprechungen verfehlt. Ich traf die Vorbereitungen, der Insel Sicilien freie Institutionen zu sichern, welche, bei einem abgesonderten Parlament, seine administrative und ökonomische Unabhängigkeit bekräftigt und auf einen Schlag jeden Grund zum Mißtrauen und Mißvergnügen entfernt haben würden. Ich hatte in meine Räthe die Männer berufen, welche mir unter den obwaltenden Umständen die der öffentlichen Meinung genehmsten zu sein schienen; und so viel es mir der fortschreitende Angriff erlaubte, dessen Opfer ich geworden bin, habe ich mit Eifer für Reformen, für den Fortschritt, für das Wohl unserer gemeinschaftlichen Heimat gearbeitet.

„Es ist nicht der innere Zwist, welcher mir mein Königreich raubt, sondern durch die nicht zu rechtfertigende Invasion eines fremden Feindes bin ich besiegt. Die beiden Sicilien, mit Ausnahme Gaetas und Messinas, dieser beiden letzten Zufluchtsorte unserer Unabhängigkeit, befinden sich in den Händen Piemonts. Was hat nun diese Revolution den Völkern Neapels und Siciliens eingebracht? Sehet die Lage, in welcher das Land sich befindet, an: die einst so blühenden Finanzen sind vollständig ruinirt; die Verwaltung ist ein Chaos, die persönliche Sicherheit existirt nicht. Die Gefängnisse sind gefüllt mit Verdächtigen. Anstatt der Freiheit regiert der Belagerungszustand in den Provinzen, und ein fremder General verkündet das Standrecht und befiehlt, daß alle diejenigen meiner Unterthanen ohne Verzug todtgeschossen werden, welche sich nicht vor der Fahne Sardiniens beugen. Der Mörder wird belohnt, der Königsmörder wird verherrlicht; die Achtung vor dem heiligen Kultus unserer Väter wird Fanatismus genannt; die Aufwiegler zum Bürgerkrieg, die Verräther an ihrem Lande erhalten Pensionen, welche der friedliebende Steuerpflichtige zahlt. Die Anarchie ist überall. Fremde Abenteurer haben die Hand auf Alles gelegt, um die Habgier oder die Leidenschaften ihrer Gesellen zu befriedigen. Menschen, welche niemals diesen Theil Italiens gesehen, oder welche seine Bedürfnisse während einer langen Abwesenheit vergessen haben, bilden eure Regierung. Anstatt der freien Institutionen, welche ich euch gegeben hatte und welche ich zu entwickeln wünschte, habt ihr die zügelloseste Diktatur gehabt, und das Standrecht vertritt jetzt die Verfassung. Unter den Schlägen eurer Beherrscher verschwindet die uralte Monarchie Rogers und Carls III., und die beiden Sicilien sind zu Provinzen eines fernen Königreichs erklärt worden. Neapel und Palermo werden durch von Turin gekommene Präfekten regiert.

„Es gibt ein Mittel gegen diese Uebel und gegen noch größeres Unglück welches ich vorhersehe: die Eintracht, die Entschlossenheit, den Glauben an die Zukunft. Einet euch um den Thron euerer Väter. Vergessenheit bedecke für immer die Irrthümer Aller, die Vergangenheit sei niemals ein Vorwand der Rache, sondern eine heilsame Lehre für die Zukunft. Ich habe Vertrauen in die Gerechtigkeit der Vorsehung, und welches immer mein Loos sei, ich werde meinen Völkern, wie den Institutionen, welche ich ihnen bewilligt habe, treu bleiben. Administrative und ökonomische Unabhängigkeit der beiden Sicilien von einander, gesonderte Parlamente für beide, vollständige Amnestie für alle politischen Ereignisse. Das ist mein Programm. Außerhalb dieser Grundlagen bleibt für das Land nichts als Despotismus und Anarchie.

„Vertheidiger der Unabhängigkeit des Vaterlandes, bleibe und kämpfe ich hier, um ein so heiliges und theures Pfand nicht im Stiche zu lassen. Wenn die Autorität in meine Hände zurückkommt, wird das nur sein, um alle Rechte zu schützen, alles Eigenthum zu achten, Personen und Güter meiner Unterthanen gegen jede Art von Unterdrückung und Plünderung sicher zu stellen. Wenn die Vorsehung in ihren unergründlichen Plänen gestattet, daß dieses letzte Bollwerk der Monarchie unter den Schlägen eines fremden Feindes falle, werde ich mich mit reinem Gewissen, mit unerschütterlichem Glauben, mit einem festen Entschlusse zurückziehen, und indem ich die unvermeidlich kommende Stunde der Gerechtigkeit erwarte, werde ich innig zum Himmel flehen um das Wohl meines Vaterlandes, um die Treue dieser Völker, welche den größten und theuersten Theil meiner Familie bilden.

„Der allmächtige Gott, die unbefleckte und unbesiegbare Jungfrau, die besondere Beschützerin unseres Landes, werden unsere gemeinsame Sache unterstützen.

Franz.“

Sehr gut hat auf diese etwas verspätete Erklärung Franz des II. an seine Völker Alexander Dumas in seinem Indipendente geantwortet. Aber über solchen Antworten soll man nicht vergessen, daß allerdings Franz II. manche Saite anschlägt, die in den Herzen der Neapolitaner zittert. Hätte die piemontesische Regierung einen Begriff von der wahren Stärke dieses Gefühls der Neapolitaner gehabt, so würde sie nicht mit der Feindseligkeit, welche sie thatsächlich zeigte, den einsichtigeren, besser unterrichteten Anti-Annexionisten, deren Rathschlägen und Wünschen entgegengetreten sein.

Kehren wir nun zu den Operationen der Belagerung zurück.

Am 13. Dezember eröffneten die Piemontesen eine neue Batterie auf dem Monte Tortanello, 3300 Schritt von den Werken; diese Batterie ward bis zum 17. Dezember auf 6 gezogene Geschütze vom Kaliber des 36pfünders gebracht und unterhielt ein sehr lebhaftes Feuer auf die Stadt; bis zum 20. Dezember ward die Zahl der Batterieen auf dem Monte Tortanello auf drei gebracht, welche zusammen zwölf Stücke enthielten.

Am 26. Dezember wurden bei der Casa Massena zwei große gezogene Kanonen in Batterie gebracht, welche ihr Feuer auf den westlichen Theil der Seefronten über den Golf hinweg eröffneten, auf 3600 Schritt.

Obwohl das Feuer der Piemontesen bisweilen sehr lebhaft war, that es doch einen äußerst geringen Schaden. Am 25. Dezember z. B., welcher Tag als ein besonders heißer für die Festung aufgeführt wird, hatten die Neapolitaner nicht mehr als 5 Todte und 10 Verwundete. Oefters störten jetzt Gußregen die Piemontesen im Feuer und vorzugsweise in ihren Batteriearbeiten und verdarben die Wege. Ein solcher strömender Regen war auch schuld daran gewesen, daß die Einstellung des Feuers am 8. Dezember, anfänglich nur für diesen Tag bestimmt, sich auf drei Tage ausdehnte.

Die Neapolitaner schickten in dieser Zeit aus Gaeta fort, was ihnen überflüssig schien, so fast die ganze Garde und den größten Theil des Fremdenbataillons, von welchem nur die Stutzenschützen zurückblieben, außerdem eine Menge Bummler verschiedener Korps, welchen es zu heiß in Gaeta wurde. Alles dieß wurde über Civita Vecchia zur See nach dem Römischen spedirt und dort größtentheils aufgelöst. Der König stellte endlich allen Offizieren und Soldaten, die nicht ferner sein Loos theilen wollten, den 31. Dezember als Termin, bis zu welchem ein Jeder, dem es beliebte, den Platz verlassen könne. Wenn man nichts Aktives und Positives unternehmen wollte, war allerdings die Zahl der Vertheidiger Gaetas viel zu groß. Nur wartend hinter den Wällen zu liegen, dazu waren selbst 12000 M. noch viel zu viel. Indem man einen großen Theil der vorhandenen Truppen wegschickte, gewann man für die übrigen Platz in den Kasematten und Schutz gegen die feindlichen Geschosse.

Aber war es denn absolut unmöglich, etwas Vernünftiges gegen die Belagerer zu unternehmen? War es absolut nöthig, sich nur vor ihren Kugeln zu verkriechen?

Lecomte in seinem Werke: „L'Italie en 1860“ macht die sehr richtige Bemerkung: „Wenn die Russen Sebastopol vertheidigt hätten, wie die neapolitanischen Generale Gaeta, würden sie ohne Zweifel sich nicht vierzehn Tage hinter ihren schlechten Wällen gehalten haben; dagegen kann man auch mit Recht sagen, daß, wenn die Verbündeten gegen Sebastopol dieselbe Methode angewendet hätten, wie die Sarden vor Gaeta, sie wohl zehn Jahre vor dessen Mauern hätten bleiben können.“

Diese Bemerkung, welche sich ganz unwillkürlich einem durchaus unbefangenen Beobachter aufdrängte, ist die beste Kritik aller großen Redensarten von der „heldenmüthigen“ Vertheidigung von Gaeta. Bei dem Angriffssystem der Piemontesen bot sich das Mittel großer Ausfälle für die Vertheidiger ganz von selbst dar, von Ausfällen, bei welchen man nicht bloß die piemontesischen Batterieen zerstörte, deren Herstellung den Belagerern so viele Mühe machte, sondern außerdem sich selbst in Vorwerken auf dem Vorterrain des Platzes festsetzte. Und bei solchem Gebrauch der Kräfte wären 20000 M. im Platze nicht im Mindesten zu viel gewesen.

Lästig wurden die piemontesischen Batterieen unter Anderm auch den Spitälern; die Neapolitaner hatten dieselben durch schwarze Fahnen bezeichnet; trotzdem fiel hin und wieder eine piemontesische Kugel auf und beunruhigte wenigstens die Kranken, wenn auch sonst kein ernster Schaden vorkam. Die Belagerten meinten, daß Cialdini mit Absicht auf die Spitäler feuerte. Dieß ist natürlich nicht richtig. Cialdini, als ihm die Beschwerden der Belagerten durch Vermittlung des französischen Admirals zukamen, antwortete ganz richtig: daß die Kugeln keine Augen hätten.

Am 31. Dezember überreichten die sämmtlichen noch im

Platze zurückgebliebenen Offiziere dem Könige eine Ergebenheitsadresse.

Im Anfange des Jahres 1861 wurde der Plan einer Expedition nach Calabrien, um dort die Reaktion zu beleben, aufs Tapet gebracht; doch wurde, wie gewöhnlich, nichts daraus und die ganze Sache ward schnell wieder aufgegeben.

Am 7. Januar Abends eröffneten die Piemontesen das stärkste Feuer, welches bisher noch dagewesen war. Sie hatten etwa 60 Geschütze, worunter ein Drittel Mörser, in Position auf dem Monte Tortanello, bei Sa. Agata, bei der Casa Massena; dann auf nur 1600 Schritt beim Kapuzinerkloster, ferner noch hinter der Batterie Casa Massena, dicht vor Castellone, bei der Concakapelle (in welcher Batterie sich zwei Cavallikanonen befanden), endlich nahe dabei im Concathal. Die Batterie bei der Concakapelle war 5600 Schritt von den Werken des Platzes entfernt und diejenige im Concathal, eine große Mörserbatterie, nicht viel weniger.

Die Piemontesen sendeten vom Abend des 7. bis gegen den Abend des 8. Januar 6500 Schuß und Wurf in die Festung, welche etwa 200000 Francs kosteten; die Belagerten antworteten mit 2600 Schuß und Wurf. Der ganze Verlust der Belagerten an Menschen belief sich während dieses Feuers auf 10 Todte und 23 Verwundete, woraus man einen Schluß darauf machen kann, was überhaupt bei dem Schießen auf allzu weite Entfernungen herauskommt.

Am Abende des 8. Januar wurde durch Vermittlung des französischen Admirals ein Waffenstillstand abgeschlossen, dessen nähere Bedingungen durch Korrespondenz zwischen Cialdini, Ritucci und Barbier de Tinan vom 11. und 12. Januar dahin festgestellt wurden, daß derselbe bis zum 19. Januar einschließlich daure und daß während desselben auf keiner der beiden Seiten neue Arbeiten ausgeführt werden dürften.

Mit dem Abschlusse dieses Waffenstillstandes verhielt es

sich folgendermaßen. Piemont sowohl als England sahen in der Anwesenheit des französischen Geschwaders vor Gaeta, welches die Blokade des Platzes von der Seeseite verhinderte, einen Verstoß gegen das Prinzip der Nichtintervention und hörten daher nicht auf, in den Kaiser Napoleon zu dringen, daß er seine Flotte aus den Gewässern von Gaeta zurückziehen möge. Welches nun immer die Absichten gewesen sein mochten, die Napoleon III. bestimmt hatten, ein Geschwader vor Gaeta zu senden, er hielt es jetzt für gut, dem Andringen Piemonts und Englands nachzugeben. Er erklärte, daß er keineswegs das Prinzip der Nichtintervention habe verletzen wollen, er habe nur dem vom Unglück verfolgten König Franz ein Zeichen seiner Sympathie geben und es ihm möglich machen wollen, seine Länder frei zu verlassen, ohne daß er gezwungen würde, mit den Piemontesen in Unterhandlungen zu treten.

Möglicherweise gedachte Napoleon jetzt als Vermittler zwischen Franz II. und Victor Emanuel, nicht ohne eignen Vortheil, aufzutreten. Indessen die Vermittlung ohne Waffengewalt war hier unmöglich; sie fand noch mehr Schwierigkeiten von Seiten Victor Emanuels als von Seiten Franz des II. Am 13. Januar daher ließ Napoleon durch seinen Admiral den König Franz auffordern, seinen unnützen Widerstand aufzugeben und Gaeta zu verlassen; der Ehre sei völlig genug geschehen; wenn bis jetzt die piemontesischen Batterieen der Festung wenig genug gethan hätten, so verdanke man das den Vermittlungsversuchen des Kaisers der Franzosen; die Piemontesen hätten aber wohl die nöthigen Kräfte, um ganz anders zu wirthschaften. Jedenfalls hätten sich ganz gegen die erste Erwartung die Dinge vor Gaeta jetzt so gestaltet, daß die Stellung des französischen Geschwaders in den Gewässern von Gaeta unhaltbar sei, wenn es nicht wirklich das Prinzip der Nichtintervention verletzen solle. Das französische Geschwader würde deßhalb bei Ablauf des Waffenstillstandes am 19. Januar unter allen Umständen die Gewässer von Gaeta verlassen.

Franz II. antwortete, daß er sich vertheidigen werde, so lange ihm noch ein Schimmer von Hoffnung auf die Behauptung seiner Rechte bleibe.

Am 19. Januar ging darauf Barbier de Tinan in See; am gleichen Tage wurden noch mehrere Hundert Kranke und Rekonvaleszenten nach Terracina geschafft. Die bei Franz II. akkreditirten Gesandten, welche am 16. Januar — während des Waffenstillstandes — von Rom nach Gaeta gekommen waren, um den König zu seinem Geburtstage zu beglückwünschen, kehrten nun bis auf diejenigen von Spanien (welcher immer geblieben war), von Oesterreich, Bayern, Sachsen und auf den Nuntius des Papstes gleichfalls nach Rom zurück, trotz der mehrfach ausgesprochenen Wünsche des Königs, daß sie bei ihm bleiben möchten.

Der König Franz und seine Gemahlin siedelten in eine sichere Kasematte über, da jetzt Gaeta sich selbst überlassen war; diesem Beispiele folgten, wenn sie nicht vorausgingen, sämmtliche legitimistischen Bummler, welche nach Gaeta gekommen waren, um das Bourbonenthum in seinem Sturze zu verherrlichen; die neapolitanischen Generale und Oberoffiziere hatten bis auf wenige ehrenvolle Ausnahmen schon längst für ihre Sicherheit gegen unliebsame Berührungen mit Kugeln die sorgsamsten Vorkehren getroffen, darunter auch der General Sigrist, Kommandant der Seefronten, der unter dem Vorgeben von Krankheit seine Kasematte nicht verließ und sogar seinen beiden Söhnen, Offizieren, die natürlich ihren kranken Vater nicht verlassen durften, die nothwendige Sicherheit garantirte.

Am 20. Januar ließ Persano dem Gouverneur von Gaeta offiziell anzeigen, daß jetzt die förmliche Blokade durch die italienische Flotte eintrete.

Gaeta war sich nunmehr selbst überlassen.

4. Einnahme von Gaeta.

Die Piemontesen nahmen nicht, wie es in der Festung erwartet war, ihr Feuer unmittelbar nach dem Abgange des französischen Geschwaders wieder auf; sie beschäftigten sich vielmehr mit der Erbauung neuer Batterieen auf der Linie vom Monte della Catena nach dem Kapuzinerkloster, im Durchschnitte 2200 Schritt von den Werken des Platzes.

Am 22. Januar um 9 Uhr Morgens eröffnete die Festung selbst das Feuer; ein Schuß von der Batterie Königin gab das Signal dazu. Alsbald antworteten die Piemontesen auf ihrer ganzen Linie, und auch die Flotte mischte sich an diesem Tage in den Kampf.

Die italienische Flotte in den Gewässern von Gaeta, welche ihren Ankerplatz für gewöhnlich auf der Rhede von Mola hatte, bestand zu dieser Zeit aus dem Linienschiff Re Galantuomo, den Schraubenfregatten Marie Adelaide (Flaggenschiff Persanos), Garibaldi, Victor Emanuel und Carl Albert, den Räderfregatten Constitution, Ettore Fieramosca und Fulminante, den Korvetten Stromboli, Aquila, Monzambano, sechs Kanonierbooten und verschiedenen kleineren Fahrzeugen.

Am 22. gingen nebst vier Kanonierbooten die vier Schraubenfregatten und die Räderfregatte Constitution gegen die Seefronten von Gaeta vor; zwei Kanonierboote, denen die Fregatte Garibaldi folgte, eröffneten das Feuer gegen die Front; die Fregatte Garibaldi setzte sich vor die Ostspitze der Halbinsel, um von hier aus die Meerfronten und die Stadt zu enfiliren; die übrigen Fregatten, welche gefolgt waren, steuerten zuerst von Ost nach West, wobei sie ihre Breitseiten abgaben, kehrten dann um und unterhielten ein stehendes Feuer gegen die Front; da sie aber hiebei, um etwas zu wirken, so nahe hinangehen mußten, daß das Feuer der Festung ihnen höchst gefährlich ward, so vereinigten sie sich endlich an der Ostspitze mit der Fregatte Garibaldi. Im Ganzen dauerte das Feuer

38*

der italienischen Flotte am 22. Januar 6 Stunden; das Kanonierboot Guinzaglio ward stark beschädigt und mußte nach Neapel zurückgebracht werden.

Auf der Landseite hatte es einige Zeit gedauert, ehe die Piemontesen lebhaft antworteten, und gegen die Batterie am Kapuzinerkloster erwies sich das Feuer der Landfronten des Platzes so erfolgreich, daß dieselbe eine Zeit lang ihr Feuer einstellen mußte.

Im Ganzen hatten die Batterieen der Festung an diesem Tage 12500 Schuß und Wurf gethan, die piemontesischen Batterieen 20000, wovon 5000 auf die Flotte kommen.

Der Verlust der Festung belief sich auf 24 Todte und 80 Verwundete; auch die Piemontesen hatten einigen Verlust, insbesondere auf der Flotte.

Den Erfahrungen, daß Flottenbatterieen im Allgemeinen gegen nur einigermaßen gut armirte Landbatterieen nichts vermögen und daß ein so erfolgreiches Eingreifen der Flotte wie bei Ancona stets zu den Seltenheiten gehört und nur durch besondere Umstände bedingt wird, ward wieder eine neue hinzugefügt.

Was soll man wohl dazu sagen, wenn man die Thatsachen dieses Tages ein wenig unbefangen betrachtet und dann hören muß, daß der Legitimist Garnier, der sich während der sogenannten Belagerung von Gaeta im Platze befand, in Extase ausruft:

„Diejenigen, welche nicht an das Erhabene glaubten, glauben daran, nachdem sie Zeugen des Kampfes gewesen sind, und diejenigen, welche an der Sache der nationalen Unabhängigkeit verzweifelten, sagen sich jetzt mit Vertrauen: die Zukunft gehört uns!"

Solche Redensarten, wie sie zu Hunderten umhergeschleudert wurden und noch umhergeschleudert werden, waren es wohl, welche das Journal des Debats am 17. Januar zu der Bemerkung veranlaßten:

„Das Interesse, welches der junge König in seinem Wiverstande einflößen konnte, wird in unseren Augen wesentlich abgeschwächt, erstens durch die überschwenglichen Lobreden, unter denen ihn seine Parteigänger erdrücken, und dann durch die Thatsache, daß er den augenblicklichen Besitz seiner letzten Festung nur einer fremden Macht verdankt."

In den nächsten Tagen nach dem 22. ward wenig geschossen; durch zweierlei zogen die Piemontesen die Aufmerksamkeit der Belagerten auf den rechten Flügel der Landfronten und auf die Seefronten hin. Zuerst begannen sie am 24. ein Feuer mit zwei bei Mola di Gaeta aufgestellten Cavallikanonen größten Kalibers, die 120pfündige Geschosse schleuderten. Das Feuer dieser Kanonen ward alle Tage einige Stunden unterhalten; es war ein Probeschießen zum Vergnügen der vielen fremden Offiziere, welche sich im Lager Cialdinis eingefunden hatten, um die neuen Meerwunder, welche wieder einmal die Kriegskunst umgestalten sollen, kennen zu lernen. Natürlich sind alle diese wißbegierigen Leute ebenso klug wieder heimgegangen als sie gekommen waren, trotz der ellenlangen geheimen Rapporte, mit denen sie die Archive der Kriegsministerien bereichern. Von der Wirkung dieser Geschütze konnten sie jedenfalls nichts sehen. Diese Wirkung war nun allerdings, wenn ein solches Geschoß ein passendes Objekt traf, eine ganz gewaltige, dagegen kam dieses Treffen nur äußerst selten vor.

Außer diesem Probeschießen hoben die Piemontesen in der Nacht auf den 24. Januar am südlichen Ende des Borgo ein kurzes Stück Tranchee aus, als wollten sie hier regelmäßig approchiren. Die Neapolitaner wurden dadurch veranlaßt, die nächstgelegenen Werke auf dem rechten Flügel der Landfronten ziemlich stark mit Stutzerschützen zu besetzen.

Desto weniger wurde auf dem linken Flügel der Landfronten aufgepaßt, und die Piemontesen konnten hier in aller Ruhe eine neue Batterie auf dem Monte della Catena bei der Casa Tucci vollenden, der die Belagerten nun auch links der Batterie Regina eine neue auf dem Orlandoberg entgegensetzten, welche mit gezogenen 12pfündern bewaffnet ward.

Am 25. Januar brach, wenn man sich dieses Ausdrucks bedienen darf, in der Festung der Typhus aus, oder vielmehr, er zeigte sich in solcher Stärke, daß man nun auf ihn aufmerksam wurde *.

Bis zum 27. verstärkten die Piemontesen ihre zweite, nähere Batterielinie von dem Monte della Catena nach dem Kapuzinerkloster beträchtlich und unterhielten in der Nacht vom 27. auf den 28. ein ziemlich lebhaftes Feuer; ebenso am 31. Januar, an welchem Tage die Besatzung 12 Todte und 20 Verwundete hatte.

Am 2. Februar wünschte der sächsische Gesandte, der anfing, sich unwohl zu fühlen, Gaeta zu verlassen. Cialdini aber verweigerte es, ihn jetzt herauszulassen. In der Nacht vom 3. auf den 4. Februar legte sich eine italienische Fregatte mit mehreren Kanonenbooten auf die Ostseite der Halbinsel und bewarf von dort die Seefront im Rücken; besonders viele Geschosse sollen in der Nähe der Kasematte Franz des II. niedergefallen sein.

Vom 4. Februar ab konzentrirten die Piemontesen das Feuer ihrer nähern Batterieen insbesondere auf die Pulvermagazine, deren Lage und schlechte Beschaffenheit ihnen bekannt war. Dieß Verfahren hatte den besten Erfolg.

Am 4. Februar Nachmittags eröffnete die Reihe der auffliegenden Magazine das allerdings nicht bedeutende der Batterie Cappelletti, welches zwischen dem äußern und dem innern Landthor gelegen war.

---

* Da der böse Feind der Heere, welchen man gewöhnlich den Typhus nennt, keineswegs bloß die Militärärzte, sondern jeden Offizier sehr nahe interessirt, und da jeder Offizier wesentlich dazu beitragen kann, daß der Typhus entweder gar nicht auftrete oder doch nicht in seinen schrecklichsten Formen, so machen wir hier auf die mehrfache vortreffliche Behandlung, welche der Gegenstand theils in Dr. Fr. Oesterlen, Zeitschrift für Hygieine, theils in Dr. C. F. Riecke, Beiträge zur Staatsgesundheitspflege, gefunden hat, aufmerksam.

Am 5. Februar, während man noch mit dem Aufräumen des Schuttes von dem gestrigen Unglück beschäftigt war, flog das Munitionsmagazin der Batterie S. Giacomo um 2 Uhr Nachmittags auf; dann zwischen 4 und 5 Uhr das Pulvermagazin für die beiden Batterieen S. Antonio und Cittadella; diese letztere Explosion war sehr bedeutend; sie öffnete eine Bresche von ungefähr 50 Schritt Breite am Anschluß der Meerfronten an die Landfronten. Wenn wir uns hier des Ausdruckes Bresche bedienen, so ist dieß nicht gerade im eigentlichen Sinne zu verstehen. Gangbar war die Bresche keineswegs; die Piemontesen hätten sie selbst dann nicht benutzen können, wenn sie näher am Platz in voller Bereitschaft gewesen wären, aus jedem solchen Glücksfalle Vortheil zu ziehen. Sie begnügten sich, sofort auf die Stelle der Explosionen ein sehr lebhaftes Feuer zu unterhalten; am Abende des 5. näherte sich auch ein Theil der Flotte wieder den Meerfronten, um das Feuer der Landbatterieen zu unterstützen.

Die Explosion des Magazins der Cittadelle hatte ungefähr 240 Menschen verschüttet, von denen wenige wieder lebendig herausgezogen wurden. Unter den Opfern war auch der alte Geniegeneral Traversi, der als junger Offizier schon die Belagerung Gaetas von 1806 mitgemacht hatte.

Cialdini bewilligte in der Nacht vom 6. auf den 7. einen Waffenstillstand von 48 Stunden, damit die Belagerten am Ausgraben der Opfer in Ruhe arbeiten könnten. In der That konnten sich die Belagerten über Cialdini bei dieser Gelegenheit nicht beklagen; er ging selbst noch auf eine Verlängerung der Waffenruhe um 12 Stunden ein und erbot sich, 400 Verwundete und Kranke aus der Festung aufzunehmen und sie nach Neapel schaffen zu lassen, was vom Festungsgouvernement auch akzeptirt ward.

Allerdings war die Explosion des Magazins der Cittadelle ein Unglück, aber — was man auch sagen möge —, es war keines von denen, über welche die Besatzung Veranlassung gehabt hätte, den Kopf zu verlieren und sich der Verzweiflung hingugeben. Dennoch machte sie ziemlich diesen Eindruck; das erste wirkliche Mißgeschick stimmte nicht bloß die bummelnden Legitimisten sehr herab, welchen noch vor wenigen Tagen die „Zukunft gehörte“, sondern die Besatzung im Ganzen. Verschiedene Gerüchte wurden über die Explosion herumgetragen; man wollte nicht recht daran glauben, daß sie die Folge der Wirkung piemontesischer Bomben sei, sondern sprach von Verräthern im Platze.

Am 8. Februar Abends hielt der General Ritucci einen Kriegsrath, um darüber ins Klare zu kommen, wie lange der Platz sich noch halten könne. Zuerst wurden die Kommandanten der Korps um die Stimmung ihrer Leute befragt, inwieweit sie glaubten, sich im Fall eines Sturmes auf dieselben verlassen zu können. Wie es bei solchen Gelegenheiten zu gehen pflegt, Keiner wollte das schlechteste Korps haben, und so überboten sie sich denn in schlecht verdienten Lobeserhebungen, wozu der Brigadier Marulli bemerkte, daß er selten die Arbeiter im feindlichen Feuer habe bei der Arbeit bleiben sehen, und daß jede Nacht wenigstens 8 Mann von den Vorposten desertirten, eine Sache, die zu jenen Lobeserhebungen nicht sehr stimmte. Die Artillerieoffiziere beklagten sich, hiedurch ermuthigt, in der That über den schlechten Willen ihrer Leute, sowie über Mangel an Munition u. s. w.; nur der Kommandant der Batterie Regina, Oberst Ussani, behauptete, daß es noch durchaus nicht an Material fehle, um die Vertheidigung fortzusetzen, der Geniekommandant meinte auf Befragen, daß die Festung noch sturmfrei sei, da sich die Bresche auf der Meerseite befinde, daß es aber sehr bedeutend an Material mangle, um Beschädigungen, die etwa noch weiter vorkommen würden, abzuhelfen. Es kamen noch zur Sprache der schlechte Gesundheitszustand und die mangelhafte Verpflegung, sowie ähnliche Dinge mehr. Troß der großen Neigung der meisten höheren Offiziere zu einer sofortigen Kapitulation, getraute sich doch angesichts der wirklichen Lage keiner, geradezu mit der Sprache herauszugehen; das Resultat des Kriegsrathes war demnach: die Festung kann noch gehalten werden, aber wie lange? — nichts Gewisses weiß man nicht! Jedenfalls konnte man so viel Gewisses auch ohne Kriegsrath wissen.

Am 9. Februar um 10 Uhr Vormittags nach Ablauf des Waffenstillstandes nahmen die Piemontesen das Feuer mit allen ihren Batterieen wieder auf und setzten es am 10. mit gleicher Heftigkeit fort. Am letztern Tage brachte mit Erlaubniß Persanos ein Stallmeister der Kaiserin Eugenie ein Trost- und Sympathieschreiben derselben, welches sich schon seit dem 25. Januar an Bord eines spanischen Schiffes befand, an die junge Königin von Neapel. Der Ankunft dieses Briefes war die Sendung eines Parlamentärs aus Gaeta an Cialdini voraufgegangen. Man verlangte von dem piemontesischen General einen vierzehntägigen Waffenstillstand, um über die Bedingungen der Uebergabe zu unterhandeln. Die große, dem Kriegsrath vom 8. vorgelegte Frage schien also — ohne das Eintreten neuer Begebenheiten — entschieden.

Cialdini weigerte sich nicht, in Unterhandlungen einzutreten; aber das Feuer wollte er unterdessen nicht einstellen. Darüber ist sehr viel von legitimistischer Seite geschimpft worden; indessen hätte im vorliegenden Fall kein vernünftiger General anders handeln können. Es handelte sich hier nicht um einen Friedensschluß zwischen Reich und Reich, sondern um die Uebergabe einer einfachen Festung. Der Belagerte war mürbe, er wollte kapituliren, man mußte ihn in seinen Neigungen unterstützen und verhindern, daß er wieder auf andere Gedanken komme, etwa wieder einmal auf die Meinung, daß „die Zukunft ihm gehöre“. Cialdini setzte demnach das Feuer fort; am 11. Februar hatte der Platz 60 Verwundete und Todte, was den Neapolitanern ungeheuer viel schien. Am 13. explodirte das Pulvermagazin der Batterieen Philippstadt und S. Andrea, um 4 Uhr dasjenige der Batterie Transsilvania.

Die Kapitulation ward unterzeichnet; sie lautete:

hinzugeben. Dennoch machte sie ziemlich diesen Eindruck; das erste wirkliche Mißgeschick stimmte nicht bloß die bummelnden Legitimisten sehr herab, welchen noch vor wenigen Tagen die „Zukunft gehörte“, sondern die Besatzung im Ganzen. Verschiedene Gerüchte wurden über die Explosion herumgetragen; man wollte nicht recht daran glauben, daß sie die Folge der Wirkung piemontesischer Bomben sei, sondern sprach von Verräthern im Platze.

Am 8. Februar Abends hielt der General Ritucci einen Kriegsrath, um darüber ins Klare zu kommen, wie lange der Platz sich noch halten könne. Zuerst wurden die Kommandanten der Korps um die Stimmung ihrer Leute befragt, inwieweit sie glaubten, sich im Fall eines Sturmes auf dieselben verlassen zu können. Wie es bei solchen Gelegenheiten zu gehen pflegt, Keiner wollte das schlechteste Korps haben, und so überboten sie sich denn in schlecht verdienten Lobeserhebungen, wozu der Brigadier Marulli bemerkte, daß er selten die Arbeiter im feindlichen Feuer habe bei der Arbeit bleiben sehen, und daß jede Nacht wenigstens 8 Mann von den Vorposten desertirten, eine Sache, die zu jenen Lobeserhebungen nicht sehr stimmte. Die Artillerieoffiziere beklagten sich, hiedurch ermuthigt, in der That über den schlechten Willen ihrer Leute, sowie über Mangel an Munition u. s. w.; nur der Kommandant der Batterie Regina, Oberst Ussani, behauptete, daß es noch durchaus nicht an Material fehle, um die Vertheidigung fortzusetzen, der Geniekommandant meinte auf Befragen, daß die Festung noch sturmfrei sei, da sich die Bresche auf der Meerseite befinde, daß es aber sehr bedeutend an Material mangle, um Beschädigungen, die etwa noch weiter vorkommen würden, abzuhelfen. Es kamen noch zur Sprache der schlechte Gesundheitszustand und die mangelhafte Verpflegung, sowie ähnliche Dinge mehr. Trotz der großen Neigung der meisten höheren Offiziere zu einer sofortigen Kapitulation, getraute sich doch angesichts der wirklichen Lage keiner, geradezu mit der Sprache herauszugehen; das Resultat des Kriegsrathes war

„Art. 7. Die **Kranken** und **Verwundeten** und das Personal für den Gesundheitsdienst in den Spitälern bleiben im Platze; alle andern Militärs und Beamten, welche ohne legitimen Grund und gehörige Autorisation nach der im vorigen Artikel festgesetzten Zeit im Platze zurückbleiben sollten, werden wie Deserteurs im Felde betrachtet.

„Art. 8. Alle Truppen, welche die Garnison von Gaeta bilden, bleiben **kriegsgefangen** bis zur Uebergabe der Cittadelle von Messina und von Civitella di Tronto.

„Art. 9. Nach der Uebergabe dieser beiden Festen werden die Truppen, welche die Garnison bilden, in Freiheit gesetzt. Doch dürfen die **fremden Militärs** nach dem Aufhören der Kriegsgefangenschaft sich nicht im Reiche (Italien) aufhalten, werden in ihre Heimat geschafft und gehen ferner die Verpflichtung ein, ein Jahr lang — vom Abschluß gegenwärtiger Kapitulation an gerechnet — nicht gegen die Regierung (von Italien) zu dienen.

„Art. 10. Alle **Italiener**, welche in die Kapitulation eingeschlossen sind, erhalten zwei Monate Friedenssold. Den **italienischen Offizieren** wird eine Frist von zwei Monaten gegeben, um zu erklären, ob sie im nationalen Heer Dienst nehmen, oder in Nichtaktivität treten, oder von jeder Dienstverpflichtung frei sein wollen. Auf diejenigen, welche im nationalen Heere dienen oder in Nichtaktivität treten wollen, werden wie auf die anderen Offiziere des frühern neapolitanischen Heeres die Normen des königlichen Dekrets von Neapel den 28. November 1860 * angewendet.

---

* Dieses Dekret betrifft die Offiziere der früheren neapolitanischen Armee, welche sich für den neuen Stand der Dinge erklären. Eine gemischte Kommission prüft deren Titel und theilt sie in vier Klassen: 1. fähig zum aktiven Dienst; 2. fähig zum Platzdienst ꝛc.; 3. wegen zeitweiliger Verhältnisse zur Verfügung zu stellen; 4. wegen Alters u. s. w. in den Ruhestand zu versetzen. Die Titel der Generale prüft der Kriegsminister und macht dem König Victor Emanuel seine Vorschläge (so wurde z. B. Nunziante Generallieutenant des italienischen Heeres, was in ganz Italien, bei allen Parteien und bei allen Klassen gleiche Entrüstung erregte). Bei allen Offizieren werden

„Art. 11. Von der Mannschaft oder den Unteroffizieren und Soldaten erhalten diejenigen, welche ihrer Dienstpflicht genügt oder ihre Kapitulation abgedient haben, am Ende der Kriegsgefangenschaft den unbedingten Abschied; diejenigen, bei welchen dieß nicht der Fall ist, erhalten zwei Monate Urlaub, nach welchem Termin sie wieder zu den Waffen gerufen werden können. Allen ohne Unterschied wird nach der Kriegsgefangenschaft ein Sold von zwei Monaten und freie Reise in die Heimat gegeben.

„Art. 12. Die italienischen Unteroffiziere und Korporale, welche im nationalen Heere fortdienen wollen, werden mit ihren Graden aufgenommen, wenn sie die erforderlichen Eigenschaften haben.

„Art. 13. Den fremden Offizieren, Unteroffizieren und Soldaten, welche aus den alten Schweizerregimentern herstammen, sind die Rechte bewilligt, die ihnen nach den alten Kapitulationen zustehen, denjenigen, welche nach dem August 1859 in die neuen Korps, die nichts mit den alten zu thun hatten, eingetreten sind, diejenigen Rechte, welche ihnen nach spätern Dekreten bis zum 7. September 1860 zustehen.

„Art. 14. Alle alten, untüchtigen, verstümmelten Soldaten, welche immer sie seien, ohne Rücksicht auf die Nationalität, werden in die Invalidendepots aufgenommen, wenn sie nicht die nach Tagen berechnete Unterstützung vorziehen.

„Art. 15. Allen Civilbeamten, neapolitanischen wie sicilianischen, welche in Gaeta sich befinden und den Verwaltungs- und Justizzweigen angehören, wird ihr Recht auf Ruhegehalte nach den Graden, die sie am 7. September 1860 innehatten, bestätigt.

---

diejenigen Grade anerkannt, welche sie bis zum 7. September 1860 (Tag des Einzugs Garibaldis in Neapel!!) hatten. Der Kriegsminister Fanti soll der Anciennetät und den etwaigen Verdiensten einzelner Offiziere um die nationale Sache Rechnung tragen.

„Art. 16. Für die Familien aller in Gaeta befindlichen Militärs, welche den Platz verlassen wollen, werden Transportmittel besorgt werden.

„Art. 17. Den im Ruhestand befindlichen Offizieren im Platze werden ihre Pensionen, soweit sie den Reglementen entsprechen, auch ferner zugesichert.

„Art. 18. Den Wittwen und Waisen der Militärs in Gaeta bleiben die Pensionen, welche ihnen zuerkannt sind, und ihr Recht, diese Pensionen zu den gesetzlichen Terminen zu beziehen, wird anerkannt.

„Art. 19. Die Einwohner von Gaeta werden wegen früherer Handlungen, weder was ihre Person noch was ihr Eigenthum betrifft, belästigt.

„Art. 20. Die Familien der Militärs von Gaeta, oder welche sich in Gaeta befinden, sind unter den Schutz der Truppen des Königs Victor Emanuel gestellt.

„Art. 21. Auf die italienischen Militärs von Gaeta, welche aus Gründen der Schicklichkeit den Staat verlassen sollten, werden nichts desto weniger die Verfügungen ihre Anwendung finden, welche den vorhergehenden Artikeln entsprechen.

„Art. 22. Es versteht sich, daß nach der Unterzeichnung gegenwärtiger Kapitulation keine Mine im Platze, wenn solche vorhanden sein sollten, geladen bleiben dürfte. Andernfalls wäre die Kapitulation null und nichtig, und die Garnison würde betrachtet, als ob sie sich auf Gnade und Ungnade ergeben hätte. Dieselben Folgen würde es nach sich ziehen, wenn Kanonen vernagelt, Waffen und Munition unbrauchbar gemacht wären, es sei denn, daß die Behörden des Platzes die Schuldigen ausliefern, welche ohne Weiteres erschossen werden.

„Art. 23. Es wird eine Kommission, bestehend aus einem Artillerieoffizier, einem Genieoffizier, einem Kriegskommissär, von jedem Theile mit dem nothwendigen Personal, bestellt, um den Platz zu übergeben.“

Noch in der Nacht vom 13. auf den 14. Februar wurden die Landfronten von den neapolitanischen Truppen geräumt, am 14. um 7 Uhr Morgens wurden sie von den Piemontesen besetzt.

Zu gleicher Zeit verließ der König Franz II. Gaeta und seine Staaten. Von jedem Korps der Besatzung war eine Kompagnie auf dem Wege von der königlichen Kasematte nach dem Seethore aufgestellt. Diese Truppen präsentirten, als der König mit seiner Gemahlin und seinem ihn begleitenden Stabe vorbei passirte, zum letzten Mal das Gewehr vor ihm. Franz II. bestieg den ihm zur Verfügung gestellten französischen Dampfer Mouette, steuerte auf ihm nach Terracina und begab sich von da nach Rom, wo er von jetzt an seine Residenz nahm, um theils die Reaktion in seinen verlorenen Staaten schüren, theils jeden günstigen Moment sogleich benutzen zu können.

Um 8 Uhr Vormittags begann der Ausmarsch der Besatzung, das Fremdenbataillon, die Fremdenbatterie und die Schweizerveteranen an der Spitze. Beim Borgo wurden die Waffen niedergelegt; die Truppen wurden dann, sobald es sich thun ließ, nach Genua eingeschifft, um hier auf den Fall von Messina und Civitella di Tronto in der Kriegsgefangenschaft zu harren. Das Schweizerveteranenbataillon marschirte nach Ablegung der Waffen sogleich nach Gaeta zurück.

Dem Ausmarsch der Garnison wohnte auch der Prinz von Carignan bei, welcher seit Mitte Januars, unterstützt von dem Cavaliere Nigra, den unmöglich gewordenen Farini im Generalgouvernement von Neapel abgelöst hatte.

Nach den verschiedenen Entsendungen von Kranken und Gesunden, nach Neapel und vorzüglich auf päpstliches Gebiet, hätten in Gaeta noch im Ganzen 12000 M. sein sollen. 8000 M. marschirten wirklich aus, der Rest lag entweder krank in den Spitälern, oder war gestorben oder geblieben. Das Verhältniß der Kranken war in der That gar kein so großes oder erschreckendes, daß man mit ihm auch noch theilweise hätte die

Kapitulation im gegenwärtigen Momente gerade rechtfertigen können. Man wird unserer Meinung sein, wenn man sich erinnert, daß Rapp in der schönsten Zeit seiner Vertheidigung von Danzig, die noch bis zum Januar 1814 dauerte, im Mai 1813 auf eine im Ganzen 20000 M. starke Besatzung 8000 Kranke in den Spitälern hatte.

Rufen wir uns kurz noch einmal die Phasen der sogenannten Belagerung von Gaeta ins Gedächtniß zurück, so haben wir

von dem Rückzug der Neapolitaner in den Platz bis zur Einschließung der Piemontesen auf der Landseite, vom 5. bis 11. November 1860 . . .	7 Tage;
von der Einschließung auf der Landseite bis zur Eröffnung des Feuers von Monte Christo, 11. November bis 1. Dezember . .	20 „
bis zur nächsten Waffenruhe am 8. Dezember . .	7 „
Waffenruhe bis 11. Dezember	3 „
bis zur Eröffnung der ersten Batterieen auf Monte Tortanello, 13. Dezember	2 „
Beschießung mit allmälig vermehrten Batterieen bis zum 8. Januar mit einem höchsten Tagesverlust für die Besatzung von 33 M. (1/4 Prozent)	26 „
vom Abschluß des Waffenstillstandes bis zu dessen faktischem Ende und der Einschließung auch von der Seeseite, am 22. Januar 1860	14 „
fortgesetzte Beschießung, Eröffnung der Batterieen auf Monte della Catena und Ausbruch des Typhus bis zum Beginne des konzentrirten Feuers der Piemontesen auf die Pulvermagazine, bis zum 4. Februar	13 „
(In dieser Periode ist der Hauptverlust der Besatzung durch feindliches Feuer am 22. Januar 104 M. [etwa 1 Prozent], und Typhuskranke kommen täglich in die Spitäler 60 M. [etwa 1/2 Prozent].)	

Periode der Explosionen bis zum 6. Februar mit einem Hauptverlust von etwa 300 M. am 5. Februar (3 Prozent) . . . . 2 Tage;
fortgesetzte Beschießung, Unterhandlungen und neue Explosionen bis zum 13. Februar . . . . . 4 „

Die Belagerung von Gaeta vom Rückzug der Neapolitaner in den Platz ab dauerte 101 Tage. Davon kommt die Zeit bis zum 1. Dezember und es kommen die Zeiten der Waffenruhe gar nicht in Betracht mit 47 Tagen; die Zeit bis zum 22. Januar ist in keiner ihrer Perioden ernst, was noch 35 Tage gibt. Auf die Zeit, von welcher man mit einigem Recht von Ernst der Beschießung reden kann, bleiben demnach noch 19 Tage, und von diesen wieder erforderten wahrhaft soldatischen Muth, Ausdauer, Entschlossenheit nur die sechs Tage der Explosionsperiode, aber zwei Tage derselben hatten schon hingereicht, um zum Entschluß der Anknüpfung von Unterhandlungen behufs der Uebergabe zu bestimmen.

Die überschwänglichen Hymnen auf das Heldenthum von Gaeta zwingen uns zu diesen genauen Erörterungen; als Geschichtschreiber haben wir die Pflicht, der Fälschung der Geschichte mit allen Kräften entgegenzuarbeiten. Es versteht sich dabei wohl von selbst, daß wir vollständig überzeugt sind, daß auch unter den Offizieren und Soldaten von Gaeta gar manche recht tapfere und brave Männer waren. Nur finden wir keineswegs, daß ihre Bravour bei dieser sogenannten Vertheidigung von Gaeta irgendwie auf eine das gewöhnliche, jedem Soldaten nothwendige Maß überschreitende Weise in Anspruch genommen wurde. Ueber Franz II. brauchen wir nun wohl nicht noch besonders zu reden. Wir finden es ganz und gar begreiflich, daß ein König nur ungern den letzten Fleck Landes verläßt, der ihm von seinem Königreiche geblieben ist.

5. Der Fall von Messina und Civitella di Tronto.

Als König Franz in Rom angekommen war, ließ er durch seinen Minister des Auswärtigen den Mächten den Fall von Gaeta anzeigen, nicht ohne sich über das angeblich barbarische Benehmen Cialdinis zu beklagen, der den Platz noch drei Tage bombardirt habe, nachdem bereits Unterhandlungen wegen der Uebergabe angeknüpft waren.

Franz II. erließ ferner einen neuen Protest an die Mächte, von Rom den 16. Februar 1861. Nachdem er noch einmal auf seine Weise die sämmtlichen Ereignisse von seiner Thronbesteigung ab erzählt, nachdem er dann die Art, in welcher Gaeta erlag, erwähnt hat, protestirt er gegen die Gewalt, deren Opfer er geworden, behält sich seine Rechte vor und erklärt, daß er entschlossen sei, an die Gerechtigkeit Europas zu appelliren. Er verspricht, sich aller Agitation im Königreich enthalten, aber zugleich auch, die Sache seiner Unterthanen nicht verlassen zu wollen, wenn diese enttäuscht sich gegen die ihnen angethane Gewalt erheben würden. Er hält einen Kongreß der Mächte zur Regelung der Angelegenheiten Italiens für das wirksamste Mittel zur Vermeidung von Blutvergießen; erklärt, daß er auf einen solchen mit aller Kraft hinarbeiten werde und wiederholt schließlich noch einmal in Bezug auf die innern Angelegenheiten Neapels seine Versprechungen aus dem Manifeste vom 8. Dezember 1860.

Sein Versprechen, nichts für eine Agitation im Neapolitanischen thun zu wollen, hat Franz II. nicht gehalten; vielmehr that er Alles, was ihm seine eignen Kräfte und diejenigen, welche ihm seine Freunde und Parteigenossen oder auch nur die Feinde des Königreichs Italien zur Verfügung stellen wollten, erlaubten, um die Agitation und den Aufstand in den neapolitanischen Provinzen zu schüren. Man kann nicht umhin, einzugestehen, daß das Verfahren der Piemontesen im Neapolitanischen, indem es ihnen die Bevölkerung von Tage zu Tage mehr entfremdete, den Wühlereien der Bourbonisten stark in die Hände gearbeitet hat.

Nach dem Falle von Gaeta blieben den Piemontesen außer der Bekämpfung hie und dort sich umhertreibender Brigantenbanden noch die Cittadelle von Messina und Civitella di Tronto zu nehmen.

Die Cittadelle von Messina war mit 2400 M. besetzt; ihr Kommandant war der greise General Fergola. Seit der Konvention vom 28. Juli 1860 war die Cittadelle keiner Gefahr ausgesetzt gewesen, auch hatte ihre Besatzung von der Stadt aus stets regelmäßige Verpflegung erhalten. Es ward viel von der Tapferkeit und Entschlossenheit Fergolas geredet; indessen, wer unbefangen die Vorgänge bei Gaeta betrachtete, mußte sich wohl sagen, daß es mit dem Widerstand der kleinen, engen Cittadelle von Messina sehr bald ein Ende haben werde, wenn die Piemontesen ihre großen gezogenen Geschütze gegen sie aufführen.

Schon am 14. Februar 1861, als die Nachricht vom Falle Gaetas nach Messina gelangte, ertheilte der General Chiabrera, Kommandant der italienischen Truppen in der Provinz Messina, dem General Fergola im Namen des Königs Victor Emanuel und der Nation „den Befehl“, die Cittadelle zu übergeben. Diese Art einer Aufforderung schien dem General Fergola etwas neu, wie es wohl manchem Andern auch gegangen wäre; er ließ mündlich erwidern, daß er die Cittadelle von Messina für ganz unabhängig von der Festung Gaeta halte und sich aufs äußerste wehren würde. Auf eine neue Aufforderung vom 17. Februar, die von Mittheilungen über verschiedene Einzelheiten, welche den Fall von Gaeta veranlaßt hätten, begleitet war, antwortete Fergola am 19. abermals, daß er die Cittadelle mit allen Mitteln vertheidigen werde, bis die Hülfsquellen einer ehrlichen Vertheidigung erschöpft seien. Am 19. kam Persano mit einem Geschwader in den Gewässern von Messina an. Fergola forderte die verschiedenen Schiffe im Hafen auf, diesen zu räumen und drohte, die Stadt in Brand zu schießen, wenn irgend eine Verletzung der Konvention vom 28. Juli einträte.

Bald schifften die Piemontesen Belagerungsgeschütz und Truppen aus, und Cialdini, der sich gleichfalls nach Messina begab, ließ vom 6. März ab auf den Höhen westlich der Cittadelle den Batteriebau beginnen. Am 8. März eröffnete Fergola dagegen sein Feuer, ohne indessen bei der Entfernung den Piemontesen erheblichen Schaden zuzufügen oder sie auch nur wesentlich aufzuhalten. Cialdini beeilte sich nicht mit der Beendigung des Batteriebaues, da er hoffte, daß von Franz II. ein Befehl an Fergola kommen werde, die Cittadelle zu übergeben. Da am 11. März Abends ein solcher Befehl Franz des II. nicht angekommen war, so ließ am 12. Morgens Cialdini seine Belagerungsbatterieen das Feuer beginnen, zugleich rückte das Flottengeschwader vor und beschoß die Cittadelle und das Salvatorfort.

Nach vierstündigem Bombardement standen alle Gebäude in der Cittadelle in Flammen, die Besatzung verkroch sich in die Kasematten, die Artillerie des Platzes antwortete nicht mehr. Fergola sah sich gezwungen, Unterhandlungen anzuknüpfen. Cialdini verlangte Uebergabe auf Gnade und Ungnade, und auf Gnade und Ungnade ward am 12. März Abends die Cittadelle von Messina den Siegern übergeben.

Cialdini verfügte, daß sämmtliche Offiziere und Generale mit einem Monatssold nach Neapel gebracht würden; die Regierung Italiens behielt sich vor, ob sie dieselben und wen von ihnen sie ferner im Dienst verwenden wolle. Ein Kriegsgericht sollte vorher untersuchen, ob und welche der gefangenen Offiziere sich etwa eines Verbrechens schuldig gemacht hätten. Die Soldaten, welche noch nicht fünf Jahre dienten, sollten sogleich in die italienische Armee eingestellt, die übrigen mit einem Monatssold und mit der Verpflichtung, auf den ersten Ruf sich wieder zu stellen, nach Hause beurlaubt werden.

Es ist viel davon geredet worden, daß Franz II. — selbst in der Kapitulation von Gaeta — sich verpflichtet habe,

39 *

dem General Fergola die Uebergabe der Cittadelle von Messina anzubefehlen, und daß er weit davon entfernt, dieser Verpflichtung nachzukommen, Fergola sogar zur Fortsetzung des Widerstandes angefeuert habe. Wie es sich mit letzterer Behauptung verhält, ist niemals unzweifelhaft festgestellt worden. Dagegen ist es sicher, daß in der Kapitulation von Gaeta Franz II. keine solche Verpflichtung übernommen hatte, wie sie ihm zugeschrieben wird. Die Kapitulation ward zwischen den beiden Kommandanten abgeschlossen und ließ den König Franz vollständig aus dem Spiele. Der einzige Artikel 8, aus welchem eine solche Verpflichtung herausgelesen werden könnte, enthält sie offenbar nicht, indem er nur feststellt, daß die Besatzungstruppen von Gaeta bis nach der Uebergabe von Messina und Civitella di Tronto kriegsgefangen bleiben sollen. Cialdini hatte freilich verlangt, daß in der Kapitulation von Gaeta auch sogleich diejenige von Messina und Civitella di Tronto stipulirt werden sollte. Indessen war darauf nicht eingegangen worden, und es hatte darauf nicht eingetreten werden können, weil eben Franz II. in der Kapitulation aus dem Spiele bleiben sollte und der Kommandant von Gaeta den Kommandanten von Messina und Civitella nicht die Uebergabe befehlen konnte. Der einzige Beweggrund, diese Uebergabe zu befehlen, soweit er aus der Kapitulation von Gaeta hervorging, wäre für Franz II. der gewesen, die Kriegsgefangenschaft der Besatzung von Gaeta abzukürzen. Ob er das wollte oder nicht, war seine Sache. In der That entschloß sich nun Franz II. am 10. Februar, wie behauptet wird, auf den Rath Napoleons III., ein Schreiben an Fergola zu richten, in welchem er sagte, daß durch die Vertheidigung von Gaeta die Ehre der neapolitanischen Armee gerettet sei, daß er nicht länger das Blut seiner Soldaten vergießen, nicht den Handelsplatz Messina einem Bombardement aussetzen wolle und deßhalb dem General befehle, wegen der Uebergabe zu unterhandeln und so ehrenvolle und vortheilhafte Bedingungen als möglich zu erzielen.

Dieses Schreiben traf zu Messina erst ein, als die Cittadelle bereits auf Gnade und Ungnade übergeben war.

Civitella di Tronto ist ein Felsennest hart an der Grenze der römischen Marken. Es erhebt sich auf einem steilen Felskegel am rechten Ufer des Salinelloflusses und ist nur etwa 8 Miglien von Ascoli entfernt. Die Bevölkerung der Grenze, sowohl auf päpstlichem als neapolitanischem Gebiet, hat stark reaktionäre Neigungen. Man erinnert sich, daß in der Gegend von Ascoli auch Lamoricière eine Landsturmorganisation vornehmen ließ, auf welche er Vertrauen setzte. Civitella war jetzt mit gegen 400 M. besetzt, worunter 100 Gendarmen, der Rest von der Landbevölkerung, sogenannte Briganten; die Armirung bestand aus 23 Geschützen verschiedenen Kalibers.

Die Einnahme von Civitella di Tronto, welches eine gewisse Wichtigkeit nur dadurch erlangte, daß es den Stützpunkt der verschiedenen Brigantenkorps bildete, welche sich in diesen Gegenden umhertrieben, und daß es die Unterstützung der Reaktion im Neapolitanischen aus dem Römischen her vermittelte, ward dem General Mezzacapo übertragen.

Mezzacapo schlug am 22. Februar sein Hauptquartier zu Ponzano, östlich Civitella, auf und sendete sogleich Parlamentärs in den Platz, um zur Uebergabe aufzufordern. Obgleich es nun der Besatzung an der nöthigsten Disziplin und Einigkeit, sowie an Führern fehlte, die eine unbedingte Autorität gehabt hätten, so erfolgte doch auf die Aufforderung eine abschlägliche Antwort. Einige Priester im Platze ersetzten durch die Fanatisirung der abergläubischen Masse den Mangel der Führer.

Mezzacapo ließ darauf auf den Höhen von Civitella 20 Geschütze auffahren und am 24. Februar 1861 ein heftiges Feuer beginnen. Dieß that nicht vielen Schaden, da es aus zu großer Entfernung herkam, auch die Geschützstellungen nicht mit besonderer Sorgfalt ausgewählt waren. Indessen meinte Mezzacapo, daß es genügend gewesen sei, um die im Platze herrschende Uneinigkeit auf die erwünschte Höhe zu steigern, und versuchte in dieser Hoffnung am 25. Februar mit drei Kolonnen einen Sturm. Als die Sturmkolonnen die steilen Höhen mühsam erklommen hatten, befanden sie sich auf kürzeste Entfernung angesichts der Mauern und wurden von der Besatzung mit dem heftigsten Kartätsch- und Gewehrfeuer begrüßt. Ohne unter solchen Umständen auch nur einen ernsten Versuch zu machen, suchten die Kolonnen Mezzacapos das Weite, und dieser sah sich nun genöthigt, ernstere Anstalten zu treffen.

Es wurden an geeigneten Punkten tüchtige Batterieen erbaut, eine Arbeit, die bei den Schwierigkeiten des Bodens und der Mangelhaftigkeit der Kommunikationen lange Zeit aufhielt. Erst am 16. März waren die Batterien armirt und eröffneten am 17. Morgens ein lebhaftes Bombardement. Am 20. März 1861 steckte die Besatzung nach mehrfachen inneren Zwisten die weiße Fahne auf, ergab sich auf Gnade und Ungnade an Mezzacapo und ward am 21. März nach Ascoli gebracht. Einige Tage vorher war Victor Emanuel zum Könige von Italien ausgerufen.

6. Das Königreich Italien.

Victor Emanuel, welcher in den ersten Tagen des Dezembers einen kurzen Aufenthalt auf der Insel Sicilien gemacht hatte, um auch von dieser Besitz zu ergreifen, kehrte am 28. Dezember 1860 von Neapel nach Turin zurück.

Hier eröffnete er am 18. Februar 1861 das erste italienische Parlament mit der nachfolgenden Ansprache:

„Ihr Herren Senatoren! ihr Herren Abgeordneten!

„Frei und fast völlig vereint durch den wunderbaren Beistand der göttlichen Vorsehung, durch den einträchtigen Willen der Völker und die glänzende Tapferkeit der Heere, vertraut Italien auf eure Tugend und eure Weisheit.

„Euch kommt es zu, ihm gemeinsame Einrichtungen und eine feste Grundlage zu geben.

„Indem ihr die größte Freiheit in der Verwaltung den Völkern gebt, welche die Gewohnheit verschiedener Ordnungen haben, werdet ihr darüber wachen, daß die politische Einheit, das Streben so vieler Jahrhunderte, nimmer beeinträchtigt werden könne.

„Die öffentliche Meinung der zivilisirten Völker ist uns günstig; günstig sind uns die Grundsätze der Billigkeit und Freiheit, welche in den Räthen Europas das Uebergewicht haben. Für dieses wird Italien eine Bürgschaft der Ordnung und des Friedens werden, und wird wieder werden ein wirksames Werkzeug der allgemeinen Zivilisation.

„Der Kaiser der Franzosen, indem er das Prinzip der Nichtintervention aufrecht erhielt, welches für uns vor Allem aus wohlthätig ist, hielt es dennoch für gut, seinen Gesandten zurückzuberufen.

„Mußte uns diese Thatsache betrübend sein, so konnte sie doch weder die Gefühle unserer Dankbarkeit, noch das Vertrauen in die Liebe ändern, welche der Kaiser der Sache Italiens widmet. Frankreich und Italien, welche Abstammung, Ueberlieferungen und Sitten mit einander gemein haben, schlossen auf den Feldern von Magenta und Solferino ein Bündniß, welches unauflöslich ist.

„Die Regierung und das Volk Englands, des wahren Vaterlandes der Freiheit, betonten laut vor aller Welt unser Recht, die Schmiede unseres Geschickes zu sein, und sie unterstützten uns reichlich durch nützliche Dienste, deren Andenken uns ewig bleiben und zu Dank verpflichtet halten wird.

„Als ein redlicher und erlauchter Prinz den Thron Preußens bestieg, sendete ich ihm einen Gesandten, um ihm die gebührende Ehre zu erweisen, dem edlen deutschen Volke ein Zeichen unserer Zuneigung zu geben. Und die Zuneigung des deutschen Volkes für uns, das hoffe ich, wird immer mehr wachsen, wenn es sich überzeugt, daß Italien in seiner natürlichen Einheit hergestellt, weder den Rechten noch den Interessen anderer Nationen sich feindlich erweisen kann.

„Ihr Herren Senatoren, ihr Herren Abgeordneten; ich bin sicher, daß ihr mit Eifer meiner Regierung die Mittel geben werdet, die Rüstungen zu Land und zur See zu vollenden. So wird das italienische Reich, genügend sichergestellt, um Angriffe nicht fürchten zu dürfen, desto besser im Bewußtsein der eigenen Kräfte das Maß zweckdienlicher Klugheit finden.

„Zu anderer Stunde habe ich kecker gesprochen. Aber es ist ebenso klug, zu rechter Zeit zu warten, als zu rechter Zeit zu wagen.

„Italien ergeben, habe ich niemals gezögert, Leben und Krone für es einzusetzen; aber Niemand hat das Recht, das Leben und die Geschicke einer Nation aufs Spiel zu setzen.

„Nach vielen rühmlichen Siegen hat das italienische Heer, täglich an Ehre gewinnend, einen neuen Lorbeer errungen, indem es eine der furchtbarsten Festungen eroberte. Mich tröstet der Gedanke, daß mit diesem Siege die traurige Reihe unserer bürgerlichen Zwiste sich für immer schließen wird. Die Flotte hat in den Gewässern von Ancona und Gaeta gezeigt, daß in Italien die Matrosen von Pisa, Genua und Venedig auferstehen. Eine tapfere Jugend, geführt von einem Feldobersten, dessen Name in den fernsten Landen wiedertönt, zeigte, daß weder die Knechtschaft, noch langandauerndes Unglück vermocht haben, dem Nerv der italienischen Völker den Stahl zu nehmen. Diese Thatsachen haben der Nation ein großes Vertrauen in ihre zukünftigen Geschicke eingeflößt. Gern spreche ich vor dem ersten Parlament Italiens die Freude aus, welche ich als König und als Soldat darüber fühle."

Die 300 Deputirten, welche von den 417, die das italienische Parlament bilden sollten, bereits zusammen waren, begrüßten diese Rede des Königs mit Jubel.

Im März brachte Cavour den Gesetzentwurf vor die Kammern, nach welchem Victor Emanuel für sich und seine Nachkommen den Titel König von Italien annimmt. Vor der Abstimmung in der Deputirtenkammer am 14. März theilte Cavour die so eben auf telegraphischem Wege eingelaufene Nachricht von dem Falle Messinas mit. Das Gesetz ward einstimmig angenommen.

Die Proklamation des Königreichs Italien machte die Aufstellung eines neuen Ministeriums nothwendig. Cavour, mit dessen Bildung beauftragt, trat selbst an die Spitze und setzte das Ministerium ferner zusammen aus Minghetti für das Innere, Fanti für den Krieg, Cassinis als Siegelbewahrer, Peruzzi für die öffentlichen Arbeiten, Bastogi für die Finanzen, Desanctis für den Unterricht, Natoli für Industrie und Handel, Niutta ohne Portefeuille; — die vier letztgenannten waren neu eingetreten.

England, die Schweiz, Nordamerika erkannten, wie man erwarten mußte, das Königreich Italien sofort an; Frankreich folgte zögernd mit einer Anerkennung des faktischen Zustandes. Die vertriebenen italienischen Fürsten und vor Allem der Papst protestirten heftig.

„Ein katholischer König — sagt Antonelli in der betreffenden Note vom 15. April —, jeden religiösen Grundsatzes bar, Verächter jeden Rechtes, nimmt, indem er jedes Gesetz unter die Füße tritt und nachdem er das erhabene Haupt der katholischen Kirche des größten und blühendsten Theils seiner ihm rechtmäßig gehörenden Besitzungen beraubt hat, jetzt den Titel König von Italien an. Hiedurch will er sein Siegel drücken auf die kirchenräuberischen Usurpationen, die er schon vollführt hat und welche seine Regierung auf Kosten des Patrimoniums des heiligen Stuhles vollenden zu wollen erklärt hat.

„Obgleich der heilige Vater schon bei jedem neuen Angriff auf seine Souveränetät immer wieder protestirt hat, so muß er doch abermals protestiren gegen die Anmaßung eines Titels, welcher das Unrecht so mancher vorhergegangenen Handlungen legitimiren soll.

„Es wäre überflüssig, hier die Heiligkeit des Besitzes des Patrimoniums der Kirche und des Rechtes des Priester-Souveränes auf jenes Patrimonium hervorzuheben, eines Rechtes,

dern Parlamente, aufrecht erhalten, Manufaktur, Handel, Wissenschaften und Künste entwickeln, ich würde im Fortschritte konservativ sein. Nur so kann jene allgemeine Versöhnung herbeigeführt werden, welche von den Völkern und Regierungen Europas so sehnlich herbeigewünscht wird."

Möge Napoleon III. dem Prinzen Lucian seine Unzufriedenheit über diesen Brief zu erkennen gegeben haben oder nicht, so viel steht fest, daß er noch keinen Beweis gegeben hat, er wolle die Einheit Italiens wirklich und wahrhaft; im Gegentheil, Alles zeigt deutlich genug, daß er Italien in Abhängigkeit von sich erhalten und dazu Theilung der Herrschaft in Italien, seine Besatzung in Rom, das Damoklesschwert der Prätendenten und eines europäischen Kongresses zur Regelung der italienischen Angelegenheiten, die Forderung neuer Abtretungen an Frankreich, kurz Alles benutzen wird, was einer vollständigen Ordnung und Beruhigung Italiens im Wege steht.

Wie viele Gefahren liegen hier nicht im Hintergrunde! Dazu kommt dann der Blick auf Venedig. Wenn Venedig auch für Italien lange nicht die Bedeutung hat, wie Rom, weil jenes an der heutigen Grenze, dieses mitten im Lande liegt, und weil dieses die einzig natürliche Hauptstadt Italiens enthält, so kann es doch nicht ausbleiben, daß sich in Bezug auf Venedig ganz ähnliche Verhältnisse gestalten, wie früherhin in Bezug auf Sicilien, Neapel, Umbrien und die Marken.

Kurz, das Königreich Italien ist noch nicht fertig. Wenn auch wir die Meinung der Föderalisten theilen, daß eine Zentralisation für Italien nicht paßt, daß es durchaus nicht nothwendig sei, Administration und Gesetzgebung bis ins kleinste Detail hinein für alle Provinzen nach der piemontesischen Schablone zuzuschneiden, daß dieses vielmehr gerade der Einheit verderblich sei, so können wir uns doch ein einheitliches Italien mit mehreren Königen und Fürsten nach Lucian Murat'schem Zuschnitt absolut nicht denken. Das wäre ebenso, als wenn die Schweiz etwa drei Bundesräthe, für die deutsche, die französische und die italienische Schweiz, haben und dennoch ein einheitliches Land sein wollte. Nein, Italien kann nur einen König haben; dieser König kann kein anderer sein als Victor Emanuel. Ganz abgesehen von allem Andern, verdient es auch Victor Emanuel, König von Italien zu sein. Und dieß ist ziemlich die allgemeine Meinung in Italien.

Die allgemeine Meinung in Italien ist aber auch, daß, obgleich Victor Emanuel den Titel König von Italien angenommen hat, dieses Königreich noch nicht fertig sei.

Nur über die Art, es zu vollenden, gehen die Meinungen aus einander. Das Ministerium Cavour und das Ministerium Ricasoli, welches nach dem Tode Cavours ihm folgte, wollen warten, wollen auf die öffentliche Meinung Europas wirken und sich diese immer mehr gewinnen, in der Art, daß sie künftige Schritte, die zur Vollendung der Einheit gethan werden könnten, gutheißt und ihnen keinen Widerstand entgegensetzt. Diese Ministerien und ihre Partei hoffen auf die allmälig erreichbare Erlaubniß nicht bloß der Völker, sondern auch der Regierungen Europas, um Italiens Einheit vollständig herzustellen. Sie legen daher mindern Werth auf die allgemeine Bewaffnung der Italiener.

Die revolutionäre Partei dagegen, die Partei Garibaldis und Mazzinis, sagt: Ihr wartet vergebens auf die Erlaubniß der Regierungen Europas, und es ist unwürdig eines großen Volkes, auf die Erlaubniß Anderer zu seiner innern Konstituirung zu warten. Stellt euch auf die eignen Füße. Diese Partei dachte daran, im Frühjahr 1861 den Kampf für die Vollendung der Einheit Italiens fortzusetzen, nachdem sie den Winter dazu benutzt haben würde, die allgemeine Bewaffnung zu betreiben. Als sie im Spätherbst 1860 von dem Schauplatz in Süditalien, besiegt von Cavour, abtreten mußte, da rief sie diesen und seinen Anhängern zu: Wir wollten deßhalb die sofortige Annexion nicht, weil wir euch nicht zutrauen, daß ihr die nothwendige allgemeine Bewaff-

7. Division; Brigaden Como und Bergamo; 11. und 12. Bersaglieribataillon.

13. Division; Brigaden Parma und Marken; 22. und 26. Bersaglieribataillon.

4. Depotbataillon.

Kavallerie: Lanciers von Novara und Chevauxlegers von Lodi.

Artillerie: 1., 2., 3.; 4., 5., 6. Batterie vom 5.; 10., 11., 12. Batterie vom 7. Regiment.

Eine Kompagnie Sappeurs ꝛc. ꝛc.

Fünftes Armeekorps.

1. Division; Brigaden Grenadiere von Sardinien und lombardische Grenadiere; 14. und 16. Bersaglieribataillon.

15. Division; Brigaden Grenadiere von Neapel und Forli Infanterie; 24. und 34. Bersaglieribataillon.

5. Depotbataillon.

Kavallerie: Lanciers Victor Emanuel und Husaren von Piacenza.

Artillerie: 4., 5. 6; 7., 11., 12. Batterie des 8. Regiments.

Eine Kompagnie Sappeurs ꝛc. ꝛc.

Sechstes Armeekorps.

14. Division; Brigaden König und Bologna; 28. und 29. Bersaglieribataillon.

16. Division; Brigaden Pisa und Sicilien; 30. und 31. Bersaglieribataillon.

17. Division; Brigaden Pistoja und Umbrien; 32. und 33. Bersaglieribataillon.

6. Depotbataillon.

Kavallerie: Lanciers von Mailand, Chevauxlegers von Lucca.

Artillerie: 7., 8., 9.; 10., 11., 12. Batterie vom 5.; 13., 14., 15. Batterie vom 8. Regiment.

Eine Kompagnie Sappeurs ꝛc. ꝛc.

Reservekavalleriedivision.

1. Brigade; Regimenter Nizza und Piemonte Reale.

2. Brigade; Regimenter Savoyen und Genua.

Artilleriebrigade; 1. und 2. reitende Batterie des 5. Regiments.

Allgemeine Artilleriereserve.

13. und 14. Batterie der 5.; 13., 14., 15., 16. vom 6.; 13., 14., 15. und 16. vom 7. und 16. vom 8. Artillerieregiment.

Die Infanterieregimenter zählen von 1 bis 72; dazu kommen 6 Regimenter Grenadiere. Jedes Infanterieregiment soll auf dem Kriegsfuß 3 aktive Bataillone zu 6 Kompagnieen und 1 Depotbataillon haben, und im Ganzen 109 Offiziere, 650 Unteroffiziere, 360 Soldaten erster, 1872 Soldaten zweiter Kategorie zählen und folglich zusammen 2991 M. stark sein. Die vier Regimenter einer Division geben demnach 11964 M.

Die Bersaglieribataillone sollen auf 36 aktive und 6 Depotbataillone gebracht werden. Je 6 aktive und 1 Depotbataillon sollen eine besondere Abtheilung bilden, an deren Spitze ein Oberst mit den Funktionen des bisherigen Kommandanten des Bersaglierikorps steht. Eine solche Abtheilung soll bestehen aus 144 Offizieren, 208 Unteroffizieren, 208 Trompetern und 3000 M., also aus 3560 M.

Jedes Kavallerieregiment soll in 6 aktiven und einer Depotschwadron 41 Offiziere, 205 Unteroffiziere, 672 Soldaten oder 918 M. mit 682 Reit- und 56 Zugpferden zählen; das Guidenregiment in 7 aktiven Schwadronen 44 Offiziere, 236 Unteroffiziere, 784 Soldaten oder 1064 M. mit 790 Reit- und 28 Zugpferden.

Die Artillerie soll bestehen aus einem Regiment Handwerker, drei Festungsregimentern, vier Feldregimentern (Nr. 5 bis 8) einem Pontonnierregiment mit zusammen 840 Offizieren, 5860 Unteroffizieren, 430 Pontonnieren erster, 1140 Pontonnieren zweiter Klasse; 5825 Kanonieren erster, 11250 Kanonieren zweiter Klasse, oder aus 25340 M. mit 7860 Truppenpferden und 200 Maulthieren. Zu der Artillerietruppe tritt das Artilleriekomité und der Generalstab der Artillerie.

Das Genie besteht aus einem Geniekomité, zehn Geniedirektionen und zwei Sappeurregimentern; den Stand eines Regimentes bilden drei aktive Bataillone zu 6 und ein Depotbataillon zu 3 Kompagnieen; mit 105 Offizieren, 558 Unteroffizieren, 180 Handwerkern erster, 360 Handwerkern zweiter Klasse und 1800 Sappeurs. Das ganze Genie besteht aus 6369 M. Die zehn Direktionen sind: 1. Alessandria (Unterdirektionen Alessandria, Casale, Pavia, di Parchi): 2. Milano (Milano und Como); 3. Parma (Parma, Piacenza, Modena); 4. Bologna (Bologna, Rimini); 5. Torino (Torino, Cuneo); 6. Brescia (Brescia, Cremona); 7. Genova (Genova, La Spezzia); 8. Firenze (Firenze, Livorno, Perugia); 9. Ancona; 10. Sardegna (Cagliari, Sassari).

Der Train wird in drei Regimenter eingetheilt, deren Stäbe zu Turin, Bologna und Neapel stehen. Jedes Regiment zählt 84 Offiziere, 493 Unteroffiziere, Wagner, Sattler und sonstige Handwerker, 180 Soldaten erster und 2313 Soldaten zweiter Klasse; das ganze Trainkorps 9240 M.

Das Korps der königlichen Karabiniere (Gendarmerie) wird in 14 Legionen mit einem Gesammtstande von 503 Offizieren, 3868 Unteroffizieren, 13078 Karabiniers und 1012 Zöglingen, zusammen 18461 M. getheilt. Von den 17958 Unteroffizieren und Soldaten der Karabiniers sind 4468 beritten und 13490 unberitten.

Der Generalstab wird bestehen aus 210 Offizieren (10 Obersten, 20 Oberstlieutenants, 28 Majoren, 92 Hauptleuten, 60 Oberlieutenants) und 40 Zöglingen (Oberlieutenants und Unterlieutenants der Armee).

Im Ganzen wird solchergestalt eine Stärke des italienischen Heeres von 303048 M. herausgerechnet. Für ganz Italien ist das unendlich wenig, indessen war dieser Stand im Frühjahr 1861 keineswegs völlig organisirt. Italien konnte zu dieser Zeit nicht mehr als höchstens 180000 M. in organisirten Verbänden aufbringen, d. h. nicht einmal ein Prozent der Bevölkerung. Die Benennungen der Infanteriebrigaden geben einen ziemlich richtigen Maßstab dafür, in welcher Weise und in welchem Maße die einzelnen Länder Italiens für die Herstellung der Armee in Anspruch genommen waren oder werden sollten. Es verlohnt sich daher, dieses ein wenig zusammenzustellen; wir haben da:

das Festland Piemonts: Brigaden Piemont, Aosta, Cuneo, Pinerolo, Casale, Acqui, Regina, Savoyen, König;

Insel Sardinien: Grenadiere von Sardinien.

Lombardei: Alpen, Brescia, Cremona, Pavia, Como Bergamo, lombardische Grenadiere;

frühere päpstliche Staaten: Ravenna, Ferrarae Marken, Forli, Bologna, Umbrien;

Toscana: Livorno, Siena, Pisa, Pistoja;

Parma: Parma;

Modena: Reggio, Modena;

Neapel und Sicilien: Abruzzen, Calabrien, Grenadiere von Neapel, Sicilien.

Das Reich Victor Emanuels, nach der Annexion Mittelitaliens und der Abtrennung von Savoyen und Nizza mit 11,117547 Einwohnern, stellt hienach 28 Brigaden oder eine Brigade auf 400000 Einwohner; Umbrien und die Marken mit 1,310000 Einwohnern zwei Brigaden oder eine Brigade auf 655000 Einwohner; Süditalien aber mit 9,117000 Einwohnern vier Brigaden oder eine Brigade auf 2,280000 Einwohner. Ein so merkwürdiges Verhältniß gibt jedenfalls äußerst viel zu denken. Es kommt Einem gerade so vor, als hätte das Ministerium Cavour niemals im Ernst darauf gerechnet, Süditalien bhalten zu wollen.

Das Verfahren, welches das Ministerium Cavour gegen

die Reste der Südarmee beobachtete, nicht allein, sondern auch die Mangelhaftigkeit der Bewaffnung Italiens rief Garibaldi ins Parlament nach Turin, wo er seine Feindschaft gegen Cavour offen erklärte. Es ist nachher vielfach von Versöhnung zwischen den beiden Männern die Rede gewesen. Wie war eine Versöhnung möglich? Garibaldi konnte, so lange Cavour lebte, höchstens ermüdet von den inopportunen Belästigungen von Zwischenträgern, die sich bei Cavour einen guten Namen machen wollten, sagen: Laßt mich nur um des Himmels willen in Ruhe und zerreißt euch nicht; ich kann jetzt nicht wie ich will, lasse Cavour das Feld und gehe heim nach Caprera. Und das war auch das Wahre an der Sache. Das Grab, welches jetzt Cavour deckt, hat die Versöhnung mit ihm gebracht. Unsere Leser wissen aber zur Genüge, daß mit Cavour die cavouristische Partei nicht todt ist.

Garibaldi brachte in Bezug auf die allgemeine Bewaffnung den nachstehenden Gesetzesentwurf vor das Parlament:

„1. Die in den alten Provinzen bestehende Organisation der Nationalgarde wird im ganzen Königreich durchgeführt.

2. Die für den Kriegsdienst detachirten Korps (der Nationalgarde) erhalten die Bezeichnung Mobilgarde. Dieselbe wird in Divisionen eingetheilt, entsprechend den für die Landarmee geltenden Reglementen.

3. In die Mobilgarde werden alle Reichsbewohner vom vollendeten 18. bis zum 35. Jahre berufen.

4. Waffen, Kleidung, Ausrüstung, Pferde und alles nöthige Kriegsmaterial werden der Mobilgarde ganz auf Rechnung des Staates geliefert.

5. Das Kontingent der Mobilgarde ist nach Provinzen und Bezirken im Verhältniß zur Bevölkerungszahl vertheilt. Die Einberufung geschieht auf Grundlage des Rekrutirungsgesetzes und der andern in Kraft bestehenden Gesetze. Die Dienstdauer wird nach Art. 8 des Gesetzes vom 27. Februar 1859 geregelt.

6. Befreit von der Einberufung zur Mobilgarde sind:

a. diejenigen, welche schon in der Armee oder in der Flotte dienen;

b. diejenigen, welche nach den Reglementen als dienstuntauglich anerkannt worden sind;

c. einzige Söhne oder erstgeborne; wo solche fehlen, die Enkel einer verwittweten Großmutter oder eines Großvaters über 60 Jahre; Erstgeborne von Familien, in denen Vater und Mutter gestorben sind, oder einzige arbeitsfähige Brüder in Familien, in welchen Vater und Mutter todt sind; unter die arbeitsfähigen Brüder werden diejenigen nicht mitgezählt, welche bereits bei einer Musterung ausgezogen (konskribirt) worden sind.

7. Die im Dienst befindliche Mobilgarde steht unter den Militärgesetzen und der Militärdisziplin.

8. Dem Ministerium des Innern wird ein Kredit von 30 Millionen Franken für Bewaffnung der Nationalgarde im ganzen Königreich unter dem Titel: für Bewaffnung der Nationalgarde bewilligt."

Dieses Gesetz ward von dem Parlament für erheblich erklärt und ging einigermaßen beschränkt und beschnitten durch.

Man sieht, daß Garibaldi die sofortige Aufbringung einer bedeutenden Streitmacht weit mehr im Auge hatte, als eine bleibende Organisation der italienischen Heeresmacht im Allgemeinen, auf neuen, für Italien passenden Grundlagen. Man wird mit der Zeit nicht umhin können, an diese zu denken, wenn Italiens Einheit, namentlich die Verbindung Süditaliens mit Norditalien unter dem einen Szepter Victor Emanuels erst mit genügender Sicherheit hergestellt ist.

Wir schließen hier diesen Band, ohne daß wir zu hoffen wagten, wir hätten die Geschichte des italienischen Unabhängigkeits- und Einigungskrieges mit ihm abgeschlossen.

Wenn es uns nicht gelungen sein sollte, in allen Punkten die echte Wahrheit zu finden und zu erzählen, so haben wir wenigstens stets dahin gestrebt, nur ihr die Ehre zu geben.

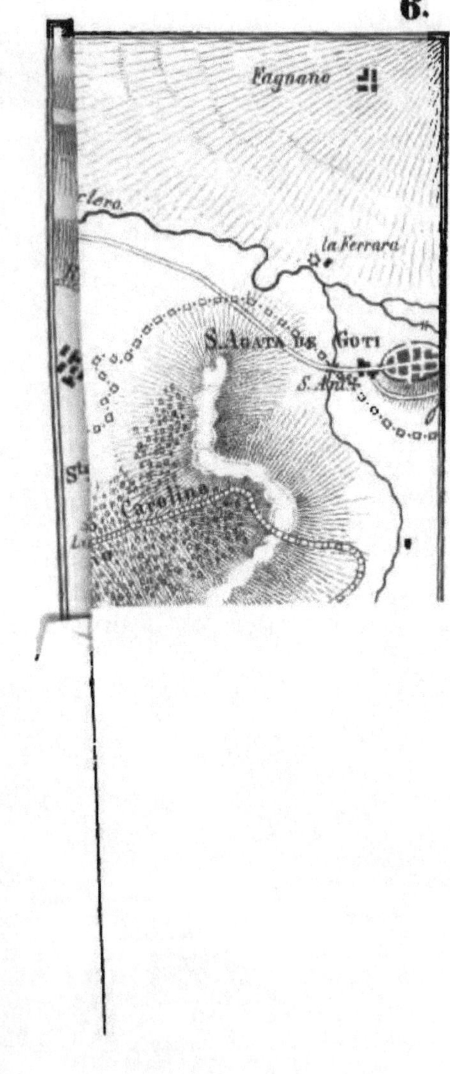
6.
Fagnano
la Ferrara
S. Agata de Goti
Carolino

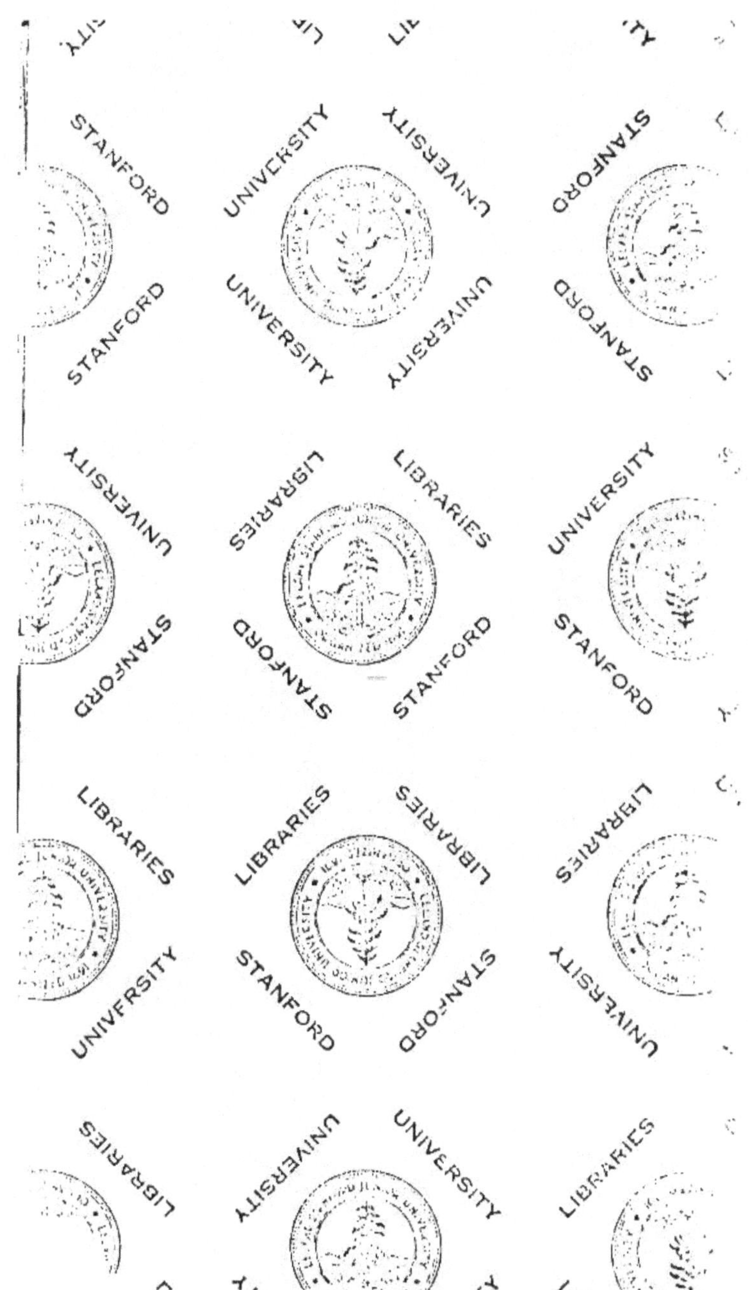

Zeitfracht Medien GmbH
Ferdinand-Jühlke-Straße 7
99095 Erfurt, Deutschland
produktsicherheit@kolibri360.de